W0340432

PAUSANIAS
REISEN
IN GRIECHENLAND

GESAMTAUSGABE IN DREI BÄNDEN
AUF GRUND DER KOMMENTIERTEN ÜBERSETZUNG
VON ERNST MEYER
HERAUSGEGEBEN VON FELIX ECKSTEIN

BAND I: ATHEN

BÜCHER I–IV
ATTIKA · ARGOLIS · LAKONIEN · MESSENIEN

ARTEMIS VERLAG ZÜRICH
UND MÜNCHEN

DRITTE, NUNMEHR VOLLSTÄNDIGE AUSGABE 1986

© 1954, 1967 UND 1986
ARTEMIS VERLAG ZÜRICH UND MÜNCHEN
ALLE RECHTE VORBEHALTEN

PRINTED IN SWITZERLAND
ISBN 3 7608 3678 x

VORWORT

Als im Jahre 1954 Ernst Meyers Übersetzung des Pausanias ins Deutsche erschien, stieß sie auch in Fachkreisen auf lebhaftes Echo. Das Unternehmen als solches wurde allenthalben gelobt, da ja knapp 100 Jahre seit der ersten Übersetzung ins Deutsche durch J.H.Chr. Schubart vergangen waren, auch wenn der Text nicht vollständig, sondern mit bewußt vorgenommenen Kürzungen seitens des Übersetzers/Herausgebers vorgelegt wurde. Diese galten in der Tat den verschiedenen umfangreichen Exkursen und historischen Einleitungen; sie schlossen aber auch Stellen ein, an denen über Heiligtümer, kultische Riten und religiöses Brauchtum manch wichtige Einzelheit mitgeteilt wird. Es ist daher verständlich, daß sich mit der Zeit immer deutlicher der Wunsch nach einer vollständigen Übersetzung eingestellt hat. Diese mußte ihrerseits zu einer starken Erweiterung des Umfangs führen, so daß sich der verlegerische Entscheid für eine dreibändige Gesamtausgabe aufdrängte.

Daß nun nach über 30 Jahren mit der dritten Auflage zum ersten Male nach J. H. Chr. Schubart und F. Spiro der ungekürzte Text in deutscher Übersetzung und damit das zehnbändige Werk des Perihegeten geschlossen vorgelegt werden kann, ist in erster Linie das Verdienst des Verlegers Dr. Bruno Mariacher. Es war sein Vorschlag, den ich ohne Zögern aufgegriffen habe, das Textvolumen um das bisher fehlende Drittel zu erweitern und den Kommentar völlig neu zu schreiben. Außerdem waren die Pläne und Karten auf den jeweils neuesten Stand zu bringen. Damit ist der Umfang so stark angewachsen, daß die neue Edition in drei Bänden – Athen, Olympia, Delphoi – erscheinen wird, von denen hier der erste mit den Büchern I bis IV vorliegt.

Die editorischen Prinzipien, wie sie E. Meyer in seinem Vorwort skizziert hatte, sind beibehalten worden. Die neu übersetzten Textteile basieren auf der großen kritischen Ausgabe von H. Hitzig und H. Blümner, soweit nicht textkritische Einzelheiten mittlerweile durch neuere Vorschläge verbessert sind. Auch dieses Mal wurden textkritische Einzelheiten nicht in die Kommentare aufgenommen, Textlücken sind durch . . . gekennzeichnet. Die Übersetzung ins Deutsche versucht den von E. Meyer gesetzten Maßstäben der Übertragung eines oft kapriziösen Stiles gerecht zu werden. Die von ihm übersetzten Textteile bleiben unverändert und wurden lediglich auf Druck- und Sachfehler hin verbessert. Beibehalten ist auch die seither durch keine andere Darstellung ersetzte oder gar überholte Einleitung Meyers zu Pausanias und seinem Werk.

Der *Kommentar* hingegen mußte völlig neu geschrieben werden. Es war auch diesmal nicht beabsichtigt, mit den umfassenden Kommentaren bei Hitzig-Blümner oder gar bei J. Frazer zu konkurrieren. Es ist überhaupt die Frage, ob eine derartige Neubearbeitung heute, angesichts der Ausweitung und des Tempos der Grabungstätigkeiten in Griechenland, noch geleistet werden kann. Auch dieses Mal ist vor allem an Benutzer gedacht, «die das Bedürfnis empfinden, beim Besuch der klassischen Stätten an Ort und Stelle nachzulesen und zu vergleichen, wie unser antiker Autor die Orte und Denkmäler sah und was er zu ihnen zu sagen hat».

Anders als E. Meyer wurde nun doch versucht, eine *konsequente Wiedergabe der griechischen Eigennamen* durchzuführen. Es ist also immer dann von Lakedaimon und den Lakedaimoniern und nicht von Sparta und den Spartiaten die Rede, wenn der Text des Pausanias dies fordert. Auch die Schreibweise der übrigen Orts- und Personennamen ist dem Text angepaßt worden.

Die neue und nunmehr vollständige Übersetzung des Pausanias erscheint zu einer Zeit, in der der Autor und sein Werk wieder fachliches Interesse gefunden haben: Die Hitzig-Blümnersche Ausgabe liegt in einer anastatischen Neuauflage vor (Hildesheim 1984). N. D. Papachatzis hat 1981 seine auf fünf Bände angelegte Übersetzung ins Neugriechische zusammen mit einer ausführlichen Kommentierung und vielen Planunterlagen abgeschlossen. Eine erste Übersetzung von Buch I ins Italienische, zusammen mit einem gewissenhaften Kommentar, haben D. Musti und L. Beschi besorgt (Mailand 1982).

Pausanias als Autor und sein Stil sind wieder Thema von Einzeluntersuchungen wie: J. Heer, La Personnalité de Pausanias (Paris 1979), oder O. Strid, Über Sprache und Stil des Perihegeten Pausanias (Uppsala 1976). Auch eine Monographie über Pausanias und seine Perihegesis – nachdem drei Generationen diesem Schriftsteller geringe Beachtung schenkten – durch Chr. Habicht ist jüngst erschienen.

Die archäologische Forschung hat Pausanias bekanntlich immer wieder aufs glänzendste in der Zuverlässigkeit seiner Angaben bestätigt. So haben die seit 1982 ff. durchgeführten Grabungen der Amerikaner am Nordrand der Agora in Athen bei der Suche nach der Stoa poikile zu Resultaten geführt, die sich nach den Grabungsberichten vollständig mit den Angaben des Pausanias decken. Auch von daher gesehen mag eine vollständige Übersetzung ins Deutsche ihren Zweck erfüllen und dem Griechenlandreisenden als einzigartige Informationsquelle dienen.

Freiburg im Breisgau, Frühjahr 1986 F. Eckstein

EINLEITUNG

PAUSANIAS UND SEIN WERK

Die «Reisen in Griechenland», die Pausanias in der zweiten Hälfte des 2. Jahrhunderts n. Chr. schrieb, sind für den Altertumsfreund trotz mancher Schwächen eines der wichtigsten Werke, die uns aus der antiken Literatur erhalten sind. Für den Forscher sind sie eine unerschöpfliche Fundgrube. Ohne dieses geradezu unschätzbare Buch wäre unsere Kenntnis des antiken Griechenland sehr lückenhaft; eine erhebliche Anzahl altgriechischer Ruinenstätten und Ortslagen könnten wir nicht benennen, an den Ausgrabungsstätten müßte der größte Teil der gefundenen Gebäude und Tempel namenlos bleiben. Ohne Pausanias würden wir heute in Griechenland in einem Museum wandern, dessen Reste aus dem Altertum großenteils stumm wären oder uns nur wenig zu sagen hätten, da wir oft nicht wüßten, was sie bedeuten, welche Gottheit einst in diesem oder jenem Tempel verehrt wurde, welchem Zweck einst dieses oder jenes Gebäude diente. Oft genug wüßten wir nicht, wie der Ort im Altertum hieß, vor dessen Resten wir uns befinden. Ebenso könnten wir manchem Ereignis und mancher Erzählung, die uns aus dem alten Griechenland berichtet werden, ihren Platz im Lande nicht sicher zuweisen. Und auch Berge und Flüsse wären für uns vielfach namenlos.

Gewiß gibt es aus dem Altertum neben den vielen Angaben, die sich in den Geschichtswerken oder anderen Literaturwerken über Griechenland finden, neben Pausanias noch andere eigentliche Beschreibungen Griechenlands. So sind mehrere Küstenbeschreibungen erhalten, die die Hauptorte, Städte, Kaps usw. mit den Entfernungen voneinander nennen. Aus dem 3. Jahrhundert v. Chr. besitzen wir größere Teile einer Beschreibung Griechenlands von Herakleides Kritikos[1], köstliche, lebensnahe, temperamentvolle Schilderungen von Land und Leuten, aber auch mit sehr subjektiven und kühn vereinfachenden Urteilen. In der Zeit des Kaisers Augustus schrieb Strabo seine siebzehn Bücher Geographie, von denen das achte bis zehnte Griechenland einschließlich der Inseln gewidmet sind. Aber die Küstenbeschreibungen sind alle sehr kurz gehalten, gehen auf das Landesinnere gar nicht oder nur mit vereinzelten Angaben ein und geben zumeist auch nur eine reine Aufzählung mit höchstens knappen charakterisierenden Bemerkungen. Herakleides' Schrift ist zwar als Vertreter einer sonst fast ganz verlorenen Literaturgattung und durch ihre lebendigen Schilderungen von hohem Wert und Interesse; auf eine Behandlung von Einzelheiten, einzelner Denkmäler, Gebäude und Sehenswürdigkeiten verzichtet sie aber ganz. Sie will geistreich und eindrucksvoll charakterisieren, aber nicht aufzählen und beschreiben, was an Denkmälern und Sehenswürdigkeiten in den einzelnen Städten und Landschaften vorhanden war. Strabos Darstellung schließlich ist naturgemäß sehr viel kürzer als die des Pausanias, da er die ganze damals bekannte Erde behandelt. Zudem gehört sie einer anderen Literaturgattung an als das Werk des Pausanias, nämlich der Geographie, der Gesamtbeschreibung der Erde und ihrer Teile. Ein Eingehen auf einzelne Denkmäler gehört nicht in den Aufgabenbereich der Erdkunde, sondern bildet den Inhalt einer eigenen Literaturgattung, der «Perihegese», die einzelne Landschaften, Städte, Heiligtümer, Denkmälergruppen antiquarisch-inhaltlich, historisch, mythologisch behandelt und erläutert. Diese verschiedenen Themastellungen der Literaturarten wurden im Altertum streng geschieden und nicht verwischt. Zudem kannte Strabo von Griechenland aus eigener Anschauung kaum mehr als Korinth, und dazu ist ein sehr großer Raum seiner Darstellung Griechenlands den langen und ausführlichen Diskussionen um die «homerische Geographie» gewidmet, dem Bemühen, die bei Homer, besonders im sogenannten Schiffskatalog im zweiten Buch der Ilias, genannten Orte im späteren Griechenland wiederzufinden und zu lokalisieren. So steht in der erhaltenen antiken Literatur das Werk des Pausanias, die «Perihegese» Griechenlands, das in nicht weniger als zehn Büchern die Peloponnes und das östliche Mittelgriechenland beschreibt, in seiner Art und seiner Ausführlichkeit für uns einzig da.

Man darf wohl getrost sagen, daß kein anderes Werk aus dem Altertum uns so viel von der Wirklichkeit des antiken Griechenland zeigt wie dieses. Hier bewegen wir uns nicht ausschließlich auf den Höhenpfaden antiker Kunst, Dichtung und Philosophie, hören nicht nur von den großen Haupt- und Staatsaktionen, erfahren nicht nur, was sich in Athen begab und vorhanden war, sehen nicht nur die glanzvollen Mittel- und Höhepunkte antik griechischen Lebens vor uns, die Akropolis von Athen mit ihren strahlenden Bauten oder Olympia oder Delphoi. Mit Pausanias durchwandern wir alle Landschaften des eigentlichen Griechenland zum Teil bis in ihre entlegensten Winkel, lernen neben den großen Städten und Heiligtümern auch die mittleren, kleinen und zum Teil kleinsten Orte kennen. Der Schriftsteller hält auch Orte noch der Erwähnung für wert, die nach seiner Meinung keine Stadt mehr sind, wie Panopeis in Phokis (X 4. 1), wo es keine öffentlichen Gebäude oder einen Markt gibt, nicht einmal Brunnen mit fließendem Wasser, sondern die Bewohner nur in kümmerlichen Hütten hausen, die man nicht einmal mehr als Häuser bezeichnen kann, oder Dörfer, in denen als Rest einer einstigen Stadt noch ganze siebzig Menschen wohnen, wie Ledon in Phokis (X 33. 1), oder weltverlorene kleine Nester, in denen dem Besucher als einzige Besonderheit ein bemaltes Götterbild aus Gips in einem Privathaus gezeigt werden kann, so in Kreusis (IX 32. 1). Und welche Fülle von Leben und Besonderheit tritt uns hier entgegen. Hier vermögen wir wirklich die Umwelt zu fassen, in der der antike Grieche gelebt hat. Wir hören von den zahlreichen Heiligtümern und Tempeln und Kulten der verschiedensten Gottheiten und Heroen, die es überall gab, von den zahllosen Beinamen dieser Gottheiten, die irgendwelche besondere Wirksamkeit oder Beziehung ausdrückten, hören von der unendlichen Fülle der Kultgebräuche, die sich an diese Kulte knüpften, von den Opfern der verschiedensten Art und zu den verschiedensten Zeiten, von allen möglichen Festen und Umzügen und den verschiedensten sonstigen, durch die Tradition geheiligten Begehungen und Gebräuchen, die sich an diesen Orten an den Heiligtümern abspielten. Wir vernehmen etwas von der unendlich bunten Fülle von Mythen, Sagen und Geschichten, die man sich in all diesen Städten über die Götter, die Geschichte, die Bräuche und sonstigen Besonderheiten der eigenen Heimat erzählte, ermessen den Lokalstolz, mit dem man gerade in kleinen Orten oft bestrebt war, die Gegenwart mit der Erinnerung an eine wirkliche oder vermeintliche große Vergangenheit zu erhöhen und zu verschönern und das Vorhandene mit dem Glorienschein möglichst hohen Alters zu umgeben. Immer wieder treffen wir, auch in kleinen Orten, auf die Namen berühmter Bildhauer als Verfertiger von Götterstatuen und Weihgeschenken, die auch in die kleineren Orte einen Abglanz der großen Kunst trugen. Daneben sehen wir auch mit Rührung, wie einfach und bescheiden und hochaltertümlich vielfach noch Heiligtümer und Kultgegenstände bis in die späte Antike hinein geblieben waren. Und alles dies stellte doch einen wichtigen und wesentlichen Teil der griechischen Wirklichkeit dar, bestimmte die Vorstellung und Gedanken der Menschen jener Zeit in hohem Maße. Gerade das macht den besonderen Wert und Reiz des Werkes des Pausanias aus, daß wir in dieser Überfülle der Einzelheiten, die der Schriftsteller gerade so unpathetisch und einfach feststellend vor uns ausbreitet, das Leben zum großen Teil fassen, wie es im antiken Griechenland pulsiert hat, neben der unermeßlichen rein sachlichen Belehrung, die wir aus seinem Werk schöpfen.

Man muß es schon als einen besonderen Glücksfall werten, daß uns unter den herzlich wenigen Werken, die sich aus der Fülle der antiken Literatur bis auf unsere Tage gerettet haben, gerade dieses Werk erhalten geblieben ist, so bescheiden an sich auch sein Rang innerhalb dieser Literatur war und ist. Nur von Griechenland besitzen wir ein solches Buch aus dem Altertum, und gerade von diesem Land besitzen wir es natürlich am liebsten und ist es uns am unentbehrlichsten. Und daß es gerade in der Zeit geschrieben wurde, in der es entstand, ist unter dem Gesichtspunkt, daß wir ein anderes Buch dieser Art über Griechenland nicht besitzen, wiederum ein besonderer Glücksfall. Gewiß wären wir äußerst glücklich, wenn wir eine ausführliche Beschreibung Griechenlands noch aus seiner großen klassischen Zeit hätten, ebenso wäre es für uns von höchstem Wert und Interesse, eines der großen, gründlichen und gelehrten Werke der hellenistischen beschreibenden Literatur über Griechenland mit ihrer Fülle zuverlässigsten und sorgfältigst gesammelten Tatsachenmaterials zu besitzen. Da aber beides nicht der Fall ist, konnte die einzige erhaltene Beschreibung Griechenlands zu keiner geeigneteren Zeit geschrieben werden. Denn als Pausanias Griechenland bereiste und sein Werk schrieb, hatte Kaiser Hadrian gelebt und an verschiedenen Orten Griechenlands, vor allem in Athen, von ihm gestiftete Bauten errichten lassen, lebte in Athen noch Herodes Atticus, der mit dem Kaiser wetteiferte in der Stiftung großartiger Bauten. Diese Bauten Hadrians und des Herodes Atticus sind aber die letzten Bauten von Bedeutung, die überhaupt in Griechenland im Altertum entstanden, mit ihnen schließt das letzte Kapitel der Bautätigkeit hier ab. So hatte also Pausanias, so vieles auch von älteren Bauten und Denkmälern mehr oder weniger zerstört oder verfallen oder geraubt war, im ganzen doch den Gesamtbestand der Denkmäler Griechenlands noch vor sich, deren Reste uns heute entgegentreten, soweit sie seitdem nicht völlig zerstört sind. Und er hat auch, soweit ihm die Bauten und Denkmäler nach seinen Anschauungen und Interessen der Erwähnung wert schienen, sie bis in seine eigene Zeit hinein berücksichtigt. Auch das ist ein Vorteil, der manche Nachteile aufwiegt.

Über die *Persönlichkeit des Pausanias* sind wir leider nur wenig unterrichtet. Kein einziger antiker Schriftsteller berichtet uns etwas über ihn. Wohl kennen wir aus der antiken Literatur mehrere Schriftsteller des Namens Pausanias, die etwa zur selben Zeit gelebt haben wie unser Autor, aber entweder sind sie ganz sicher nicht mit ihm gleichzusetzen oder ist eine solche Gleichsetzung sehr unwahrscheinlich[2]. Glücklicherweise gibt uns Pausanias selbst in seinem Werk eine ganze Reihe Hinweise, die das Notwendigste erkennen lassen. So spricht er vor allem in seinem ganzen Werk ständig von «Griechenland» und den «Griechen» in einer Weise, die zeigt, daß er sich selber nicht dazu rechnet. Seine Heimat war Lydien in Westkleinasien. Die am Sipylosgebirge (heute

Manisa dagh) lokalisierten Sagenfiguren von Pelops und Tantalos lebten einst «bei uns» (V 13. 7); gerade im Sipylosgebirge weiß Pausanias besonders genau Bescheid; es kommt bei ihm nicht weniger als zwölfmal vor, mehrfach mit der Bemerkung, daß er die erwähnten Denkmäler selber gesehen habe. An einer Stelle (I 24. 8) berichtet er über eigene dreimalige Beobachtungen an Heuschrecken am Sipylosgebirge, die einen langen Aufenthalt dort beweisen. Danach dürfte am ehesten die Stadt Magnesia am Sipylos, heute Manisa, seine Heimat gewesen sein; er nennt sie auch mehrfach in seinem Werk. Auch Pergamon mit seinen Denkmälern ist sehr häufig erwähnt, außer in den historischen Exkursen des ersten Buches noch weitere dreizehnmal. Diese besondere Vertrautheit mit dieser Stadt erklärt sich wohl am besten aus längerem Aufenthalt des Pausanias auch dort; sie war als Bildungszentrum, als «Universität», durch ihre große Bibliothek und ihre Heiligtümer, besonders das große Asklepiosheiligtum vor der Stadt, besonders berühmt. Ganz allgemein erwähnt Pausanias auch sonst Ortschaften und Denkmäler des westlichen Kleinasiens oft, was zeigt, daß er große Teile des Landes gut kannte[3]. Schließlich erklärt sich der Umstand, daß Pausanias im siebenten Buch außer der Erzählung der ionischen Kolonisation auch noch eine ganze Beschreibung Ioniens und seiner Hauptdenkmäler einschiebt, befriedigend nur aus besonderer Verbundenheit des Autors mit diesem Lande, eben seiner weiteren Heimat. Das hohe Lob, das er Ionien hier mehrfach spendet (s. bes. VII 5. 4; VII 5. 10), das neben seinem besonders günstigen Klima Heiligtümer besitzt, «wie es anderswo keine gibt», und sonstige Sehenswürdigkeiten, «die denen in Griechenland nicht viel nachstehen», ist von echter Heimatliebe getragen. Es lag dem Pausanias daran, in einem Werk, das sich so ausführlich und mit so großer innerer Anteilnahme mit Griechenland, seiner Geschichte und seinen Denkmälern beschäftigte, auch zu sagen, daß sich seine eigene Heimat neben dem verehrten Mutterland der höheren menschlichen Kultur durchaus sehen lassen könne.

Auch sonst war Pausanias verhältnismäßig viel gereist. Außer seiner umfassenden Kenntnis seiner weiteren Heimat Westkleinasien und Griechenlands nebst Makedonien[4] und anscheinend auch von Epeiros[5] liegen in seinem Werk Zeugnisse vor, die uns zeigen, daß er in Syrien und Palaistina war[6], ebenso in Aigypten bis mindestens Theben[7] und in der Ammonsoase[8]. Ferner war Pausanias in Rom und Umgebung sowie in Kampanien und Orten Unteritaliens; aber nicht in Sizilien, außer vielleicht Leontinoi[9]. Er sagt uns übrigens an einigen Stellen auch, welche Länder und Orte er nicht gesehen hat, so Indien, Mesopotamien, Persien und Syene[10].

Über seine Lebenszeit und die Abfassungszeit seines Werkes liegen bei Pausanias selber ebenfalls nicht wenige Angaben und Andeutungen vor, die die Hauptsachen genügend deutlich erkennen lassen. Die Abfassungszeit des ersten Buches ist durch mehrere Angaben in ziemlich engen Grenzen gesichert. Pausanias beschreibt einmal das von Herodes Atticus ganz in Marmor erneuerte Stadion in Athen, dessen Erbauungszeit in den Jahren zwischen 139/40 und 143/44 n. Chr. feststeht[11]. Andererseits nennt er das «Odeion», das derselbe Herodes Atticus am Südfuß der Akropolis zum Andenken an seine verstorbene Gemahlin Regilla erbauen ließ, nicht und sagt später ausdrücklich, er habe es deswegen nicht erwähnt, weil es bei der Abfassung des ersten Buchs noch nicht begonnen gewesen sei[12]. Regillas Tod ist auf 160/61 n. Chr. (sicher vor 7. III. 161) genau datiert[13]. Das erste Buch, genauer die Attika behandelnden Kapitel I 1 bis 39. 3 (s. unten), ist also zwischen etwa 144 und 160 n. Chr. geschrieben und veröffentlicht worden[14]. Mehrere Angaben ermöglichen eine Datierung des zweiten Buchs[15]. In II 7. 1 erwähnt Pausanias ein schweres Erdbeben, das wahrscheinlich im Jahre 140 n. Chr. stattgefunden hatte[16]; in cap. 26. 9 sagt er, das Asklepieion in Smyrna sei «zu seiner Zeit» gebaut worden, das in den Jahren kurz vor 152 n. Chr. begonnen wurde[17]. In cap. 17. 5 sagt er, neben der Statue der Hera in dem berühmten Heraion der Argolis «soll eine Statue der Hebe gestanden haben». Sie war also bei seinem Besuch nicht mehr vorhanden, ist aber noch auf Münzen der Regierungszeit des Kaisers Antoninus Pius (138–161 n. Chr.) abgebildet[18]. Schließlich berichtet er bei der Beschreibung des Asklepiosheiligtums von Epidauros (II 27. 6) von den Bauten und Verbesserungen, die der «Senator Antoninus», nämlich Sextus Iulius Maior Antoninus Pythodoros aus Nysa in Kleinasien, dort errichten ließ. Ein Teil seiner Stiftungen, allerdings nicht die von Pausanias genannten, ist inschriftlich auf 163 n. Chr. datiert; die übrigen dürften daher auch in diese Zeit fallen[19]. Das zweite Buch kann danach kaum vor der Mitte der sechziger Jahre geschrieben worden sein. Eine unmittelbar datierende Angabe besitzen wir für das fünfte Buch; nach V 1. 2 bestand die römische Kolonie Korinth 217 Jahre. Das führt, da die Kolonie 44 v. Chr. gegründet wurde, auf das Jahr 173 n. Chr. als das Jahr der Abfassung von Buch V. In Buch VIII 43. 6 erwähnt Pausanias den Markomannen- und Sarmatenkrieg (167–176 n. Chr.) des Marc Aurel (161–176 n. Chr.), und zwar in einer Art und Weise, die zu besagen scheint, daß der Krieg noch nicht abgeschlossen war, wenn dieser Schluß auch bei dem Stil des Pausanias nicht ganz zwingend ist. Der Abschluß des Krieges war der Triumph des Kaisers am Ende des Jahres 176 n. Chr. Danach sollte also Buch VIII noch vor 176 n. Chr. geschrieben sein, aber *nach* dem fünften Buch, da es durch viele Verweise sicher ist, daß die Bücher in der Reihenfolge geschrieben wurden, in der wir sie heute lesen. Das letzte, zehnte Buch ist durch die Erwähnung des Einfalls der Kostoboken ungefähr datiert (X 34. 5), der in das Jahr 170 n. Chr. zu setzen ist[20]. Pausanias erwähnt an dieser Stelle auch die Statue des Mnasiboulos von Elateia, der gegen die Kostoboken gefallen war und vorher an der 235. Olympiade (161 n. Chr.) olympische Siege im Wettlauf errungen hatte. Seine Statue in Elateia war sicher erst nach diesen Siegen aufgestellt. Pausanias war also erst nach 161, vermutlich sogar erst nach 170 n. Chr. in Elateia.

An sonstigen Lebensdaten haben wir die Angabe, daß die Phyle Hadrianis in Athen «zu meiner Zeit» eingerichtet wurde[21]; das war im Jahre 124/25 n. Chr.[22]. Auf dasselbe Jahr 125 n. Chr. führt die Angabe, daß die 226. Olympiade «zu meiner Zeit» war[23]. Ferner bemerkt Pausanias einmal, er habe den Liebling des Kaisers Hadrian, Antinous, der im Jahre 130 n. Chr. starb, nicht mehr lebend gesehen (VIII 9. 7). Das hat nur Sinn, wenn die Möglichkeit dazu an sich bestanden hätte, Pausanias also damals mindestens aus den Kinderjahren heraus war. Wir werden seine Geburt danach kaum später ansetzen können als etwa 110 bis 115 n. Chr., womit der Verfasser bei der Fertigstellung seines Werks also jedenfalls über sechzig Jahre alt gewesen sein muß. Aus einer Stelle des ersten Buchs ergibt sich auch, daß Pausanias seine Reise nach Italien vor Abfassung des ersten Buchs gemacht hatte[24].

Diese zeitlichen Hinweise führen also auf die Mitte der siebziger Jahre des 2. Jahrhunderts n. Chr. als Abfassungszeit der späteren Bücher der «Reisen in Griechenland»; vorher sahen wir, daß das erste Buch spätestens vor 161 n. Chr. veröffentlicht gewesen sein muß. Das heißt also, daß die Abfassung des Werks mindestens fünfzehn Jahre beanspruchte.

Das erste Buch ist daher, wie schon gesagt, lange vor den anderen geschrieben und auch veröffentlicht worden. Das ergibt sich aus der oben angeführten Stelle über das Odeion des Herodes in Athen mit Sicherheit. Auch sonst führt manches zu demselben Schluß. So gibt Pausanias zum Beispiel schon im ersten Buch eine längere Darstellung des Gallierzuges gegen Griechenland (I 4. 1–6), um dann im zehnten Buch noch einmal einen besonders ausführlichen Exkurs darüber einzuschieben (cap. 19. 5 bis 23. 14). Den ersteren würde er doch wohl nachträglich fortgelassen haben, wenn er nicht schon veröffentlicht gewesen wäre. Auch sonst stehen in den späteren Büchern zahlreiche Nachträge zu Dingen und Denkmälern, die im ersten Buch erwähnt waren[25]. Das erste Buch hat auch in dem Satz cap. 39. 3 (S. 155) einen klaren zusammenfassenden Abschluß, endete also ursprünglich mit der Beschreibung der Umgebung von Eleusis. Es unterscheidet sich ferner auch sonst deutlich von den übrigen Büchern. Die Beschreibung Athens und Attikas ist viel kürzer und unvollständiger als die Städtebeschreibungen der späteren Bücher; es ist erheblich mehr an Bauten und Sehenswürdigkeiten fortgelassen als an anderen Orten. Bei Athen fehlt eine historische Einleitung ganz, die später bei allen bedeutenderen und manchen unbedeutenden Orten die Regel ist. Vor allem aber ist die topographische Ordnung der Beschreibung im ersten Buch sehr viel weniger eingehalten als in den späteren Büchern. Die Beschreibung Athens macht oft große Sprünge, ohne daß mit einem Wort darauf hingewiesen wird; das ist im einzelnen im Kommentar vermerkt. Die Erforschung der Topographie Athens stand daher bis vor kurzem, ehe die amerikanischen Ausgrabungen auf dem Staatsmarkt die Hauptfragen durch den Spaten lösten, vor unlösbaren Schwierigkeiten und Widersprüchen, da Pausanias hier vielfach versagte oder sogar irreführte.

Ebenso ist die sehr unvollständige Beschreibung Attikas überwiegend nach sachlichen Gruppierungen geordnet, nicht nach der Reihenfolge der Orte im Gelände. Das Buch weist also gegenüber den späteren erhebliche Mängel auf, und das früher oft sehr ungünstige und absprechende Urteil über unseren Schriftsteller beruhte großenteils auf dem ungünstigen Eindruck, den leider gerade die Beschreibung Athens zum großen Teil macht. Das erste Buch stellt also einen noch unvollkommenen Anfang dar; als Pausanias eine Reihe von Jahren später an die Ausarbeitung der folgenden Bücher ging, war er sich über die zu befolgende Methode klarer geworden und wußte diese Mängel des ersten Buchs zu vermeiden.

Bei den späteren Büchern (von I 39. 4 an) weist nichts mehr mit einiger Wahrscheinlichkeit darauf hin, daß Teile gesondert veröffentlicht wären. Eine große Anzahl von Vor- und Rückverweisen belegen, daß die heute überlieferte Reihenfolge der Bücher die vom Verfasser beabsichtigte war und sie in der heute vorliegenden Reihenfolge geschrieben wurden[26]. Diese Verweise zeigen auch, daß der Plan des Gesamtwerks und sein Hauptinhalt von Anfang an feststanden; schon im ersten Buch findet sich ein Verweis auf das spätere neunte Buch[27]. Daß Pausanias vereinzelt Versprechungen dieser Art nicht eingelöst hat, worauf im Kommentar zu den Stellen hingewiesen ist, ist nicht erstaunlich; es sind ganz wenige Fälle, und es ist viel eher erstaunlich, daß er bei den zahlreichen Verweisen auf spätere Behandlung eines Themas das nicht häufiger vergessen hat.

Eine andere Frage ist, ob das Werk des Pausanias von seinem Verfasser fertiggestellt oder in gewissen Teilen unvollendet hinterlassen worden ist und ob es uns auch vollständig überliefert ist. Pausanias sagt uns selber schon im ersten Buch, daß er ganz Griechenland beschreiben wolle[28]. Dem entspricht der Inhalt nach unseren Begriffen nicht ganz. Auch wenn wir uns auf das festländische Griechenland beschränken, das Pausanias sicherlich gemeint hat, so fehlt das nordwestliche und nördliche Griechenland. Aber was verstand Pausanias selbst unter «Griechenland»? Nun, den Nordwesten, die Landschaften Akarnanien und Aitolien rechnete er nach eigener ausdrücklicher Angabe nicht zu Griechenland[29]. Diese Landschaften besaßen auch kaum alte historische Erinnerungen und Kunstdenkmäler, die Pausanias hätten interessieren können, und waren zudem durch die Gründung von Nikopolis großenteils verödet[30]. Für Thessalien einschließlich der südlich benachbarten Stämme des Spercheiostals gilt wohl der gleiche Gesichtspunkt, daß die Landschaft kulturell und geschichtlich nicht im gleichen Maße mit Griechenland verbunden war wie die Kernlandschaften. Es besaß wenig Denkmäler, und kein namhafter Künstler, Dichter oder Schriftsteller stammte von dort. Seit Philipp II. von Makedonien war es auch für etwa anderthalb Jahrhunderte politisch mit Makedonien verbunden gewesen. Pausanias erwähnt zwar thessalische Dinge öfters und ist auch im Land gewesen[31]; daß er es behandeln wollte, dafür gibt es jedoch keine Anhaltspunkte, und er rechnete es offenbar ebenfalls nicht zu «Griechenland»[32]. Die Fortlassung von Aitolien, Akarnanien und Thessalien entspricht auch ungefähr den politischen Verhältnissen seiner Zeit, da damals Thessalien zur römischen Provinz Macedonia, Akarnanien zur Provinz Epirus, Aitolien allerdings noch zur Provinz Achaia gehörte[33].

Ein wenig anders liegen die Dinge für die Insel Euboia. Zwar scheint Pausanias sie ebenfalls nicht zu «Griechenland» zu rechnen[34], aber er hat euboiische Lokalgeschichten gelesen[35], erwähnt eine noch zu seiner Zeit bestehende folkloristische Besonderheit[36] und beschreibt die Straße von Theben nach Chalkis am Euripos[37]. Das erweckt nach seinen sonstigen Gepflogenheiten den Anschein, daß er die Beschreibung Euboias mit Chalkis an diejenige von Boiotien anschließen wollte[38]. Aber auch nach Abzug dieser Landschaften fehlen noch drei Gebiete, von denen das eine ganz kurz und oberflächlich, die beiden anderen gar nicht behandelt sind und für deren Fehlen es keinen sachlichen Grund gibt, die beiden Lokris und die Doris. Von diesen Landschaften ist zwar die westliche Lokris am Schluß des zehnten Buchs behandelt, aber sehr kurz und unvollständig und dadurch von den übrigen Gebieten stark unterschieden. In der heutigen Kapiteleinteilung ist der westlichen Lokris nur ein einziges, das letzte Kapitel des zehnten Buchs, gewidmet, und von den über zwanzig bekannten westlokrischen Ortschaften nennt und behandelt Pausanias ganze vier. Die Darstellung bricht auch ohne jeden zusammenfassenden Abschluß mit der Beschreibung von Naupaktos unvermittelt ab. Daß Pausanias die östliche Lokris behandeln wollte, wird dadurch wahrscheinlich, daß er die Straßen von Boiotien nach Opous erwähnt und beschreibt[39]. Ferner verweist er innerhalb seines Werks einmal direkt auf seine spätere Behandlung der östlichen Lokris[40] und gibt an einer anderen Stelle eine Einzelheit über ein Denkmal in Ostlokris an[41]. Es ist also sicher, daß das Werk des Pausanias uns am Schluß unvollständig vorliegt, entweder weil der Verfasser es nicht hat vollenden können oder weil es am Schluß verstümmelt auf uns gekommen ist. Wenn wir uns daran erinnern, daß Pausanias bei der Abfassung der späteren Bücher seines Werks über sechzig Jahre alt war, so ist es sehr wohl möglich, daß der Tod ihm die Feder aus der Hand nahm, es gibt aber auch eine, leider unsichere Beobachtung, die dafür spricht, daß ursprünglich mehr vorhanden war und der Schluß des Werkes nachträglich verlorengegangen ist. Der byzantinische Schriftsteller

Stephanos von Byzanz, der im 6. Jahrhundert n. Chr. lebte, zitiert nämlich in seinem geographischen Lexikon zu der euboiischen Stadt Tamyna oder Tamynai außer Strabo, dessen Text wir haben[42], auch Pausanias. Leider ist die Buchzahl in den Handschriften hier verschieden überliefert, indem die einen Handschriften Buch X, die anderen Buch XI angeben. In dem uns erhaltenen Pausaniastext kommt der Ort aber nicht vor, und von einem elften Buch ist sonst nichts bekannt. Entweder muß man also irgendeinen Irrtum des Stephanos annehmen oder irgendeine Lücke in unserem Pausaniastext, in der der Ort in einem Exkurs genannt gewesen wäre, oder ist zu der Annahme genötigt, daß Stephanos von Byzanz noch ein vollständigeres Exemplar besaß, in dem auch Euboia behandelt war und dann wohl auch die sonst noch fehlenden Landschaften Lokris und Doris. Da das erhaltene zehnte Buch schon in seiner heutigen Gestalt sehr lang ist, dürften diese Teile eher ein elftes Buch gebildet haben. Welche Lösung dieser Schwierigkeit die richtige ist, läßt sich nicht entscheiden.

In unseren Handschriften ist das Werk des Pausanias in zehn Bücher eingeteilt, die Sondertitel tragen, meist in der Form Attiká, Korinthiaká, Lakoniká, Messeniaká usw. Sie beziehen sich also auf den Inhalt des Buchs oder, wie im Fall des zweiten Buchs, auf die in diesem Buch zuerst behandelte Landschaft. Da das zweite Buch Korinthiaká und nicht Megariká heißt, liegt diesen Sondertiteln die heutige Bucheinteilung zugrunde. Weder diese Bucheinteilung noch diese Bezeichnung der Bücher stammt aber von Pausanias selbst, mindestens nicht in der heutigen Form, sondern ist spätere Zutat. Pausanias zitiert sein eigenes Werk in den vielen Verweisen nach vor- und rückwärts, wie es im Altertum auch sonst üblich war, in verschiedener Weise nach den großen und kleinen sachlichen Abschnitten, nicht nach Büchern[43].

Das erste Buch ist heute auch an einer ganz falschen Stelle abgeteilt; die zusammenfassenden Worte über Attika in cap. I 39. 3 zeigen, daß der Verfasser sein erstes Buch, Attika, an dieser Stelle nach der Behandlung von Eleusis abschloß. Megara (I 39. 4–44) gehört in Wahrheit zum nächsten Buch, und zwischen dem heutigen ersten und zweiten Buch liegt kein wirklicher Einschnitt. Auch sonst sind die heutigen Buchgrenzen im Text des Pausanias selbst in keiner Weise begründet; die Darstellung läuft überall ohne Einschnitt weiter. Nur an einer Stelle, außer den eben erwähnten Schlußworten des attischen Buchs, macht der Verfasser selber einen größeren Einschnitt, nämlich am Ende des achten Buchs, mit dem die Behandlung der Peloponnes schließt und sich die Darstellung Mittelgriechenland zuwendet. Die heutige Bucheinteilung und diese Sondertitel sind aber schon ziemlich alt; sie liegen in der gleichen Bucheinteilung wie heute in den vielen Zitaten des Stephanos von Byzanz aus Pausanias im 6. Jahrhundert n. Chr. vor[44]. Stephanos nennt das Werk auch bereits mit dem heute üblichen und in den meisten Handschriften stehenden Titel Περιήγησις (τῆς) Ἑλλάδος oder Ἑλλάδος περιήγησις, «Beschreibung Griechenlands»; einzelne Handschriften geben allerdings auch einen anderen Titel, wie zum Beispiel Ἱστορίαι, «Geschichten». Welchen Titel der Verfasser selbst seinem Werk gegeben hat, ist danach nicht sicher.

Im Altertum ist unser Schriftsteller wohl wenig gelesen worden; es gibt einen einzigen antiken Autor, der Pausanias ein einziges Mal zitiert, sein in Rom lebender jüngerer Zeitgenosse Claudius Aelianus, der im zwölften Buch seiner «Bunten Geschichte» Pausanias für eine Einzelheit anführt[45]. Sonst steht er erst bei den Byzantinern in höherem Ansehen. Stephanos von Byzanz exzerpiert ihn im 6. Jahrhundert für sein geographisches Lexikon ausgiebig und zitiert ihn fast achtzigmal. Der kaiserliche Gelehrte Konstantinos VII. Porphyrogennetos (912–959 n. Chr.) zählt ihn unter die namhaftesten geographischen Schriftsteller[46]. Der Historiker Agathias (ca. 536–582 n. Chr.) benutzte ihn und schrieb anscheinend einige Randbemerkungen in sein Pausaniasexemplar, die in unseren Handschriften überliefert sind[47], ebenso der gelehrte, aus Patras gebürtige Erzbischof Arethas von Caesarea in Kappadokien (ca. 860 bis 944 n. Chr.)[48]. Maximos Planudes (ca. 1260–1305 n. Chr.) benutzte Pausanias für seine große Exzerptensammlung Συναγωγὴ ἐκλεγεῖσα ἀπὸ διαφόρων βιβλίων. Der zweite Artikel Solon in dem großen Lexikon des sogenannten Suidas (um 1000 n. Chr.) erzählt die gleichen Geschichten wie Pausanias X 37. 6 ff. und ist offenbar daher, wenn auch ohne Namensnennung, übernommen.

Die über zwanzig erhaltenen Handschriften des Pausanias sind alle ganz spät, erst aus dem 14. bis 16. Jahrhundert; sie gehen alle, wie die zahlreichen gemeinsamen Fehler und Textlücken zeigen, letzten Endes auf eine einzige, schon nicht sehr alte Handschrift zurück, die bereits stark interpoliert war und schon viele verschiedene Lesarten aufwies. Die Überlieferung ist in Anbetracht des schwierigen Stils des Pausanias und der zahlreichen, oft wenig bekannten Namen, was beides besonders leicht zu Verschreibungen führen konnte, und in Anbetracht der späten Niederschrift der erhaltenen Handschrift noch als verhältnismäßig gut zu bezeichnen. Sehr zahlreich sind dagegen die großen und kleinen Lücken im Text, entstanden teils durch Auslassen einzelner Wörter, teils durch Auslassen ganzer Zeilen der Vorlage, wenn sich viele davon auch wenigstens dem Sinne nach ergänzen lassen. Mindestens eine der heutigen Lücken befand sich bereits in der Handschrift, die Stephanos von Byzanz im 6. Jahrhundert n. Chr. benutzte[49].

Als Zweck seines Werkes gibt Pausanias mehrfach selber an, über «die wichtigsten und bemerkenswertesten Sehenswürdigkeiten und Erzählungen» der Landschaften und Orte Griechenlands zu berichten unter ausdrücklicher Ablehnung irgendwelcher Vollständigkeit[50]. Er reiht damit sein Werk ein in die Gattung der perihegetischen Literatur, der Beschreibungen einzelner Länder, Städte, Denkmälerklassen, wie ja auch der Titel in den Handschriften und bei Stephanos von Byzanz «Perihegese von Griechenland» lautet. Ihr Ahnherr ist kein Geringerer als der «Vater der Geschichte», Herodot (und sein Vorgänger Hekataios), der bereits auf Grund eigener ἱστορίη, das heißt eigenen Sehens, Fragens und Forschens, sowohl die Sehenswürdigkeiten wie die Geschichte und besonderen Eigentümlichkeiten der Länder und Völker in seinem Geschichtswerk neben seinem Hauptthema, den Perserkriegen, behandelte[51]. Ihre Hauptblüte erlebte diese Literaturgattung in dem großen Zeitalter der griechischen Wissenschaft, der hellenistischen Zeit nach Alexander dem Großen. Wir kennen aus dieser Zeit die Namen mehrerer solcher «Perihegeten» und die Titel ihrer oft vielbändigen Werke, doch ist von keinem von ihnen eine Schrift erhalten, und wir müssen uns mit den wenigen Fragmenten begnügen, die uns spätere Schriftsteller aus diesen Werken zitieren. Der berühmteste und fruchtbarste unter ihnen war Polemon von Ilion, der in der ersten Hälfte des 2. Jahrhunderts v. Chr. lebte und von dem besonders viele Buchtitel überliefert sind, darunter allein ein vierbändiges Werk «über die Weihgeschenke auf der Akropolis» von Athen[52]. Wie alle antiken Literaturgattungen hat auch diese ihre bestimmten Stilgesetze und Besonderheiten. Sie unterscheidet sich vor allem von der geographischen Literatur dadurch, daß sie sich weder mit der wissenschaftlichen mathematischen und astronomischen Erdkunde befaßt noch mit der allgemeinen beschreibenden Länderkunde und Topographie. Vielmehr ist ihr Thema die eingehende Behandlung einzelner Denkmälergruppen, wobei diese Denkmäler entweder in sachlich zusammengehörenden Gruppen behandelt werden oder die Denkmäler eines bestimmten einzelnen Orts oder Heiligtums beschrieben werden oder schließlich diese beiden Prinzipien so verbunden sind, daß nur eine bestimmte Denkmälerklasse eines bestimmten Ortes behandelt wird. Dabei ist das Ziel der Beschreibung jedenfalls im allgemeinen eine möglichst vollständige Erfassung des vorhandenen Denkmälerbestandes gewesen, wobei die Denkmäler nicht nur nach ihrem Standort und ihrem Aussehen beschrieben werden, sondern auch zu ihrer Erklärung möglichst viel historisches, kulturhistorisches, antiquarisches, mythologisches oder anekdotisches Material herangezogen wird, was offenbar häufig zu recht ausgedehnten Exkursen führte, die auch recht weit vom eigentlichen Thema wegführen konnten. Aber auch hier sind Grenzen gesetzt, indem das Schwergewicht durchaus auf der sachlich-historisch-antiquarischen Erklärung lag, das eigentlich Kunsthistorische jedoch, insbesondere die künstlerische Würdigung der Denkmäler, beiseite blieb, die wieder das Thema einer besonderen kunsthistorischen Literatur war. Es ist keine Frage, daß von diesen Gelehrten ein immenses Material zur Erklärung der Denkmäler in sorgfältiger und exakter Arbeit zusammengebracht wurde, wobei aber besonders Polemon auch nicht verschmähte, seine Darstellung durch mancherlei, auch recht pikante Anekdötchen oder sogar Wundergeschichten zu würzen und interessanter zu machen. Im ganzen gehört diese Literatur in den Bereich der eigentlich wissenschaftlichen Literatur, deren Zweck eine möglichst umfassende und zuverlässige Darbietung des Materials war, während auf die stilistische Form weniger Gewicht gelegt wurde.

Neben dieser Gattungszugehörigkeit ist für Inhalt und Stil des Werkes des Pausanias seine Lebenszeit entscheidend. Das 2. Jahrhundert n. Chr. ist gekennzeichnet durch eine starke Wiederbelebung griechischen Lebens. In den zwei Jahrhunderten des Kaiserfriedens waren die furchtbaren Wunden, die das Zeitalter der römischen Bürgerkriege vor allem dem griechischen Osten geschlagen hatte, großenteils geheilt und eine neue wirtschaftliche und kulturelle Blüte eingetreten. Auch das geistige Leben in den griechischen Ländern, von den Kaisern nachhaltig gefördert, nahm wieder einen großen Aufschwung, und vor allem die Prosaschriftstellerei entfaltete sich in reichstem Maße neu. Griechisch blieb durchaus die herrschende Sprache der höheren Kultur, und selbst ein Römer, der Italien nie verlassen hat, Claudius Aelianus aus Praeneste (170–240 n. Chr.), schrieb seine Sammelwerke jetzt auf griechisch, wie ja auch der kaiserliche Philosoph Marc Aurel seine Selbstbetrachtungen griechisch schrieb. Am kaiserlichen Hof errang das Griechische vielfach eine hohe Wertschätzung; auf den begeisterten, schwärmerischen Griechenfreund Nero folgten die Flavier, die enge politische und persönliche Beziehungen zur östlichen Reichshälfte hatten, und Hadrian war der ausgesprochenste Philhellene auf dem Kaiserthron. Er wandte seine kaiserliche Fürsorge in reichstem Maße Griechenland selbst und den sonstigen griechischen Gebieten zu, errichtete an vielen Orten große Bauten zum allgemeinen Nutzen und zur Verschönerung der Städte und suchte alte Einrichtungen wie die delphische Amphiktyonie und den panhellenischen Bund der Zeit der Perserkriege neu zu beleben. Wie bei diesem großen kaiserlichen Gönner des Griechentums, so war auch sonst das Interesse überwiegend nach rückwärts gewandt, den klassischen und noch älteren Zeiten zu, die als alleinige Richtschnur und Vorbild dienten und hoch geehrt wurden. Die neueren Zeiten seit dem Hellenismus galten keiner Beachtung wert. Das gilt sowohl auf dem Gebiet der bildenden Kunst, wo man versuchte, in einem künstlichen Archaismus die Vorbilder der archaischen Zeit nachzuahmen, wie in der kunstgeschichtlichen Beschäftigung mit der Vergangenheit, die sich allein den ältesten Erscheinungen und den großen Künstlern des 5. und 4. Jahrhunderts v. Chr. zuwandte und alles Spätere nahezu völlig vernachlässigte, ebenso aber auch in der Literatur, in der ebenfalls nur die Dichter und Schriftsteller der ältesten Zeiten und der klassischen Jahrhunderte der Lektüre und Beachtung würdig erschienen. Für uns hat diese künstliche Rückwendung zum Klassizismus die unangenehme Nebenfolge, daß die hellenistische Literatur fast gänzlich verlorengegangen ist, weil sie nicht mehr gelesen wurde.

Die beiden geistigen und literarischen Haupterscheinungen der Zeit waren die sogenannte *neue Sophistik* und der *Attizismus,* die sich bald miteinander verbanden. Die neue Sophistik sah ihr Ziel und Ideal in der Ausbildung einer wirkungsvollen Beredsamkeit, in der Kunst, sowohl in freier Improvisation sofort über jedes gewünschte Thema eine sprachlich vollendete Rede halten zu können, wie auch sorgfältig ausgearbeitete große Prunkreden über die verschiedensten Themen mit größtem Aufwand theatralischer Rhetorik zu halten oder zu verfassen. Die gefeierten Meister der Kunst waren hochberühmt und nahmen sowohl im öffentlichen Leben wie als Lehrer der Rhetorik eine außerordentlich geachtete Stellung ein und gelangten dadurch auch zu großem Wohlstand. Mehrere standen zum Kaiserhof in engen Beziehungen. Viele von ihnen gaben auch als Wanderredner an den verschiedensten Orten der antiken Welt Proben ihrer so hochbewunderten Kunstfertigkeit. Gerade in Kleinasien fand die Ausbildung dieser neuen effektvollen

Rhetorik eine besondere Pflege. Der Attizismus andererseits sah in der attischen Sprache der klassischen Zeit, vor allem der Sprache der attischen Redner, das völlig und allein maßgebende Vorbild der gebildeten Sprache und war bestrebt, sich bis in die kleinsten Einzelheiten der Wortwahl und des Satzbaus in Rede und Schrift diesem Vorbild anzuschließen, worin es die berühmtesten Vertreter dieser Richtung zu großer Vollendung brachten. Die höchstgefeierten Häupter und Lehrer der neuen Sophistik, der Athener Herodes Atticus (101–177 n. Chr.) und Ailios Aristides aus Hadrianoi in Mysien (117 bis ca. 187 n. Chr.), waren zugleich Attizisten.

Die Beherrschung der neuen Kunst setzte ein ausgedehntes allgemeines Wissen voraus, das durch das Studium der klassischen Schriftsteller in den Rhetorenschulen erworben wurde, und als Themen der Reden wählte man auch hier zur Hauptsache wirkliche oder erfundene Ereignisse oder Situationen der alten klassischen griechischen Geschichte. Andererseits verkümmerte bei der Überbetonung der formalen rhetorischen Ausbildung einerseits und dieser ganz auf eine längst vergangene große Vorzeit gerichteten Betrachtungsweise andererseits die eigene schöpferische geistige Tätigkeit in starkem Maße. Nur noch die möglichst vollkommene Nachahmung der großen alten Vorbilder galt als erstrebenswert, für in die Tiefe gehende, gründliche Bildung war kein Raum und Interesse mehr. Die ernsthafte, gründliche und ausgebreitete echte Gelehrsamkeit und Wissenschaft der hellenistischen Zeit verschwand völlig und wurde nicht mehr geschätzt. Für ihre Weiterbildung geschah fast nichts. An ihre Stelle trat eine stark verflachte allgemeine Bildung, in die zwar das in der hellenistischen Zeit erarbeitete Erkenntnismaterial einging, aber doch nur in stark vereinfachter und beschränkter Form und in immer kürzeren Auszügen immer weiter verwässert und vergröbert und verengert. Man lebte völlig aus dem immer und immer wieder neugewendeten Bildungsgut der früheren Jahrhunderte, ohne selber Neues hinzuzutun, aber auch ohne es, je länger desto weniger, noch wirklich zu verstehen. Die reine Rhetorik trat an die Stelle sowohl der Wissenschaft wie auch der Philosophie. Dem Geschmack und den Bedürfnissen der Zeit entsprachen daher auch besonders Bücher möglichst vielfältigen Inhalts, in denen, aus älteren Autoren zusammengestellt, in amüsanter und unterhaltender Form alles mögliche Bildungsgut in bunter Folge ausgebreitet wurde, Mythologisches, Naturwissenschaftliches, Historisches, Kulturhistorisches, Anekdotisches. Auch die eigentliche Paradoxographie gehörte dazu, Bücher, in denen aus Natur, Geschichte und Menschenleben alle möglichen seltsamen und wunderbaren Geschichten erzählt wurden.

Diese allgemeine geistige Haltung der Zeit, die natürlich nicht ausnahmslos und für alle Erscheinungen gilt, ist für ein richtiges Verständnis des Pausanias zu beachten. Was Pausanias geben konnte und wollte, war durchaus keine Perihegese in dem alten wissenschaftlichen Sinne der hellenistischen Zeit, wie sie oben (S. 25 ff.) kurz skizziert worden ist, in ihrer Ausführlichkeit und wissenschaftlichen Gründlichkeit und auf eigenen Forschungen beruhend, sondern eine Beschreibung Griechenlands, dem sich damals, wie oben gesagt, wieder lebhaftes Interesse auch von höchster Seite zuwandte, im Geschmack der eigenen Zeit, also ein Buch, das in erster Linie eine interessante und abwechslungsreiche Lektüre sein sollte. Wohl trägt sein Werk noch die Charakterzüge der echten Perihegese, indem es in allererster Linie von den einzelnen Denkmälern spricht und bei ihrer Erklärung die sachlich-antiquarischen Gesichtspunkte ganz im Vordergrund stehen unter Vernachlässigung sowohl des eigentlich Geographisch-Landeskundlichen wie der künstlerischen

Wertung und des Kunsthistorischen. Ebenso gehören auch die zahllosen Exkurse, die Berücksichtigung sowohl der Sehenswürdigkeiten wie der Erzählungen und Geschichten seit Herodot zu den Stileigentümlichkeiten der perihegetischen Literatur. Bei Pausanias ist nun aber doch wieder die Chorographie, die Länder- und Ortsbeschreibung, mit der Perihegese verbunden, von der sie sich in hellenistischer Zeit getrennt hatte, indem ja Pausanias nicht nur einen einzigen Ort, ein einziges Heiligtum schildert, sondern ganz Griechenland und hier nicht nur die großen Orte und Heiligtümer, die wirkliche Sehenswürdigkeiten aufzuweisen hatten, sondern auch kleine und kleinste Orte, immerhin alles nicht vom geographischen Standpunkt aus, sondern in Verfolgung der irgendwie interessanten Denkmäler und Traditionen, die dort vorhanden oder gelegentlich eben auch nicht vorhanden waren. Diese Erweiterung des Umfangs der Perihegese war notwendig, weil eine so bis ins einzelne gehende, gründliche und umfassende Behandlung eines einzelnen Ortes, wie sie die wissenschaftliche hellenistische Perihegese gab, in dieser Zeit unmöglich war. Man verlangte an äußerem Umfang sehr viel mehr, im Detail aber sehr viel weniger. Und die Exkurse aller Art und allerverschiedensten Inhalts, die einen so außerordentlichen Raum in Pausanias' Werk einnehmen, wuchern dem Zeitbedürfnis nach abwechslungsreicher Lektüre entsprechend in einer Weise, daß man Pausanias in moderner Zeit groben Mißbrauch der Form der Perihegese vorgeworfen hat[53]. Man hat ausgerechnet, daß nach ihrem Umfang diese Exkurse ungefähr die Hälfte des ganzen Werks ausmachen[54]. Was wir in Pausanias' Werk vor uns haben, ist also nicht Wissenschaft im alten Sinne und will es auch nach den eigenen Absichten des Verfassers gar nicht sein, sondern Perihegese im popularisierten Zeitgeschmack der zweiten Sophistik, Belletristik, wie wir heute sagen würden. Schon daß auf Vollständigkeit der Beschreibung bewußt verzichtet wird, trennt das Werk von der wissenschaftlichen Literatur und weist es der Belletristik zu.

Man ist daher in neuerer Zeit sogar so weit gegangen, zu behaupten, diese ganze bunte Fülle der Exkurse, die sich oft kettenartig zu mehreren aneinanderreihen, von denen manche mit dem behandelten Denkmal kaum noch etwas zu tun haben und unter denen sich auch eigentliche Wundergeschichten befinden, sei für den Verfasser überhaupt der Hauptzweck des ganzen Werks gewesen, die Perihegese, die Beschreibung Griechenlands, sei nur der äußere Rahmen der Erzählung, nur dazu da, um eben an die erwähnten Denkmäler solche Exkurse aller Art anschließen zu können, wie andere Werke der Zeit zum Beispiel den äußeren Rahmen eines Gastmahls benutzen, um in Form von Tischgesprächen alles das auszubreiten, worüber sie sprechen wollen. Die Exkurse seien also nicht dazu da, um zu den Denkmälern etwas Erklärendes oder Interessantes zu sagen, sondern umgekehrt seien die Denkmäler nur dazu da, um solche Exkurse zu ermöglichen. Das Ganze sei also einfach eine «Bunte Geschichte», wie sie damals vielfach geschrieben wurden, ein Sammelsurium aller möglichen interessanten Geschichten[54].

Das ist aber entschieden zu weit gegangen, und bezeichnenderweise stammt diese Auffassung einerseits von einem Archäologen, der in der topographischen Behandlung der von ihm in seinem Buch besprochenen altgriechischen Örtlichkeiten eben deswegen großenteils in die Irre gegangen ist, und andererseits von einem Philologen, der von sich selber betont, er könne in topographischen Dingen nicht mitreden, da er Griechenland nie selber gesehen habe[55]. Wenn das der Zweck des Werkes des Pausanias gewesen wäre, dann hätte er es sich sehr viel leichter machen können, dann hätte er nicht soviel Orte zu nennen brauchen, bei denen nun wirklich nichts von Interesse zu bemerken war, und nicht eine solche Masse von Einzeldenkmälern aufzuzählen brauchen, an die sich keine besonderen Exkurse und Erklärungen anschließen. Die Beschreibung Griechenlands ist nicht Mittel zum Zweck, sie ist Hauptzweck des Werkes, und in der Nennung der Ortschaften, Städte und Heiligtümer ist, außerhalb Attikas, ganz offensichtlich auch annähernde Vollständigkeit beabsichtigt und im ganzen auch erreicht einschließlich vieler Orte, die Pausanias selber nicht hat besuchen können und daher nach literarischen Quellen eben dieser Vollständigkeit wegen behandeln muß, und einschließlich vieler Orte, die zu seiner Zeit nicht mehr bestanden, sondern in Ruinen lagen. Und in betreff der Einzeldenkmäler hat sich der Verfasser ebenfalls im allgemeinen bemüht, aus der Fülle des zu seiner Zeit Vorhandenen alles wenigstens zu nennen, was ihm der Erwähnung besonders wert schien, auch dann, wenn es sich wie so oft nur noch in halb- oder ganz zerstörtem Zustand befand. Gerade in der Beschreibung der einzelnen Denkmäler hält er sich dort, wo sehr vieles zu erwähnen war, im allgemeinen peinlich genau an ihre Reihenfolge an Ort und Stelle. Er müht sich unendlich, das Einerlei der Aufzählung durch immer neue Varianten der Anknüpfung und Überleitung aufzulockern. Er hätte sich seine Aufgabe wesentlich erleichtern können, wenn er sachlich gruppiert hätte, wie ihm einzelne moderne Kritiker unterschieben, oder nur interessant hätte erzählen wollen. Daß er sich so streng an die lokale Reihenfolge hält, was ihm in seinem Bestreben, auch stilistisch auf der Höhe seiner Zeit zu sein, allergrößte Schwierigkeiten in den Weg legt, beweist, daß ihm dieser Gesichtspunkt, also der perihegetisch-sachliche, doch unabdingbares Gebot war, dem sich die schriftstellerische Bewältigung unterzuordnen hatte. Die schriftstellerische Form spielt in seinem Werk doch die dienende, nicht die beherrschende Rolle. Gerade darin liegt ja der für uns so unschätzbare Wert seines Werks, daß er sein Thema, das Bemerkenswerteste in Griechenland zu beschreiben, nicht allzu eng und für sich selber bequem behandelt hat, also doch eine wirklich umfassende und sachlich zuverlässige Beschreibung Griechenlands, aber allerdings aufgemacht im Geschmack seiner Zeit.

Daß Pausanias an Leser denkt, die sein Buch zu Hause lesen, sagt er uns selber[56], und die vielen Exkurse, besonders die oft langen historischen Einleitungen, sind auch wohl hauptsächlich für sie bestimmt, wie ja das ganze Werk, wie oft betont, ein Literaturwerk im eigentlichen Sinne sein will. Daneben kann aber nicht geleugnet werden, daß es trotz allem doch auch ein wirkliches Reisehandbuch zum Gebrauch für Reisende in Griechenland sein sollte, die der Verfasser auf die wichtigsten Sehenswürdigkeiten hinwies und denen er zu diesen Sehenswürdigkeiten im allgemeinen Besseres sagen wollte, als sie wohl in der Regel von den gewerbsmäßigen Fremdenführern zu hören bekamen – damals wie heute. Daß es diese an den wichtigsten Orten gab, wissen wir aus sicheren antiken Zeugnissen bestimmt; ebenso, daß sie vielfach den Reisenden ebenso wie heute richtige Fremdenführermärchen vorsetzten, wie gerade aus Pausanias selber mehrfach deutlich ist. Man hat zwar in neuerer Zeit genügend Schalen des Spotts ausgegossen über diejenigen, die in Pausanias deshalb einen «antiken Baedeker» sehen wollten, weil wir ihn heute dauernd als solchen benutzen und benutzen müssen. Aber alles, was man dagegen gesagt hat, gilt ganz gleich auch für unsere modernen Baedeker und Guides bleus usw. Auch sie geben lange historische und sonstige Einleitungen, die man an Ort und Stelle bei den Denkmälern nicht lesen wird; auch sie beschreiben Landschaften und

Städte und Reisewege in einer Art und Reihenfolge, von der jeder Mensch weiß, daß der Verfasser natürlich nicht in der Reihenfolge seiner Beschreibung gereist ist und auch von dem Benutzer seines Handbuchs gar nicht erwartet, er werde sie alle gerade in dieser Reihenfolge nacheinander vornehmen. Und daß alle die praktischen Angaben für das Reisen fehlen, die man heute in einem Reisehandbuch findet, besagt gar nichts. So etwas gehörte nicht in ein antikes Literaturwerk, und das erfuhr der Reisende ja an Ort und Stelle und von den Führern, die er in jedem Fall brauchte, gerade wie er sie heute noch trotz aller modernen genauen Karten und genauen Reisehandbücher im Lande braucht, sobald er sich von Eisenbahn und Autostraße entfernt.

Ein wesentlicher Teil der Aussetzungen, die man heute an Pausanias macht, stammt gerade daher, daß seine Beschreibungen für die Lektüre zu Hause in der Tat ganz ungenügend sind. Es ist unmöglich, sich nur nach den Schilderungen des Pausanias ohne Anhalt an vorhandenen Resten eine einigermaßen genügende oder klare Vorstellung von der Lage der beschriebenen Gebäude oder Denkmäler zu machen oder etwa daraufhin einen Plan zu entwerfen. Alle modernen Versuche in der Richtung sind fehlgeschlagen. Dafür sind seine Angaben viel zu ungenau und unvollständig. Richtungsangaben wie «rechts» und «links» oder nach Westen oder Osten sind selten, genaue Entfernungsangaben der einzelnen Denkmäler voneinander fehlen überhaupt, Entfernungsangaben gibt es nur für die Entfernungen ganzer Orte voneinander. Oft werden gar keine Angaben der Art gemacht oder nur allgemeine wie «nahe», «nicht weit», «dann», «weiterhin», «anschließend», oder allenfalls auch «gegenüber» oder «höher» oder «tiefer». Für den antiken Leser zu Hause genügten diese Angaben, da er ja doch bei dem Fehlen von

Karten und Plänen, wie wir sie heute kennen, gar nicht auf den Gedanken gekommen wäre, daß es möglich sein könnte, sich einen fremden Ort genauer vorzustellen. Und genau so genügten diese Angaben für den Leser an Ort und Stelle, der ja die erwähnten Denkmäler entweder vor sich sah oder sich ohne weiteres zu ihnen führen lassen konnte. Ebenso fehlen fast immer mit ganz spärlichen und knappen Ausnahmen eigentliche Beschreibungen von Gebäuden; auch das sah man ja, wenn man davor stand. Sehr zahlreich sind die Fälle, in denen Pausanias von einem Kunstwerk oder anderen Denkmal sagt, sie seien «sehenswert», was nur Sinn hat, wenn an Leser gedacht ist, die in die Lage kommen, sich das Denkmal anzusehen. Bei der Beschreibung des Stadions von Athen heißt es, es sei beim reinen Lesen der Beschreibung wohl nicht imponierend, wohl aber, wenn man es selber sehe[57]. Auch daß der Turm des Timon von der Akademie aus sichtbar ist und daß man die Trümmer von Skillous beim Ritt von Samikon nach Olympia links rückwärts liegen sieht, hat wirkliches Interesse nur für jemand, der selbst dort ist und darauf aufmerksam gemacht werden soll[58], ebenso Angaben, daß man diese oder jene Sehenswürdigkeit finde, wenn man so oder so gehe[59]. Und daß Pausanias bei seiner Beschreibung Olympias so oft angibt, neben welchem Denkmal der gerade nicht behandelten Art dieses oder jenes erwähnte Denkmal steht, ist für Leser zu Hause recht gleichgültig, für Leser an Ort und Stelle aber zur Auffindung wichtig. Vor allem aber ist jede ausführliche Beschreibung eines Ortes oder Heiligtums ganz auf Leser berechnet, die die erwähnten Denkmäler vor sich sehen und für die daher ganz kurze Andeutungen genügen, welches Denkmal gemeint ist, statt längere Beschreibungen mit genaueren Ortsangaben. Sehr oft steht der bestimmte Artikel auch bei Denkmälern, die zum erstenmal genannt werden, eben die

Denkmäler, die der Besucher nun vor sich sieht oder die ihm auffallen, wenn er so weit gekommen ist, wie die Beschreibung voraussetzt. «Von den Reiterstandbildern weiß ich nicht sicher zu sagen, ob sie wirklich die Söhne Xenophons sind»[60], wie nämlich offenbar die Fremdenführer auf Grund oberflächlicher Auslegung der noch heute vorhandenen Inschriften zu erzählen pflegten. «Der, der den Hahn als Zeichen auf dem Schild hat, ist Idomeneus»[61]; «der Hermes, der den Widder unter dem Arm und einen Helm auf dem Kopf trägt . . ., gehört nicht mehr zu den Weihgeschenken des Phormis»[62]; «auch der Knabe, der sich die Binde um den Kopf bindet, mag in meine Darstellung einbezogen werden»[63]; «die Statue auf der hohen Basis ist ein Werk des Lysipp»[64]; «der, neben dem seine Söhne stehen, sei Ptolemaios, der Sohn des Lagos, wie man sagt»[65]; «den bronzenen Palmbaum stellten die Athener auf»[66]; «eine vergoldete Statue . . . ist Gorgias selber»[67]; «die Grenze zwischen Mantineia und Tegea ist der runde Altar an der Landstraße»[68]. Solche Stellen gibt es noch sehr viele, die alle nur recht Sinn haben, wenn der Leser vor dem Denkmal selber stehend gedacht ist.

Eben deswegen behandelt Pausanias die Denkmäler im allgemeinen auch in der Reihenfolge, wie sie sich an Ort und Stelle folgen, so daß auch der Leser, der sich am Ort befindet, die Beschreibung als Führer benutzen kann und sich die Bemerkungen des Pausanias zu den Denkmälern, die er vor sich hat, nicht an den verschiedensten verstreuten Stellen zusammensuchen muß. Bei ausführlichen Beschreibungen ist diese örtliche Nachbarschaft auch dort anzunehmen, wo Pausanias über die Lage der Denkmäler zueinander nichts sagt, sondern sie einfach aufzählend aneinanderreiht. Auch das entspricht der Berücksichtigung der Leser, die das Buch an Ort und Stelle benutzten und so von selbst die Denkmäler in der Reihenfolge sahen, in der Pausanias sie behandelt. Abweichungen von der topographischen Reihenfolge werden in der Regel ausdrücklich erwähnt[69]. Allerdings gibt es davon auch Ausnahmen, so besonders die Beschreibung Athens, die mehrere Male unterbrochen ist und mit großen Sprüngen anderswo wieder einsetzt, ohne daß diese Unterbrechung der örtlichen Reihenfolge besonders vermerkt ist. Das ist, wie oben (S. 18 f.) vermerkt, damit zu erklären, daß Pausanias in diesem ersten Buch die sichere und günstige Methode der Behandlung seines Stoffs noch nicht ganz gefunden hatte. Ferner gilt das nicht für die Behandlung kleinerer Orte, an denen wenig zu erwähnen war und eine strenge Befolgung des topographischen Prinzips unnötige Pedanterie gewesen wäre. Man mußte sich ja doch an Ort und Stelle zu den Sehenswürdigkeiten führen lassen. Und vor allem ist Pausanias in Olympia für die Hauptdisposition seiner Beschreibung von dem topographischen Prinzip abgewichen, betont es hier aber ausdrücklich. Der Grund liegt darin, daß in Olympia auf verhältnismäßig kleinem Raum, auf dem sich zudem ein einzuhaltender Weg nicht von selbst ergab wie in Delphoi oder auf der Burg zu Athen, eine Unmasse der verschiedensten Denkmäler beieinander lagen. Alle diese verschiedenen Denkmäler in örtlicher Gruppierung nacheinander zu beschreiben, hätte ziemlich große, auch stilistische Schwierigkeiten bereitet. So hilft sich Pausanias hier, indem er zunächst einmal die Menge der Denkmäler in dieser seiner bei weitem ausführlichsten Beschreibung in einige große sachliche Gruppen teilt, zuerst die Hauptbauten, dann die Altäre, hier eingeschoben wie ein großer Exkurs zum Hauptaltar des Zeus, dann die eigentlichen Weihgeschenke, und zwar zuerst die Zeusstatuen, dann die sonstigen Weihungen und schließlich die Siegerstatuen. Innerhalb dieser einzelnen Gruppen ergeben sich aber wieder klare Rundgänge, das heißt wieder das topographische Prinzip.

Nur in der «Altarperihegese» betont Pausanias zweimal ausdrücklich, daß er die Altäre nicht in ihrer örtlichen Reihenfolge, sondern in der Reihenfolge der Opferprozession beschreiben wolle[70]. Aber die geflissentliche wiederholte Betonung dieser Abweichung besagt um so deutlicher, daß sonst eben im allgemeinen das topographische Prinzip herrscht.

Wir sahen oben (S. 17), daß zwischen der Veröffentlichung des ersten und der letzten Bücher ein Zeitraum von mindestens fünfzehn Jahren lag; es ist auch sicher, daß mindestens ein Teil der griechischen Reisen des Pausanias in diese Zwischenzeit, also nach der Veröffentlichung des ersten Buchs, fällt. In Elateia in Phokis war Pausanias auf alle Fälle später als 161 n. Chr., in Epidauros wohl nach 163 n. Chr.[71]; sonst haben wir keine genaueren Anhaltspunkte für die Datierung der Reisen. Diese lange Zeit zwischen dem ersten und den letzten Büchern seines Werks beweist aber auch zur Genüge, daß Pausanias lange daran gearbeitet hat. Welche umfassenden Vorarbeiten er der Abfassung seines Werks zugrunde legte, zeigt der Umstand, daß er in seinem Werk gegen 150 verschiedene Autoren der verschiedensten Art namentlich zitiert und es sicher ist, daß er darüber hinaus noch eine bedeutende Anzahl Bücher als Quellen benutzt hat, die er nicht mit Namen nennt. Nun heißt das zwar nicht, daß er alle zitierten Autoren auch selber gelesen haben muß; es entspricht durchaus antiken Zitiermethoden, aus zweiter Hand zu zitieren, ohne das besonders zu bemerken. Aber an einzelnen Stellen betont Pausanias ausdrücklich, er habe das Zitat aus zweiter Hand und das zitierte Werk nicht im Original gelesen[72], so daß man im allgemeinen wohl glauben darf, er habe die zitierten Werke zur Hauptsache auch gelesen. Ein umfassendes literarisches Wissen besaß Pausanias ganz sicher. Für die Frage, welche Quellen Pausanias für sein Werk benutzte, ist selbstverständlich strengstens zu unterscheiden zwischen den beschreibenden Teilen, also der Beschreibung der Örtlichkeiten und Denkmäler, die er mindestens selber noch gesehen haben konnte, und den erklärenden und erzählenden Zusätzen und Abschnitten, in denen Pausanias vielfach von Dingen spricht, die er aus eigener Kenntnis gar nicht wissen konnte, sondern notwendig Büchern oder Erzählungen entnehmen mußte, obwohl diese so selbstverständliche Unterscheidung in der modernen Literatur oft nicht beachtet worden ist[73].

Für die zahllosen Erklärungen des Pausanias zu den Denkmälern, die Legenden, Erzählungen und Anekdoten, die er daran anknüpft, standen ihm grundsätzlich zwei Arten von Quellen zur Verfügung. Diese Angaben können ganz oder zum Teil aus mündlichen Erkundigungen an Ort und Stelle stammen, oder sie können Büchern entnommen sein. Die erstere Quelle darf unter keinen Umständen, wie es in der modernen Literatur fast stets geschieht, einfach unbeachtet bleiben. Es kann vernünftigerweise nicht bezweifelt werden, daß in den einzelnen griechischen Orten eine Fülle von mündlichen Erzählungen über die Geschichte der eigenen Heimat und ihrer Denkmäler umliefen, die mindestens die Gebildeten kannten, und daß mindestens jedes irgendwie bedeutendere Heiligtum seine Kultlegenden hatte, die die gebildeten Einheimischen oder die Priester und das Kultpersonal kannten. Pausanias weist auch darauf hin, daß man sich über dieses oder jenes bei den Priestern des Tempels erkundigen könne, wenn man wolle[74], was ja auch weiter belegt, daß Pausanias sich als Benutzer seines Werks auch Reisende vorstellte. Daß es an wichtigen Orten Fremdenführer gab, weiß man sicher. Auch Pausanias zitiert mehrfach solche «Exegeten», wobei allerdings nicht immer sicher ist, ob damit Fremdenführer oder Bücher gemeint sind[75]; an einzelnen Stellen sind es aber fraglos Fremdenführer[76]. In Pausanias' Erklärungen treten uns auch nicht selten typische Fremdenführermärchen entgegen. Die Geschichte von dem einen, an Ort und Stelle gefundenen Steinblock, aus dem die Kultstatue in Lykosoura gemacht worden sein soll[77], oder von dem mitgebrachten Block aus parischem Marmor in Rhamnous, aus dem die Perser ihr Siegesmal hätten machen wollen[78], sind solche ganz charakteristischen Geschichten, ebenso aber auch etwa die erbauliche Geschichte von dem Bronzepferd in Olympia, das die Hengste rasend macht[79], und von den Kraftleistungen des Ringers Milon[80].

Es ist meistens nicht zu entscheiden, aus welcher Art Quelle Pausanias' Angaben stammen. Das liegt einmal daran, daß es antiken Stilbegriffen widerspricht, zuviel zu zitieren. Zitatennester gehören nur in die eigentlich wissenschaftliche Literatur; in einem der schönen Literatur angehörenden Werk soll das benutzte Material stilistisch verarbeitet sein und als Rohmaterial nicht mehr in Erscheinung treten. Diesen Unterschied machen wir ja heute ganz ähnlich, und Pausanias' Werk gehört, wie mehrfach betont, nicht in den Kreis der fachwissenschaftlichen Literatur, sondern erhebt literarische Ansprüche. Zudem steht der Scheidung eine andere antike Gewohnheit entgegen. Pausanias sagt zahllose Male, «die Einheimischen sagen» oder «die Thebaner erzählen» usw., oder «ich hörte» oder «ich erfuhr». Das heißt aber nicht, daß hier mündliche Mitteilungen vorliegen müssen, sondern die genau gleichen Ausdrücke werden auch für literarische Zitate gebraucht. Es soll damit nicht etwa der trügerische Anschein unmittelbarer Erkundung erweckt werden, sondern das ist eine allgemeine antike Zitierweise, die uns zwar ungewohnt und unwillkommen ist, mit der wir uns aber abfinden müssen. Schon Herodot und Platon zitieren in gleicher Weise[81]. Hinter den genannten Ausdrücken verbergen sich in vielen Fällen oder vielleicht auch meistens irgendwelche lokalgeschichtliche Werke, die damit entweder direkt oder aus zweiter Hand ohne Namensnennung zitiert werden. Ganz allgemein ist das ganze Werk des Pausanias durchsetzt mit solchen Anspielungen auf nicht genannte literarische Werke, teils in zustimmendem Sinne, oft aber auch polemisch. Die Stellen sind zu zahlreich, um dafür Einzelbelege zu geben.

Über die Art der von Pausanias benutzten literarischen Quellen läßt sich einiges Allgemeine erkennen[82]. Auch hier ist er natürlich Kind seiner Zeit und ihrer Schwärmerei für das Altertum. Seinen Homer hat Pausanias wohl so ziemlich auswendig gekonnt; er zitiert ihn zahllose Male in Anspielungen oder durch unmittelbares Zitat von Versen und Versteilen. Homer ist ihm auch unantastbare Autorität in mythologischen und sagengeschichtlichen Fragen; was von ihm abweicht, findet im allgemeinen keine Gnade. Neben den beiden großen Epen, Ilias und Odyssee, stehen viele Zitate aus den verschiedenen anderen alten Epen, die wir heute im Original nicht mehr besitzen, ebenso aus Hesiod. Daß Pausanias dabei manche angebliche Verfassernamen für echt hält, wie Eumelos, Pamphos und andere, die wahrscheinlich nur apokryph sind, werden wir ihm nicht verübeln wollen; an anderen Stellen ist er sich durchaus bewußt, daß mancherlei spätere Erzeugnisse unter berühmten Namen segelten, die ihnen nicht zukamen[83]. Auch die alte Lyrik wird nicht selten zitiert, etwa Alkaios, Sappho, Alkman, Korinna, Stesichoros, Pindar und andere. Wenig Interesse hat unser Autor den Tragikern entgegengebracht, Euripides ist nicht ein einziges Mal zitiert, Sophokles einmal ablehnend und nur Aischylos öfter. Das hängt wohl damit zusammen, daß sie in ihren Dramen zu frei mit dem überlieferten Sagenstoff schalteten, um für Pausanias noch sympathisch zu sein.

Eine ganz besondere Hauptquelle ist Herodot. Schon gattungsmäßig knüpft Pausanias' Perihegese, wie oben gesagt, an Herodot an, und der «Vater der Geschichte» ist auch stilistisch für Pausanias das große Vorbild. Das gilt zum Teil bis in feine Einzelheiten von Wortwahl und Sprachgebrauch, in denen Pausanias zum Teil im Gegensatz zur Sprache seiner Zeit das herodoteische Vorbild kopiert, es gilt aber auch für zahlreiche inhaltliche Entlehnungen und Zitate. Meistens zitiert Pausanias dabei sein großes Vorbild nicht namentlich, er verlangt von seinen Lesern, daß sie den Inhalt des Herodoteischen Geschichtswerks ebenso gut im Gedächtnis haben wie er selber und alle diese zahlreichen Anspielungen und Entlehnungen erkennen und verstehen[84]. Für Thukydides gilt dasselbe zwar ähnlich, aber nur in viel geringerem Maße[85]. Auch sonst setzt Pausanias voraus, daß die großen klassischen Geschichtswerke seinen Lesern bekannt sind, und verzichtet mehrfach auf Darlegungen mit dem Hinweis, das sei allgemein bekannt[86]. Kaum benutzt sind dagegen die Redner.

Fast ganz fehlt bei Pausanias die hellenistische Literatur. Sie war in seiner vom attizistischen Klassizismus beherrschten Zeit nahezu ganz verdrängt. Wir treffen auf einige wenige Zitate hellenistischer Dichter, unter denen sich aber zum Beispiel Kallimachos nicht befindet, obwohl er Pausanias an sich eine solche Fülle erlesener mythologischer Gelehrsamkeit hätte bieten können, und ganz weniges und wohl nur aus zweiter und dritter Hand aus hellenistischen Geschichtsschreibern[87]. Völlig scheint die so hochbedeutende hellenistische Wissenschaft zu fehlen; es gibt keinen sicheren Anhalt, daß Pausanias diese umfangreiche gelehrte Literatur wirklich im Original benutzt hätte, dagegen Beobachtungen genug, die das ausschließen oder mindestens eine irgendwie sorgfältige Benutzung dieser Literatur ausschließen. Stärker benutzt ist dann wieder die zu seiner Zeit neuere und neueste Literatur, was nur natürlich erscheinen wird.

Es läßt sich zwar kaum beweisen, ist aber aus allgemeinen Gründen sehr wahrscheinlich, daß Pausanias den überwiegenden Teil seines Wissens, soweit es nicht aus den genannten oder angedeuteten alten Klassikern stammte, mehr volkstümlichen Sammelwerken und Handbüchern entnahm, die wir zwar im einzelnen an keiner Stelle sicher namhaft machen können, die es aber in seiner Zeit in größerer Anzahl gab. So ist Plutarch in mehreren historischen Exkursen besonders über Persönlichkeiten der hellenistischen Zeit benutzt[88]. Sicher erkennbar ist ferner zum Beispiel, daß der berühmte Abriß der messenischen Geschichte erst einem kaiserzeitlichen Autor entnommen ist, ebenso andere[89], und auch für die Geschichte italischer Städte werden Bücher zitiert, die nicht vor Hadrian geschrieben sein können, also aus «neuester» Zeit stammten[90].

Die Folge dieser Art von Literaturbenutzung ist natürlich, daß Pausanias zwar über ein sehr ausgedehntes, aber nicht sehr gründliches Wissen verfügt. Seine historischen Erklärungen und Exkurse sind voll von Irrtümern, worüber jeweils im Kommentar das Nötige gesagt ist. Besonders in der hellenistischen Geschichte ist er demzufolge sehr wenig bewandert, und hier passiert ihm auch die größte und fast groteske Entgleisung, indem er einmal offensichtlich den «Perseuskrieg», nämlich den Krieg gegen den makedonischen König Perseus (179–168 v. Chr.), seiner Quelle mit den «Perserkriegen» verwechselte[91].

Anders liegt die Quellenfrage in den beschreibenden Teilen des Werks. Natürlich hat Pausanias auch hier viel gelesen. Auch heute wird sich ja jeder ernsthafte Reisende durch Lektüre zu Hause nach Möglichkeit schon über das Land, das er besuchen will, orientieren, um mit wachen und geschärften Sinnen dem Neuen entgegenzutreten und das zu besuchende Land besser zu verstehen, und vor allem, um zu wissen, worauf er zu achten hat und welche Denkmäler und Stätten er besuchen sollte. So hat sich auch Pausanias vor seinen Reisen eingehend aus der ihm zugänglichen Literatur unterrichtet, welche Denkmäler oder einzelnen Orte Griechenlands sehenswert waren und was er insbesondere besuchen wollte. Recht häufig stoßen wir auf Bemerkungen, daß dieses oder jenes Denkmal nicht mehr existiere oder mehr oder weniger zerstört sei. Er kannte es eben aus seinen Büchern und fand es bei seinem Besuch nun nicht oder nur so vor[92]. Mehrfach werden auch Angaben der Literatur ausdrücklich durch das Ergebnis der eigenen Beobachtung an Ort und Stelle richtiggestellt[93].

Aus der Literatur stammen auch die häufigen Angaben über die Entfernung der beschriebenen Orte voneinander, die Pausanias natürlich nicht selber nachgemessen hat, und die vereinzelten genaueren Größenangaben von Gebäuden. Mehrfach stehen an Stelle von genauen Zahlen aber auch nur ungefähre Schätzungen, die nun wieder von Pausanias selber stammen werden. Pausanias hat auch nicht alle Orte Griechenlands, die er beschreibt, selber besucht; der Umfang seiner eigenen Reisen läßt sich aber nach seinen Angaben noch gut erkennen und wiedergewinnen[94]. Für die nicht aus eigener Anschauung geschilderten Orte und Landschaften, die er der Vollständigkeit halber nicht einfach fortlassen konnte, war er natürlich auf die Benutzung literarischer Werke angewiesen. Erkennen lassen sich vor allem Lokalgeschichten einiger bedeutenderer Städte[95] und daneben für mehrere Küstenstrecken Stücke aus einem «Periplous», einer Küstenbeschreibung, die auch zum Beispiel Angaben über den Lauf der wichtigsten Flüsse von der Quelle an enthielt[96]. Am Ende des 19. Jahrhunderts wurde sogar mehrfach die Ansicht vertreten, auch die beschreibenden Teile des Pausanias stammten tatsächlich gar nicht aus eigener Kenntnis, sondern ebenfalls nur aus der Literatur, und zwar sollte es vor allem Polemon gewesen sein, den Pausanias einfach ausgeschrieben habe. Darauf kam man vor allem deshalb, weil Pausanias angeblich kaum ein einziges Denkmal erwähne, das später sei als die Lebenszeit des Polemon in der ersten Hälfte des 2. Jahrhunderts v. Chr. [97]. Diese Auffassung ist heute längst widerlegt, und je besser unsere archäologische Kenntnis Griechenlands wird, um so mehr erweist sich die allgemeine Zuverlässigkeit der sachlichen Angaben des Pausanias. Man hatte sich auch kaum genügend die Absurdität einer Auffassung überlegt, die allen Ernstes annahm, ein Autor könne ein Land nach einem damals über dreihundert Jahre alten Buch beschreiben, ohne daß jeder in Griechenland lebende oder reisende Leser eines solchen Buchs auf Schritt und Tritt gemerkt hätte, wie wenig das, was er las, oft mit der Wirklichkeit übereinstimmte.

Heute kann nicht mehr bezweifelt werden, daß die eigentliche Beschreibung Griechenlands ganz überwiegend auf Autopsie des Verfassers beruht. Im ganzen Werk gibt es viele Stellen, die die persönliche Anwesenheit des Verfassers mittelbar oder unmittelbar belegen[98] und sich zu einem glaubhaften und einfachen Netz von Reiserouten verbinden lassen, die also die vermutlichen wirklichen Reisen des Pausanias im Lande darstellen. Auch das ergibt sich sehr deutlich, daß die Beschreibung derjenigen Teile Griechenlands, für die Autopsie des Pausanias angenommen werden kann, sich durch ihre Klarheit und Anschaulichkeit deutlich abhebt von anderen Gebieten, die Pausanias offenbar nicht selber gesehen hat und daher nur nach der Literatur beschreibt[99]. Voll zu ermessen vermag das zwar nur derjenige, der selber einmal in weniger bekannten Gebieten Griechenlands mit dem Pausanias in der Hand gereist ist und auf Grund seines Textes nach noch unbekannten Orten gesucht hat, die nur

Pausanias nennt. Da ist immer wieder überraschend, wie genau und zuverlässig und aufschlußreich seine Angaben sind. Oft erhält erst eine zunächst unwichtig scheinende sprachliche Wendung oder Einzelheit beim Lesen im Gelände selber ihren vollen und prägnanten Sinn und ermöglicht wichtige Schlüsse. Es ist ganz ausgeschlossen, daß eine Landschaftsbeschreibung, die sich im Gelände gerade auch in den kleinen sprachlichen Nuancen als sicherer und zuverlässiger Führer bewährt, zu Hause am grünen Tisch nach älterer Literatur geschrieben werden kann. Man versuche einmal, ein Land, das man nicht selber kennt, nur nach Büchern kurz und knapp so zu beschreiben, daß ein Forschungsreisender sich danach im Gelände orientieren und unbekannte gesuchte Punkte finden kann. Es dürfte einleuchten, daß das unmöglich ist.

Und was für die Beschreibung größerer Landschaften gilt, gilt auch für die Behandlung der einzelnen Orte und ihrer Denkmäler. Gewiß erschweren hier der manirierte Stil des Pausanias und die oben begründete vielfache Unvollständigkeit seiner Angaben oft das Verständnis, aber an Ort und Stelle war alles genügend klar. Wenn es heute auf antiken Ruinenstätten mit ihren meist bruchstückhaften Resten nicht immer gelingt, die von Pausanias genannten Gebäude und Denkmäler mit den übriggebliebenen oder ausgegrabenen Resten zu identifizieren, so ist nicht zu vergessen, daß zu Pausanias' Zeit die erwähnten Denkmäler alle noch standen und daher leicht erkannt werden konnten. Volle Beweiskraft haben auch Stellen wie die, wo Pausanias bei Giebelfiguren nicht entscheiden kann, ob sie aus Holz oder Gips waren[100]. Hätte er in der Literatur darüber eine Angabe gefunden, würde der Zweifel nicht bestehen. Würde jemand, der es nicht selber gesehen hat, von einem verfallenen Tempel zudem noch besonders erwähnen, daß Efeu die Quadern der

Wände auseinandergedrängt habe[101]? Daß es wirklich der Zustand seiner Zeit ist, den er beschreibt, und nicht irgendein älterer, ist an vielen Stellen einwandfrei klar. Gerade darin liegt ja auch der Wert seines Werkes, daß wir hier eine zeitgenössische Schilderung des Griechenland des 2. Jahrhunderts n. Chr. erhalten von einem Besucher, der kreuz und quer fast im ganzen Land gereist ist und das Land bis in die zum Teil entlegensten Winkel größtenteils aus eigener Anschauung kennt und beschreibt. Und es ist hier auch nichts beschönigt oder verfälscht. Wie oft muß Pausanias feststellen, daß dieser oder jener Tempel zerstört ist oder kein Dach mehr hat oder kein Kultbild, daß diese oder jene Ortschaft zerstört und verlassen ist und nur noch Trümmer sichtbar sind[102]. So kann Griechenland in hellenistischer Zeit unmöglich schon ausgesehen haben.

Nur auf einiges wenige sonst sei noch hingewiesen. Korinth war ja erst 44 v. Chr. wieder neu gegründet worden, und seine Beschreibung bei Pausanias unterscheidet sich grundsätzlich in nichts von der Beschreibung der sonstigen Ortschaften. Das arkadische Orchomenos lag erst in der römischen Kaiserzeit dort, wo es Pausanias beschreibt[103]. Von Lousoi kannte er nicht einmal mehr Ruinen, während Stadt und Heiligtum in hellenistischer Zeit noch in Blüte standen[104]. Auch die Agora von Athen besaß, wie die Ausgrabungen gezeigt haben, erst in der Kaiserzeit das Aussehen, das Pausanias beschreibt. Erst in augusteischer Zeit entstand dort das von ihm beschriebene Odeion, und erst seit dieser Zeit stand der Arestempel auf der Agora. Gar nicht selten werden auch Denkmäler der unmittelbaren Gegenwart des Pausanias oder sonst recht später Zeit erwähnt. Die für die Chronologie der einzelnen Bücher wichtigen Fälle sind weiter oben (s. S. 15f.) bereits behandelt worden, das Stadion des Herodes Atticus in Athen, die Bauten des «Senators Antoninus» in Epidauros, die fehlende Hebestatue im Heraion von Argos, die Mnasiboulosstatue in Elateia. Bauten und Weihungen des Herodes Atticus erwähnt Pausanias auch im isthmischen Heiligtum bei Korinth, ferner in Patrai das Odeion, in Delphoi das erneuerte Stadion, in Olympia das Kultbild der Demeter Chamyne. Einige dieser Denkmäler stammten erst aus den sechziger Jahren des 2. Jahrhunderts n. Chr. So erwähnt er auch in Mantineia mehrere späte Denkmäler[105], in Patrai eine Statue, die eine Generation vor ihm aus dem Meer gefischt wurde[106], in Kynaitha eine Hadrianstatue[107], ebenso in Olympia nebst einer Statue Trajans[108], wie auch sonst der Bauten und Fürsorge Hadrians für Griechenland oft gedacht wird. Auch von Nero sind neben dem Hinweis auf seinen vielfachen Kunstraub[109] doch auch einige Weihungen erwähnt[110]. Die jüngste Zeusstatue in Olympia stammte erst aus dem Jahre 125 n. Chr.[111], und vielleicht nur wenig älter war die Statue der Ge Karpophoros auf der Akropolis von Athen[112].

Er scheut sich auch umgekehrt nicht, zu sagen, was er nicht gesehen hat. Bei Kleitor hat er die sagenhaften singenden Fische zwar gesehen, aber keinen Ton von ihnen gehört, obwohl er bis zu der Zeit am Fluß blieb, wo sie am meisten Töne von sich geben sollten[113], und bei Heiligtümern, die nur selten oder nur einmal im Jahr geöffnet wurden, war er natürlich meistens nicht gerade an diesem einen Tage in der betreffenden Stadt und kann daher über das Innere nichts Näheres angeben[114]. Es gibt keine einzige Stelle im ganzen Werk des Pausanias, wo sich nachweisen ließe, daß er ein Denkmal als bestehend erwähnt, das zu seiner Zeit nicht mehr vorhanden war, dagegen sehr viele Stellen, wo er bemerkt, daß ein bestimmtes Denkmal nicht mehr existiere. Besonders klar wird das wieder in Delphoi, wo Pausanias ausdrücklich sagt, daß zu seiner Zeit die Schatzhäuser leer waren[115]. Es wäre ein leichtes gewesen, aus der großen und ausführlichen hellenistischen perihegetischen Literatur, die es gerade über Delphoi gab und von der wir auch Fragmente besitzen, diese Lücken zu füllen und noch manches berühmte oder interessante alte, früher vorhandene Denkmal zu erwähnen. Dieser Versuchung ist Pausanias aber nirgends erlegen. Was er gibt, ist wirklich nur das zu seiner Zeit Vorhandene, und das heißt eben auch, daß sein Werk nicht irgendeine allgemeine Beschreibung Griechenlands und seiner Denkmäler sein soll, sondern nur des Griechenland, wie es zu seiner Zeit wirklich aussah; also, trotz aller modernen Bestreitung dieser Vorstellung, ein Reiseführer. Hätte es nur ein interessantes Lesebuch für häusliche Leser sein sollen, so hätten sich darin Hinweise und Beschreibungen berühmter älterer Denkmäler, die nicht mehr vorhanden waren, sehr gut gemacht und den Wert der Darstellung nur erhöht.

Eine besondere Rolle spielen bei Pausanias als Quelle seiner Beschreibungen und Erklärungen die Inschriften. Sehr oft wird ihr Text wörtlich mitgeteilt, aber auch sonst werden Veranlassung und Zeit eines Weihgeschenks, die Weihenden und ausführenden Künstler den betreffenden Inschriften entnommen, und wo die Weihinschriften ausführlicher waren, die Angaben der Inschriften selbst für die weitere Erklärung der Denkmäler benutzt. Besonders die Beschreibungen von Olympia und Delphoi sind voll von Beispielen. In vielen Fällen sind die von Pausanias gelesenen Inschriften noch heute erhalten und bezeugen die Sorgfalt, mit der unser Autor bei ihrer Benutzung vorging. Seine Ausdrucksweise zeigt auch immer genau, was wirklich im Text einer herangezogenen Inschrift stand und was gegebenenfalls als Vermutung und Erklärung seitens des Autors oder seiner Quellen dazugegeben wurde. Das erstere wird immer in Form bestimmter Aussagen mit oder ohne Bezug auf die

Inschrift gegeben, das andere durch «wie es scheint» oder «man sagt» oder ähnliche Wendungen davon abgehoben. Gerade an dieser sorgfältigen Unterscheidung des wirklich Beobachteten und des nur Erschlossenen zeigt sich die saubere Ehrlichkeit und Zuverlässigkeit des Pausanias in bestem Licht. Beispiele sind, über sein ganzes Werk verstreut, zahlreich. Mehrfach macht er auch Angaben über den äußeren Zustand einer Inschrift oder ihr Aussehen[116] oder bemerkt ausdrücklich ihr Fehlen[117]. Gewiß kommen bei Pausanias auch tatsächliche Irrtümer und Fehler in der Mitteilung des wirklichen Tatbestandes vor oder falsche Schlüsse aus dem Gesehenen, worauf im Kommentar aufmerksam gemacht ist. Das bekannteste Beispiel ist die falsche Erklärung der knienden Mädchenfigur im Ostgiebel der Zeustempels von Olympia als Wagenlenker, ebenso scheinen mehrere Figuren der Kypseloslade im Heraion von Olympia falsch gedeutet und daher falsch beschrieben zu sein, oder Pausanias ließ sich durch die äußere Bemalung des Philippeions in Olympia täuschen und hielt die Wand für Ziegelmauerwerk statt Muschelkalk und ähnliche Fälle. Sonst sei auf die bei Delphoi behandelten Fälle hingewiesen, wo Pausanias zum Beispiel die Athenerhalle falsch datiert, weil er die große Inschrift eines Teils der darin aufgestellten Weihgeschenke für die Weihinschrift der Halle selber hielt; die alte wirkliche Weihinschrift auf einer der Stufen der Halle war vielleicht auch durch davorstehende Weihgeschenke verdeckt. Dasselbe gilt wahrscheinlich auch für Pausanias' Datierung des Athenerschatzhauses in Delphoi auf die Schlacht von Marathon. Besonders bezeichnend ist hier ferner der Fall des arkadischen Weihgeschenks gleich am Beginn der heiligen Straße, wo Pausanias anscheinend dadurch zu seiner irrigen Datierung kam, daß er einen Buchstaben der Weihinschrift übersah[118]. Auch in diesen Fällen wirklicher Fehler sind es aber immer tatsächliche Beobachtungen, die ihnen zugrunde liegen und nur falsch gedeutet werden. Im ganzen dürfen wir die beruhigende Zuversicht haben, daß die Angaben über den vorhandenen Denkmälerbestand bei Pausanias als zuverlässig angesehen und benutzt werden dürfen, während seine Erklärungen dazu allerdings recht oft fehlerhaft sind.

Wir sahen oben, daß Pausanias nur das Wichtigste und Bemerkenswerteste an Sehenswürdigkeiten und Erzählungen geben wollte. Was wichtig und bemerkenswert ist, darüber können nun ja die Ansichten recht verschieden sein, und die Auswahl bestimmt sich sowohl nach dem Zeitgeschmack wie nach den persönlichen Interessen des Autors. Hier ist nun klar, daß der allgemeine Archaismus der Zeit sich auch darin auswirken mußte. So gilt auch ebenso wie in der Geschichte im Denkmälerbestand das Interesse des Pausanias ganz überwiegend den alten und ältesten Werken der klassischen und archaischen Zeiten. Sie werden überall sorgfältig aufgesucht und beschrieben, und je altertümlicher ein Denkmal war, desto mehr gilt ihm ganz deutlich die Verehrung und Liebe des Autors. Die drei mit größter Ausführlichkeit behandelten Denkmäler sind die hocharchaische Kypseloslade in Olympia und der ebenfalls archaische Thron des Apollon von Amyklai, die beide zugleich noch ein wahres Bilderbuch der ganzen griechischen Mythologie darstellten, und die klassischen Gemälde Polygnots in Delphoi. Späteres wird stark vernachlässigt oder überhaupt fortgelassen. Der Einschnitt liegt aber nicht dort, wo wir ihn heute zu machen gewohnt sind, beim Beginn der hellenistischen Geschichte, sondern später. Die eigentliche Katastrophe ist in Pausanias' Augen die Eroberung Griechenlands durch die Römer; mit dem Verlust der politischen Freiheit versiegten auch die schöpferischen Kräfte ganz. Dieselbe Erscheinung haben wir in der antiken Kunstgeschichte auch sonst. Sowohl bei Cicero wie bei Plinius wie bei Lukian hört die Geschichte der Kunst nach den großen Meistern des 4. Jahrhunderts v. Chr. auf, mit den späteren befaßt man sich nicht mehr. Pausanias ist in dieser Hinsicht sogar wesentlich freier als seine Zeitgenossen im allgemeinen. Werke der hellenistischen und sogar der römischen Zeit fehlen bei ihm durchaus nicht so vollkommen, wie man früher gern behauptete[119], und für den Bildhauer Damophon von Messene, der in der Mitte des 2. Jahrhunderts v. Chr. lebte, hat er sogar eine ausgesprochene Bewunderung. Auch Denkmäler der römischen Kaiserzeit sind nicht ganz selten erwähnt, wofür kurz vorher einige Beispiele gegeben sind.

Neben dieser ausgesprochenen Bevorzugung der alten Denkmäler steht das besondere Interesse des Verfassers für religiöse Denkmäler und Kulte. Tempel und Heiligtümer werden an den behandelten Orten, von Athen abgesehen, wohl im allgemeinen ziemlich vollständig erwähnt, und seien sie noch so bescheiden. An kleineren Orten verzeichnet Pausanias in der Regel überhaupt nur die Heiligtümer. Die Profanbauten, auch solche von großer Bedeutung, finden sehr viel weniger Beachtung und fehlen meist ganz. In geradezu auffallender Form kommt das bei der Beschreibung Athens zum Ausdruck, wo besonders viel fehlt, wie etwa die gewaltige und imponierende Anlage der Pnyx oder alle die großen und mächtigen Hallenbauten hellenistischer Zeit an der Agora und dem Südabhang der Akropolis, und daß er auch das große Agrippamonument vor den Propylaien nicht erwähnt, ist in der modernen Literatur stets ein besonderer Stein des Anstoßes gewesen, ebenso wie die für unser Gefühl geradezu verletzend uninteressierte und mehr als nur kurze Erledigung des Parthenons, in der unter anderem auch Pheidias als Schöpfer des Götterbildes nicht genannt wird[120]. In diesem letzteren Fall mag der Grund wohl sein, daß Pausanias das für zu bekannt hielt, um es noch eigens zu erwähnen. Ebenso auffallend ist in Olympia die Nichterwähnung der pompösen Exedra des Herodes Atticus, besonders auffallend, weil Pausanias sonst die Bauten dieses königlich freigebigen Zeitgenossen mit großer Bewunderung und hohem Lob erwähnt. Auch bei Korinth mag darauf hingewiesen werden, daß Pausanias die vielen großen Hallenanlagen an und um den Staatsmarkt, die heute das Bild der Ausgrabungen ganz entscheidend bestimmen, neben den sehr viel bescheideneren und kleineren Heiligtümern und den Götterstatuen auch nicht eines einzigen Wortes würdigt. Gewiß bedauern wir es heute, daß wir über so manches, worüber wir gern Auskunft hätten, bei Pausanias nichts erfahren. Aber deswegen haben wir noch kein Recht, ihm besondere Vorwürfe zu machen. Was er als bemerkenswert auswählt und was er umgekehrt als nicht der Erwähnung bedürfend fortläßt, ist seine Sache, und außerdem machen wir es ja auf Reisen und in Museen auch kaum anders als Pausanias.

Pausanias ist von einer warmen und ehrlichen Begeisterung und Bewunderung für das alte Griechenland erfüllt. Er ist mit seiner ganzen Sympathie auf seiten der Männer und Staaten, die die Größe und Freiheit Altgriechenlands schützten und verteidigten, und empört über diejenigen, die wirklich oder vermeintlich diesen Idealen Abbruch taten. Dabei ist ihm natürlich vor allem Athen Vorkämpfer der griechischen Freiheit, und er ergreift überall für Athen Partei. Die ersten Totengräber der griechischen Freiheit sind schon die Spartaner, weil sie gegen Athen kämpften, und dann nachher die Römer, die Griechenland unterwarfen und seiner Selbständigkeit beraubten. Dieses scheinbare Aufgehen unseres Autors ganz in den Idealen des klassischen Griechenland, dem seine Liebe und Verehrung galt, kann uns aber nicht darüber hinwegtäuschen, daß diese ganze Begeisterung doch etwas künstlich und aus Büchern angelesen ist. Für das wirkliche Leben des alten Griechenland hat auch dieser Einwohner des kaiserlichen römischen Weltreichs kein Verständnis mehr. Das demokratische Selbstregiment des freien griechischen Polisstaates ist ihm ganz unverständlich und das Wirken seiner großen Staatsmänner für ihn großenteils nur Ausdruck ungesunden persönlichen Ehrgeizes, dem ein bitteres Ende geradezu notwendig folgen mußte[121]. Weder seine Begeisterung für altgriechische Freiheit noch sein Zorn gegen die Römer, die sie endgültig zerstörten, hindern ihn auch, als loyaler Untertan des römischen Kaiserreichs von schwärmerischer Verehrung für die Kaiser seiner eigenen Zeit zu sein, Hadrian und Antoninus Pius[122]. Allerdings erwiesen sie auch den Griechen nach Pausanias' Überzeugung besondere Wohltaten und verdienten daher dieses Lob.

Diese selbe Doppelheit seiner geistigen Haltung einmal als Kind seiner Zeit und daneben erfüllt von romantischer, aber doch mehr in der Rhetorenschule anerzogener als wirklich verstandener Schwärmerei für das Altertum treffen wir auch in seiner Stellung zur Religion. In seinem ganzen Werk scheint sich Pausanias ganz und gar als schlichter gläubiger Anhänger der altgriechischen Religion in all ihren Erscheinungsformen zu geben. Das Interesse an den Kulten und Heiligtümern bestimmt weitgehend den Inhalt seines Werkes, gläubig bringt er an den verschiedensten Stellen seine Opfer nach dem verlangten Ritus dar[123], niemals außer bei der Andeutung der angeblichen Menschenopfer auf dem Lykaion in Arkadien fällt ein Wort der Kritik gegenüber all diesen oft so eigenartigen Riten und Kulthandlungen und Vorschriften, von denen er in so reicher Fülle berichtet; auch die ganze unübersehbare Fülle der griechischen Mythologie breitet er in seinem Werk als anerkannte, altgeheiligte Überlieferung aus. Kritik richtet sich auch hier nur gegen die Entstellungen, die die Menschen daran vorgenommen haben, und die vielen Widersprüche in den Sagenversionen der verschiedenen Orte, in nicht anderer Form, als schon Herodot Kritik daran geübt hatte[124]. Auch Orakelsprüche spielen eine große Rolle in seinen Erzählungen, und den furchterregenden Riten des Trophoniosorakels hat er sich selber unterzogen[125], wie er auch Traumvisionen mehrfach als für sein Handeln verbindlich erwähnt. In Eleusis und an manchen anderen Orten hatte er sich in die Mysterien einweihen lassen und nimmt die Vorschriften für die Eingeweihten sehr ernst[126]. Und doch ist auch all dies zum Teil nicht viel mehr als eine nicht sehr tiefgehende Konvention. Daß er seine innere Einstellung zum Wahrheitsgehalt der griechischen Mythen unter dem Eindruck der langen näheren Beschäftigung mit ihnen im Laufe der Zeit änderte, sagt er uns selber[127]. An einer anderen Stelle gibt Pausanias in zustimmendem Sinne eine naturphilosophische Deutung griechischer Göttervorstellungen, die völlig abweicht von allen seinen sonstigen Äußerungen über Religion und Mythos[128]. Auch daß Pausanias da, wo nach seiner eigenen Darstellung die Götter unmittelbar in das menschliche Geschick eingreifen, niemals die bekannten Götternamen verwendet, sondern nur von «dem Gott» oder «der Gottheit» spricht, ist nicht zu übersehen. Diese mehr im Hintergrund bleibenden allgemeinen Äußerungen dürften aber wohl mehr über die wirklichen religiösen Vorstellungen des Pausanias aussagen als all die vielen anderen Stellen, an denen von den alten Göttern und Mythen in einer Weise gesprochen wird, als ob sich noch nie ein Zweifel an ihrer Wirklichkeit geregt hätte. Und hinsichtlich seiner sonstigen Stellung zu den menschlichen Problemen finden wir bei Pausanias eine recht durchschnittliche, populäre Ethik und Weltanschauung.

Auch in seinem Stil ist Pausanias ein Vertreter seiner Zeit, die von der Rhetorik der zweiten Sophistik beherrscht ist. Daß er sich stilistisch stark an Herodot anschließt, sagten wir bereits (s. S. 25 f.). Das heißt aber auch, daß er nicht Attizist ist, sondern der in seiner kleinasiatischen Heimat seit längerer Zeit entwickelten sogenannten asianischen Stilrichtung angehört. Daher stammt vor allem das Bestreben, in kurzen Sätzen, in einer scheinbar einfachen und schlichten Sprache zu schreiben. Lange, komplizierte Satzperioden meidet Pausanias ebenso wie schwülstige pathetische Ausdrucksweise und rhetorisches Wortgeklingel. Aber diese gewollte «Einfachheit» ist nur Schein. Tatsächlich hat Pausanias eine außerordentliche Sorgfalt und Mühe auf die stilistische Formung seines Werkes verwendet und sicherlich in der stilistischen Bewältigung seiner Aufgabe seine Hauptleistung gesehen, auch darin durchaus Rhetor und «Sophist». Oberstes Gebot seiner Sprache ist die Abwechslung, die Vermeidung der Gleichförmigkeit des Ausdrucks mit allen nur möglichen und denkbaren Mitteln. Das war für ihn bei seinem Stoff ja besonders schwer. Das strenge Prinzip der Beschreibung der behandelten Orte nach der Reihenfolge der dort zu erwähnenden Denkmäler, die Aufzählung einer unendlichen Fülle oft recht gleichartiger Dinge, zu denen vielfach über ihre reine Nennung hinaus kaum etwas zu sagen war, mußte an sich fast notwendig zu einer reinen, trockenen Aufzählung führen. Aber gerade das sucht Pausanias auf alle Weise zu vermeiden, um seinem Buch den Charakter eines den stilistischen Anforderungen seiner Zeit entsprechenden Literaturwerks zu wahren. Pausanias ist unerschöpflich an Auswegen, um die reine Aufzählung durch immer variierte Arten der Anknüpfung, Inbeziehungsetzung, Gegenüberstellung, Verbindung, Trennung, Gruppierung zu umgehen und aufzulockern. Ebenso sucht er auch sonst überall auf alle

Weise im Ausdruck zu wechseln. Wo nur immer möglich wird die Wiederholung gleicher Ausdrücke und Satzkonstruktionen vermieden. An die Stelle gleicher Ausdrücke treten Wörter ähnlicher oder gleicher Bedeutung oder auch Umschreibungen, an die Stelle gleicher Konstruktion alle nur denkbaren Möglichkeiten, den Ausdruck irgendwie anders zu wenden. Die Möglichkeiten der griechischen Sprache werden dabei bis zum Äußersten ausgenutzt. Substantiva, Adjektiva, Partizipien, alle Arten von Substantiv- und Adjektivverbindungen, verbale Ausdrücke, adverbiale Konstruktionen, Relativsätze und Adverbialsätze wechseln in bunter Folge, um auch an sich ganz gleichgeordnete Glieder eines Satzes wiederzugeben; die Zeitformen der Verben werden in bunter Abwechslung durcheinander gebraucht, von den Möglichkeiten, verschiedene Präpositionen etwa des gleichen Sinnes oder diese Präpositionen mit verschiedenen Casus zu gebrauchen, wird weitgehender Gebrauch gemacht. Gewiß, alle diese Stilmittel fand Pausanias schon in seinen alten stilistischen Vorbildern vor und nimmt daher das Recht, sie anzuwenden. Aber während bei den klassischen Schriftstellern davon ein sparsamer Gebrauch gemacht wird, sind sie bei Pausanias zur völlig vorherrschenden Manier geworden. So hat er sich eine Sprache geschaffen, die sehr künstlich und unnatürlich ist, aber durch diese auf die Spitze getriebene Ausdrucksvariation virtuos und interessant wirken will, eben sophistisch ist. Das gibt seinem Stil aber auch eine Unruhe und Geschraubtheit, die nicht erfreulich ist und dem Verständnis auch oft genug erhebliche Schwierigkeiten bereitet. In der uns erhaltenen griechischen Literatur steht Pausanias mit diesem seinem manierierten Stil allein da. Die deutsche Sprache ist außerstande, allen diesen raffinierten Wegen der Ausdrucksvariation zu folgen, die Pausanias anwendet, doch hat die Übersetzung versucht, diesen sprachlichen Charakter des Werkes soweit möglich zu wahren[129].

Alles in allem nimmt Pausanias sowohl nach dem gedanklichen Inhalt seines Werks wie nach seinem Können als Schriftsteller sicherlich nur einen bescheidenen Rang ein. Aber er hat sich ehrlich und gewissenhaft bemüht, dem Leser ein zuverlässiges Bild des ihm wichtig erscheinenden Denkmälerbestandes Griechenlands in seiner Zeit zu geben; und daß doch der sachliche Gehalt seines Werkes für ihn die durchaus maßgebende Rolle spielte und der rhetorische stilistische Aufputz trotz allem nur eine dienende und nie um seiner selbst willen da ist, wollen wir ihm hoch anrechnen. Inhaltlich bleibt sein Werk bei allen seinen Schwächen eines der reichsten und wichtigsten, die wir aus dem Altertum besitzen.

Ernst Meyer

PAUSANIAS
REISEN IN GRIECHENLAND

BUCH I · ATTIKA*

Vom griechischen Festland springt gegen die Inseln der Kykladen und das Aigaiische Meer das Vorgebirge Sounion des attischen Landes vor; und ein Hafen ist da, wenn man am Kap vorbeigefahren ist, und ein Tempel der Athena Sounias auf der Spitze des Vorgebirges[1]. Fährt man weiter, so kommt Laureion, wo die Athener einst Silberbergwerke hatten, und eine unbewohnte, nicht große Insel, Patroklosinsel genannt; denn auf ihr baute Patroklos eine Festung mit Wall und Graben, der als Admiral mit aigyptischen Dreiruderern heranfuhr, die Ptolemaios, der Sohn des Ptolemaios, des Sohnes des Lagos, den Athenern zu Hilfe schickte, als ihnen Antigonos, der Sohn des Demetrios, selber mit einem Heere bei einem Einfall das Land verwüstete und sie zugleich mit Schiffen von der See absperrte[2]. 1.

Der Peiraieus war zwar von alters her eine Ortschaft, aber früher, bevor Themistokles Archon in Athen war, kein Hafen; Phaleron, denn dort ist das Meer am wenigsten weit von der Stadt entfernt, das diente ihnen als Hafen, und von dort, sagen sie, sei Menestheus mit seinen Schiffen nach Troia abgefahren und noch vor ihm Theseus, um Minos Genugtuung zu geben für den Tod des Androgeos. Wie aber Themistokles Archon war und ihm der Peiraieus geeigneter für die Schiffahrt zu sein und auch drei Häfen zu haben schien statt des einen in Phaleron, da richtete er ihnen diesen als Hafen ein. Schiffshäuser waren bis zu meiner Zeit noch vorhanden und an dem größten Hafen ein Grab des Themistokles.

Man sagt nämlich, die Athener hätten ihre Handlungsweise gegen Themistokles bereut und seine Verwandten hätten seine Gebeine aus Magnesia herübergeholt. Es scheinen auch die Söhne des Themistokles sowohl zurückgekehrt zu sein wie ein Bild in den Parthenon geweiht zu haben, auf dem Themistokles gemalt ist[3].

3 Sehenswert ist von den Dingen im Peiraieus besonders ein Heiligtum der Athena und des Zeus; beide Standbilder sind aus Bronze, der eine hält ein Szepter und eine Nike, die Athena aber eine Lanze. Hier hat den Leosthenes, der als Kommandant der Athener und aller Griechen die Makedonen in Boiotien in einer Schlacht besiegte und ein zweites Mal außerhalb der Thermopylen und sie gewaltsam in Lamia gegenüber dem Oitaegebirge einschloß, diesen Leosthenes und seine Söhne Arkesilaos gemalt. Hinter der langen Halle, wo der Markt für die Leute am Meer ist, es gibt nämlich auch noch einen anderen für die vom Hafen Entfernteren, hinter dieser Halle am Meer stehen Statuen des Zeus und des Volkes, ein Werk des Leochares. Am Meer baute Konon ein Heiligtum der Aphrodite, als er Trieren der Lakedaimonier bei Knidos auf der karischen Halbinsel vernichtet hatte. Denn die Knidier verehren die Aphrodite am meisten, und sie haben Heiligtümer der Göttin; das älteste war das der Doritis, dann das der Akraia, das jüngste das derjenigen, die die meisten «die knidische», die Knidier selbst aber Euploia nennen[4].

4 Die Athener haben noch einen anderen Hafen, den an der Mounychia mit einem Tempel der Artemis Mounychia, und ferner den bei Phaleron, wie ich früher schon gesagt habe, und daran ein Demeterheiligtum. Dort ist auch ein Tempel der Athena Skiras und etwas weiter einer des Zeus und Altäre der Unbekannten Götter und von Heroen und der Söhne des Theseus und des Phaleros; denn dieser Phaleros

soll, wie die Athener sagen, mit Iason nach Kolchis gefahren sein. Auch ein Altar des Androgeos ist da, des Sohnes des Minos, er heißt aber nur Altar des Heros; daß er dem Androgeos gehört, wissen die, denen es obliegt, die einheimischen Einrichtungen besser zu kennen als andere[5].

Zwanzig Stadien entfernt ist das Vorgebirge Kolias; an 5
dieses trieb die Strömung die Trümmer der vernichteten Perserflotte an. Dort ist ein Standbild der Aphrodite Kolias und die Genetyllides genannten Göttinnen. Ich glaube aber, daß die Göttinnen in Phokaia in Ionien, die sie Gennaïdes nennen, dieselben sind wie die am Koliasvorgebirge. Am Wege nach Athen von Phaleron steht ein Heratempel ohne Türen und Dach; den soll Mardonios, der Sohn des Gobryas, verbrannt haben. Das jetzige Kultbild ist, wie man sagt, ein Werk des Alkamenes; dieses würde der Perser wohl nicht geschändet haben[6].

Kommt man in die Stadt hinein, so ist da ein Grabmal der 2. 1
Amazone Antiope. Von dieser Antiope sagt Pindar, sie sei von Peirithoos und Theseus geraubt worden, der Troizenier Hegias hat aber folgendes auf sie gedichtet. Herakles habe Themiskyra am Thermodon belagert und nicht nehmen können, und Antiope habe sich in Theseus verliebt, denn auch Theseus sei mit Herakles gezogen, und den Ort übergeben. Das hat Hegias gedichtet; die Athener aber sagen, als die Amazonen gekommen seien, sei Antiope von Molpadia erschossen, Molpadia aber von Theseus getötet worden. Und die Athener haben auch ein Grabmal der Molpadia[7].

Kommt man vom Peiraieus herauf, so trifft man Trüm- 2
mer der Stadtmauer, die Konon nach der Seeschlacht bei Knidos errichtete; denn die nach dem Abzug der Perser gebaute Themistoklesmauer war unter der Herrschaft der sogenannten Dreißig zerstört worden. Als bekannteste Gräber liegen am Wege das des Menander, des Sohnes des Diopei-

thes, und das leere Grabmal des Euripides. Begraben ist Euripides in Makedonien, wohin er zum König Archelaos gegangen war; die Art seines Todes, sie ist nämlich von vielen
3 erzählt worden, mag so sein, wie man sagt. Es pflegten nämlich damals, wie auch schon früher, Dichter sich in der Umgebung der Könige aufzuhalten; so lebte Anakreon bei Polykrates, dem Tyrannen von Samos, Aischylos und Simonides waren nach Syrakous zu Hieron gereist; bei Dionysios, dem späteren Tyrannen in Sizilien, lebte Philoxenos, bei Antigonos, dem König von Makedonien, der Rhodier Antagoras und Aratos von Soloi. Hesiod und Homer aber hatten entweder keine Gelegenheit, mit Königen zu verkehren, oder sie verschmähten es absichtlich; der eine aus Liebe zum Landleben, oder aus Unlust am Umherreisen; Homer wohl, weil er die längste Zeit abwesend war und weil er den Ruhm beim Volke dem Gelderwerb bei den Mächtigen vorzog. Homer berichtet in seinen Werken, daß Demodokos bei Alkinoos lebte und Agamemnon einen Dichter bei seiner Frau zurückließ. Nicht weit von den Toren ist ein Grab mit der Grabfigur eines Soldaten neben einem Pferd; wer es ist, weiß ich nicht, aber Praxiteles hat sowohl das Pferd wie den Soldaten gemacht[8].

4 Am Eingang in die Stadt steht ein Gebäude zur Herrichtung der Festzüge, die sie teils jedes Jahr, teils in Zwischenräumen veranstalten, und in der Nähe ein Demetertempel und Standbilder, sie selbst und ihre Tochter und Iakchos mit Fackel; an der Wand steht in attischer Schrift, es seien Werke des Praxiteles. Nicht weit vom Tempel steht ein Poseidon zu Pferd, der den Speer schleudert gegen den Giganten Polybotes, von dem die Koër den Mythos über das Vorgebirge Chelone erzählen; die jetzige Inschrift schreibt die Statue aber einem anderen zu und nicht dem Poseidon[9]. Von den Toren erstrecken sich Hallen zum Kerameikos, und vor ih-

nen stehen Bronzebilder von Männern und Frauen, die etwas Bemerkenswertes geleistet haben. Die eine der Hallen enthält Heiligtümer von Göttern und das sogenannte Gymnasion des Hermes. In ihr ist auch das Haus des Poulytion, in dem die nicht unvornehmsten Athener eine Mysterienfeier wie die in Eleusis veranstaltet haben sollen; zu meiner Zeit war es dem Dionysos geweiht. Diesen Dionysos nennen sie Melpomenos aus dem gleichen Grunde, aus dem sie Apollon Mousegetes nennen. Dort ist auch ein Standbild der Athena Paionia und des Zeus und der Mnemosyne und der Musen und ein Apollon, Weihgeschenk und Werk des Euboulides, und auch ein Daimon aus dem Kreis um Dionysos, Akratos, aber von ihm ist nur das Gesicht in die Wand eingebaut. Nach dem Dionysosheiligtum kommt ein Haus mit tönernen Statuen, der athenische König Amphiktyon, Dionysos und andere Götter bewirtend. Da ist auch Pegasos aus Eleutherai, der den Gott in Athen einführte[10]; ihn unterstützte das Orakel aus Delphoi, das an die einstige Anwesenheit des
Gottes zur Zeit des Ikarios erinnerte. Mit der Herrschaft des 6
Amphiktyon verhält es sich folgendermaßen: Sie sagen, Aktaion sei der erste König im heutigen Attika gewesen. Nach seinem Tod folgte ihm Kekrops in der Herrschaft, indem er mit der Tochter des Aktaion vermählt war. Er selbst hatte drei Töchter, Herse, Aglauros und Pandrosos, und einen Sohn Erysichthon. Dieser wurde nicht König der Athener, sondern starb noch zu Lebzeiten seines Vaters, und die Herrschaft des Kekrops ging auf Kranaos über, da er unter den Athenern über die meiste Macht verfügte. Kranaos soll unter anderen Töchtern die Atthis gehabt haben. Nach dieser benennen sie das attische Land, das zuvor Aktaia geheißen hatte. Gegen Kranaos erhob sich Amphiktyon, obwohl er eine Tochter von ihm zur Frau hatte, und beraubte ihn der Macht. Er selbst wurde später von Erichthonios und seinen

Mitverschworenen vertrieben. Erichthonios soll keinen Menschen zum Vater gehabt haben; seine Eltern seien Hephaistos und Ge gewesen.

3.1 Die Örtlichkeit Kerameikos hat ihren Namen von dem Heros Keramos, der ebenfalls ein Sohn des Dionysos und der Ariadne gewesen sein soll. Zuerst ist da rechter Hand die sogenannte Königshalle, wo der «König» seinen Amtssitz hat, der das so benannte Jahresamt bekleidet. Auf dem Ziegeldach dieser Halle befinden sich Terrakottafiguren, Theseus, der Skiron ins Meer stürzt, und Hemera mit Kephalos, der sehr schön gewesen und von der in ihn verliebten Hemera geraubt worden sein soll; ihr Sohn soll Phaëthon gewesen sein[11] ... Das haben andere und auch Hesiod in seinem «Frauenkatalog» erzählt. In der Nähe der Halle stehen Standbilder des Konon und seines Sohnes Timotheos und des kyprischen Königs Euagoras, der auch beim Großkönig Artaxerxes erwirkt hatte, daß Konon die phoinikischen Trieren gegeben wurden. Er tat das als Athener und von alters her aus Salamis stammend, da er seinen Stammbaum auf Teukros und eine Tochter des Kinyras zurückführte. Dort steht auch ein Zeus mit Beinamen Eleutherios und der Kaiser Hadrian, der außer manchen anderen seiner Untertanen besonders der Stadt Athen Wohltaten erwies[12].

2 Dahinter ist eine Halle gebaut mit Bildern der Zwölf Götter. Auf der gegenüberliegenden Wand ist Theseus gemalt und die Demokratia und der Demos; die Beischrift besagt, daß Theseus in Athen die Demokratie eingeführt habe. Auch sonst ist die Meinung weit verbreitet, daß Theseus dem Volk die Herrschaft übergeben habe und daß die Athener seit seiner Zeit immer demokratisch gelebt hätten, bis Peisistratos auftrat und Tyrann wurde. Es wird ja viel Unwahres erzählt bei der geschichtsunkundigen Menge, die das, was sie von Kindheit an in Chorliedern und Tragödien

gehört hat, für wahr hält, und so auch bei Theseus, der doch noch selber König war und dessen Nachkommen auch später nach dem Tode des Menestheus noch bis zur vierten Generation in der Herrschaft blieben. Wenn ich Gefallen an Genealogie hätte, könnte ich auch noch die Könige von Melanthos bis Kleidikos, den Sohn des Aisimides, aufzählen. Da 3
ist auch der Kampf der Athener bei Mantineia gemalt, die den Lakedaimoniern zu Hilfe geschickt waren. Den ganzen Krieg hat außer anderen auch Xenophon beschrieben, die Besetzung der Kadmeia und die Niederlage der Lakedaimonier bei Leuktra, und wie die Boioter in die Peloponnes einfielen, und die Bundeshilfe, die die Lakedaimonier von den Athenern erhielten. In dem Gemälde ist eine Reiterschlacht dargestellt, in der am hervorragendsten sind Grylos, der Sohn des Xenophon, bei den Athenern und bei der boiotischen Reiterei Epameinondas aus Theben. Diese Gemälde hat Euphranor den Athenern gemalt, und in der Nähe hat er auch den Apollon mit Beinamen Patroos in seinem Tempel gemacht[13]. Vor dem Tempel haben die eine Statue Leochares, die andere, die Alexikakos («der Übelabwehrende») heißt, Kalamis gemacht. Diesen letzteren Namen soll der Gott bekommen haben, weil er die Pest, die sie zugleich mit dem Peloponnesischen Krieg heimsuchte, nach einem Orakel aus Delphoi beendete[14].

Auch ein Heiligtum der Göttermutter ist dort errichtet, 4
die Pheidias geschaffen hat, und in der Nähe das Rathaus der Fünfhundert, die ein Jahr lang Ratsherren in Athen sind. Darin steht ein Holzbild des Zeus Boulaios und ein Apollon, ein Werk des Peisias, und ein Demos, ein Werk des Lyson. Die Thesmotheten hat Protogenes aus Kaunos gemalt, Olbiades den Kallippos, der die Athener an die Thermopylen führte, die Griechenland gegen den Galliereinfall verteidigen sollten[15].

4. 1 Die Gallier bewohnen die äußersten Ränder Europas an einem weiten und bis zu seinen Rändern nicht schiffbaren Meer. Dieses hat Ebbe und Flut und Tiere, die denen in dem übrigen Meer in nichts gleichen. Durch ihr Land fließt der Fluß Eridanos, an dem die Töchter des Helios das Schicksal ihres Bruders Phaëthon beklagen sollen. Spät erst kam bei ihnen der Name Galater in Gebrauch. Früher hießen sie unter sich und bei den anderen Kelten. Unter diesen sammelte sich eine Heerschar, wandte sich dem Ionischen Meer zu, unterjochte den Stamm der Illyrer und alles, was bis zum Land der Makedonen hin wohnte, und die Makedonen selbst; schließlich fielen sie noch in Thessalien ein. Und wie sie in die Nähe der Thermopylen kamen, da warteten die meisten der Griechen das Anrücken der Barbaren in Ruhe ab, weil sie früher schon von Alexander dem Großen und Philippos in ihrer Macht geschwächt waren. Auch später noch hatten Antipatros und Kassandros das griechische Volk gedemütigt, so daß ein jeder aus Schwäche es nicht für schimpflich hielt,
2 sich der Hilfeleistung zu entziehen. Die Athener waren zwar am meisten unter den Griechen durch die Länge des Makedonischen Krieges und die vielen Niederlagen erschöpft. Dennoch brachen sie mit denen unter den Griechen, die ihnen freiwillig folgten, nach den Thermopylen auf; zu ihrem Feldherrn hatten sie sich Kallippos gewählt. Sie besetzten die Paßenge und verwehrten den Barbaren den Einzug nach Griechenland. Die Kelten aber fanden den Fußpfad, auf dem einst der Trachinier Ephialtes die Meder geführt hatte, und nachdem sie die zu seiner Verteidigung aufgestellten Phoker bezwungen hatten, ohne daß die übrigen Griechen dies be-
3 merkten, gelangten sie über den Oita. Dabei erwiesen sich die Athener am meisten der griechischen Sache würdig, indem sie, von beiden Seiten eingeschlossen, die Barbaren abwehrten. Die auf den Schiffen freilich befanden sich in der

übelsten Lage, da der Lamische Meerbusen bei den Thermopylen Morast ist, wofür, wie mir scheint, das warme Wasser die Ursache ist, das dort ins Meer fließt. Diese hatten nun die größten Schwierigkeiten, da sie die Griechen auf ihren Verdecken aufnahmen und so mit ihren, von Mannschaften und Waffen schwer belasteten, Schiffen durch den Morast hindurchzufahren hatten.

4 Diese also retteten auf die geschilderte Weise die Griechen. Die Galater aber befanden sich innerhalb der Thermopylen. An der Einnahme der Städte war ihnen nichts gelegen. Ihr Hauptbestreben war, Delphoi und die Schätze des Gottes zu plündern. Aber es stellten sich ihnen die Delpher selbst und die Phoker entgegen, die die um den Parnassos liegenden Städte bewohnen. Auch kam die Macht der Aitoler zu Hilfe. Zu dieser Zeit nämlich zeichnete sich das aitolische Volk durch seine kriegerische Jugend aus. Als sie nun handgemein wurden, da fuhren Blitze und vom Parnassos herausgerissene Steine unter die Galater, und Schreckbilder bewaffneter Männer stellten sich den Barbaren entgegen. Unter diesen sollen Hyperochos und Amadokos von den Hyperboreern gekommen sein, der dritte aber soll Pyrrhos, Sohn des Achilleus, gewesen sein. Seit diesem Beistand bringen die Delpher dem Pyrrhos Heroenopfer, während sie früher sogar sein Grabmal als das eines ihnen feindlichen Mannes mißachteten.

5 Von den Galatern gelangten schließlich die meisten von ihnen zu Schiff nach Asien und plünderten dort die Küstenländer. Einige Zeit später vertrieben die Bewohner von Pergamon, das früher Teuthrania hieß, . . . die Galater von der Meeresküste nach dem nach ihnen benannten Galatien. Diese also kamen in den Besitz des außerhalb des Sangarios gelegenen Landes, indem sie Ankyra, eine Stadt der Phryger, einst von Midas, des Gordios Sohn, gegründet, einnah-

men. Der Anker, den einst Midas auffand, ist noch zu meiner Zeit in einem Zeusheiligtum vorhanden. Auch der sogenannte Midasbrunnen. Diesen soll Midas, um den Silen zu fangen, mit Wein vermischt haben. Dieses Ankyra nahmen sie ein und Pesinous unter dem Berg Agdistis, wo Attes begraben sein soll. Die Pergamener besitzen Beute von den Galatern, es gibt auch ein Gemälde mit der Schlacht gegen die Galater. Das Land, das die Pergamener bewohnen, soll in alten Zeiten den Kabiren heilig gewesen sein. Sie selbst geben sich als Arkader aus, die zusammen mit Telephos nach Asien hinübergingen. Von sonstigen Kriegen, wenn sie überhaupt welche geführt haben, ist bei den anderen nichts
6 bekannt. In drei Dingen sind sie besonders berühmt: In der Herrschaft über Kleinasien, in der Vertreibung der Galater aus diesem und im Wagnis des Telephos gegen Agamemnon, als die Griechen einst, Ilion verfehlend, das mysische Feld als troisches Land plünderten. Ich kehre nunmehr zur Beschreibung zurück, von wo ich ausgegangen war.

5. 1 Nahe beim Rathaus der Fünfhundert befindet sich die sogenannte Tholos, und dort opfern die Prytanen, und es sind da auch einige nicht große Bildwerke aus Silber[16]. Weiter stehen Standbilder der Heroen, nach denen später die athenischen Phylen ihre Namen erhielten. Wer aber die zehn statt der vier Phylen einrichtete und ihre Namen gegenüber den
2 alten änderte, auch das hat Herodot erzählt. Von den Eponymen, denn so nennen sie sie, ist Hippothoon, Sohn des Poseidon und der Alope, da, der Tochter des Kerkyon, ferner Antiochos, einer der Söhne des Herakles und der Meda, der Tochter des Phylas, als dritter Aias, der Sohn des Telamon, und von den Athenern Leos, der nach einem Orakel seine Töchter dem gemeinsamen Wohl zum Opfer gebracht haben soll. Auch Erechtheus ist unter den Eponymen, der die Eleusinier in einer Schlacht besiegte und ihren Anführer Im-

marados, Sohn des Eumolpos, tötete. Aigeus ist da und
Oineus, der uneheliche Sohn des Pandion, und von den Kin-
dern des Theseus Akamas. Bei Kekrops und Pandion, auch 3
deren Statuen sah ich unter den Eponymen, weiß ich nicht,
welchem man diese Ehren erweist. Denn es herrschte ein äl-
terer Kekrops, welcher die Tochter des Aktaios zur Frau
hatte, und ein anderer, der nach Euboia auswanderte, ein
Sohn des Erechtheus, ein Enkel des Pandion und ein Urenkel
des Erichthonios. Auch gab es einen König Pandion, Sohn
des Erichthonios, und einen anderen, Sohn des zweiten Ke-
krops. Diesen vertrieben die Metioniden von der Herrschaft,
und da er sich nach Megara flüchtete, er hatte nämlich die
Tochter des megarischen Königs Pylas zur Frau, so teilten
seine Söhne sein Schicksal. Pandion soll an Krankheit gestor-
ben sein. Sein Grabmal ist im megarischen Land nahe am
Meer auf der sogenannten Athena-Aithyia-Klippe.

Seine Söhne kehrten aus Megara zurück nach Vertreibung 4
der Metioniden, und Aigeus erhielt als der älteste die Herr-
schaft über die Athener. Seine Töchter indessen erzog Pan-
dion unter wenig glücklichen Umständen. Nicht einmal rä-
chende Enkel hinterließen sie ihm. Gleichwohl hatte er sich
nur um der Macht willen mit dem thrakischen König ver-
schwägert. Es gibt eben für den Menschen kein Mittel, das
vom Gotte Verhängte zu übertreten. Tereus nämlich, der
mit Prokne verheiratet war, soll gegen jede griechische Sitte
Philomela geschändet haben, und da er den Körper des
Mädchens noch verstümmelte, zwang er die beiden Frauen
zur Rache. Von Pandion gibt es übrigens noch auf der
Akropolis ein sehenswertes Standbild. Das sind in Athen die 5
Eponymen der alten Phylen. Aus späterer Zeit haben sie
auch Phylen nach folgenden Männern, nach dem Myser At-
talos und dem Aigypter Ptolemaios und zu meiner Zeit erst
nach dem Kaiser Hadrian, der die Götter aufs höchste ehrte

und allen seinen Untertanen das größte Glück verschaffte. Er begann willentlich keinen einzigen Krieg, unterwarf aber die abgefallenen Hebraier in Syrien; und wie viele Heiligtümer der Götter er teils von Grund auf baute, teils mit Weihgeschenken und Verbesserungen schmückte, und die Geschenke, die er den griechischen Städten, aber auch den Barbaren, die darum baten, machte, das ist von ihm alles in Athen in dem gemeinsamen Heiligtum der Götter aufgeschrieben[17].

6. 1 Attalos und Ptolemaios lebten in älterer Zeit, so daß die Kunde von ihnen nicht mehr lebendig ist, und auch ihre Zeitgenossen, die ihre Taten beschrieben haben, wurden schon früher nicht mehr beachtet. Deshalb kam mir der Gedanke, auch deren Geschichte und Taten zu erzählen, und wie die Herrschaft über Aigypten und Mysien und die
2 Nachbarländer an ihre Väter kam. Den Ptolemaios halten die Makedonen für einen Sohn des Philippos, Sohn des Amyntas, und nur der Sage nach für einen Sohn des Lagos; denn seine Mutter soll, schon schwanger von Philippos, dem Lagos zur Frau gegeben worden sein. Ptolemaios soll unter anderen glänzenden Taten in Asien auch den Alexandros am meisten unter den Gefährten verteidigt haben, als dieser im Land der Oxydraken in Gefahr geriet. Nach Alexandros' Tod widersetzte er sich jenen am meisten, die die ganze Macht dem Arrhidaios, Sohn des Philippos, übertragen wollten, und wurde so die Ursache, daß die Völker in ein-
3 zelne Königreiche geteilt wurden. Er selbst ging nach Aigypten, tötete den Kleomenes, den Alexandros zum Satrapen über Aigypten eingesetzt hatte, weil er des Glaubens war, dieser halte es mit Perdikkas und sei ihm daher nicht treu ergeben. Die Makedonen, die den Auftrag hatten, den Leichnam des Alexandros nach Aigai zu überführen, überredete er, diesen ihm zu überlassen. Und so bestattete er ihn

nach makedonischer Sitte in Memphis. Aigypten hielt er in strenger Obhut in der Annahme, Perdikkas würde gegen ihn zu Felde ziehen. Perdikkas aber, um seinem Unternehmen den gerechten Anstrich zu verleihen, führte Arrhidaios, den Sohn des Philippos, und den Knaben Alexandros aus der Ehe Roxanes, Tochter des Oxyartes und des Alexandros, mit sich. In Wirklichkeit strebte er danach, Ptolemaios die Herrschaft über Aigypten zu entreißen. Verbannt aus Aigypten und auch sonst hinsichtlich seines Kriegsglückes weniger angesehen und im übrigen bei den Makedonen in Mißkredit, wurde er von seinen Leibwächtern ermordet.
Den Ptolemaios veranlaßte der Tod des Perdikkas sofort zu 4
weiteren Taten: Er unterwarf sich die Syrer, nahm Phoinikien ein, dann nahm er den Seleukos, Sohn des Antiochos, der von Antigonos vertrieben und zu ihm geflüchtet war, bei sich auf. Den Kassandros, Sohn des Antipatros, und den Lysimachos, der über Thrakien herrschte, überredete er, am Kriege sich zu beteiligen, indem er ihnen die Vertreibung des Seleukos vor Augen führte, und wie gefährlich ihnen allen Antigonos werden könnte.

Antigonos war bis dahin mit seinen Kriegsvorbereitungen 5
beschäftigt und angesichts der drohenden Gefahr keineswegs unbesorgt. Nachdem er aber erfuhr, daß Ptolemaios einen Feldzug gegen Libyen und gegen die abgefallenen Kyrenaier unternommen hatte, unterwarf er in einem plötzlichen Einfall die Syrer und Phoiniker und übergab diese seinem Sohn Demetrios, einem an Lebensjahren jungen, aber in der allgemeinen Einschätzung durchaus verständigen Manne. Er selbst zog zum Hellespont hinab. Bevor er diesen überschritt, führte er das Heer zurück, nachdem er gehört hatte, Demetrios sei von Ptolemaios in einer Schlacht geschlagen worden. Demetrios aber hatte dem Ptolemaios nicht ganz das Feld geräumt, sogar noch einige, zahlenmäßig geringe

Teile der Aigypter in einen Hinterhalt gelockt und vernichtet. Als dann Antigonos heranrückte, hielt Ptolemaios nicht
6 stand, sondern zog sich nach Aigypten zurück. Nach Ablauf des Winters segelte Demetrios nach Kypros, schlug den Menelaos, den Satrapen des Ptolemaios, in einer Seeschlacht und dann auch noch den Ptolemaios selbst, der eigens zur Hilfe übergesetzt war. Den nun nach Aigypten geflohenen Ptolemaios belagerte Antigonos von der Land- und Demetrios von der Seeseite her. Ptolemaios geriet damit in höchste Gefahr; gleichwohl rettete er seine Herrschaft, indem er mit seinem Landheer sich bei Pelousion entgegenstellte und zugleich mit den Trieren vom Fluß her sich verteidigte. Antigonos hatte unter diesen Umständen keinerlei Aussicht mehr, Aigypten einzunehmen. Er schickte daher den Demetrios mit einem großen Aufgebot und den Schiffen gegen die Rhodier, in der Hoffnung, wenn sich ihm die Insel anschlösse, diese als Stützpunkt gegen die Aigypter benutzen zu können. Aber die Rhodier leisteten mit Kühnheit und Kriegslisten Widerstand gegen die Belagerer, und Ptolemaios kam ihnen mit seiner ganzen Macht zu Hilfe.

7 Antigonos aber, nachdem ihm die Unternehmungen in Rhodos und zuvor in Aigypten fehlgeschlagen waren, und der es kurze Zeit darauf gewagt hatte, gegen Lysimachos, Kassandros und das Seleukidenheer zu Felde zu ziehen, verlor den Großteil seiner Macht und starb selbst, erschöpft durch die Länge des Krieges gegen Eumenes. Von den Königen, die den Antigonos beseitigten, halte ich den Kassandros für den ruchlosesten, weil er durch Antigonos die Herrschaft über die Makedonen erhalten hatte, gleichwohl die Waffen gegen seinen Wohltäter richtete.

8 Nach dem Tod des Antigonos nahm Ptolemaios wiederum Syrien und Kypros ein und führte auch den Pyrrhos auf das Thesprotische Festland zurück. Das abgefallene Kyrene

brachte Magas, der Sohn der Berenike, mit der Ptolemaios damals zusammenlebte, im fünften Jahr nach dem Abfall in die Herrschaft zurück. Wenn dieser Ptolemaios wirklich ein Sohn des Philippos, des Sohnes des Amyntas, war, so hatte er offensichtlich die ausschweifende Neigung zu den Frauen von seinem Vater erworben, der zwar mit Eurydike, der Tochter des Antipatros, vermählt war und mit ihr Kinder hatte, gleichwohl sich in Berenike verliebte, die Antipatros als Begleiterin der Eurydike nach Aigypten geschickt hatte. In diese Frau war er also verliebt und zeugte Kinder mit ihr, und als er seinem Ende nahe war, überließ er dem Ptolemaios die Herrschaft über Aigypten, von dem bei den Athenern die Phyle ihren Namen hat, obgleich er ein Sohn der Berenike und nicht der Tochter des Antipatros war.

Dieser Ptolemaios nun verliebte sich in die Arsinoë, die 7.1
doch von beiden Seiten her seine Schwester war, und heiratete sie wider jede makedonische Sitte, freilich in Übereinstimmung mit der der Aigypter, über die er nun herrschte. Dann tötete er seinen Bruder Argaios, der angeblich ihm nachstellte, und ließ den Leichnam des Alexandros von Memphis herabführen. Er tötete auch noch einen anderen Bruder, einen Sohn der Eurydike, nachdem er erfahren hatte, daß dieser die Kyprier aufwiegele. Magas aber, ein Bruder des Ptolemaios der Mutter nach, war von seiner Mutter Berenike zum Statthalter von Kyrene auserwählt worden – er war nämlich ein Sohn der Berenike und eines Philippos, eines Makedonen, eines im übrigen unbekannten Mannes aus dem Volke –, dieser Magas nun verleitete die Kyrenaier zum Abfall von Ptolemaios und zog gegen Aigypten. Ptolemaios verschloß die Zugänge und erwartete 2
die heranrückenden Kyrenaier. Auf dem Marsch erhielt Magas die Nachricht, daß die Marmariden abgefallen seien – diese gehören zu den libyschen Nomaden –, und kehrte

dann nach Kyrene zurück. Ptolemaios, der schon im Begriff war, ihn zu verfolgen, hielt folgender Grund zurück: Als er sich nämlich zur Abwehr des eingefallenen Magas rüstete, nahm er außer Fremden und anderen auch 4000 Galater in Sold. Nachdem er erfahren hatte, daß diese sich mit der Absicht trügen, Aigypten einzunehmen, führte er sie auf eine einsame Insel mitten im Fluß, wo sie sich gegenseitig umbrachten oder durch Hunger umkamen.

3 Magas nun, der Apame, Tochter des Antiochos, des Sohnes des Seleukos, zur Frau hatte, überredete den Antiochos, die Verträge, die sein Vater Seleukos mit Ptolemaios geschlossen hatte, zu brechen und gegen Aigypten zu ziehen. Als jedoch sich Antiochos zum Feldzug in Bewegung setzte, schickte Ptolemaios gegen alle Völker, die Antiochos beherrschte, Truppen aus. Die Schwächeren hielt er durch Plünderungen nieder, die Stärkeren bedrängte er durch das Heer, so daß es dem Antiochos niemals möglich war, gegen Aigypten zu Felde zu ziehen. Ptolemaios hatte, wie früher schon berichtet, seine Flotte den Athenern zur Unterstützung gegen Antigonos und die Makedonen geschickt, indessen erfolgten von dieser Seite her keine großen Taten zur Errettung der Athener. Seine Kinder stammten von Arsinoë, nicht seiner Schwester, sondern der Tochter des Lysimachos. Die zusammen mit ihm lebende Schwester starb vor ihm und kinderlos. Nach ihr heißt eine aigyptische Provinz die arsinoitische.

8. 1 Nun muß ich die Geschichte des Attalos erzählen, da ja auch dieser einer der Eponymen bei den Athenern ist. Ein Makedone mit dem Namen Dokimos, ein Feldherr des Antigonos, der später sich und das Geld dem Lysimachos übergab, hatte einen paphlagonischen Eunouchen mit Namen Philetairos. Wie dieser Philetairos von Lysimachos abfiel und wie er den Seleukos zu Hilfe rief, werde ich bei der Ge-

schichte des Lysimachos erzählen. Attalos aber, Sohn des Attalos, Neffe des Philetairos, erhielt die Herrschaft von Eumenes, seinem Neffen. Die größte seiner Taten war, daß er die Galater vom Meer abdrängte in das Gebiet, das sie jetzt noch innehaben.

Nach den Standbildern der Eponymen stehen Statuen 2
von Göttern, Amphiaraos und Eirene mit dem Ploutosknaben. Hier steht auch Lykourg, der Sohn des Lykophron, in Bronze und Kallias, der, wie die meisten Athener sagen, mit Artaxerxes, dem Sohn des Xerxes, den Frieden für die Griechen abschloß. Auch Demosthenes ist dort, den die Athener zwangen, sich nach Kalaureia, der Insel vor Troizen, zurückzuziehen, später wieder aufnahmen und ein zweites Mal
nach der Niederlage bei Lamia verurteilten. Wie Demosthe- 3
nes zum zweitenmal verbannt war, setzte er wieder nach Kalaureia über, wo er durch Trinken von Gift starb. Er war der einzige griechische Verbannte, den Archias nicht vor Antipatros und die Makedonen bringen konnte. Dieser Archias, der aus Thourioi stammte, beging eine verbrecherische Tat. Denn diejenigen, die vor der griechischen Niederlage in Thessalien den Makedonen zuwidergehandelt hatten, brachte Archias zur Aburteilung vor Antipatros. Bei Demosthenes führte seine übergroße Liebe zu Athen so weit. Daher scheint es mir richtig, wenn man gesagt hat, daß noch nie ein Mann, der sich schonungslos ins politische Leben gestürzt und der Sache des Volks vertraut hat, eines schönen Todes gestorben sei[18].

In der Nähe der Demosthenesstatue befindet sich ein Hei- 4
ligtum des Ares. Dort stehen zwei Standbilder der Aphrodite, dasjenige des Ares machte Alkamenes, das der Athena ein Parier namens Lokros. Dort ist auch eine Statue der Enyo, die die Söhne des Praxiteles herstellten. Um den Tempel stehen ein Herakles und Theseus und ein Apollon, der

sich das Haar mit einer Binde aufbindet, und an Standbil-
dern ein Kalades, der den Athenern, wie es heißt, Gesetze
schrieb, und Pindar, der außer anderem bei den Athenern
5 die Statue erhielt, weil er sie in einem Lied pries. Nicht weit
davon stehen Harmodios und Aristogeiton, die Hipparch er-
mordeten. Den Grund dafür, und wie sie die Tat vollbrach-
ten, haben andere erzählt. Von den Standbildern sind die ei-
nen ein Werk des Kritios, die älteren machte Antenor.
Nachdem Xerxes, als er Athen nach der Räumung der Stadt
durch die Athener genommen hatte, auch diese Standbilder
als Beute weggeführt hatte, schickte sie Antiochos später den
Athenern zurück[19].

6 Vor dem Eingang des Theaters, das sie Odeion nennen,
stehen Statuen aigyptischer Könige; sie heißen alle gleicher-
maßen Ptolemaios, aber jeder hat einen anderen Zunamen.
Den einen nennt man Philometor, einen anderen Philadel-
phos, den Sohn des Lagos Soter, welchen Namen ihm die
Rhodier gaben. Von den anderen ist Philadelphos derjenige,
den ich in dem Bericht über die Eponymen schon früher er-
wähnt habe, und neben ihm steht auch eine Statue seiner
Schwester Arsinoë[20].

9. 1 Philometor, der achte Nachkomme des Ptolemaios, des
Sohnes des Lagos, bekam seinen Beinamen zum Spott, denn
keiner von den Königen wurde unseres Wissens so sehr von
seiner Mutter gehaßt.Obgleich er das älteste unter den Kin-
dern war, ließ es die Mutter doch nicht zu, daß er zur Herr-
schaft berufen wurde, sondern erreichte es, daß er vorher
von seinem Vater nach Kypros geschickt wurde. Als Ursa-
che für den Widerwillen der Mutter gegen ihren Sohn
führte man unter anderem an, daß sie sich von ihrem jün-
geren Sohn Alexandros größeren Gehorsam erhofft habe.
Deshalb versuchte sie auch, die Aigypter zu überreden, den
2 Alexandros zum König zu wählen. Nachdem die Menge

damit nicht übereinstimmte, schickte sie zum zweiten Male den Alexandros nach Kypros unter dem Vorwand als Feldherrn, in Wirklichkeit, damit er dem Ptolemaios nur noch furchtbarer sei. Endlich ließ sie die meisten der Eunouchen verwunden, auf die sie sich noch verlassen konnte; führte diese dem Volke vor, als ob ihr von Ptolemaios nachgestellt worden sei und diese von jenem solches erlitten hätten. Die Alexandriner erhoben sich, um den Ptolemaios umzubringen, und als dieser ihnen zu Schiff entkommen war, machten sie den aus Kypros zurückgekehrten Alexandros zum
König. Die Kleopatra erreichte die Strafe für die Vertrei- 3
bung des Ptolemaios, indem sie von Alexandros ermordet wurde, dem sie ja selbst die Herrschaft über die Aigypter verschafft hatte. Als diese Tat bekannt wurde und Alexandros aus Furcht vor den Bürgern floh, kehrte Ptolemaios zurück und nahm Aigypten zum zweiten Male in Besitz. Gegen die abgefallenen Thebaner führte er Krieg, und als er sie im dritten Jahr nach dem Aufstand unterworfen hatte, zerstörte er Theben so nachhaltig, daß nicht einmal eine Erinnerung an die glücklichen Zeiten davor übrigblieb, als die Stadt die begütertsten an Reichtum übertraf, selbst das Heiligtum von Delphoi und Orchomenos. Den Ptolemaios erreichte kurz danach das ihm verhängte Geschick. Die Athener, die so viel Wohltaten von ihm erfahren hatten, die hier gar nicht aufgezählt werden sollen, errichteten ihm und der Berenike, seiner einzigen ehelichen Tochter, bronzene Standbilder.

Nach den Aigyptern stehen dort Philippos und Alexan- 4
dros, der Sohn Philippos', deren Taten zu groß sind, als daß sie in einem anderen Werk so nebenbei erwähnt werden könnten. Denen aus Aigypten sind diese Ehren als wirkliche Ehrung und als Wohltätern zuteil geworden, Philippos und Alexandros jedoch eher aus Schmeichelei der Menge gegen

sie, wie sie auch eine Statue des Lysimachos aufstellten nicht so sehr aus Wohlwollen als um des augenblicklichen Vorteils
5 willen[21]. Dieser Lysimachos war von Geburt ein Makedone und Leibwächter unter Alexandros. Im Zorn schloß ihn einst Alexandros zusammen mit einem Löwen in einem Raum ein. Da er fand, daß dieser das Tier überwältigt hatte, schenkte er ihm ungeteilte Bewunderung und ehrte ihn gleich einem der besten Makedonen. Nach dem Tod des Alexandros wurde Lysimachos König der an Makedonien angrenzenden Thraker, soweit Alexandros und früher Philippos über sie geherrscht hatten. Diese mögen nur ein kleiner Teil des thrakischen Volkes gewesen sein. Die Thraker insgesamt sind die zahlreichsten Völker unter den Menschen mit Ausnahme der Kelten, wenn man ein Volk einem anderen gegenüberstellt. Daher hat auch vor den Römern noch niemand die Thraker in ihrer Gesamtheit unterworfen. Den Römern ist nämlich ganz Thrakien untertan. Und von den Kelten haben sie das, was durch übermäßige Kälte und Dürftigkeit des Bodens nutzlos ist, freiwillig ausgespart; was
6 lohnend ist, haben sie auch von diesen im Besitz. Damals führte Lysimachos zunächst Krieg gegen die Odrysen, dann gegen Dromichaites und die Geten. Da er aber hier mit Männern zusammentraf, die des Krieges keineswegs unkundig, an Zahl aber weit überlegen waren, entfloh er selbst aus der äußersten Gefahr, sein Sohn Agathokles aber, der damals mit ihm zusammen seinen ersten Feldzug machte, wurde von den Geten gefangen. Nachdem Lysimachos aber in weiteren Schlachten geschlagen wurde und die Gefangennahme seines Sohnes nicht verschmerzen konnte, schloß er Frieden mit Dromichaites, indem er dem Geten den jenseits der Donau liegenden Teil seiner Herrschaft abtrat und gezwungenermaßen ihm seine Tochter zur Frau gab. Es gibt Berichte, als sei nicht Agathokles, sondern Lysimachos gefangenge-

nommen worden und dieser habe seine Freiheit wieder erlangt, indem Agathokles die Verhandlungen um ihn mit dem Geten geführt habe. Nach seiner Rückkehr gab er dem Agathokles die Lysandra zur Frau, Tochter des Ptolemaios, Sohn des Lagos und der Eurydike. Er setzte mit Schiffen 7
nach Asien über und half mit, die Herrschaft des Antigonos zu zerstören. Er gründete die heutige Stadt der Ephesier bis zum Meere hin, indem er sie mit Lebediern und Kolophoniern bevölkerte, deren Städte er zerstört hatte. Wie ja auch der Jambendichter Phoinix den Untergang Kolophons betrauerte. Hermesianax war damals, wie ich glaube, nicht mehr am Leben. Sonst hätte er sicher auch über die Zerstörung Kolophons Klagelieder angestimmt. Lysimachos geriet auch in Krieg mit Pyrrhos, dem Sohn des Aiakides. Er paßte den Moment ab, als dieser von Epeiros abwesend war, wie ja jener meistens herumzog, da plünderte er das übrige Epeiros und kam zu den Grabstätten der Könige. Was dort geschah, scheint mir unglaublich, der Kardianer 8
Hieronymus aber schreibt, Lysimachos habe die Särge der Toten herausgerissen und die Gebeine zerstreut. Dieser Hieronymos steht zwar im Rufe, aus Haß über die Könige geschrieben zu haben, außer über Antigonos, dem er über Gebühr geschmeichelt habe. Was die Vorgänge an den Gräbern der Epeiroten angeht, so ist es offenkundig, daß er aus Verleumdung erzählt hat, wonach ein Makedone die Gräber zerstört habe. Abgesehen davon, daß Lysimachos es wissen mußte, daß es sich hier nicht um die Vorfahren des Pyrrhos allein, sondern auch um die des Alexandros handelte. Denn auch Alexandros war mütterlicherseits ein Epeirote und Aiakide. Auch beweist die spätere Bundesgenossenschaft des Pyrrhos mit Lysimachos, daß bei ihrer Kriegsführung nichts Unversöhnliches vorgefallen sein konnte. Hieronymos hatte vielleicht noch andere Anklagen

gegen Lysimachos. Die größte aber war, daß er die Stadt der Kardianer zerstört und dafür Lysimachia auf dem thrakischen Chersonnes gegründet hat.

10. 1 So lange Arrhidaios und später Kassandros und seine Söhne regierten, hielt sich das freundschaftliche Verhältnis zwischen Lysimachos und den Makedonen. Sobald aber die Herrschaft auf Demetrios, Sohn des Antigonos, überging, da konnte sich Lysimachos mit Sicherheit darauf verlassen, daß er von Demetrios mit Krieg überzogen werde. Er wollte ihm daher lieber zuvorkommen, denn er wußte ja, daß es bei Demetrios väterliches Erbe war, immer weiter um sich zu greifen, und zugleich sah er selbst, wie dieser von Alexandros, Sohn des Kassandros, nach Makedonien berufen, dort gleich nach seiner Ankunft den Alexandros ermordete und an dessen Statt die Herrschaft über die Makedonen übernahm.

2 Aus diesen Gründen lieferte er dem Demetrios bei Amphipolis eine Schlacht und hätte um ein weniges Thrakien verloren. Da ihm aber Pyrrhos zu Hilfe kam, behielt er nicht nur Thrakien; er gewann nachher auch noch die Herrschaft über die nestischen Makedonen. Den größten Teil von Makedonien behielt Pyrrhos selbst, der mit seiner Macht aus Epeiros kam und im Moment gut mit Lysimachos stand. Da Demetrios nach Asien übersetzte und gegen Seleukos zu Felde zog, dauerte das Bündnis zwischen Lysimachos und Pyrrhos so lange an, wie Demetrios sich behaupten konnte. Als aber Demetrios dem Seleukos unterlag, löste sich die Freundschaft zwischen Lysimachos und Pyrrhos. Als sie sich gegenseitig mit Krieg überzogen, gelang dem Lysimachos ein entscheidender Sieg über Antigonos, Sohn des Demetrios, und über Pyrrhos selbst. Er eroberte Makedonien und zwang den Pyrrhos, sich nach Epeiros zurückzuziehen.

3 Aus Liebe pflegt den Menschen manches Unglück zu erwachsen. Als nämlich Lysimachos im vorgerückten Alter

und um seiner Kinder willen für glücklich gehalten wurde
und Agathokles von Lysandra bereits Kinder hatte, heiratete
er noch Arsinoë, die Schwester der Lysandra. Diese Arsinoë
hatte die Befürchtung, ihre Kinder könnten nach dem Tod
des Lysimachos zu Agathokles halten. Sie soll daher dem
Agathokles nach dem Leben getrachtet haben. Man hat auch
berichtet, Arsinoë habe sich in Agathokles verliebt und – zu-
rückgewiesen – dessen Tod beschlossen. Es wird auch er-
zählt, Lysimachos habe später das Verbrechen seiner Frau er-
fahren. Es habe ihm aber nichts mehr geholfen, da er von
Freunden völlig entblößt war. Als nämlich damals Lysima- 4
chos den Agathokles der Arsinoë zur Ermordung preisgab,
floh Lysandra zu Seleukos, indem sie ihre Kinder und Brü-
der mit sich nahm ... fliehen zu Ptolemaios. Auf ihrer
Flucht zu Seleukos folgte ihnen auch Alexandros, ein Sohn
des Lysimachos und einer Odrysenfrau. Diese zogen nun
nach Babylon und flehten den Seleukos an, den Krieg gegen
Lysimachos zu erklären. Zu gleicher Zeit bemächtigte sich
Philetairos, dem der Geldschatz des Lysimachos anvertraut
war und dem die Ermordung des Agathokles zu Herzen
ging und der Arsinoë nicht traute, der Stadt Pergamon über
dem Kaikos. Er entsandte einen Herold und übergab sich
und den Schatz dem Seleukos. Als Lysimachos dies alles er- 5
fuhr, suchte er seinen Feinden zuvorzukommen, indem er
nach Asien hinüberging und von sich aus den Krieg eröff-
nete. Er wurde aber von Seleukos völlig geschlagen und
starb selbst. Alexandros aber, der von der Odrysenfrau, be-
kam auf sein inständiges Bitten von der Lysandra den Leich-
nam. Er ließ diesen später auf den Chersonnes hinüberschaf-
fen und begrub ihn dort, wo heute noch zwischen den Dör-
fern Kardia und Paktye ein mächtiger Grabhügel ansteht.
Dies ist die Geschichte von Lysimachos.

Die Athener besitzen auch eine Statue des Pyrrhos[22]. Die- 11.1

ser Pyrrhos ging den Alexandros nichts weiter an als in bezug auf seine Abstammung. Denn Pyrrhos war ein Sohn des Aiakides, Enkel des Arrybas; Alexandros aber war ein Sohn der Olympias, Tochter des Neoptolemos. Neoptolemos und Arrybas hatten den Alketas, Sohn des Tharypas, zum Vater. Von diesem Tharypas bis zu Pyrrhos, Sohn des Achilleus, sind es fünfzehn Generationen. Denn dieser war der erste, der nach der Einnahme Ilions die Rückkehr nach Thessalien hintanstellte und nach Epeiros ging und dort laut einem Orakelspruch des Helenos sich niederließ. Von der Hermione hatte er keinen Sohn; von der Andromache hingegen den Molossos, den Pielos und als jüngsten den Pergamos.
2 Helenos hatte den Kestrinos, denn mit diesem lebte Andromache, nachdem Pyrrhos in Delphoi ermordet worden war. Da nun Helenos nach seinem Tode dem Molossos, Sohn des Pyrrhos, die Herrschaft übergab, nahm Kestrinos mit den Epeiroten, die sich ihm anschlossen, das Land jenseits des Flusses Thyamis in Besitz. Pergamos setzte nach Asien hinüber, tötete in einem Zweikampf um die Herrschaft den Herrscher über Teuthrania Areios und gab der Stadt ihren heutigen Namen. Von der Andromache, die ihm gefolgt war, ist jetzt noch ein Heroengrab in der Stadt. Pielos blieb in Epeiros. Auf ihn und nicht auf Molossos geht Pyrrhos, Sohn des Aiakides, und seine Vorfahren zurück.

3 Bis auf Alketas, Sohn des Tharypos, stand das Land der Epeiroten unter einem König. Die Söhne des Alketas, die untereinander im Streit lagen, kamen überein, gemeinsam zu regieren, und sie hielten sich auch getreulich an diese Abmachung. Später, als Alexandros, Sohn des Neoptolemos, in Lukanien gestorben war und Olympias aus Furcht vor Antipater nach Epeiros zurückgekehrt war, blieb Aiakides, Sohn des Arrybas, in jeder Hinsicht der Olympias hörig. Er zog mit ihr auch gegen Arrhidaios und die Makedonen zu Felde,

obgleich die Epeiroten ihm nicht folgen wollten. Da aber 4
Olympias nach ihrem Siege den Arrhidaios auf ruchlose
Weise umbringen ließ und die makedonischen Männer noch
weit schändlicher behandelte, so daß man ihre spätere un-
würdige Behandlung durch Kassandros für gerecht halten
konnte, wollten auch die Epeiroten von Anfang an aus Haß
gegen Olympias den Arrhidaios nicht bei sich aufnehmen.
Nach einiger Zeit verziehen sie ihm, nur noch Kassandros
widersetzte sich seiner Rückkehr nach Epeiros. In einer
Schlacht bei Oiniadai zwischen Philippos, dem Bruder des
Kassandros, und Aiakides wurde dieser verwundet und starb
kurz darauf. Die Epeiroten erkannten Alketas als Herrscher 5
an, den Sohn des Arrybas und älteren Bruder des Aiakides,
der übrigens in hohen Maße jähzornig und deshalb von sei-
nem Vater verstoßen war. Auch damals begann er gleich
nach seiner Ankunft gegen die Epeiroten zu wüten, bis sie
ihn bei einem Aufstand in einer Nacht samt seinen Kindern
ermordeten. Nach der Ermordung führten sie den Pyrrhos,
den Sohn des Aiakides, zurück. Diesen bekämpfte gleich
nach seiner Ankunft Kassandros, weil er noch jung an Jahren
und seine Herrschaft noch nicht gefestigt war. Pyrrhos be-
gab sich beim Anmarsch der Makedonen nach Aigypten zu
Ptolemaios, dem Lagiden. Ptolemaios gab ihm seine Stief-
tochter zur Frau und führte ihn mit der aigyptischen Flotte
zurück. Auf diese Weise König geworden, griff Pyrrhos zu- 6
erst die Korkyraier unter den Griechen an, weil er die Insel
dicht vor seinem Territorium liegen sah und nicht wollte,
daß sie für andere zum Waffenplatz würde. Was er nun nach
der Einnahme von Korkyra in den Auseinandersetzungen
mit Lysimachos erduldete und wie er nach der Vertreibung
des Demetrios über Makedonien herrschte, bis er dann wie-
der von Lysimachos vertrieben wurde, diese bis auf jenen
Zeitraum wichtigsten Taten des Pyrrhos habe ich bereits in

7 dem Kapitel über Lysimachos berichtet. Gegen die Römer kenne ich keinen unter den Griechen vor Pyrrhos, der sie bekämpft hätte. Denn von einer Schlacht des Diomedes und der Argiver mit ihm gegen Aineias wird nicht berichtet. Die Athener, die sich ja mit vielen Hoffnungen trugen, unter anderem, sich ganz Italien zu unterwerfen, hinderte die Niederlage in Syrakous daran, sich mit den Römern zu messen. Und Alexandros, Sohn des Neoptolemos, aus einem Geschlecht mit Pyrrhos und an Jahren älter, starb in Lukanien, bevor er mit den Römern handgemein wurde.

12. 1 So ist also Pyrrhos der erste aus Griechenland diesseits des Ionischen Meeres, der gegen die Römer zu Felde zog. Er setzte auf Veranlassung der Tarentiner über. Diese waren nämlich schon früher mit den Römern im Krieg begriffen, jedoch nicht im Stande, ihnen Widerstand zu leisten. Da sie ihm aber vorher gute Dienste geleistet hatten, indem sie ihn in seinem Kampf gegen Korkyra mit den Schiffen unterstützt hatten, suchten die Gesandten der Tarentiner den Pyrrhos zu überreden, daß sie ihm die Situation in Italien schilderten, wie sehr dieses an Wohlstand ganz Griechenland gleichkomme und wie es von ihm nicht gerecht sei, wollte er sie in ihrer jetzigen Lage als Freunde und Schutzflehende im Stich lassen. Als die Gesandten das auseinandersetzten, kam dem Pyrrhos die Eroberung Ilions in den Sinn, und er hoffte daher, daß ihm der Krieg gelingen möge. Denn er würde ja als Nachkomme des Achill gegen eine Kolonie der
2 Troer zu Felde ziehen. Und wie ihm das gefiel, denn bei keiner Unternehmung pflegte er zu zögern, so rüstete er sofort Kriegs- und Lastschiffe zum Transport von Pferden und Mannschaften. Es gibt über gar nicht berühmte Männer Bücher, die den Titel «Denkwürdigkeiten» tragen. Wenn ich diese las, mußte ich immer den Mut des Pyrrhos in den Schlachten bewundern und die Voraussicht jedesmal bei be-

vorstehenden Kämpfen. Dieser also setzte mit seiner Flotte
nach Italien über, ohne daß die Römer es merkten, und auch
als er angekommen war, merkten diese es nicht. Als es dann
zwischen den Römern und den Tarentinern zum Kampf
kam, trat er mit seinem Heere zum ersten Male auf und
brachte sie mit seinem unerwarteten Angriff in Verwirrung.
Wie er aber bemerkte, daß er den Römern nicht gewachsen 3
war, traf er Anstalten, die Elefanten gegen sie loszulassen.
Als erster unter den Kriegführenden in Europa besaß Alexandros Elefanten, nachdem er den Poros und die Macht der
Inder bezwungen hatte. Nach dem Tode des Alexandros
hatten auch andere Könige Elefanten, am meisten jedoch
Antigonos. Pyrrhos hatte diese Tiere in der Schlacht gegen
Demetrios als Beute gefangen. Als diese nun damals auftraten, ergriff Furcht die Römer; die glaubten, es sei etwas anderes und keine Tiere. Elfenbein läßt sich, wie von alters her 4
bekannt, kunstfertig verarbeiten. Die Tiere selbst hatte man
vor dem Übergang der Makedonen nach Asien noch nicht
zu Gesicht bekommen, außer den Indern selbst und den Libyern und ihren Nachbarn. Das bekundet ja auch Homer,
der für die Könige die Klinen und den Hausrat als mit Elfenbein geschmückt schildert, den Elefanten als Tier indessen
nicht erwähnt. Hätte er ihn aber gesehen oder etwas von
ihm erfahren, so würde er ihn eher erwähnt haben als den
Kampf der Pygmaienmännchen und der Kraniche. Den 5
Pyrrhos berief von da eine Gesandtschaft der Syrakousaner
nach Sizilien. Die Karthager nämlich waren übergesetzt und
verwüsteten die griechischen Städte. Syrakous, welches als
einzige Stadt übrigblieb, belagerten sie. Als Pyrrhos dies von
den Gesandten erfuhr, ließ er Tarent und die die Küste bewohnenden Italioten im Stich, setzte nach Sizilien über und
zwang die Karthager, die Belagerung von Syrakous aufzuheben. Sich selbst überschätzend, wagte er es, sich mit den

Karthagern zur See einzulassen, die damals unter allen Barbaren die seekundigsten und die von alters her tyrische Phoiniker waren; er mit seinen Epeiroten, die nach der Eroberung Ilions weder das Meer noch den Gebrauch des Salzes kannten. Als Beleg führe ich die Worte Homers in der Odyssee an:

«Männer, die nie vom Meere vernommen
und noch niemals Salz als Würze der Speisen genossen»
(Homer, Odyssee 11, 122 f.).

13. 1 Nachdem also Pyrrhos damals besiegt war, segelte er mit seinen übrigen Schiffen nach Tarent. Dort erlitt er eine schwere Niederlage und bereitete seinen Rückzug vor. Denn daß er von den Römern nicht unbehindert werde abziehen können, das konnte er auf die folgende Weise vermuten: Da er bei seiner Rückkehr aus Sizilien besiegt wurde, sandte er als erstes Briefe nach Asien und zu Antigonos, in denen er einige der Könige um Truppen, andere um Geld, Antigonos um beides ersuchte. Als die Boten zurückkamen und ihm die Briefe übergeben waren, sammelte er die Häupter aus Epeiros und der Tarentiner um sich, las ihnen vom Inhalt der Briefe nichts vor, sagte aber, es werde Hilfe kommen. Schnell verbreitete sich bis zu den Römern die Kunde, die Makedonen und andere Völker Asiens würden Pyrrhos zu Hilfe kommen. Auf diese Nachricht hin verhielten sich die Römer ruhig, Pyrrhos aber setzte in der kommenden Nacht nach dem sogenannten Keraunischen Vorgebirge
2 über. Nach der Niederlage in Italien gönnte er seinen Kräften Erholung, kündigte dem Antigonos den Krieg an, indem er ihm unter anderem vorwarf, er habe ihn in Italien im Stich gelassen. Nachdem er die eigene Kriegsmacht des Antigonos besiegt und die Söldnertruppen der Galater vertrieben und bis zu den Seestädten hin verfolgt hatte, eroberte er noch das obere Makedonien und die Thessalier. Die Größe

der Schlacht und die Bedeutung des Sieges, den Pyrrhos errungen hatte, bekunden die geweihten Waffen der Kelten im Heiligtum der Athena Itonia zwischen Pherai und Larissa und die Inschrift auf ihnen:

«Trotziger Galater Schilde! Erbeutet! 3
Sie hängt der Molosser
Pyrrhos als Weihgeschenk, dir Pallas Itonia auf,
da er das Heer des Antigonos völlig vernichtet,
kein Wunder!
Heute noch schwingen den Speer Aiakos' Enkel wie einst.»

Diese weihte er hier, dem Dodonaischen Zeus widmete er die Schilde der Makedonen. Bei ihnen ist darauf geschrieben:

«Diese haben einst Asiens blühende Gefilde verwüstet,
diese haben auch Griechenland in die Knechtschaft
gezwungen,
nun hängen sie, verwaist, an den Säulen
im Tempel des Zeus
als Kriegsbeute des stolzen Makedonien.»

Daß Pyrrhos die Makedonen nicht gänzlich unterwarf, 4
soschr er auch willens war, zu fassen, was ihm vor die Hände kam, daran ist Kleonymos schuld. Denn dieser überredete den Pyrrhos, von den makedonischen Angelegenheiten abzulassen und in die Peloponnes zu kommen. Und so führte er als Lakedaimonier den Lakedaimoniern ein fremdes Heer ins Land und dies aus einem Anlaß, den ich später, wenn ich die Abstammung des Kleonymos erörtere, erzählen werde. Pausanias, der Heeresführer der Griechen bei Plataiai, hatte Pleistoanax als Sohn, dieser wiederum Pausanias, und dieser den Kleombrotos, der im Kampf gegen Epameinondas und die Thebaner bei Leuktra fiel. Des Kleombrotos Söhne waren Agesipolis und Kleomenes. Da Agesipolis ohne Kinder starb, erhielt Kleomenes die Königswürde. Dieser hatte zwei 5

Söhne, den älteren Akrotatos und den jüngeren Kleonymos. Den Akrotatos ereilte früher sein Geschick. Als nun danach Kleonymos gestorben war, trat Areus, der Sohn des Akrotatos, mit dem Anspruch auf die Herrschaft auf und Kleonymos ... führte den Pyrrhos auf diese Weise ins Land. Vor der Schlacht bei Leuktra hatten die Lakedaimonier keine Niederlage erlitten, so daß sie nicht einmal einräumten, jemals in einer Feldschlacht besiegt worden zu sein. Denn Leonidas habe gesiegt, nur seine Gefolgschaft habe nicht zur Besiegung der Meder ausgereicht. Und was die Taten der Athener und des Demosthenes anlange bei der Insel Sphakteria, so sei dies mehr eine Erschleichung als ein Sieg gewesen.
6 So war diese Niederlage in Boiotien die erste, später erlitten sie gegen Antipatros und die Makedonen eine schwere Niederlage, und drittens kam ihnen dann der Krieg des Demetrios als unverhofftes Übel in ihr Land. Bei dem Einfall des Pyrrhos sahen sie dann das vierte feindliche Heer. Sie selbst stellten sich ihm entgegen, zusammen mit ihren argivischen und messenischen Bundesgenossen. Pyrrhos siegte, und nur wenig hätte gefehlt, und er hätte im ersten Ansturm ihre Stadt eingenommen. Er verwüstete das Land, trieb Beute zusammen und ruhte sich ein wenig aus. Diese also richteten sich auf eine Belagerung ein, zumal ja Sparta früher schon im Kriege gegen Demetrios mit tiefen Gräben und starken Palisaden, selbst an den schwächsten Stellen, befe-
7 stigt war. Um diese Zeit und während der lakedaimonische Krieg sich in die Länge zog, hatte Antigonos die Städte der Makedonen wieder erobert und ging in die Peloponnes hinüber, wohl wissend, daß Pyrrhos, wenn er Lakedaimon und den größten Teil der Peloponnes unterworfen haben werde, sich nicht nach Epeiros, sondern nach Makedonien zum dortigen Krieg wenden werde. Gerade als Antigonos im Begriff war, sein Heer aus Argos nach Lakonien zu führen, kam Pyr-

rhos selbst nach Argos. Siegreich drang er mit den Flüchtenden zusammen in die Stadt ein, wobei sich natürlich die ganze Schlachtordnung auflöste. Da nun die Kämpfe bereits 8
bei den Heiligtümern, den Häusern, in den Gassen und an anderen Stellen der Stadt tobten, wurde Pyrrhos von den Seinigen getrennt und am Kopfe verwundet. Man erzählt, Pyrrhos sei von einer Frau mit einem Ziegelstein getroffen worden und daran gestorben. Die Argiver aber behaupten, nicht eine Frau, sondern Demeter in Gestalt jener Frau habe ihn getötet. Dieses erzählen die Argiver vom Tod des Pyrrhos, außerdem Lykeas, der Erklärer einheimischer Merkwürdigkeiten, in einem Gedicht. An dem Ort, an dem Pyrrhos gefallen ist, haben sie auf Grund eines Orakels ein Demeterheiligtum errichtet. In diesem befindet sich auch das Grab des Pyrrhos. Wunderlich scheint mir das Schicksal von 9
dreien der sogenannten Aiakiden zu sein, wie ihnen durch göttliche Fügung das gleiche Ende zuteil wurde. Homer erzählt nämlich, Achill sei durch Alexandros, Sohn des Priamos, und durch Apollon umgekommen; Pyrrhos, Sohn des Achilleus, habe die Pythia den Delphern befohlen, zu töten, und dem Sohn des Aiakides wurde das Ende zuteil, wie es die Argiver berichten und Lykeas dichtete. Unterschiedlich scheint mir das zu sein, was Hieronymus, der Kardianer, schreibt. Ein Mann in der Umgebung eines Königs muß immer schreiben, wie es gewünscht wird. Selbst Philistos findet Rechtfertigungsgründe, die ärgsten Greueltaten des Dionysios zu verdecken in der Hoffnung auf Rückkehr nach Syrakous. Und so muß man wohl Hieronymus verzeihen, daß er schrieb, wie es Antigonos gefiel. Dieses Ende also hatte die Macht der Epeiroten.

Geht man ins Odeion in Athen hinein, so steht da unter 14. 1
anderem ein sehenswerter Dionysos. In der Nähe ist ein Brunnen, den sie Enneakrounos nennen («Neunröhrenbrun-

nen»), da er so von Peisistratos ausgestattet wurde. Schöpfbrunnen gibt es in der ganzen Stadt, Laufbrunnen aber nur diesen einen. Über dem Brunnen liegen Tempel, einer der Demeter und Kore, während in dem anderen ein Kultbild des Triptolemos steht. Und was man sich von ihm erzählt, werde ich berichten unter Fortlassung dessen, was sich da-
2 von auf Deïope bezieht[23]. Unter den Griechen sind diejenigen, die mit den Athenern am meisten in betreff des Alters und der Gaben streiten, die sie von den Göttern erhalten haben wollen, die Argiver wie bei den Barbaren die Aigypter gegenüber den Phrygern. Es wird nun erzählt, wie Pelasgos die Demeter, als sie nach Argos kam, in sein Haus aufnahm und wie Chrysanthis, die es wußte, den Raub der Kore erzählte. Später soll der Hierophant Trochilos aus Feindschaft gegen Agenor aus Argos geflohen und nach Attika gekommen sein, und er habe eine Frau aus Eleusis geheiratet und von ihr Söhne gehabt, den Eubouleus und den Triptolemos. So ist die argivische Sage, die Athener aber und die es von ihnen gelernt haben, sagen, daß Triptolemos, der Sohn des
3 Keleos, als erster Getreide gesät habe. Es gibt aber auch Verse des Mousaios, wenn auch diese dem Mousaios wirklich gehören, die besagen, Triptolemos sei Sohn des Okeanos und der Ge, und solche des Orpheus, aber auch diese scheinen mir nicht dem Orpheus zu gehören, die Dysaules als Vater des Eubouleus und Triptolemos bezeichnen und die sagen, es sei ihnen von Demeter wegen ihrer Meldung über ihre Tochter gegeben worden, Getreide zu säen. Der Athener Choirilos aber, der ein Drama Alope geschrieben hat, behauptet, Kerkyon und Triptolemos seien Brüder, geboren habe sie eine Tochter Amphiktyons, und Triptolemos' Vater sei Raros, der des Kerkyon aber Poseidon. Noch weiter zu gehen in diesem Bericht und ebenso, was das Heiligtum in Athen, das sogenannte Eleusinion, enthält, zu berichten, hin-

derte mich ein Traumgesicht; so werde ich mich dem zu-
wenden, was allen zu schreiben erlaubt ist. Vor diesem Tem- 4
pel, wo auch das Standbild des Triptolemos steht, ist ein
bronzener Stier, wie er zum Opfer geführt wird, und ein
Epimenides von Knosos sitzend, der bei einem Gang aufs
Land in eine Höhle gekommen und eingeschlafen sein soll;
und der Schlaf habe ihn nicht eher losgelassen, als bis er das
vierzigste Jahr schlafend gelegen habe, und später verfaßte er
Epen und entsühnte Städte, darunter Athen. Thales aber, der
den Lakedaimoniern die Krankheit zum Erlöschen brachte,
gehörte weder sonst zu Epimenides, noch war er aus dersel-
ben Stadt, sondern der eine war Knosier, Thales aber, so sagt
Polymnastos aus Kolophon, der den Spartanern ein Gedicht
auf ihn geschrieben hat, ein Gortynier. Noch etwas weiter ist 5
ein Tempel der Eukleia, auch dieser ein Weihgeschenk aus
der Beute der Perser, die bei Marathon an Land gingen.
Über diesen Sieg, vermute ich, waren die Athener am mei-
sten stolz. Auch Aischylos, als er sein Lebensende erwartete,
erwähnte von allem anderen nichts, obwohl er doch in der
Dichtung so berühmt geworden war und an den Seeschlach-
ten von Artemision und Salamis teilgenommen hatte. Er
schrieb nur seinen Namen und den seines Vaters und seiner
Heimatstadt und daß er als Zeugen seiner Tapferkeit den
Hain von Marathon habe und die Perser, die dort gelandet
seien[24].

Über dem Kerameikos und der sogenannten Königsstoa 6
ist ein Tempel des Hephaistos. Und daß ein Standbild der
Athena neben ihm steht, wunderte mich nicht, da ich den
Mythos über Erichthonios kenne. Als ich aber sah, daß die
Statue der Athena blaue Augen habe, fand ich, daß das der
Mythos der Libyer sei. Denn diese sagen, daß sie eine Toch-
ter des Poseidon und des tritonischen Sees sei und deshalb
blaue Augen habe wie Poseidon. In der Nähe ist ein Heilig- 7

tum der Aphrodite Ourania. Die Assyrier waren die ersten Menschen, die die Ourania verehrten, nach den Assyriern die Paphier auf Kypros und in Phoinikien die Bewohner von Askalon in Palaistina. Von den Phoinikern haben die Kytherier ihre Verehrung gelernt. In Athen richtete Aigeus den Kult ein, da er glaubte, daß er selber keine Kinder bekommen werde, denn er hatte damals noch keine, und daß seinen Schwestern das zugestoßen sei wegen Erzürnung der Ourania. Die zu unserer Zeit noch vorhandene Statue ist aus parischem Marmor und ein Werk des Pheidias. Es gibt auch eine Gemeinde in Attika Athmonon, die behauptet, Porphyrion, der noch vor Aktaios König war, habe das bei ihnen sich befindende Heiligtum der Ourania gegründet. Auch anderes erzählt man in den Landgemeinden gar nicht gleich wie in der Stadt[25].

15.1 Geht man zu der Halle, die man nach ihren Gemälden die «Bunte» nennt, so befindet sich dort ein bronzener Hermes, Agoraios genannt, und in der Nähe ein Tor. Darauf befindet sich ein Siegeszeichen der Athener für ihren Sieg über Pleistarchos in einer Reiterschlacht, dem als Bruder das Kommando über die Kavallerie des Kassandros und das Söldnerheer anvertraut gewesen war. Diese Halle enthält als erstes Gemälde, wie die Athener bei Oinoë in der Argolis den Lakedaimoniern gegenüberstehen. Gemalt ist aber nicht, wie der Kampf schon auf seinem Höhepunkt oder bei waghalsigen Taten angelangt ist, sondern erst der Anfang der
2 Schlacht und das Handgemeinwerden. In der Mitte der Wände kämpfen die Athener und Theseus gegen die Amazonen. Nur diesen Frauen haben ihre Niederlagen nicht den schonungslosen Wagemut genommen, da sie trotz der Einnahme von Themiskyra durch Herakles und später des Verlustes ihres gegen Athen geschickten Heeres doch noch gegen Troia zogen und dort mit den Athenern selbst und den

gesamten Griechen kämpften. Nach den Amazonen sind die
Griechen dargestellt, wie sie Ilion genommen haben und die
Könige sich wegen der Untat des Aias gegen Kassandra ver-
sammelt haben; und das Gemälde stellt Aias selber dar und
gefangene Frauen, darunter Kassandra. Das letzte der Ge- 3
mälde sind die Marathonkämpfer, von den Boiotern die Pla-
taier und das attische Heer kämpfen mit den Barbaren. Und
hier ist dargestellt, wie die Schlacht noch unentschieden auf
beiden Seiten ist, im innern Teil des Schlachtgemäldes dann
die Barbaren, die fliehen und sich gegenseitig in den Sumpf
stoßen. Am äußersten Rande des Bildes sieht man die phoi-
nikischen Schiffe, und wie die Griechen die Barbaren töten,
die in diese Schiffe flüchten wollen. Da ist auch der Heros
Marathon gemalt, nach dem die Ebene heißt, und Theseus
wie einer, der aus der Erde aufsteigt, und Athena und Hera-
kles. Bei den Marathoniern wurde nämlich, wie sie selbst sa-
gen, Herakles zuerst als Gott angesehen. Von den Kämpfen-
den sind in dem Gemälde vor allem kenntlich Kallimachos,
der zum athenischen Polemarchen gewählt war, und Miltia-
des von den Strategen und der Heros Echetlos, den ich später
noch erwähnen werde. Hier befinden sich auch Bronze- 4
schilde, und auf den einen steht, sie seien von den Skionaiern
und ihren Bundesgenossen, die anderen, die mit Pech bestri-
chen sind, damit ihnen die Zeit und der Grünspan nicht
schade, sollen von den Lakedaimoniern sein, die auf der Insel
Sphakteria gefangengenommen wurden[26].

Es stehen Bronzestatuen vor der Halle, so Solon, der den 16. 1
Athenern ihre Gesetze geschrieben hat, und etwas weiter Se-
leukos, welchem unverkennbare Zeichen zuvor sein künfti-
ges Glück andeuteten. Denn als Seleukos mit Alexandros zu-
sammen aus Makedonien aufbrach und in Pella dem Zeus
opferte, setzte sich das auf dem Altar aufgeschichtete Holz
von selbst gegen das Götterbild in Bewegung und entzün-

dete sich selbst, ohne Feuer. Seleukos war nach dem Tod Alexandros' und aus Furcht vor dem nach Babylon kommenden Antigonos zu Ptolemaios, dem Lagiden, geflohen. Er kehrte jedoch wiederum nach Babylon zurück, besiegte nach seiner Rückkehr das Heer des Antigonos, tötete diesen selbst und nahm den Demetrios, Sohn des Antigonos, der
2 darauf mit seinem Heer herbeieilte, gefangen. Als ihm dies geglückt war und kurz darauf die Macht des Lysimachos gebrochen wurde, gab er die gesamte Herrschaft über Asien seinem Sohn Antiochos; er aber zog nach Makedonien. Seleukos hatte ein Heeresaufgebot, gemischt aus Griechen und Barbaren. Ptolemaios aber, der Bruder der Lysandra, der von Lysimachos zu ihm geflohen war und auch sonst zu allerlei kühnen Unternehmungen im Stande, weshalb er den Beinamen «der Blitz» hatte, dieser Ptolemaios also ermordete heimlich den Seleukos, als dessen Heer bis Lysimachia vorgedrungen war. Er gab die Schätze zur Plünderung preis und übernahm die Königsherrschaft über Makedonien. Von allen Königen wissen wir, daß er der erste war, der sich den Galatern entgegenzustellen wagte und der auch von den
3 Barbaren getötet wurde. Der Herrschaft bemächtigte sich wiederum Antigonos, Sohn des Demetrios. Diesen Seleukos halte ich unter den Königen für besonders gerecht und fromm gegen die Gottheit. Denn es war Seleukos, der den Branchiden in Milet die Bronzestatue des Apollon zurückschickte, die von Xerxes nach dem medischen Ekbatana entführt worden war. Der gleiche Seleukos war es, der nach der Gründung von Seleukia am Tigris und der Umsiedlung der Babylonier dorthin die Mauern von Babylon unberührt und das Heiligtum des Bel stehen und die Chaldaier dort wohnen ließ.

17. 1 Auf der Agora in Athen steht außer anderen Dingen, die nicht bei allen Menschen bekannt sind, auch ein Altar des

Mitleids, dem die Athener als dem Gott, der am meisten für
das menschliche Leben und die Wandlungen des Geschicks
nützlich sei, allein von den Griechen Ehren erweisen. Bei ih-
nen existiert aber nicht nur Menschenfreundlichkeit, son-
dern sie ehren auch die Götter mehr als andere; es gibt bei ih-
nen sogar einen Altar der Aidos («sittliche Scheu») und der
Pheme («göttliche Stimme») und der Horme («Trieb»). Und
es ist ganz deutlich, daß diejenigen, die mehr Frömmigkeit
haben als die anderen, auch mehr Wohlergehen genießen[27].

In dem Gymnasion, das nicht weit von der Agora entfernt 2
steht und nach seinem Erbauer Ptolemaios heißt, sind se-
henswerte Marmorhermen und eine Bronzestatue des Ptole-
maios; auch der Libyer Juba steht da und Chrysipp aus Soloi.
Bei dem Gymnasion ist ein Heiligtum des Theseus mit Ge-
mälden, Athener gegen Amazonen kämpfend. Dieser Krieg
ist auch auf dem Schild der Athena dargestellt und an der
Basis des Zeus von Olympia. In dem Theseusheiligtum ist
auch die Schlacht zwischen Kentauren und Lapithen darge-
stellt; Theseus hat bereits einen Kentauren getötet, bei den
anderen ist der Kampf noch unentschieden. Bei dem Ge- 3
mälde auf der dritten Wand ist der Sinn nicht klar, wenn
man nicht fragt, teils wegen des Alters, teils weil Mikon
nicht die ganze Geschichte dargestellt hat. Als Minos den
Theseus und den anderen Knabenzug nach Kreta brachte,
verliebte er sich in Periboia, und als ihm besonders Theseus
entgegentrat, warf er ihm im Zorn unter anderem vor, er sei
nicht Sohn des Poseidon, da er ihm den Siegelring, den er
selber trug, nicht wieder heraufholen könne, wenn er ihn ins
Meer würfe. Mit diesen Worten soll Minos den Ring fortge-
worfen haben, und Theseus sei mit jenem Ring und mit ei-
nem goldenen Kranz, einem Geschenk der Amphitrite, aus
dem Meer wieder emporgetaucht. Über das Ende des The- 4
seus wird vieles und Widersprüchliches erzählt. Er soll selbst

gefesselt gewesen sein, bis ihn Herakles wieder heraufholte.
Das Wahrscheinlichste, das ich gehört habe, ist folgendes:
Als Theseus bei den Thesprotern einfiel, um die Frau des
Thesproterkönigs zu rauben, verlor er den größten Teil sei-
nes Heeres, und er selbst und Peirithoos wurden gefangen.
Peirithoos, der seine Heirat betrieb, war mit von der Partie.
5 Der Thesproterkönig hielt sie in Kichyros in Fesseln. Im
Thesproterlande gibt es auch andere Sehenswürdigkeiten,
ein Heiligtum des Zeus in Dodona und die heilige Eiche des
Gottes dort. Bei Kichyros liegt der sogenannte Acherousi-
sche See und der Fluß Acheron. Es fließt dort der Kokytos,
ein ganz und gar unangenehmes Gewässer. Homer scheint
mir dies gesehen und es in anderen Gedichten gewagt zu ha-
ben, unter den Flüssen des Hades auch die Flußnamen der
Thesproter einzutragen. Als Theseus dort gefangengehalten
wurde, zogen die Söhne des Tyndareos gegen Aphidna,
nahmen es und führten den Menestheus in die Königsherr-
6 schaft ein. Menestheus aber, nachdem die Söhne des Theseus
zu Elephenor nach Euboia geflohen waren, nahm keine
Rücksicht auf sie. Den Theseus aber, sollte dieser einst aus
dem Land der Thesproter zurückkehren, hielt er für einen
ernsthaften Gegner. Er schmeichelte daher dem Volke, wes-
halb Theseus später nach seiner Rettung abgewiesen wurde.
Theseus ging zu Deukalion nach Kreta, wurde aber von
Stürmen nach Skyros verschlagen und dort von den Skyrern
ob des Ruhmes seines Geschlechtes und der von ihm voll-
brachten Taten glänzend behandelt. Aus diesem Grunde
sann Lykomedes auf seinen Tod. Der heilige Bezirk des The-
seus in Athen entstand später als die Landung der Perser bei
Marathon, als Kimon, Miltiades' Sohn, die Bewohner von
Skyros wegen der Ermordung des Theseus vertrieben und
seine Gebeine nach Athen gebracht hatte[28].

18.1 Das Heiligtum der Dioskouren ist alt, sie selbst erscheinen

hier stehend und ihre Söhne auf Pferden sitzend. Hier hat
Polygnot von dem, was sich auf sie bezieht, eine Hochzeit
der Töchter des Leukippos gemalt, Mikon die Argonauten,
die mit Iason nach Kolchis fuhren, und das Hauptinteresse
seines Gemäldes richtet sich auf Akastos und die Pferde des
Akastos. Über dem Heiligtum der Dioskouren liegt der hei- 2
lige Bezirk der Aglauros. Der Aglauros und ihren Schwe-
stern Herse und Pandrosos habe Athena, so erzählt man, den
Erichthonios in einem Kasten übergeben und ihnen verbo-
ten, betreffs des übergebenen Gegenstandes neugierig zu
sein. Pandrosos habe gehorcht, die anderen beiden hätten
aber den Kasten geöffnet, seien beim Anblick des Erichtho-
nios wahnsinnig geworden und hätten sich von der Akropo-
lis, wo sie am steilsten ist, hinuntergestürzt. An dieser Stelle
stiegen auch die Perser hinauf und töteten die Athener, die
den Orakelspruch besser zu verstehen glaubten als Themi-
stokles und die Akropolis mit Holz und Verschanzungen be-
festigt hatten. In der Nähe ist das Prytaneion, in dem die Ge- 3
setze Solons aufgezeichnet sind und von Göttern Kultbilder
der Eirene und der Hestia und von Statuen unter anderen
eine des Pankratiasten Autolykos stehen. Die Standbilder des
Miltiades und Themistokles hat man nämlich auf einen Rö-
mer und einen Thraker umbenannt[29].

Geht man von dort in die Unterstadt, so trifft man ein 4
Heiligtum des Sarapis, den die Athener von Ptolemaios her
als Gott einführten. Bei den Aigyptern ist von den Sarapis-
heiligtümern das großartigste das in Alexandreia, das älteste
das in Memphis; in dieses dürfen weder Fremde noch selbst
die Priester hineingehen, bis man den Apisstier bestattet.
Nicht weit vom Sarapisheiligtum ist der Platz, wo sich Peiri-
thoos und Theseus verabredet haben sollen, nach Lakedai-
mon und später zu den Thesprotern zu gehen. Nahebei 5
wurde ein Tempel der Eileithyia gebaut, die von den Hyper-

boreern nach Delos gekommen sein soll, um Leto in ihren Wehen beizustehen, und die anderen Menschen hätten von ihnen den Namen der Eileithyia erfahren. Und die Delier opfern der Eileithyia und singen ihr einen Hymnos des Olen, die Kreter aber glauben, Eileithyia sei in Amnisos im Gebiet von Knosos geboren und eine Tochter der Hera. Nur in Athen sind die Holzbilder der Eileithyia bis auf die Fußspitzen verhüllt. Zwei davon seien kretisch und Weihgeschenk der Phaidra, sagten die Frauen, das älteste habe Erysichthon aus Delos gebracht[30].

6 Bevor man ins Heiligtum des olympischen Zeus eintritt – der römische Kaiser Hadrian weihte den Tempel und das sehenswerte Kultbild, dem an Größe außer den Kolossen in Rhodos und Rom die sonstigen Kultbilder gleichermaßen nachstehen, und das aus Elfenbein und Gold gemacht und im Hinblick auf seine Größe gut gearbeitet ist –, stehen dort zwei Statuen Hadrians aus thasischem Marmor und zwei aus aigyptischem Stein, und andere aus Bronze stehen vor den Säulen. Der ganze Bezirk hat einen Umfang von etwa vier Stadien und ist voll von Statuen. Denn von jeder Stadt, die die Athener als ihre Kolonien bezeichnen, wurde eine Statue des Kaisers Hadrian geweiht, und die Athener übertrafen sie mit dem sehenswerten Koloß, den sie hinter dem Tempel
7 aufstellten. Von Altertümern befinden sich in dem Bezirk ein bronzener Zeus und ein Tempel des Kronos und der Rhea und ein Heiligtum der Ge mit Beinamen Olympia. Hier klafft die Erde etwa eine Elle auseinander, und man sagt, daß hier die Wasser nach der Flut unter Deukalion abgeflossen seien, und wirft in diesen Spalt jährlich Brote aus
8 Weizenmehl und Honig. Auf einer Säule steht eine Statue des Isokrates, der dreierlei Bemerkenswertes hinterließ, als größte Leistung, daß er 98 Jahre lebte und niemals aufhörte, Schüler zu haben, als größten Beweis seiner Vernunft, daß er

sich stets von der Politik fernhielt und sich um die Staatsangelegenheiten nicht kümmerte, und als größtes Zeichen freiheitlicher Gesinnung, daß er auf die Kunde von der Schlacht bei Chaironeia aus Kummer freiwillig aus dem Leben schied. Es stehen dort auch Perser aus phrygischem Marmor, die einen bronzenen Dreifuß tragen, sie selbst wie der Dreifuß sehenswert. Das ursprüngliche Heiligtum des olympischen Zeus soll Deukalion gebaut haben, und als Beweis dafür, daß Deukalion in Athen gewohnt habe, zeigt man sein Grab nicht weit vom jetzigen Tempel entfernt. Hadrian 9
baute den Athenern unter anderem einen Tempel der Hera und des Zeus Panhellenios und ein gemeinsames Heiligtum für alle Götter, das Großartigste aber sind hundert Säulen aus phrygischem Marmor, und die Wände sind ebenso gebaut wie die Säulenhallen. Und hier sind Gebäude mit vergoldetem Dach und aus Alabaster und dazu mit Statuen und Gemälden geschmückt, in denen Bücher aufbewahrt werden. Es gibt auch ein Gymnasion, das nach Hadrian heißt, auch dieses mit hundert Säulen aus den Steinbrüchen Afrikas[31].

Nach dem Tempel des olympischen Zeus kommt bald ein 19. 1
Standbild des pythischen Apollon. Es gibt auch ein anderes Heiligtum des Apollon mit Beinamen Delphinios. Sie erzählen, wie der Tempel, bis auf das Dach, vollendet war, sei Theseus, den meisten noch unbekannt, in die Stadt gekommen. Da er einen langen, bis zu den Füssen reichenden Chiton trug und das Haar zierlich geflochten hatte, fragten ihn, als er zum Delphinion gekommen war, diejenigen, die das Dach errichteten, zum Spotte, warum denn da eine heiratsfähige Jungfrau so allein herumstreiche. Theseus antwortete ihnen nichts, sondern löste, wie berichtet wird, die Rinder vom Wagen und schleuderte diesen auf das Dach hinauf, höher als sie dem Tempel das Dach bauten[32]. In bezug auf den 2
Ort, den sie «Gärten» nennen, und den Aphroditetempel

wird keine Sage erzählt, auch nicht von der Aphrodite, die nahe bei dem Tempel steht; sie ist der Form nach ebenso viereckig wie die Hermen. Die Inschrift besagt, daß die Aphrodite Ourania die älteste der sogenannten Moiren sei. Die Kultstatue der Aphrodite «in den Gärten» ist ein Werk des Alkamenes und sehenswert wie weniges andere in
3 Athen. Ferner gibt es ein Heiligtum des Herakles, das Kynosarges heißt, und die Geschichte mit der weißen Hündin kann man erfahren, wenn man den Orakelspruch liest. Hier stehen Altäre des Herakles und der Hebe, die Tochter des Zeus und Herakles' Frau gewesen sein soll. Auch ein Altar der Alkmene und des Iolaos ist hier gebaut, der die meisten Taten mit Herakles zusammen vollbrachte. Das Lykeion hat seinen Namen von Lykos, dem Sohn des Pandion, und galt von Anfang an bis heute als dem Apollon heilig, und hier wurde der Gott zuerst Lykeios genannt. Es heißt auch, daß seinetwegen die Termilen, zu denen Lykos auf der
4 Flucht vor Aigeus kam, Lykier genannt wurden. Hinter dem Lykeion liegt das Grabmal des Nisos, der König von Megara war, von Minos getötet wurde und den die Athener holten und hier bestatteten. Von diesem Nisos geht die Sage, er habe purpurne Haare auf dem Kopf gehabt, und es war ihm bestimmt, daß er sterben werde, wenn diese abgeschoren würden. Als nun die Kreter ins Land kamen, nahmen sie die übrigen Städte der Megaris im ersten Ansturm und belagerten den nach Nisaia geflohenen Nisos. Da soll sich die Tochter des Nisos in Minos verliebt und die Haare des Vaters abgeschoren haben. Das also habe sich so verhalten, berichten sie[33].

5 An Flüssen fließen bei Athen der Ilisos und ein Fluß, der ebenso heißt wie der keltische Eridanos und in den Ilisos mündet. Dieser Ilisos ist es, an dem die spielende Oreithyia von dem Nordwind geraubt worden sein soll; Boreas sei

dann der Gatte der Oreithyia geworden und habe ihnen wegen dieser Verwandtschaft geholfen und viele Trieren der Barbaren vernichtet. Die Athener wollen auch, daß der Ilisos noch anderen Göttern heilig sei, und so gibt es an ihm einen Altar der ilisiadischen Musen. Man zeigt hier auch die Stelle, wo die Peloponnesier Kodros, den Sohn des Melanthos, den
König von Athen, töteten. Nach dem Überschreiten des Ili- 6
sos kommt man an einen Ort Agrai mit einem Tempel der Artemis Agrotera. Hier soll Artemis, von Delos kommend, zuerst gejagt haben, und deshalb hat das Kultbild einen Bogen. Beim Hören nicht so eindrucksvoll, aber ein Wunder anzuschauen ist das Stadion aus Marmor. Seine Größe kann man etwa an folgendem am besten ermessen. Darüber ist nämlich ein Berg über dem Ilisos, der mondförmig beginnt und dann beiderseits gerade zum Flußufer hinzieht. Dieses Stadion hat der Athener Herodes gebaut und dafür die Steinbrüche im Pentelikon größtenteils aufgebraucht[34].

Es führt aber eine Straße von dem Prytaneion weg, die 20. 1
«Dreifußstraße» heißt. Das, wonach die Gegend heißt, sind Tempel, für diesen Zweck recht groß, auf denen Dreifüße stehen, zwar nur aus Bronze, aber sie umschließen bemerkenswerte Kunstwerke. Darunter ist nämlich ein Satyr, auf den Praxiteles besonders stolz gewesen sein soll. Und als Phryne einst ihn um das schönste seiner Werke bat, da soll er zwar eingewilligt haben, es ihr als Liebhaber zu schenken, welches er aber für das schönste halte, wollte er ihr nicht sagen. Da stürzte einst ein Diener der Phryne herein mit der Nachricht, der größte Teil der Werke des Praxiteles sei bei einer Feuersbrunst in der Werkstatt verbrannt, doch sei nicht
alles vernichtet. Praxiteles sei sofort zur Türe hinausgeeilt 2
mit dem Ausruf, all sein Mühen helfe ihm nicht, wenn die Flamme auch den Satyros und den Eros erfaßt habe. Phryne aber veranlaßte ihn, ruhig zu bleiben, es hätte sich nichts

Unangenehmes ereignet, er sei nur durch eine List zum Geständnis gebracht worden, welches seine schönsten Werke seien. So wählte sich Phryne den Eros. In dem nahen Tempel für Dionysos befindet sich ein junger Satyr, der einen Becher gibt; den Eros, der dabei steht, und den Dionysos schuf Thymilos[35].

3 Von Dionysos liegt das älteste Heiligtum beim Theater. Es sind nämlich innerhalb der Umfassungsmauer zwei Tempel und zwei Dionysosstatuen, der Dionysos Eleuthereus und derjenige, dessen Statue Alkamenes aus Elfenbein und Gold gemacht hat. Ebendort ist ein Gemälde des Dionysos, der Hephaistos in den Himmel emporführt. Auch das wird nämlich von den Griechen erzählt, wie Hera den Hephaistos bei seiner Geburt hinabgeworfen habe und dieser ihr arglistig als Geschenk einen goldenen Thron mit unsichtbaren Fesseln geschickt habe; und wie sie sich darauf setzte, sei sie gefesselt worden, und Hephaistos habe keinem anderen Gott gehorchen wollen, Dionysos aber, denn ihm habe Hephaistos am meisten vertraut, habe ihn betrunken gemacht und in den Himmel geführt. Das ist hier gemalt und Pentheus und Lykourgos, die für ihre Vergehen gegen Dionysos bestraft werden, und die schlafende Ariadne und Theseus abfahrend, und Dionysos, der zu Ariadnes Raub kommt[36].

4 In der Nähe des Dionysosheiligtums und des Theaters ist ein Gebäude, das eine Nachahmung des Zeltes des Xerxes sein soll. Es ist aber schon das zweite; das ursprüngliche verbrannte der römische Feldherr Sulla, als er Athen einnahm. Die Ursache des Krieges war folgende: Mithridates war König der Barbaren am Pontos Euxeinos. Unter welchem Vorwand er den Römern den Krieg erklärte und auf welche Weise er nach Asien hinüberging und welche Städte er mit Waffengewalt sich unterwarf oder zu Freunden machte,

darum sollen sich die kümmern, die die Geschichte des
Mithridates wissen wollen. Ich werde nur berichten, was
sich auf die Einnahme Athens bezieht. Ein Athener Aristion, 5
dessen sich Mithridates als Botschafter an die griechischen
Städte bediente, dieser überredete die Athener, den Mithri-
dates den Römern vorzuziehen. Jedoch beredete er nicht
alle, sondern nur die aus dem Volke und davon wiederum
nur die Unsteten. Wer von den Athenern nur irgendwie von
Ansehen war, begab sich freiwillig hinaus zu den Römern.
In der darauf anhebenden Schlacht waren die Römer ent-
schieden überlegen. Sie verfolgten den flüchtigen Aristion in
die Stadt hinein, den Archelaos und die Barbaren in den Pei-
raieus. Dieser war ein Feldherr des Mithridates, und er war
es, den früher die Magneten am Sipylos bei einem Raubzug
verwundet, wobei sie die meisten von den Barbaren getötet
hatten. Die Athener wurden nun belagert. Taxilos, ein Feld- 6
herr des Mithridates, belagerte zufällig die Stadt Elateia in
Phokis, und als Boten zu ihm kamen, brach er auf und führte
sein Heer nach Athen. Auf diese Nachricht hin überließ der
römische Feldherr die Belagerung Athens einem Teil seines
Heeres und trat selbst mit dem Hauptteil seiner Streitkräfte
dem Taxilos in Boiotien entgegen. Am dritten Tag danach
kamen zu den Römern in beiden Lagern Botschaften, an
Sulla, daß die Stadt Athen erobert, und an die Belagerer von
Athen, daß Taxilos die Schlacht bei Chaironeia verloren
habe. Als Sulla nach Attika zurückkehrte, sperrte er die un-
ter den Athenern, die sich noch widersetzten, in den Kera-
meikos und ließ jeden zehnten, durch das Los bestimmt, hin-
richten. Da Sulla in seinem Zorn gegen die Athener nicht 7
nachließ, gingen heimlich Männer nach Delphoi. Auf ihre
Frage, ob es Athen verhängt sei, zu veröden, übermittelte ih-
nen die Pythia die Geschichte vom Schlauch. Den Sulla be-
fiel danach die gleiche Krankheit, die den Syrer Pherekydes

ergriffen hatte. Sulla hat sich gegen die Menge der Athener grausamere Taten erlaubt, als man es einem Römer zutrauen kann. Aber ich halte dies nicht für die Ursache seines Leidens, sondern den Zorn des Hikesios, weil er den in den Tempel der Athena geflüchteten Aristion herausreißen und töten ließ. Athen, das so durch den Krieg der Römer verwüstet wurde, blühte unter der Regierung Hadrians wieder auf[37].

21. 1 Die Athener haben in ihrem Theater Statuen von Tragödien- und Komödiendichtern, meistens jedoch von den unbedeutenderen; denn außer Menander war von den berühmten Komödiendichtern keiner da, von den bedeutenden Tragödiendichtern aber stehen dort Euripides und Sophokles. Es wird berichtet, nach dem Tod des Sophokles seien die Lakedaimonier in Attika eingefallen, und ihr Anführer habe im Traum den Dionysos neben sich stehen sehen, der ihm befahl, der neuen Sirene Ehre zu erweisen, wie es bei den Toten üblich ist. Das Traumgesicht bezog sich offenbar auf den Sophokles und auf die Dichtkunst des Sophokles. Noch jetzt pflegt man das Verlockende in Worten und Dichtkunst einer
2 Sirene gleichzusetzen. Die Statue des Aischylos scheint mir viel später gemacht zu sein als sein Tod und das Gemälde, das die Schlacht bei Marathon darstellt. Aischylos erzählte, er sei als Knabe beim Bewachen der Reben auf dem Felde eingeschlafen und Dionysos sei ihm erschienen und habe ihm befohlen, eine Tragödie zu schreiben. Als es Tag wurde, wollte er gehorchen und habe es schon beim Versuch mit
3 Leichtigkeit ausgeführt. So sagte er. An der sogenannten Südmauer der Akropolis, die gegen das Theater gerichtet ist, an dieser ist ein vergoldeter Kopf der Gorgo Medousa angebracht und um ihn eine Aigis. Am höchsten Teil des Theaters ist eine Höhle in den Felsen unter der Akropolis, und auch darauf steht ein Dreifuß, und darin sind Apollon und

Artemis dargestellt, wie sie die Kinder der Niobe töten. Diese Niobe habe ich selber gesehen, als ich auf das Sipylosgebirge hinaufstieg; aus der Nähe bietet die Felswand in keiner Weise das Bild einer Frau, auch nicht einer trauernden; wenn man aber weiter entfernt steht, glaubt man eine weinende und trauernde Frau zu sehen[38].

Am Weg vom Theater zur Akropolis in Athen liegt das 4
Grab des Kalos. Diesen Kalos, den Sohn seiner Schwester
und seinen Schüler, ermordete Daidalos und floh darauf
nach Kreta; und etwas später entwich er nach Sizilien zu Ko-
kalos. Das Heiligtum des Asklepios ist in bezug auf die Kult-
statuen, die von dem Gott und seinen Söhnen gemacht sind,
und auch wegen der Gemälde sehenswert. Darin ist ein
Brunnen, bei dem Poseidons Sohn Halirrhothios die Ares-
tochter Alkippe geschändet habe und deshalb von Ares getö-
tet worden sein soll, und wegen dieses Mordes soll zum er-
stenmal ein Gericht gewesen sein. Hier befindet sich unter 5
anderem auch ein sauromatischer Panzer, bei dessen Anblick
man gestehen muß, daß die Barbaren technisch nicht weni-
ger geschickt als die Griechen sind. Die Sauromaten verfü-
gen weder über geschürftes Eisen, noch führen sie es bei sich
ein. Denn unter den dortigen Barbaren sind sie die
unzugänglichsten. Als Ausgleich für diesen Mangel haben sie
folgendes erfunden: An den Lanzen tragen sie knöcherne
Spitzen an Stelle von eisernen; Bogen und Pfeile sind aus
Kornelkirschbaumholz und die Pfeilspitzen aus Knochen.
Sie werfen Fangstricke um die Feinde, soviel sie erreichen
können, dann wenden sie die Pferde und reißen die in den
Schlingen Eingefangenen nieder. Ihre Panzer machen sie auf 6
die folgende Weise: Ein jeder zieht sich viele Pferde, da ihr
Land weder in Einzellose verteilt ist noch etwas anderes trägt
als wilden Wald; sie sind ja Nomaden. Die Pferde benutzen
sie nicht nur zum Kriege, sie opfern sie auch den einheimi-

schen Göttern und nutzen sie auch als Speise. Die Hufe sammeln sie, reinigen und spalten diese und verfertigen daraus Blättchen, ähnlich den Drachenschuppen. Wer noch nie einen Drachen gesehen hat, der kennt den grünen Pinienzapfen. Wer nun diese aus den Hufen verfertigte Arbeit mit den Kerben auf dem Pinienzapfen vergleicht, der wird nicht fehlgehen. Diese durchbohren sie also und nähen sie mit den Sehnen von Pferden und Ochsen zusammen und verwenden sie für die Harnische. Und diese stehen den griechischen weder an Zierlichkeit noch an Haltbarkeit nach, denn sie halten
7 Hieb und Wurf aus. Die aus Leinen gefertigten Panzer sind den Kämpfenden nicht in gleicher Weise nützlich, denn bei heftigen Stößen lassen sie das Eisen durch. Für die Jäger aber sind sie von Nutzen, denn es brechen sich an ihnen die Zähne von Löwen und Panthern. Panzer aus Leinen kann man in anderen Heiligtümern als Weihgeschenke sehen; auch im Gryneion, einem herrlichen Hain des Apollon mit Fruchtbäumen und solchen ohne Frucht, die durch Geruch oder Anblick Freude gewähren.

22.1 Nach dem Heiligtum des Asklepios liegt hier am Wege zur Akropolis ein Tempel der Themis. Davor ist ein Grabmal für Hippolytos aufgeworfen. Sein Lebensende soll ihm durch Verwünschungen gekommen sein. Bekannt ist selbst jedem unter den Barbaren, der die griechische Sprache gelernt hat, die Liebe der Phaidra und das kühne Unterfangen
2 der Amme, ihr dabei behilflich zu sein. Auch bei den Troizeniern gibt es ein Grab des Hippolytos. Bei ihnen lautet die Sage so: Als Theseus im Begriff war, die Phaidra zu heiraten, und nicht wollte, daß, wenn er Kinder bekäme, weder Hippolytos von ihnen beherrscht noch dieser an ihrer Statt König werden sollte, so schickte er diesen zu Pitheus, um dort erzogen und König von Troizen zu werden. Einige Zeit später empörten sich Pallas und seine Söhne gegen Theseus.

Diese tötete er und ging um der Reinigung willen nach Troizen. Da sah Phaidra den Theseus zum ersten Male und faßte, in Liebe entbrannt, die Gedanken des Todes. Es gibt bei den Troizeniern einen Myrtenbaum, dessen Blätter gänzlich von Löchern durchbohrt sind. Dieser soll nicht von Anfang so gewachsen sein, sondern es ist das Werk des Liebeskummers und der Nadel, die Phaidra in ihren Haaren
trug. Den Kult der Aphrodite Pandemos richtete Theseus 3
ein, als er die Athener von den Landgemeinden her zu einer Stadt zusammenführte, und ebenso den der Peitho. Die alten Kultbilder waren zu meiner Zeit nicht mehr vorhanden. Die jetzigen stammen nicht von den unbedeutendsten Künstlern. Dort ist auch ein Heiligtum der Ge Kourotrophos und der Demeter Chloë. Was es mit ihren Beinamen für eine Bewandtnis hat, kann man bei den Priestern im Gespräch erfahren[39].

Zur Akropolis gibt es nur einen Eingang; einen zweiten 4
hat sie nicht, da sie ganz abschüssig ist und eine feste Mauer besitzt. Die Propylaien haben das Dach aus Marmor und ragen hinsichtlich Ausstattung und Größe der Blöcke bis heute hervor. Von den Reiterstandbildern weiß ich nicht sicher zu sagen, ob sie wirklich die Söhne Xenophons oder einfach zur Zierde aufgestellt sind. Rechts von den Propylaien befindet sich der Tempel der Nike Apteros. Von hier ist das Meer sichtbar, und hier stürzte sich, wie man sagt, Aigeus herab
und starb. Denn das Schiff, das die Knaben nach Kreta 5
brachte, fuhr mit schwarzen Segeln ab; Theseus, der kühn zum sogenannten Minotauros fuhr, hatte seinem Vater gesagt, er würde die weißen Segel setzen, wenn er als Sieger über den Stier zurückkomme. Das hatte er aber vergessen, als ihm Ariadne entführt war, und wie nun Aigeus das Schiff mit schwarzen Segeln zurückkommen sah, stürzte er sich hier im Glauben, sein Sohn sei tot, herab und kam um; und

es gibt für ihn in Athen auch ein sogenanntes Heroon des
6 Aigeus[40]. Links von den Propylaien ist ein Haus mit Gemälden. Unter denen, die nicht durch Alter unkenntlich geworden sind, befand sich ein Diomedes und ein Odysseus, dieser in Lemnos den Bogen des Philoktet holend, jener die Athena aus Ilion forttragend. Da ist auch Orest zu sehen, der den Aigisthos tötet, und Pylades, der die Söhne des Nauplios, die dem Aigisthos zu Hilfe kommen, tötet, und Polyxene, die am Grabe des Achill geschlachtet werden soll. Homer hat mit Recht diese so grausige Tat fortgelassen, aber, wie mir scheint, gut gedichtet, wie Skyros von Achill erobert wurde, durchaus nicht ebenso wie diejenigen, die erzählen, Achill habe in Skyros mit den Mädchen zusammen gelebt, was auch Polygnot gemalt hat. Er malte auch, wie Odysseus am Fluß den mit Nausikaa waschenden Mädchen entgegentrat,
7 ebenso, wie es auch Homer gedichtet hat. Es sind auch weitere Gemälde dort, so ein Alkibiades, und zwar sind Hinweise auf seinen Wagensieg in Nemea auf dem Bild. Und Perseus ist dort zu sehen, wie er nach Seriphos kommt und dem Polydektes das Haupt der Medousa bringt. Die Geschichte der Medousa mag ich aber in meinem Buch über Attika nicht erzählen. Von sonstigen Gemälden ist da außer dem Knaben, der die Wassergefäße trägt, und dem Ringkämpfer, den Timainetos gemalt hat, noch ein Mousaios. Ich habe das Gedicht gelesen, in dem steht, Mousaios habe von Boreas die Gabe des Fliegens als Geschenk erhalten, doch hat das, wie mir scheint, Onomakritos gedichtet, und es scheint mir nichts sicher von Mousaios zu sein als der Hymnos auf
8 Demeter für die Lykomiden. Am Eingang in die Akropolis selbst soll den Hermes, den man Propylaios nennt, und Chariten Sokrates, der Sohn des Sophroniskos, gemacht haben, dem die Pythia Zeuge ist, daß er der weiseste der Menschen gewesen sei, mit welchem Titel sie nicht einmal den Ana-

charsis anredete, der es doch wollte und ebendeshalb nach Delphoi kam[41].

Die Griechen erzählen unter anderem, daß es sieben Weise 23. 1
gegeben habe, und rechnen darunter den lesbischen Tyrannen und Periander, den Sohn des Kypselos. Und doch waren Peisistratos und sein Sohn Hippias menschenfreundlicher als Periander und klüger in militärischer Beziehung sowohl wie hinsichtlich der Fürsorge für die Bürger, bis Hippias sich wegen der Ermordung des Hipparch zum Zorn hinreißen ließ
wie gegenüber einer Frau namens Leaina. Als nämlich Hipp- 2
arch ermordet war, ich erzähle hier Dinge, die bisher noch nicht aufgeschrieben sind, aber von den meisten Athenern geglaubt werden, vergewaltigte Hippias diese, bis er sie umbrachte, da er wußte, daß sie eine Hetaire des Aristogeiton war, und vermutete, sie sei durchaus nicht in Unkenntnis des Vorhabens gewesen. Deshalb wurde nun in Athen nach dem Sturz der Peisistratiden eine bronzene Löwin zum Andenken an diese Frau aufgestellt und neben ihr eine Statue der Aphrodite, die ein Weihgeschenk des Kallias und ein Werk des Kalamis sein soll.

In der Nähe steht ein Bronzebild des Diitrephes, von Pfei- 3
len getroffen. Dieser Diitrephes hat noch anderes getan, von dem die Athener erzählen. Er führte die thrakischen Söldner, die zu spät kamen, nachdem Demosthenes bereits nach Syrakous abgesegelt war, diese führte also Diitrephes zurück und landete im chalkidischen Euripous, wo im Binnenland von Boiotien die Stadt Mykalessos lag. Diese nahm Diitrephes im Anstieg vom Meere her ein. Dabei ermordeten die Thraker nicht nur die waffenfähige Mannschaft, sondern auch Frauen und Kinder. Als Beweis dient mir folgendes: Alle boiotischen Städte, die die Thebaner verwüstet hatten, waren zu meiner Zeit wieder besiedelt, da die Bewohner bei der Eroberung geflohen waren. Hätten also bei den Myka-

lessern die Barbaren nicht alle ermordet, so hätten die Übriggebliebenen später die Stadt wieder in Besitz genommen.
4 Was mich an der Statue des Diitrephes wundert, ist, daß sie von Pfeilen getroffen ist, da doch das Bogenschießen bei den Griechen mit Ausnahme der Kreter nicht üblich war. Denn die opountischen Lokrer kennen wir bereits in Zeiten der Meder als Hopliten, von denen Homer berichtet, sie seien mit Bogen und Schleudern gegen Ilion gezogen; nicht einmal bei den Maliern blieb die Pflege des Bogens in Gebrauch. Es scheint, daß sie nicht früher als Philoktet damit Umgang hatten und auch nicht lange danach davon abließen. In der Nähe des Diitrephes, denn die weniger wichtigen Bildwerke will ich nicht aufzählen, stehen von Götterbildern ein solches der Hygieia, die eine Tochter des Asklepios sein soll, und der Athena, auch diese mit dem Beinamen Hy-
5 gieia. Hier liegt auch ein Stein, nicht groß, sondern so, daß ein kleiner Mann darauf sitzen kann; auf diesem soll, als Dionysos in das Land kam, der Silen sich ausgeruht haben. Die älteren Satyrn nennt man nämlich Silene. Da ich über Satyrn und ihre Natur mehr wissen wollte als mancher andere, so kam ich mit vielen Seefahrern um ihretwillen ins Gespräch. Der Karer Euphemos erzählte mir, daß er auf einer Fahrt nach Italien von den Winden in das äußerste Meer vertrieben worden sei, wohin man sonst nicht mehr gelange, und dort habe es viele einsame Inseln gegeben; auf diesen lebten wilde Menschen. Die Seeleute hätten sich den Inseln nicht nähern wollen, da sie früher schon gelandet seien und mit
6 den Einwohnern so ihre Erfahrungen gemacht hätten. Sie seien damals auch schon genötigt worden. Diese Inseln würden von den Seeleuten Satyrsinseln geheißen, die Einwohner dort seien feuerrot und hätten an den Hüften Schwänze, nicht viel kleiner als bei Pferden. Diese seien dann zu den Schiffen gelaufen und hätten keine Stimme von sich gege-

ben, aber die auf den Schiffen befindlichen Frauen belästigt.
Endlich hätten die Seeleute aus Furcht eine Barbarenfrau aus-
gesetzt, und an ihr hätten die Satyrn ihre Lust ausgelassen, und
zwar nicht wie es üblich ist, sondern an allen Stellen des
Körpers[42].

Auch anderes sah ich auf der Akropolis von Athen, so den 7
bronzenen Knaben des Lykios, des Sohnes des Myron, der das
Weihwassergefäß hält, und den Perseus des Myron, der das
Werk an der Medousa vollbracht hat. Auch ist da ein Heilig-
tum der brauronischen Artemis, deren Kultbild ein Werk des
Praxiteles ist; die Göttin hat ihren Namen nach dem Ort
Brauron. Das alte Holzbild ist in Brauron, die taurische Arte-
mis, wie man sagt. Dann steht dort das sogenannte hölzerne
Pferd in Bronze. Daß das Werk des Epeios eine Erfindung zur 8
Zerstörung der Mauer war, weiß, wer den Phrygern nicht
jede Einfältigkeit zutraut. Von jenem Pferd wird erzählt, daß
es die Besten der Griechen in sich barg, und so ist auch dieses
bronzene Pferd gemacht, und Menestheus und Teukros beu-
gen sich aus ihm heraus und dazu noch die Söhne des Theseus.
Von den Statuen, die nach dem Pferd ihren Platz haben . . ., 9
hat Kritias das Bild des Epicharinos, der sich im Waffenlauf
übte, gemacht, Oinobios aber hat dem Thukydides, dem
Sohn des Oloros, einen guten Dienst erwiesen. Oinobios
setzte nämlich den Beschluß durch, daß Thukydides nach
Athen zurückkehren könne, und er hat daher, als er nach sei-
ner Rückkehr ermordet wurde, ein Grabmal nicht weit vom
melitischen Tor. Die Geschichte des Pankratiasten Hermoly- 10
kos und des Phormion, des Sohnes des Asopichos, übergehe
ich, weil andere darüber geschrieben haben. Von Phormion
habe ich folgendes noch zu berichten: Phormion, der den
tüchtigsten unter den Athenern zu vergleichen war und auch
hinsichtlich des Ruhmes seiner Vorfahren sich ausgezeichnet
hatte, war in die Lage gekommen, Schulden zu machen. Er

zog sich also in den Demos Paianeus zurück und lebte dort, bis die Athener ihn zum Nauarchen wählten. Er weigerte sich aber auszufahren, da er Schulden habe, und bevor er diese nicht bezahlt habe, könne er vor den Soldaten kein Selbstvertrauen zeigen. So bezahlten die Athener alle Schulden bei den Gläubigern, da sie durchaus an dem Kommando des Phormion festhielten[43].

24. 1 Dort steht auch Athena, die den Silen Marsyas schlägt, weil er die Flöten wieder aufhob, die die Göttin fortgeworfen wissen wollte. Gegenüber diesen genannten Bildwerken befindet sich der Kampf des Theseus mit dem sogenannten Minotauros, mag es nun ein Mensch oder ein Tier gewesen sein, wie die herrschende Meinung ist. Frauen haben nämlich noch viel seltsamere Ungeheuer sogar zu unserer Zeit geboren als die-
2 ses. Auch Phrixos steht dort, der Sohn des Athamas, der von dem Widder nach Kolchis entführt wurde. Er hat ihn irgendeinem Gott geopfert, vermutlich dem laphystischen Zeus, wie er bei den Orchomeniern genannt wird, ihm nach griechischer Sitte die Schenkel abgeschnitten und sieht zu, wie sie brennen. Dann stehen da weiter andere Statuen, so ein Herakles, der die Schlangen erwürgt, wie die Sage lautet, und eine Athena, aus dem Haupt des Zeus entspringend. Auch ein Stier ist da als Weihgeschenk des Areiopags; weshalb aber der Rat ihn geweiht hat, darüber könnte man, wenn man wollte,
3 viele Vermutungen anstellen. Ich habe schon früher gesagt, daß die Athener einen größeren Eifer für das Göttliche zeigen als die anderen. Als erste verehrten sie die Göttin Athene mit dem Beinamen Ergane, als erste gliederlose Hermen . . . zusammen mit ihnen ist im Tempel der Daimon Spoudaion. Wer das kunstreich Ausgeführte dem Altüberlieferten vorzieht, der darf dieses nicht übersehen. Es ist da die Statue eines Mannes mit Helm auf dem Kopfe . . . von Kleoitas, und Kleoitas hat ihm silberne Nägel eingesetzt[44]. Dann ist da eine

Statue der Ge, die Zeus um Regen bittet, sei es, daß den Athenern selbst Regen fehlte, sei es, daß alle Griechen von einer Dürre betroffen wurden. Hier steht auch Timotheos, der Sohn des Konon, und Konon selber. Die Figur der Prokne, die die Untat gegen ihren Sohn ersonnen hat, und Itys stellte Alkamenes auf. Auch Athena ist da gemacht, die den Ölbaum aufsprießen, und Poseidon, der das Wasser erscheinen
läßt. Ferner ist da die Zeusstatue des Leochares und der soge- 4
nannte Polieus, von dem ich das beim Opfer Übliche aufzeichne, nicht indessen die dafür angegebene Ursache. So streuen sie auf den Altar des Zeus Polieus Gerste, vermischt mit Weizen, ohne besondere Beachtung. Auf den Stier aber, den sie zum Opfer vorbereiten, geben sie acht, ob dieser von dem ausgestreuten Getreide auf dem Altare frißt. Sie rufen dann einen von den Priestern, den Bouphonos . . . und dieser wirft das Beil weg und flieht eiligst, wie es der Brauch ist. Sie aber, als wüßten sie den Mann nicht, der das getan hat, führen dann das Beil vor Gericht. So verhält sich das, wie gesagt[45].

Tritt man in den Tempel ein, den sie Parthenon nennen, 5
so bezieht sich die ganze Darstellung im Giebel auf die Geburt der Athena, der rückwärtige Giebel aber enthält den Streit des Poseidon mit Athena um den Besitz des Landes. Das Kultbild selbst ist aus Gold und Elfenbein gemacht. Mitten auf dem Helm sitzt die Figur einer Sphinx; was man von der Sphinx erzählt, werde ich schreiben, wenn meine Darstellung bis Boiotien vorgeschritten ist, beiderseits an dem
Helm aber sind Greifen angebracht. Von diesen Greifen er- 6
zählt der Prokonnesier Aristeas in seinen Werken, daß sie mit den über den Issedonen wohnenden Arimaspen um das Gold kämpften. Das Gold aber, das die Greifen bewachen, kommt aus der Erde. Die Arimaspen sind Männer, sämtliche von Geburt an einäugig; die Greifen sind löwengleiche

Tiere, haben Flügel und Adlerschnäbel. Über die Greifen
7 mag dies genügen. Das Kultbild der Athena ist aufrechtstehend mit einem Chiton bis zu den Füßen, und an ihrer Brust ist das Medousenhaupt aus Elfenbein angebracht. Und eine Siegesgöttin, gegen vier Ellen hoch, hat sie in der Hand und eine Lanze, und zu ihren Füßen steht der Schild, und neben der Lanze befindet sich eine Schlange, und diese Schlange mag wohl Erichthonios darstellen. An der Basis des Kultbildes ist die Geburt der Pandora dargestellt. Hesiod und andere haben erzählt, wie diese Pandora die erste Frau wurde; vor der Geburt der Pandora gab es das Geschlecht der Frauen noch nicht. Hier gibt es sonst nur ein Bild des Kaisers Hadrian, wie ich selber gesehen habe, und im Eingang eines des Iphikrates, der viele berühmte Taten vollbracht hat[46].

8 Dem Tempel gegenüber steht ein Apollon aus Bronze, und die Statue soll Pheidias gemacht haben. Man nennt ihn den Parnopios, da der Gott ihnen sagte, er werde ihnen die Heuschrecken, die ihrem Lande schadeten, aus dem Land vertreiben. Daß er sie vertrieb, weiß man, auf welche Weise, wird aber nicht gesagt. Ich selbst habe es dreimal erlebt, daß Heuschrecken am Sipylosgebirge vernichtet wurden, nicht jedesmal auf die gleiche Weise. Die einen verjagte ein heftig einfallender Wind, die anderen vernichtete eine nach einem heftigen Regen des Gottes auftretende Hitze, die dritten richtete eine plötzlich einfallende Kälte zugrunde. Diese Ereignisse habe ich selbst gesehen.

25.1 Auf der Akropolis von Athen steht auch Perikles, der Sohn des Xanthippos, und Xanthippos selbst, der die Seeschlacht bei Mykale gegen die Perser schlug. Die Statue des Perikles steht aber anderswo, in der Nähe des Xanthippos jedoch steht Anakreon von Teos, der zuerst nach der Lesbierin Sappho vor allem Liebesgedichte schrieb. Und er ist so dargestellt, wie wohl ein trunkener Mensch singen würde. In der Nähe hat Deinomenes Frauenstatuen geschaffen, die Io, die Tochter des Inachos, und Kallisto, die Tochter des Lykaon, von denen beiden die ganz gleichen Geschichten erzählt werden, die Liebe des Zeus, der Zorn der Hera und ihre Verwandlung, die eine in eine Kuh, Kallisto in eine Bärin[47].

An der Südmauer hat Attalos den Kampf gegen die Gi- 2
ganten, die einst in Thrakien und auf der Halbinsel Pallene wohnten, und den Kampf der Athener gegen die Amazonen und die Schlacht bei Marathon gegen die Perser und die Vernichtung der Gallier in Mysien aufgestellt, jede Figur zwei Ellen hoch. Es steht da auch ein Olympiodoros, der durch die Größe seiner Taten berühmt wurde und nicht zum mindesten auch durch seine Lebenszeit, indem er sich hochgemut erwies unter Menschen, die ständig Niederlagen erlitten hatten und deshalb selbst für die Zukunft überhaupt nichts
Gutes mehr zu erhoffen wagten. Denn die Niederlage bei 3
Chaironeia war für alle Griechen der Anfang des Übels und machte nicht zu geringeren Teilen auch die zu Sklaven, die unbeteiligt waren, als die, die es mit dem Makedonen gehalten hatten. Die meisten ihrer Städte eroberte Philippos. Mit den Athenern verglich er sich der Form nach; in der Tat behandelte er sie besonders übel, indem er ihnen die Inseln nahm und ihrer Seeherrschaft ein Ende bereitete. Eine Zeitlang blieben die Athener unter der Regierung des Philippos ruhig, auch noch hernach unter Alexandros. Nach dem Tod des Alexandros wählten die Makedonen den Arrhidaios zum König, die ganze Herrschaft war dem Antipatros überlassen. Den Athenern schien es unerträglich, daß das griechische Volk die ganze Zeit unter den Makedonen stehen sollte. Sie selbst griffen zu den Waffen und regten die anderen ebenfalls
zur Tat an. Die sich daran beteiligenden peloponnesischen 4
Städte waren: Argos, Epidauros, Sikyon, Troizen, Elis,

Phlious, Messene. Außerhalb des korinthischen Isthmos:
Lokrer, Phoker, Thessaler, Karystos, Akarnanen, die zum
aitolischen Bund gehörten. Die Boioter, die das entvölkerte
Land der Thebaner innehatten, nahmen aus Furcht, die
Athener möchten etwa Theben erneut besiedeln, an der
Symmachie keinen Anteil. Sie förderten vielmehr nach
5 Kräften die makedonische Sache. Das Aufgebot zum Bun-
desgenossenheer führten getrennt nach Städten die Feldher-
ren; zum Oberbefehlshaber wählten sie den Athener Leo-
sthenes, um der Würde seiner Heimatstadt willen und weil
er als besonders kriegserfahren galt. Auch hatte er sich um
alle Griechen verdient gemacht. Alexandros nämlich hatte
alle Griechen, die unter Dareios und den Satrapen im Solde
standen, begonnen in Asien anzusiedeln. Leosthenes kam dem
zuvor und verschiffte sie nach Europa zurück. Nachdem er
schon glänzendere Taten verrichtet, als man von ihm erwar-
tet hatte, wurde sein Tod allen zum Anlaß für eine Mutlosig-
keit und nicht zuletzt des Mißlingens der Unternehmungen.
Eine makedonische Besatzung zog in Athen ein, welche zu-
nächst Mounychia, dann auch noch den Peiraieus und die lan-
6 gen Mauern besetzt hielt. Nach des Antipatros Tod kam
Olympias aus Epeiros herüber und herrschte geraume Zeit,
nachdem sie den Arrhidaios töten ließ. Nicht lange danach
wurde sie von Kassandros zur Übergabe gezwungen und der
Volksmenge übergeben. Als Kassandros König wurde – ich
erzähle nur auf Athen bezügliche Dinge – besetzte er die Fe-
stung Panakton in Attika, nahm Salamis ein und setzte den
Demetrios, Sohn des Phanostratos, zum Alleinherrscher in
Athen ein; ein Mann, der im Ruf der Gelehrsamkeit stand.
Diesen wiederum vertrieb aus der Alleinherrschaft Deme-
trios, Sohn des Antigonos, ein junger, ehrgeiziger und der
7 griechischen Sache wohlgesonnener Mann. Kassandros wie-
derum, in seinem Haß gegen die Athener, überredete den La-

chares, der damals an der Spitze des Volkes stand, sich der Ty-
rannis zu bemächtigen. Unter allen Tyrannen, die wir ken-
nen, war dies derjenige, der gegen die Menschen am grau-
samsten und gegen die Götter am schonungslosesten war.
Zwischen Demetrios, dem Sohn des Antigonos, und dem
athenischen Volk gab es bereits Zwist; dennoch befreite er
sie von der Tyrannis des Lachares. Nach Einnahme der Stadt
floh Lachares zu den Boiotern; da er die goldenen Schilde
von der Akropolis mitgenommen und das Götterbild der
Athena ihres abnehmbaren Schmuckes entkleidet hatte, ver-
mutete man ihn im Besitz großer Schätze. Aus diesem 8
Grunde töteten ihn koronaiische Männer. Obgleich Deme-
trios, Sohn des Antigonos, die Athener von der Tyrannis be-
freite, gab er ihnen doch nicht sofort nach der Flucht des La-
chares den Peiraieus zurück, sondern legte später, nach
glücklich beendetem Krieg, eine Besatzung in die Burg, in
das sogenannte ummauerte Mouseion. Das Mouseion ist in-
nerhalb der alten Stadtmauer, ein Hügel gegenüber der
Akropolis, wo Mousaios gesungen haben und vor Alter ge-
storben und begraben worden sein soll.

Später wurde dort auch ein Grabmal für einen Syrer ge- 26. 1
baut. Einige Zeit später erwachte bei einigen Männern die
Erinnerung an die Vorfahren und das Bewußtsein, welche
Wendung die Würde der Athener genommen habe, und als-
bald wählten sie den Olympiodoros zum Feldherrn. Dieser
führte sie gegen die Makedonen; Greise wie Knaben in glei-
cher Weise, in der Hoffnung, daß Kriege mehr durch Ent-
schlossenheit als durch Stärke gewonnen werden. Die her-
ausrückenden Makedonen schlug er in einer Schlacht, und
da diese in das Mouseion flohen, nahm er den Platz ein. Auf
diese Weise war Athen von den Makedonen befreit. Ob- 2
wohl die Athener im ganzen preiswürdig gekämpft hatten,
soll sich doch Leokritos, Sohn des Protarches, am meisten

durch Kühnheit im Kampfe ausgezeichnet haben. Als erster stieg er auf die Mauern, als erster drang er in das Mouseion ein. Nachdem er im Kampfe gefallen war, wurde ihm von den Athenern außer anderen Ehren auch die zuteil, daß sie seinen Schild dem Zeus Eleutherios weihten und darauf sei-
3 nen Namen und seine Tat schrieben. Dies ist die größte Tat des Olympiodoros mit Ausnahme dessen, was er bei der Wiedereroberung des Peiraieus und von Mounychia getan hat. Da die Makedonen Einfälle nach Eleusis machten, stellte er die Eleusinier zur Schlacht auf und besiegte die Makedonen. Auch früher schon, als Kassandros in Attika einfiel, segelte Olympiodoros nach Aitolien und überredete die Aitoler, zu Hilfe zu kommen. Und dieses Aufgebot war hauptsächlich Ursache dafür, daß die Athener am meisten von Kassandros vom Krieg verschont wurden. Dem Olympiodoros sind in Athen auf der Akropolis und im Prytaneion Ehren zuteil geworden, in Eleusis ein Gemälde. Auch die Einwohner von Elateia in Phokis weihten eine Bronzestatue nach Delphoi, weil er auch ihnen Hilfe geleistet hatte, als sie von Kassandros abgefallen waren[48].

4 In der Nähe der Statue des Olympiodoros steht eine Bronzestatue der Artemis mit Beinamen Leukophryene. Diese weihten die Söhne des Themistokles. Denn die Magneten, über die Themistokles durch Verleihung seitens des Großkönigs herrschte, verehren die Artemis Leukophryene. Doch ich muß weiterkommen in meinem Buch, wenn ich alle griechischen Dinge gleichermaßen behandeln will. Endoios war von Abstammung Athener und Schüler des Daidalos, der dem Daidalos, als er wegen des Todes des Kalos floh, nach Kreta folgte. Von ihm stammt das Sitzbild einer Athena mit der Aufschrift, daß Kallias es geweiht und Endoios es gemacht habe[49].

5 Es gibt auch ein Erechtheion genanntes Gebäude. Vor

dem Eingang steht ein Altar des Zeus Hypatos, wo sie nichts Lebendes opfern, sondern nur Kuchen auflegen und auch keinen Wein mehr darauf gießen. Wenn man eingetreten ist, stehen da Altäre, einer des Poseidon, auf dem sie auch dem Erechtheus nach einem Orakelspruch opfern, einer des Heros Boutes und ein dritter des Hephaistos. An den Wänden sind Gemälde des Adelsgeschlechts der Boutaden. Und es ist auch, denn das Gebäude ist doppelt, Meerwasser drin in einem Brunnen. Das ist kein besonderes Wunder, denn das gibt es auch sonst im Inland, so in Aphrodisias in Karien. Dieser Brunnen aber bietet als Besonderheit zu berichten, daß er bei Südwind das Geräusch von Wellen hören läßt. Im Felsen ist auch ein Dreizackmal; das soll Poseidon als Beweis seines Anspruchs auf das Land erzeugt haben.

Der Athena ist die Stadt sonst heilig und überhaupt 6
gleicherweise das gesamte Land, und auch diejenigen, die andere Götter in den Landgemeinden verehren, halten Athena deshalb doch nicht weniger in Ehren. Das heiligste gemeinsame Kultobjekt jedoch schon viele Jahre vor der Zusammensiedlung aus den einzelnen Gemeinden ist ein Athenabild auf der jetzigen Akropolis, die damals einfach Polis hieß, von dem die Sage geht, es sei vom Himmel gefallen. Darüber rede ich nicht weiter, ob es nun so oder anders sich verhält, Kallimachos aber hat der Göttin eine goldene
Lampe gemacht. Und diese Lampe füllen sie mit Öl und 7
warten dann bis zum gleichen Tage des nächsten Jahres, und jenes Öl reicht für die Lampe in der Zwischenzeit aus, obwohl sie Tag und Nacht hindurch brennt. Es ist ein Docht darin aus karpasischem Leinen, das als einziges Leinen nicht verbrennt. Und eine Bronzepalme über dem Leuchter, die bis ans Dach reicht, zieht den Rauch empor. Kallimachos, der diesen Leuchter gemacht hat, steht zwar an Kunstfertigkeit den ersten nach, ist aber an Erfindungsgabe so sehr der

beste, daß er zuerst Steine durchbohrte und sich entweder selbst den Namen des Katatexitechnos beilegte oder ihn auf sich anwandte, nachdem andere den Namen gegeben hatten.

27. 1 In dem Tempel der Polias steht ein hölzerner Hermes, angeblich ein Weihgeschenk des Kekrops, ganz verdeckt durch Myrtenzweige. Von bemerkenswerten Weihgeschenken sind da unter den alten ein Klappstuhl, Werk des Daidalos, und aus der Perserbeute der Panzer des Masistios, der bei Plataiai die Reiterei befehligte, und der angebliche Dolch des Mardonios. Bei Masistios weiß ich, daß er von den athenischen Reitern getötet wurde; da aber Mardonios gegen die Lakedaimonier kämpfte und durch einen Lakedaimonier fiel, könnten die Athener ihn weder ursprünglich erbeutet haben, noch hätten die Lakedaimonier wohl
2 die Athener den Dolch mitnehmen lassen. Über den Ölbaum weiß man nichts weiter zu erzählen, als daß dieser von der Göttin als Zeichen geschaffen sei für ihren Kampf um das Land. Man erzählt auch das, daß der Ölbaum verbrannt sei, als die Perser die Stadt Athen einäscherten, aber am selben Tag wieder zwei Ellen hoch aufgeschossen sei[50]. An den Tempel der Athena stößt der Tempel der Pandrosos, und Pandrosos ist die einzige der Schwestern, die bei der Aufbewahrung unschuldig blieb.

3 Was mich aber am meisten in Staunen versetzte, ist nicht allen bekannt, und ich will daher berichten, was geschieht. Nicht weit vom Tempel der Polias entfernt wohnen zwei Jungfrauen, die die Athener Arrhephoroi nennen. Diese halten sich einige Zeit bei der Göttin auf, und wenn die Zeit des Festes kommt, tun sie in der Nacht folgendes. Sie setzen sich auf den Kopf, was ihnen die Priesterin der Athena zu tragen gibt, und dabei weiß diese nicht, was sie ihnen gibt, und die es tragen, wissen es auch nicht, und nicht weit entfernt ist in der Stadt ein Bezirk der Aphrodite «in

den Gärten», zu dem ein natürlicher unterirdischer Gang führt. Dorthin steigen die Jungfrauen hinab. Unten lassen sie, was sie getragen haben, und erhalten dafür anderes und bringen es verdeckt. Und diese entlassen sie nun von da an und führen statt ihrer andere Jungfrauen auf die Burg[51].

Bei dem Tempel der Athena steht die Figur einer alten 4
Frau, namens Syeris, etwa eine Elle hoch, die sich als die Die-
nerin der Lysimache bezeichnet, und große Bronzestatuen
von Männern, die zum Kampf auseinandergetreten sind.
Den einen nennen sie Erechtheus, den anderen Eumolpos;
und doch wissen auch in Athen die Altertumskundigen, daß
es Immarados war, der Sohn des Eumolpos, der von Erech-
theus getötet wurde. Auf einer Basis stehen auch Sta- 5
tuen . . ., der bei Tolmides Seher war, und Tolmides selber,
der als athenischer Flottenkommandant anderen Schaden
zufügte, ebenso den Küstenbewohnern der Peloponnes.
Auch verbrannte er die Schiffswerft der Lakedaimonier in
Gythion, und von den Perioikenstädten nahm er Boia und
die Insel Kythera ein. Er landete im Gebiet der Sikyonier,
und als diese sich ihm bei der Verwüstung des Landes entge-
genstellten, schlug er sie in die Flucht und verfolgte sie bis in
die Stadt. Als er dann später nach Athen zurückkehrte,
führte er athenische Klerouchen nach Euboia und Naxos
und fiel mit einem Heere in Boiotien ein. Nachdem er den
größten Teil des Landes verwüstet und Chaironeia durch
Belagerung bezwungen hatte, rückte er in das haliartische
Land vor, wo er im Kampf fiel und das ganze Heer eine Nie-
derlage erlitt. Dies habe ich über die Taten des Tolmides er-
fahren. Es sind da auch alte Athenastatuen, und von ihnen ist 6
nichts abgeschmolzen, nur sind sie schwärzer geworden und
weniger widerstandsfähig gegen Stöße. Denn auch sie hat
die Flamme berührt, als die Athener auf die Schiffe gegan-
gen waren und der Großkönig die Stadt, die von Erwachse-

nen leer war, einnahm. Auch eine Eberjagd ist da, von der ich nicht recht weiß, ob es die kalydonische ist, und Kyknos im Kampf mit Herakles. Dieser Kyknos soll auch andere getötet haben, so den Thraker Lykos, wobei ihnen Preise für ihren Zweikampf ausgesetzt waren; am Fluß Peneios kam er aber durch Herakles um[52].

7 Unter den Geschichten, die in Troizen über Theseus erzählt werden, ist die, wie Herakles nach Troizen kam zu Pittheus und beim Mahl das Löwenfell ablegte und troizenische Knaben zu ihm hereinkamen und unter ihnen der siebenjährige Theseus. Wie die anderen Knaben das Fell sahen, seien sie fortgelaufen, Theseus aber sei nur fast ohne Furcht etwas zurückgewichen, habe sich von den Dienern eine Axt geholt und sei dann darauflosgegangen, da er die Haut für einen
8 Löwen hielt. Das ist die erste Geschichte der Troizenier über ihn; die andere ist die, Aigeus habe Sandalen und Schwert unter einen Stein gelegt als Erkennungszeichen für seinen Sohn und sei dann nach Athen fortgefahren, und wie Theseus sechzehn Jahre alt geworden sei, habe er den Stein aufgehoben und sei mit dem von Aigeus Hinterlegten fortgegangen. Von dieser Geschichte ist eine Darstellung auf der
9 Akropolis aufgestellt ganz in Bronze außer dem Stein. Sie haben auch noch eine andere Tat des Theseus geweiht, mit der es folgende Bewandtnis hat. Den Kretern verwüstete einst ein Stier das Land, besonders am Fluß Tethris. Von alters her waren die wilden Tiere den Menschen furchtbar, wie der Löwe in Nemea und der am Parnass und Schlangen allerorten in Griechenland und der kalydonische Eber und die Sau von Krommyon im korinthischen Lande. Daher ging auch die Sage, die einen habe die Erde hervorgebracht, die anderen seien den Göttern heilig, andere wiederum seien den Menschen zur Strafe geschickt. Hinsichtlich dieses Stieres sagen die Kreter, Poseidon habe ihn ihnen ins Land ge-

schickt, weil Minos als Beherrscher des hellenischen Meeres den Poseidon nicht mehr verehrt habe als irgendeinen anderen Gott. Dieser Stier soll also von Kreta in die Pelopon- 10
nes gebracht worden und eine der sogenannten zwölf Taten des Herakles gewesen sein. Als er nun in die argivische Ebene kam, floh er durch die korinthische Enge in das attische Land und in den attischen Demos Marathon. Er brachte um, wem er begegnete, darunter auch den Androgeon, den Sohn des Minos. Minos aber segelte mit seiner Flotte nach Athen, denn er war nicht überzeugt, daß sie am Tod des Androgeon unschuldig seien. Er fügte ihnen so lange Schaden zu, bis sie sich einverstanden erklärten, sieben Mädchen und ebensoviel Knaben nach Kreta zum sogenannten Stier Minotauros zu schicken, der dort in Knosos im Labyrinth hauste. Den marathonischen Stier soll später Theseus auf die Akropolis getrieben und der Göttin geopfert haben, und das Weihgeschenk stammt von der Gemeinde Marathon[53].

Weshalb man von Kylon, der doch nach der Tyrannis 28. 1
strebte, ein Bronzebild weihte, weiß ich nicht sicher zu sagen, ich vermute aber deswegen, weil er der Schönste und auch sonst nicht unberühmt war, da er in Olympia einen Sieg im Doppellauf errang; außerdem konnte er eine Tochter des Theagenes heiraten, der Tyrann von Megara war.
Außer den bisher genannten gibt es in Athen noch zwei 2
Weihgeschenke aus dem Zehnten der Kriegsbeute, eine Bronzestatue der Athena von den bei Marathon gelandeten Persern, ein Werk des Pheidias. An ihr soll die Schlacht der Lapithen gegen die Kentauren auf dem Schild, und was sonst noch daran ist, Mys gearbeitet haben, und dem Mys soll dieses und die anderen Werke Parrhasios, der Sohn des Euenor, gezeichnet haben. Von dieser Athena ist die Lanzenspitze und der Helmbusch schon sichtbar, wenn man

von Sounion kommt, und dann steht da der bronzene Wagen aus dem Zehnten der Beute von den Boiotern und den Chalkidiern auf Euboia. Und noch zwei andere Weihgeschenke sind da, Perikles, der Sohn des Xanthippos, und von allen Werken des Pheidias das sehenswerteste, das Bild der
3 Athena, die man nach den Weihenden die lemnische nennt. Die Mauer um die Akropolis sollen außer dem, was davon Kimon, der Sohn des Miltiades, baute, die Pelasger errichtet haben, die einst unter der Burg wohnten . . . sie erzählen nämlich, daß Agrolas und Hyperbios . . . durch meine Nachforschungen, wer sie waren, konnte ich nichts anderes erfahren, als daß sie von Herkunft Sikuler waren, die nach Akarnanien gesiedelt waren[54].

4 Steigt man hinunter, nicht in die Unterstadt, sondern ein wenig unterhalb der Propylaien, so ist da eine Quelle und in der Nähe ein Heiligtum des Apollon in einer Höhle; Kreüsa, der Tochter des Erechtheus, habe Apollon hier beigewohnt, so glaubt man . . . wie Philippides als Bote nach Lakedaimon geschickt wurde, als die Perser gelandet waren, und er bei seiner Rückkehr meldete, die Lakedaimonier hätten den Auszug verschoben, denn es sei bei ihnen Gesetz, daß sie nicht vor dem Vollmond zum Kampf ausziehen dürften. Pan sei, so erzählte Philippides, ihm auf dem Partheniongebirge erschienen und habe ihm gesagt, er sei den Athenern wohlgesinnt und werde ihnen bei Marathon zu Hilfe kommen. Dieser Gott wird nun wegen dieser Botschaft bei ihnen verehrt[55].

5 Dann ist da der sogenannte Areshügel, weil hier über Ares zuerst gerichtet wurde. Ich habe das schon erzählt, wie er den Halirrhothios tötete und weshalb er ihn tötete. Und später soll hier über Orestes wegen des Muttermordes Gericht gehalten sein. Und ein Altar der Athena Areia ist da, den er weihte, als er freigesprochen wurde. Von den beiden rohen

Felsblöcken, auf denen Angeklagte und Ankläger stehen,
nennen sie den einen den Stein des Frevels, den anderen den
des Nichtverzeihens.

In der Nähe ist das Heiligtum der Göttinnen, die die 6
Athener Semnai nennen, Hesiod in der Theogonie Erinyen.
Aischylos hat zuerst von Schlangen in ihrem Haar gedichtet.
Weder an diesen Statuen ist etwas Furchtbares, ebensowenig
was sonst von unterirdischen Göttern da aufgestellt ist. Es
steht dort eine Statue des Plouton und des Hermes und der
Ge. Hier opfern diejenigen, die vor dem Areiopag freige-
sprochen wurden, und zwar sowohl Fremde wie Bürger. In 7
dem Bezirk ist auch ein Grab des Oidipous; auf meine Fra-
gen erfuhr ich, seine Gebeine seien von Theben dahin ge-
bracht worden. Denn was Sophokles vom Tod des Oidipous
gedichtet hat, ließ Homer mich nicht für wahr halten, der
erzählt, daß Mekisteus zu den Leichenspielen des toten Oidi-
pous nach Theben gekommen sei. Die Athener haben noch 8
andere Gerichtshöfe, die nicht zum gleichen Ruhme gelangt
sind: das sogenannte Parabyston und das Trigonon. Der eine
liegt in einem unscheinbaren Stadtteil und entscheidet nur
über die geringfügigigsten Dinge. Der andere hat seinen Na-
men von seiner Gestalt. Die Benennung Batrachioun und
Phoinikioun stammt von den Farben und hat sich bis heute
gehalten. Den größten Gerichtshof, an dem sich auch die
meisten Richter versammeln, nennen sie Heliaia. Für Mör-
der sind andere Gerichtshöfe da; einer heißt «Epi Palladio»,
an dem das Urteil über die gesprochen wird, die einen nicht
freiwilligen Mord begangen haben. Daß Demophon zu-
nächst hier vor Gericht gestanden hat, wird von niemandem
bezweifelt; warum aber, darüber wird verschiedenes erzählt.
Man sagt, daß Diomedes nach der Eroberung Ilions mit sei- 9
nen Schiffen zurückgekehrt und bei einfallender Nacht ge-
gen die Bucht von Phaleron gekommen sei. Da seien die Ar-

giver wie in ein feindliches Land ausgestiegen, da sie es bei
Nacht für ein anderes und eben nicht für Attika hielten. Da
sei ihnen Demophon entgegengerückt, weil er ebenfalls
nicht wußte, daß die von den Schiffen Argiver seien. Einige
Männer habe er getötet und sich mit dem geraubten Palla-
dion zurückgezogen. Unvorhergesehenerweise sei ein atti-
scher Krieger von dem Pferd des Demophon umgeritten
und zu Tode getreten worden. Hierfür soll nun Demophon
vor Gericht gezogen worden sein, teilweise für die Ver-
wandten des Opfers, zum Teil auch, wie sie berichten, für
10 die Gesamtheit der Argiver. Im Delphinion wird über die zu
Gericht gesessen, welche behaupten, einen gerechtfertigten
Mord begangen zu haben, was auch Theseus für sich an-
führte und damit freikam, als er den aufrührerischen Pallas
und dessen Söhne umbrachte. Früher, bevor jedoch Theseus
freigesprochen wurde, war es für alle Gesetz, daß der Mör-
der entweder landflüchtig oder, wenn er im Lande blieb, ge-
tötet wurde. Das sogenannte Prytaneion, wo sie über Eisen
und über alle unbelebten Dinge Recht sprechen, mag durch
folgende Veranlassung entstanden sein: Als Erechtheus Kö-
nig der Athener war, damals tötete der Bouphonos den er-
sten Ochsen auf dem Altar des Zeus Polieus. Er ließ das Beil
dort zurück und floh aus dem Lande. Das Beil wurde sofort
vor Gericht freigesprochen, und auf diese Weise wird es je-
11 des Jahr vor Gericht gestellt. Es wird auch von anderen Bei-
spielen erzählt, bei denen unbelebte Dinge von selbst den
Menschen gerechte Strafen zufügten. Das schönste und be-
rühmteste Beispiel stellte der Krummsäbel des Kambyses
dar. Im Peiraieus am Meer ist der Gerichtshof Phreattys.
Hier verantworten sich, die flüchtig wurden oder, wenn eine
andere Anklage gegen sie erhoben wurde, vom Schiff aus
vor den auf dem Festland zuhörenden Richtern. Als erster
soll sich Teukros vor dem Telamon verantwortet haben, daß

er nichts zum Tode des Aias beigetragen habe. Dies sei um derentwillen gesagt, denen daran gelegen ist, sich eine Meinung über die Gerichtshöfe zu verschaffen[56].

In der Nähe des Areiopags zeigt man ein Schiff, das für 29. 1
den Festzug der Panathenaien gebaut ist. Dieses hat wohl schon jemand übertroffen, das Schiff in Delos aber, soweit ich weiß, niemand, das vom Deck aus für neun Ruderer herabreicht[57].

Die Athener haben auch außerhalb der Stadt in den Land- 2
gemeinden und an den Straßen Heiligtümer von Göttern und Gräber von Heroen und Menschen. Ganz in der Nähe ist die Akademie, einst Besitz eines Privatmannes, zu meiner Zeit ein Gymnasion. Auf dem Weg dorthin ist ein Bezirk der Artemis und Holzstatuen der Ariste und Kalliste; wie ich meine, und womit auch die Epen des Pamphos übereinstimmen, sind das Beinamen der Artemis, eine andere Version darüber, die ich kenne, will ich übergehen. Und es ist da ein nicht großer Tempel, in den sie das Kultbild des Dionysos
Eleuthereus jedes Jahr an bestimmten Tagen bringen[58]. An 3
Heiligtümern gibt es hier also so viele, an Gräbern aber zuerst das des Thrasyboulos, des Sohnes des Lykos, der von allen bedeutenden Athenern nach ihm und denen, die vor ihm gelebt haben, in jeder Beziehung der beste war. Unter Beiseitelassung des meisten mag dies zur Bekräftigung meiner Behauptung genügen. Er beseitigte die Tyrannis der sogenannten Dreißig, indem er mit anfänglich nur sechzig Leuten aus Theben aufbrach, und überredete die entzweiten Athener, sich zu versöhnen und bei ihren Abmachungen zu bleiben. Dies ist also das erste Grab, dann folgen die des Peri-
kles und Chabrias und Phormion. Es gibt auch ein gemeinsa- 4
mes Grabmal für alle Athener, die in Seeschlachten und Landkämpfen gefallen sind außer denen, die bei Marathon kämpften. Deren Gräber liegen wegen ihrer Tapferkeit an

Ort und Stelle, aber die anderen liegen begraben an dem
Weg zur Akademie, und es stehen Stelen auf ihren Gräbern,
die ihre Namen und den Demos von jedem nennen. Zuerst
wurden hier diejenigen bestattet, die einst in Thrakien das
Land bereits bis Drabeskos beherrschten und dann unvermu-
tet von den Edonen angegriffen und getötet wurden. Sie sol-
5 len auch von Blitzen getroffen worden sein. Unter den Stra-
tegen befand sich Leagros, der das Oberkommando über die
Streitmacht hatte, und Sophanes aus Dekeleia, der den Argi-
ver Eurybates, einen ehemaligen Sieger im Fünfkampf an
den Nemeen, tötete, als er den Aigineten zu Hilfe kam. Dies
war das dritte Heer, das die Athener außerhalb Griechen-
lands sandten. Denn mit Priamos und den Troianern gerie-
ten alle Griechen aus gemeinsamem Entschluß in Krieg; die
Athener für sich zogen mit Iolaos nach Sardinien und zum
zweiten Male in das jetzige Ionien und zum dritten Male
6 eben damals nach Thrakien. Vor dem Grabmal steht ein
Grabstein mit kämpfenden Reitern; Melanopos und Makar-
tatos heißen sie, und sie fielen gegen die Spartaner und Boi-
oter an der Grenze der Gebiete von Eleon und Tanagra.
Auch ein Grab von thessalischen Reitern ist da, die aus alter
Freundschaft kamen, als die Peloponnesier mit Archidamos
zuerst mit einem Heere in Attika einfielen, und in der Nähe
eines von kretischen Bogenschützen. Dann kommen wieder
athenische Gräber, das das Kleisthenes, der die jetzt beste-
hende Phylenverfassung einrichtete, und von Reitern, die
7 fielen, als die Thessaler mit ihnen zusammen kämpften. Hier
liegen auch Kleonaier, die mit den Argivern nach Attika ka-
men; bei welcher Gelegenheit, werde ich schreiben, wenn
ich in meinem Werk über Argos spreche. Und das Grab der
Athener ist da, die vor den Perserkriegen gegen die Aigine-
ten kämpften[59].

Es war jedenfalls ein gerechter Volksbeschluß, wenn die

Athener auch Sklaven öffentlich beisetzen und ihre Namen
mit auf den Stein schreiben ließen; die Inschrift besagt, sie
hätten sich im Krieg um ihre Herren verdient gemacht.
Auch von anderen Männern sind Gräber da, die an verschie-
denen Orten gekämpft haben. So die bekanntesten aus dem
Feldzug gegen Olynth und Melesandros, der mit den Schif-
fen ins innere Karien den Maiander hinauffuhr. Begraben 8
sind hier ferner die im Krieg gegen Kassandros Gefallenen
und die einstmals zu Hilfe gekommenen Argiver. Diese
Bundesgenossenschaft mit den Argivern soll auf folgende
Weise zustande gekommen sein: Als der Gott den Lakedai-
moniern die Stadt erschütterte, fielen die Heloten ab und zo-
gen auf den Ithome. Nach diesem Abfall schickten die Lake-
daimonier unter anderem auch zu den Athenern um Hilfe.
Diese schickten ihnen auserlesene Männer und als Feldherrn
den Kimon, den Sohn des Miltiades. Diese schickten die La-
kedaimonier aus Argwohn wieder zurück. Den Athenern 9
kam es unerträglich vor, derart verhöhnt zu werden, und so
schlossen sie auf dem Rückmarsch mit den Argivern, im-
merwährenden Feinden der Lakedaimonier, ein Bündnis.
Später, als eine Schlacht zwischen den Athenern und den
Boiotern und Lakedaimoniern bei Tanagra bevorstand, ka-
men ihnen die Argiver zu Hilfe. Im ersten Moment waren
die Argiver im Vorteil, jedoch entriß ihnen die hereinbre-
chende Nacht den sicheren Sieg. Am folgenden Tage siegten
die Lakedaimonier, da die Thessaler die Athener im Stich
ließen. Auch folgende gedachte ich aufzuzählen, den Söld- 10
nerführer Apollodoros, der zwar Athener war, aber, von
dem Satrapen des hellespontischen Phrygien Arsites ge-
schickt, die Stadt Perinth rettete, als Philippos mit einem
Heer in ihr Gebiet einfiel. Dieser ist hier also begraben und
Euboulos, der Sohn des Spintharos, und einige Männer, die
trotz ihrer trefflichen Gesinnung kein gutes Ende fanden,

wie die, die den Tyrannen Lachares angriffen, und diejenigen, die den Peiraieus erobern wollten, der von den Makedonen besetzt war, aber vor der Vollendung des Unternehmens von den Mitwissern verraten wurden und umkamen.
11 Es liegen hier auch die vor Korinth Gefallenen. Recht deutlich hat hier und wiederum bei Leuktra der Gott gezeigt, daß die unter den Griechen, die tapfer genannt werden, nichts sind ohne Glück, da die Lakedaimonier, die damals über die Korinther und Athener, später noch über die Argiver und Boioter siegten, allein bei Leuktra auf diese Weise vernichtet wurden. Nach den bei Korinth Gefallenen verkündet das Epigramm, derselbe Grabstein decke das Grab derer, die auf Euboia und Chios starben und an den äußersten Enden des asiatischen Landes umkamen und in Sizilien.
12 Verzeichnet sind die Strategen außer Nikias und bei den Soldaten mit den Bürgern zusammen auch Plataier. Nikias aber wurde aus folgender Ursache ausgelassen: Ich schreibe in völliger Übereinstimmung mit Philistos, der berichtet, Demosthenes habe mit den anderen, außer für sich selbst, Verträge abgeschlossen. Als er dann gefangen wurde, habe er Hand an sich selbst gelegt, Nikias aber habe sich freiwillig übergeben. Daher ist Nikias nicht auf der Stele aufgeschrieben, da er als freiwilliger Gefangener und nicht als ein im
13 Krieg erprobter Mann galt. Auf einer anderen Stele stehen die Namen derer, die in Thrakien kämpften und in Megara, und als Alkibiades die Arkader in Mantineia und die Eleier überredete, von den Lakedaimoniern abzufallen, und die vor der Ankunft des Demosthenes in Sizilien die Syrakousaner besiegten. Begraben wurden hier auch, die in Seeschlachten am Hellespont kämpften und bei Chaironeia gegen die Makedonen, und die mit Kleon gegen Amphipolis zogen, die beim Delion von Tanagra fielen, die Leosthenes nach Thessalien führte, die mit Kimon gegen Kypros fuhren, und

nicht mehr als dreizehn Mann von denen, die mit Olympio-
doros die makedonische Besatzung vertrieben. Die Athener 14
behaupten auch, sie hätten einmal den Römern in einem Grenzkrieg ein kleines Heer geschickt, und später waren in einer Seeschlacht zwischen Römern und Karthagern fünf attische Trieren dabei, und auch diese Männer haben hier ihr Grab. Was Tolmides und seine Leute leisteten, habe ich schon berichtet, und wie sie endeten; wem das lieb ist, der mag wissen, daß sie an dieser Straße begraben liegen. Dann liegen da auch, die mit Kimon den großen Sieg zu Land und
auf den Schiffen am selben Tage errangen. Und Konon ist 15
hier begraben und Timotheos, die als zweite nach Miltiades und Kimon als Vater und Sohn hervorragende Leistungen vollbrachten. Dann ist auch Zenon hier begraben, der Sohn des Mnaseas, und Chrysippos aus Soloi und Nikias, der Sohn des Nikodemos, der beste Maler seiner Zeit, und Harmodios und Aristogeiton, die Peisistratos' Sohn Hipparch ermordeten, und von Rednern Ephialtes, der vor allem die Rechte des Areiopags schändete, und Lykourg, der Sohn des Ly-
kophron. Lykourg brachte in die Staatskasse 6500 Talente 16
mehr, als Perikles, der Sohn des Xanthippos, zusammenbrachte, und er richtete der Göttin Festzüge ein und goldene Niken und die Ausstattung für hundert Jungfrauen und für den Krieg Waffen und Geschosse und brachte die Zahl der Dreiruderer für Seekämpfe auf vierhundert. An Gebäuden vollendete er das von anderen begonnene Theater, und unter seiner eigenen Verwaltung baute er Schiffshäuser im Peiraieus und das Gymnasion beim sogenannten Lykeion. Was aus Gold und Silber war, das hat der Tyrann Lachares geraubt, die Gebäude standen aber zu meiner Zeit noch[60].

Vor dem Eingang in die Akademie steht ein Altar des Eros 30. 1
mit der Aufschrift, daß Charmos zuerst in Athen einen Altar für Eros aufgestellt habe. Der sogenannte Altar des Anteros

in der Stadt soll ein Weihgeschenk von Metoiken sein, weil Meles, ein Athener, einen Metoiken namens Timagoras, den er liebte, aus Hohn aufforderte, auf die höchste Spitze eines Felsens zu klettern und sich dann hinabzustürzen. Timagoras setzte sein Leben daran und wollte dem Jüngling und seinem Befehl in allem zu Willen sein und stürzte sich hinab. Als Meles den toten Timagoras sah, wurde er von einer derartigen Reue ergriffen, daß er sich vom gleichen Felsen hinabstürzte und so verstarb. Von dieser Zeit an wurde es bei den Metoiken gebräuchlich, den Anteros als den Rächer des Timagoras zu verehren.

2 In der Akademie ist auch ein Altar des Prometheus, und von dort laufen sie mit brennenden Fackeln zur Stadt. Der Sinn des Wettlaufs besteht darin, beim Laufen die Fackel brennend zu erhalten. Ist sie ausgelöscht, dann ist nicht mehr der erste Sieger, sondern der zweite statt seiner, brennt sie auch bei dem nicht, siegt der dritte. Ist sie allen ausgegangen, so ist keiner Sieger geworden. Auch ein Musenaltar ist da und ein anderer des Hermes, und drinnen hat man einen der Athena und einen anderen für Herakles gebaut. Und ein Ölbaum wächst dort, der als der zweite gewachsen sein soll.
3 Nicht weit von der Akademie ist das Grabmal Platons, dem der Gott im voraus verkündete, er werde der Beste in der Philosophie sein. Er tat dies aber so: In der Nacht bevor Platon sein Schüler werden sollte, sah Sokrates im Traum einen Schwan in seinen Schoß fliegen. Dem Schwan ist aber der Ruf eigen, ein Vogel der Musik zu sein, weil Kyknos, ein musikliebender Mann, König der Ligyer jenseits des Eridanos über das keltische Land gewesen sein soll. Von diesem erzählte man, er sei nach seinem Tode von Apollon in einen Schwan verwandelt worden. Ich vermag wohl zu glauben, daß über die Ligyer ein musikliebender Mann als König geherrscht hat, nicht indessen, daß aus einem Menschen ein

Vogel geworden ist. Dort in der Gegend ist auch der Turm 4
des Timon zu sehen, der als einziger zu der Ansicht gekom-
men war, es gebe kein anderes Mittel, um glücklich zu sein,
als die anderen Menschen zu meiden[60]. Es wird auch eine
Stelle gezeigt, die Kolonos Hippios heißt, zu der Oidipous zu-
erst in Attika gekommen sein soll; das steht zwar auch in Ge-
gensatz zu Homers Dichtung, man erzählt es aber so. Ferner
ist da ein Altar des Poseidon Hippios und der Athena Hippia
und ein Heroon des Peirithoos und des Theseus und des Oidi-
pous und des Adrast. Den Hain des Poseidon aber und den
Tempel verbrannte Antigonos bei einem Einfall, der auch
sonst mit seinem Heere das attische Land verwüstete[62].

Die kleineren Demen Attikas, ein jeder angelegt wie es 31.1
sich ergab, bieten folgende Merkwürdigkeiten: Bei den Ha-
limousiern gibt es ein Heiligtum der Demeter Thesmopho-
ros und der Kore; in Zostér am Meere gibt es einen Altar der
Athena, des Apollon, der Artemis und der Leto. Daß Leto
die Kinder da geboren habe, behaupten sie nicht, wohl aber,
daß sie den Gürtel gelöst habe, als ob sie gebären wolle, und
daß der Platz von daher seinen Namen erhielt. Die Prospal-
tier haben ebenfalls ein Heiligtum der Kore und der Deme-
ter, die Anagyrountier ein Heiligtum der Göttermutter. In
Kephalai verehren sie besonders die Dioskouren, denn die
Bewohner nennen sie die großen Götter. Bei den Prasiern ist 2
ein Tempel des Apollon; dorthin sollen die Erstlingsgaben
der Hyperboreer kommen. Die Hyperboreer sollen sie den
Arimaspen und diese den Issedonen übergeben. Von diesen
überbringen sie die Skythen nach Sinope, von dort gelangen
sie durch Griechen nach Prasiai. Die Athener aber bringen
sie nach Delos. Die Erstlingsgaben sind in Weizenhalme ge-
hüllt, was sie aber darstellen, weiß niemand. In Prasiai ist ein
Grabmal des Erysichthon, der auf der Rückfahrt vom Op-
ferzug nach Delos gestorben ist. Daß Kranaos, der König der 3

Athener, den Amphiktyon vertrieben habe, obwohl er mit ihm verschwägert war, habe ich früher schon erwähnt. Als dieser mit seinen Anhängern in den Demos Lamptrai floh, soll er dort gestorben und begraben worden sein. Daher gibt es noch zu meiner Zeit bei den Lamptraiern ein Grabmal des Kranaos. Bei den Potamiern ist das Grabmal des Ion, Sohn des Xouthos; denn auch dieser siedelte bei den Athenern und diente ihnen im Krieg gegen die Eleusinier als Feldherr. Dies
4 wird also so erzählt. Was die Phliousier und die Myrrhinousier betrifft, so gibt es bei den ersteren Altäre des Apollon Dionyosodotos und der Artemis Selasphoros, des Dionysos Anthios, der ismenischen Nymphen und der Ge, die sie die große Göttin nennen. Ein anderer Tempel besitzt Altäre der Demeter Anesidora und des Zeus Ktesios und der Athena Tithrone und der Kore Protogone und der sogenannten Semnai. In Myrrhinous gibt es das Schnitzbild der Kolainis.
5 Die Athmoneer verehren die amarousische Artemis. Bei meinen Nachforschungen fand ich, daß die Exegeten nichts Sicheres darüber wußten. Ich selbst vermute folgendes: In Amarynthos auf Euboia verehren die Bewohner die Amarysia, und die Athener feiern ein Fest der Amarysia nicht weniger glanzvoll, als die auf Euboia. Ich glaube daher, daß diese daher ihren Namen von den Athmoneern erhalten hat; die Kolainis in Myrrhinous von Kolainos. Ich habe schon erwähnt, daß viele in den Demen glauben, sie hätten schon vor Kekrops Könige gehabt. Kolainos ist zum Beispiel der Name eines Mannes, der, wie die Myrrhinousier glauben,
6 vor Kekrops König war. Es gibt einen Demos Acharnai; diese verehren unter den Göttern den Apollon Agyeus und den Herakles. Auch ein Altar der Athena Hygieia ist da. Die eine Athena nennen sie Hippia, den Dionysos Melpomenos und den gleichen Gott Kissós; denn die Pflanze, der Efeu, soll dort zuerst gewachsen sein[63].

An Bergen gibt es in Attika den Pentelikon, wo die Marmorbrüche sind, und den Parnes, auf dem man Wildschweine und Bären jagt, und den Hymettos, der den Bienen die besten Weidegründe bietet außer dem Land der Alazonen. Denn bei den Alazonen ist es Sitte, zugleich mit dem Vieh auch die Bienen frei auf die Weide zu lassen. Sie halten sie nicht in Bienenstöcken, sondern diese produzieren, wie die Beschaffenheit des Landes es zuläßt. Das Produkt ist dann auch eine Masse, aus der man weder Wachs noch Honig gewinnen kann. In Attika haben die Berge auch Götterbilder; auf dem Pentelikon steht eine Athenastatue, auf dem Hymettos eine Statue des Zeus Hymettios und Altäre des Zeus Ombrios und des Apollon Proopsios und auf dem Parnes eine Bronzestatue des Zeus Parnethios und ein Altar des Zeus Semaleos. Auf dem Parnes ist auch ein anderer Altar, auf dem sie dem Zeus opfern, den sie bald Ombrios, bald Apemios nennen. Es gibt auch einen nicht großen Berg Anchesmos und eine Statue des Zeus Anchesmios[64].

(32. 1 at line "An Bergen…"; 2 at line "winnen kann…")

Bevor ich mich der Beschreibung der Inseln zuwende, will ich noch einmal auf die Landgemeinden zu sprechen kommen. Es gibt einen Demos Marathon, der gleich weit von der Stadt Athen entfernt ist wie von Karystos auf Euboia. Hier landeten die Barbaren, wurden in der Schlacht besiegt und verloren bei der Abfahrt auch einige Schiffe. In der Ebene befindet sich ein Grab der Athener, und darauf stehen Stelen mit den Namen aller Gefallenen nach ihren Phylen, ferner ein anderes Grabmal der Plataier aus Boiotien und eines für die Sklaven; denn damals kämpften zuerst auch Sklaven mit. Und dann ist da das besondere Grabmal eines Mannes, des Miltiades, des Sohnes des Kimon, dessen Tod später fiel, nachdem er bei Paros gescheitert und deshalb von den Athenern vor Gericht gezogen war. Hier hört man jede Nacht Pferde wiehern und Männer kämpfen; das aber gera-

dezu sehen zu wollen, ist für niemand günstig, dem das zu-
gestoßen ist; wem es aber unbeabsichtigt und von selbst zu-
stößt, der zieht sich den Zorn der Daimonen nicht zu. Die
Marathonier verehren nun diese, die in der Schlacht fielen,
die sie Heroen nennen, und Marathon, nach dem der Demos
heißt, und Herakles, wobei sie behaupten, sie seien die ersten
5 Griechen, die Herakles als Gott anerkannt hätten. Es geschah
aber auch, wie sie erzählen, daß ein Mann bei der Schlacht
dabei war, nach Aussehen und Tracht wie ein Bauer; dieser
tötete viele Barbaren mit dem Pflug und war nachher ver-
schwunden. Und als die Athener anfragten, gab ihnen der
Gott kein anderes Orakel darüber, sondern befahl ihnen nur,
Echetlaios als Heros zu verehren. Auch ein Siegesmal aus
Marmor ist dort errichtet. Die Athener behaupten, sie hätten
auch die Perser begraben, da es in jedem Fall Pflicht sei, ei-
nen menschlichen Leichnam zu begraben, doch konnte ich
kein Grab finden. Es war weder ein Grabhügel noch sonst
ein Mal zusehen, sondern sie trugen sie zu einer Vertiefung
6 und warfen sie nur so hinein. In Marathon ist auch eine
Quelle Makaria, und von der erzählt man folgendes: Als
Herakles aus Tiryns vor Eurystheus floh, ließ er sich bei sei-
nem Freunde Keyx nieder, der König über Trachis war. Da
aber nach dem Tode des Herakles Eurystheus dessen Kinder
zurückverlangte, sandte sie Trachinios nach Athen, unter
dem Vorwand eigener Schwäche und mit dem Hinweis,
Theseus fehle es nicht an Macht, diese zu rächen. Kaum wa-
ren die Kinder als Schutzflehende angekommen, brach der
erste Krieg zwischen den Peloponnesiern und den Athenern
aus, da Theseus die Kinder im Gegensatz zu den Forderun-
gen des Eurystheus nicht auslieferte. Den Athenern soll ein
Orakelspruch zuteil geworden sein, eines der Kinder müsse
freiwillig sterben, sonst könnten sie den Sieg nicht erlan-
gen. Da tötete sich Makaria, die Tochter der Deianeira

und des Herakles, selbst und verschaffte den Athenern den
Sieg und gab damit der Quelle den Namen. Auch ein zur 7
Hauptsache sumpfiger See ist in Marathon. In diesen gerie-
ten die Barbaren auf ihrer Flucht aus Unkenntnis der Wege,
und die Hauptverluste sollen sie hier gehabt haben. Über
dem See sind steinerne Krippen für die Pferde des Artapher-
nes und Spuren des Zelts auf den Felsen. Aus dem See fließt
auch ein Fluß, der unmittelbar am See den Herden geeigne-
tes Wasser liefert, bei seiner Mündung ins Meer aber salzig
wird und voll von Seefischen. Etwas oberhalb der Ebene ist
der Berg des Pan mit einer sehenswerten Höhle. Der Ein-
gang in sie ist eng, innen aber sind Räume und Bäder und
die sogenannte Herde des Pan, Steine, die großenteils wie
Ziegen aussehen[65].

Von Marathon ist in der einen Richtung Brauron . . . ent- 33. 1
fernt, wo Iphigeneia, die Tochter des Agamemnon, auf der
Flucht aus Tauris mit dem Bild der Artemis gelandet sein
soll; sie habe das Bild dort zurückgelassen und sei nach
Athen und später nach Argos gekommen. Es ist da auch
wirklich ein altes Holzbild der Artemis, doch werde ich in
einem anderen Buch sagen, wer nach meiner Meinung das
Bild aus dem Barbarenland hat[66]. Gegen sechzig Stadien von 2
Marathon entfernt auf der Küstenstraße nach Oropos liegt
Rhamnous. Die Häuser am Meer gehören den Menschen,
etwas vom Meer entfernt oberhalb liegt das Heiligtum der
Nemesis, die von allen Göttern am unerbittlichsten gegen
Frevler ist. Auch gegen die bei Marathon gelandeten Barba-
ren scheint sich der Zorn dieser Göttin gerichtet zu haben; sie
wähnten nämlich, es sei eine Kleinigkeit für sie, Athen zu er-
obern, und brachten daher bereits parischen Marmor mit zur
Herstellung des Siegesmals, als ob der Sieg bereits errungen
sei. Diesen Block verarbeitete Pheidias zu der Statue der Ne- 3
mesis, und auf dem Kopf der Göttin befindet sich eine Krone

mit Hirschen und kleinen Nikefiguren; in den Händen hält
sie, in der einen einen Apfelbaumzweig, in der rechten eine
Schale, auf der Aithiopen dargestellt sind. Was die Aithiopen
angeht, wußte weder ich selbst noch konnte ich das über-
nehmen, was die anführten, die vorgaben, es zu wissen, daß
sie nämlich auf der Schale angebracht seien wegen des Oke-
anosstromes. Die Aithiopen wohnen nämlich an ihm; die
4 Nemesis habe den Okeanos zum Vater. Am Okeanos, kei-
nem Strom, sondern dem äußersten Meer, soweit es von
Menschen noch beschifft wird, wohnen Iberer und Kelten,
und dort ist auch die Insel der Bretannoi. Nach den Aithio-
pen oberhalb von Syene wohnen als die äußersten am Roten
Meer die Ichthyophagen, und der Meeresbusen, um den sie
wohnen, wird der ichthyophagische genannt. Die gerechte-
sten bewohnen die Stadt Meroe und die sogenannte aithiopi-
sche Ebene. Diese sind es auch, die den Sonnentisch zeigen;
aber weder ein Meer noch einen anderen Fluß als den Nil ha-
5 ben sie. Es gibt auch noch andere Aithiopen, Nachbarn der
Mauren, die sich bis zu den Nasamonen hin ausdehnen.
Denn die Nasamonen, die Herodot als die Atlanten bezeich-
net, die aber von denen, die die Maße der Erde zu kennen
vorgeben, Lixiten genannt werden, diese wohnen als die äu-
ßersten der Libyer gegen den Atlas zu. Diese säen nichts und
leben nur vom wilden Wein. Aber weder die Aithiopen
noch die Nasamonen besitzen einen Fluß. Denn das Wasser
am Atlasgebirge, das immerhin die Quellen von drei Flüssen
speist, bildet keinen Fluß, sondern alles versickert sofort im
6 Sande. So wohnen also die Aithiopen an keinem Fluß oder
Ozean. Das am Atlas entspringende Wasser ist trübe, und an
der Quelle waren die Krokodile nicht kleiner als zwei Ellen.
Bei Annäherung von Menschen tauchen sie in der Quelle
unter. Nicht wenige vermuten, dieses Wasser trete wieder
aus dem Sand hervor und bilde den Aigyptern den Nil. Der

Atlas ist derart hoch, daß man von ihm sagt, er berühre mit den Gipfeln den Himmel und er sei vor lauter Wasser und Bäumen unersteigbar, die überall wachsen. Die den Nasamonen zugewandte Seite ist bekannt, an der dem Meere zugewandten Seite ist noch niemand entlang gesegelt. So viel
mag darüber gesagt sein. Mit Flügeln ist aber weder dieses 7
Bild der Nemesis noch sonst eines von den alten dargestellt, da auch in Smyrna die heiligsten Holzbilder keine Flügel haben; erst die Späteren geben der Nemesis Flügel wie dem Eros, um damit auszudrücken, daß die Göttin besonders im Gefolge der Liebe erscheine. Jetzt will ich aber erzählen, was an der Basis der Statue dargestellt ist, wobei ich der Deutlichkeit wegen folgendes vorausbemerke. Nemesis soll die Mutter der Helena sein, und Leda habe sie gesäugt und aufgezogen; für ihren Vater halten diese und alle Griechen
ebenso Zeus und nicht Tyndareos. Da Pheidias das gehört 8
hatte, stellte er dar, wie Helena von Leda zu Nemesis geführt wird, und stellte auch Tyndareos dar und seine Söhne und neben ihm einen Mann mit Pferd namens Hippeus; und es ist da auch Agamemnon und Menelaos und Pyrrhos, der Sohn des Achilleus, der zuerst Hermione, die Tochter der Helena, zur Frau nahm. Orestes aber ist wegen des Muttermordes fortgelassen, obwohl Hermione ganz bei ihm blieb und ihm einen Sohn gebar. Weiter ist noch an der Basis einer mit Namen Epochos und ein anderer Jüngling. Darüber habe ich nichts weiter gehört, als daß es Brüder der Oinoë seien, nach der der Demos heißt[67].

Das oropische Land zwischen Attika und Tanagra, das ur- 34. 1
sprünglich boiotisch war, haben nun die Athener, die ständig darum kämpften, es aber nicht eher sicher erhielten, als bis es ihnen Philippos nach der Eroberung Thebens gab. Die Stadt nun liegt am Meer, bietet nichts groß zu berichten, doch liegt etwa zwölf Stadien von der Stadt entfernt das

2 Heiligtum des Amphiaraos. Es wird erzählt: Als Amphiaraos aus Theben floh, habe sich die Erde aufgetan und ihn zusammen mit dem Wagen verschlungen. Doch soll ihm dies nicht hier geschehen sein, sondern an einem Punkt zwischen Theben und Chalkis, Harma genannt. Amphiaraos als einen Gott zu verehren, hat sich zuerst bei den Oropiern eingebürgert, später verehrten ihn auch alle Griechen. Ich kann auch noch andere aufzählen, die Menschen waren und die jetzt von den Griechen als Götter verehrt werden; einigen sind sogar Städte geweiht, wie Eleous auf der Chersonnes dem Protesilaos, Lebadeia in Boiotien dem Trophonios. Die Oropier haben einen Tempel des Amphiaraos und eine
3 Kultstatue aus Marmor. Der Altar hat Abteilungen, und die eine gehört Herakles und Zeus und Apollon Paion, die andere Heroen und Heroinen, die dritte der Hestia und dem Hermes und dem Amphiaraos und von seinen Söhnen dem Amphilochos; Alkmaion aber hat wegen seiner Tat an Eriphyle weder im Heiligtum des Amphiaraos irgendwelchen Kult, noch auch neben dem Amphilochos. Der vierte Teil des Altars gehört der Aphrodite und Panakeia, dazu der Iaso und der Hygieia und der Athena Paionia, der fünfte ist für die Nymphen und Pan gemacht und für die Flüsse Acheloos und Kephisos. Amphilochos hat bei den Athenern auch in der Stadt einen Altar und in Mallos in Kilikien ein Orakel,
4 das zu meiner Zeit besonders untrüglich war. In Oropos ist aber auch eine Quelle in der Nähe des Tempels, die sie Amphiaraosquelle nennen; sie opfern ihr nichts und halten es nicht für erlaubt, sie für Reinigungen oder als Weihwasser zu benutzen. Wenn aber jemand auf Grund des Orakels von einer Krankheit genesen ist, wirft er ein silbernes oder goldenes Geldstück in die Quelle, denn hier soll Amphiaraos bereits als Gott aufgetaucht sein. Iophon aus Knosos, einer der Exegeten, hat Orakel in Hexametern herausgegeben, von

denen er behauptet, Amphiaraos habe sie den gegen Theben
ziehenden Argivern erteilt. Diese Gedichte vermögen die
Menge im höchsten Maße anzuziehen. Aber mit Ausnahme
derer, die von Apoll von alters her begeistert worden sein
sollen, war keiner Seher noch Orakelerteiler, wohl aber wa-
ren sie in der Lage, Träume auszulegen, den Flug der Vögel
zu deuten sowie die Eingeweide der Opfertiere. Ich glaube, 5
daß Amphiaraos sich besonders der Traumdeutung wid-
mete; dafür spricht, daß er, als er als Gott anerkannt war, ein
Orakel durch Träume einrichtete. Und zuerst muß sich der-
jenige reinigen, der gekommen ist, um Amphiaraos zu be-
fragen, und die Reinigung besteht in einem Opfer an den
Gott. Man opfert aber ihm und allen, deren Namen auf dem
Altar verzeichnet sind. Nachdem dies zunächst ausgeführt
worden ist, opfert man einen Widder, breitet das Fell aus
und schläft darauf in Erwartung der Traumoffenbarung[68].

Die Athener haben auch Inseln nicht weit vom Festland, 35. 1
so die Patroklosinsel, über die ich schon gesprochen habe,
und eine andere jenseits Sounion, wenn man, Attika zur Lin-
ken, entlangfährt. Hier soll Helena nach der Eroberung Tro-
ias gelandet sein, und deshalb heißt die Insel Helena. Salamis 2
liegt bei Eleusis und erstreckt sich gegen die Megaris. Zuerst
soll aber dieser Insel . . . von seiner Mutter Salamis, der
Tochter des Asopos, gegeben worden sein. Später seien die
Aigineten unter Telamon eingewandert. Philaios, der Sohn
des Eurysakes, Enkel des Aiakos, soll die Insel den Athenern
übergeben haben, nachdem er von ihnen zum Athener ge-
macht war. Viele Jahre später vertrieben die Athener die Sa-
laminier, indem sie sie beschuldigten, sie seien im Krieg ge-
gen Kassandros absichtlich feige gewesen und hätten ihre
Stadt aus makedonischer Gesinnung den Makedonen über-
geben. Den Aisketades verurteilten sie zum Tode, der da-
mals zum Strategen in Salamis gewählt worden war. Außer-

dem schworen sie, daß sie den Verrat der Salaminier nie ver-
3 gessen würden. Vorhanden sind noch die Reste des Marktes
und ein Tempel des Aias mit einer Statue aus Ebenholz. Aias
wird noch bis heute bei den Athenern verehrt, ebenso Eury-
sakes, denn auch Eurysakes hat einen Altar in Athen. Es wird
auch ein Stein in Salamis gezeigt, nicht weit vom Hafen; auf
diesem soll Telamon gesessen und dem Schiff nachgeschaut
haben, als seine Söhne zu dem gemeinsamen Heerzug der
4 Griechen nach Aulis fuhren. Die um Salamis herum Woh-
nenden erzählen, ihnen sei damals nach dem Tode des Aias
die Blume zum ersten Male gewachsen. Sie ist weiß, ins
Rötliche spielend, sie selbst und die Blätter kleiner als die Li-
lie; Buchstaben sind auf ihr wie auf der Hyazinthe. Von den
Aioliern, die später Ilion besiedelten, habe ich eine Sage über
die Entscheidung über die Waffen gehört. Diese berichten,
daß nach dem Schiffbruch des Odysseus die Waffen bei dem
Grabe des Aias angespült worden seien. Von dessen Größe
5 erzählt ein mysischer Mann: Die dem Meer zugekehrte Seite
hätte die See abgetragen und so den Eingang zur Grabstelle
leicht gemacht. Was die Größe des Toten angeht, so wies er
mich auf folgenden Umstand hin: Die Knochen an den
Knien, die von den Ärzten Kniescheiben genannt werden,
seien von der Größe einer Diskusscheibe, wie sie ein Knabe
im Fünfkampf verwendet. An den Kelten, die am äußersten
Ende, angrenzend an die wegen Kälte einsamen Landstriche,
wohnen und die man die Kabarer nennt, an diesen habe ich
die Größe nicht bewundern können, da sie sich von den To-
ten der Aigypter in nichts unterschieden. Was mir aber se-
6 henswert erschien, das will ich erzählen. Von den Magneten
am Lethaion hatte einer ihrer Bürger, Protophanes, in
Olympia an einem Tag im Pankration und im Ringen ge-
siegt. In sein Grab drangen Räuber ein, in der Erwartung,
etwas zu erbeuten. Später nach den Grabräubern gingen

auch andere hinein, um den Toten zu sehen, der keine
durchteilten Rippen aufwies. Sondern alles war bei ihm zu-
sammengewachsen, von den Schultern bis zu den äußersten
Rippen, welche die Ärzte die unechten nennen. Den Mile-
siern liegt vor der Stadt die Insel Lade. Von ihr haben sich
Inselchen abgeteilt; das eine nennen sie Insel des Asterios.
Dieser Asterios sei auf ihr begraben, ein Sohn des Anax, En-
kel der Ge. Sein Leichnam ist nicht größer als zehn Ellen.
Was sich aber mir als Wunder dargeboten hat, ist folgendes:
In Oberlydien gibt es eine nicht große Stadt mit Namen Te- 7
menouthyrai. Nachdem hier durch einen heftigen Winterre-
gen ein Grabhügel sich ringsum öffnete, kamen Knochen
zum Vorschein, von denen man ihrer Form nach, aber nicht
von der Größe her glauben mochte, sie seien die Gebeine ei-
nes Menschen, da man es der Größe nach nicht hätte glauben
können. Sofort verbreitete sich unter der Menge die Sage, es
handle sich bei dem Toten um Geryoneus, Sohn des Chry-
saor, und es sei auch der Thron vorhanden. Denn der Sitz ei-
nes Mannes war in einem Felsvorsprung des Berges eingear-
beitet. Und einen Wildbach nannten sie Okeanos. Auch be-
haupteten einige, sie hätten mit dem Pflug bereits Rinderge-
beine freigelegt, weil ja bekannt ist, daß Geryoneus ausge-
zeichnete Rinder gezogen habe. Als ich ihnen widersprach 8
und nachwies, Geryoneus gehöre nach Gadeira, wo wenn
auch nicht sein Grab, so doch ein Baum wäre mit unter-
schiedlichen Gestalten, da brachten die Exegeten der Lyder
die wahre Sage zum Vorschein, daß der Tote der Hyllos sei,
Hyllos aber ein Sohn der Ge, und von diesem habe der Fluß
seinen Namen. Herakles aber nannte wegen des einstigen
Aufenthaltes bei Omphale seinen Sohn Hyllos nach dem
Fluß.

In Salamis, ich kehre zu meinem Thema zurück, ist ein 36. 1
Heiligtum der Artemis, und ferner steht da ein Siegesmal für

den Sieg der Griechen, dessen Zustandekommen das Verdienst des Themistokles, des Sohnes des Neokles, war. Auch ein Heiligtum des Kychreus ist da. Als die Athener gegen die Perser kämpften, soll ihnen eine Schlange auf den Schiffen erschienen sein, und der Gott weissagte ihnen, es sei der He-
2 ros Kychreus. Vor Salamis liegt die Psyttaleia genannte Insel. Hier sollen gegen vierhundert Barbaren an Land gegangen sein, und als die Flotte des Xerxes vernichtet war, sollen auch diese umgekommen sein, da die Griechen eine Gegenlandung auf Psyttaleia machten. Eine kunstvolle Statue gibt es auf der Insel nicht, aber Holzfiguren des Pan, so wie es gerade kam[69].

3 Geht man von Athen nach Eleusis auf der Straße, die die Athener die Heilige Straße nennen, so trifft man auf das Grab des Anthemokritos. Gegen ihn haben die Megarer die gottloseste Untat verübt, da sie ihn töteten, als er als Herold kam, um ihnen zu verkünden, sie dürften das Land nicht mehr weiter bebauen. Und für diese Tat ist ihnen der Zorn der Göttinnen bis heute geblieben, da für sie als einzige Griechen nicht einmal die Regierung des Kaisers Hadrian zu ei-
4 nem Aufschwung genügte. Nach der Stele des Anthemokritos folgt das Grab des Molottos, der in Athen auch mit der Feldherrnwürde beehrt wurde, als sie nach Euboia übersetzten dem Ploutarch zu Hilfe, und eine aus folgendem Grunde Skiron genannte Örtlichkeit. Zu den Eleusiniern kam, als sie Krieg gegen Erechtheus führten, ein Mann aus Dodona mit Namen Skiros; der gleiche, der auch im Phaleron das alte Heiligtum der Athena Skiras errichtet hat. Nachdem dieser in der Schlacht gefallen war, begruben ihn die Eleusinier bei einem Wildbach, und der Ort wie auch der Bach haben von
5 dem Heros ihren Namen. In der Nähe ist das Grabmal des Kephisodoros gebaut, der Volksführer war und besonders gegen den makedonischen König Philippos, den Sohn des

Demetrios, wirkte. Als Bundesgenossen führte Kephisodoros den Athenern die Könige Attalos von Mysien und Ptolemaios von Aigypten zu und an selbständigen Völkern die Aitoler, von den Inselbewohnern die Rhodier und die Kreter. Als die Hilfe aber aus Aigypten, Mysien und von den 6
Kretern zum größten Teil zu spät kam, die Rhodier, die zu Schiff nur mächtig waren, gegen die makedonischen Hopliten nicht viel ausrichteten, da segelte Kephisodoros nach Italien und erflehte von den Römern Hilfe. Diese schickten ihnen eine Heeresmacht und einen Feldherrn, welche die Macht Philippos' und der Makedonen so sehr brachen, daß später Perseus, Philippos' Sohn, die Herrschaft verlor und er selbst als Gefangener nach Rom übergeführt wurde. Dieser Philippos war des Demetrios Sohn, und Demetrios hatte als der erste des Hauses die Herrschaft über die Makedonen, nachdem er den Alexandros, des Kassandros Sohn, ermordet hatte, wie bereits berichtet.

Nach dem Grabmal des Kephisodoros ist Heliodoros Ha- 37. 1
lis begraben. Von ihm kann man ein Gemälde im großen Tempel der Athena sehen. Begraben ist hier Themistokles, Sohn des Poliarches, Abkömmling in der dritten Generation des Themistokles, welcher dem Xerxes und den Medern eine Seeschlacht geliefert hat. Die anderen Nachkommen des Geschlechts will ich mit Ausnahme der Akestion übergehen. Diese Akestion, Tochter des Xenokles, Enkelin des Sophokles und Urenkelin des Leon, erlebte es, daß alle diese bis zu Leon in der vierten Generation Dadouchen waren, und zu ihren Lebzeiten sah sie ihren Bruder Sophokles und ihren Mann Themistokles als Dadouchen, nach dessen Tod ihren Sohn Theophrastos. Ein solches Glück soll ihr zuteil geworden sein.

Geht man ein wenig weiter, so kommt ein Heiligtum des 2
Heros Lakios und der Demos, den man nach ihm Lakiadai

nennt. Und das Grabmal des Tarentiners Nikokles ist da, der von allen den höchsten Ruhm als Kitharode erreichte. Dann steht dort ein Altar des Südwindes und ein Heiligtum der Demeter und ihrer Tochter, und mit ihnen haben auch Athena und Poseidon ihren Kult. An dieser Stelle soll Phytalos die Demeter in seinem Haus aufgenommen haben, und die Göttin habe ihm dafür den Feigenbaum geschenkt. Das bezeugt mir die Inschrift auf dem Grab des Phytalos:

«Hier nahm einst der Herrscher und Heros Phytalos die erhabene
Demeter auf, als sie zuerst die Frucht erscheinen ließ,
die das Menschengeschlecht den heiligen Feigenbaum nennt,
wofür das Geschlecht des Phytalos unvergängliche Ehren empfing.»

3 Bevor man den Kephisos überschreitet, kommt das Grabmal des Theodoros, der zu seiner Zeit der beste Tragödienschauspieler war. Am Fluß stehen Standbilder der Mnesimache und ihres Sohnes, der sich als Weihgeschenk für den Kephisos das Haar schert. Daß das von alters Sitte bei allen Griechen war, kann man aus Homers Gedichten entnehmen, der erzählt, wie Peleus dem Spercheios gelobt habe, er werde ihm das Haar des Achilleus scheren, wenn er aus Troia zurückkehre[70].

4 Nach Überschreiten des Kephisos steht da ein alter Altar des Zeus Meilichios; an diesem wurde Theseus von den Nachkommen des Phytalos entsühnt, als er andere Räuber getötet hatte und darunter den Sinis, der ihm von Pittheus her verwandt war. Da ist ferner das Grab des Theodektes aus Phaselis und des Mnesitheos, der ein guter Arzt gewesen sein soll und Statuen weihte, unter denen sich auch der Iakchos befand. Am Wege ist ein nicht großer Tempel gebaut, Tempel des Kyamites genannt. Ich weiß nicht sicher, ob dieser

zuerst Bohnen säte oder ob man einen Heros so zubenannte,
weil sie der Demeter die Erfindung der Bohnen nicht zu-
schreiben können; wer schon eine Mysterienfeier in Eleusis
gesehen oder die sogenannten orphischen Gedichte gelesen
hat, weiß, was ich meine. Von den Grabbauten, die beson- 5
ders durch Größe und Ausstattung hervorragen, ist der eine
der eines Rhodiers, der in Athen lebte, den anderen ließ der
Makedone Harpalos bauen. Dieser floh vor Alexandros aus
Asien und fuhr mit Schiffen nach Europa hinüber, kam nach
Athen, wurde von ihnen gefangengenommen, bestach mit
Geld unter anderen auch die Freunde Alexandros' und ent-
kam, nachdem er vorher die Pythonike geheiratet hatte, de-
ren Abstammung ich nicht weiß, die aber in Athen und Ko-
rinth als Hetaire lebte. Er gewann sie so lieb, daß er ihr bei
ihrem Tode ein Grabmal baute, das von allen älteren, die es
in Griechenland gibt, das sehenswerteste ist.

Ein Heiligtum ist hier, in dem Statuen stehen von Deme- 6
ter und ihrer Tochter und Athena und Apollon; ursprüng-
lich war es nur für Apollon gebaut worden. Kephalos, des
Deion Sohn, so erzählen sie, zog mit Amphitryon gegen die
Teleboier und bewohnte als erster die Insel, die sie nach ihm
Kephallenia nennen. Zuvor hatte er in Theben gewohnt, aus
Athen verbannt, wegen des Mordes an seiner Frau Prokris.
In der zehnten Generation darauf segelten die Nachkommen
des Kephalos, Chalkinos und Daitos, nach Delphoi, um den
Gott wegen der Rückkehr nach Athen zu befragen. Der 7
Gott befahl ihnen, zuerst in Attika dem Apollon zu opfern,
und zwar dort, wo sie eine Triere auf dem Land würden lau-
fen sehen. Als sie nun in die Gegend des sogenannten Bunten
Berges kamen, erschien ihnen ein Drache, der eilends in
seine Höhle flüchtete. Und sie opferten dem Apollon an die-
sem Platz, und als sie später dann in die Stadt kamen, mach-
ten die Athener sie zu Bürgern. Danach kommt ein Tempel

der Aphrodite und vor ihm eine sehenswerte Mauer aus unbehauenen Blöcken[71].

38.1 Die sogenannten Rheitoi fließen nur wie Flüsse, ihr Wasser ist aber Meerwasser. Man mag auch vielleicht glauben, daß sie vom Euripous bei Chalkis unter der Erde herfließen, indem sie in eine Meereskluft eindringen. Die Rheitoi sollen der Demeter und Kore heilig sein, und die Fische daraus dürfen nur die Priester nehmen. Sie waren ursprünglich, wie ich erfahre, Grenze zwischen den sonstigen Athenern und Eleu-
2 sis. Überschreitet man die Rheitoi, so wohnte dort als erster Krokon, was man auch jetzt noch dort die Burg des Krokon nennt. Von diesem Krokon erzählen die Athener, er sei mit Saisara, der Tochter des Keleos, vermählt gewesen. Nicht alle erzählen dies, sondern nur die vom Demos der Skamboniden. Ich vermochte nicht, das Grabmal des Krokon zu finden. Ein Grab des Eumolpos zeigen sowohl die Eleusinier als auch die Athener. Dieser Eumolpos, ein Sohn des Poseidon und der Chione, soll aus Thrakien gekommen sein. Die Chione halten sie für die Tochter des Boreas und der Oreithyia. Homer äußert in seinem Werk nichts über dessen Geschlecht, er nennt in seinen Epen den Eumolpos einen muti-
3 gen Mann. In der Schlacht zwischen den Eleusiniern und den Athenern starb Erechtheus, der König der Athener. Es starb auch Immarados, Sohn des Eumolpos. Sie einigten sich unter der Bedingung, daß die Eleusinier im übrigen den Athenern unterworfen seien, daß sie aber die Mysterien selbst feiern. Den heiligen Dienst der Göttinnen besorgten Eumolpos und die Töchter des Keleos. Pamphos und ebenso Homer nennen sie Diogeneia, Pammerope und als dritte Saisara. Eumolpos hinterließ bei seinem Tode den Keryx als jüngeren seiner Kinder, von dem die Kerykes berichten, er sei ein Sohn der Aglauros, Tochter des Kekrops und des Hermes, und nicht des Eumolpos.

Weiter ist da ein Heroon des Hippothoon, nach dem die 4
Phyle genannt ist, und des Zarex, der von Apollon die Mu-
sik gelernt haben soll. Ich meine, er sei ein Fremder, der ins
Land kam, und Lakedaimonier und daß die Stadt Zarax in
Lakonien am Meer nach ihm benannt sei. Wenn dieser Za-
rex aber ein einheimischer attischer Heros ist, wüßte ich über
ihn nichts zu sagen. Bei Eleusis fließt der Kephisos mit stär- 5
kerer Strömung als der früher genannte, und an ihm nennen
sie einen Platz Erineos und behaupten, daß Plouton, als er
Kore geraubt hatte, dort niedergestiegen sei. An diesem Ke-
phisos tötete Theseus einen Räuber mit Namen Polypemon
und dem Beinamen Prokroustes[72].

In Eleusis ist ein Tempel des Triptolemos und einer der 6
Artemis Propylaia und des Poseidon Pater und der Kallicho-
ron genannte Brunnen, wo die eleusinischen Frauen zuerst
zu Ehren der Göttin tanzten und sangen. Das rarische Feld
soll zuerst besät worden sein und zuerst Frucht hervorge-
bracht haben, und deshalb ist es bei ihnen Brauch, von dort
die Gerste zu nehmen und daraus Kuchen für die Opfer zu
machen. Hier wird auch die sogenannte Tenne des Triptole-
mos gezeigt und ein Altar. Was innerhalb der Mauer des 7
Heiligtums ist, zu beschreiben, hat der Traum mir verboten,
und den Nichteingeweihten, die vom Zuschauen ausge-
schlossen sind, ist also nicht einmal das zu erfahren gestattet.
Von dem Heros Eleusis, nach dem man die Stadt nennt, be-
haupten die einen, er sei ein Sohn des Hermes und der Da-
eira, der Tochter des Okeanos, andere haben gedichtet,
Ogygos sei der Vater des Eleusis. Denn die alten Legenden
haben, da ihnen keine Epen zur Seite traten, besonders in be-
zug auf die Abstammung der Heroen Stoff zu verschieden-
sten Erfindungen gegeben[73].

Wendet man sich von Eleusis gegen Boiotien, so ist dem 8
attischen Land das von Plataiai benachbart. Früher war die

Grenze gegen Attika bei Eleutherai, nachdem dieses zu
Athen gekommen ist, ist nun der Kithairon die Grenze ge-
gen Boiotien. Eleutherai trat nicht durch Krieg gezwungen
über, sondern wegen des Wunsches nach dem athenischen
Bürgerrecht und aus Haß auf Theben. In dieser Ebene ist ein
Dionysostempel, und von dort wurde das alte Holzbild nach
Athen gebracht. Das zu meiner Zeit in Eleutherai befind-
9 liche ist eine Nachahmung des alten. Etwas weiter ist eine
kleine Höhle und dabei eine Quelle kalten Wassers. In der
Höhle soll Antiope ihre Kinder geboren und niedergelegt
haben, und an der Quelle soll der Hirt, der die Kinder fand,
sie nach Entfernung der Windeln gewaschen haben. Von
Eleutherai waren noch Reste der Mauer und auch von Häu-
sern vorhanden; danach ist deutlich, daß die Stadt etwas über
der Ebene am Kithairon lag[74].

39. 1 Ein anderer Weg führt von Eleusis nach Megara; auf die-
sem Weg trifft man den Anthion genannten Brunnen. Pam-
phos dichtete, Demeter habe nach dem Raube der Tochter
an diesem Brunnen gesessen in Gestalt einer alten Frau, und
von hier sei sie als angebliche Argiverin von den Töchtern
der Keleos zu ihrer Mutter gebracht worden und Metaneira
2 habe ihr darauf die Erziehung ihres Sohnes anvertraut. Etwas
vom Brunnen entfernt ist ein Heiligtum der Metaneira und
danach Gräber der gegen Theben ins Feld Gezogenen. Denn
Kreon, der damals in Theben regierte als Vormund des Lao-
damas, des Sohnes des Eteokles, habe den Verwandten die
Toten nicht zur Beerdigung herausgegeben. Adrast habe
sich dann bittflehend an Theseus gewandt, und es sei zu einer
Schlacht zwischen Athenern und Thebanern gekommen,
und als Theseus in der Schlacht gesiegt hatte, brachte er die
Toten ins Gebiet von Eleusis und begrub sie dort. Die The-
baner behaupten dagegen, die Auslieferung der Toten sei
freiwillig erfolgt und es sei zu keiner Schlacht gekommen.

Nach den Gräbern der Argiver ist hier das Grabmal der 3
Alope, die von Poseidon den Hippothoon gebar und von ih-
rem Vater Kerkyon hier getötet worden sein soll. Kerkyon
wird auch sonst als grausam geschildert gegen die Fremden,
besonders, wenn sie nicht mit ihm ringen wollten. Dieser
Ort wird zu meiner Zeit noch die Palaistra des Kerkyon ge-
nannt, nur wenig vom Grabmal der Alope entfernt. Ker-
kyon soll auch alle, die sich ihm im Ringen gestellt, besiegt
haben, mit Ausnahme von Theseus. Theseus rang ihn haupt-
sächlich durch Geschicklichkeit nieder. Denn die Ringkunst
soll er als erster erfunden haben. Und von ihm an gab es eine
(Ringschule) Ringunterweisung. Vorher kam es beim Rin-
gen nur auf Größe und Stärke an.

Das waren nach meiner Meinung in Attika an Legenden und Sehenswürdigkeiten die bedeutendsten. Von Anfang an habe ich aus dem vielen ausgewählt, was wert ist, aufgezeichnet zu werden[75].

Eleusis benachbart ist dann die Megaris. In alten Zeiten 4
gehörte auch dies den Athenern, indem der König Pylas es
dem Pandion hinterließ. Als Beweis dient mir das Grab des
Pandion in diesem Lande und Nisos, welcher dem Aigeus,
als dem ältesten des ganzen Geschlechts, die Herrschaft über
die Athener einräumte; er selbst wurde für die Herrschaft
über Megara bis nach Korinth für würdig erachtet. Auch
heißt heute noch der Hafenplatz der Megarer nach ihm Ni-
saia. Als Kodros später König war, zogen die Peloponnesier
gegen Athen, und da sie sich, ohne durch glänzende Taten
auszuzeichnen, wieder zurückzogen, überließen sie das den
Athenern entrissene Megara den Korinthern und anderen
Bundesgenossen, die willens waren, dort zu siedeln. So wur- 5
den die Megarer, nachdem sie sich in Sitte und Sprache ge-
ändert hatten, Dorer. Ihren Namen soll die Stadt erhalten
haben, nachdem Kar, Sohn des Phoroneus, im Lande König

war. Damals sollen bei ihnen die ersten Heiligtümer für Demeter errichtet worden sein, die dann von den Menschen Megara genannt wurden. So erzählen es die Megarer von sich selbst. Die Boioter indessen sagen, Megareus, des Poseidon Sohn in Onchestos, sei mit einem Heer von Boiotern gekommen, um dem Nisos im Kampf gegen Minos beizustehen. Da er aber in der Schlacht gefallen, sei er an Ort und Stelle begraben worden, und von ihm habe die Stadt den Namen Megara erhalten, die vordem Nisai geheißen habe.
6 In der zwölften Generation nach Kar, dem Sohn des Phoroneus, sagen die Megarer, kam Lelex aus Aigypten und wurde König. Die Menschen erhielten unter seiner Herrschaft den Namen Leleger. Lelex soll den Kleson, dieser den Pylas, dieser den Skiron zum Sohne gehabt haben. Skiron aber habe die Tochter des Pandion geheiratet und sei später mit Nisos, dem Sohn des Pandion, in Streit gekommen um die Herrschaft, den Aiakos dahin schlichtete, daß er die Königsherrschaft dem Nisos und seinen Nachkommen, den Oberbefehl im Krieg aber dem Skiron zusprach. Megareus aber, der Sohn Poseidons, der mit Iphinoe, der Tochter des Nisos, verheiratet war, soll dem Nisos in der Herrschaft gefolgt sein. Von dem kretischen Krieg und der Einnahme der Stadt unter der Herrschaft des Nisos wollen sie nichts wissen.

40. 1 In der Stadt befindet sich ein Brunnen, den ihnen Theagenes baute, von dem ich früher schon einmal erwähnte, daß er seine Tochter dem Athener Kylon verheiratete. Dieser Theagenes baute als Tyrann den Brunnen, der durch seine Größe und Ausstattung und durch seine vielen Säulen sehenswert ist. Und in ihn fließt das Wasser, das nach den sithnidischen Nymphen heißt. Diese sithnidischen Nymphen, sagen die Megarer, seien bei ihnen einheimisch. Mit einer von ihnen habe Zeus sich eingelassen, und Megaros, ein Sohn von Zeus und dieser Nymphe, sei der deukalischen Flut auf

die Spitze des Geraniagebirges entronnen, das damals noch nicht diesen Namen hatte. Er sei nämlich nach dem Geschrei fliegender Kraniche geschwommen, und daher sei das Geraniagebirge benannt worden. Nicht weit von diesem Brun- 2
nen ist ein altes Heiligtum, in dem jetzt Statuen römischer Kaiser stehen und ein Bronzebild der Artemis mit Beinamen Soteira («die Rettende»). Leute aus dem Heer des Mardonios sollen nämlich in die Megaris eingefallen sein und hätten zurück zu Mardonios nach Theben wollen, auf Veranlassung der Artemis sei aber die Nacht über sie unterwegs hereingebrochen und sie hätten den Weg verfehlt und seien ins Bergland abgekommen. Dann hätten sie sehen wollen, ob ein feindliches Heer in der Nähe sei, und Pfeile abgeschossen. Der nahe Fels habe beim Auftreffen der Pfeile gestöhnt, und daher hätten sie noch mit mehr Eifer geschossen. Schließlich 3
seien ihnen die Pfeile ausgegangen, die sie auf Feinde zu verschießen glaubten. Der Tag kam, die Megarer rückten heran und töteten, da sie als Hopliten gegen Ungedeckte, die nicht einmal mehr recht Schußwaffen besaßen, kämpften, die meisten von ihnen. Und daraufhin stellten sie die Statue der Artemis Soteira her. Hier sind auch Statuen der sogenannten Zwölf Götter, die ein Werk des Praxiteles sein sollen; die Artemis selber aber machte Strongylion. Tritt man danach in 4
das Heiligtum des Zeus, das Olympieion heißt, so ist da ein sehenswerter Tempel. Die Kultstatue des Zeus blieb aber unfertig, da der Krieg der Peloponnesier gegen die Athener dazwischenkam, in dem die Athener mit Schiffen und zu Lande den Megarern jedes Jahr das Land verwüsteten und dadurch die Staatseinnahmen schädigten und besonders die Familien in größte Not brachten. Das Gesicht der Zeusstatue ist aus Gold und Elfenbein, das andere aus Ton und Gips; gemacht haben soll es der Einheimische Theokosmos, und Pheidias soll mit ihm zusammengearbeitet haben. Über dem

Kopf des Zeus sind Horen und Moiren; so ist allen deutlich, daß das Geschick nur ihm gehorcht und dieser Gott die Jahreszeiten nach Gebühr zuteilt. Hinter dem Tempel liegen halbbearbeitete Hölzer; diese sollte Theokosmos mit Elfenbein und Gold ausschmücken und daraus das Kultbild des Zeus herstellen.

5 Im Tempel selber liegt auch ein bronzener Trierensporn;
dieses Schiff behaupten sie erbeutet zu haben, als sie um Sala-
mis gegen die Athener zur See kämpften. Die Athener räu-
men ein, daß sie die Insel einige Zeit den Megarern überlas-
sen hätten. Später habe sie Solon durch seine Elegien ermun-
tert. Daraufhin hätten sie ihren Anspruch wieder erneuert
und in einem Krieg Salamis wieder erobert. Die Megarer
dagegen erklären, Flüchtlinge, die sie Dorykleer nennen,
seien zu den Klerouchen in Salamis gekommen und hätten
6 Salamis an die Athener verraten. Steigt man nach dem Hei-
ligtum des Zeus zur Burg hinauf, die noch heute nach Kar,
dem Sohn des Phoroneus, Karia heißt, so ist dort ein Tempel
des Dionysos Nyktelios und ein Heiligtum der Aphrodite
Epistrophia und das sogenannte Orakel der Nacht und ein
Tempel des Zeus Konios ohne Dach. Die Statue des Askle-
pios hat Bryaxis gemacht, seine und die der Hygieia. Hier ist
auch das sogenannte Megaron der Demeter; das soll Kar als
König gebaut haben[76].

41. 1 Steigt man von der Akropolis herunter, liegt gegen Norden in der Nähe des Olympieions das Grabmal der Alkmene. Der Sage nach starb sie unterwegs in Megara, als sie von Argos nach Theben ging. Die Herakliden gerieten darüber in Streit, indem die einen den Leichnam nach Argos, die anderen nach Theben schaffen wollten, da auch das Grab der Herakleskinder aus Megara sich in Theben befinde wie auch das Grab des Amphitryon. Der Gott in Delphoi aber verkündete, es sei besser, Alkmene in Megara zu bestatten.

Von hier führte mich der einheimische Führer zu einem 2
Platz, der, wie er sagte, Rhous heißt. Hier soll einstmals Wasser aus den Bergen über der Stadt zusammengeflossen sein, Theagenes, der damals Tyrann war, leitete es aber anderswohin ab und baute dem Acheloos hier einen Altar. In der Nähe ist auch das Grabmal des Hyllos, des Sohnes des Herakles, der mit dem Arkader Echemos, dem Sohn des Aëropos, kämpfte. Wer Echemos war, der Hyllos tötete, werde ich an anderer Stelle sagen, Hyllos liegt jedenfalls in Megara bestattet. Das könnte man wohl mit Recht den Zug der Herakliden gegen die Peloponnes nennen unter dem König Orestes.

Nicht weit vom Grab des Hyllos steht ein Tempel der Isis 3
und dabei einer des Apollon und der Artemis. Alkathoos soll ihn gebaut haben, nachdem er den sogenannten kithaironischen Löwen erlegt hatte. Durch diesen Löwen soll unter anderem auch der Sohn des Königs Megareus, Euhippos, umgekommen sein. Den ältesten Sohn, Timalkos, tötete Theseus, als er mit den Dioskouren nach Aphidna zog. Megareus habe die Hand seiner Tochter und die Nachfolge in der Herrschaft dem versprochen, der den kithaironischen Löwen töten werde. Deshalb habe Alkathoos, der Sohn des Pelops, es gewagt, das Tier zu überwältigen, und wie er dann König wurde, habe er das Heiligtum erbaut und der Artemis den Beinamen Agrotera und dem Apollon Agraios gegeben.
Dieses hat sich also so abgespielt. Ich will durchaus in Über- 4
einstimmung mit den Megarern berichten, sehe indessen nicht, wie sich das alles im einzelnen verhält. Daß ein Löwe auf dem Kithairongebirge von Alkathoos getötet wurde, glaube ich. Wer aber hat denn geschrieben, daß Timalkos, der Sohn des Megareus, mit den Dioskouren nach Aphidna gekommen sei? Und wie könnte er, dort angekommen, von Theseus getötet worden sein, wo ja Alkman in seinem Ge-

dicht über die Dioskouren sagt, daß sie zwar Athen erobert
und die Mutter des Theseus gefangen fortgeführt hätten,
5 Theseus indessen nicht dabei war. Pindar hat dazu das glei-
che gedichtet, und dazu noch berichtet, Theseus habe sich
mit den Dioskouren verschwägern wollen, wie er auch aus-
gezogen sei, die besungene Hochzeit des Peirithoos zustande
zu bringen. Wer aber die Stammbaumlisten durchsieht, dem
wird leicht die große Einfalt der Megarer offenkundig, da
Theseus ein Nachkomme des Pelops war. Aber die wahre
Sage verheimlichen die Megarer wider besseres Wissen, da
sie es nicht wahrhaben wollen, als sei ihre Stadt unter der
Herrschaft des Nisos erobert worden, sondern daß dem Ni-
sos sein Schwiegersohn Megareus und dem Megareus wie-
6 der Alkathoos in der Herrschaft gefolgt sei. Es scheint aber
so gewesen zu sein, daß nach dem Tod des Nisos und bei den
zerrütteten Verhältnissen der Megarer um diese Zeit Alka-
thoos aus Elis gekommen ist. Als Beweis dient mir folgen-
des: Er errichtete die Mauer von neuem wieder, da die alte
von den Kretern zerstört war. Von Alkathoos und dem Lö-
wen, mag er ihn auf dem Kithairon oder anderswo erlegt
haben und dafür den Tempel des Apollon Agraios und der
Artemis Agrotera errichtet haben, davon mag nun genug
sein. Steigt man von diesem Heiligtum herab, trifft man ein
Heroon des Pandion. Und daß Pandion auf dem sogenann-
ten Felsen der Athena Aithyia begraben wurde, sagte ich
schon; er genießt aber auch Verehrung bei den Megarern in
7 der Stadt. In der Nähe des Heroon des Pandion ist das Grab-
mal der Hippolyte. Auch von ihr werde ich aufzeichnen,
was die Megarer berichten: Als einst die Amazonen wegen
der Antiope gegen die Athener zogen und von Theseus be-
zwungen wurden, sollen die meisten von ihnen im Kampfe
gefallen sein. Hippolyte aber, die Schwester der Antiope, da-
mals Anführerin der Frauen, soll mit einigen wenigen nach

Megara geflohen sein. Bei der Niederlage des Heeres sei sie über ihre Lage mutlos geworden und mehr noch um ihrer Rückkehr nach Hause, nach Themiskyra, willen sei sie verzweifelt gewesen, so daß sie aus Trauer starb. Nach ihrem Tode hätten sie sie begraben, und ihr Grab habe die Gestalt eines Amazonenschildes gehabt. Nicht weit davon ist das Grab 8
des Tereus, der die Prokne, des Pandion Tochter, geheiratet hatte. Tereus war König, wie die Megarer berichten, im sogenannten Pagai in der Megaris. Wie ich aber glaube und wofür es noch Belege gibt, herrschte er über Daulis oberhalb von Chaironeia. Denn von alten Zeiten an bewohnten Barbaren die meisten Teile des heutigen Griechenland. Nachdem Tereus die Tat gegen Philomela und die Frauen die gegen Itys . . . begangen hatten, konnte Tereus sie nicht erreichen. Er be- 9
endete sein Leben in Megara durch Selbstmord, und sie errichteten ihm sofort ein Grab und opfern ihm jedes Jahr. Beim Opfer bedienen sie sich kleiner Kiesel statt Gerste. An dieser Stelle sei auch der Wiedehopf zum ersten Male erschienen. Die Frauen aber kamen nach Athen, und wie sie beweinten, was sie erlitten und was sie zur Vergeltung getan hatten, weinten sie sich zu Tode. Und was sie über die Verwandlung der einen in eine Nachtigall, der anderen in eine Schwalbe berichten, so glaube ich, daß diese Vögel wehmütig und einem Klagetone ähnlich singen[77].

Es gibt auch eine andere Akropolis in Megara, die nach 42. 1
Alkathoos heißt. Steigt man zu dieser Akropolis hinauf, liegt rechts das Grabmal des Megareus, der ihnen bei dem Kriegszug der Kreter aus Onchestos zu Hilfe kam. Es wird hier auch ein Herd der Prodomeis genannten Götter gezeigt; ihnen soll Alkathoos zuerst geopfert haben, als er mit dem Mauerbau beginnen wollte. Und bei diesem Herd ist ein 2
Stein, auf dem Apollon seine Leier niedergelegt haben soll, als er dem Alkathoos beim Mauerbau half . . . Mir ist klar,

daß damals schon die Megarer zu den Athenern gehörten. Es scheint nämlich, daß Alkathoos seine Tochter Periboia zusammen mit Theseus als Tribut nach Kreta sandte. Damals half ihm also, wie die Megarer sagen, Apollon beim Bauen und stellte die Leier gegen den Fels; warf man aber einen Stein dagegen, so erklang er wie eine angeschlagene Leier.
3 Ich fand auch das erstaunlich, weitaus am meisten aber setzte mich der Koloß der Aigypter in Erstaunen. Im aigyptischen Theben befindet sich, wenn man den Nil überschritten hat, gegen die sogenannten Syringen zu ein tönendes Sitzbild, das die meisten Memnon nennen. Der soll aus Aithiopien gegen Aigypten und bis nach Susa gezogen sein. Die Thebaner sagen aber, es sei nicht Memnon, sondern Phamenoph von den Einheimischen, von dem das ein Bild sei. Ich hörte auch andere sagen, es sei Sesostris. Dieses Bild ließ Kambyses abschlagen, und so ist jetzt das Stück vom Kopf bis zur Mitte des Körpers herabgestürzt; im übrigen sitzt es noch da und tönt jeden Morgen bei Sonnenaufgang, und den Ton könnte man am ehesten mit dem einer angeschlagenen Kithara- oder Leiersaite vergleichen[78].

4 In Megara gibt es auch ein Rathaus und gab es einst, wie sie sagen, ein Grab des Timalkos, von dem ich kurz vorher gesagt habe, daß er nicht von Theseus getötet wurde. Auf der Spitze der Akropolis befindet sich ein Tempel der Athena, und das Kultbild ist vergoldet außer an den Händen und Füßen; diese und das Gesicht sind aus Elfenbein. Und ein anderes Athenaheiligtum ist da mit Beinamen Nike und ein weiteres der Aiantis. Darüber steht in den Schilderungen über Megara nichts, und deshalb will ich schreiben, wie es nach meiner Meinung gewesen ist. Telamon, der Sohn des Aiakos, heiratete Periboia, die Tochter des Alkathoos, und Aias, der Nachfolger des Alkathoos, ließ nach meiner Meinung das Bild der Athena herstellen.

Der alte Tempel des Apollon war aus Ziegeln, später 5
baute ihn Kaiser Hadrian aus Marmor. Der sogenannte Py-
thios und der Dekatephoros gleichen am meisten den aigyp-
tischen Holzstatuen, der, den sie Archegetes nennen, ist aigi-
netischen Werken ähnlich; alle sind sie gleichermaßen aus
Ebenholz. Ich habe von einem kyprischen Manne gehört,
der die zur Gesundung der Menschen dienlichen Kräuter
kannte, daß das Ebenholz keine Blätter habe, auch wüchse
keine Frucht an ihm, und es würde überhaupt nicht von der
Sonne beschienen. Es seien vielmehr unterirdische Wurzeln,
und diese grüben die Aithiopier aus, und es gebe Männer bei
ihnen, die das Ebenholz zu finden wüßten. Es ist da auch ein 6
Heiligtum der Demeter Thesmophoros und beim Abstieg
von dort das Grabmal des Kallipolis, des Sohnes des Alka-
thoos. Alkathoos hatte noch einen älteren Sohn, den Ische-
polis; diesen schickte sein Vater zu Meleagros in Aitolien,
um gemeinsam den Eber zu jagen. Als er da umgekommen
war, erfuhr Kallipolis seinen Tod als erster. Er eilte zur
Akropolis hinauf; denn gerade brachte sein Vater dem
Apollon ein Brandopfer dar, da warf er das Holz vom Al-
tare. Alkathoos, der vom Tode des Ischepolis noch nichts
gehört hatte, verurteilte den Kallipolis, gottlos zu handeln,
und erschlug ihn im ersten aufbrausenden Zorn, indem er
ihn mit einem vom Altar herabgestürzten Holzscheit an
den Kopf traf[79].

Am Weg zum Prytaneion befindet sich das Heroon der 7
Ino und darum eine steinerne Brüstung; daran wachsen
auch Ölbäume. Als einzige unter den Griechen behaupten
die Megarer, der Leichnam der Ino sei an ihre Küste ange-
trieben worden. Kleso und Tauropolis hätten ihn gefunden
und begraben. Diese seien Töchter des Kleson, Sohn des
Lelex. Auch sagen sie, jene sei bei ihnen zuerst Leukothea
genannt worden, und sie opfern ihr alljährlich.

43. 1 Sie sprechen auch von einem Heroon der Iphigeneia; denn auch sie sei in Megara gestorben. Ich habe über die Iphigeneia auch eine andere Sage gehört, die von den Arkadern erzählt wird. Ferner weiß ich, daß Hesiod im Frauenkatalog gedichtet hat, Iphigeneia sei nicht gestorben, sondern sie sei nach dem Beschluß der Artemis die Hekate. Damit übereinstimmend, schrieb Herodot, die an das Skythenland angrenzenden Taurier opferten eine Jungfrau; die Schiffbrüchigen und sie selbst behaupten, die Jungfrau sei Iphigeneia, die Tochter des Agamemnon. Es hat bei den Megarern auch Adrastos Verehrung. Auch dieser sei bei ihnen gestorben, als er nach Einnahme Thebens das Heer zurückführte. Ursache seines Todes sei sein Alter und der Tod des Aigialeus gewesen. Agamemnon errichtete ein Heiligtum der Artemis, weil er kam, um den in Megara wohnen-
2 den Kalchas zu bereden, er möge ihm nach Ilion folgen. Im Prytaneion soll Euippos, der Sohn des Megareus, begraben sein und der Sohn des Alkathoos, Ischepolis. In der Nähe des Prytaneions ist ein Fels, den sie Anaklethra nennen, da Demeter, wenn das jemand glaubt, als sie auf der Suche nach ihrer Tochter herumirrte, auch hier sie gerufen haben soll. Bis heute führen die megarischen Frauen noch ein
3 dementsprechendes Spiel auf. Es gibt auch Gräber in der Stadt Megara, das eine machten sie für die Gefallenen während des Perserkriegs, das sogenannte Aisymnion aber war ebenfalls ein Heroengrab. Als Hyperion, der Sohn des Agamemnon, denn dieser war der letzte König von Megara, durch Sandion wegen seiner Habgier und Gewalttätigkeit ermordet war, beschlossen sie, nicht mehr von einem als König regiert zu werden, sondern gewählte Beamte einzusetzen und der Reihe nach aufeinander zu hören. Da ging Aisymnos, der an Ansehen keinem in Megara nachstand, zum Gott nach Delphoi und fragte, wie sie glücklich leben

würden. Und der Gott antwortete ihm unter anderem, auch den Megarern würde es gut gehen, wenn sie mit der Mehrheit Rat halten würden. Das bezogen sie auf die Toten und bauten dort ihr Rathaus, damit das Grab der Heroen innerhalb des Rathauses sei[80].

Geht man von dort zum Heroon des Alkathoos, das die 4
Megarer zu meiner Zeit als Archiv benutzten, so folgt ein Grabmal, das sie das der Pyrgo nannten, der Frau des Alkathoos, bevor er Euaichme, die Tochter des Megareus, heiratete, dann das der Iphinoë, der Tochter des Alkathoos, die noch als Jungfrau gestorben sein soll. Deshalb ist es Sitte, daß die Mädchen vor der Hochzeit am Grabe der Iphinoë ein Trankopfer spenden und von ihren Haaren opfern, wie sich auch die Töchter der Delier einst für Hekaërge und Opis die
Haare scheren ließen. Neben dem Eingang zum Dionysion 5
befindet sich das Grab der Astykrateia und Manto; sie waren Töchter des Polyeidos, des Sohnes des Koiranos, des Sohnes des Abas, des Sohnes des Melampous, der nach Megara gekommen war, um Alkathoos wegen des Mordes an seinem Sohn Kallipolis zu entsühnen. Polyeidos baute auch dem Dionysos das Heiligtum und weihte ihm ein Holzbild, das zu meiner Zeit bis auf das Gesicht verhüllt war, dieses ist sichtbar. Ein Satyr steht neben ihm, eine Arbeit des Praxiteles aus parischem Marmor. Diesen nennen sie Patroos, einen anderen Dionysos Dasyllios, und seine Kultstatue soll Euchenor, der Sohn des Koiranos, des Sohnes des Polyeidos, geweiht haben.

Nach dem Heiligtum des Dionysos ist ein Tempel der 6
Aphrodite mit einer Statue der Aphrodite aus Elfenbein mit Beinamen Praxis. Das ist die älteste im Tempel. Peitho und eine andere Göttin, die sie Paregoros nennen, sind Arbeiten des Praxiteles; von Skopas stammen Eros, Himeros und Pothos, wenn ihre Handlungen ebenso verschieden sind wie ihre Namen. In der Nähe des Aphroditetempels ist ein Tyche-

heiligtum, auch sie ein Werk des Praxiteles, und in dem nahen Tempel arbeitete Lysipp die Musen und einen bronzenen Zeus[81].

7 In Megara ist auch ein Grab des Koroibos. Die Schilderungen der Dichter über ihn will ich hier aufführen, obwohl sie auch die Geschichte der Argiver mit einbeziehen. Über Krotopos, der König von Argos war, berichten sie, daß seine Tochter Psamathe ein Kind von Apollon gebar; da sie sich aber sehr vor ihrem Vater fürchtete, setzte sie das Kind aus. Hunde aus der Herde des Krotopos spürten das Kind auf und töteten es. Apollon schickte den Argivern die Poine in die Stadt. Diese soll die Kinder von den Müttern weggerissen haben, bis Koroibos den Argivern zu Gefallen die Poine tötete. Nachdem er sie umgebracht, ging er freiwillig nach Delphoi – eine nachher eingefallene Pest wollte nicht weichen –, um sich dem Gott wegen des Mordes an Poine der
8 Strafe zu stellen. Nach Argos zurückzukehren erlaubte die Pythia dem Koroibos nicht. Sie befahl ihm, einen Dreifuß aus dem Heiligtum fortzutragen, und da, wo ihm der Dreifuß entgleiten würde, da solle er dem Apollon einen Tempel bauen und selbst dort wohnen. Und der Dreifuß entglitt ihm unbemerkt beim Geraniagebirge und fiel zur Erde. Dort gründete er den Ort Tripodiskos. Das Grab des Koroibos ist in Megara auf dem Markt, und es steht ein Epigramm daran, das sich auf Psamathe und Koroibos selbst bezieht, und als Figur auf dem Grab Koroibos, Poine tötend. Das sind die ältesten Steinbildwerke, die ich in Griechenland sah.

44.1 In der Nähe von Koroibos ist Orsippos bestattet, der in Olympia, als die Wettkämpfer nach alter Sitte in den Kämpfen noch gegürtet waren, zuerst nackt im Wettlauf siegte. Orsippos soll auch später als Stratege den Nachbarn Land abgenommen haben. Ich glaube auch, daß er in Olympia die

Gürtung absichtlich verlor, da er erkannte, daß ein nackter Mann leichter laufe als ein gegürteter. Geht man von der 2
Agora den sogenannten «Geraden Weg» hinab, liegt rechts ein Heiligtum des Apollon Prostaterios, das man findet, wenn man etwas vom Weg abbiegt. Darin steht ein sehenswerter Apollon und eine Artemis und Leto und auch andere Statuen, wobei Leto und ihre Kinder Werke des Praxiteles sind. In dem alten Gymnasion bei dem sogenannten Nymphentor befindet sich ein Stein in Gestalt einer nicht großen Pyramide; diesen nennen sie Apollon Karinos, und es ist hier auch ein Heiligtum der Eileithyien. So viel bot ihre Stadt an Sehenswürdigkeiten. Geht man zur Schiffslände hinab, die 3
heute noch Nisaia heißt, so ist da ein Heiligtum der Demeter Malophoros. Über diesen Beinamen geht unter anderen Sagen auch die, daß die, die als die ersten im Lande Schafe gezogen hatten, der Demeter den Namen Malophoros gegeben haben. Man kann vermuten, daß dem Heiligtum aus Altersgründen das Dach eingestürzt ist. Und eine Akropolis ist da mit dem Namen Nisaia. Steigt man von der Akropolis hinab, so ist dort nahe dem Meere ein Grabmal des Lelex. Dieser sei aus Aigypten gekommen, um König zu werden. Er sei aber ein Sohn des Poseidon und der Libye, der Tochter des Epaphos. Entlang Nisaia erstreckt sich die lange Insel Minoa. Da habe Minos in seinem Krieg gegen Nisos mit seiner Flotte geankert[82]. Der gebirgige Teil der Megaris grenzt an 4
Boiotien. In ihm liegen die megarischen Städte Pagai und eine andere, Aigosthena. Wenn man sich auf dem Wege nach Pagai ein wenig seitwärts von der Straße wendet, da wird ein Fels gezeigt, der ganz durchbohrt von Pfeilen ist. Auf ihn sollen die Meder einst in der Nacht geschossen haben. In Pagai ist noch ein sehenswertes bronzenes Götterbild der Artemis mit dem Beinamen Soteira vorhanden, an Größe dem bei den Megarern gleich und auch an Gestalt

nicht verschieden. Auch ist da ein Heroon des Aigialeus, des Sohnes des Adrastos. Denn als dieser beim zweiten Feldzug gegen Theben in der ersten Schlacht bei Glisas gefallen war, brachten ihn seine Verwandten in das megarische Land nach Pagai und begruben ihn dort. Und immer
5 noch nennt man das Heroon das des Aigialeus. In Aigosthena ist ein Heiligtum des Melampous, des Sohnes des Amythaon, und ein nicht großer Mann ist auf einer Stele dargestellt. Und sie opfern dem Melampous und feiern ihm Jahr für Jahr ein Fest. Sie sagen, daß er weder durch Träume noch sonst wahrsage. Und noch etwas anderes habe ich gehört: In Ereneia, einem Dorf in der Megaris, sei Autonöe, Tochter des Kadmos, über den Tod des Aktaion, der sich so zugetragen hat, wie erzählt, und über das Geschick ihres väterlichen Hauses überhaupt tief betrübt gewesen und sei aus Theben hierher gewandert, und ein Grab der Autonöe ist in diesem Dorf[83].

6 Geht man von Megara nach Korinth, so trifft man außer anderen Gräbern auch das des samischen Flötenspielers Telephanes. Das Grabmal soll Kleopatra, die Tochter Philippos', des Sohnes des Amyntas, errichtet haben. Auch das Grab des Kar, des Sohnes des Phoroneus, ist da; zuerst war es nur ein einfacher Erdhügel, später wurde es auf Geheiß des Gottes mit Muschelkalkstein geschmückt. Als einzige unter den Griechen besitzen die Megarer diesen Muschelkalk, und vieles in der Stadt ist aus ihm erbaut. Er ist gänzlich weiß und weicher als jeder andere Stein. Überall in ihm sind Seemuscheln eingebettet. Solcher Art ist dieser Stein.

Die nach Skiron noch heute genannte Straße hat Skiron, als er Polemarch in Megara war, wie man sagt, zuerst für Fußgänger gangbar gemacht. Kaiser Hadrian hat sie so hergerichtet, daß sie, auch wenn sich Wagen begegnen, noch breit genug und geeignet ist[84].

Von den Felsen, die an der engsten Stelle des Weges em- 7
porragen, gibt es Erzählungen, so in bezug auf den Felsen
Molouris, daß sich Ino von ihm ins Meer gestürzt habe mit
ihrem jüngeren Sohn Melikertes; denn den älteren von ih-
nen, Learchos, tötete der Vater. Man erzählt nämlich, Atha-
mantas habe dies im Wahnsinn getan. Auch sagt man, er sei
gegen die Ino und ihre Kinder unmäßig in seinem Zorn ge-
wesen, als er erfuhr, daß die Hungersnot, die die Orchome-
nier befiel, und der vermeintliche Tod des Phrixos kein gött-
liches Geschick, sondern daß dies der Wille der Ino als Stief-
mutter gewesen sei. Damals entfloh sie und stürzte sich mit 8
den Kindern von den Molourischen Felsen ins Meer. Da nun
der Knabe von einem Delphin an die korinthische Landenge
getragen wurde, erwies man dem Melikertes, der in Palai-
mon umbenannt wurde, auch noch andere Ehren und veran-
staltet für ihn die Isthmischen Spiele. Den Felsen Molouris
hielten sie also der Leukothea und dem Palaimon heilig, die
Felsen danach aber für befleckt, weil hier Skiron hauste und
die Fremden, die er traf, ins Meer hinabstürzte. Und unter
den Felsen schwamm eine Schildkröte, um die ins Meer Ge-
stürzten zu rauben. Die Seeschildkröten sind aber außer in
betreff ihrer Größe und Füße den Landschildkröten ähnlich,
haben aber Füße wie Robben. Dafür ereilte den Skiron die
Strafe, indem er von Theseus in dasselbe Meer gestürzt
wurde. Auf dem Gipfel des Berges steht ein Tempel des 9
Zeus Aphesios. Man erzählt, daß einst eine Dürre die Grie-
chen befallen habe, und Aiakos nach der Anweisung des
Orakels dem panhellenischen Zeus auf Aigina geopfert habe
. . . und bewirkte Einhalt der Dürre. Daher habe Zeus den
Beinamen Aphesios erhalten. Hier ist auch eine Statue der
Aphrodite und des Apollon und des Pan. Weiterhin befindet 10
sich das Grabmal des Eurystheus, der hier auf der Flucht aus
Attika nach dem Kampf gegen die Herakliden von Iolaos

getötet worden sein soll. Nach dem Abstieg von diesem Wege trifft man ein Heiligtum des Apollon Latoïos und dann die Grenze zwischen Megara und Korinth, wo der Zweikampf zwischen Hyllos, dem Sohn des Herakles, und dem Arkader Echemos stattgefunden haben soll.

BUCH II · ARGOLIS[1]

Das korinthische Land, ein Teil der Argolis, hat seinen Namen von Korinthos. Daß Korinthos Sohn des Zeus sei, habe ich niemand irgendwo ernsthaft behaupten hören außer den meisten Korinthern, da Eumelos, der Sohn des Amphilytos, aus dem Geschlecht der sogenannten Bakchiden, der auch das Epos gedichtet haben soll, in seiner korinthischen Schrift sagt, wenn diese Schrift wirklich von Eumelos ist, Ephyra, die Tochter des Okeanos, habe zuerst in diesem Land gewohnt und später sei Marathon, der Sohn des Epopeus, des Sohnes des Aloeus, des Sohnes des Helios, auf der Flucht vor der Gewalttätigkeit und Ungesetzlichkeit seines Vaters in die Küstengebiete von Attika übergesiedelt, sei nach dem Tode des Epopeus in die Peloponnes gekommen, habe dann die Herrschaft unter seine Söhne geteilt und sei wieder nach Attika zurückgekehrt, und so sei das asopische Land nach Sikyon und das ephyraische nach Korinthos umbenannt worden[2]. 1. 1

Korinth bewohnt von den alten Korinthern niemand mehr, sondern von den Römern geschickte Kolonisten. Daran ist der Achaiische Bund schuld; denn auch die Korinther gehörten dazu und nahmen daher an dem Krieg gegen Rom teil, den der zum Strategen der Achaier gewählte Kritolaos anzettelte, indem er die Achaier und die meisten der Bewohner außerhalb der Peloponnes zum Aufstand überredete. Als die Römer im Kriege gesiegt hatten, nahmen sie auch den anderen Griechen die Waffen fort und zerstörten 2 die Mauern, soweit es befestigte Städte gab. Korinth aber, das der damalige römische Feldherr Mummius hatte zerstören lassen, soll Caesar später wieder besiedelt haben, der als erster in Rom die heute geltende Verfassung herstellte. Auch Karthago soll unter seiner Herrschaft wieder besiedelt worden sein[3].

3 Zum korinthischen Land gehört auch das nach Kromos, dem Sohn Poseidons, genannte Kromyon. Hier soll Phaia gelebt haben und fand von den Heldentaten des Theseus auch der Kampf gegen diese Sau statt. Geht man weiter, so wuchs noch zu meiner Zeit die Strandkiefer am Strand und existierte ein Altar des Melikertes. An diese Stelle soll das Kind von dem Delphin getragen worden sein; und dort habe ihn Sisyphos gefunden, ihn auf dem Isthmos begraben und
4 für ihn die isthmischen Spiele eingerichtet. Am Anfang des Isthmos ist die Stelle, wo der Räuber Sinis Strandkiefern ergriff und nach unten bog. Diejenigen, die er im Kampf besiegte, fesselte er an sie und ließ dann die Bäume wieder nach oben schnellen. Dabei zog jede Kiefer den an sie Gebundenen auf ihre Seite, und da die Fesselung nach keiner Seite nachgab, sondern gleich stark von beiden Seiten zog, wurde der Gefesselte zerrissen. Auf dieselbe Weise wurde auch Sinis selbst von Theseus umgebracht; denn Theseus säuberte den Weg von Troizen nach Athen von Verbrechern, indem er die tötete, die ich bereits früher aufgezählt habe, und im heiligen Epidauros den Periphetes, den angeblichen Sohn des Hephaistos, der eine eherne Keule im Kampf benutzte[4].

5 Der korinthische Isthmos reicht auf der einen Seite bis zum Meer bei Kenchreai, auf der anderen bis zu dem bei Lechaion. Das macht das Land innerhalb zum Festland. Wer es aber unternahm, die Peloponnes zur Insel zu machen, hat das Durchgraben des Isthmos vorher eingestellt. Und wo sie anfingen zu graben, ist noch sichtbar, bis zum felsigen Teil

sind sie aber gar nicht gekommen, und so ist das Land noch
jetzt Festland, wie es von Natur ist. Alexandros aber, dem
Sohn des Philippos, der die Mimashalbinsel durchstechen
wollte, gelang nur dies auch nicht; und die Knidier verhin-
derte die Pythia, ihren Isthmos zu durchstechen[5]. So schwer
ist es für den Menschen, Götterwerk gewaltsam zu ändern.
Folgendes wird nicht nur in Korinth über das Land erzählt, 6
sondern die Athener haben das meiner Meinung nach zuerst
von Attika gerühmt. Auch die Korinther erzählen nämlich,
Poseidon sei mit Helios über das Land in Streit geraten und
Briareos sei Schiedsrichter zwischen ihnen geworden und
habe den Isthmos und was dort ist, dem Poseidon zugespro-
chen, aber die Burg über der Stadt dem Helios gegeben. Da-
her soll der Isthmos dem Poseidon heilig sein.

An Sehenswürdigkeiten ist hier ein Theater und ein Sta- 7
dion aus Marmor. Kommt man zum Heiligtum des Gottes,
so stehen auf der einen Seite Statuen von Siegern an den isth-
mischen Spielen, auf der anderen sind Strandkiefern in einer
Reihe gepflanzt, meistens gerade emporwachsend. An dem
nicht größeren Tempel stehen bronzene Tritonen. Und in
der Vorhalle sind Statuen, zwei von Poseidon, eine dritte
von Amphitrite und eine Thalassa («Meer»), auch diese aus
Bronze. Die jetzige Gruppe im Inneren hat der Athener
Herodes geweiht, vier Pferde, vergoldet außer den Hufen,
die aus Elfenbein sind. Und zwei goldene Tritonen stehen 8
neben den Pferden, auch diese von den Weichen an aus El-
fenbein. Auf dem Wagen stehen Amphitrite und Poseidon,
und ein Kind steht auf einem Delphin, Palaimon. Auch diese
sind aus Gold und Elfenbein. An der Basis, auf der der Wa-
gen steht, ist in der Mitte die Meergöttin dargestellt, die die
junge Aphrodite emporhebt, auf beiden Seiten die Nereï-
den. Von diesen sind mir auch anderwärts in Griechenland
Altäre bekannt und auch Heiligtümer, die ihnen an den Hä-

fen geweiht sind, wo auch Achilleus Verehrung genießt. Die Doto besitzt in Gabala einen heiligen Tempel, dort ist auch der Peplos aufbewahrt, von dem die Griechen sagen, Eriphyle habe ihn um ihres Sohnes Alkmaion willen erhalten.
9 An der Basis des Poseidon sind auch die Söhne des Tyndareos dargestellt, weil auch sie Retter der seefahrenden Schiffe und Menschen sind. Sonst steht dort eine Statue der Galene («heiteres Wetter») und des Meeres und ein Pferd wie ein Walfisch von der Brust an und Ino und Bellerophontes und der Pegasos[6].

2. 1 Innerhalb der Umfassungsmauer liegt links ein Tempel des Palaimon, und darin sind Statuen des Poseidon und der Leukothea und des Palaimon selbst. Es ist dort auch ein anderes Heiligtum, Adyton genannt, mit einem unterirdischen Zugang, wo Palaimon verborgen sein soll. Welcher Korinther oder Fremde hier einen Meineid schwört, kann seinem Schwur auf keine Weise entgehen. Und noch ein altes Heiligtum ist dort, der sogenannte Altar der Kyklopen, und
2 darauf opfert man dem Kyklops[7]. Gräber des Sisyphos und Neleus, denn auch Neleus soll nach Korinth gekommen, an einer Krankheit gestorben und am Isthmos begraben sein, würde man nicht einmal suchen, wenn man die Gedichte des Eumelos gelesen hat. Er sagt, nicht einmal dem Nestor sei das Grabmal des Neleus von Sisyphos gezeigt worden, denn es müsse allen gleicherweise unbekannt bleiben; Sisyphos sei zwar auf dem Isthmos begraben, aber sein Grab kennten auch von den Korinthern seiner Zeit nur wenige. Der isthmische Wettkampf hat aber nicht einmal aufgehört, als Mummius die Korinther vernichtete, sondern solange die Stadt verlassen blieb, war den Sikyoniern die Abhaltung der Isthmien anvertraut, und seit der Neugründung ist den jetzigen Bewohnern diese Ehre wieder zuteil geworden.

3 Den korinthischen Häfen haben Leches und Kenchrias die

Namen gegeben, die Söhne des Poseidon und der Peirene, der Tochter des Acheloos, gewesen sein sollen. In den großen Eoiai heißt es, Peirene sei eine Tochter des Oibalos. In Lechaion gibt es ein Heiligtum des Poseidon mit einer Bronzestatue, am Wege vom Isthmos nach Kenchreai liegt ein Artemistempel mit einem alten Holzbild. In Kenchreai ist ein Aphroditetempel mit einer Marmorstatue und danach auf der Mole ins Meer hinaus eine Bronzestatue des Poseidon. Am anderen Ende des Hafens liegen Heiligtümer des Asklepios und der Isis. Kenchreai gegenüber liegt das Bad der Helena; hier fließt reichliches salziges Wasser aus einem Felsen ins Meer wie Wasser, das zu sieden beginnt[8].

Geht man nach Korinth hinauf, trifft man am Wege ver- 4
schiedene Denkmäler, und am Tor ist Diogenes aus Sinope begraben, den die Griechen den «Hund» nennen. Vor der Stadt liegt ein Zypressenhain namens Kraneion; dort ist ein heiliger Bezirk des Bellerophontes und ein Tempel der Aphrodite Melainis und das Grab der Laïs, auf dem eine Löwinnenfigur steht mit einem Widder zwischen den Vorderpranken. Es gibt auch ein anderes Grabmal in Thessalien, das 5
sich als das der Laïs bezeichnet. Sie kam nämlich als Geliebte des Hippostratos auch nach Thessalien. Ursprünglich soll sie aus Hykara in Sizilien stammen und von Nikias und den Athenern als Mädchen gefangengenommen, dann nach Korinth verkauft worden sein; sie habe an Schönheit alle damaligen Hetairen übertroffen und sei so sehr von den Korinthern bewundert worden, daß sie sich auch jetzt noch um Laïs streiten[9].

Von Sehenswürdigkeiten in der Stadt gibt es einmal die 6
noch vorhandenen alten Reste, die meisten sind aber in der späteren Blütezeit gebaut worden. Auf dem Markt, denn dort sind die meisten Heiligtümer, steht eine ephesische Artemis mit Beinamen und Holzbilder des Dionysos, die außer

an den Gesichtern vergoldet sind. Die Gesichter sind mit einem roten Überzug versehen, und den einen nennt man Ly-
7 sios, den anderen Bakcheios. Die Legende über die Holzbilder will ich auch erzählen. Pentheus soll in seinem Frevel gegen Dionysos auch noch anderes gewagt haben und schließlich auch auf den Kithairon gekommen sein, um die Frauen zu belauschen. Er sei dabei auf einen Baum gestiegen, um zu beobachten, was sie tun. Diese aber hätten den Pentheus, wie sie ihn erspähten, herabgezogen und bei lebendigem Leibe zerrissen. Später aber, so berichten die Korinther, habe die Pythia ihnen befohlen, den Baum aufzusuchen und ihn wie einen Gott zu verehren. Aus diesem Grunde verfertigten sie
8 damals diese Schnitzbilder. Auch ein Tempel der Tyche ist da mit einer stehenden Figur aus parischem Marmor. Daneben liegt ein Heiligtum für alle Götter. In der Nähe ist ein Brunnen gebaut, und darauf steht ein bronzener Poseidon mit einem wasserspeienden Delphin unter seinen Füßen, und ein Apollon mit Beinamen Klarios aus Bronze ist da und eine Statue der Aphrodite, Werk des Hermogenes von Kythera. Ferner gibt es Bronzestatuen des Hermes, beide stehend, und für die eine ist auch ein Tempel gebaut. Von den Zeusstatuen, auch diese stehen unter freiem Himmel, hatte die eine keinen Beinamen, die andere davon nennen sie Chthonios und die dritte Hypsistos[10].

3. 1 Mitten auf dem Markt steht eine bronzene Athena, und an ihrer Basis sind Bilder der Musen angebracht. Über dem Markt steht ein Tempel der Octavia, der Schwester des Augustus, der nach Caesar, dem Gründer des jetzigen Korinth, in Rom regierte.

2 Geht man vom Markt die Straße nach Lechaion hinaus, sieht man Propylaien und darauf vergoldete Wagen, von denen der eine Phaëthon, den Sohn des Helios, der andere Helios selber trägt. Etwas weiter außerhalb von den Propylaien

steht rechts ein bronzener Herakles, danach kommt der Ein-
gang zur Quelle Peirene. Darüber erzählt man, daß die Pei-
rene wegen ihrer Tränen aus einem Menschen zur Quelle
geworden sei, als sie ihren Sohn Kenchrias beweinte, der von
Artemis versehentlich getötet worden war. Die Quelle ist 3
mit Marmor ausgestattet, und es sind Kammern wie Höhlen
gebaut, aus denen das Wasser in einen freiliegenden Brunnen
fließt, süß zu trinken, und man erzählt auch, daß man das
«korinthische Erz» noch glühend und heiß in dieses Wasser
tauche, da es Erzbergwerke in Korinth nicht gibt. Ferner ist
auch eine Apollonstatue bei der Peirene und ein ummauerter
Bezirk für ihn und darin ein Gemälde, das Odysseus beim
Freiermord darstellt[11].

Geht man die gerade Straße nach Lechaion weiter, ist dort 4
ein bronzener Hermes sitzend, und neben ihm steht ein
Widder, weil Hermes besonders die Herden bewacht und
ihnen Gedeihen verleiht, wie Homer in der Ilias dichtet:

«Dessen Vater war der mit Herden begüterte Phorbas,
den Hermes unter den Troern in Liebe am meisten mit
Gütern ausstattete» (Homer, Ilias XIV 490 f.).

Die Sage jedoch, die in den Mysterien der Göttermutter
über Hermes und den Widder erzählt wird, kenne ich; ich
werde sie aber nicht mitteilen. Nach der Hermesstatue
kommt ein Poseidon und eine Leukothea und Palaimon auf
dem Delphin. Bäder gibt es vielfach in Korinth, sowohl von 5
der Stadt gebaute wie vom Kaiser Hadrian; das berühmteste
davon liegt nahe beim Poseidon. Dies hat der Spartaner Eu-
rykles gebaut, indem er es außer anderen Steinsorten auch
mit denjenigen ausstattete, die man bei Krokeai in Lakonien
bricht. Links vom Eingang steht ein Poseidon und nach ihm
eine jagende Artemis. Brunnen sind viele in der ganzen
Stadt, da sie reichliches fließendes Wasser hat und dazu das,
was der Kaiser Hadrian aus Stymphelos zuleitete. Am se-

henswertesten ist der Brunnen neben der Artemisstatue, dar-
auf steht ein Bellerophontes, und das Wasser fließt aus dem
Huf des Pegasos[12].
6 Geht man vom Markt einen anderen Weg, den nach Si-
kyon, kann man rechts vom Weg einen Tempel mit Bronze-
bild des Apollon sehen, und etwas weiter liegt der soge-
nannte Brunnen der Glauke, denn, wie man erzählt, stürzte
sie sich in diesen hinein, da sie glaubte, das Wasser sei ein
Heilmittel gegen das Gift der Medeia. Jenseits dieses Brun-
nens liegt auch das sogenannte Odeion[13]. Daneben liegt das
Grabmal der Kinder der Medeia. Ihre Namen sind Merme-
ros und Pheres; sie sollen von den Korinthern gesteinigt
worden sein um Geschenke willen, die sie der Glauke be-
7 schafft haben. Weil aber ihr Tod gewaltsam und nicht
Rechtens war, wurden die unmündigen Kinder der Korin-
ther von ihnen umgebracht, bis durch einen Orakelspruch
des Gottes Jahresopfer für sie eingerichtet und eine Statue
der Deima aufgestellt wurden. Diese existiert auch zu unse-
ren Zeiten noch, das Bild einer grauenhaft dargestellten
Frau. Seit Korinth aber von den Römern zerstört wurde und
die alten Korinther zugrunde gegangen sind, sind jene Opfer
bei den neuen Siedlern nicht mehr im Gebrauch, auch sche-
ren sich die Knaben nicht mehr das Haupt, noch tragen sie
8 schwarze Gewänder. Medeia, die damals nach Athen kam,
vermählte sich mit Aigeus. Als sie aber später dabei ertappt
wurde, daß sie sich mit Theseus einließ, floh sie aus Athen.
Und als sie damals in das Aria genannte Land kam, gab sie
den Einwohnern von sich den Namen der Meder. Der
Knabe, den sie auf ihrer Flucht zu den Ariern mit sich führte,
soll von Aigeus stammen und den Namen Medos getragen
haben. Hellanikos hingegen nennt ihn Polyxenos und Jason
9 seinen Vater. Die Griechen haben ein Epos mit dem Titel
Naupaktia. In ihm heißt es, Jason sei nach dem Tod des Pe-

lias aus Jolkos nach Korkyra ausgewandert, und Mermeros,
der ältere seiner Söhne, sei auf dem gegenüberliegenden
Festland von einer Löwin bei der Jagd zerrissen worden.
Von Pheres wird nichts Erwähnenswertes berichtet. Der La-
kedaimonier Kinaithon, auch dieser hat in seinen Werken
Genealogien aufgestellt, berichtet, Jason habe den Medeios
und die Tochter Eriopis von Medeia gehabt. Weiteres über
Kinder erzählt aber auch er nicht. Eumelos sagt, Helios habe 10
das Land Asopia dem Aloeus, dem Aietes das Land Ephyraia
gegeben. Und Aietes habe bei seinem Weggang nach Kol-
chis dem Bounos das Land anvertraut, dem Sohn des Her-
mes und der Alkidamaia; und nach dem Tod des Bounos
habe Epopeus, des Aloeus Sohn, auch die Herrschaft über die
Ephyraier erhalten. Da nun Korinthos, Sohn des Marathon,
später keine Kinder hinterlassen habe, hätten die Korinther
die Medeia aus Jolkos kommen lassen und ihr die Herrschaft
übergeben. Durch sie sei Jason König von Korinth gewor- 11
den. Medeia habe zwar Kinder gehabt, sie habe aber jedes
Neugeborene in das Heiligtum der Hera getragen und dort
verborgen. Sie habe das im Glauben getan, daß die Kinder
dadurch unsterblich würden. Schließlich habe sie gelernt,
daß sie sich in ihrer Hoffnung getäuscht habe, und sogleich
sei sie von Jason bei ihrer Tat ertappt worden. Und da dieser
ihr auf Bitten nicht verzeihen wollte, sondern nach Jolkos
zurückgesegelt sei, habe sie sich entfernt, nachdem sie die
Herrschaft an Sisyphos übergeben habe. Dieses hat sich also
so verhalten, wie ich es gelesen habe.

Von diesem Grabmal nicht fern steht das Heiligtum der 4. 1
Athena Chalinitis. Denn unter den Göttern soll Athena dem
Bellerophon am meisten beigestanden haben; so habe sie
ihm den Pegasos übergeben, nachdem sie diesen gezähmt
und ihm den Zaum angelegt hatte. Diese ihre Kultstatue ist
ein Holzbild mit Gesicht, Händen und Füßen aus Marmor.

2 Daß Bellerophon nicht uneingeschränkt als König regierte,
sondern unter Proitos und den Argivern stand, das glaube
ich und wer auch immer die Gedichte des Homer nicht bloß
oberflächlich gelesen hat. Offenbar gehorchten die Korin-
ther auch nach der Auswanderung des Bellerophon nach Ly-
kien den Herrschern in Argos und Mykene, auch stellten sie
keinen eigenen Anführer im Feldzug gegen Troia, sondern
sie nahmen am Feldzug teil, zusammen mit den Mykenern
3 und den anderen, die Agamemnon anführte. Sisyphos hatte
nicht allein den Glaukos, des Bellerophon Vater, sondern
auch den Ornytion und nach diesem den Thersandros und
den Almos zum Sohn – Sohn des Ornytion war Phokos,
dem Namen nach des Poseidon. Dieser siedelte nach Titho-
rea über, im jetzt sogenannten Phokis. Thoas aber, des Or-
nytion jüngerer Sohn, blieb in Korinth. Des Thoas Sohn
war Damophon, des Damophon Propodas, des Propodas
Doridas und Hyanthidas. Unter ihrer Herrschaft zogen die
Dorer gegen Korinth zu Felde, ihr Anführer war Aletes,
Sohn des Hippotas, Enkel des Phylas, Urenkel des Antio-
chos, des Sohnes des Herakles. Doridas und Hyanthidas nun
überließen die Herrschaft dem Aletes; das Volk der Korin-
ther wurde in einer Schlacht besiegt und vertrieben. Aletes
selbst und seine Nachkommen herrschten fünf Generationen
4 lang bis auf Bakchis, des Proumnis Sohn. Von diesem an
herrschten die sogenannten Bakchiden fünf Generationen
lang bis auf Telestes, des Aristodemos Sohn. Den Telestes er-
mordeten Arieus und Perantas aus Haß. Fürderhin gab es
keine Könige, sondern nur noch Prytanen aus der Familie
der Bakchiden mit jährlicher Herrschaft bis auf Kypselos,
Sohn des Eetion, der sich der Tyrannis bemächtigte und die
Bakchiden vertrieb. Kypselos war ein Abkomme des Melas,
des Sohnes des Antassos. Den Melas aus Gonousse, über Si-
kyon gelegen, der mit den Dorern gegen Korinth zu Felde

gezogen war, diesen ließ Aletes anfänglich gegen den Ausspruch des Gottes zu anderen Griechen wegziehen, später aber, weil er den Sinn des Orakelspruches falsch aufgefaßt hatte, nahm er ihn als Mitbewohner auf. Das ist es, was ich über die Könige der Korinther gefunden habe.

Das Heiligtum der Athena Chalinitis liegt beim Theater, 5
und in der Nähe steht ein nacktes Holzbild des Herakles, das ein Werk des Daidalos sein soll. Was Daidalos machte, ist eher seltsam anzusehen, doch zeigt sich auch etwas Göttliches an diesen Werken. Über dem Theater befindet sich das Heiligtum des kapitolinischen Zeus nach der Sprache der Römer, auf griechisch würde er Koryphaios («auf dem Gipfel») heißen. Nicht weit von diesem Theater liegt das alte Gymnasion und eine Lerna genannte Quelle; um sie stehen Säulen, und Bänke sind da gemacht für die Eintretenden, um sich im Sommer abzukühlen. An diesem Gymnasion sind auch Göttertempel, einer des Zeus und einer des Asklepios. Von den Statuen sind die des Asklepios und der Hygieia aus Marmor, die des Zeus aus Bronze[14].

Am Aufstieg nach Akrokorinth – das ist der Berggipfel 6
über der Stadt, den Briareos dem Helios als Richter gab und Helios, wie die Korinther sagen, der Aphrodite überließ –, am Aufstieg also auf dieses Akrokorinth befinden sich Heiligtümer der Isis, von denen sie die eine Pelagia («die des Meeres»), die andere die aigyptische nennen, und zwei andere des Sarapis, von denen das eine «in Kanobos» heißt. Nach ihnen sind dem Helios Altäre gebaut und ist da ein Heiligtum der Ananke und Bia («Notwendigkeit und
Zwang»). Dahinein darf man nicht gehen. Darüber ist ein 7
Tempel und Thron der Göttermutter, sie selbst und der Thron aus Marmor. Im Tempel der Moiren und der Demeter und Kore sind die Kultbilder nicht sichtbar. Hier ist auch ein Heiligtum der Hera Bounaia, eine Gründung des Bounos,

des Sohnes des Hermes, und deshalb heißt die Göttin Bounaia. Oben auf Akrokorinth befindet sich ein Tempel der Aphrodite und von Statuen sie selbst in Waffen und Helios und Eros mit Bogen[15].

5. 1 Die Quelle, die hinter dem Tempel ist, soll ein Geschenk des Asopos sein, das er dem Sisyphos machte. Dieser nämlich habe gewußt, daß Zeus die Aigina, die Tochter des Asopos, entführt habe. Er habe sich aber geweigert, es dem Suchenden zu sagen, bevor ihm auf Akrokorinth Wasser geflossen sei. Nachdem Asopos ihm dies gewährte, entdeckte er es ihm, und für diese Enthüllung erleidet er, wer es glauben mag, im Hades seine Strafe. Ich habe auch Leute gehört, die behaupten, diese Quelle sei die Peirene und das Wasser unten
2 in der Stadt fließe unterirdisch von hier aus hinab. Dieser Asopos entspringt im Phliasischen Gebiet, fließt dann durch das Sikyonische und mündet in das dortige Meer. Nach der Sage der Phliasier hatte er drei Töchter: Korkyra, Aigina und Thebe. Nach der Korkyra und Aigina hätten die Inseln Scheria und Oinone den Namen geändert. Nach der Thebe wurde die Stadt unter der Kadmeia benannt. Die Thebaner geben dies nicht zu, sondern behaupten, Thebe sei eine Tochter des boiotischen Asopos und nicht des phliasischen.
3 Im übrigen behaupten die Phliasier und die Sikyonier vom Fluß, sein Wasser sei fremd und nicht einheimisch. Denn der Maiandros, der von Kelainai durch Phrygien und Karien herabfließe und sich ins Meer bei Milet ergieße, gelange in die Peloponnes und bilde dort den Asopos. Ich kenne eine ganz ähnliche Sage bei den Deliern: Das Gewässer, das sie Inopos nennen, komme aus dem Nil. Und vom Nil selbst gibt es die Sage, er sei der Euphrat, der in einem Sumpf verschwinde und oberhalb Aithiopiens hervorbreche und den
4 Nil bilde. Das also habe ich über den Asopos gehört. An dem Wege, der von Akrokorinth aus in die Berge führt,

befindet sich das Teneatische Tor und ein Heiligtum der Eileithyia. Ungefähr sechzig Stadien entfernt liegt Tenea. Die Menschen dort behaupten, Troianer zu sein, die von den Griechen in Tenedos gefangengenommen wurden und denen Agamemnon hier zu wohnen erlaubte. Und deshalb verehren sie als Gott vor allem Apollon[16].

Geht man von Korinth aus nicht ins Landesinnere, son- 5
dern den Weg nach Sikyon, so liegt nicht weit von der Stadt links vom Weg ein verbrannter Tempel. Es sind auch sonst Kriege um Korinth gewesen, und das Feuer hat natürlich auch Häuser und Heiligtümer außerhalb der Mauer ergriffen. Dies soll aber ein Apollontempel gewesen sein, und Pyrrhos, der Sohn des Achilleus, soll ihn verbrannt haben. Später hörte ich auch noch folgende Geschichte, daß die Korinther den Tempel dem olympischen Zeus gebaut hätten und daß plötzlich von irgendwoher Feuer auf den Tempel fiel und ihn vernichtete[17].

Die Sikyonier, denn diese sind hier den Korinthern be- 6
nachbart, geben über ihr Land an, daß Aigialeus zuerst als Ureinwohner darin gelebt habe und daß das, was heute von der Peloponnes noch Aigialos heißt, nach ihm als König genannt sei und daß er zuerst in der Ebene die Stadt Aigialeia gegründet habe[18]. Wo sie jetzt das Heiligtum der Athena haben, das sei die Burg gewesen. Des Aigialeus Sohn soll Eu-
rops sein, des Europs Telchin und des Telchin Apis. Dieser 7
Apis gelangte, bevor Pelops nach Olympia gekommen war, zu solcher Macht, daß das Land innerhalb des Isthmos nach ihm Apia benannt wurde. Sohn des Apis war Thelxion, des Thelxion Aigyros, des Aigyros Thourimachos und des Thourimachos war Leukippos. Leukippos hatte keine männlichen Nachkommen, aber eine Tochter Kalchinia. Mit dieser Kalchinia verband sich Poseidon und den von ihr geborenen Knaben erzog Leukippos und übergab ihm bei seinem

8 Tod die Herrschaft. Das Kind hieß Peratos. Die Geschichte des Plemnaios, des Sohnes des Peratos, erschien mir besonders merkwürdig. Alle Kinder nämlich, die ihm von seiner Frau geboren wurden, hauchten beim ersten Schrei ihre Seelen aus, bis Demeter sich des Plemnaios erbarmte, indem sie in Gestalt einer fremden Frau nach Aigialeia kam und dem Plemnaios den Sohn Orthopolis aufzog. Orthopolis hatte eine Tochter Chrysorrhoë. Diese soll von Apollon einen Knaben geboren haben mit Namen Koronos. Koronos selbst hatte zwei Söhne, den Korax und einen jüngeren Lamedon.

6. 1 Nachdem Korax kinderlos verstorben war, kam um diese Zeit Eupopeus aus Thessalien und erhielt die Herrschaft. Unter seiner Regierung soll zum ersten Male ein feindliches Heer ins Land gekommen sein. Zuvor hätte man die ganze Zeit in Frieden gelebt. Die Ursache war folgende: Antiope, des Nykteus Tochter, war unter den Griechen berühmt ob ihrer Schönheit; auch ging die Sage von ihr, sie sei nicht des Nykteus, sondern des Asopos Tochter, der das thebanische
2 von dem plataiischen Gebiet abgegrenzt habe. Diese entführte Epopeus, ich weiß nicht, ob er sie zur Frau gefordert hat oder ob er gleich von Anfang an zur Gewalt entschlossen war. Als aber die Thebaner mit Waffen auftraten, da wurde Nykteus verwundet. Verwundet wurde aber auch Epopeus, obgleich er in der Schlacht gesiegt hatte. Den verwundeten Nykteus schafften sie zurück nach Theben, und da er im Begriff war, zu sterben, ordnete er an, daß sie fürs erste seinem Bruder Lykos die Herrschaft übergeben sollten. Denn Nykteus selbst hatte für Labdakos, den Sohn des Polydoros und Enkel des Kadmos, die Vormundschaft geführt, und daher überließ er diesem auch die Vorherrschaft. Diesen Lykos bat er, mit einem größeren Heer gegen Aigialeia zu ziehen und für Epopeus Rache zu nehmen und die Antiope, wenn er sie
3 in die Hand bekäme, zu bestrafen. Epopeus aber hatte auf

der Stelle ein Siegesopfer vollbracht und der Athena einen
Tempel gebaut. Bei dessen Ausführung betete er zur Göttin,
sie möge ihm ein Zeichen geben, ob ihr der vollendete Tem-
pel gefalle. Nach dem Gebet soll Öl vor dem Tempel geflos-
sen sein. Später starb Epopeus an der Wunde, die von An-
fang an vernachlässigt worden war, so daß für Lykos keine
Notwendigkeit eines Krieges mehr gegeben war. Denn La-
medon, Sohn des Koronos, welcher nach Epopeus regierte,
lieferte die Antiope aus. Als diese unterwegs nach Theben
war auf der Straße von Eleutherai her, kam sie am Wege nie-
der. Darauf beziehen sich die Verse des Asios, Sohn des Am- 4
phiptolemos:

«Antiope gebar den Zethos und den göttlichen Amphion,
des Asopos Tochter, des tiefaufwirbelnden Flusses,
schwanger durch Zeus und Epopeus, den Hirten der
Völker»[19].

Homer hat die ehrwürdigere Abstammung angenommen
und sagt, sie hätten zuerst Theben gegründet, indem man die
Unterstadt von der Kadmeia abgrenzte. Als Lamedon König 5
war, holte er sich aus Athen als Frau Pheno, Tochter des
Klytios. Und als er später in Krieg geriet gegen Archandros
und Architeles, die Söhne des Achaios, rief er sich aus Attika
den Sikyon als Bundesgenossen herbei und gab diesem seine
Tochter Zeuxippe zur Frau. Und nach diesem wurde, als er
König geworden war, das Land Sikyonia und die Stadt Si-
kyon statt Aigialeia genannt. Von Sikyon sagen sie, er sei
nicht der Sohn Marathons, des Sohnes des Epopeus, sondern
ein Sohn des Metion, des Sohnes des Erechtheus. Mit ihnen
stimmt Asios überein, während Hesiod den Sikyon einen
Sohn des Erechtheus und Ibykos einen Sohn des Pelops
nennt. Eine Tochter des Sikyon war Chthonophyle, ein 6
Sohn der Chthonophyle und des Hermes soll Polybos gewe-
sen sein. Später heiratete sie Phlias, den Sohn des Dionysos,

und zeugte mit ihm den Andromadas. Polybos gab seine Tochter Lysianassa dem Talaos, Sohn des Bias, zur Frau, der König der Argiver war. Und als Adrastos aus Argos floh, kam er nach Sikyon zu Polybos und erhielt nach dem Tod des Polybos die Herrschaft in Sikyon. Als Adrastos nach Argos zurückkehrte, wurde Ianiskos, ein Nachkömmling des mit Lamedon verschwägerten Klytios, der aus Attika gekommen war, König; nach dem Tode des Ianiskos dann
7 Phaistos, der Sage nach ebenfalls ein Sohn des Herakles. Da Phaistos, laut einem Orakelspruch, nach Kreta übergesiedelt war, soll Zeuxippos, ein Sohn des Apollon und der Nymphe Hyllis, König geworden sein. Nach des Zeuxippos Tod führte Agamemnon ein Heer gegen Sikyon und den König Hippolytos, den Sohn des Rhopalos, den Enkel des Phaistos. Aus Furcht vor dem anrückenden Heer erklärte Hippolytos sich bereit, Untertan des Agamemnon und der Mykener zu sein. Ein Sohn dieses Hippolytos war Lakestades. Phalkes, ein Sohn des Temenos, eroberte mit seinen Dorern in einem nächtlichen Überfall Sikyon, fügte ihm aber, da er ein Herakleide war, kein Leid zu, sondern nahm ihn zum gemeinsamen Mitregenten an. So wurden die Sikyonier und ein Teil des argivischen Gebietes dorisch.

7.1 Die Stadt des Aigialeus in der Ebene zerstörte Demetrios, der Sohn des Antigonos, und gründete die jetzige Stadt an der ehemaligen Akropolis. Weshalb Sikyon jetzt unbedeutend ist, dafür braucht man den Grund nicht lange zu suchen, es genügt das Wort Homers über Zeus,

«der schon die krönenden Burgen von mancherlei Städten zerworfen».

Als sie schon schwach waren, kam noch ein Erdbeben dazu, machte die Stadt fast menschenleer und nahm ihnen auch viele Sehenswürdigkeiten. Es beschädigte auch die Städte in Karien und Lykien, und besonders die Insel Rho-

dos wurde erschüttert, so daß auch der Spruch der Sibylle
über Rhodos in Erfüllung gegangen zu sein schien[20].

Am Weg von Korinth nach Sikyon liegt das Grabmal des 2
Messeniers Lykos, wer dieser Lykos auch gewesen sein mag;
denn ich finde keinen Messenier Lykos, der Fünfkämpfer ge-
wesen ist und einen Sieg in Olympia errungen hat. Dies ist
ein Erdhügel. Die Sikyonier selber aber begraben meistens in
anderer Weise. Sie bergen den Leib in die Erde, bauen einen
Sockel aus Stein darüber und stellen Säulen darauf, und auf
diese stellen sie einen Aufsatz etwa wie die Giebel an den
Tempeln. Und dann setzen sie keine andere Aufschrift dar-
auf, als daß sie den Namen allein nennen ohne Vatersnamen
und dem Toten ein Lebewohl zurufen[21]. Nach dem Grab- 3
mal des Lykos und nach Überschreiten des Asopos liegt
rechts das Olympion und etwas vorher links am Weg das
Grab des athenischen Komödiendichters Eupolis. Etwas wei-
ter und zur Stadt zu ist das Grabmal der Xenodike, die in
den Wehen starb. Es ist nicht nach der einheimischen Weise
gemacht, sondern so, wie es für das Gemälde am besten paßt;
wenn irgendeins, so ist auch dies Gemälde sehenswert. Von 4
dort etwas weiter liegt das Grab der Sikyonier, die bei Pel-
lene und Dyme in Achaia und Megalopolis und Sellasia ge-
fallen sind; über sie werde ich später genauer schreiben[22].
Am Tor ist eine Quelle in einer Höhle, deren Wasser nicht
aus der Erde heraufkommt, sondern aus der Höhlendecke
fließt, und deshalb heißt diese Quelle Stazousa («die
Tropfende»).

Auf der jetzigen Akropolis ist ein Heiligtum der Tyche 5
Akraia und danach eines der Dioskouren; diese selber und
die Statue der Tyche sind Holzbilder. Der Mann mit dem
Schild, der in dem Bühnengebäude des Theaters unter der
Akropolis dargestellt ist, soll Arat, der Sohn des Kleinias,
sein. Nach dem Theater kommt ein Dionysostempel; der

Gott ist aus Gold und Elfenbein, neben ihm stehen marmorne Bakchen. Andere Kultbilder haben die Sikyonier im Verborgenen; diese bringen sie jedes Jahr in einer Nacht aus dem sogenannten Kosmeterion ins Dionysion mit brennen-
6 den Fackeln und einheimischen Hymnen[23]. Voran geht der, den sie Bakcheios nennen, dessen Kult Androdamas, der Sohn des Phlias, einrichtete, und es folgt der sogenannte Lysios, den der Thebaner Phanes auf Geheiß der Pythia aus Theben brachte. Nach Sikyon kam Phanes zu der Zeit, als Aristomachos, des Kleodaios Sohn, den Sinn des erteilten Orakelspruches verkannte und den Rückweg in die Peloponnes verfehlte. Am Weg vom Dionysion zur Agora liegt rechts ein Tempel der Artemis Limnaia. Daß das Dach eingestürzt ist, sieht man deutlich, über das Kultbild wissen sie aber nichts zu sagen, weder ob es anderswohin gebracht wurde, noch wie es hier zerstört wurde[24].

7 Am Eingang zum Markt liegt ein Heiligtum der Peitho, auch das ohne Kultbild. Die Verehrung der Peitho ist bei ihnen aus folgendem Grunde eingeführt: Nachdem Apollon und Artemis den Drachen Python getötet hatten, kamen sie nach Aigialeia der Reinigung wegen. Da sie da an der Stelle, die sie heute noch Phobos («Furcht») nennen, die Angst überkam, wandten sie sich nach Kreta an den Karmanor. Die Menschen in Aigialeia befiel eine Krankheit, und die Wahrsager befahlen ihnen, Apollon und Artemis zu entsühnen.
8 Sie schickten nun sieben Knaben und eine gleiche Anzahl von Mädchen an den Sythasfluß als Bittflehende und, von ihnen überredet, sollen die Götter auf die damalige Akropolis gekommen sein, und der Ort, wo sie zuerst hinkamen, ist das Heiligtum der Peitho. Ein ähnlicher Brauch besteht bei ihnen heute noch: Noch gehen am Feste des Apollon die Kinder an den Sythas, und nachdem sie die Götter in das Heiligtum der Peitho gebracht haben, führen sie diese wie-

derum in den Tempel des Apollon zurück. Der Tempel steht auf der heutigen Agora. Ursprünglich soll er von Proitos gebaut worden sein, denn dort seien seine Töchter von der Raserei geheilt worden. Sie berichten, daß Meleagros in diesen 9
Tempel seine Lanze geweiht habe, mit der er den Eber getötet hatte. Auch sollen da die Flöten des Marsyas geweiht worden sein. Denn bei dem Mißgeschick, das dem Silen begegnete, habe der Fluß Marsyas diese in den Maiandros hinabgeführt, und nachdem sie im Asopos wieder auftauchten und in das sikyonische Land gespült wurden, wurden sie von Hirten gefunden und dem Apollon übergeben. Von diesen Weihgeschenken ist nichts mehr übriggeblieben. Denn sie verbrannten zugleich mit dem Tempel. Den jetzigen Tempel und die Götterstatue hat Pythokles gestiftet[25].

Der in der Nähe des Heiligtums der Peitho den römischen 8. 1
Kaisern geweihte Bezirk war einst das Haus des Tyrannen Kleon; Kleisthenes, der Sohn des Aristonymos, des Sohnes des Myron, wurde nämlich Tyrann, während die Sikyonier noch die Unterstadt hielten, und Kleon in der jetzigen Stadt. Vor diesem Haus liegt das Heroon des Arat, der die größten Leistungen von den Griechen seiner Zeit vollbrachte. Mit diesem verhält es sich wie folgt: Nach Kleons Alleinherr- 2
schaft befiel die meisten der im Amt Befindlichen eine derartig unbezwingbare Lust an der Alleinherrschaft, so daß in der Tat auch zwei Männer, Euthydemos und Timokleidas, das Amt des Tyrannen zur gleichen Zeit ausübten. Diese nun verjagte das Volk und ernannte den Kleinias, den Vater des Arat, zum Vorstand. Nicht viele Jahre später war Abantidas Tyrann. Kleinias war zuvor verstorben. Abantidas hatte den Arat vertrieben, oder Arat ist freiwillig ausgewandert. Den Abantidas ermordeten einige der einheimischen Männer. Sogleich schwang sich Paseas, Vater des Abantidas, zum Tyrannen auf. Diesen brachte Nikokles um und wurde selbst

3 Tyrann. Gegen diesen Nikokles zog Arat mit sikyonischen Flüchtlingen und argivischen Söldnern ins Feld, und da er seinen Angriff in der Nacht unternahm, entging er einigen in der Dunkelheit, andere von den Wächtern überwältigte er und drang so in die Stadt ein. Schon begann die Morgenröte, da brachte er das Volk auf seine Seite und wandte sich gegen das Haus des Tyrannen mit Erfolg. Dieses nahm er ohne sonderliche Mühe ein; Nikokles aber war schon heimlich entkommen. Den Sikyoniern gab Arat die politischen Rechte zu gleichen Teilen wieder zurück, nachdem er die Flüchtigen mit den Einheimischen versöhnt hatte. Den Flüchtlingen gab er ihre Häuser zurück und von ihrem Besitz, soweit dieser bereits verkauft war, kaufte er das zurück, indem er den Käufern den Kaufpreis aus eigenen Mitteln ersetzte. Ebenso führte er die Sikyonier dem achaischen Bunde
4 zu, obwohl diese an sich Dorer waren. Es herrschte nämlich bei allen Griechen Furcht vor den Makedonen und vor Antigonos, dem Vormund des Philippos und Vater des Demetrios. Sofort wurde er von den Achaiern zum Strategen gewählt und führte diese gegen die Lokrer in Amphissa und in das Gebiet der Aitoler, die ihnen feindlich gesinnt waren und verwüstete ihr Land. Korinth hatte damals Antigonos inne; eine makedonische Besatzung lag dort. Durch einen plötzlichen Vorstoss überraschte er die Makedonen und besiegte sie in einer Schlacht, wobei er den Kommandanten der Besatzung, den Peraios, tötete, der bei Zenon, Sohn des Mna-
5 seas, Philosophiestudien betrieben hatte. Nachdem Arat Korinth befreit hatte, traten die Epidaurier und die Troizenier, die die argolische Küste bewohnen, und die Megarer außerhalb des Isthmos dem Bunde bei. Auch Ptolemaios schloß ein Bündnis mit den Achaiern. Die Lakedaimonier und ihr König Agis, Sohn des Eudamidas, hatten in einem plötzlichen Überfall Pellene genommen. Da sie sich aber mit Arat

und dem Heer in einen Kampf einließen, wurden sie besiegt
und mußten Pellene wieder herausgeben. Unter geschlosse-
nen Verträgen zogen sie wieder nach Hause. Nachdem dem 6
Arat auf der Peloponnes es so gut geglückt war, schien es
ihm ein Ärgernis zu sein, wenn der Peiraieus und die Mou-
nychia, auch Salamis und Sounion weiterhin unter makedo-
nischer Besatzung blieben. Er machte sich jedoch keine
Hoffnung, die Orte mit Gewalt erobern zu können. Daher
bestach er den Befehlshaber der Besatzungen, Diogenes, ihm
diese Plätze um hundertfünfzig Talente willen zu überge-
ben. Zu dieser Summe trug er den Athenern den sechsten
Teil bei. Er überredete den Aristomachos, den Tyrannen in
Argos, den Argivern die demokratischen Rechte wieder zu-
rückzugeben und dem achaiischen Bunde beizutreten. Aber
nicht alles gelingt dem Menschen nach seinem Wunsche,
und so sah sich Arat genötigt, Bundesgenosse der Makedo-
nen und des Antigonos zu werden. Und das trug sich wie
folgt zu:

Kleomenes, des Leonidas Sohn, des Kleonymon Enkel, 9. 1
übernahm die Königsherrschaft in Sparta und ahmte dabei
den Pausanias nach, indem er nach der Tyrannei strebte und
sich in die bestehenden Gesetzte nicht fügen wollte. Da er
aber hitziger als Pausanias war und sein Leben gering ach-
tete, so setzte er schnell mit Mut und Kühnheit alles aufs
Spiel. Er beseitigte den König des anderen Hauses, Euryda-
midas, der noch ein Kind war, mit Gift und ließ durch die
Ephoren die Herrschaft auf seinen Bruder Epikleidas über-
tragen. Er löste das Amt der Gerousie auf und setzte an seine
Stelle dem Namen nach Patronomoi ein. Da er nach größe-
ren Taten, nämlich der Vorherrschaft über die Griechen,
strebte, griff er zuerst die Achaier an in der Hoffnung, sie zu
Bundesgenossen zu haben, wenn er sie besiegte; besonders
aber, weil er nicht wollte, daß sie ihm in seinen Plänen hin-

2 derlich sein würden. In der Gegend von Dyme, über Patras, traf er mit Arat zusammen, der damals Anführer der Achaier war, und siegte in der Schlacht. Dies zwang den Arat, aus Sorge um die Achaier und besonders um Sikyon den Antigonos um Hilfe anzurufen. Da nun Kleomenes den Frieden, den er mit Antigonos geschlossen hatte, brach und neben anderen offenkundigen vertragswidrigen Handlungen auch die Megapoliten vertrieben hatte, so rückte Antigonos in die Peloponnes ein, und es kam bei Sellasia zu einer Schlacht zwischen den Achaiern und Kleomenes. Da die Achaier siegten, wurde Sellasia unterworfen und Lakedaimon selbst eingenommen. Den Lakedaimoniern gaben Antigonos und die
3 Achaier die väterliche Verfassung wieder. Von den Söhnen des Leonidas war Epikleidas in der Schlacht gefallen, Kleomenes floh nach Aigypten. Er wurde von Ptolemaios hoch geehrt. Nachdem er aber überführt war, unter den Aigyptern Männer gegen den König aufgewiegelt zu haben, kam er ins Gefängnis. Zwar entfloh er daraus und verursachte Unruhe unter den Alexandrinern, er wurde aber schließlich gefangen und beging Selbstmord. Die Lakedaimonier, froh darüber, den Kleomenes los zu sein, beschlossen, nicht mehr von Königen regiert zu werden. Die übrigen Teile ihrer Verfassung haben Bestand bis heute. Dem Arat blieb Antigonos, als einem Mann und Wohltäter, mit dem er so viele
4 und glänzende Taten verrichtet hatte, wohl gewogen. Als Philippos zur Herrschaft kam und Arat viele seiner im Jähzorn gegen die Untertanen begangenen Taten nicht billigte, sogar manchen seiner Handlungen entgegentrat, da ließ dieser den Arat töten, indem er ihm heimlich Gift gab. Man überführte ihn dann aus Aigion, denn dort ereilte ihn sein Schicksal, nach Sikyon und begrub ihn dort. Sein Grabmal heißt noch heute Arateion. Gleicher Taten hat sich Philippos auch gegen die Athener, Eurykleides und Mikion, zu Schul-

den kommen lassen. Denn diese, die als Redner beim Volk
sehr beliebt waren, ließ er durch Gift töten. Doch sollte auch 5
Philippos selbst das menschentötende Gift zum Verderben
werden. Denn seinen Sohn Demetrios brachte Perseus (der
jüngere der Kinder des Philippos) durch Gift um und wurde
somit dem untröstlichen Vater die Ursache seines Todes. Ich
habe dies mit Rücksicht auf das mit Gott überlieferte Wort
des Hesiod erzählt, wonach, wer Böses gegen einen anderen
sinnt, sich dies zuerst gegen ihn selbst wendet.

Nach dem Heroon des Arat folgt ein Altar für den isthmi- 6
schen Poseidon und ein Zeus Meilichios und eine Artemis
mit dem Beinamen Patroa, ganz kunstlos verfertigt. Der
Meilichios ist in Form einer Pyramide, die Artemis in Form
einer Säule. Hier ist auch ein Rathaus errichtet und eine
Halle, die nach ihrem Erbauer die kleisthenische heißt.
Kleisthenes baute sie aus der Beute des Krieges, den er mit
den Amphiktyonen gegen Kirrha führte. Auf dem Markt
steht unter freiem Himmel ein bronzener Zeus, ein Werk des
Lysippos, und neben ihm eine vergoldete Artemis. In der 7
Nähe ist ein Heiligtum des Apollon Lykios, schon einge-
stürzt und in keiner Weise sehenswert. Als nämlich Wölfe
ihnen in die Herden eingefallen waren, so daß sie keinerlei
Ertrag von ihnen hatten, da zeigte ihnen der Gott einen Ort,
an dem ein Stück trockenes Holz lag. Die Rinde dieses Hol-
zes befahl er ihnen zusammen mit dem Fleisch den Tieren
vorzuwerfen. Und sobald diese davon gefressen hatten,
brachte sie die Rinde umgehend um. Jenes Holz lag im Hei-
ligtum des Lykios. Um was für einen Baum es sich handelte,
wußten selbst die Exegeten der Sikyonier nicht. Weiterhin 8
folgen Bronzestatuen; es sollen die Töchter des Proitos sein,
aber die Inschrift bezog sich auf andere Frauen. Hier ist auch
ein bronzener Herakles, den der Sikyonier Lysippos machte,
und in der Nähe steht ein Hermes Agoraios[26].

10. 1 In dem Gymnasion nicht weit vom Markt steht ein Herakles aus Marmor, ein Werk des Skopas. Es gibt aber auch an anderer Stelle ein Heraklesheiligtum; den ganzen Bezirk hier nennen sie Paidize, und mitten darin ist das Heiligtum und darin ein altes Holzbild, Werk des Phliasiers Laphaës. Beim Opfer beachten sie folgenden Brauch: Als Phaistos nach Sikyon kam, soll er die Einwohner angetroffen haben, wie sie gerade dem Herakles wie einem Heros ein Opfer darbrachten. Phaistos aber wollte keineswegs in dieser Weise tun wie jene, sondern ihm wie einem Gott opfern. Auch heute noch schlachten die Sikyonier ein Lamm und verbrennen die Schenkel auf dem Altar. Einiges essen sie auch wie von einem Opfertier, anderes wieder opfern sie wie einem Heros. Von dem Fest, das sie für Herakles feiern, nennen sie den ersten Tag Onomata, den Tag darauf Herakleia.

2 Von dort gibt es einen Weg zu einem Heiligtum des Asklepios. Am Weg zu dem Bezirk liegt links ein doppeltes Gebäude; in dem vorderen Raum liegt ein Hypnos («Schlaf»), aber außer dem Kopf ist von ihm nichts mehr übrig; der innere Raum ist dem Apollon Karneios geweiht, in ihn dürfen aber nur die Priester eintreten. In der Säulenhalle liegt ein riesiger Knochen eines Walfisches und danach eine Statue des Oneiros («Traum») und ein Hypnos («Schlaf») mit Beinamen Epidotes, der einen Löwen einschläfert. Am Eingang ins Asklepieion stehen beiderseits vom Eingang Statuen, auf der einen ein sitzender Pan, auf der anderen Seite
3 eine Artemis. Drinnen steht der Gott bartlos aus Gold und Elfenbein, ein Werk des Kalamis[27]; er trägt ein Szepter und in der anderen Hand einen Pinienzapfen. Der Gott soll zu ihnen in Gestalt einer Schlange auf einem Gespann mit Maultieren aus Epidauros übergeführt worden sein. Die Anführerin nennt die Sage Nikagora aus Sikyon, die Mutter des Agasikles und die Frau des Echetimos. Dort sind auch kleine

Statuen, die von der Decke herabhängen. Die auf der Schlange soll Aristodama, des Arat Mutter, sein. Denn den Arat halten sie für einen Sohn des Asklepios. Dies also hat der Peribolos für die Erinnerung überliefert.

In der Nähe dieses Bezirks ist ein anderer der Aphrodite. 4
Darin ist zuerst eine Statue der Antiope; ihre Söhne seien Sikyonier, und deshalb beanspruchen sie, daß auch Antiope selber ihnen zukomme. Danach folgt das Heiligtum der Aphrodite selber. Eintreten dürfen nur die tempelpflegende Frau, die mit keinem Mann mehr verkehren darf, und eine Jungfrau, die das Jahrespriestertum hat und die sie Loutrophoros («Badträgerin») nennen. Die anderen müssen vom Eingang her die Göttin sowohl sehen wie auch von dort anbeten. Das Sitzbild hat der Sikyonier Kanachos gearbeitet, 5
der den Milesiern auch den Apollon in Didyma und den Thebanern den ismenischen Apollon gemacht hat. Es ist aus Gold und Elfenbein und trägt auf dem Kopf einen Polos, in der einen Hand hält sie eine Mohnblüte, in der anderen einen Apfel[28]. Von den Opfertieren opfern sie ihr die Schenkel außer von Schweinen, die sonstigen verbrennen sie mit Wacholderholz und verbrennen zugleich mit den Schenkeln ein Blatt der Steineiche. Die Steineiche ist eine Pflanze, die in 6
dem Bezirk wächst, sie wächst aber nirgendwo sonst, weder in einem anderen Land noch im Gebiet von Sikyon. Ihre Blätter sind kleiner als die einer Eiche, aber größer als die der Kermeseiche, in der Form aber wie Eichenblätter, und die eine Seite ist schwärzlich, die andere weiß; am ehesten könnte man ihre Farbe mit den Blättern der Silberpappel vergleichen.

Am Wege von diesen Bezirken zum Gymnasion hinauf 7
liegt rechts ein Heiligtum der Artemis Pheraia, dessen Schnitzbild aus Pherai gebracht worden sein soll. Dieses Gymnasion baute ihnen Kleinias, und sie üben hier jetzt

noch die Epheben. Es steht dort eine Artemis aus Marmor, nur bis zu den Hüften bearbeitet, und ein Herakles, der unten den vierkantigen Hermen gleicht[29].

11.1 Wendet man sich von dort zu dem sogenannten Heiligen Tor, so befindet sich nicht weit vom Tor ein Tempel der Athena, den einst Epopeus weihte, an Größe und Ausstattung die damaligen übertreffend. Mit der Zeit sollte aber auch die Erinnerung daran verblassen, denn der Gott traf ihn mit dem Blitz; aber jener Altar, auf ihn fiel der Blitz nämlich nicht, steht noch heute, wie ihn Epopeus gemacht hat. Vor dem Altar ist für Epopeus selbst ein Grabhügel aufgeschüttet, und in der Nähe des Grabes befinden sich die apotropaischen Götter; bei ihnen tun sie, was die Griechen zur Abwehr von Unheil für richtig halten. Epopeus soll auch das nahe Heiligtum für Artemis und Apollon gebaut haben, das Heraheiligtum danach aber Adrastos; Kultbilder waren in keinem von beiden mehr vorhanden[30]. Von den Altären hinter dem Heraion bauten sie den einen für Pan, den für Helios
2 aber aus Marmor. Am Abstieg in die Ebene liegt hier ein Heiligtum der Demeter, das Plemnaios gestiftet haben soll zum Dank für die Aufzucht seines Sohnes. Von dem Heraheiligtum, das Adrastos gründete, etwas weiter liegt ein Tempel des Apollon Karneios. Darin stehen aber nur noch Säulen; Wände und Dach findet man hier ebensowenig noch wie in dem Tempel der Hera Prodromia («der Vorläuferin»)[31]. Diesen gründete nämlich Phalkes, der Sohn des Temenos, da er sagte, Hera sei ihm Führerin auf dem Weg nach
3 Sikyon gewesen. Geht man von Sikyon den kürzesten Weg nach Phlious und wendet man sich dort nach links, etwa zehn Stadien, so ist dort ein Hain Pyraia genannt. In ihm ist ein Heiligtum der Demeter Prostasia und der Kore. Dort feiern die Männer für sich selbst ein Fest, den sogenannten Nymphon überlassen sie den Frauen zum Feiern. In diesem Nym-

phon sind Statuen des Dionysos, der Demeter und der Kore
sichtbar, jeweils nur in den Gesichtern[32]. Der Weg nach Ti-
tane beträgt sechzig Stadien, er ist wegen seiner Enge für
Fahrzeuge unpassierbar. Geht man, nach meiner Schätzung 4
zwanzig Stadien, weiter und überschreitet man links den
Asopos, so ist da ein Steineichenhain und ein Tempel der
Göttinnen, die die Athener die Semnai, die Sikyonier die
Eumeniden nennen. Jährlich feiern sie ihnen an einem be-
stimmten Tag ein Fest, wobei sie trächtige Schafe opfern, als
Trankopfer ein Gemisch von Wasser und Honig und an
Stelle von Kränzen Blumen verwenden. Auf gleiche Weise
opfern sie auch am Altar der Moiren. Dieser steht im Hain
unter freiem Himmel. Kehrt man zur Straße zurück und 5
überquert wieder den Asopos und besteigt den Gipfel eines
Berges, so sagen die Einheimischen, dort habe zuerst Titan
gewohnt. Er sei ein Bruder des Helios und von ihm habe der
Ort den Namen Titane[33]. Nach meiner Meinung hatte der
Titan die Aufgabe, die Stunden des Jahres zu bewachen und
wann die Sonne den Feld- und Baumfrüchten Gedeihen und
Reife vermittle, und daher ist er der Bruder des Helios ge-
nannt worden. Später gründete Alexanor, der Sohn des Ma-
chaon und Enkel des Asklepios, bei seiner Ankunft im siky-
onischen Land in Titane das Asklepieion. Um dieses herum 6
wohnen unter anderen auch viele, die bei dem Gott Hilfe su-
chen. Innerhalb des heiligen Bezirks stehen alte Zypressen-
bäume. Aus welcher Holzsorte das Götterbild gefertigt ist
oder ob es aus Metall besteht, konnte ich nicht erfahren;
auch nicht, wer es gemacht hat, außer man geht auf Alexa-
nor selbst zurück. Vom Götterbild ist nur das Gesicht und
die Hände und Füße sichtbar, es ist ihm ein weißer wollener
Chiton und ein Himation übergeworfen. Ebenso verhält es
sich bei der Statue der Hygieia, auch diese kann man nicht
leicht sehen, sosehr umgeben sie die Haare der Frauen, die

sich für die Göttin scheren lassen, und die Bänder babyloni-
schen Gewebes. Wer eines von den beiden sich gnädig ge-
sinnt machen möchte, der ist angewiesen, das zu verehren,
7 was sie Hygieia nennen. Auch von Alexanor und von Eu-
amerion gibt es Statuen bei ihnen. Jenem bringen sie wie ei-
nem Heros nach Sonnenuntergang Opfer dar; diesem opfern
sie wie einem Gott[34]. Wenn ich es recht sehe, so nennen die
Pergamener nach einem Orakelspruch den Euamerion Te-
lesphoros, die Epidaurier ihn Akesis. Auch ein hölzernes
Götterbild der Koronis ist da, jedoch nicht im Tempel auf-
gestellt, sondern, nachdem man einen Stier, ein Lamm und
ein Schwein geopfert hat, trägt man die Koronis in den
Tempel der Athena und verehrt sie dort. Was davon zum
Geopferten gehört, verbrennen sie, und es genügt ihnen
nicht, die Schenkel auszuschneiden. Sie verbrennen alles auf
8 der Erde – außer den Vögeln. Diese verbrennen sie auf dem
Altar. Was die Giebelfelder betrifft, so befinden sich an den
äußeren Stellen Herakles und die Niken. In der Säulenhalle
sind Götterbilder aufgestellt: Dionysos und Hekate, Aphro-
dite und Meter und Tyche. Diese sind aus Holz. Aus Stein ist
Asklepios mit dem Beinamen der gortynische. Zu den heili-
gen Schlangen wollen sie aus Furcht nicht hineingehen. Sie
legen ihnen das Futter vor den Eingang und kümmern sich
nicht weiter darum. Innerhalb des Peribolos befindet sich
eine Bronzestatue des Olympioniken Granianos von Sikyon,
der in Olympia zweimal im Pentathlon, zum dritten Male
im Stadionlauf und beide Male im Diaulos gesiegt hat. Er ist
nackt und mit einem Schild ausgerüstet[35]. In Titane ist auch
ein Heiligtum der Athena, zu dem sie die Koronis überfüh-
ren. Darin ist ein altes hölzernes Götterbild der Athena.
Auch dieses ist vom Blitz getroffen worden.

2. 1 Steigt man vom Hügel hinab, das Heiligtum ist auf einem
Hügel errichtet, so ist da ein Altar der Winde, auf dem der

Priester jährlich in einer bestimmten Nacht den Winden opfert. Er vollzieht noch andere geheime Opferhandlungen in vier Opfergruben, um die Wildheit der Winde zu besänftigen. Er soll dabei Zaubergesänge der Medeia anstimmen. Kommt man aus Titane nach Sikyon zurück und steigt zum 2
Meer hinab, so ist da zur Linken des Weges ein Tempel der Hera, freilich ohne Götterbild und ohne Dach. Proitos, der Sohn des Abas, soll ihn geweiht haben. Begibt man sich zum sogenannten Hafen der Sikyonier hinab und wendet sich Argonautai, dem Ankerplatz der Pellenier, zu, so ist da links ein wenig über der Straße ein Heiligtum des Poseidon. Geht man auf der Straße weiter, so ist da ein Fluß mit Namen Helisson und nach diesem Sythas, der sich ins Meer ergießt[36].

Das phliasische Land ist dem sikyonischen benachbart, 3
und die Stadt liegt etwa vierzig Stadien von Titane entfernt, es führt aber auch ein direkter Weg von Sikyon zu ihr. Daß die Phliasier keineswegs zu den Arkadern gehören, geht aus dem Katalog der Arkader im Epos des Homer hervor, da sie dort unter den Arkadern nicht aufgeführt sind. Daß sie aber Argiver von Anfang an waren und später Dorer wurden bei der Rückkehr der Herakliden in die Peloponnes, wird sich im Lauf der Erzählung ergeben[37]. Ich weiß, daß die Geschichte der Phliasier in vielen Fällen strittig ist. Ich werde mich aber an das halten, worin man zur Hauptsache übereinstimmt. In diesem Lande soll zuerst Aras gelebt haben, ein 4
Autochthone. Er gründete eine Stadt um diesen Hügel herum, der bis in unsere Zeiten der arantische genannt wird, nicht weit entfernt von einem anderen Hügel, auf welchem die Burg der Phliasier und das Heiligtum der Hebe steht. Dort also gründete er eine Stadt, und nach ihm selbst wurde das Land und die Stadt Arantia genannt. Für diesen König entdeckte Asopos, ein Sohn der Kelouse und des Poseidon, das Wasser des Flusses, welches sie jetzt nach seinem Auffin-

der Asopos nennen. Das Grabmal des Aras befindet sich in dem Dorf Keleai, da soll auch Dysaules von Eleusis begraben
5 sein. Aras hatte einen Sohn Aoris und eine Tochter Araithyrea. Diese waren nach der Überlieferung der Phliasier kundige Jäger und mutige Krieger. Da Araithyrea zuvor starb, nannte Aoris das Land in Erinnerung an seine Schwester Araithyrea, und aus diesem Grunde hat Homer bei der Aufzählung der Untertanen des Agamemnon folgenden Vers gedichtet:

«Und die Orneiai bewohnen und Araithyreas Anmut»
(Homer, Ilias II 571).

Die Gräber der Kinder des Aras darf man nicht sonstwo im Lande suchen, sondern nur auf dem Arantischen Hügel. Freistehende Säulen bilden einen Aufbau, und vor dem Fest, das sie der Demeter darbringen, laden sie auch den Aras und seine Kinder zu den Trankspenden ein und richten ihre
6 Blicke auf die Grabmäler. Daß Phlias, der dem Land diesen dritten Namen von sich gab, ein Sohn des Keisos, des Sohnes des Temenos, nach Überlieferung der Argiver war, kann ich durchaus nicht glauben. Ich weiß aber, daß ein Sohn des Dionysos so genannt wird und daß er ebenfalls auf der Argo mitgeschifft sein soll. Mit mir stimmen auch die Verse des rhodischen Dichters (Apollonios Rhodios) überein:

«Phlias wiederum kam zu diesen aus Araithyrea,
dort wohnte er reich an Gütern durch die Huld des
Dionysos, seines Vaters an den heimatlichen Quellen des
Asopos» (Apollonios Rhodios I 115).

Des Phlias Mutter soll Araithyrea und nicht Chthonophyle gewesen sein. Chthonophyle soll vielmehr seine Gemahlin gewesen sein und mit ihm den Androdamas gezeugt haben.

3.1 Als die Herakleiden zurückkehrten, soll die ganze Peloponnes erschüttert worden sein mit Ausnahme von Arka-

dien. Viele Städte mußten Mitbewohner aus dem dorischen
Stamme aufnehmen, die meisten aber einen gänzlichen
Wechsel der Bewohner hinnehmen. Hinsichtlich Phlious
verhält es sich so: Rhegnidas, des Phalkes Sohn und Enkel
des Temenos, ein Dorer zog gegen die Stadt von Argos und
dem sikyonischen Land aus. Einem Teil der Phliasier erschie-
nen die Vorschläge des Rhegnidas annehmbar, nämlich in
ihrem Lande zu bleiben, den Rhegnidas als König und die
mit diesem gekommenen Dorer aufzunehmen unter der Be-
dingung, daß man mit ihnen das Land zu teilen habe. Hippa- 2
sos und seine Anhänger forderten auf, sich zu wehren und
nicht so viele und schöne Besitzungen kampflos den Dorern
zu überlassen. Das Volk nahm aber eine gegenteilige Mei-
nung ein, so daß Hippasos mit denen, die ihn begleiten woll-
ten, nach Samos auswanderte. Abkömmling von diesem
Hippasos in der vierten Generation war Pythagoras, der
Weise genannt. Denn Pythagoras war ein Sohn des Mnesar-
chos, ein Enkel des Euphron, ein Urenkel des Hippasos. Dies
erzählen die Phliasier von sich, und in den meisten Dingen
stimmen die Sikyonier mit ihnen überein.

Jetzt sollen die wichtigsten Dinge folgen, die man mir ge- 3
zeigt hat. Auf der Akropolis der Phliasier befindet sich ein
Zypressenhain und ein seit alters hochheiliges Heiligtum.
Die Göttin, der das Heiligtum gehört, nennen die ältesten
Phliasier Ganymeda, die späteren Hebe. Sie erwähnt Homer
im Zweikampf zwischen Menelaos und Alexandros, wo er
sie Mundschenkin der Götter nennt, und wiederum beim
Abstieg des Odysseus in den Hades, wo er sie als die Gemah-
lin des Herakles benennt. Olen im Hymnus auf Hera sagt,
Hera sei von den Horen erzogen worden, ihre Kinder seien
Ares und Hebe. Bei den Phliasiern erhält diese Göttin ver- 4
schiedene Ehren und als größte die in betreff der Bittflehen-
den. Sie haben nämlich den hier Hilfe Suchenden Straffrei-

heit gegeben, und die von den Fesseln befreiten Gefangenen
hängen diese an den Bäumen in dem Hain auf. Sie feiern
auch ein Jahresfest, das sie Kissotomoi («Efeuschneider») nen-
nen. Ein Kultbild bewahren sie aber weder im Verborgenen
auf, noch wird eins öffentlich gezeigt, und sie haben eine hei-
lige Legende, weshalb sie das so tun, doch hat Hera links am
Ausgang einen Tempel mit einem Kultbild aus parischem
5 Marmor[38]. Auf der Akropolis ist auch noch ein anderer hei-
liger Bezirk der Demeter und darin ein Tempel und ein
Kultbild der Demeter und ihrer Tochter. Das Kultbild der
Artemis, denn auch Artemis hat hier eine Bronzestatue,
schien mir alt zu sein. Am Abstieg von der Akropolis befin-
det sich rechts ein Tempel des Asklepios mit Kultbild, un-
bärtig. Unter diesem Tempel ist ein Theater gebaut, und
von diesem nicht weit ein Heiligtum der Demeter mit alten
Sitzstatuen[39].

6 Auf dem Marktplatz steht eine bronzene Ziege, größten-
teils vergoldet; sie hat bei den Phliasiern aus folgendem
Grunde Ehren empfangen. Das Sternbild, das sie Ziege nen-
nen, schadet bei seinem Aufgang fortgesetzt den Reben. Da-
mit es ihnen keinen Schaden zufüge, erweisen sie der eher-
nen Ziege auf der Agora unter anderem auch die Ehre, daß
sie sie mit Gold ausgeschmückt haben. Hier ist auch ein
Grabmal des Aristias, des Sohnes des Pratinas; dieser Aristias
und sein Vater Pratinas haben außer denen des Aischylos die
7 bedeutendsten Satyrstücke gedichtet. Hinter dem Markt
liegt das von den Phliasiern sogenannte Wahrsagehaus. In
dieses kam Amphiaraos, schlief dort die Nacht und begann
hier zuerst, wie die Phliasier sagen, zu weissagen; so lange
war Amphiaraos nach ihrer Erzählung nur Privatmann und
nicht Seher. Und das Haus ist seit der Zeit nun dauernd ge-
schlossen[40]. Nicht weit davon steht der sogenannte Nabel,
der Mittelpunkt der ganzen Peloponnes, wenn sie die Wahr-

heit gesagt haben. Von diesem Nabel an weiterhin befindet sich ein altes Heiligtum des Dionysos und eines des Apollon und ein anderes der Isis. Die Statue des Dionysos ist für alle sichtbar, ebenso auch die des Apollon, die der Isis dürfen nur
die Priester sehen. Von den Phliasiern wird auch folgende 8
Geschichte erzählt: Als Herakles mit den sogenannten Äpfeln der Hesperiden nach Libyen zurückkehrte, soll er in irgendeiner eigenen Angelegenheit nach Phlious gekommen sein. Als er sich dort aufhielt, soll Oineus aus Aitolien zu ihm gekommen sein. Denn er war zuvor schon Schwiegervater des Herakles geworden. Damals bewirtete er nach seiner Ankunft den Herakles oder wurde von diesem bewirtet. Da schlug er den Mundschenk des Oineus, Kyathos, aus Unzufriedenheit über einen dargereichten Trunk mit einem Finger auf den Kopf. Dieser starb augenblicklich von dem Schlag, und die Phliasier errichteten ihm zu Ehren ein Gebäude. Dieses steht neben dem Heiligtum des Apollon; eine Marmorstatue stellt dar, wie er dem Herakles den Kyathos («Becher») reicht.

Von der Stadt ist Keleai ungefähr fünf Stadien entfernt[41]. 14. 1
Dort feiern sie der Demeter nicht jährlich, sondern alle vier Jahre ihr Fest. Ein Hierophant wird nicht auf Lebenszeit gewählt, sondern das eine Mal dieser, das andere ein anderer. Dieser kann auch vermählt sein. Darin besteht also ein Unterschied zu den Gebräuchen in Eleusis. Was die Mysterien angeht, so sind diese eine Nachahmung von jenen; auch gestehen es die Phliasier selbst ein, daß sie die heiligen Hand-
lungen in Eleusis nachahmen. Dysaules, des Keleos Bruder, 2
soll in ihr Land gekommen sein und die Mysterien eingeführt haben, von Ion aus Eleusis vertrieben, als dieser, Sohn des Xouthos, von den Athenern zum Feldherrn im Krieg gegen Eleusis gewählt wurde. Darin stimme ich mit den Phliasiern nicht überein, daß nach verlorener Schlacht einer der

Eleusinier als Flüchtling vertrieben wurde, da zudem noch der Krieg durch Verträge beendet wurde, bevor er zu Ende gekämpft war und Eumolpos in Eleusis bleiben konnte.
3 Dysaules kann auch aus einem anderen Grund dorthin gekommen sein und nicht so, wie die Phliasier es sagen. Auch gehörte er nach meiner Meinung gar nicht zu den Verwandten des Keleos, noch überhaupt zu den herausragenden Eleusiniern. Denn dann hätte ihn Homer in seinen Epen nicht ausgelassen. Denn auch Homer hat einen Hymnos auf Demeter verfaßt. In diesem zählt er die auf, die von der Göttin in die Mysterien eingeführt wurden. Einen Eleusinier Dysaules kennt er nicht. Die Verse lauten so:

«Um dem Keleos und dem mächtigen Eumolpos,
Dem Triptolemos und des Diokles rüstiger Stärke
ihren heiligen Dienst zu künden und lehrte alle Weihen»
(Demeter-Hymnos 474 f.).

4 Dieser Dysaules nun führte, wie die Phliasier sagen, da die Mysterien ein, und er war es auch, der dem Ort den Namen Keleai beilegte. Dort ist auch, wie gesagt, das Grabmal des Dysaules. Zuvor war das Grabmal des Aras errichtet. Denn Dysaules kam, nach der Überlieferung der Phliasier, später und nicht unter der Herrschaft des Aras zu ihnen. Denn die Phliasier behaupten, Aras habe gleichzeitig mit Prometheus, dem Sohn des Japetos, gelebt und sei drei Menschenalter älter als der Arkader Pelasgos und die sogenannten Autochthonen in Athen. Von der Decke des sogenannten Anaktoron hängt, wie sie sagen, der Wagen des Pelops herab. Das sind die wesentlichen Sehenswürdigkeiten bei den Phliasiern.

15. 1 Am Weg von Korinth nach Argos liegt die nicht große Stadt Kleonai; man sagt, Kleones sei ein Sohn des Pelops, andere behaupten, der bei Sikyon fließende Fluß Asopos habe neben seinen anderen Töchtern auch eine Kleone gehabt;

von einem von diesen beiden erhielt die Stadt den Namen. Hier ist ein Athenaheiligtum, dessen Kultstatue ein Werk des Skyllis und Dipoinos ist. Sie seien Schüler des Daidalos gewesen, andere wollen wissen, Daidalos habe sich auch eine Frau aus Gortys genommen und Dipoinos und Skyllis seien seine Söhne von dieser Frau gewesen. In Kleonai ist also dieses Heiligtum und ein Grabmal des Eurytos und Kteatos; sie waren als Festgesandte von Elis zu den isthmischen Spielen gekommen, und Herakles erschoß sie hier mit Pfeilen, da er ihnen vorwarf, sie hätten sich ihm bei seinem Krieg gegen Augeias entgegengestellt[42].

Von Kleonai nach Argos gibt es zwei Wege, den einen für 2
unbeschwerte Fußgänger, da er steil ist, den anderen über den sogenannten Tretos, ebenfalls eng und von Bergen umgeben, aber doch für Wagen geeigneter. In diesen Bergen wird noch die Höhle des Löwen gezeigt, und der Ort Nemea ist etwa fünfzehn Stadien entfernt. Darin ist ein sehenswerter Tempel des nemeischen Zeus, nur war das Dach eingestürzt und kein Kultbild mehr vorhanden[43]. Um den Tempel befindet sich ein Zypressenhain, und hier soll Opheltes von seiner Amme ins Gras gelegt und von der
Schlange getötet worden sein. Die Argiver opfern dem Zeus 3
auch in Nemea und wählen einen Priester des nemeischen Zeus und veranstalten auch einen Waffenlauf für Männer am Fest der winterlichen Nemeen. Hier ist das Grab des Opheltes und darum eine Einfriedigung aus Steinen, und innerhalb dieses Bezirks stehen Altäre; ein Erdhügel ist das Grabmal des Lykourgos, des Vaters des Opheltes. Die Quelle nennen sie Adrasteia, entweder aus einem anderen Grund, oder weil Adrastos sie fand. Den Namen soll dem Platz Nemea gegeben haben, auch sie Tochter des Asopos. Und der Berg Apesas erhebt sich über Nemea, wo Perseus zuerst dem apesantischen Zeus geopfert haben soll.

4 Kehrt man zum Tretos zurück und verfolgt den Weg
nach Argos weiter, so liegen links die Ruinen von Mykenai.
Und daß Perseus Gründer von Mykenai war, wissen die
Griechen. Ich will aber die Anfänge der Siedlung beschrei-
ben, und unter welchem Vorwand später die Argiver die
Mykener vertrieben hatten. Von dem jetzt Argos benannten
Land wissen sie nichts Älteres anzugeben, als daß der König
Inachos den Fluß nach sich benannt und der Hera geopfert
5 habe. Auch folgende Sage wird erzählt: Phoroneus sei in die-
sem Lande der erste und Inachos, nicht Mensch, sondern
Fluß, sei sein Vater gewesen. Dieser Phoroneus und mit ihm
zusammen Kephisos und Asterion (und der Fluß Inachos)
hatten über den Streit zwischen Poseidon und Hera um das
Land zu entscheiden. Und da sie entschieden, Hera gehöre
das Land, so entzog ihnen Poseidon das Wasser. Daher führt
weder der Inachos Wasser noch einer der genannten Flüsse,
es sei denn, ein Gott ließe regnen. Im Sommer aber sind ihre
Flußbette trocken, ausgenommen das in Lerna. Phoroneus,
Sohn des Inachos, führte als erster die Menschen, die zuvor
verstreut und ein jeder für sich gelebt hatten, zu Gemeinwe-
sen zusammen. Und der Ort, an dem sie sich zuerst versam-
melten, heißt Phoronikosstadt.

16. 1 Argos, des Phoroneus Enkel, der nach Phoroneus herrschte, benannte den Ort nach sich. Söhne des Argos waren Peirasos und Phorbas, des Phorbas wiederum Triopas, des Triopas Iasos und Agenor. Io nun, des Iasos Tochter, kam nach Aigypten, sei es auf die Art, wie Herodot erzählt oder wie es die Griechen überliefern. Nach Iasos kam Krotopos, des Agenor Sohn, zur Herrschaft. Des Krotopos Sohn war Sthenelas. Danaos aber, der zu Schiff von Aigypten zu Gelanor, Sohn des Sthenelas, gekommen war, beraubte die Nachkommen des Agenor der Herrschaft. Das Übrige aber ist allen bekannt: Die Freveltat der Danaostöchter gegen ihre

Vettern und wie nach des Danaos Tod Lynkeus zur Herr-
schaft kam. Die Söhne des Abas, des Sohnes des Lynkeus, 2
teilten die Herrschaft, und Akrisios blieb dort in Argos. Pro-
itos besaß das Heraion, Mideia, Tiryns und die Strecke des
argivischen Landes am Meer. Von dem Aufenthalt des Pro-
itos in Tiryns sind bis heute noch Spuren vorhanden. Einige
Zeit später erfuhr Akrisios, daß Perseus noch am Leben sei
und große Taten vollbringe. Er zog sich nach Larisa am Pe-
neios zurück. Perseus aber, der durchaus den Vater seiner
Mutter sehen und ihn mit Wort und Tat für sich gewinnen
wollte, ging selbst auch nach Larisa zu ihm. Dieser, in seiner 3
Jugendblüte und stolz über die Erfindung des Diskos, zeigte
sich allen. Akrisios aber, durch ein unglückliches Geschick,
geriet mitten in den Diskoswurf, und so brachte die Vorher-
sage des Gottes dem Akrisios sein Ende und alles, was er ge-
gen seine Tochter und seine Enkel ersonnen hatte, konnte
nicht abwenden, was das Schicksal einmal bestimmt hatte.
Perseus aber ging zurück nach Argos, denn er schämte sich
über die Nachrede des Mordes, und so überredete er den
Megapenthes, des Proitos Sohn, ihm die Herrschaft zu ver-
tauschen. Nachdem er dessen Gebiet erhalten hatte, grün-
dete er Mykenai. Denn dort verlor er den Knauf seines
Schwertes, und dies Zeichen hielt er für eine Vorbedeutung
für die Gründung einer Stadt. Ich hörte auch, daß, als ihn
dürstete, er einen Schwamm von der Erde aufgenommen
habe, und weil er von dem daraus rinnenden Wasser trank
und sich erfrischte, habe er dem Ort den Namen Mykenai
gegeben. Eine Frau namens Mykene erwähnt Homer in der 4
Odyssee

«Tyro und Alkmene und die schönbekränzte Mykene»
(Homer, Odyssee 2,120).

Das sei die Tochter des Inachos, die Frau des Arestor, sagt das Epos der großen Eoiai. Von dieser, sagt man, habe die Stadt ihren Namen erhalten. Die Sage, die sie noch zu Akousilaos hinzufügen, Mykeneus sei ein Sohn des Sparton, Sparton ein Sohn des Phoroneus gewesen, möchte ich nicht übernehmen, wie das auch die Lakedaimonier nicht tun. Die Lakedaimonier haben zwar in Amyklai eine Statue der Sparte, über einen Sparton als Sohn des Phoroneus würden sie sich wundern, wenn sie nur davon hören würden.

5 Mykenai zerstörten die Argiver aus Eifersucht. Denn während die Argiver bei dem Feldzug der Perser unbeteiligt blieben, schickten die Mykenaier achtzig Mann nach den Thermopylen, die mit den Lakedaimoniern am Kampf teilnahmen. Dieser Eifer brachte ihnen Verderben, da er die Argiver reizte. Trotzdem stehen noch Reste der Stadtmauer und vor allem das Tor. Über ihm stehen Löwen, und auch diese Mauern sollen ein Werk der Kyklopen sein, die dem
6 Proitos die Mauer in Tiryns bauten. In den Trümmern von Mykenai befindet sich die Perseia genannte Quelle und die unterirdischen Gebäude des Atreus und seiner Söhne, in denen sich ihre Geldschätze befanden. Und das Grab des Atreus ist da und auch derer, die, mit Agamemnon aus Ilion zurückgekehrt, Aigisthos bewirtete und tötete[44]. Das Grabmal der Kassandra beanspruchen aber auch die Bewohner von Amyklai in Lakonien zu besitzen. Und ein anderes Grab ist das des Agamemnon und eins für seinen Wagenlenker
7 Eurymedon und das gleiche für Teledamos und Pelops; denn diese habe Kassandra als Zwillinge geboren, sagt man, und Aigisthos tötete sie noch als kleine Kinder mit ihren Eltern. Und von Elektra . . ., denn sie heiratete auf Veranlassung des Orestes den Pylades. Hellanikos hat aber auch das geschrieben, daß Elektra dem Pylades die Söhne Medon und Strophios geboren habe. Klytaimnestra und Aigisthos wurden etwas entfernt von der Mauer begraben, innerhalb ver-

wehrte man es ihnen, wo Agamemnon selbst lag und die mit
ihm Ermordeten[45].

Links von Mykenai, fünfzehn Stadien entfernt, liegt das 17. 1
Heraion. Auf dem Wege dahin fließt die sogenannte Eleu-
theriosquelle; ihre Wasser benutzen die Priesterinnen des
Heiligtums zur Reinigung und ebenso für die geheimen Op-
fer. Das Heiligtum selbst liegt am unteren Abhang des Eu-
boiaberges. Diesen Berg nennen sie Euboia, wobei sie sagen,
der Fluß Asterion habe als Töchter Euboia und Prosymna
und Akraia gehabt und sie seien Ammen der Hera gewesen.
Nach Akraia nennen sie den Berg gegenüber dem Heraion, 2
nach Euboia die Gegend um das Heiligtum und Prosymna
das Land unter dem Heraion. Dieser Asterion fließt über
dem Heraion und verschwindet in einer Schlucht. An seinen
Ufern wächst eine Pflanze, die sie auch Asterion nennen;
diese Pflanze bringen sie einmal selber der Hera ganz dar und
flechten aus ihren Blättern auch Kränze für sie[46]. Der Bau- 3
meister des Tempels soll der Argiver Eupolemos gewesen
sein, und was über den Säulen dargestellt ist, bezieht sich auf
der einen Seite auf die Geburt des Zeus und den Kampf der
Götter und Giganten, auf der anderen Seite auf den Krieg
gegen Troia und die Eroberung von Ilion. Vor dem Eingang
stehen Standbilder von Frauen, die Priesterinnen der Hera
gewesen sind, und von sonstigen Heroen und auch Orestes;
denn von dem mit einer Inschrift, daß es der Kaiser Augu-
stus sei, sagen sie, es sei Orestes. In der Vorhalle stehen auf
der einen Seite alte Statuen der Chariten und rechts ein Ru-
hesofa der Hera und als Weihgeschenk der Schild, den Me-
nelaos einst dem Euphorbos in Ilion abgenommen hatte. Das 4
Kultbild der Hera sitzt auf einem Thron und ist von bedeu-
tender Größe, aus Gold und Elfenbein, ein Werk des Poly-
klet. Sie trägt eine Krone, an der Chariten und Horen darge-
stellt sind, und hält in der einen Hand einen Granatapfel, in

der anderen ein Szepter. Die Legende über den Granatapfel
will ich lassen, da sie geheimer ist; auf dem Szepter soll aber
ein Kuckuck sitzen, und sie sagen, Zeus habe sich, als er sich
in die jungfräuliche Hera verliebte, in diesen Vogel verwan-
delt und sie habe ihn im Spiel gejagt. Diese Legende und was
sonst Ähnliches von den Göttern erzählt wird, schreibe ich
5 nicht, weil ich es glaube, schreibe es aber trotzdem. Neben
der Hera soll eine Statue der Hebe gestanden haben, Werk
des Naukydes, auch diese aus Gold und Elfenbein, und ne-
ben ihr befindet sich auf einer Säule ein altes Herabild. Die
älteste Statue ist aus dem Holz des wilden Birnbaums ge-
macht und wurde von Peirasos, dem Sohn des Argos, nach
Tiryns geweiht, und als die Argiver Tiryns einnahmen,
brachten sie es ins Heraion. Ich habe es noch selbst gesehen,
6 ein nicht großes Sitzbild. Von bemerkenswerten Weihge-
schenken ist da ein Altar mit der Reliefdarstellung der
Hochzeit der Hebe und des Herakles. Dieser ist aus Silber,
aus Gold aber und funkelnden Steinen weihte der Kaiser
Hadrian einen Pfau; er weihte ihn, weil dieser Vogel der
Hera heilig sein soll. Es liegt dort auch ein Goldkranz und
7 ein Purpurgewand, Weihgeschenke Neros[47]. Über diesem
Tempel liegen von dem älteren Tempel Fundamente und
was die Flamme sonst noch übrigließ. Er verbrannte, weil
Schlaf die Herapriesterin Chryseïs umfing, als der Leuchter
vor den Bekränzungen in Brand geriet[48]. Chryseïs ging bitt-
flehend nach Tegea zur Athena Alea, die Argiver zerstörten
aber die Statue der Chryseïs nicht, obwohl ihnen ein so gro-
ßes Unglück zugestoßen war, sondern sie steht heute noch
vor dem verbrannten Tempel.

18.1 Geht man von Mykenai nach Argos, so ist links des Weges
ein Heroon des Perseus[49]. Er genießt hier Verehrung von den
Umwohnenden, am meisten jedoch in Seriphos und bei den
Athenern; (hier ist) ein Temenos des Perseus und ein Altar

des Diktys und der Klymene, der sogenannten Retter des Perseus. Geht man im argivischen Land ein wenig weiter, so ist rechts das Grab des Thyestes. Auf ihm liegt ein Widder aus Stein, weil Thyestes das goldene Lamm erhielt, als er mit der Frau seines Bruders Ehebruch trieb. Den Atreus hielt die Überlegung nicht ab, Gleiches mit Gleichem zu vergelten. Sondern er schlachtete die Kinder des Thyestes und bereitete das vielbesungene Mahl. Ich kann es nicht mit Bestimmtheit 2
sagen, ob Aigisthos erst späterhin zu freveln begann oder ob Agamemnon schon zuvor den Tantalos, den Sohn des Thyestes, ermordet hatte. Er soll mit Klytaimnestra vermählt gewesen sein, als er diese als Mädchen von Tyndareus erhalten hatte. Ich will auch nicht entscheiden, ob sie von Natur aus verderbt waren. Wenn aber diese das Verhängnis in Gestalt der Befleckung des Pelops und des Rachegeistes des Myrtilos verfolgt hat, dann stimmt das damit überein, was die Pythia dem Spartaner Glaukos, Sohn des Epikydes, der im Begriff war, einen Meineid zu schwören, sagte, daß die Strafe auf die Nachkommen übergehen werde.

Von den Widdern, denn so nennen sie das Grabmal des 3
Thyestes, etwas weiter vorwärts, ist linker Hand ein Ort Mysia und ein Heiligtum der Demeter Mysia. Der Name stammt von einem Mann namens Mysios, der, nach der Überlieferung der Argiver, die Demeter gastlich bei sich aufgenommen hat. Auf diesem Tempel ist kein Dach. In ihm befindet sich aber ein anderer Tempel aus gebrannten Ziegeln mit den Götterstatuen der Kore, des Ploutos und der Demeter. Geht man weiter, so kommt man an den Fluß Inachos, und überschreitet man diesen, so ist da ein Altar des Helios. Von da kommt man an ein Tor, das seinen Namen von dem benachbarten Tempel hat. Es ist dies das Heiligtum der Eileithyia.

Unter den Griechen kenne ich nur die Argiver, die in drei 4

Königreiche eingeteilt sind[50]. Unter der Regierung des Anaxagoras, des Sohnes des Argos, des Enkels des Megapenthes, befiel die Frauen eine Raserei. Sie verließen die Häuser und schweiften durch das Land, bis Melampous, Amythaons Sohn, sie von der Krankheit heilte; allerdings unter der Bedingung, daß er und sein Bruder Bias mit Anaxagoras die Herrschaft zu gleichen Teilen übernehmen sollten. Von Bias an regierten fünf Männer vier Menschenalter hindurch bis auf Kyanippos, den Sohn des Aigialeus, von Mutterseite Neleiden. Von Melampous an sechs Männer durch ebensoviele Menschenalter bis auf Amphilichos, des Amphiaraos Sohn.
5 Das einheimische Geschlecht der Anaxoriden regierte länger. Denn Iphis, der Sohn Alektors, der Enkel des Anaxagoras, hinterließ die Herrschaft dem Sthenelos, dem Sohn seines Bruders Kapaneus. Da Amphilochos nach der Eroberung Troias zu den heutigen Amphilochern übergesiedelt war, Kyanippos aber kinderlos starb, so erhielt Kylarabes, des Sthenelos Sohn, allein die Herrschaft. Doch hinterließ auch er keine Kinder. Orestes, des Agamemnon Sohn, nahm Argos in Besitz, da er der nächste Nachbar war und außer der väterlichen Herrschaft sich die meisten Arkader geneigt gemacht hatte und das Königtum in Sparta für sich erworben hatte und auch stets ein Bundegenossenheer ihm zum
6 Beistand bereit war. Über die Lakedaimonier herrschte Orestes, da die Lakedaimonier ihm dies angetragen hatten. Denn sie wollten lieber die Enkel des Tyndareus in der Herrschaft haben als den Nikostratos und Megapenthes, die dem Menelaos von einer Sklavin geboren waren. Nach dem Tod des Orestes kam die Herrschaft an Tisamenes, einen Sohn der Hermione, der Tochter des Menelaos und des Orestes. Den unehelichen Sohn des Orestes, Penthilos, hatte, wie Kinaithon in seinen Epen beschreibt, Erigone, die Tochter des
7 Aigisthos, geboren. Unter diesem Tisamenos kehrten die

Herakliden in die Peloponnes zurück: Temenos und Kresphontes, die Söhne des Aristomachos. Da der dritte Aristodemos zuvor gestorben war, so folgten seine Söhne dem Zuge. Argos und das Königtum in Argos konnten sie, nach meiner Meinung, mit Recht in Anspruch nehmen, weil Tisamenos ein Pelopide war, die Herakliden ursprünglich Persiden sind. Tyndareus war, wie sie nachwiesen, von Hippokoon vertrieben worden. Herakles aber hatte, wie sie sagen, den Hippokoon erschlagen und seine Söhne, das Land dem Tyndareus zu treuen Händen übergeben. Das gleiche überliefern sie auch von Messenien: Auch dieses sei von Herakles dem Nestor nach der Einnahme von Pylos als anvertrautes
Gut übergeben worden. Sie vertrieben also aus Lakedaimon 8
und Argos den Tisamenos, aus Messenien die Nachkommen des Nestor, den Alkmaion, den Sohn des Sillos, Enkel des Thrasymedes, und den Peisistratos, Sohn des Peisistratos, und die Söhne Paions, des Sohnes des Antilochos, und mit ihnen den Melanthos, Sohn des Andropompos, Enkel des Boros, Urenkel des Periklymenos. Tisamenos kam nun mit
dem Heer und den Kindern in das jetzige Achaia. Die Neli- 9
den aber, außer Peisistratos, von diesem weiß ich nicht, wohin er gewandert ist, kamen nach Athen, und das Geschlecht der Paioniden und der Alkmaioniden sind nach diesen benannt. Melanthos erhielt die Königswürde, die er dem Thymoites, dem Sohn des Oxyntes, entrissen hatte. Denn Thymoites war der letzte König der Athener aus dem Geschlecht des Theseus. Die Begebenheiten des Kresphontes und der Söhne des Aristodemos brauche ich nach dem Gang meiner Erzählung hier nicht noch im einzelnen auseinanderzusetzen.

Temenos gab offensichtlich dem Deïphontes, Sohn des 19. 1
Antimachos, Enkel des Thrasyanor, Urenkel des Ktesippos und Ururenkel des Herakles, den Vorzug als Feldherrn in

den Schlachten vor seinen eigenen Söhnen und bediente sich seiner in allen Stücken als Ratgeber, da er doch jenen zuvor zum Schwiegersohn gemacht und von seinen Kindern an der Hyrnetho das meiste Wohlgefallen hatte. Man vermutete sogar, daß er jener und dem Deïphontes die Königsherrschaft zuteilen wollte. Aus diesen Gründen wurde ihm von seinen Söhnen nachgestellt und der älteste von ihnen, Keisos,
2 erhielt die Herrschaft. Die Argiver aber, die von alters her Wert auf uneingeschränkte Meinungsfreiheit und auf Unabhängigkeit gelegt hatten, hatten die Macht der Könige auf das geringste Maß eingeschränkt, so daß dem Medon, dem Sohne des Keisos, und den Nachkommen das Königtum nur dem Namen nach blieb. Den Meltas, den Sohn des Lakedes, den zehnten Nachkommen Medons, enthob das Volk in einem Beschluß völlig der Herrschaft.

3 In der Stadt Argos[51] ist die größte Sehenswürdigkeit das Heiligum des Apollon Lykios. Die zu meiner Zeit vorhandene Kultstatue war ein Werk des Atheners Attalos, ursprünglich aber waren der Tempel und das Holzbild Weihgeschenk des Danaos; ich meine jedenfalls, daß damals alles Holzbilder waren, besonders die aigyptischen. Danaos aber führte den Apollon Lykios aus folgender Ursache ein: Angekommen in Argos, machte er dem Gelanor, dem Sohn des Sthenelas, die Herrschaft streitig. Nachdem nun vor dem Volk von beiden vieles, um es zu gewinnen, gesagt worden war und Gelanors Worte nicht weniger gerechtfertigt erschienen, soll das Volk die Entscheidung auf den nächsten
4 Tag verschoben haben. Bei Tagesanbruch fiel ein Wolf in eine vor den Stadtmauern weidende Rinderherde ein und kämpfte bei seinem Einfall mit einem Stier, der die Kühe anführte. Da kam es den Argivern in den Sinn, diesen mit Gelanor und den Wolf mit Danaos zu vergleichen, weil weder dieses Tier mit den Menschen als auch Danaos damals mit

ihnen zusammenlebte. Als nun der Wolf den Stier überwältigt hatte, erhielt Danaos aus diesem Grunde die Herrschaft. Weil dieser des Glaubens war, Apollon habe den Wolf in die Herde geschickt, errichtete er das Heiligtum des Apollon
Lykios. Hier steht ein Thron des Danaos und eine Statue des 5
Biton, ein Mann, der einen Stier auf den Schultern trägt. Wie Lykeas dichtete, hob Biton, als die Argiver dem Zeus ein Opfer nach Nemea darbrachten, vor Stärke und Kraft einen Stier in die Höhe und trug ihn. Anschließend an diese Statue unterhalten sie ein brennendes Feuer, das sie das Feuer des Phoroneus nennen; denn sie geben nicht zu, daß Prometheus den Menschen das Feuer gegeben habe, sondern möchten die Erfindung des Feuers dem Phoroneus zuschreiben.
Von den Holzbildern der Aphrodite und des Hermes soll das 6
eine ein Werk des Epeios sein, das andere eine Weihung der Hypermestra. Denn diese, die unter seinen Töchtern allein seinen Befehl nicht beachtete, führte Danaos vor Gericht, da er des Glaubens war, daß die Rettung des Lynkeus nicht ungefährlich sei, und weil sie an der Freveltat nicht teilgenommen hat, hätte sie die Schmach für ihre Schwestern und für den Ratgeber noch vergrößert. Im Verfahren bei den Argivern freigesprochen, weihte sie der Aphrodite das Nikephoron als Weihgeschenk. Innerhalb des Tempels steht Ladas, 7
der an Schnelligkeit der Füße alle Zeitgenossen übertraf, und ein Hermes, der eine Schildkröte aufgehoben hat, um eine Leier daraus zu machen. Vor dem Tempel ist ein Thron gemacht mit Reliefs, die einen Kampf zwischen Stier und Wolf darstellen, und eine Jungfrau, die einen Stein auf den Stier wirft. Die Jungfrau halten sie für Artemis. Danaos weihte das und in der Nähe Säulen . . .[52] und ein Artemisholzbild. Grabmäler sind da: Eines des Linos, des Sohnes 8
Apollons und der Psamathe, der Tochter des Krotopos. Das andere soll dem Linos gehören, der die Gedichte verfaßt hat.

Die Geschichten des letzteren übergehe ich hier, da sie für einen anderen Ort passender sind. Vom Sohne der Psamathe habe ich in meiner megarischen Beschreibung das Nötige schon gesagt (I 43. 7). Dann folgt ein Apollon Agyieus und ein Altar des Zeus Hyetios, an dem die Gefährten des Polyneikes beim Zug gegen Theben sich verschworen zu sterben, wenn es ihnen nicht gelänge, Theben zu erobern. Über das Grabmal des Prometheus scheinen sie mir weniger glaubhaft als die Opountier zu erzählen, sie sagen es aber doch.

20. 1 Läßt man das Bild des Faustkämpfers Kreugas beiseite und ein Siegesmal über die Korinther, so folgt ein Sitzbild des Zeus Meilichios aus Marmor, eine Arbeit des Polyklet. Ich habe erfahren, es sei aus folgender Ursache verfertigt worden: Von dem Zeitpunkt an, an dem die Lakedaimonier gegen die Argiver Krieg führten, gab es keinen Unterlaß, bis Philippos, der Sohn des Amyntas, sie zwang, bei den ursprünglich festgelegten Grenzen des Landes zu bleiben. In den Zeiten davor haben die Lakedaimonier, soweit sie nicht außerhalb der Peloponnes engagiert waren, dem argivischen Land immer einen Teil weggenommen, oder die Argiver fielen, sobald jene in einen Krieg verwickelt

2 waren, in deren Land ein. Als der Haß bei beiden auf die Spitze getrieben war, beschlossen die Argiver tausend auserwählte Männer zu unterhalten. Zu deren Anführer wurde bei ihnen der Argiver Bryas aufgestellt, der in mancherlei Hinsicht gegen Männer aus dem Volke frevelte und eine Jungfrau, die gerade zu ihrer Hochzeit geführt wurde, schändete, nachdem er sie ihrer Begleitung entrissen hatte. In der darauf folgenden Nacht blendete sie den Bryas, nachdem sie gewartet hatte, bis er eingeschlafen war. Als dann die Sache am folgenden Tag offenkundig wurde, wandte sie sich als Schutzflehende an das Volk. Da dieses

nicht gewillt war, sie der Rache der Tausend auszuliefern und
es darüber zum Streit zwischen den beiden Parteien kam, ob-
siegte die Volkspartei, und als Überlegene ließen sie keinen
ihrer Gegner am Leben. Später aber führten sie, als mit Bür-
gerblut Befleckte, mancherlei Reinigungen durch und stifte-
ten die Statue des Zeus Meilichios. In der Nähe stehen als 3
Steinrelief Kleobis und Biton, sie selber den Wagen ziehend
und ihre Mutter darauf ins Heraion fahrend[53]. Diesen gegen-
über ist ein Heiligtum des nemeischen Zeus mit einer Bronze-
statue stehend, Werk des Lysipp. Weiterhin rechts liegt das
Grab des Phoroneus; sie opfern aber heute noch dem Phoro-
neus. Gegenüber dem Heiligtum des nemeischen Zeus liegt
seit ältesten Zeiten ein Tempel der Tyche, wenn wirklich Pa-
lamedes die Würfel, die er erfunden hatte, in diesen Tempel
geweiht hat. Das Grabmal in der Nähe nennen sie das der 4
Mainade Choreia, weil sie berichten, unter anderen Weibern
sei auch sie mit Dionysos nach Argos gezogen. Nachdem aber
Perseus in der Schlacht gesiegt hatte, seien die meisten der
Frauen getötet worden. Die Übriggebliebenen begruben sie
in einem Gemeinschaftsgrab; für diese aber, die sich durch ein
besonderes Ansehen auszeichnete, errichteten sie ein eigenes
Grabmal. Etwas weiter befindet sich ein Heiligtum der Ho- 5
ren. Kehrt man von dort zurück, stehen da Statuen des Poly-
neikes, des Sohnes des Oidipous, und der sonstigen führen-
den Persönlichkeiten, die mit ihm um die Mauer der Theba-
ner kämpften und fielen. Diese Männer hat Aischylos auf die
Zahl sieben zurückgeführt, wo doch mehrere an Führern der
Argiver und aus Messene und selbst einige aus Arkadien teil-
genommen hatten. Nahe bei diesen Sieben, denn die Argi-
ver sind der Dichtung des Aischylos gefolgt, liegen auch die,
die Theben eingenommen haben: Aigialeus, Sohn des Adra-
stos, und Promachos, der Sohn des Parthenopaios, Enkel des
Thalaos, und Polydoros, der Sohn des Hippomedon, ferner

Thersandros und die Söhne des Amphiaraos, Alkmaion und Amphilochos; ferner Diomedes und Sthenelos. Es waren außer diesen noch zugegen: Euryalos, des Mekistes Sohn,
6 Adrastos, des Polyneikes Sohn, und Timeas. Nicht weit von diesen Statuen zeigt man das Grab des Danaos und das leere Grab der Argiver, die vor Ilion und bei der Rückkehr umkamen. Hier ist auch ein Heiligtum des Zeus Soter; geht man daran vorbei, so folgt ein Haus, in dem die Argiverinnen die Klage um Adonis veranstalten. Rechts vom Eingang ist das Heiligtum für den Kephisos; und sie sagen, das Wasser dieses Flusses sei von Poseidon nicht gänzlich zum Verschwinden gebracht worden, sondern gerade da, wo auch
7 das Heiligtum ist, meinen sie, daß er unterirdisch fließe. Neben dem Heiligtum des Kephisos befindet sich ein aus Marmor gemachtes Medousenhaupt, auch das soll von den Kyklopen gemacht sein. Den Platz dahinter nennen sie heute noch Richtplatz und behaupten, Hypermestra sei hier von Danaos gerichtet worden[54]. Nicht weit davon liegt das Theater; darin befindet sich neben anderen Sehenswürdigkeiten die Statue eines Mannes, der einen anderen tötet, nämlich der Argiver Perilaos, der Sohn des Alkenor, den Spartaner Othryadas; dieser Perilaos hatte auch vorher bereits einen Sieg an den Nemeen im Ringkampf errungen.
8 Über dem Theater steht ein Heiligtum der Aphrodite, und vor dem Sitzbild ist auf einer Stele die Dichterin Telesilla dargestellt[55]. Bücher liegen zu ihren Füßen, und sie schaut auf den Helm, den sie in der Hand hält und sich aufsetzen will. Diese Telesilla war auch sonst schon berühmt unter den Frauen, wurde aber noch mehr geehrt um ihrer Gedichte willen. Da die Argiver in ihrem Kampf gegen Kleomenes, Sohn des Anaxandrides, und die Lakedaimonier von größerem Unglück verfolgt wurden – ein Teil von ihnen war schon in der Schlacht gefallen, und auch die, die sich in den

Hain schutzsuchend geflüchtet hatten, kamen um, nachdem sie zunächst auf das gegebene Wort der Feinde herausgekommen waren. Als sie aber merkten, daß man sie täusche, verbrannten sie sich selbst mit dem Hain –, da führte Kleomenes die Lakedaimonier in das von Männern entblößte
Argos. Da hieß Telesilla die Hausbewohner und alle, die 9
wegen ihres Alters keine Waffen führen konnten, auf die Mauern steigen. Sie selbst sammelte alle Waffen, die in den Häusern oder in den Heiligtümern verblieben waren, und rüstete damit die stärksten unter den Frauen aus und stellte diese so gerüstet da auf, wo sie den Angriff der Feinde erwartete. Als nun die Lakedaimonier anrückten und die Frauen sich durch das Kriegsgeschrei nicht entmutigen ließen, sondern den Kampf beherzt aufnahmen, da überlegten die Lakedaimonier, ob die Tat, wenn sie die Frauen aufrieben, nicht zum Schimpf gedeihen würde, oder wenn ihnen der Angriff mißlinge, sie nicht zur Niederlage noch die Schmach hinzugewönnen. So überließen sie den Frauen das
Schlachtfeld. Früher schon hatte die Pythia diesen Kampf 10
vorhergesagt, und den Orakelspruch hat Herodot verkündet, mag er ihn so oder anders verstanden haben:

«Aber wenn das Weib den Mann besiegt
ihn zur Flucht treiben und Ruhm gewinnen wird im Volk der Argiver,
dann werden viele der Argiverinnen sich die Wangen zerfleischen» (Herodot VI 77 f.).

So weit also zu den Taten der Frauen, soweit sich diese auf den Orakelspruch beziehen.

Steigt man von hier herunter und wendet sich wieder 21. 1
zum Markt, so liegt dort das Grab der Kerdo, der Frau des Phoroneus, und ein Asklepiostempel. Das Heiligtum der Artemis mit dem Beinamen Peitho («die Überredung»), auch dieses weihte Hypermestra, als sie den Prozeß gegen ihren

Vater gewann, in dem sie des Lynkeus wegen angeklagt war. Hier steht auch eine Bronzestatue des Aineias, und ein Platz namens Delta ist da; weshalb er so heißt, übergehe ich ab-
2 sichtlich, da mir die Angaben darüber nicht zusagten. Davor ist ein Altar des Zeus Phyxios gebaut und in der Nähe das Grab der Hypermestra, der Mutter des Amphiaraos, und ein anderes der Hypermestra, der Tochter des Danaos; mit ihr ist auch Lynkeus bestattet. Ihnen gegenüber ist das Grab des Talaos, des Sohnes des Bias; die Geschichte des Bias und sei-
3 ner Nachkommen habe ich schon erzählt. Das Heiligtum der Athena Salpinx («Trompete») soll Hegeleos gegründet haben. Dieser Hegeleos soll Sohn des Tyrsenos sein, und dieser wieder Sohn des Herakles und der lydischen Frau. Tyrsenos soll zuerst die Trompete erfunden und sein Sohn Hegeleos soll die Dorer um Temenos den Klang des Instruments gelehrt und deshalb die Athena Salpinx genannt haben. Vor dem Tempel der Athena, behaupten sie, sei das Grab des Epimenides; die Lakedaimonier hätten Epimenides im Kriege gegen die Knosier lebend gefangen genommen, aber dann getötet, da er ihnen nicht günstig weissagte, und sie
4 hätten die Leiche geholt und hier bestattet. Das Bauwerk aus Marmor etwa mitten auf dem Markt dürfte wohl nicht ein Siegesmal über den Epeiroten Pyrrhos sein, wie die Argiver sagen, sondern, da die Verbrennung des Leichnams hier stattfand, ebenfalls ein Grabmal, an dem außer den sonstigen Dingen, die Pyrrhos für seine Schlachten verwandte, auch die Elefanten dargestellt sind. Dieses Bauwerk wurde also an der Stelle des Scheiterhaufens gebaut; die Gebeine des Pyrrhos selbst liegen aber in dem Demeterheiligtum beigesetzt, neben dem er den Tod fand, wie ich in meinem Buch über Attika berichtet habe. Am Eingang zu diesem Demeterheiligtum kann man noch den Bronzeschild des Pyrrhos über der Tür hängen sehen[56].

Nicht weit von diesem Bauwerk auf dem Markt von Ar- 5
gos entfernt ist ein Erdhügel, in dem der Kopf der Medousa
Gorgo liegen soll. Abgesehen vom Mythos wird von ihr
noch erzählt, sie sei eine Tochter des Phorkos. Nach dem
Tod ihres Vaters habe sie über die Völker geherrscht, die am
Tritonissee wohnen, und sie sei auf die Jagd gezogen und
habe die Libyer in die Schlachten geführt; besonders habe sie
sich damals mit einem Heer gegen die Macht des Perseus ge-
stellt – auch dem Perseus seien ausgewählte Männer aus der
Peloponnes gefolgt – und sei nachts getötet worden. Perseus,
der ihre Schönheit noch an der Leiche bewunderte, habe ih-
ren Kopf abgeschnitten und ihn mitgenommen, um ihn den
Griechen zu zeigen. Der Karthager Prokles, Sohn des Eukra- 6
tes, hielt eine andere Überlieferung für wahrscheinlicher als
die vorige: Die Libysche Wüste enthalte viele Tiere, die de-
nen unglaublich vorkommen, die darüber nur gehört haben;
auch gebe es da wilde Männer und wilde Frauen. Prokles er-
zählte, er habe einen von diesen Männern gesehen, der nach
Rom verbracht worden war. Er vermutet nun, daß eines
von diesen Weibern an den Tritonissee gekommen sei und
die dortigen Bewohner belästigt habe, bis Perseus sie dann
getötet habe. Es scheint so, als habe Athena ihm Beistand ge-
leistet, weil die Bewohner um den Tritonissee der Göttin
heilig seien. In Argos liegt neben diesem Grabmal der Gorgo 7
das Grab der Gorgophone, der Tochter des Perseus. Woher
sie diesen Namen bekommen hat, ist sofort klar, wenn man
ihn hört[57]; sie soll die erste Frau gewesen sein, die nach dem
Tode ihres Mannes, des Periëres, des Sohnes des Aiolos, denn
mit ihm war sie als Jungfrau verheiratet worden, ein zweites
Mal heiratete, und zwar den Oibalos; vorher war es Brauch
gewesen, daß die Frauen nach dem Todes ihres Mannes Wit-
wen blieben. Vor diesem Grab ist ein Siegesmal aus Stein ge- 8
baut über den Argiver Laphaës; denn diesen – ich schreibe,

was die Argiver selber darüber berichten –, der Tyrann war, vertrieb das Volk nach einem Aufstand, er floh dann nach Sparta, und die Lakedaimonier versuchten, ihn wieder als Tyrannen zurückzuführen, doch die Argiver siegten in der Schlacht und töteten den Laphaës und die meisten Lakedaimonier. Das Heiligtum der Leto ist nicht weit von dem Sie-
9 gesmal entfernt und die Statue ein Werk des Praxiteles. Die Statue der Jungfrau neben der Göttin nennen sie Chloris («die Bleiche») und sagen, sie sei Tochter der Niobe und heiße ursprünglich Meliboia. Als die Kinder des Amphion von Apollon und Artemis umgebracht wurden, sei sie allein von ihren Geschwiestern übriggeblieben, sie und Amyklas seien übriggeblieben wegen ihres Gebets zu Leto. Meliboia sei nun vor Furcht sofort so blaß geworden und für ihr ganzes Leben geblieben, daß sie danach statt Meliboia Chloris
10 genannt worden sei. Diese hätten, so sagen die Argiver, zuerst der Leto den Tempel gebaut. Ich aber, denn ich halte mich eher an die Homerischen Gedichte, glaube, daß von den Kindern der Niobe keines übriggeblieben sei. Das bezeugt mir das Epos:

«Dennoch haben die zwei dann all die andern getötet.»

Dieser wußte also, daß das Haus des Amphion von Grund auf ausgerottet wurde[58].

22. 1 Der Tempel der Hera Antheia liegt rechts vom Heiligtum der Leto und davor ein Frauengrab. Diese Frauen fielen in einer Schlacht gegen die Argiver und Perseus, als sie von den Inseln im Aigaiischen Meer her mit Dionysos zu Felde zogen, und deshalb benennen sie sie Haliai («Meerfrauen»). Gegenüber diesem Frauengrabmal liegt ein Heiligtum der Demeter mit Beinamen Pelasgis nach dem Gründer Pelasgos, dem Sohn des Triopas, und nicht weit von dem Heiligtum
2 das Grab des Pelasgos. Jenseits des Grabes ist ein eherner Sockel, der die alten Götterbilder der Artemis, des Zeus und

der Athena trägt. Lykeas sagt in seinem Epos, es sei die Göt-
terstatue des Zeus Mechaneus, und die ins Feld gegen Ilion
ziehenden Argiver hätten das geschworen, im Kampfe aus-
zuhalten, bis sie entweder Ilion eingenommen hätten oder
im Kampf ihr Ende gefunden hätten. Andere sagen, unter
dem ehernen Sockel lägen die Gebeine das Tantalos. Daß der 3
Sohn des Thyestes oder des Broteas – man sagt beides –, der
vor Agamemnon mit Klytaimnestra verheiratet war, daß
dieser Tantalos hier begraben sei, will ich nicht bestreiten.
Von dem Tantalos aber, der als der Sohn von Zeus und der
Plouto gilt, habe ich mit eigenen Augen das bemerkens-
werte Grab am Sipylos gesehen. Zuvor bestand für diesen
keine Notwendigkeit, aus Sipylos zu fliehen, wie dies später
bei Pelops der Fall war, als der Phryger Ilos mit einem Heer
gegen ihn zu Felde zog. Doch genug hiervon. Die Gebräu-
che an der nahen Grube soll der Einheimische Nikostratos
eingerichtet haben; sie werfen nämlich noch jetzt brennende
Fackeln für Kore, die Tochter der Demeter, in die Grube.
Hier ist auch ein Heiligtum des Poseidon mit Beinamen 4
Prosklystios; denn Poseidon soll den größten Teil ihres Lan-
des überschwemmt haben, als Inachos und seine Mitrichter
entschieden, daß das Land der Hera und nicht ihm gehöre.
Hera erreichte aber von Poseidon das Zurücktreten des Mee-
res, und die Argiver erbauten an der Stelle, von wo die Flut
wieder zurückging, ein Heiligtum für den Poseidon Pros-
klystios. Etwas weiter liegt ein Grab des Argos, der Sohn des 5
Zeus gewesen zu sein scheint, und der Niobe, der Tochter
des Phoroneus, danach ein Tempel der Dioskouren. Als Sta-
tuen stehen sie selbst da und ihre Söhne, Anaxis und Mnasi-
nous, und mit ihnen die Mütter Hilaeira und Phoibe, ein
Werk des Dipoinos und Skyllis aus Ebenholz; auch an den
Pferden ist das meiste aus Ebenholz, weniges aus Elfenbein
gemacht. In der Nähe des Anaktes befindet sich ein Heilig- 6

tum der Eileithyia, Stiftung der Helena, als nach dem Fortgang des Theseus mit Peirithoos zu den Thesprotern Aphidna von den Dioskouren genommen und Helena nach Lakedaimon gebracht wurde. Sie soll nämlich schwanger gewesen sein, in Argos geboren haben und der Eileithyia das Heiligtum geweiht haben; das Mädchen, das sie gebar, habe sie der Klytaimnestra gegeben, die schon mit Agamemnon verheiratet war, und habe selber später den Menelaos gehei-
7 ratet. Darüber haben Euphorion von Chalkis und Alexandros von Pleuron Epen gedichtet und früher schon Stesichoros von Himera, und sagen darin ebenso wie die Argiver, daß Iphigeneia die Tochter des Theseus sei. Gegenüber dem Heiligtum der Eileithyia liegt ein Tempel der Hekate mit einem Kultbild von Skopas. Dieses ist aus Marmor, diejenigen gegenüber aber aus Bronze, auch diese Hekatestatuen, und das eine machte Polyklet, das andere Polyklets Bruder Naukydes[59].

8 Geht man geradeaus zum Gymnasion Kylarabis, das nach dem Sohn des Sthenelos genannt ist, liegt da Likymnios, der Sohn des Elektryon, begraben. Homer erzählt, er sei von Tleptolemos, dem Sohn des Herakles, getötet worden, und Tleptolemos floh wegen dieses Mordes aus Argos. Etwas abseits vom Wege nach dem Kylarabis und dem dortigen Tor befindet sich das Grabmal des Sakadas, der das pythische
9 Flötenlied zuerst in Delphoi blies; und der Haß Apollons auf die Flötenbläser seit dem Marsyas und dem Wettkampf mit dem Silen scheint durch diesen Sakadas besänftigt worden zu sein. Im Gymnasion des Kylarabes steht eine Athena Kapaneia, und man zeigt dort das Grab des Sthenelos und auch das des Kylarabes selbst. Nicht weit von dem Gymnasion entfernt ist ein Massengrab errichtet für die Argiver, die mit den Athenern zur Unterwerfung von Syrakous und Sizilien ausgefahren waren[60].

Geht man von hier den sogenannten «Hohlen Weg», so ist da ein Tempel des Dionysos zur Rechten; das Kultbild soll aus Euboia sein. Denn als die Griechen bei ihrem Rückzug aus Ilion vor dem Kap Kaphereus Schiffbruch erlitten, da quälte die von den Argivern, die sich aufs Festland retten konnten, Hunger und Durst. Da sie nun beteten, einer der Götter möge sie aus dem augenblicklichen Unglück retten, erschien ihnen eine Grotte des Dionysos, und ein Götterbild war in der Grotte. Damals waren Ziegen vor einem Unwetter in die Grotte geflüchtet; diese schlachteten die Argiver, aßen das Fleisch und verwendeten die Felle als Gewänder. Als der Sturm aufhörte und sie mit den reparierten Schiffen nach Hause fuhren, nahmen sie das Schnitzbild aus der Grotte mit sich und verehren es bis auf den heutigen Tag. 23.1

Ganz nahe beim Dionysos sieht man das Haus des Adrast 2
und etwas weiter ein Heiligtum des Amphiaraos und gegenüber dem Heiligtum ein Grabmal der Eriphyle. Nach diesen kommen ein heiliger Bezirk des Asklepios und danach ein Heiligtum des Baton. Dieser Baton gehörte zusammen mit Amphiaraos zum selben Geschlecht der Melampodiden und war beim Auszug zur Schlacht dessen Wagenlenker. Bei der Flucht von den thebanischen Mauern verschlang der Erdspalt, der den Amphiaraos und seinen Wagen aufnahm, auch den Baton.

Am Wiederaufstieg aus dem «Hohlen Weg» soll 3
nach ihrer Behauptung das Grab der Hyrnetho liegen. Wenn es leer ist und nur zur Erinnerung an die Frau gebaut, mögen sie recht haben, wenn sie aber meinen, daß der Leichnam der Hyrnetho hier liege, glaube ich ihnen nicht und mag ihnen glauben, wer die Version der Epidaurier nicht gehört hat.

Das bedeutendste Asklepiosheiligtum in Argos hat jetzt ei- 4
nen sitzenden Asklepios aus Marmor als Kultstatue, und neben ihm steht Hygieia. Es sitzen da auch die Künstler der Statuen, Xenophilos und Straton. Ursprünglich hatte Sphy-

ros das Heiligtum gegründet, der Sohn des Machaon und
Bruder des Alexanor, der bei den Sikyoniern in Titane ver-
5 ehrt wird. Das Kultbild der pheraiischen Artemis, denn auch
die Argiver verehren eine pheraiische Artemis wie die Athe-
ner und Sikyonier, sei, so sagen auch sie, aus Pherai in Thes-
salien gebracht. Bei den folgenden Dingen stimme ich ihnen
aber nicht zu. Die Argiver behaupten nämlich, das Grab der
Deïaneira, der Tochter des Oineus, sei in Argos und das des
Helenos, des Sohnes des Priamos, und das Kultbild der
Athena sei bei ihnen, das aus Ilion mitgebracht sei und den
Fall von Ilion veranlaßt habe. Das Palladion, denn so heißt
es, ist offenbar von Aineias nach Italien mitgenommen wor-
den. Von der Deïaneira wissen wir, daß sie in der Gegend
von Trachis und nicht in Argos gestorben ist. Auch ihr Grab
6 liegt in der Nähe von Herakleia unter dem Oita. Von Hele-
nos, dem Sohn des Priamos, habe ich bereits berichtet, daß er
zusammen mit Pyrrhos, dem Sohn des Achilleus, nach Epei-
ros gekommen, daß er mit Andromache vermählt und Vor-
mund der Kinder des Pyrrhos gewesen sei. Ferner habe die
Landschaft Kestrine von Kestrinos, dem Sohn des Helenos,
ihren Namen erhalten. Es ist auch den Fremdenführern der
Argiver selbst nicht entgangen, daß sie nicht alles wahrheits-
gemäß erzählen; sie erzählen es aber doch, denn es ist ja nicht
einfach, die Menge vom Gegenteil dessen zu überzeugen,
was sie glauben[61].

7 Es gibt noch andere Sehenswürdigkeiten in Argos, so ein
unterirdisches Bauwerk, und daran war der bronzene
Raum, den einst Akrisios zur Bewachung seiner Tochter an-
fertigen ließ; den zerstörte der Tyrann Perilaos. Dieses Bau-
werk ist also noch vorhanden und das Grabmal des Krotopos
und ein Tempel des Dionysos Kresios. Nach seinem Krieg
mit Perseus und nach vollzogener Versöhnung sollen ihm
auch andere große Ehrungen von seiten der Argiver zuteil

geworden sein. Auch dieser ausgewählte Temenos soll ihm
gewidmet worden sein. Später wurde er Tempel des kresi- 8
schen Dionysos genannt, weil Ariadne nach ihrem Tod dort
begraben wurde. Lykeas erzählt, als man den Tempel ein
zweites Mal aufgebaut habe, sei ein tönerner Sarg gefunden
worden. Dies sei der Sarg der Ariadne gewesen, und er selbst
und die anderen Argiver hätten den Sarg gesehen. In der
Nähe des Dionysos ist auch ein Tempel der Aphrodite
Ourania. Die Akropolis nennen sie Larisa nach der Tochter
des Pelasgos; nach ihr sind auch zwei Städte in Thessalien ge-
nannt, die eine am Meer, die andere am Peneios[62].

Geht man zur Akropolis hinauf, liegt da das Heiligtum 24. 1
der Hera Akraia und auch ein Apollontempel, den Pythaeus
zuerst gebaut haben soll, als er aus Delphoi kam. Die jetzige
Statue ist eine stehende Bronzefigur mit Namen Apollon
Deiradiotes, da auch dieser Platz Deiras heißt. Sein Orakel,
denn es wird jetzt noch geweissagt, geschieht auf folgende
Weise. Prophetin ist eine Frau, die sich vom Lager eines
Mannes fernhält; jeden Monat wird nachts ein Schaf ge-
schlachtet, und die Frau wird nach dem Genuß des Blutes
vom Gott besessen. An das des Apollon Deiradiotes schließt 2
sich ein Heiligtum der Oxyderkes genannten Athena an
(«der Scharfsichtigen»), eine Weihung des Diomedes, da die
Göttin ihm einst beim Kampf um Ilion den Nebel von den
Augen nahm. Daran schließt sich das Stadion an, in dem sie
den Wettkampf für den nemeischen Zeus und die Heraiai
abhalten. Am Aufstieg zur Akropolis liegt links am Weg
auch hier ein Grab der Söhne des Aigyptos. Denn hier liegen
die Köpfe getrennt von den Körpern und in Lerna für sich
die übrigen Körperteile; denn der Mord der Jünglinge
wurde in Lerna vollführt, und den Toten schnitten die
Frauen die Köpfe ab als Beweis ihrer Tat für ihren Vater[63].

Auf dem Gipfel der Larisa befindet sich ein Tempel des 3

Zeus mit Beinamen Larisaios ohne Dach; die Kultstatue aus Holz stand nicht mehr auf der Basis. Und ein sehenswerter Athenatempel ist dort. Hier steht unter anderen Weihgeschenken ein Holzbild des Zeus mit zwei Augen dort, wo wir sie haben, und einem dritten an der Stirn. Dieser Zeus soll dem Priamos, dem Sohn des Laomedon, der Stammgott gewesen sein, auf dem offenen Hof aufgestellt, und als Ilion von den Griechen genommen wurde, habe sich Priamos an seinen Altar geflüchtet. Als sie die Beute verteilten, erhielt ihn Sthenelos, der Sohn des Kapaneus, und deshalb steht er
4 hier. Daß er drei Augen hat, könnte man auf folgende Art beweisen: Daß Zeus im Himmel herrsche, ist allgemeiner Glaube unter allen Menschen. Von dem, der unter der Erde herrscht, gibt es einen Vers bei Homer, der ihn Zeus nennt:

«Unterirdischer Zeus und schreckliche Persephone»

(Homer, Ilias IX 457),

und Aischylos, der Sohn des Euphorion, nennt ihn den Zeus im Meer. Aus drei Augen sehend, hat ihn, wer auch immer, geschaffen, als einen und denselben in den drei Reichen herr-
5 schenden Gott[64]. Aus Argos führen Wege auch in andere Gegenden der Peloponnes, darunter einer nach Tegea in Arkadien. Rechts ist ein Berg mit Namen Lykone, zur Hauptsache mit Zypressen bewachsen. Auf dem Gipfel des Berges ist ein Heiligtum der Artemis Orthia mit Götterstatuen des Apollon, der Leto und der Artemis aus weißem Stein. Sie sollen Werke Polyklets sein. Steigt man den Berg wieder hinab, so ist zur Linken der Straße ein Tempel der Artemis.
6 Etwas weiter rechts vom Weg ist ein Berg mit Namen Chaon. Unter diesem wachsen Obstbäume, und es bricht da auch das Wasser des Erasinos hervor. Bis dahin fließt er aus dem Stymphalos in Arkadien, so wie auch die Rheitoi aus dem Euripous bei Eleusis gegen das Meer fließen. Da, wo der Erasinos aus dem Berg hervorbricht, opfern sie dem

Dionysos und dem Pan. Dem Dionysos feiern sie auch ein
Fest, Tyrbe genannt. Kommt man wieder auf dem Weg 7
nach Tegea zurück, so liegt da rechts vom sogenannten Trochos Kenchreai. Woher der Ort seinen Namen bekommen hat, sagen sie nicht, es sei denn, er hat seinen Namen von Kenchreios, dem Sohn der Peirene, erhalten. Dort sind auch die gemeinsamen Gräber der Argiver, die die Lakedaimonier in einer Schlacht bei Hysiai besiegt haben. Ich fand, daß diese Schlacht im gleichen Jahr stattfand, als Peisistratos Archont von Athen war, im vierten Jahr der 27. Olympiade, in welcher der Athener Eurybotos im Stadionlauf siegte. Steigt man in das ebenere Land hinunter, so sind da die Ruinen von Hysiai, einstmals einer Stadt in der Argolis, und hier sollen die Lakedaimonier die Niederlage erlitten haben[65].

Der Weg, der aus Argos nach Mantineia führt, ist nicht 25. 1
der gleiche, der nach Tegea führt, sondern dieser geht vom Tor beim Deiras aus. An diesem Weg ist ein Doppeltempel errichtet, der einen Eingang zum Untergang und einen weiteren zum Aufgang der Sonne hat. Auf dieser Seite befindet sich ein Schnitzbild der Aphrodite, auf der anderen des Ares. Beide Statuen sollen Weihgeschenke des Polyneikes und der Argiver sein, welche als Beistand mit ihm zu Felde gezogen
waren. Geht man von da aus vorwärts und überschreitet den 2
Gießbach Charadros, so ist da Oinoë. Seinen Namen hat es, wie die Argiver sagen, von Oineus. Oineus soll in Aitolien geherrscht haben und von den Söhnen des Agrios vertrieben worden und nach Argos zu Diomedes gekommen sein. Dieser unternahm zwar zu seiner Wiedereinsetzung einen Feldzug nach Kalydon, sagte aber, daß er bei ihm nicht bleiben könne. Wenn er aber ihn begleiten wolle, dann solle er nach Argos kommen. Als dieser angekommen war, pflegte er ihn, wie man den Vater eines Vaters zu pflegen hat. Und als er gestorben war, begrub er ihn da. Von da an heißt der Ort bei

3 den Argivern Oinoë. Oberhalb von Oinoë liegt das Artemisiongebirge und auf dem Gipfel ein Heiligtum der Artemis. Dort auf dem Gipfel sind auch die Quellen des Inachos. Er hat wirklich eine Quelle; sein Wasser fließt aber nur ein kurzes Stück über der Erde. Sonst gibt es an diesem Platz nichts
4 Sehenswertes. Ein anderer Weg führt von dem Tor am Deiras nach Lyrkeia. An diesen Ort soll sich Lynkeus gerettet haben, der einzige von 50 Brüdern. Und als er gerettet war, hielt er von diesem Platz aus ein Feuerzeichen empor. Er hatte nämlich mit der Klytaimnestra verabredet, die Fackel hochzuhalten, wenn er, dem Danaos entflohen, an einen sicheren Ort gekommen war. Sie würde dann auch ein Feuerzeichen von der Larisa geben, zum Zeichen, daß auch sie sich
5 in keiner Gefahr mehr befindet. Aus diesem Grunde feiern die Argiver Jahr um Jahr ein Fackelfest. Der Ort wurde damals Lynkeia genannt. Da sich aber Lyrkos einige Zeit später dort niederließ, er war ein unehelicher Sohn des Abas, erhielt der Ort den Namen von ihm. Neben anderen unbedeutenden Dingen befindet sich dort in den Ruinen ein Reliefbild des Lyrkos. Nach diesem Ort sind es von Argos aus 60 Stadien, von Lyrkeia nach Orneai ebenso viele. Die Stadt Lyrkeia hat Homer in seinem Katalog nicht erwähnt. Sie war damals zur Zeit des Zuges der Griechen gegen Ilion verlassen. Orneai aber war noch bewohnt, und so führt Homer es in seinem Epos, wie es mitten im argivischen Land liegt,
6 auf, vor Phlious und Sikyon. Es hatte seinen Namen von Orneus, dem Sohn des Erechtheus. Sohn des Orneus war Peteus, dessen Sohn Menestheus, welcher mit den Athenern dem Agamemnon die Herrschaft des Priamos zerstören half. Von ihm also erhielt die Stadt ihren Namen. Einige Zeit später zerstörten die Argiver Orneai, die Vertriebenen wurden nach Argos übergeführt. In Orneai ist noch ein Heiligtum der Artemis und ein stehendes Schnitzbild und noch ein

Tempel, der allen Göttern gemeinsam geweiht ist. Was über Orneai hinausgeht, ist sikyonisches und phliasisches Gebiet[66]. Geht man von Argos nach Epidauros, so ist da 7
rechterhand ein Gebäude in Form einer Pyramide. An ihm sind Schilde des argolischen Typs angebracht. Da spielte sich die Schlacht zwischen Proitos und Akrisios um die Herrschaft ab. Der Ausgang des Kampfes soll unentschieden gewesen sein, weshalb es später zu einem Ausgleich kam, da keiner mit Sicherheit die Oberhand gewinnen konnte. Damals also sollen sie und das Heer zum ersten Male mit Schilden bewaffnet gewesen sein. Den Gefallenen von beiden Seiten, Mitbürgern und Verwandten, haben sie dann ein gemeinsames Grab errichtet.

Geht man etwas weiter und wendet sich rechts ab, so liegen 8
dort die Ruinen von Tiryns. Auch Tiryns haben die Argiver zerstört, da sie die Bewohner in ihre Stadt überführen und Argos vergrößern wollten. Der Heros Tiryns, nach dem die Stadt ihren Namen erhielt, soll ein Sohn des Argos, des Sohnes des Zeus, gewesen sein. Die Mauer, die allein von den Ruinen noch übrig ist, ist ein Werk der Kyklopen und aus unbehauenen Steinen gebaut, jeder Stein so groß, daß auch der kleinste von ihnen von einem Gespann Maultiere überhaupt nicht von der Stelle bewegt werden könnte. Kleine Steine sind von alters eingefügt, damit jeder von ihnen möglichst die Verbindung für die großen Steine herstelle. Steigt man in 9
Richtung zum Meer hinab, so sind da die Gemächer der Töchter des Proitos. Kehrt man zur Straße zurück, so kommt man links nach Mideia. Elektryon, der Vater der Alkmene, soll in Mideia geherrscht haben. Zu meiner Zeit ist von Mideia außer dem Erdboden nichts übriggeblieben[67]. Auf dem 10
direkten Weg nach Epidauros liegt die Ortschaft Lessa und in ihr ein Tempel der Athena und ein hölzernes Götterbild, das sich in nichts von dem auf der Akropolis La-

risa unterscheidet. Über Lessa liegt der Berg Arachnaion, der einst Sapyselaton hieß und unter Inachos seinen Namen erhielt. Darauf stehen Altäre von Zeus und Hera; hier opfern sie ihnen, um Regen zu erbitten.

26. 1 Bei Lessa schließt das epidaurische Land an das von Argos an. Bevor man aber zur Stadt selbst kommt, gelangt man zum Heiligtum des Asklepios. Ich weiß nicht, welche Menschen dieses Land früher bewohnt haben, bevor Epidauros in dieses kam. Ja nicht einmal die Nachkommen des Epidauros konnte ich bei den Einheimischen erfragen. Zuletzt, bevor die Dorer in die Peloponnes kamen, soll Pityreus, Sohn des Ion und Abkomme des Xouthos, König gewesen sein. Dieser übergab, wie sie sagen, ohne Widerstand das Land dem
2 Deïphontes und den Argivern. Er selbst begab sich mit den Bürgern nach Athen und ließ sich dort nieder. Deïphontes und die Argiver nahmen Epidauria in Besitz. Diese hatten sich von den anderen Argivern getrennt, nachdem Temenos gestorben war; und zwar Deïphontes und Hyrnetho aus Haß gegen die Söhne des Temenos, der Heerhaufen aber mit ihnen, weil er mehr auf seiten des Deïphontes und der Hyrnetho als des Keisos und seiner Brüder stand. Epidauros, von dem das Land seinen Namen hat, war, wie die Eleer sagen, ein Sohn des Pelops. Nach Meinung der Argiver aber und dem Epos, den großen Eoiai zufolge, hatte Epidauros den Argos, Sohn des Zeus, zum Vater. Die Epidaurier erklären
3 den Epidauros als einen Sohn des Apollon. Daß das Land besonders dem Asklepios heilig ist, geschah nach folgender Überlieferung: Phlegyas kam nach der Sage der Epidaurier in die Peloponnes unter dem Vorwand, das Land zu besehen, in Wirklichkeit aber, um auszukundschaften, wie zahlreich die Einwohner seien und ob das Volk kampfeslustig sei. Phlegyas nämlich war damals der kampflustigste von allen. Er machte überallhin kriegerische Ausfälle und raubte bei

denen, die es traf, Früchte und Rinder. Als er nun in die Pe- 4
loponnes übergriff, folgte ihm seine Tochter, die es ihrem
Vater noch verborgen hatte, daß sie von Apollon schwanger
war. Wie sie nun in dem epidaurischen Lande niederkam,
setzte er das Kind auf dem Berg aus, der heute Titthion ge-
nannt wird, damals Myrtion hieß. Eine der auf dem Berg
weidenden Ziegen gab dem ausgesetzten Kind Milch, und
der Hund, der die Herde bewachte, beschützte es. Arestha- 5
nas aber, so hieß nämlich der Hirt, wie er die Zahl der Zie-
gen nicht in Übereinstimmung fand und nachdem auch der
Hund sich von der Herde entfernt hatte, so durchsuchte er
alles aufs genaueste; fand das Kind und wollte es töten. Wie
er näher hinzu ging, sah er ein Leuchten von dem Kind aus-
gehen. Im Glauben, es sei ein göttliches Kind, was es in der
Tat war, habe er sich abgewandt. Sofort verbreitete sich
über Land und Meer die Kunde, der Knabe könne alles, was
er wolle, an den Kranken heilen und auch die Verstorbenen
auferwecken. Dazu wird auch noch eine andere Sage erzählt: 6
Koronis, bereits mit Asklepios schwanger, habe sich mit
Ischys, dem Sohn des Elatos, verbunden, und sie sei von Ar-
temis getötet worden, weil diese den Frevel gegen Apollon
abwehren wollte. Als der Scheiterhaufen schon entzündet
war, habe Hermes das Kind aus den Flammen gerettet. Die 7
dritte Sage ist die nach meiner Meinung unwahrscheinlich-
ste: Asklepios sei der Sohn der Arsinoë, der Tochter des Leu-
kippos. Denn als Apollophanes der Arkader nach Delphoi
kam und den Gott befragte, ob Asklepios von der Arsinoë
geboren und ein messenischer Mitbürger sei, da antwortete
die Pythia:

«O Asklepios, allen Sterblichen zur großen Freude
entsprossen,
den Phlegyas' Tochter, in Liebe verbunden, geboren hat.
Koronis, reich an Anmut im steinigen Epidauros Land.»

Dieser Orakelspruch beweist besonders, daß Asklepios
nicht der Sohn der Arsinoë ist und daß Hesiod, oder wer im-
mer es bei Hesiod hineingesetzt hat, diese Verse den Messe-
8 niern zu Gefallen verfaßt hat. Auch folgendes ist mir ein Be-
weis, daß Asklepios in Epidauros geboren ist: Die berühmte-
sten Asklepieia kommen aus Epidauros. Die, die zugeben,
daß sie den Asklepios an ihrem Fest teilnehmen lassen, sie
nennen diesen Festtag Epidauria, und von da an halten sie
den Asklepios für einen Gott. Archias, des Aristaichmos
Sohn, der auf der Jagd um den Pindasos von einem Krampf
befallen und der in Epidauros geheilt wurde, hat die Vereh-
9 rung des Gottes in Pergamon eingeführt. Von dem Askle-
pieion in Pergamon stammt das der Smyrnaier heute, am
Meere gelegen. Das Asklepieion in Balagrai im Lande der
Kyrenaier hat den Kult des Asklepios Iatros, auch diesen aus
Epidauros. Aus dem kyrenaischen stammt dann das Askle-
pieion in Lebena auf Kreta. Darin unterscheiden sich die Ky-
renaier von den Epidauriern, daß sie Ziegen opfern, was bei
10 den Epidauriern nicht üblich ist. Daß Asklepios von Anfang
an als ein Gott verehrt wurde und nicht erst mit der Zeit die-
sen Nimbus erhalten hat, schließe ich unter anderen Bewei-
sen auch aus Homer, der den Agamemnon über Machaon
sagen läßt:

«Auf, Talthybios, ruf mir aufs schnellste
den Machaon herbei,
ihn des Asklepios Sohn» (Homer, Ilias IV 193 f.),

als ob er sagen wollte, einen Menschen, eines Gottes Sohn[68].

27.1 Den heiligen Hain des Asklepios umgeben allerseits
Grenzsteine, und innerhalb des Heiligtums sterben keine
Menschen und gebären keine Frauen, wie auch auf der Insel
Delos. Die Opfer aber, mag nun der Opfernde einer von den
Epidauriern selbst oder ein Fremder sein, verzehren sie in-
nerhalb der Grenzen. Dasselbe beobachtete ich auch in Ti-

tane. Die Kultstatue des Asklepios ist halb so groß wie die 2 des olympischen Zeus in Athen und aus Elfenbein und Gold gemacht; eine Inschrift besagt, der Künstler sei der Parier Thrasymedes, der Sohn des Arignotos. Er sitzt auf einem Thron, einen Stab haltend, und die andere Hand hat er über dem Kopf der Schlange, und auch ein Hund ist neben ihm liegend dargestellt. An dem Thron sind die Taten von argivischen Heroen angebracht, Bellerophontes' Kampf mit der Chimaira und Perseus, der der Medousa den Kopf abgeschlagen hat. Dem Tempel gegenüber ist der Ort, wo die den Gott um Hilfe Bittenden schlafen. In der Nähe ist ein 3 Rundbau aus Marmor errichtet, die sogenannte Tholos, sehenswert. Darin ist von der Hand des Pausias ein Eros gemalt, der Geschosse und Bogen niedergelegt hat und statt ihrer eine Leier trägt. Auch Methe («die Trunkenheit») ist hier gemalt, auch diese ein Werk des Pausias, aus einer Glasschale trinkend. Man sieht auch in dem Gemälde die gläserne Schale und durch sie hindurch das Gesicht der Frau[69]. Innerhalb des heiligen Bezirks standen vor alters viele Stelen, zu meiner Zeit noch sechs. Auf ihnen sind die Namen von Männern und Frauen verzeichnet, die von Asklepios geheilt wurden, und dazu die Krankheit, an der jeder litt, und wie er geheilt wurde. Geschrieben ist das in dorischer Sprache. Ge- 4 trennt von den anderen befindet sich eine alte Stele, die besagt, daß Hippolytos dem Gott zwanzig Pferde geweiht habe. Übereinstimmend mit der Inschrift dieser Stele erzählen auch die Bewohner von Ariccia, daß Asklepios den durch die Flüche des Theseus getöteten Hippolytos wieder zum Leben erweckte. Wie er wieder lebendig geworden war, wollte er seinem Vater keine Verzeihung zuteil werden lassen, sondern ging trotz seinen Bitten nach Italien zu den Bewohnern von Ariccia, wurde dort König und weihte der Artemis ein Heiligtum, wo es noch zu meiner Zeit als Sie-

gespreis im Zweikampf galt, daß der Sieger Priester der Göttin wurde. Dieser Wettkampf stand aber keinem Freien
5 offen, sondern nur ihren Herren entlaufenen Sklaven[70]. Die Epidaurier haben in dem Heiligtum ein Theater, das nach meiner Meinung besonders sehenswert ist. Die der Römer übertreffen alle anderen überall durch ihre Ausstattung, das arkadische in Megalopolis tut es durch seine Größe. Welcher Architekt könnte aber wohl hinsichtlich Ebenmaß und Schönheit mit Polyklet wirklich in Wettbewerb treten? Denn Polyklet war es, der sowohl dieses Theater wie auch den Rundbau errichtet hat. Innerhalb des heiligen Haines ist ein Tempel der Artemis und eine Statue der Epione und ein Heiligtum der Aphrodite und der Themis und ein Stadion, wie die meisten griechischen nur eine Erdaufschüttung, und ein Brunnenhaus, durch sein Dach und seine sonstige Aus-
6 stattung sehenswert. Was aber der Senator Antoninus zu meiner Zeit gebaut hat, ist ein Bad des Asklepios und ein Heiligtum der Götter, die sie Epidotai nennen. Er baute auch einen Tempel für Hygieia und Asklepios und Apollon mit dem Beinamen «die aigyptischen». Und es war da auch eine Halle, nach Kotys genannt, die nach Einsturz ihres Dachs schon ganz zerstört war, weil sie aus ungebrannten Ziegeln gebaut war, und so baute er auch diese wieder auf. Die Epidaurier am Heiligtum litten am meisten darunter, daß die Frauen nicht unter einem Dach gebären konnten und die Kranken unter freiem Himmel sterben mußten. Er sorgte auch dafür und baute ein Haus, und hier darf nun ein Mensch
7 sterben und eine Frau gebären. An Bergen erheben sich über dem Hain das Titthion und ein anderer, der Kynortion heißt, mit einem Heiligtum des Apollon Maleatas darauf; das ist alt, aber was sonst um das Heiligtum des Maleatas herum ist, und die Zisterne, in der das Regenwasser gesammelt wird, auch das baute Antoninus den Epidauriern[71].

Die übrigen Schlangen und eine Art, die mehr ins Rötlichgelbe übergeht, gelten als dem Asklepios heilig, für die Menschen sind sie zahm. Sie kommen nur im epidaurischen Lande vor. Ähnliches finde ich auch in anderen Ländern. So bringt das libysche Land allein Landkrokodile hervor, die nicht kleiner sind als zwei Ellen. Von den Indern allein kommen die Papageien, und die großen Schlangen, die über dreißig Ellen lang sind und die bei Indern und in Libyen vorkommen, erklären die Epidaurier für eine andere Art und nicht als Schlangen. 28. 1

Am Aufstieg zum Berge Koryphos wächst der sogenannte gewundene Ölbaum am Wege, den Herakles mit der Hand in diese Form brachte. Ob er ihn auch zur Grenze gegen Asine in der Argolis bestimmte, weiß ich jedenfalls nicht, da es auch anderswo, wenn ein Land verwüstet ist, nicht möglich ist, etwas Sicheres über die Grenzen zu erfahren. Auf dem Gipfel des Berges steht ein Heiligtum der Artemis Koryphaia, das auch Telesilla in einem Gedicht erwähnt hat. Geht man nach der Stadt der Epidaurier hinab, so ist da ein Platz mit wilden Ölbäumen bewachsen[72]. Hyrnethion nennen sie ihn, und was es mit ihm für eine Bewandtnis hat, das werde ich so beschreiben, wie die Epidaurier es berichten und wie es auch wahrscheinlich ist. Keisos und die übrigen Söhne des Temenos wußten, daß sie dem Deïphontes keinen größeren Schmerz antun könnten, als wenn ihnen gelänge, die Hyrnetho von ihm zu trennen. Kerynes und Phalkes kamen also nach Epidauros. Dem Argaios als dem jüngsten gefiel das Vorhaben nicht. Diese also stellten den Wagen unter der Mauer auf und sandten einen Herold zur Schwester, sie möge dorthin kommen, als ob sie eine Unterredung mit ihr vorhätten. Als sie nun der Einladung folgte, da klagten die Jünglinge den Deïphontes in vielen Punkten an, und sie baten sie inständig, sie möge mit ihnen nach Ar-

2 (beside "Am Aufstieg ..."), 3 (beside "wähnt hat. Geht man ..."), 4 (beside "redung mit ihr vorhätten. Als sie nun ...")

gos zurückkehren. Sie versprachen ihr, sie mit einem Manne zu verheiraten, der in allem besser als Deïphontes sei und der über viele Menschen und ein glückliches Land herrsche. Hyrnetho, die über diese Reden gekränkt war, zahlte ihnen mit gleicher Münze zurück: Sie habe in Deïphontes den trefflichsten Gatten, auch sei dieser dem Temenos ein tadelsfreier Schwiegersohn. Sie selbst könne man eher Mörder als
5 Söhne des Temenos nennen. Und als sie ihr nicht hierauf erwiderten, griffen sie sie, hoben sie auf den Wagen und fuhren fort. Dem Deïphontes meldete es einer der Epidaurier, daß Kerynes und Phalkes die Hyrnetho gewaltsam entführt hätten. Dieser eilte, so schnell er konnte, ihr zu Hilfe, und auch die Epidaurier eilten, sobald sie von der Sache erfahren hatten, ihm zu Hilfe. Deïphontes tötete den Kerynes, als er ihn eingeholt hatte, mit einem Lanzenwurf. Den Phalkes, der die Hyrnetho festhielt, wagte er nicht zu treffen, damit er nicht bei einem Fehlwurf zu ihrem Mörder würde. Er umfaßte sie also und versuchte, sie loszureißen. Phalkes aber, der sie um so fester an sich hielt und sie an sich riß, tötete sie,
6 obwohl sie doch schwanger war. Da er sich bewußt wurde, welche Tat er an seiner Schwester vollbracht hatte, trieb er die Pferde um so heftiger an, um einen Vorsprung zu gewinnen, ehe sich alle Epidaurier versammelt hätten. Deïphontes aber mit seinen Söhnen – es waren ihm vorher schon Kinder geboren, die Söhne Antimenes, Xanthippos, Argeios und die Tochter Orsobia, die später den Pamphilos, den Sohn des Aigimios, geheiratet haben soll –, die also nahmen den Leichnam der Hyrnetho auf und brachten ihn an diesen Ort,
7 der mit der Zeit Hyrnethion genannt wurde. Indem sie ihr ein Heroon errichteten, erwiesen sie ihr manch andere Ehre, und für die darin gewachsenen Ölbäume wie für jeden anderen Baum wurde ein Gesetz festgelegt, wonach niemand das Bruchholz nach Hause schaffen noch es zu irgendeinem

Zwecke verwenden dürfe. Man solle es an Ort und Stelle belassen, als einem der Hyrnetho geweihten Platz. Nicht weit 8
von der Stadt ist das Grabmal der Melisse gelegen, welche mit Periandros, dem Sohn des Kypselos, vermählt war, ein weiteres Grab für Prokles, den Vater der Melisse. Dieser war Tyrann in Epidauros, so wie es sein Schwiegersohn Periandros in Korinth war.

Die Stadt der Epidaurier selbst hatte an Bemerkenswertestem folgendes zu bieten. 29. 1
Es ist da ein heiliger Bezirk des Asklepios und an Statuen der Gott selbst und Epione; Epione sei die Frau des Asklepios, sagt man. Die stehen unter freiem Himmel aus parischem Marmor. An Tempeln sind in der Stadt . . . und des Dionysos und ein anderer der Artemis; die Artemis könnte man für eine Jägerin halten. Und ein Heiligtum der Aphrodite ist dort gebaut; dasjenige am Hafen auf einem ins Meer vorspringenden Kap soll der Hera gehören. Die Athena auf der Burg, ein sehenswertes Holzbild, nennen sie Kissaia mit Beinamen[73].

Die Aigineten bewohnen die Insel gegenüber von Epidauros. 2
Es sollen nicht gleich von Anfang an Menschen auf ihr gesiedelt haben. Nachdem Zeus die Aigina, die Tochter des Asopos, auf die menschenleere Insel verbracht hatte, erhielt sie diesen Namen an Stelle von Oinoë. Als aber Aiakos, herangewachsen, sich von Zeus Ansiedler erbat, soll Zeus ihm die Menschen aus Erde gemacht haben. Sie können als König niemand außer Aiakos nennen, ja wir wissen nicht einmal, ob einer der Söhne des Aiakos dort geblieben ist. Denn Peleus und Telamon mußten wegen der Ermordung des Phokos fliehen, während die Söhne des Phokos um den Parnass wohnten im heutigen Phokis. Den Namen hatte das 3
Land schon früher, da Phokos, Sohn des Ornytion, bereits eine Generation früher in das Land gekommen war; von diesem Phokos also hieß das Land um Tithorea und Parnass

Phokis. Unter dem Aiakos aber verbreitete sich der Name
über alle, die den Minyern in Orchomenos benachbart sind
4 und sich bis zum lokrischen Karpheia erstrecken. Von Peleus
stammen die Könige in Epeiros ab. Von des Telamon Söh-
nen ist das Geschlecht des Aias das unbedeutendere, außer
daß eben Miltiades, der die Athener bei Marathon als Feld-
herr anführte, und Kimon, des Miltiades Sohn, zu Ruhm
und Ansehen gelangten. Die Teukriden blieben Könige der
Kyprier bis auf Euagoras. Der Dichter Asios sagt, Phokos
habe zwei Söhne gehabt, den Panopeus und den Krisos. Ein
Sohn des Panopeus war Epeios, der das hölzerne Pferd, wie
Homer sagt, geschaffen hat. Abkömmling des Krisos im
dritten Geschlecht war Pylades, dieser ein Sohn des Stro-
phios, des Sohnes des Krisos und der Anaxibia, einer Schwe-
ster Agamemnons. Das sind also die Geschlechter der soge-
nannten Aiakiden. Sie sind aber von Anfang an in fremde
5 Länder ausgewandert. In späterer Zeit ging ein Teil der Ar-
giver, die mit Deïphontes zusammen Epidauros besetzt hat-
ten, nach Aigina über, und die siedelten zusammen mit den
alten Aigineten und führten dorische Sitte und Sprache auf
der Insel ein. Als die Aigineten zu großer Macht kamen, so
daß sie sogar den Athenern an Schiffen überlegen wurden
und in den Perserkriegen nach den Athenern die meisten
Schiffe stellten, blieb ihnen ihr Wohlstand nicht dauernd er-
halten; sie wurden von den Athenern vertrieben und siedel-
ten sich in Thyrea in der Argolis an, das ihnen die Spartaner
gaben. Sie erhielten zwar ihre Insel wieder, als die atheni-
schen Trieren am Hellespont vernichtet wurden, gelangten
6 aber nicht mehr zu gleichem Reichtum und Macht. Die An-
fahrt nach Aigina ist von allen griechischen Inseln am
schwierigsten; denn um die ganze Insel ragen Felsen unter
dem Meeresspiegel und Klippen empor. Das soll sich Aiakos
ausgedacht haben als geeignetes Mittel aus Furcht vor See-

räubern und um feindliche Landungen gefährlich zu ma-
chen. In der Nähe des Hafens, in dem man meistens landet,
befindet sich ein Tempel der Aphrodite und an dem hervor-
ragendsten Platz der Stadt das sogenannte Aiakeion, ein
viereckiger Bezirk aus Marmor. Am Eingang sind in Relief 7
dargestellt die einst von den Griechen zu Aiakos Gesandten.
Die gleiche Ursache wie die Aigineten geben auch die übri-
gen an: Lange Zeit bedrückte Griechenland eine Dürre, und
weder außerhalb des Isthmos noch innerhalb der Peloponnes
fiel Regen; bis sie eine Gesandtschaft nach Delphoi schick-
ten, um nach den Gründen zu fragen und um eine Erlösung
von dem Übel zu erbitten. Die Pythia riet ihnen, sich mit
Zeus zu versöhnen; sollte er sie anhören, so müßte Aiakos
der Bittflehende sein. So sandten sie also aus jeder Stadt Bo- 8
ten, um Aiakos zu bitten. Dieser opferte dem panhelleni-
schen Zeus und flehte zu ihm, und er bewirkte Regen über
Griechenland. Von diesen Boten ließen die Aigineten Stand-
bilder herstellen. Innerhalb der Umfassungsmauer wachsen
seit alters Ölbäume und steht ein Altar, der nicht weit aus
der Erde hervorragt. Daß dieser Altar auch das Grabmal des
Aiakos sei, wird im geheimen gesagt. Neben dem Aiakeion 9
ist das Grab des Phokos, ein Erdhügel, rings von einer Ein-
friedigung umgeben, und darauf liegt ein roher Stein. Als
Telamon und Peleus den Phokos zum Wettkampf im
Pentathlon aufforderten und die Reihe an Peleus kam, den
Stein zu schleudern, denn dieser diente ihnen an Stelle eines
Diskos, da traf er mit Absicht den Phokos. Dieses taten sie
ihrer Mutter zuliebe, denn sie stammten von des Skiron
Tochter; Phokos aber nicht von ihr, sondern von einer
Schwester der Thetis, wenn die Griechen die Wahrheit be-
richten. Pylades scheint mir auch aus diesem Grunde und
nicht um der Freundschaft mit Orest willen die Ermordung
des Neoptolemos beschlossen zu haben. Als damals Phokos 10

von dem Diskos getroffen starb, bestiegen die Söhne der
Endeïs ein Schiff und flohen. Telamon aber schickte später
einen Boten und leugnete die vorsätzliche Tötung des Pho-
kos. Aiakos erlaubte ihm nicht, auf der Insel auszusteigen,
sondern befahl ihm, vom Schiff aus oder, wenn er wolle,
von einem aufgeschütteten Damm im Meere aus sich zu ver-
teidigen. Dieser schiffte also in den verborgenen Hafen ein
und baute des Nachts einen Damm. Dieses Werk hat sich bis
11 auf den heutigen Tag erhalten. Nicht weit von dem «Ge-
schlossenen Hafen» liegt ein sehenswertes Theater, am ehe-
sten wie das epidaurische an Größe und übriger Arbeit. Da-
hinter ist die eine Seite eines Stadions gebaut, die einerseits
selber den Zuschauerraum des Theaters bildet und ihn ande-
rerseits als entsprechende Stütze benutzt.

30. 1 Von den Tempeln nicht weit voneinander gehört der eine
dem Apollon, der andere der Artemis und der dritte dem
Dionysos. Die Kultstatue des Apollon ist ein nacktes Holz-
bild in einheimischer Arbeit, die der Artemis ist bekleidet,
ebenso die des Dionysos; und Dionysos ist bärtig dargestellt.
Das Heiligtum des Asklepios ist anderswo und nicht dort
2 und das Kultbild aus Marmor und sitzend. Von Göttern eh-
ren die Aigineten die Hekate am meisten, und sie feiern jedes
Jahr ein Fest der Hekate und sagen, Orpheus, der Thraker,
habe ihnen das Fest eingerichtet. Innerhalb der Umfassungs-
mauer ist ein Tempel. Das Kultbild ist ein Werk des Myron
und aus Holz, und zwar gleichermaßen das Gesicht und der
übrige Körper aus einem Stück. Alkamenes hat nach meiner
Meinung als erster Hekatebilder gemacht zu dritt aneinan-
der, die die Athener die Epipyrgidia nennen. Sie steht neben
3 dem Tempel der Nike Apteros. In Aigina befindet sich am
Wege zum Berg des panhellenischen Zeus ein Heiligtum der
Aphaia, auf die auch Pindar den Aigineten ein Gedicht ge-
macht hat. Die Kreter sagen, denn bei ihnen ist die Sage

heimisch, Euboulos sei ein Sohn des Karmanor gewesen,
welcher Apollon von dem Mord an dem Pythodrachen ge-
reinigt habe. Von Zeus und Karme, der Tochter des Eubou-
los, sei Britomartis entsprossen. Diese habe sich am Lauf und
an der Jagd erfreut und sei der Artemis besonders vertraut
gewesen. Da Minos zu ihr in Liebe entbrannte, sei sie geflo-
hen und habe sich in Netze gestürzt, die zum Fischfang aus-
gelegt waren. Artemis machte sie zur Göttin und nicht nur
die Kreter, sondern auch die Aigineten verehren sie; die au-
ßerdem noch berichten, Britomartis sei ihnen auf der Insel
erschienen. Bei den Aigineten hat sie den Beinamen Aphaia,
in Kreta Britomartis. Der Berg Panhellenion hatte außer 4
dem Heiligtum des Zeus nichts Bemerkenswertes. Dieses
Heiligtum soll Aiakos dem Zeus gebaut haben. Was sich
dann auf die Auxesia und die Damia bezieht, wie es bei den
Epidauriern nicht regnete, wie sie dann nach einem Orakel-
spruch die Schnitzbilder machten, aus Ölbaumholz, das ih-
nen die Athener gaben, wie ihnen die Epidaurier die verab-
redete Abgabe nicht lieferten unter dem Vorwand, die Aigi-
neten besäßen die Statuen, und wie dann die Athener, die
nach Aigina übergesetzt waren, umkamen – dies alles hat
Herodot auf das genaueste berichtet, so daß ich nicht Lust
habe, etwas, was so gut berichtet wurde, nochmals zu erzäh-
len. Außer, daß ich die Standbilder gesehen und ihnen unter
den gleichen Riten, wie sie in Eleusis üblich sind, geopfert
habe[74]. Von Aigina soll wegen Aiakos und seiner Taten so 5
weit die Rede sein.

An Epidauros grenzen die Troizenier, die ihre einheimischen Dinge ganz besonders rühmen. Sie berichten, Oros habe in ihrem Land als erster gelebt. Mir scheint der Name Oros aigyptisch und auf keine Weise griechisch zu sein. Doch sie behaupten nun einmal, Oros sei König gewesen und das Land sei nach ihm Oraia benannt worden. Nach

dem Oros habe Althepos, der Sohn des Poseidon und der Leïs, Tochter des Oros, die Herrschaft erhalten. Das Land
6 wurde Althepia genannt. Unter seiner Regierung sei es zum Streit zwischen Athena und Poseidon um den Besitz des Landes gekommen. Sie besitzen es gemeinsam, Zeus habe es so angeordnet. Und darum verehren sie die Athena Polias und nennen sie Sthenias, den Poseidon mit Beinamen Basileus. Ihre alte Münze hat im Gepräge den Dreizack und den
7 Kopf der Athena. Nach Althepos herrschte Saron. Sie erzählen, dieser habe der saronischen Artemis am Meer einen Tempel gebaut, an einer eher seichten und schlammigen Stelle, so daß es aus diesem Grunde Psiphaiasee genannt wurde. Saron war ein großer Jäger, und es geschah ihm, daß er bei der Verfolgung eines Hirsches zusammen mit diesem ins Meer stürzte. Der Hirsch schwamm weiter hinaus, und Saron verfolgte die Beute, bis er, vom Eifer fortgerissen, ins freie Meer geriet. Da er bereits ermüdet war und von den Wogen überspült wurde, ereilte ihn sein Schicksal. Den ans Land gespülten Leichnam begruben sie an dem Psiphaiasee im Heiligtum der Artemis innerhalb des Temenos, und die
8 See nennen sie die saronische anstatt der psiphaischen. Die folgenden Könige kennen sie nicht, bis Hyperethos und Anthas. Diese seien Söhne des Poseidon und der Alkyone, der Tochter des Atlas, und hätten in dem Land die Städte Hypereia und Antheia gegründet. Aëtios, der Sohn des Anthas, übernahm die Herrschaft seines Vaters und Oheims. Die dritte Stadt benannte er Poseidonias. Als Troizen und Pittheus zu Aëtios kamen, gab es drei Könige an Stelle des ei-
9 nen; doch waren die Söhne des Pelops stärker. Als Beweis mag dienen: Nach Troizens Tod führte Pittheus die Menschen in der heutigen Stadt zusammen und nannte sie nach seinem Bruder Troizen, Hypereia und Antheia damit vereinigend. Viele Jahre später wanderten die Nachkommen des

Aëtios, des Sohnes des Anthas, aus Troizen aus, um in Karien die Städte Halikarnassos und Myndos zu gründen. Des Troizen Söhne, Anaphlystos und Sphetos, wanderten nach Attika aus, und von diesen beiden haben die Demen ihren Namen erhalten. Die Geschichte des Theseus, des Enkels des Pittheus, beschreibe ich nicht, da sie gut bekannt ist. Folgendes aber muß ich noch berichten: Bei der Rückkehr der Herakliden mußten auch die Troizenier Mitbürger von den argivischen Dorern aufnehmen, da sie ja vorher schon Untertanen der Argiver gewesen sind. Auch gibt Homer im Katalog an, daß sie von Diomedes beherrscht wurden. Denn Diomedes und Euryalos, des Mekistes Sohn, die noch die Vormundschaft über Kyanippos, des Aigialeus Sohn, hatten, führten die Argiver nach Troia. Sthenelos aber, wie schon oben erwähnt, stammte aus dem vornehmen Haus der Anaxagoriden, und die Königsherrschaft über Argos gehörte vorzugsweise ihm. Soweit also zur Geschichte Troizens, ohne die Städte, die von ihnen gegründet worden sind. Was die Heiligtümer angeht, die sie gestiftet haben, und auch sonst noch Erwähnenswertes, werde ich im Folgenden berichten.

Auf dem Markt von Troizen befindet sich ein Tempel mit 31. 1
einem Kultbild der Artemis Soteira. Theseus soll ihn gegründet und die Artemis Soteira genannt haben, weil er nach Überwindung des Asterion, des Sohnes des Minos, aus Kreta zurückgekehrt ist. Ihm schien dies die bedeutendste Tat gewesen zu sein, und zwar nicht nur, weil Asterion die übrigen von Theseus getöteten Gegner an Tapferkeit übertroffen habe, sondern weil der schwierige Weg aus dem Labyrinth und die heimliche Flucht nach der Tat es wahrscheinlich machen, daß Theseus und seine Begleiter nur
durch göttlichen Beistand gerettet wurden. In diesem Tem- 2
pel befinden sich Altäre der Götter, die unter der Erde herr-

schen sollen. Und sie behaupten, daß Semele hier von Dionysos aus dem Hades heraufgebracht worden sei und daß auch Herakles hier den Hadeshund heraufgeführt habe. Ich bin aber überzeugt, daß Semele gar nicht gestorben ist, da sie Frau des Zeus war, und in betreff des sogenannten Hadeshundes werde ich an anderer Stelle erläutern, wie es mir zu
3 sein scheint. Hinter dem Tempel befindet sich das Grabmal des Pittheus, und darauf stehen drei Throne aus Marmor. Auf diesen Thronen soll Pittheus und zwei Männer mit ihm Recht gesprochen haben. Nicht weit ist ein Heiligtum der Musen; das habe Ardalos, der Sohn des Hephaistos, gebaut, sagten sie, und sie glauben auch, dieser Ardalos habe die Flöte erfunden, und die Musen nennen sie nach ihm die ardalischen. Hier soll Pittheus die Redekunst gelehrt haben, und ein Buch, eine Schrift des Pittheus, von einem Epidaurier herausgegeben, habe ich selber gelesen. Nicht weit vom Mouseion ist ein alter Altar, auch dieser, wie sie sagen, Stiftung des Ardalos. Auf diesem opfern sie den Musen und dem Hypnos («Schlaf»), da sie sagen, der Schlaf sei den Musen der
4 liebste Gott. In der Nähe des Theaters hat Hippolytos einen Tempel der Artemis Lykeia gebaut. Über den Beinamen konnte ich von den Erklärern nichts erfahren, aber entweder schien mir, daß Hippolytos Wölfe, die das troizenische Land heimsuchten, vernichtet habe, oder das ist ein Beiname der Artemis bei den Amazonen, von denen er mütterlicherseits stammte; es mag auch etwas anderes sein, was mir nicht bekannt ist. Der Stein vor dem Heiligtum, der der heilige heißt, soll derjenige sein, auf dem einst neun Troizenier den Orestes von seinem Muttermord entsühnten[75].

5 Nicht weit von der Artemis Lykeia stehen Altäre, nicht viel voneinander entfernt. Der erste von ihnen ist der des Dionysos nach einem Orakel mit Beinamen Saotes, der zweite heißt der der Themides. Diesen weihte Pittheus, wie

sie sagen. Dem Helios Eleutherios («Befreier») scheinen sie
mir aus einem sehr passenden Grunde einen Altar gebaut zu
haben, als sie der Unterwerfung durch Xerxes und die Perser
entgingen. Das Heiligtum des Apollon Thearios hat, wie sie 6
sagten, Pittheus eingerichtet, und es ist das älteste, das ich
sah. Alt ist auch der Athenatempel in Phokaia in Ionien, den
der Meder Harpagos einst verbrannte, alt auch in Samos der
des Apollon Pythios; sie wurden aber viel später als der troi-
zenische gebaut. Das jetzige Kultbild ist eine Weihung des
Auliskos und ein Werk des Troizeniers Hermon. Von diesem
Hermon stammen auch die Schnitzbilder der Dioskouren. In 7
einer Halle des Marktes stehen Frauenstatuen, sie selbst und
ihre Kinder aus Marmor. Es sind die Frauen und Kinder, die
die Athener den Troizeniern zur Rettung übergaben, als sie
beschlossen, die Stadt zu verlassen und dem anrückenden
Perser nicht mit dem Landheer entgegenzutreten. Es sollen
aber nicht Statuen von allen Frauen sein, es sind nämlich
nicht viele, sondern nur von denen hätten sie Statuen ge-
weiht, die an Würde hervorragten. Vor dem Apollonheilig- 8
tum befindet sich ein Gebäude, das Zelt des Orestes heißt.
Denn bevor er von dem Muttermord entsühnt war, wollte
ihn kein Troizenier in sein Haus aufnehmen. So gaben sie
ihm hier Wohnung und entsühnten und bewirteten ihn, bis
sie ihn entsühnt hatten. Und jetzt noch speisen die Nach-
kommen der Entsühner hier an bestimmten Tagen. Aus den
etwas vom Zelt entfernt vergrabenen Sühnopfern sei, wie sie
sagen, ein Lorbeerbaum entsprossen, der jetzt noch da steht,
nämlich der vor diesem Zelt. Und sie hätten den Orestes au-
ßer mit anderen Sühnemitteln auch mit Wasser aus der Pfer-
dequelle entsühnt. Die Troizenier haben nämlich auch eine 9
sogenannte Pferdequelle, und die Legende darüber lautet
nicht anders als in Boiotien. Auch sie sagen, das Pferd Pega-
sos habe das Wasser aufsprudeln lassen, als es mit dem Huf

den Boden berührte, Bellerophontes aber sei nach Troizen gekommen, um Aithra von Pittheus zur Frau zu erbitten, aber vor der Hochzeit aus Korinth geflohen[76].

10 Hier steht auch der sogenannte Hermes Polygios. An diese Statue soll Herakles seine Keule gelehnt haben, und sie wuchs, da sie aus dem Holz vom wilden Ölbaum war, wieder in der Erde an, wer das glaubt, und grünte wieder. Der wilde Ölbaum wächst da noch, und Herakles soll diesen Ölbaum am Saronischen Golf gefunden und daraus seine Keule geschnitten haben. Es ist da auch ein Heiligtum des Zeus mit Beinamen Soter, das der König Aëtios, der Sohn des Anthas, gebaut haben soll. Das Wasser nennen sie Chrysoroas, und als sie einmal neun Jahre lang Dürre hatten, in der der Gott nicht regnen ließ, da seien alle anderen Wasser ausgetrocknet, dieser Chrysoroas aber sei auch damals stets geflossen[77].

32. 1 Dem Hippolytos, dem Sohn des Theseus, ist ein sehr ansehnlicher heiliger Bezirk geweiht, und darin ist ein Tempel und ein altes Kultbild. Das soll Diomedes gemacht haben, und er habe auch zuerst dem Hippolytos geopfert. Die Troizenier haben einen Priester des Hippolytos, der sein ganzes Leben lang Priester ist, und sie veranstalten jährliche Opfer und machen auch folgendes: Jede Jungfrau schneidet sich vor der Hochzeit eine Locke ab und bringt und weiht sie dem Tempel. Sie wollen nicht zugeben, daß er von den Pferden geschleift gestorben sei, und sie zeigen auch sein Grab nicht, obwohl sie es kennen. Vielmehr meinen jene, der sogenannte Wagenlenker am Himmel sei Hippolytos, der diese Ehre
2 von den Göttern erhalten habe. Innerhalb dieses Bezirks ist ein Tempel des Apollon Epibaterios, Weihung des Diomedes, als er dem Sturm entronnen war, der die von Ilion heimkehrenden Griechen befiel. Und sie sagen auch, Diomedes habe dem Apollon zuerst die pythischen Spiele veranstaltet. Über Damia und Auxesia, denn auch die Troizenier

haben teil an ihrem Kult, erzählen sie nicht dieselbe Legende
wie die Epidaurier und Aigineten, sondern daß sie als Jung-
frauen aus Kreta gekommen seien. Als aber alle in der Stadt
in Aufruhr gerieten, sagen sie, seien auch sie von den Geg-
nern gesteinigt worden, und sie feiern für sie ein Fest mit
Namen Lithobolia («Steinewerfen»). In dem anderen Teil des 3
Bezirks ist ein nach Hippolytos benanntes Stadion und dar-
über ein Tempel der Aphrodite Kataskopia («der Zuschau-
enden»); denn von hier beobachtete Phaidra, die in ihn ver-
liebt war, den Hippolytos bei seinen Übungen. Hier wächst
immer noch der Myrtenbaum mit den durchlöcherten Blät-
tern, wie ich früher schon schrieb; und als Phaidra keinen
Ausweg mehr wußte und keine Erleichterung ihrer Liebe
fand, da ließ sie sich an den Blättern dieses Myrtenbaums
aus. Es gibt auch ein Grab der Phaidra, nicht weit von dem 4
Grabmal des Hippolytos entfernt; das ist nicht weit von der
Myrte aufgeschüttet. Das Kultbild des Asklepios arbeitete
Timotheos, die Troizenier behaupten aber, es sei nicht As-
klepios, sondern ein Bild des Hippolytos. Auch ein Haus des
Hippolytos habe ich gesehen, und davor ist die sogenannte
Heraklesquelle, da Herakles, wie die Troizenier sagen, die
Quelle fand[78]. Auf der Akropolis befindet sich ein Tempel 5
der Sthenias genannten Athena; das hölzerne Bild der Göttin
machte der Aiginete Kallon. Kallon war Schüler des Tek-
taios und Angelion, die den Deliern das Kultbild des Apol-
lon herstellten; Angelion und Tektaios hatten bei Dipoinos
und Skyllis gelernt. Am Abstieg von dort liegt das Heilig- 6
tum des Pan Lyterios («des Lösenden»). Er zeigte nämlich
den Beamten der Troizenier Träume, die Heilung von der
Pest brachten, die besonders die Athener heimsuchte, aber
auch nach Troizen übergriff . . . Man sieht auch einen Tem-
pel der Isis und darüber der Aphrodite Akraia; den einen ha-
ben die Halikarnassier den Troizeniern als ihrer Mutterstadt

gebaut, die Kultstatue der Isis weihte das Volk von Troizen[79].

7 Am Bergweg nach Hermione befindet sich die Quelle des Flusses Hyllikos, der früher Taurios hieß, und der sogenannte Stein des Theseus, der ebenfalls seinen Namen wechselte, als Theseus unter ihm die Sandalen und das Schwert des Aigeus hervorholte. Früher hieß er Altar des Zeus Sthenios. In der Nähe des Steins befindet sich ein Heiligtum der Aphrodite Nymphia («der Bräutlichen»), das Theseus stif-
8 tete, als er Helena zur Frau nahm. Außerhalb der Stadtmauer liegt auch ein Heiligtum des Poseidon Phytalmios. Poseidon soll nämlich auf sie erbost gewesen sein und ihnen das Land unfruchtbar gemacht haben, indem Salzwasser bis an die Saaten und die Wurzeln der Pflanzen aufstieg, bis er den Opfern und Gebeten nachgab und kein Salzwasser mehr ins Land aufsteigen ließ. Über dem Tempel des Poseidon steht einer der Demeter Thesmophoros, den Althepos, wie sie sa-
9 gen, gegründet hat. Geht man den Weg zum Hafen bei Kelenderis hinab, findet man einen Platz, den sie Genethlion nennen, da sie sagen, Theseus sei dort geboren worden. Vor dieser Stelle ist ein Tempel des Ares, da Theseus auch hier Amazonen in einer Schlacht besiegte; das werden wohl welche von denen gewesen sein, die in Attika gegen Theseus
10 und die Athener gekämpft hatten. Am Weg zum Psiphaischen Meer wächst ein wilder Ölbaum, der der gekrümmte Rhachos heißt. Rhachos nennen die Troizenier jeden unfruchtbaren Ölbaum, sowohl einen wilden wie einen gewöhnlichen, gekrümmt nennen sie ihn, weil sich an ihm die Zügel verfingen und so der Wagen des Hippolytos umstürzte. Nicht weit davon entfernt steht das Heiligtum der saronischen Artemis, über das ich bereits gesprochen habe. Nur so viel will ich noch sagen, daß sie der Artemis jährlich das Fest der Saronien feiern[80].

Die Troizenier haben auch Inseln, eine so nahe am Fest- 33. 1
land, daß man zu Fuß hinübergehen kann. Diese hieß früher
Sphairia und wurde aus folgendem Grunde Hiera («die Hei-
lige») genannt. Auf ihr befindet sich ein Grab des Sphairos,
und Sphairos soll Wagenlenker des Pelops gewesen sein.
Diesem brachte Aithra nach einem von Athena geschickten
Traum ein Trankopfer und ging dafür auf die Insel hinüber,
und hier soll ihr dann Poseidon beigewohnt haben. Deshalb
gründete Aithra hier einen Tempel der Athena Apatouria
und nannte die Insel Hiera statt Sphairia. Sie traf auch für die
troizenischen Mädchen die Bestimmung, vor der Hochzeit
den Gürtel der Athena Apatouria zu weihen. Kalaureia soll 2
ursprünglich dem Apollon heilig gewesen sein, als auch Del-
phoi dem Poseidon heilig war. Auch das wird erzählt, daß
sie die Plätze gegeneinander austauschten. Dafür zitieren sie
auch den Vers:

«Gleichermaßen sollst du Delos und Kalaureia bewohnen
und das hochheilige Pytho und das stürmische Tainaron.»

Hier ist ein hochheiliges Poseidonheiligtum, und Prieste-
rin ist bei ihm eine Jungfrau, bis sie ins heiratsfähige Alter
kommt. Innerhalb der Umfassungsmauer liegt auch das 3
Grabmal des Demosthenes. Und die Gottheit scheint mir be-
sonders an ihm und früher an Homer gezeigt zu haben, daß
sie neidisch ist, wenn Homer, der schon das Augenlicht ver-
loren hatte, zu einem so großen Unglück hinzu als zweites
Unglück drückende Armut als Bettler in jedes Land führte
und Demosthenes noch im Alter die Verbannung kosten
mußte und sein Tod so gewaltsam war. Über ihn haben an-
dere, auch Demosthenes selbst, das meiste gesagt, daß er
nämlich von dem Geld, das Harpalos aus Asien mit sich ge-
bracht hatte, nichts erhalten habe. Ich will jetzt noch anfüh-
ren, was später erzählt wurde. Als Harpalos zu Schiff aus 4
Athen nach Kreta floh, wurde er kurze Zeit später von

seinen Dienern ermordet. Andere sagen, er sei von dem Ma-
kedonen Pausanias ermordet worden. Den Verwalter der
Schätze, der nach Rhodos geflohen war, verhaftete der Ma-
kedone Philoxenos, derselbe, der von den Athenern die Aus-
lieferung des Harpalos verlangt hatte. Als er diesen Diener in
seiner Gewalt hatte, stellte er Nachforschungen an, bis er alle
ermittelt hatte, die von Harpalos Geld erhalten hatten. Als er
5 diese ermittelt hatte, schrieb er einen Brief nach Athen.
Darin führte er alle auf, die sich von Harpalos bestechen lie-
ßen und wieviel ein jeder erhalten hat. Demosthenes ist da-
bei nicht erwähnt, obgleich er doch dem Alexandros beson-
ders verhaßt war und sich selbst dessen Haß zugezogen hatte.
Dem Demosthenes werden allerorten in Griechenland und
auch bei den Kalauriern Ehren erwiesen[81].

34. 1 Vom troizenischen Land springt eine Halbinsel weit ins
Meer vor, und darauf ist ein nicht großes Städtchen am
Meer angelegt, Methana. Dort gibt es ein Heiligtum der Isis
und auf dem Marktplatz eine Statue des Hermes und eine
andere des Herakles. Ungefähr dreißig Stadien von dem
Städtchen entfernt befinden sich warme Bäder. Man erzählt,
daß das Wasser zuerst unter der Regierung des Antigonos,
des Sohnes des Demetrios, des Königs der Makedonen, er-
schienen sei, und es sei nicht sofort Wasser gekommen, son-
dern es habe viel Feuer aus der Erde aufgelodert, und erst als
dieses erlosch, sei Wasser geflossen, das noch jetzt hervor-
kommt, warm und furchtbar salzig. Wenn man hier gebadet
hat, ist weder kaltes Wasser in der Nähe, noch kann man sich
ins Meer werfen und ohne Gefahr schwimmen; denn es gibt
2 hier neben anderen Tieren sehr viele Haie. Ich will aber auch
das schreiben, was mich in Methana am meisten erstaunt hat.
Wenn nämlich der Wind Lips aus dem Saronischen Golf die
sprossenden Reben befällt, bringt er sie zum Verdorren.
Während nun dieser Wind noch niederfällt, teilen zwei

Männer einen Hahn, der ganz und gar weiße Federn hat, in zwei Teile und laufen in entgegengesetzter Richtung um die
Reben, wobei jeder die eine Hälfte des Hahns trägt. Wenn 3
sie an demselben Punkt wieder angekommen sind, von dem sie abgelaufen sind, vergraben sie ihn dort. Das haben sie gegen den Lips erfunden. Die Inseln, die vor dem Land liegen, an Zahl neun, nennen sie Pelopsinseln, und wenn es regnet, soll es auf einer von ihnen nicht regnen. Ob das wirklich so ist, weiß ich nicht, aber die Leute in Methana sagten es, da ich auch schon Leute sah, die Hagel mit Opfern und Gebeten abwehrten[82].

Methana also ist eine Landenge der Peloponnes, und in- 4
nerhalb dieser Landenge liegt, dem troizenischen Land benachbart, Hermione. Der Gründer der alten Stadt war, nach der Sage der Hermioneer, Hermion, der Sohn des Europs. Diesen Europs, er war ein Sohn des Phoroneus, bezeichnet der Troizenier Herophanes als unehelich geborenen. Denn niemals würde die Herrschaft über Argos auf Argos, der Niobe Sohn, den Enkel des Phoroneus, übergegangen sein, wenn ein ebenbürtiger Sohn des Phoroneus vorhanden ge-
wesen wäre. Ich jedoch weiß wohl, daß, wenn auch Europs 5
als ebenbürtiger Sohn vor Phoroneus gestorben wäre, sich dennoch dessen Sohn mit dem Sohn der Niobe nicht hätte messen dürfen, da dieser als Sohn des Zeus galt. Auch Hermion bekam später Dorer aus Argos als Mitbewohner. Ein Krieg darüber scheint nicht geführt worden zu sein. Sonst
hätten dies die Argiver berichtet. Es gibt nach Hermione 6
von Troizen aus einen Weg an dem Stein vorbei, der früher Altar des Zeus Sthenios hieß und den die Jetzigen, seit Theseus hier die Erkennungszeichen aufgehoben hatte, den Theseusstein nennen. An dem Bergweg, also an diesem Stein vorbei, befindet sich ein Tempel des Apollon mit Beinamen Platanistios und ein Ort Eileoi und darin Heiligtümer der

Demeter und der Kore, der Tochter der Demeter. An der
Küste aber befindet sich an der Grenze von Hermione ein
7 Heiligtum der Demeter mit Beinamen Thermasia. Etwa
achtzig Stadien davon entfernt ist das Kap Skyllaion, das
nach der Tochter des Nisos heißt. Denn als Minos die Nisaia
und Megara durch ihre Verräterei erobert hatte, wollte er sie
auch nicht mehr zur Frau haben. Er befahl den Kretern, sie
über Bord zu werfen. Ihren Leichnam spülten die Wogen an
dieses Vorgebirge. Ein Grab von ihr zeigen sie nicht. Sie be-
haupten, sie hätten sich nicht um den Leichnam gekümmert
8 und dieser sei von den Seevögeln verschleppt worden. Fährt
man vom Skyllaiischen Vorgebirge nach der Stadt, so ist da
ein anderes mit Namen Boukephala, und nach dem Kap lie-
gen Inseln; die erste Halioussa, sie bietet einen brauchbaren
Hafen zum Ankern. Danach kommt Pityousa, die dritte
nennen sie Aristera. Fährt man an ihnen vorbei, so tritt ein
weiteres Kap vom Festland heraus mit Namen Kolyergia.
Danach kommt die Insel Trikrana, und ein Gebirge ragt aus
der Peloponnes ins Meer hinaus mit Namen Bouporthmos.
Auf diesem Bouporthmos ist ein Heiligtum der Demeter
und ihrer Tochter, außerdem noch eines der Athena. Die
9 Göttin hat den Beinamen Promachorma. Vor dem Bou-
porthmos liegt eine Insel mit dem Namen Aperopia. Von ihr
nicht weit entfernt liegt die Insel Hydrea. Darauf folgt am
Festland ein mondförmiger Strand und nach dem Strand
ein Vorgebirge zu einem Poseidonheiligtum hin, am Meer
gegen Osten beginnend und sich nach Westen erstreckend.
Es hat auch Häfen. Die Länge dieses Vorgebirges ist etwa
sieben Stadien, die Breite, wo es am breitesten ist, nicht
10 mehr als drei Stadien. Hier war die frühere Stadt Her-
mione[83]. Auch jetzt haben sie dort noch Heiligtümer, eines
des Poseidon am Beginn des Vorgebirges, und wenn man
vom Meer etwas hinaufsteigt, einen Tempel der Athena

und dabei die Fundamente eines Stadions; darin sollen die
Söhne des Tyndareos gekämpft haben. Es ist auch ein ande-
res nicht großes Heiligtum der Athena da, dessen Dach ein-
gestürzt ist. Und ein Tempel für Helios ist da gebaut und ein
anderer für die Chariten und einer für Sarapis und Isis. Und
Einfriedigungen aus großen Natursteinen sind da, in denen
sie geheime heilige Handlungen für Demeter vollziehen. So
viel haben die Hermioneer hier. Die jetzige Stadt ist von 11
dem Vorgebirge, auf dem das Poseidonheiligtum ist, gegen
vier Stadien entfernt und liegt zunächst in der Ebene, steigt
aber dann langsam an, und das gehört schon zum Pron.
Denn sie nennen diesen Berg Pron. Um ganz Hermione he-
rum steht noch die Stadtmauer. Die Stadt wies auch sonst
bemerkenswerte Sehenswürdigkeiten auf, und zu denen, die
ich selber vor allem erwähnen wollte, gehört ein Tempel der
Aphrodite mit Beinamen Pontia und auch Limenia («des
Meeres und des Hafens»), mit einem Kultbild aus Marmor,
groß und sehenswert durch seine Arbeit. Es gibt noch einen 12
anderen Aphroditetempel, und sie hat auch sonst Ehren bei
den Hermioneern. Und die Jungfrauen, und wenn eine
Witwe zu einem Mann gehen will, dann opfern sie hier alle
vor der Ehe. Für die Demeter Thermasia sind Heiligtümer
gebaut, das eine an der Grenze gegen Troizen, wie ich schon
erwähnt habe, und eins in der Stadt selbst[84].

In der Nähe davon ist ein Tempel des Dionysos Melanai- 35. 1
gis; diesem bringen sie jedes Jahr einen Musikwettbewerb
dar und setzen auch Preise aus für einen Wettkampf im
Schwimmen und Rudern. Und ein Heiligtum der Artemis
mit Beinamen Iphigeneia ist da und ein bronzener Poseidon,
der den einen Fuß auf einen Delphin setzt. Geht man weiter
ins Hestiaheiligtum, so ist da kein Kultbild mehr, aber ein
Altar, und auf dem opfert man der Hestia. Apollon hat drei 2
Tempel und drei Kultbilder, der eine hat keinen Beinamen,

den anderen nennen sie Pythaeus und den dritten Horios. Den Namen Pythaeus haben sie von den Argivern erfahren; denn zu ihnen sei zuerst von den Griechen, so sagt Telesilla, Pythaeus ins Land gekommen, ein Sohn des Apollon. Weshalb sie den anderen Horios («Grenzgott») nennen, wüßte ich nicht bestimmt zu sagen, vermute aber, daß sie dem Apollon Horios einen Kult einrichteten, weil sie in einem Kriege oder
3 einem Prozeß um Landgrenzen siegten. Das Heiligtum der Tyche soll das jüngste von denen bei ihnen sein, sagen die Hermioneer, und es steht darin eine Kolossalstatue aus parischem Marmor. An Brunnen haben sie einen ganz alten; in den fließt das Wasser nicht sichtbar hinein, würde aber nie ausgehen, auch wenn sie alle hineinstiegen, um zu schöpfen; den anderen haben sie erst zu meiner Zeit gebaut, und der
4 Ort heißt Leimon, aus dem das Wasser dahin fließt. Das bemerkenswerteste Heiligtum aber ist das der Demeter auf dem Pron. Dieses Heiligtum sollen nach Aussagen der Hermioneer Klymenos, der Sohn des Phoroneus, und Klymenos' Schwester Chthonia gegründet haben. Die Argiver aber überliefern, daß Atheras und Mysios, als Demeter in die Argolis kam, der Göttin wie einem Gast Aufnahme gewährt hätten. Kolontas aber habe die Göttin weder in sein Haus aufgenommen noch ihr sonst Ehren erwiesen. Dies sei jedoch gar nicht nach der Meinung seiner Tochter Chthonia gewesen. Kolontas sei dafür auch zusammen mit seinem Haus verbrannt. Chthonia sei von Demeter nach Hermione verbracht worden, wo sie den Hermioneern das Heiligtum errichtete.

5 Chthonia heißt aber auch die Göttin selbst, und sie feiern ihr jährlich im Sommer das Fest Chthonia. Sie feiern es so. Voran gehen in dem Festzug die Priester der Götter und die Jahresbeamten, und es folgen Frauen und Männer. Auch die noch Kinder sind, dürfen schon die Göttin in dem Festzug

ehren. Diese tragen weiße Gewänder und auf dem Kopf
Kränze. Geflochten werden die Kränze aus der Blume, die
sie hier Kosmosandalon nennen, eine Hyazinthe, wie mir
scheint, nach Größe und Farbe; an ihr befinden sich auch die
Buchstaben der Klage. Dem Festzug folgen Männer, die eine 6
ausgewachsene Kuh aus einer Herde führen, gefesselt und
vor Wildheit noch ungebärdig. Wenn sie sie zum Tempel
getrieben haben, dann lassen die einen die Kuh aus den Fes-
seln los, um in den Tempel zu rennen, andere halten die Tü-
ren so lange offen, und wenn sie die Kuh im Tempel sehen,
schließen sie die Türen. Drinnen warten vier alte Frauen, 7
und diese erledigen die Kuh; die, der es gelingt, schneidet der
Kuh mit einer Sichel die Kehle durch. Dann werden die Tü-
ren wieder geöffnet, und die damit Beauftragten bringen
eine zweite Kuh und danach eine dritte und noch eine vierte.
Und die Frauen erledigen sie alle ebenso, und dieses weitere
Wunder ereignet sich bei dem Opfer. Auf die Seite nämlich,
auf die die erste Kuh fällt, müssen auch alle anderen fallen.
Auf diese geschilderte Weise geht das Opfer in Hermione 8
vor sich. Vor dem Tempel stehen nicht viele Statuen von
Priesterinnen der Demeter, und drinnen stehen Throne, auf
denen die Frauen das Hereinstürmen bei jeder der Kühe er-
warten, und nicht sehr alte Statuen, eine Athena und eine
Demeter. Das, was sie mehr als das andere verehren, das sah
ich nicht und auch kein anderer Mann, weder ein Fremder
noch ein Hermioneer selbst. Mögen es die alten Frauen allein
wissen, was es ist[85].

Es gibt noch einen anderen Tempel, um den ganz herum 9
Statuen stehen. Dieser Tempel liegt dem der Chthonia ge-
genüber und heißt Tempel des Klymenos, und sie opfern
hier dem Klymenos. Ich glaube aber nicht, daß ein Argiver
Klymenos nach Hermione gekommen ist, sondern es ist ein
Beiname des Gottes, der unter der Erde König sein soll. Ne-

ben diesem ist ein weiterer Tempel und eine Kultstatue des
10 Ares. Rechts vom Chthoniaheiligtum befindet sich eine
Stoa, Echohalle von den Einheimischen genannt; wenn man
nur ganz leise ruft, gibt sie es dreimal wieder. Hinter dem
Chthoniatempel liegen die Plätze, die die Hermioneer nen-
nen den des Klymenos, den des Plouton und den dritten den
acherousischen See. Alle sind von Steinbrüstungen umge-
ben, und auf dem Klymenosplatz ist auch ein Erdschlund;
durch diesen brachte nach den Erzählungen der Hermioneer
11 Herakles den Hadeshund herauf. An dem Tor, durch das ein
gerader Weg nach Mases führt, liegt innerhalb der Mauer ein
Heiligtum der Eileithyia. Ohnehin besänftigen sie jeden Tag
die Göttin mit Opfern und Räucherungen sehr, und auch sehr
viele Weihgeschenke werden der Eileithyia gegeben; das
Kultbild darf niemand außer den Priesterinnen sehen.

36. 1 Geht man den geraden Weg etwa sieben Stadien nach
Mases und wendet sich dann links, so ist da ein Weg nach
Halike[86]. Halike ist heute unbewohnt. Einst hatte es aber
Einwohner, denn auf den Inschriftenstelen, die in Epidauros
die Heilungen des Asklepios verzeichnen, kommt auch Ha-
like vor. Sonst gibt es keine erwähnenswerte Inschrift, in der
die Stadt Halike oder die Männer aus Halike erwähnt wer-
den. Es führt auch ein Weg dorthin, zwischen dem Pron und
einem Gebirge, das einst Thornax hieß. Seitdem sich Zeus in
einen Kuckuck verwandelt hat, was hier geschehen sein soll,
2 ist auch der Berg umbenannt worden. Jetzt noch stehen auf
den Gipfeln der Berge Heiligtümer, des Zeus auf dem Kuk-
kucksberg, der Hera auf dem Pron. Auch am Fuße des Kuk-
kucksberges ist ein Tempel. Er hatte aber weder Türen noch
ein Dach, auch steht kein Götterbild darin. Es soll sich um ei-
nen Tempel des Apollon handeln. Ihm entlang führt ein
Weg nach Mases, für die, die den geraden Weg verlassen ha-
ben. Mases war früher einmal eine Stadt, wie auch Homer es

im Katalog unter den Argivern anführt. Heute benutzen die
Hermioneer es als Hafenplatz. Von Mases aus geht ein Weg 3
rechterhand nach dem Kap Strouthous. Von diesem Vorge-
birge an sind es zweihundertfünfzig Stadien nach dem soge-
nannten Philanorion und nach Boleoi. Boleoi sind Haufen
zusammengelesener Steine. Ein anderer Ort mit Namen Di-
dymous ist zwanzig Stadien von dort entfernt. Dort sind
auch Heiligtümer: eines des Apollon, ein anderes des Posei-
don und ein drittes der Demeter mit Standbildern aus
Marmor[87].

Von hier an beginnt das Gebiet von Argos, das einst das 4
Gebiet von Asine hieß, und es liegen auch Trümmer von
Asine am Meer. Als die Lakedaimonier und ihr König Ni-
kandros, des Charillos Sohn, des Polydektes Enkel, des Eu-
nomos Urenkel, des Prytanis Ururenkel, der selbst ein
Sohn des Eurypon war, mit einem Heer in die Argolis ein-
fielen, verbündeten sich die Asineer mit ihnen und verwü-
steten mit ihnen das Land der Argiver. Als dann der Hee-
reszug der Lakedaimonier nach Hause kam, fielen die Argi-
ver unter König Eratos ins asineische Land ein. Eine be- 5
stimmte Zeit verteidigten sich die Asineer von den Mauern
herab und töteten unter anderem auch den Lysistratos, ei-
nen der angesehensten unter den Argivern. Als aber die
Mauern erstiegen waren, setzten sie Weiber und Kinder in
die Schiffe und verließen ihr Land. Die Argiver aber zer-
störten Asine bis auf den Erdboden und fügten das Land
dem ihren zu. Nur das Heiligtum des Apollon Pythaeus lie-
ßen sie unangetastet, das auch heute noch steht, und begru-
ben den Lysistratos daneben[88].

Von der Stadt Argos liegt das Meer bei Lerna vierzig 6
und nicht mehr Stadien entfernt. Geht man nach Lerna hin-
unter, trifft man zuerst den Erasinos, dieser mündet in den
Phrixos und der Phrixos ins Meer zwischen Temenion und

Lerna. Vom Erasinos etwa acht Stadien nach links liegt ein Heiligtum der Dioskouren Anaktes. Die Holzbilder für sie
7 sind in der gleichen Weise hergestellt wie in der Stadt. Kehrt man zu dem direkten Weg zurück, überschreitet man den Erasinos und kommt an den Cheimarrosfluß. In der Nähe von ihm ist eine steinerne Einfriedigung, und hier soll Plouton, als er Kore, die Tochter Demeters, geraubt hatte, wie sie sagen, wieder in sein unterirdisches Reich zurückgekehrt sein. Die Lerna ist, wie ich früher schon gesagt habe, am
8 Meer, und hier feiern sie der Demeter Lernaia ein Fest. Es ist ein heiliger Hain, der an dem Berge beginnt, den sie Pontinos nennen. Der Pontinosberg läßt das Regenwasser nicht ablaufen, sondern nimmt es in sich auf; und von ihm fließt auch ein Fluß Pontinos. Auf dem Gipfel des Berges befindet sich ein Heiligtum der Athena Saïtis, nur noch Trümmer, und Fundamente des Hauses des Hippomeson, der dem Polyneikes, dem Sohn des Oidipous, zu Hilfe nach Theben kam.

37. 1 An diesem Berge also beginnt der Hain zur Hauptsache von Platanen und erstreckt sich ans Meer. Seine Grenzen sind auf der einen Seite der Fluß Pontinos, auf der anderen ein anderer Fluß; Amymone heißt der Fluß nach der Tochter des Danaos. Innerhalb des Haines stehen Statuen der Demeter Prosymna und auch des Dionysos, ferner ein nicht
2 großes Sitzbild der Demeter. Diese sind aus Marmor, anderswo ist in einem Tempel ein hölzernes Sitzbild des Dionysos Saotes und eine Aphroditestatue am Meer aus Marmor; diese sollen die Danaostöchter geweiht haben, und Danaos selbst soll das Athenaheiligtum auf dem Pontinos gebaut haben. Die Feier der Lernaien soll Philammon einge-
3 richtet haben. Das, was bei dem Festspiel gesagt wird, ist offensichtlich nicht alt. Auch das, was, wie ich hörte, auf dem aus Messing gemachten Herz geschrieben ist, hat Arrhi-

phon als nicht von Philammon stammend festgestellt, der
ursprünglich aus Trichonion in Aitolien stammt, jetzt aber
zu den angesehensten Lykiern gehört und besonders fähig
ist, herauszufinden, was niemand vorher entdeckt hat, und
so auch dieses an folgendem erkannt hat. Die Verse und alles,
was nicht in metrischer Form in die Verse eingestreut war,
war alles dorisch geschrieben; vor der Rückkehr der Hera-
kliden in die Peloponnes sprachen aber die Argiver dieselbe
Sprache wie die Athener, und zur Zeit des Philammon war,
wie mir scheint, noch nicht einmal der Name der Dorer bei
allen Griechen vernommen worden. Daß das so ist, zeigt er
also.

An der Quelle der Amymone wächst eine Platane; unter 4
dieser Platane soll die Hydra gelebt haben. Ich glaube wohl,
daß dieses Tier an Größe die anderen Hydren übertraf und
daß das Gift so unheilbar war, daß Herakles aus ihrer Galle
seine Pfeilspitzen vergiftete; doch scheint mir, sie hatte nur
einen Kopf und nicht mehrere. Peisandros aus Kamiros hat,
damit das Tier noch furchtbarer erscheine und seine Dich-
tung eindrucksvoller werde, statt dessen der Hydra die vie-
len Köpfe angedichtet. Ich sah auch die sogenannte Amphia- 5
raosquelle und den alkyonischen See, durch den, wie die Ar-
giver sagen, Dionysos in die Unterwelt hinabstieg, um Se-
mele heraufzuholen, und diesen Einstieg soll ihm Prosymnos
gezeigt haben. Der alkyonische See ist grundlos, und ich
kenne keinen Menschen, der auf irgendeine Weise auf seinen
Grund hat gelangen können, da auch Nero, der Taue von
vielen Stadien Länge machen und aneinanderknüpfen ließ
und auch Blei, und was sonst für den Versuch nützlich war,
daran herunterhängen ließ, ebensowenig ein Ende der Tiefe
finden konnte. Auch das hörte ich noch; das Wasser des Sees 6
ist dem äußeren Anschein nach ganz still und ruhig, wenn
aber jemand auf Grund dieses Anscheins darin zu schwim-

men wagt, zieht es jeden hinunter und reißt ihn in die Tiefe und verschlingt ihn. Der Umfang des Sees ist nicht groß, sondern nur ein drittel Stadion, und an seinem Ufer wachsen Pflanzen und Binsen. Was aber in betreffs des Sees jedes Jahr nachts für Dionysos aufgeführt wird, durfte ich nicht allen schreiben.

38.1 Wenn man von Lerna nach Temenion geht – es gehört den Argivern und hat seinen Namen von Temenos, dem Sohn des Aristomachos; denn indem er den Ort einnahm und befestigte, führte er von da aus mit den Dorern den Krieg gegen Tisamenos und die Achaier – geht man also von Lerna nach Temenion, so ist da ein Fluß, der ins Meer mündet mit Namen Phrixos und in Temenion ein Heiligtum des Poseidon, ein anderes der Aphrodite. Auch befindet sich das Grab des Temenos dort, das bei den Dorern in Argos in großen Ehren gehalten wird[89].

2 Von Temenion ist Nauplia fünfzig Stadien, wie mir scheint, entfernt, zu meiner Zeit verlassen; sein Gründer war Nauplios, der Sohn des Poseidon und der Amymone gewesen sein soll. Übrig sind noch Mauerreste und ein Heiligtum des Poseidon, und Häfen sind in Nauplia und eine Kanathos genannte Quelle; hier, sagen die Argiver, bade Hera jährlich
3 und werde wieder Jungfrau. Diese Legende aus dem Festspiel, das sie der Hera veranstalten, gehört zu den geheimen Dingen. Was aber die Nauplier über den Esel erzählen, wie er einen Rebensproß abfraß und dadurch zeigte, daß der Ertrag in Zukunft nur reichlicher wurde, und deshalb ist bei ihnen an einem Felsen ein Esel dargestellt, da er sie das Beschneiden der Reben gelehrt hat, das übergehe ich als be-
4 langlos. Es gibt von Lerna aus noch einen anderen Weg, am Meer entlang, nach einem Ort hin, den sie Genesion nennen[90]. Am Meer ist ein kleines Heiligtum des Poseidon Genesios. An dieses stößt ein anderer Ort mit Namen Apobath-

moi. Hier soll Danaos mit seinen Töchtern zuerst im argivi-
schen Land ausgestiegen sein. Von hier aus passiert man den
Anigraiaweg, eng und auch sonst schwer zu passieren; lin-
kerhand erstreckt sich ein Land zum Meere hin, das sich vor-
züglich zur Zucht der Bäume, besonders der Oliven, eignet.
Geht man hier wieder landeinwärts weiter, so ist da ein Ort, 5
an dem einst eine ausgewählte Mannschaft von 300 Argivern
gegen ebenso viele ausgewählte Lakedaimonier kämpften.
Da sie bis auf einen Spartiaten und zwei Argiver alle fielen,
wurden die Toten an Ort und Stelle bestattet. Die Lakedai-
monier, die mit aller Macht gegen die Argiver kämpften,
kamen in den sicheren Besitz des Landes, das sie auch eine
Weile nutzten, um es dann später den Aigineten zu überlas-
sen, nachdem diese von den Athenern von ihrer Insel ver-
trieben waren. Zu meiner Zeit besaßen die Argiver das thy-
reatische Land. Sie behaupten, es durch richterliche Ent-
scheidung wieder gewonnen zu haben. Geht man von dem 6
Sammelgrab aus, so ist da Athene, wo die Aigineten einst
siedelten, ferner eine andere Ortschaft Neris und eine dritte
Eua, die größte unter ihnen. In ihr befindet sich ein Heilig-
tum des Polemokrates. Dieser Polemokrates war ebenfalls
ein Sohn des Machaon, ein Bruder des Alxanor. Er heilt die
Einwohner dort und wird von ihnen verehrt.

Über den Dörfern erhebt sich das Parnongebirge, und 7
darauf sind die Grenzen der Lakedaimonier gegen die Argi-
ver und die Tegeaten. An der Grenze stehen Hermen aus
Stein, und die Stelle heißt nach ihnen. Ein Tanaos genannter
Fluß, nur dieser nämlich kommt aus dem Parnon, fließt
durch das argivische Gebiet und mündet in den Thyreati-
schen Golf[91].

BUCH III · LAKONIEN[1]

Nach den Hermen ist dann bereits lakonisches Land gegen 1. 1
Westen; wie die Lakedaimonier selbst berichten, war Lelex,
ein im Land Geborener, der erste König im Lande, und von
ihm wurden die, die er beherrschte, Leleger genannt. Von
Lelex stammt Myles ab und ein jüngerer Sohn Polykaon.
Wohin Polykaon auswanderte und aus welchem Grund,
werde ich später berichten[2]. Nach dem Tod des Myles über-
nahm sein Sohn Eurotas die Herrschaft. Dieser leitete das in
der Ebene als See anstehende Wasser durch einen Kanal ins
Meer. Nach dessen Abfluß nannte er den Rest in Form eines
Flusses Eurotas. Da er keine männlichen Nachkommen 2
hatte, hinterließ er die Herrschaft an den Lakedaimon, einen
Sohn der Taygete, nach der auch das Gebirge benannt ist.
Als seinen Vater nennt die Sage Zeus. Verheiratet war Lake-
daimon mit Sparte, der Tochter des Eurotas. Wie er nun die
Herrschaft übernommen hatte, änderte er als erstes den Na-
men des Landes und seiner Einwohner nach seinem eigenen.
Danach gründete er die Stadt, benannte sie nach dem Na-
men seiner Frau. Diese heißt also bis in unsere Tage Sparte.
Amyklas, des Lakedaimon Sohn, der ebenfalls etwas von 3
sich als Andenken hinterlassen wollte, gründete eine Stadt
im lakonischen Land. Von seinen Söhnen erfuhr Hyakin-
thos, der an Jahren Jüngere und an Gestalt Schönste, das Ge-
schick, vor dem Vater zu sterben; das Grab des Hyakinthos
ist in Amyklai unter dem Standbild des Apollon. Nach dem

Tod des Amyklas ging die Herrschaft auf Argalos, seinen äl-
testen Sohn, und, als dieser gestorben, auf den Kynortas
4 über. Ein Sohn des Kynortas war Oibalos. Dieser nahm die
Gorgophone, die Tochter des Perseus, aus Argos zur Frau.
Er hatte von ihr als Sohn den Tyndareus, dem Hippokoon
die Herrschaft streitig machte, weil ihm als dem Älteren die
Herrschaft zustehe. Da er den Ikarios und seine Anhänger
auf seine Seite zog, übertraf er den Tyndareus bei weitem an
Macht und zwang diesen aus Furcht, wie die Lakedaimonier
sagen, nach Pellana auszuwandern. Die Messenier behaup-
ten, Tyndareus sei auf seiner Flucht zu Aphareus nach Mes-
senien gekommen. Denn Aphareus, der Bruder des Perieres,
sei von mütterlicher Seite ein Bruder des Tyndareus. Er soll
in Messenien, in Thalamai, gewohnt haben, und dort sollen
5 auch seine Kinder geboren sein[3]. In späterer Zeit wurde
Tyndareus von Herakles zurückgeführt und erlangte die
Herrschaft wieder. Es herrschten auch die Söhne des Tynda-
reus sowie Menelaos, der Sohn des Atreus, Schwiegersohn
des Tyndareus, und Orest mit Hermione, der Tochter des
Menelaos, als Gemahlin. Nach Rückkehr der Herakliden
unter der Herrschaft des Tyndareus, des Sohnes des Orest,
wurden in Argos Temenos und in Messenien Kresphontes
Könige. In Lakedaimon entstanden zwei Königshäuser, da
6 Aristodemos Zwillingssöhne hatte[4]. Das geschah angeblich
mit dem Einverständnis der Pythia. Aristodemos soll zuvor
in Delphoi gestorben sein, bevor die Dorer in die Pelopon-
nes zogen. Die aber, die seine Taten verherrlichen wollen,
behaupten, Apollon habe ihn getötet, weil er nicht zum
Orakel gekommen sei, sondern von Herakles, dem er zuvor
begegnet sei, erfahren habe, wie es zu dieser Rückkehr der
Dorer in die Peloponnes gekommen sei. Die wahrscheinli-
chere Sage ist jedoch, daß die Söhne des Pylades und der
Elektra, die Neffen des Tisamenos, des Orestes Sohn, den

Aristodemos ermordet haben. Diese Söhne hießen Prokles 7
und Eurysthenes. Obgleich Zwillinge, waren sie doch sehr
verschieden. Sosehr sie auch in großer Zwietracht lebten,
gemeinsam unterstützten sie doch den Theras, des Autesion
Sohn, einen Bruder ihrer Mutter Argeia und einen Vor-
mund von ihnen bei der Gründung einer Kolonie[5]. Diese
Ansiedelung gründete Theras auf der damals Kalliste ge-
nannten Insel in der Hoffnung, die Nachkommen des Mem-
bliaros würden ihm freiwillig die Herrschaft abtreten. Was 8
sie dann auch taten, in der Erwägung, daß das Geschlecht des
Theras auf Kadmos selbst zurückginge, sie aber Nachkom-
men des Membliaros waren. Den Membliaros aber hatte
Kadmos als einen Mann aus dem Volke, als Führer der Kolo-
nie, auf der Insel zurückgelassen. Theras also änderte den
Namen der Insel nach seinem eigenen, und noch heute brin-
gen ihm die Theraier Jahr für Jahr als ihrem Gründer Toten-
opfer. Hinsichtlich ihres Entschlusses, den Theras gemein-
sam zu unterstützen, waren sich Prokles und Eurysthenes ei-
nig. In den übrigen Dingen gingen ihre Pläne weit auseinan-
der. Auch wenn sie übereingestimmt hätten, hätte ich ihre 9
Nachkommen nicht in einem gemeinsamen Katalog ver-
zeichnet. Denn im ganzen entsprachen sie sich auch im Alter
gegenseitig nicht so, wie Vettern untereinander oder Kin-
der von Vettern und so fort sich im Alter einander in der
Geschlechterfolge entsprechen. Ich werde also jedes Haus
getrennt für sich behandeln und beide nicht zusammen
mischen.

Eurysthenes, der ältere der beiden Kinder des Aristode- 2. 1
mos, soll einen Sohn mit Namen Agis gehabt haben. Nach
diesem benennen sie das Geschlecht des Eurysthenes die Agi-
den. Unter diesem nahmen die Lakedaimonier mit Patreus,
dem Sohn des Preugenes, der in Achaia eine Stadt gründete,
welche nach diesem Patreus bis auf den heutigen Tag Patrai

heißt, an dieser Kolonisierung teil. Auch beteiligten sie sich mit dem Gras, dem Sohn des Echelas, dem Enkel des Penthilos, dem Urenkel des Orest, an der Aussendung von Schiffen zur Gründung der Kolonie. Ihm war es bestimmt, das Land zwischen Ionien und Mysien, das bis auf den heutigen Tag Aiolis heißt, in Besitz zu nehmen. Sein Vorfahre Penthilos hatte schon früher die vor dem Festland gelagerte Insel Les-
2 bos eingenommen. Unter dem König Echestratos, dem Sohn des Agis in Sparta, vertrieben die Lakedaimonier die waffenfähigen Kynoureer unter dem Vorwand, daß Räuber aus dem kynourischen Land Einfälle in die Argolis machten – und sie seien doch Verwandte der Argiver – und daß sie selbst ganz offensichtlich Raubzüge in das Land vornähmen. Es sollen die Kynoureer von alters her in der Tat Argiver sein, und ihr Ahnherr sei Kynouros, der Sohn des Perseus,
3 gewesen. Etwas später kam Labotas, der Sohn des Echestratos, zur Herrschaft in Sparta. Über diesen Labotas war nach der Erzählung des Herodot über Kroisos Lykourgos, der Gesetzgeber, Vormund, solange er Kind war. Doch nennt er ihn Leobotes und nicht Labotas[6]. Damals beschlossen die Lakedaimonier als erstes, Krieg gegen die Argiver zu beginnen. Sie machten ihnen zum Vorwurf, daß die Argiver das kynourische Land, welches ihnen gehöre, abgetrennt hätten und daß sie die Perioiken, die ihre Untertanen seien, aufwiegelten. Damals sollen von keiner Seite nennenswerte Taten
4 vollbracht worden sein. Die nachfolgenden Könige dieses Hauses, Doryssos, des Labotas Sohn, und Agesilaos, des Doryssos Sohn, starben beide kurz hintereinander. Unter dem König Agesilaos gab Lykourgos den Lakedaimoniern die Gesetze[7]. Einige sagen, er habe sie nach Anweisung der Pythia formuliert; andere wieder, er habe sie nach kretischen Satzungen ausgeführt. Diese Gesetze sollen den Kretern von Minos gegeben worden sein, doch habe Minos nicht ohne

Hilfe des Gottes über die Gesetze beschlossen. Auch Homer scheint mir auf die Gesetzgebung des Minos anzuspielen wenn er in seinen Versen sagt:

«Unter ihnen Knosos, die große Stadt, die einst Minos
neun Jahre lang als Vertrauter des Zeus beherrschte»
(Homer, Odyssee 19. 178 f.).

Lykourgos werde ich im folgenden noch erwähnen[8]. 5
Agesilaos hatte einen Sohn Archelaos. Unter diesem mach-
ten die Lakedaimonier nach einem siegreichen Krieg die
Einwohner der Nachbarstadt Aigys zu Sklaven, da sie die
Vermutung hatten, die Aigyter hielten es mit den Arkadern.
Charilaos, der König des anderen Hauses, zerstörte gemein-
sam mit Archelaos Aigys. Was er aber für sich als Führer der
Lakedaimonier getan hat, werde ich gleich erwähnen, wenn
mein Bericht zu den sogenannten Eurypontiden übergeht[9].
Sohn des Archelaos war Teleklos. Unter diesem eroberten 6
die Lakedaimonier in einem siegreichen Krieg die Nachbar-
städte Amyklai, Pharis und Geranthrai, die noch im Besitz
der Achaier waren. Unter diesen konnten die Phariten und
die Geranthraier unter Vertrag die Peloponnes räumen,
nachdem sie unter dem Anrücken der Dorer ihren Mut ver-
loren hatten. Die Amyklaier vertrieben sie nicht im ersten
Ansturm, sondern erst, nachdem diese einige Zeit im Krieg
Widerstand geleistet und dabei auch einige beachtenswerte
Taten vollbracht hatten. Die Dorer weisen darauf hin, daß
sie ein Siegesdenkmal über die Amyklaier errichtet haben,
da es ihnen damals besonders auf diese Tat ankam. Nicht
lange danach kam Teleklos durch die Messenier im Heilig-
tum der Artemis um; dieses Heiligtum liegt an der Grenze
von Lakonien und Messenien in einer Gegend, Limnai be-
nannt. Nach dem Tod des Teleklos übernahm Alkamenes, 7
der Sohn des Teleklos, die Herrschaft. Die Lakedaimonier
schickten Charmidas, des Euthys Sohn, nach Kreta, einen in

Sparta angesehenen Mann, der die Zwistigkeiten unter den Kretern beenden und sie auffordern sollte, die mehr vom Meer abgelegenen und auch sonst unbedeutenderen Städte zu verlassen und an ihrer Stelle Städte zu gründen, die für das Anlanden günstiger sind. Sie zerstörten auch Helos, eine Stadt am Meer, noch im Besitz der Achaier, und besiegten die Argiver in einer Schlacht, weil sie den Heloten bei der Abwehr behilflich waren.

3. 1 Nach dem Tod des Alkamenes übernahm dessen Sohn Polydoros die Herrschaft. Die Lakedaimonier gründeten in Italien die Kolonien Kroton und Lokroi am Kap Zephyrion[10] und der sogenannte Messenische Krieg kam unter des Polydoros Herrschaft zum Ausbruch. Jedoch geben die Lakedaimonier und die Messenier nicht die gleichen Gründe
2 dazu an. Was von beiden Seiten dazu gesagt wird und welches Ende der Krieg nahm, das werde ich der Reihe nach berichten[11]. Im Moment soll nur erwähnt werden, daß im ersten Krieg gegen die Messenier Theopompos, der Sohn des Nikandros, zur Hauptsache Anführer der Lakedaimonier war. Nikandros war der König aus dem anderen Hause. Nachdem der Krieg gegen Messene bereits zu Ende gefochten und Messenien durch Waffengewalt in den Besitz der Lakedaimonier gekommen war, wurde Polydoros, in Sparta hochgeschätzt und besonders beim Volk der Lakedaimonier sehr beliebt – er erlaubte sich nämlich gegen niemanden eine rücksichtslose Tat noch ein übermütiges Wort, und auch vor Gericht hielt er auf Gerechtigkeit, nicht ohne Menschen-
3 freundlichkeit –, da also Polydoros einen glänzenden Namen in ganz Griechenland hatte, wurde er von Polemarchos, aus einem berühmten Hause in Lakedaimon stammend und von beherztem Charakter, wie er bewies, ermordet. Dem Ermordeten erweisen die Lakedaimonier viele und bemerkenswerte Ehren[12]. Es gibt freilich auch ein Grabmal des Po-

lemarchos in Sparta; sei es, daß man ihn zuvor für einen rechtschaffenen Mann gehalten hat oder daß die Angehörigen ihn heimlich begraben haben. Unter dem König Eury- 4
krates, dem Sohn des Polydoros, erduldeten die Messenier es, Untertanen der Lakedaimonier zu sein, und auch vom Volk der Argiver her ereignete sich für sie nichts Neues. Unter Anaxandros, dem Sohn des Eurykrates – das Schicksal vertrieb die Messenier aus der ganzen Peloponnes –, da fielen die Messenier von den Lakedaimoniern ab, und sie leisteten auch einige Zeit Widerstand im Kriege, bis sie dann, besiegt, unter Vertrag die Peloponnes verließen. Was im Lande blieb, wurde den Lakedaimoniern hörig, außer denen, die in den am Meere gelegenen Städten wohnten. Die Ereignisse des 5
Krieges, den die von den Lakedaimoniern abgefallenen Messenier führten, in diesem Teil meiner Beschreibung zu veröffentlichen, halte ich für unpassend. Des Anaxandros Sohn war Eurykrates, Sohn des zweiten Eurykrates war Leon. Unter diesen Königen erlitten die Lakedaimonier im Krieg gegen die Tegeaten erhebliche Niederlagen. Unter Anaxandrides, des Leon Sohn, gewannen sie im Krieg gegen die Tegeaten die Oberhand, und das trug sich so zu: Ein Lakedaimonier mit Namen Lichas kam nach Tegea – damals standen die Städte unter Friedensvertrag. Bei der Ankunft des 6
Lichas suchten sie (die Tegeaten) die Gebeine des Orest. Dieselben suchten auch die Spartiaten auf Grund eines Orakelspruchs. Lichas nun entdeckte, daß sie im Hause eines Schmieds begraben seien. Und er entdeckte es auf folgende Weise: Alles, was er im Haus des Schmiedes sah, verglich er mit dem Orakelspruch aus Delphoi. Mit den Winden verglich er die Blasebälge des Schmieds, weil auch diese einen starken Hauch entfachten, den Schlag verglich er mit dem Hammer und den Amboß mit dem Gegenschlag. Das Eisen hielt er für den Menschen ein Unglück, denn damals ver-

wendeten sie in den Schlachten bereits das Eisen. Zu Zeiten der sogenannten Heroen hätte ein Gott dem Menschen si-
7 cher das Erz als Unglück benannt. Ähnlich diesem, den Lakedaimoniern erteilten Orakel für die Gebeine des Orest, befahl das Orakel später den Athenern, die Gebeine des Theseus aus Skyros nach Athen zu überführen, anders könnten sie Skyros nicht einnehmen. Kimon, der Sohn des Miltiades, fand auch die Gebeine des Theseus mit Klugheit, und nicht
8 lange danach eroberte er Skyros[13]. Daß zu Zeiten der Heroen die Waffen in ihrer Gänze aus Erz waren, beweist mir Homer in seinem Werk, wenn er von der Streitaxt des Peisandros und dem Pfeil des Meriones erzählt[14]. Ich werde unter anderem in meiner Meinung auch darin bestärkt, was den von Achill in das Athenaheiligtum von Phaselis geweihten Speer betrifft oder das Schwert Memnons im Asklepiostempel zu Nikomedeia. An jenem ist nämlich die Spitze und der Lanzenschuh, das Messer ist ganz und gar aus Erz gefer-
9 tigt. Dies verhält sich also: Anaxandrides, des Leon Sohn, war der einzige unter den Lakedaimoniern, der zwei Frauen besaß und in zwei Häusern wohnte. Denn von der ersten Frau, die übrigens von bester Herkunft war, bekam er keine Kinder[15]. Als nun die Ephoren verlangten, er solle sie wegschicken, verweigerte er den Gehorsam, gab ihnen aber so weit nach, daß er neben dieser eine zweite Frau nahm. Von dieser zweiten Frau bekam er einen Sohn Kleomenes, und die erste, die bis dahin nicht schwanger war, gebar nach der Geburt des Kleomenes den Dorieus, dann den Leonidas und
10 dazu noch den Kleombrotos. Nachdem nun Anaxandrides gestorben war, reihten die Lakedaimonier den Dorieus nur widerwillig hinter den Kleomenes, da sie ihn im Verstand und in der kriegerischen Tüchtigkeit besser als diesen hielten. Dem Kleomenes übergaben sie nach den Gesetzen der Erstgeburt die Herrschaft. Dorieus aber, der es nicht ertrug,

in Lakedaimon zu bleiben und dem Kleomenes zu gehorchen, gründete eine Kolonie.

Kleomenes, kaum zu Herrschaft gelangt, fiel in die Argo- 4. 1
lis ein, nachdem er ein Heer von den Lakedaimoniern selbst und von den Bundesgenossen gesammelt hatte. Wie sich nun die Argiver mit Waffen ihm entgegenstellten, siegte Kleomenes in der Schlacht. Es war in der Nähe ein heiliger Hain des Argos, des Sohnes der Niobe, und in diesen flohen die Argiver nach der Niederlage mit 5000 Mann[16]. Kleomenes, der wiederholt unter geistigen Störungen litt, befahl auch damals den Heloten, den Hain anzuzünden, und die Flammen zerstörten den Hain und mit diesem zusammen
auch die, die sich schutzflehend in ihn geflüchtet hatten. Er 2
zog auch gegen Athen zu Feld: Das erste Mal verschaffte er sich und den Lakedaimoniern in der Meinung der Griechen einen guten Namen, weil er die Athener von der Tyrannis der Peisistratossöhne befreite. Später war er dem Athener Isagoras behilflich, die Tyrannis über Athen zu erlangen. Da er sich in seiner Hoffnung getäuscht sah und die Athener für ihre Freiheit beherzt kämpften, da verwüstete Kleomenes Länder, und er soll auch das sogenannte Orgasland verwüstet haben, das den eleusinischen Göttinnen heilig ist[17]. Er kam auch nach Aigina und verhaftete die unter den aiginetischen Notablen, die medisch gesinnt waren und die ihre Mitbürger überredet hatten, dem Großkönig Dareios, Sohn
des Hystaspes, Erde und Wasser zu geben. Während Kleo- 3
menes sich noch auf Aigina aufhielt, verleumdete ihn Demaratos, der König aus dem anderen Haus, bei der Menge der Lakedaimonier. Kleomenes, sobald er aus Aigina zurückgekehrt war, wirkte darauf hin, Demaratos der Königswürde zu berauben. Er kaufte sich die Priesterin in Delphoi, sie solle dem Demaratos einen Orakelspruch erteilen, wie er ihn ihr aufgetragen. Er stellte den Leotychides auf, einen Mann aus

königlichem Geschlecht und aus dem gleichen Haus wie De-
4 maratos, um diesem die Herrschaft streitig zu machen. Leo-
tychides hielt sich an die Worte, die Aristion einst aus Unbe-
sonnenheit bei der Geburt des Demaratos geäußert hatte,
dieser sei nicht sein Sohn. Die Lakedaimonier brachten also
damals, wie sie das immer taten, ihre Fragen bezüglich De-
maratos vor das Orakel in Delphoi, und die Priesterin gab
5 ihnen die Antwort, wie sie Kleomenes wünschte. Demaratos
wurde also durch den Haß des Kleomenes und nicht durchs
Recht seiner Königswürde entkleidet. Den Kleomenes
schließlich raffte der Wahnsinn hinweg. Er ergriff nämlich
das Schwert, verletzte sich und fuhr fort, seinen Leib zu
schlagen und zu verletzen. Die Argiver sagen, er habe zu
Recht ein solches Ende seines Lebens gefunden, für das, was
er den Bittflehenden des Argos einst angetan habe; die Athe-
ner, weil er das Orgasland verwüstet habe; die Delpher, weil
er die Priesterin mit Geschenken bestochen und überredet
habe, Wahrheitswidriges gegen den Demaratos zu verkün-
6 den. Es könnte aber auch der ganze Zorn der Heroen und
der Götter zugleich gegen Kleomenes zusammengekommen
sein, nachdem Protesilaos, in Eleous und als Heros doch in
nichts weniger ausgezeichnet als Argos, von sich aus den
Perser Artayktes bestraft hatte und die Megarer nie den
Zorn der Götter versöhnen konnten, nachdem sie das heilige
Land bebaut hatten. Was aber die Bestechung des delphi-
schen Orakels angeht, so kenne ich außer Kleomenes keinen,
7 der dieses gewagt hat. Da Kleomenes keine männlichen
Nachkommen hatte, so ging die Herrschaft auf Leonidas,
den Sohn des Anaxandrides und leiblichen Bruder des Do-
rieus, über. Damals führte Xerxes sein Heer gegen Griechen-
land, und Leonidas stellte sich ihnen zusammen mit den 300
Lakedaimoniern bei den Thermopylen entgegen. Es sind
wohl viele Kriege zwischen den Griechen untereinander und

zwischen Barbaren geführt worden, wenige jedoch, die die Tapferkeit eines Mannes zu erhöhtem Ruhm geführt haben. So etwa Achilleus im Krieg vor Ilion und Miltiades mit seiner Tat bei Marathon. Aber die Heldentat des Leonidas übertraf meiner Meinung alles, was zuvor und danach sich
ereignet hat. Unter allen Königen, die später über die Meder 8
und Perser herrschten, zeichnete sich Xerxes am meisten durch Klugheit und durch glänzende Taten auf seinem Heereszug aus. Dennoch hätte Leonidas mit den wenigen, die er an die Thermopylen führte, es verhindert, daß Xerxes überhaupt Griechenland zu sehen bekam und Athen in Schutt und Asche legen konnte, wenn nicht der Trachinier das Heer unter Hydarnes auf dem Pfad durch das Oitagebirge herumgeführt und die Griechen eingeschlossen hätte[18]. Und so konnten die Barbaren nach Überwältigung des Leonidas in
Griechenland eindringen. Pausanias, Sohn des Kleombrotos, 9
war kein König. Als Vormund des Pleistarchos, den Pausanias als Knaben zurückgelassen hatte, führte er die Lakedaimonier nach Plataiai und später zu Schiff nach dem Hellespont. Die Tat des Pausanias gegenüber der koïschen Frau muß ich lobend erwähnen. Diese war die Tochter des Hegetorides, eines angesehenen Mannes aus Kos, Sohn des Aristagoras, und war wider Willen die Nebenfrau des Persers Pharandates, Sohn des Teaspis, geworden. Nachdem Mardonios bei Plataiai gefallen und die Barbaren zugrunde gegangen waren, schickte Pausanias die Frau nach Kos zurück. Er beließ ihr den Schmuck, den der Perser ihr geschenkt hatte, samt der übrigen Habe. Pausanias ließ auch nicht zu, daß der Leichnam des Mardonios beschimpft werde, wie das der Aiginete Lampon geraten hatte.

Pleistarchos starb, kaum daß er die Königsherrschaft an- 5. 1
getreten hatte, und Pleistoanax übernahm sie, der Sohn des Siegers von Plataiai, Pausanias. Ein Sohn des Pleistoanax war

Pausanias. Dieser Pausanias kam nach Attika unter dem Vorwand als Feind des Thrasyboulos und der Athener, in der Tat aber, um denen die Tyrannis festigen zu helfen, denen Lysandros die Macht übertragen hatte. Er besiegte zwar in einer Schlacht die Athener, die den Peiraieus besetzt hielten, doch beschloß er nach der Schlacht sofort, das Heer nach Hause zurückzuführen, damit er nicht durch den Vorwurf, die Tyrannis schimpflichster Männer gefördert zu haben,
2 Schmach und Schande auf Sparta lade. Kaum war er nach der erfolglosen Schlacht aus Athen zurückgekehrt, zogen ihn seine Feinde zur Rechenschaft. Über den König der Lakedaimonier saßen zu Gericht die sogenannten Geronten, 28 an der Zahl, und das Amt der Ephoren sowie der König des anderen Hauses. Vierzehn der Geronten sowie König Agis aus dem anderen Hause verurteilten den Pausanias als schul-
3 dig, das übrige Gericht sprach ihn frei. Kurze Zeit darauf versammelten die Lakedaimonier ein Heer zu einem Feldzug gegen Theben; die Ursache dazu werde ich in meinem Bericht über Lysandros darstellen[19], da kam also Lysandros nach Phokis und zog das ganze Aufgebot der Phoker an sich. Er rückte ohne Verzug in Boiotien ein und griff die Stadtmauer der Haliartier an, weil diese nicht gewillt waren, von den Thebanern abzufallen. Heimlich waren schon Athener und Thebaner in die Stadt gekommen, und wie diese einen Ausfall vor die Mauern machten und sich dort aufstellten,
4 fiel Lysandros im Kampf. Pausanias kam zu spät zum Treffen, da er von den Tegeaten und den übrigen Arkadern Kräfte zusammenzog. Wie er dann nach Boiotien kam und von der Niederlage des Heeres um Lysandros und vom Tod des Lysandros Kunde erhielt, führte er sein Heer nach Theben und bereitete es auf die Schlacht vor. Da stellten sich ihm die Thebaner entgegen, und es wurde ihm gemeldet, Thrasyboulos mit den Athenern sei nicht mehr fern. Dieser

wartete nur ab, bis die Lakedaimonier die Schlacht begon-
nen hatten, dann wollte er sie vom Rücken her angreifen.
Pausanias schloß nun aus Furcht, von zwei feindlichen Hee- 5
ren in die Mitte genommen zu werden, mit den Thebanern
einen Waffenstillstand ab und nahm die vor den Mauern von
Haliartai Gefallenen mit sich. Dieses geschah nun keineswegs
nach Wunsch der Lakedaimonier; ich aber lobe den Ent-
schluß aus folgenden Gründen: Pausanias war es sehr wohl
bewußt, daß die Lakedaimonier immer dann Unglück ha-
ben, wenn sie von den Feinden in die Mitte genommen wer-
den, so wie bei den Thermopylen und auf der Insel Sphakte-
ria. Er fürchtete daher, daß ihnen ein drittes Unglück er-
wachsen würde. Da ihn nun seine Mitbürger wegen der 6
Langsamkeit des boiotischen Feldzuges anklagten, wagte er
sich nicht vors Gericht. Die Tegeaten nahmen ihn als Bittfle-
henden im Heiligtum der Athena Alea auf. Dieses Heiligtum
ist von alters her bei allen Peloponnesiern in besonders ho-
hem Ansehen und bietet allen, die sich hierher flüchten, den
sichersten Schutz. Das bewiesen auch wieder die Lakedai-
monier, die weder den Pausanias noch vor ihm den Leoty-
chides, ebenso die Argiver, die die Chrysis, die sich dort
schutzflehend niedergelassen hatte, nicht zur Auslieferung
verlangten. Bei der Flucht des Pausanias waren seine beiden 7
Söhne Agesipolis und Kleombrotos noch jung; ihr nächster
Verwandter Aristodemos war ihr Vormund. Den Sieg bei
Korinth erfochten die Lakedaimonier unter dem Kom-
mando des Aristodemos. Als Agesipolis herangewachsen 8
war und die Herrschaft übernommen hatte, führte er als er-
stes unter den Peloponnesiern gegen die Argiver Krieg. Wie
er sein Heer nun aus dem tegeatischen Gebiet in die Argolis
führte, sandten ihm die Argiver einen Herold entgegen, um
bestimmte althergebrachte Verträge, wie sie seit alten Zeiten
zwischen den Dorern bestanden, abzuschließen. Er aber ließ

sich mit dem Herold nicht ein, sondern verwüstete mit dem Vorrücken des Heeres zugleich das Land. Da sandte der Gott ein Erdbeben. Aber Agesilaos wollte auch unter diesen Umständen sein Heer nicht zurückziehen, obwohl doch den Lakedaimoniern am meisten unter allen Griechen (vielleicht noch den Athenern) eine Furcht vor Götterzeichen eigen ist.
9 Schon schlug er ein Lager vor den Mauern von Argos auf, wobei der Gott die Erde unaufhörlich erschütterte und auch bereits einige der Soldaten vom Blitz erschlagen waren, andere wieder unter den Donnerschlägen wahnsinnig wurden. Da erst zog er sich widerwillig aus der Argolis zurück. Gegen die Olynthier unternahm er einen Feldzug. Er hatte Glück im Krieg und die meisten der Städte auf der Chalkidike bereits erobert sowie die Hoffnung, Olynth in seine Gewalt zu bekommen; da rafften ihn unversehens eine Krankheit und der Tod dahin.

6. 1 Nachdem Agesipolis kinderlos verstorben war, ging die Herrschaft an Kleombrotos über, und unter seiner Führung kämpften sie gegen die Boioter bei Leuktra. Kleombrotos, der sich als tapferer Mann erwies, fiel gleich zu Beginn der Schlacht[20]. Das Schicksal pflegt im großen Unglück besonders den Feldherrn vorwegzunehmen, so zum Beispiel bei den Athenern den Hippokrates, des Ariphron Sohn, der bei Delion fiel, und wie es später in Thessalien den Leosthenes
2 dahinraffte. Der ältere der Söhne des Kleombrotos, Agesipolis, hat nichts Nennenwertes vollbracht; der jüngere, Kleomenes, übernahm nach seines Bruders Tod die Herrschaft. Dieser hatte zwei Söhne, den Akrotatos und danach den Kleonymos. Das Schicksal fügte es, daß Akrotatos früher als Kleomenes starb. Und da nun Kleomenes später starb, gerieten Kleonymos, des Kleomenes Sohn, und Areus, des Akrotatos Sohn, über die Nachfolge in Streit. Die Geronten entschieden, daß dem Areus, dem Sohn des Akrotatos, und

nicht dem Kleonymos die väterliche Würde gebühre. Kleo- 3
nymos, der Herrschaft beraubt, grollte gewaltig. Die Epho-
ren versuchten ihn mit vielerlei Ehrenämtern zu besänftigen;
sie stellten ihn auch an die Spitze der Streitkräfte, nur damit
er nicht Sparta zum Feind werden möchte. Dennoch unter-
nahm er schließlich viele feindliche Handlungen gegen sein
Vaterland. So führte er ihnen auch den Pyrrhos, des Aiakides
Sohn, ins Land. Als Areus, des Akrotatos Sohn, König war, 4
zog Antigonos, des Demetrios Sohn, zu Land und zu See ge-
gen Athen. Den Athenern kam die aigyptische Flotte unter
Patroklos zu Hilfe. Auch kamen die Lakedaimonier mit ih-
rem ganzen Aufgebot unter König Areus. Da nun Antigo- 5
nos Athen eingeschlossen hatte und den Bundesgenossen der
Athener den Einzug in die Stadt verwehrte, so schickte Pa-
troklos Boten und forderte die Lakedaimonier und Areus
auf, den Kampf gegen Antigonos zu beginnen. Wenn jene
den Kampf begonnen hätten, würde er selbst die Makedo-
nen vom Rücken her angreifen. Früher sei es nicht ratsam,
daß sich die Aigypter als Seeleute mit den Makedonen in ei-
nen Landkampf einließen. Die Makedonen hatten zwar
Lust, etwas zu unternehmen, teils den Athenern zu Gefallen,
teils weil sie begierig waren, etwas zur Mehrung ihres Ruh-
mes zu unternehmen. Dennoch führte Areus das Heer zu- 6
rück, sobald die Vorräte aufgezehrt waren. Denn er wollte
ihre Tollkühnheit lieber für heimische Anlässe aufsparen, als
diese unbesonnen für Fremde opfern. Mit den Athenern, die
lange Zeit Widerstand geleistet hatten, schloß Antigonos
Frieden; allerdings unter der Bedingung, daß er eine Besat-
zung in das Mouseion legen könne. Diese Besatzung zog
Antigonos einige Zeit später wieder freiwillig ab[21]. Areus
hatte einen Sohn Akrotatos; dieser wiederum einen Sohn
Areus, der im achten Jahr an einer Krankeit starb. Vom Haus 7
des Eurystheus war an männlichen Nachkommen nur noch

Leonidas, der Sohn des Kleonymos, übrig; ein Greis, und diesem übertrugen die Lakedaimonier die Königsherrschaft. Dieser Leonidas lebte mit Lysandros, einem Abkömmling des Lysandros, des Sohnes des Aristokritos, in Zwietracht. Er zog den Kleombrotos, den Schwiegervater des Leonidas, auf seine Seite. Nachdem er ihn für sich gewonnen hatte, klagte er ihn an; unter anderem auch, er habe als Kind dem Vater
8 den Eid geleistet, Sparta ins Verderben zu führen. Leonidas wurde der Königswürde entkleidet, und an seiner Stelle übernahm Kleombrotos die Würde. Wenn Leonidas seinem Groll nachgegeben und sich, wie Demaratos, des Ariston Sohn, zum König in Makedonien oder in Aigypten begeben hätte, so hätte er doch keinen Nutzen gezogen, auch wenn die Spartiaten ihre Meinung geändert hätten. So ging er, von seinen Mitbürgern verbannt, nach Arkadien. Von dort riefen ihn die Lakedaimonier wieder zurück und machten
9 ihn erneut zum König. Was nun Kleomenes, des Leonidas Sohn, an tollkühnen, aber auch an tapferen Taten vollbrachte, das habe ich früher bei Erwähnung des Sikyoniers Aratos erzählt[22]; auch, daß die Lakedaimonier von da an nicht mehr von Königen regiert werden. Ich habe auch erwähnt, auf welche Weise Kleomenes in Aigypten umgekommen ist. Aus dem Geschlecht des Eurysthenes, den sogenannten Agiden, war Kleomenes, der Sohn des Leonidas, der letzte König in Sparta.

7. 1 Was das andere Königshaus betrifft, so habe ich folgendes gehört[23]: Prokles, der Sohn des Aristodemos, nannte seinen Sohn Soos. Eurypon, des Soos Sohn, soll zu solchem Ansehen gekommen sein, daß das Königshaus den Namen der Eurypontiden erhielt, statt der Prokliden, wie es bis zu ihm
2 geheißen hatte[24]. Des Eurypon Sohn war Prytanis. Unter Prytanis, des Eurypon Sohn, begann die Feindschaft der Lakedaimonier gegen die Argiver. Und schon zuvor hatten sie

Krieg gegen die Kynourier geführt. Unter den beiden Gene-
rationen danach, unter Eunomos, dem Sohn des Prytanis,
und unter Polydektes, dem Sohn des Eunomos, lebte Sparta
im ungestörten Frieden. Charillos, Sohn des Polydektes, 3
verwüstete den Argivern ihr Land (dieser ist es, der in die
Argolis einfiel), und unter seiner Führung vollzog sich nicht
viele Jahre später der Ausfall der Spartiaten gegen Tegea, als
die Lakedaimonier im falschen Vertrauen auf einen Orakel-
spruch hofften, die Tegeaten zu unterwerfen und die tegeati-
sche Ebene Arkadien zu entreißen[25]. Nach des Charillos Tod 4
übernahm Nikandros, Sohn des Charillos, die Herrschaft.
Die Ereignisse zwischen den Messeniern und Teleklos vom
anderen Königshaus im Heiligtum der (Artemis) Limnas fal-
len unter die Regierung des Nikandros. Auch Nikandros fiel
mit einem Heer in die Argolis ein und verwüstete den größ-
ten Teil des Landes. Die Asineer, die an dieser Unterneh-
mung der Lakedaimonier teilgenommen hatten, büßten
schwer durch die Argiver mit dem Untergang ihres Vater-
landes und mit ihrer eigenen Flucht. Auf Theopompos, des 5
Nikandros Sohn, werde ich später bei der Geschichte Messe-
niens zurückkommen. Unter dem König Theopompos
brach auch der Krieg der Lakedaimonier gegen die Argiver
um die Thyreatis aus[26]. Theopompos selbst nahm aus Alters-
gründen und besonders, weil er in Trauer war, nicht an dem
Feldzug teil. Den Archidamos raffte das Schicksal noch zu
Lebzeiten von Theopompos hin. Doch starb Archidamos 6
nicht kinderlos; er hinterließ einen Sohn Zeuxidamos. Ana-
xidamos, des Zeuxidamos Sohn, übernahm die Herrschaft.
Unter ihm verließen die Messenier die Peloponnes, nachdem
sie zum zweitenmal von den Spartiaten überwältigt waren.
Des Anaxidamos Sohn war Archidamos, des Archidamos
Agasikles. Beide hatten das Glück, ihr Leben in Frieden und
ohne Krieg zu verbringen. Ariston, des Agasikles Sohn, hei- 7

ratete eine Frau, die unter allen Jungfrauen in Lakedaimon die häßlichste gewesen sein soll. Unter den Frauen wurde sie aber von Helena zur schönsten gemacht. Von dieser wurde schon nach sieben Monaten der Sohn Demaratos geboren. Als Ariston mit den Ephoren im Rat zusammensaß, kam der Bote und meldete, ihm sei ein Sohn geboren. Ariston, der sich der Homerischen Verse in der Ilias über die Geburt des Eurystheus nicht erinnerte oder ihn überhaupt nicht kannte[27], sagte, den Monaten nach könnte es sein Sohn nicht
8 sein. Später bereute er seine Worte. Indessen hatte diese Unbesonnenheit des Ariston und die Feindschaft des Kleomenes die Folge, daß Demaratos, der damals König war und auch sonst im hohen Ansehen in Sparta stand und zusammen mit Kleomenes die Athener von den Peisistratiden befreit hatte, zum Privatmann wurde. Er ging darauf zu König Dareios nach Persien, und seine Nachkommen sollen längere Zeit in
9 Asien gelebt haben. Als Leotychides an Stelle des Demaratos König geworden war, nahm er mit den Athenern und ihrem Feldherrn Xanthippos an der Schlacht vor der Mykale teil. Später zog er nach Thessalien gegen die Aleuaden, und da er immer siegreich war, hätte er ganz Thessalien vernichten können, wenn er sich nicht von den Aleuaden hätte beste-
10 chen lassen[28]. Da er deshalb in Lakedaimon vor Gericht gezogen wurde, floh er freiwillig nach Tegea. Dort stellte er sich unter den Schutz der Athena Alea. Zeuxidamos, des Leotychides Sohn, war noch zu Lebzeiten seines Vaters und vor dessen Flucht an einer Krankheit gestorben. Archidamos, des Zeuxidamos Sohn, übernahm die Herrschaft, nachdem Leotychides nach Tegea geflohen war. Dieser Archidamos verwüstete im besonderen den Athenern ihr Land, indem er mit dem Heer Jahr für Jahr Einfälle in das attische Land machte und es bei jedem Überfall verheerend durchzog und auch die Stadt Plataiai, die mit den Athenern ver-

bündet war, eroberte. Zum Ausbruch des Krieges zwischen den Peloponnesiern und den Athenern hat er jedoch nicht beigetragen, sondern alles getan, was in seinen Kräften stand, die bestehenden Verträge einzuhalten. Haupturheber des Krieges war Sthenelaïdas, ein auch im übrigen mächtiger Mann in Sparta, der auch das Ephorenamt innehatte. Dieser Krieg erschütterte Griechenland, das noch wohl gegründet war in seinen Grundfesten[29]. Später hat dann Philippos, des Amyntas Sohn, das morsche und gänzlich marode Gebäude niedergestreckt. 11

8.1 Archidamos hinterließ bei seinem Tod zwei Söhne (Agis und Agesilaos). Agis, der ältere, übernahm statt des Agesilaos die Herrschaft. Archidamos hatte auch eine Tochter mit Namen Kyniska. Diese nahm in einem besonderen Maße Anteil an den olympischen Spielen. Sie war auch die erste Frau, die sich mit Pferdezucht beschäftigte und als erste einen olympischen Sieg errang. Nach der Kyniska haben auch andere Frauen, besonders aus Lakedaimon, olympische Siege errungen, von denen freilich im Hinblick auf die Siege keine
berühmter ist als diese[30]. Mir scheint, daß die Spartiaten auf 2
die Dichtkunst und das daraus zu erlangende Lob unter den Menschen den geringsten Wert legen. Denn außer dem auf die Kyniska verfaßten Epigramm, wer es auch verfaßt hat, und dem zuvor von Simonides dem Pausanias auf dem Dreifuß in Delphoi verfaßten[31] findet sich kein anderes von einem Dichter zum Andenken an einen lakedaimonischen Kö-
nig. Während der Regierung des Agis, des Archidamos 3
Sohn, erhoben die Lakedaimonier mancherlei Klagen gegen die Eleer. Besonders waren sie erbittert, daß sie von den olympischen Spielen im Heiligtum von Olympia ausgeschlossen waren[32]. Sie sandten einen Herold mit dem Auftrag an die Eleer, die Lepreaten und wer sonst von den Umwohnenden ihnen unterworfen war, in die Unabhängigkeit

zu entlassen. Auf die Antwort der Eleer hin, daß sie, sobald sie die Perioikenstädte Spartas frei sähen, ihrerseits nicht zögern würden, die ihrigen freizulassen, fiel König Agis mit
4 den Lakedaimoniern in Elis ein. Als damals der Gott ein Erdbeben schickte, zog sich das Heer zurück, das bereits bis nach Olympia und an den Alpheios vorgerückt war. Im Jahr darauf verwüstete Agis das Land und trieb Beute weg. Ein Eleer Xenias, der mit Agis persönlich und mit dem Staat der Lakedaimonier Gastfreundschaft genoß, erhob sich mit seinen einflußreichen Freunden gegen das Volk. Bevor aber noch Agis und das Heer ihnen zu Hilfe eilen konnten, hatte Thrasydaios, damals Vorstand des Volkes, in einer Schlacht den
5 Xenias und die Seinen aus der Stadt vertrieben. Agis zog daraufhin das Heer zurück, er ließ aber den Spartaner Lysistratos mit einem Teil seiner Macht und den vertriebenen Eleern zurück, um ihr Land, zusammen mit dem der Lepreaten zu verwüsten. Im dritten Jahr des Krieges rüsteten sich Agis und die Lakedaimonier, um erneut in Elis einzufallen. Thrasydaios und die Eleer waren bis aufs äußerste geschwächt, und so gingen sie auch auf die Forderung ein, die Herrschaft über die Perioiken aufzugeben, die Stadtmauern einzureißen und die Lakedaimonier in Olympia wieder
6 zum Opfer und zu den Spielen zuzulassen. Auch in Attika machte Agis ununterbrochen Einfälle mit dem Heer und legte gegen die Athener in Dekeleia eine Befestigung an. Nachdem aber bei den Ziegenflüssen die Seemacht der Athener zerstört war, übertraten Lysandros, des Aristokrites Sohn, und Agis die heiligen Eide, die die Lakedaimonier mit den Athenern geschworen hatten, indem sie in eigenem Namen und nicht dem des spartanischen Staates den Bundesgenossen den Vorschlag machten, Athen von Grund auf
7 zu vernichten[33]. Das waren die herausragendsten Kriegstaten des Agis. Die gleiche Unbesonnenheit des Ariston ge-

gen Demaratos zeigte auch Agis gegen seinen Sohn Leotychides: Ein böser Daimon ließ ihn nämlich in Gegenwart der Ephoren aussprechen, Leotychides sei nicht sein Sohn. Auch Agis erfaßte später die Reue, und als man ihn krank aus Arkadien nach Hause zurückbrachte und er sich in Heraia befand[34], da machte er das Volk zum Zeugen, daß er in der Tat den Leotychides für seinen Sohn hielte. Er trug ihnen mit Bittflehen und Tränen auf, dies den Lakedaimoniern zu be-
richten. Nach des Agis Tod vertrieb Agesilaos den Leotychi- 8
des aus der Herrschaft. Er rief den Lakedaimoniern ins Gedächtnis, was von Agis hinsichtlich des Leotychides gesagt worden war. Zwar kamen aus Heraia die Arkader und bezeugten dem Leotychides, was sie von dem sterbenden Agis
gehört hatten. Indes vergrößerte ein Orakelspruch aus Del- 9
phoi den Zwiespalt zwischen Agesilaos und Leotychides. Er lautet so[35]:

«Hüte Dich Sparta, so berühmt Du auch sein magst,
daß nicht eine lahme Königsherrschaft Dir entsprosse,
wenn Du starken Fußes bist,
denn sonst werden Dich lange unerwartete Mühsal bedrängen,
und die brausende Woge des Menschen vertilgenden Krieges.»

Damals nun behauptete Leotychides, das Gesagte beziehe 10
sich auf Agesilaos – denn Agesilaos war auf einem Fuß lahm – Agesilaos bezog es auf den Leotychides, der kein ebenbürtiger Sohn des Agis gewesen sei. Die Lakedaimonier aber, obwohl die Sache doch bei ihnen anhing, brachten die Zweifel nicht in Delphoi vor. Die Ursache scheint mir darin zu liegen, daß Lysandros, des Aristokritos Sohn, es mit allen Mitteln hintertrieb, daß (Agesilaos) die königliche Würde erhielt.

So wurde Agesilaos, des Archidamos Sohn, König. Die 9. 1

Lakedaimonier beschlossen, nach Asien hinüberzusegeln, um Artaxerxes, des Dareios Sohn, zu unterwerfen. Denn sie wurden von einigen Amtspersonen, besonders aber von Lysandros, belehrt, nicht Artaxerxes, sondern Kyros sei es gewesen, der ihnen das Geld für den Schiffsbau zum Krieg gegen die Athener gegeben habe. Agesilaos war nämlich bestimmt, das Heer nach Asien hinüberzuführen und die Fußtruppen anzuführen. Er sandte Boten aus in der Peloponnes, außer Argos, und zu den Griechen jenseits des Isthmos mit
2 der Aufforderung, ihm Beistand zu leisten. Die Korinther hatten zwar die größte Lust, an einem Seezug gegen Asien teilzunehmen. Indessen war ihnen unversehens der Tempel des olympischen Zeus abgebrannt, und da sie dies für ein übles Vorzeichen hielten, blieben sie, wenn auch unwillig, zurück[36]. Die Athener hatten den Vorwand, ihre Stadt erhole sich eben erst vom Krieg der Peloponnesier und von der Pest zu ihrer früheren Blüte. Sie hatten aber durch Boten erfahren, wonach Konon, des Timotheos Sohn, zum König hinübergefahren sei. Aus diesem Grund verhielten sie sich
3 ruhig. Nach Theben wurde Aristomenidas als Gesandter abgeschickt, des Agesilaos Großvater von mütterlicher Seite, der mit den Thebanern besonders befreundet war. Er war einer der Richter, die bei Eroberung von Plataiai das Todesurteil über die in der Stadt Aufgegriffenen gesprochen hatten. Aber auch die Thebaner lehnten, wie die Athener, es ab, Hilfe zu leisten. Agesilaos nun, sobald das Heer der Lakedaimonier und der Bundesgenossen versammelt und die Flotte wohl gerüstet war, ging nach Aulis, um der Artemis zu opfern, weil auch Agamemnon die Göttin auf seinem Zug
4 nach Troia gnädig gestimmt hatte. Agesilaos glaubte nämlich, er sei König einer mächtigeren Stadt als Agamemnon und Herrscher über ganz Griechenland, gleich jenem. Es werde daher einen glänzenderen Sieg bedeuten, wenn er den

König Artaxerxes besiege und den Wohlstand der Perser ge-
wönne, als das Reich des Priamos zu zerstören. Während er
opferte, drangen bewaffnete Thebaner in das Heiligtum ein
und warfen die bereits brennenden Opferschenkel vom Al-
tar und trieben ihn aus dem Heiligtum hinaus. Agesilaos be- 5
trübte es, das Opfer nicht beendet zu haben. Gleichwohl
setzte er nach Asien über und drang bis Sardes vor. Denn der
Hauptbestandteil des unteren Asien war damals Lydien, und
Sardes ragte durch Reichtum und Wohlstand heraus. Es
diente dem Satrapen am Meer ebenso als Residenz wie Susa
dem König. Als es nun gegen Tissaphernes, den Satrapen 6
von Ionien, in der Hermosebene zur Schlacht kam, besiegte
Agesilaos die Reiterei und das Heer; das größte, das nach
dem des Xerxes und dem, das zuvor unter Dareios gegen die
Skythen und Athen aufgeboten war[37]. Die Lakedaimonier
waren höchst zufrieden mit dem Unternehmungsgeist des
Agesilaos und ernannten ihn auch zum Befehlshaber der
Flotte. Als Führer der Trieren setzte er den Peisandros ein,
dessen Schwester er zur Frau hatte. Er selbst widmete sich
dem Landkrieg mit ganzer Kraft. Aber irgendeiner der Göt- 7
ter mißgönnte ihm die Vollendung seiner Pläne. Doch so-
bald Artaxerxes von den Siegen erfuhr, die Agesilaos errun-
gen hatte, und wie dieser alle Hindernisse überwindend mit
seinem Heer stets vorrückte, so bestrafte er den Tissaphernes,
obwohl er zuvor dessen Gönner gewesen war, mit dem
Tode und schickte den Tithraustes ans Meer, einen ent-
schlossenen Mann, der auch zu den Lakedaimoniern in äu-
ßerster Feindschaft stand. Dieser, kaum in Sardes angekom- 8
men, sann auf Mittel, wie er die Lakedaimonier zwingen
könne, das Heer aus Asien zurückzurufen. Er schickte daher
einen Rhodier, mit Namen Timokrates, mit reichlich Geld
nach Griechenland und erteilte ihm den Auftrag, in Grie-
chenland den Krieg gegen die Lakedaimonier anzufachen.

Die sich von dem Geld bestechen ließen, waren: Von den Argivern Kylon und Sodamas, in Theben Androkleides, Ismenias und Amphithemis. Auch die Athener Kephalos und Epikrates waren dabei und bei den Korinthern die, die argivisch gesinnt waren, nämlich Polyanthes und Timolaos.
9 Zum offenen Ausbruch des Krieges trugen die Lokrer in Amphissa bei. Die Lokrer waren im Streit mit den Phokern um Land. Von den Parteigängern des Ismenias in Theben aufgewiegelt, schnitten sie das reifende Getreide ab und führten Beute weg. Da fielen mit aller Macht die Phoker in Lokris ein und verwüsteten das Land. Hierauf führten die Lokrer die verbündeten Thebaner herbei und verwüsteten
10 das phokische Land. Die Phoker zogen nach Lakedaimon und verklagten die Thebaner, indem sie im einzelnen darlegten, was an Unrecht sie von diesen erlitten hätten. Die Lakedaimonier beschlossen den Krieg gegen die Thebaner. Als Anklagen führten sie unter anderem das frevlerische Verhal-
11 ten der Thebaner beim Opfer des Agesilaos in Aulis auf. Die Athener, die von der Absicht der Lakedaimonier gehört hatten, schickten Boten nach Sparta mit der Bitte, nicht mit Waffen gegen die Thebaner vorzugehen, sondern die Zwistigkeiten einem Rechtsspruch zu unterwerfen. Die Lakedaimonier aber sandten die Boten aufgebracht zurück. Was daraufhin erfolgte, der Ausmarsch der Lakedaimonier und der Tod des Lysandros, habe ich schon in Verbindung mit
12 Pausanias erzählt[38]. Der sogenannte korinthische Krieg griff dann von Anfang an, vom Ausmarsch der Lakedaimonier nach Boiotien, immer weiter um sich. Unter diesem Zwang führte Agesilaos sein Heer aus Asien zurück. Nach dem Übersetzen von Abydos nach Sestos und dem Durchzug durch Thrakien kam er nach Thessalien, und hier versuchten nun die Thessaler aus Freundschaft mit den Thebanern, den Agesilaos aufzuhalten. Auch hatten sie von alters her eine

Zuneigung zu den Athenern. Agesilaos schlug die Reiterei 13
und zog durch Thessalien. Daraufhin nahm er seinen Weg
durch Boiotien und schlug die Thebaner und deren Bundes-
genossen bei Koroneia. Nach der Niederlage flohen einige
der Thebaner in das Heiligtum der Athena Itonia. Agesilaos,
obwohl in der Schlacht verwundet, duldete gegen die
Schutzflehenden keine Ungerechtigkeiten.

Nicht viel später führten die wegen lakedaimonischer Ge- 10. 1
sinnung Verbannten aus Korinth die isthmischen Agone
durch[39]. Die Korinther in der Stadt verhielten sich aus
Furcht vor Agesilaos ruhig. Als dieser aber nach Sparta auf-
gebrochen war, feierten auch sie mit den Argivern die isth-
mischen Spiele. Er kam jedoch wiederum mit einem Heer
nach Korinth, und da damals die Hyakinthien bevorstanden,
entließ er die Amyklaier nach Hause, um das herkömmliche
Fest für Apollon und Hyakinthos zu feiern. Diese Abteilung
wurde unterwegs von Iphikrates und den Athenern überfal-
len und niedergemacht. Agesilaos zog nach Aitolien, um den 2
Aitolern beizustehen, die von den Akarnanen im Kampf be-
drängt waren. Er zwang die Akarnanen, den Krieg zu been-
den, obgleich nicht viel gefehlt hätte, daß sie Kalydon und
die anderen aitolischen Städte erobert hätten. Einige Zeit
später segelte er nach Aigypten, um den vom Aigypterkönig
Abgefallenen zu helfen, wobei Agesilaos viele und herausra-
gende Taten in Aigypten verrichtete. Hochbetagt ereilte ihn
auf der Rückreise der Tod[40]. Die Lakedaimonier brachten
seinen Leichnam nach Hause und bestatteten ihn mit größe-
ren Ehren als einen König zuvor. Unter der Regierung des 3
Archidamos, des Agesilaos Sohn, bemächtigten die Phoker
sich des Heiligtums in Delphoi. Die Thebaner zu bekriegen,
traten viele in den Sold der Phoker als Bundesgenossen. Von
Staats wegen standen ihnen die Lakedaimonier und die
Athener bei; die einen, weil sie sich dankbar der Wohltaten

erinnerten, die sie von den Phokern von alters her erhalten hatten. Die Lakedaimonier aber, unter dem Vorwand der Freundschaft, in Wirklichkeit aus Haß gegen die Thebaner. Theopompos, des Damasistratos Sohn, erzählt, Archidamos habe sich selbst an den Geldern beteiligt, und dazu habe Deinicha, des Archidamos Gattin, von den Machthabern in Phokis durch Geschenke bestochen, den Archidamos noch
4 bereitwilliger zur Bundesgenossenschaft gemacht. Daß er heilige Gelder angenommen hat und Leute unterstützte, die das berühmteste Orakel geplündert haben, dies kann ich nicht loben. Folgendes aber möchte ich zu seinem Lob herausstellen: Die Phoker hatten die verbrecherische Absicht, alle männlichen Einwohner zu ermorden, Kinder und Frauen als Sklaven zu verkaufen und die Stadt dem Erdboden gleich zu machen. Daß dies von den Phokern nicht ausgeführt wurde, war nur auf Archidamos zurückzuführen.
5 Später setzte er nach Italien über, um den Tarentinern im Kampf gegen Barbaren aus der Umgebung zu helfen. Dort wurde er auch von den Barbaren getötet. Daß seinem Leichnam kein Grab zuteil wurde, geht auf Apollon zurück. Der ältere Sohn des Archidamos, Agis, fiel in einer Schlacht gegen die Makedonen und gegen Antipatros. Der jüngere Sohn, Eudamidas, regierte im Frieden über die Lakedaimonier. Was Agis, den Sohn des Eudamidas, und Eurydamidas, den Sohn des Agis, angeht, so habe ich die beiden in der Beschreibung von Sikyon erwähnt[41].

6 Geht man von den Hermen aus weiter, so ist das ganze Gelände voll von Eichen. Den Namen Skotitas («der Dunkle») hat der Platz aber nicht von der zusammenhängenden Bewaldung, sondern von dem Zeus mit dem Beinamen Skotitas. Und links vom Weg etwa zehn Stadien abseits befindet sich ein Heiligtum des Zeus Skotitas[42]. Geht man von hier auf den Weg zurück, ein wenig weiter und wieder

links ab, so steht da eine Statue des Herakles und ein Sieges-
mal. Dieses soll Herakles aufgerichtet haben, als er Hippo-
koon und seine Söhne getötet hatte. Eine dritte Abzweigung 7
vom geraden Wege nach rechts führt nach Karyai und zu
dem Heiligtum der Artemis. Denn der Ort Karyai gehört
Artemis und den Nymphen, und es steht dort im Freien eine
Statue der karyatischen Artemis. Hier stellen die lakedaimo-
nischen Mädchen jährlich Chöre, und ihr Tanz ist ein einhei-
mischer[43]. Kehrt man zurück und geht die Hauptstraße wei-
ter, so trifft man auf die Trümmer von Sellasia; dieses unter-
warfen sich, wie ich früher schon sagte, die Achaier, als sie
die Lakedaimonier und König Kleomenes, den Sohn des
Leonidas, in einer Schlacht besiegt hatten[44]. In Thornax, 8
denn dahin kommt man dann weiter, befindet sich eine Sta-
tue des Apollon Pythaeus, ebenso gemacht wie die in
Amyklai; wie ihre Gestalt ist, werde ich bei jener schrei-
ben[45]. Denn bei den Lakedaimoniern ist das amyklaiische
Heiligtum das angesehenere, so daß sie auch das Gold, das
Kroisos, der Lyder, diesem Apollon Pythaeus sandte, zur
Ausschmückung der Statue in Amyklai verwandten.

Nach Thornax kommt dann die Stadt, die ursprünglich 11. 1
Sparta hieß, mit der Zeit aber auch den Namen Lakedaimon
dazu annahm; so lange war das der Name des Landes gewe-
sen. Was mir in meinem Buch über Attika von Vorteil war,
nicht alles der Reihe nach, sondern nur das Bemerkenswer-
teste davon in Auswahl berichtet zu haben, das will ich auch
vor meiner Darstellung von Sparta betonen. Mein Bericht
will von Anfang an von vielen und nicht immer erzählens-
werten Dingen, die alle von ihren einheimischen Sachen er-
zählen, das wichtigste aussondern. Da ich mir das gut über-
legt habe, werde ich nicht davon abweichen[46].

Die Lakedaimonier in Sparta haben einen sehenswerten 2
Markt, und das Rathaus der Gerousie und die Amtsgebäude

der Ephoren und der Nomophylakes und der sogenannten
Bidiaier befinden sich am Markt. Die Gerousie ist der wich-
tigste Staatsrat der Lakedaimonier, die übrigen sind Beamte.
Die Ephoren und Bidiaier sind beide fünf an Zahl, Aufgabe
der letzteren ist es, diejenigen am Platanistas und andere
Wettkämpfe der Epheben zu veranstalten; die Ephoren ver-
walten die wichtigsten Staatsgeschäfte und stellen auch den
Beamten, der dem Jahr den Namen gibt, wie auch in Athen
von den sogenannten neun Archonten einer der namenge-
3 bende ist. Das Hauptbauwerk auf dem Markt ist die Halle,
die sie die persische nennen[47], da sie aus der Beute der Perser-
kriege gebaut ist; im Laufe der Zeit haben sie sie zur jetzigen
Größe und Ausstattung umgebaut. Auf den Säulen stehen
Perser aus Marmor und darunter Mardonios, der Sohn des
Gobryas. Auch Artemisia ist dargestellt, die Tochter des
Lygdamis und Königin von Halikarnaß. Sie soll sich freiwil-
lig am Feldzug des Xerxes gegen Griechenland beteiligt und
in der Seeschlacht bei Salamis große Taten vollbracht haben.
4 An Tempeln stehen auf dem Markt einer Caesars, der zuerst
in Rom nach der Alleinherrschaft strebte und zuerst die jet-
zige Kaiserwürde errang. Der andere ist für Augustus ge-
baut, seinen Sohn, der die Herrschaft weiter festigte und zu
höherem Ruhm und Macht gelangte als der Vater, so daß er
den Namen Augustus erhielt, was auf griechisch «Der Erha-
5 bene» bedeutet. Am Altar des Augustus zeigen sie eine Bron-
zestatue des Agias. Dieser Agias soll als Seher Lysanders die
athenische Flotte an den Ziegenflüssen erbeutet haben außer
zehn Trieren; diese entkamen nach Kypros, die anderen nah-
men die Lakedaimonier mitsamt der Besatzung. Agias war
6 Sohn des Agelochos, des Sohnes des Tisamenos. An Tisame-
nos, der Eleer war aus dem Geschlecht der Iamiden, erging
ein Orakelspruch, er werde fünf der hervorragendsten Siege
erringen. So übte er sich im Fünfkampf, unterlag aber in

Olympia. In zwei Wettkämpfen war er aber der erste ge-
worden, denn im Laufen und Springen hatte er den An-
drier Hieronymos besiegt. Als er von ihm im Ringkampf
besiegt wurde und so den Sieg verfehlte, begriff er den Sinn
des Orakels, daß der Gott ihm gewährt habe, als Seher in
fünf Kämpfen im Kriege zu siegen[48]. Die Lakedaimonier, 7
die nämlich gehört hatten, was die Pythia dem Tisamenos
vorausgesagt hatte, überredeten ihn, aus Elis nach Sparta
überzusiedeln und dort öffentlicher Seher zu werden, und
Tisamenos gewann ihnen fünf Wettkämpfe im Kriege, zu-
erst bei Plataiai gegen die Perser, zum zweitenmal, als die
Lakedaimonier bei Tegea gegen die Tegeaten und Argiver
kämpften, danach bei Dipaia, wo ihnen alle Arkader außer
den Mantineern entgegentraten. Dipaia war aber ein arka-
disches Städtchen in der Landschaft Mainalia. Zum vierten- 8
mal kämpften sie gegen die Heloten, die vom Isthmos nach
Ithome abgefallen waren; es waren nämlich nicht alle Helo-
ten abgefallen, sondern nur die messenischen, die sich von
den alten Heloten trennten; und auch darüber werde ich so-
fort noch sprechen. Damals ließen die Lakedaimonier die
Aufständischen unter Vertrag abziehen, indem sie dem Ti-
samenos und dem Orakel in Delphoi gehorchten. Zum
letztenmal amtete Tisamenos als Seher bei Tanagra in der
Schlacht gegen die Argiver und Athener. So hörte ich die 9
Geschichte des Tisamenos. Die Spartiaten haben auf dem
Markt Standbilder des Apollon Pythaeus und der Artemis
und der Leto. Dieser ganze Platz heißt Tanzplatz, weil bei
den Gymnopaidien, das ist ein Fest, das den Lakedaimo-
niern besonders wichtig ist, die Epheben dem Apollon hier
Chöre aufstellen. Nicht weit davon ist ein Heiligtum der
Ge und des Zeus Agoraios, dann der Athena Agoraia und
des Poseidon, den sie Asphalios benennen, und wieder-
um des Apollon und der Hera. Auch eine große Sta- 10

tue des Demos der Lakedaimonier steht dort. Auch ein Heiligtum der Moiren haben die Lakedaimonier und dabei ein Grab des Orestes, des Sohnes des Agamemnon; hier haben sie nämlich die nach einem Orakel aus Tegea geholten Gebeine des Orestes begraben[49]. Neben dem Grab des Orestes steht ein Standbild des Polydoros, des Sohnes des Alkamenes, den sie von den Königen so bevorzugt ehren, daß die Beamten alles, was sie siegeln müssen, mit dem Bild des Po-
11 lydoros siegeln. Es sind da auch ein Hermes Agoraios, der den kleinen Dionysos trägt, und die sogenannten alten Ephorenamtshäuser und darin ein Grabmal des Kreters Epimenides und des Aphareus, des Sohnes des Perières. Und in bezug auf Epimenides meine ich, daß die Lakedaimonier glaubwürdiger als die Argiver berichten. Da, wo die Moiren sich befinden, ist in Sparta auch eine Hestia und ein Zeus Xenios und eine Athena Xenia.

12. 1 An der Straße vom Staatsmarkt, die sie Aphetaïs nennen, liegen die sogenannten Booneta; ich muß zuerst über diese Benennung der Straße sprechen. Ikarios soll für die Freier der Penelope einen Wettlauf ausgesetzt haben. Daß Odysseus siegte, ist bekannt; sie sollen auf der Aphetaïsstraße zum
2 Lauf angetreten sein. Es scheint mir, daß Ikarios den Wettkampf in Nachahmung des Danaos veranstaltet hat. Danaos hat dies nämlich im Hinblick auf seine Töchter erfunden, und da niemand (von den Freiern) wegen des Verbrechens eine (der Töchter) zur Frau haben wollte, gab Danaos bekannt, er wolle ohne Brautgabe jedem die geben, die ihm um der Schönheit willen am meisten gefiele. Für die zahlreich zusammengeströmten Freier ordnete er einen Wettlauf an: Wer zuerst das Ziel erreichte, durfte als erster wählen, danach der zweite und so fort bis zum letzten. Wer von den Töchtern übrig blieb, mußte bis zur nächsten Zusammen-
3 kunft der Freier und auf einen anderen Wettlauf warten. Die

Lakedaimonier haben also an dieser Straße, wie ich schon
sagte, die sogenannten Booneta, einstmals das Haus des Kö-
nigs Polydoros. Nach dem Tode des Polydoros kauften sie es
von der Frau gegen Rinder[50]. Denn damals gab es noch kein
Silber- noch Goldgeld, sondern man gab in alter Weise noch
Rinder und Sklaven und unbearbeitetes Silber und Gold.
Auch die nach Indien Fahrenden sagen, daß die Inder für die 4
griechischen Waren andere Gegenstände eintauschen, aber
Geld nicht kennen, obwohl sie reichlich Gold und Kupfer
haben. Gegenüber dem Amtslokal der Bidiaier ist ein Hei-
ligtum der Athena; die Kultstatue soll Odysseus aufgestellt
und Keleutheia genannt haben, als er die Freier der Penelope
im Lauf besiegte. Er gründete aber drei Heiligtümer der Ke-
leutheia voneinander entfernt. Weiter befinden sich an der 5
Aphetaïs Heroengräber, das des Iops, der zur Zeit des Lelex
oder Myles gelebt haben soll, und des Amphiaraos, des Soh-
nes des Oïkles; das sollen die Söhne des Tyndareos dem Am-
phiaraos als ihrem Vetter gemacht haben; und auch Lelex
selber hat hier ein Heroon. Nicht weit davon befindet sich
ein Heiligtum des Poseidon, und sie geben ihm den Beina-
men Tainarios. Nicht weit davon eine Statue der Athena, die
die Kolonisten nach Tarent in Italien geweiht haben sollen.
Von dem Hellenion genannten Platz wird erzählt, daß die 6
Griechen, die sich auf die Abwehr des Xerxes, der nach Eu-
ropa hinüberging, vorbereiteten, an diesem Platz zusam-
menkamen, um zu beraten, wie sie Widerstand leisten könn-
ten. Die andere Erklärung ist die, daß die Griechen, die um
Menelaos' willen nach Ilion zogen, hier berieten, wie sie
nach Troia fahren und an Alexandros für den Raub der He-
lena Vergeltung üben könnten. In der Nähe des Hellenion 7
zeigt man das Grabmal des Talthybios. Das zeigen auch die
Bewohner von Aigion in Achaia auf ihrem Markt, da auch
sie behaupten, das sei ein Grabmal des Talthybios. Der Zorn

dieses Talthybios wegen der Ermordung der Boten, die vom König Dareios nach Griechenland gesandt waren, um Erde und Wasser zu fordern, offenbarte sich bei den Lakedaimoniern gegenüber dem Staat, in Athen aber richtete er sich gegen einzelne und insbesondere das Haus eines Mannes, des Miltiades, des Sohnes des Kimon. Miltiades hatte veranlaßt, daß auch die nach Attika gekommenen Boten von den
8 Athenern getötet wurden. Die Lakedaimonier haben einen Altar des Apollon Akritas und ein Gasepton genanntes Heiligtum der Ge, darüber ist ein Kult des Apollon Maleates eingerichtet. Am Ende der Aphetaïs, schon dicht an der Stadtmauer, befindet sich ein Heiligtum der Diktynna und die Königsgräber der sogenannten Eurypontiden[51]. Neben dem Hellenion ist ein Heiligtum der Arsinoë, der Tochter des Leukippos und Schwester der Frauen des Polydeukes und Kastor. Bei den sogenannten Phrouria befindet sich ein Tempel der Artemis, und etwas weiter ist ein Grabmal gebaut für die aus Elis gekommenen Seher, die Iamiden hei-
9 ßen. Und ein Heiligtum des Maron ist da und des Alpheios; sie sollen von den an die Thermopylen gesandten Lakedaimoniern nach Leonidas selber am tapfersten gekämpft haben. Das Heiligtum des Zeus Tropaios bauten die Dorer, als sie die anderen Achaier im Krieg besiegt hatten, die bis dahin das lakonische Land in Besitz hatten, und vor allem die Amyklaier. Das Heiligtum der Großen Mutter wird ganz besonders verehrt. Danach folgen die Heroengräber des Hippolytos, des Sohnes des Theseus, und des Arkaders Aulon, des Sohnes des Tlesimenes; von Tlesimenes sagen die einen, er sei Bruder des Parthenopaios, des Sohnes des Melanion, die anderen, er sei sein Sohn.

10 Es gibt auch einen anderen Ausgang von der Agora, an dem die sogenannte Skias gebaut ist, wo sie noch jetzt ihre Volksversammlungen abhalten. Diese Skias soll ein Werk

des Samiers Theodoros sein, der als erster erfand, Eisen zu
gießen und daraus Bildwerke zu formen[52]. Hier hängten die
Lakedaimonier auch die Kithara des Milesiers Timotheos
auf, da sie ihm zum Vorwurf machten, daß er zu den alten
sieben Saiten bei der Kitharodie vier neue hinzuerfand. Bei 11
der Skias befindet sich ein rundes Gebäude und darin Statuen
des Zeus und der Aphrodite mit dem Beinamen der olympi-
schen. Das soll Epimenides gebaut haben, wobei sie über ihn
anderer Meinung sind als die Argiver, da sie behaupten, mit
den Knosiern überhaupt keinen Krieg gehabt zu haben.

In der Nähe ist das Grab des Kynortas, des Sohnes des 13.1
Amyklas, und das Grabmal des Kastor, über dem auch ein
Heiligtum gebaut ist. Denn sie behaupten, erst im vierzig-
sten Jahr nach der Schlacht gegen Idas und Lynkeus seien die
Söhne des Tyndareos als Götter angesehen worden und
nicht früher. Auch das Grab des Idas und Lynkeus wird bei
der Skias gezeigt. Wahrscheinlich aber wurden sie in Messe-
nien begraben und nicht hier; bei den Messeniern haben aber 2
ihre Schicksale und die lange Zeit, während der sie aus der
Peloponnes verbannt waren, vieles von den alten Überliefe-
rungen auch nach ihrer Rückkehr in Vergessenheit geraten
lassen, und so können sie nun in Anspruch nehmen, die es
wollen, da jene es nicht wissen. In Sparta liegt gegenüber der
olympischen Aphrodite ein Tempel der Kore Soteira; den
soll der Thraker Orpheus gebaut haben, andere sagen, Aba-
ris, der von den Hyperboreern kam. Der Karneios, der auch 3
Oiketas mit Beinamen heißt, hatte in Sparta schon vor der
Rückkehr der Herakliden Kult und wurde im Haus des
Krios, des Sohnes des Theokles, verehrt, eines Sehers. Die
Tochter dieses Krios trafen die Späher der Dorer beim Was-
serholen, kamen mit ihr ins Gespräch und erfuhren auch bei
Krios die Eroberung Spartas. Der Kult des Apollon Karneios 4
ist bei allen Dorern eingerichtet worden von Karnos aus

Akarnanien her, der durch Apollon Seher war. Denn als Hippotes, der Sohn des Phylas, diesen Karnos getötet hatte, fiel der Zorn des Apollon auf das Heer der Dorer, Hippotes wurde wegen des Mordes verbannt, und die Dorer richteten danach die Verehrung des akarnanischen Sehers ein. In Sparta ist aber nicht dieser der Oiketas Karneios, sondern der im Hause des Sehers Krios schon verehrte, als die Achaier
5 noch Sparta besaßen. Es gibt ein Gedicht der Praxilla, wonach Karneios Sohn der Europa und des Zeus ist, und Apollon und Leto zogen ihn auf. Auch eine andere Sage wird von ihm erzählt, daß nämlich die Griechen im troischen Ida Kornelkirschbäume geschlagen hätten, die in einem Apollonhain wuchsen, um daraus das hölzerne Pferd zu machen; als sie dann erfuhren, daß der Gott ihnen zürne, versöhnten sie ihn mit Opfern und nannten Apollon nach den Kornelkirschbäumen (κράνεια) Karneios, indem sie nach einer alten Sitte das R umstellten.

6 Nicht weit vom Karneios ist eine Statue mit Namen Aphetaios; von hier soll der Lauf der Freier der Penelope begonnen haben. Dann ist da ein Platz mit Säulenhallen im Viereck herum, wo früher Kleinkram verkauft wurde. Dabei befindet sich ein Altar des Zeus Amboulios und der Athena Amboulia und einer der Dioskouren, ebenfalls mit
7 Beinamen Ambouliοi. Gegenüber liegt die Kolona genannte Stelle und der Tempel des Dionysos Kolonatas, und dabei ist ein heiliger Bezirk eines Heros, der dem Dionysos Führer auf dem Wege nach Sparta gewesen sein soll. Diesem Heros opfern vor dem Gott die Dionysiaden und die Leukippiden[53]; die anderen elf, die sie auch Dionysiaden nennen, denen veranstalten sie einen Wettkampf im Laufen. Diese Sitte
8 ist ihnen aus Delphoi zugekommen. Nicht weit vom Dionysos ist das Heiligtum des Zeus Euanemos und rechts davon ein Heroon des Pleuron; die Söhne des Tyndareos stammen

mütterlicherseits von Pleuron. Denn Asios gibt in seinem Epos an, Thestios, der Vater der Leda, sei ein Sohn des Agenor, des Sohnes des Pleuron[54]. Von dem Heroon ist nicht weit ein Hügel und auf dem Hügel ein Tempel der argivischen Hera; den soll Eurydike gegründet haben, die Tochter Lakedaimons und Frau des Akrisios, des Sohnes des Abas. Das Heiligtum der Hera Hypercheiria wurde nach einem Orakelspruch gegründet, als der Eurotas ihnen viel Land über-
schwemmte. Ein altes Holzbild nennen sie das der Aphrodite 9
Hera, und es ist Sitte, daß die Mütter der Göttin opfern, wenn ihre Tochter heiratet. An dem Wege rechts von dem Hügel steht eine Statue des Hetoimokles. Hetoimokles selbst und sein Vater Hipposthenes haben olympische Siege im Ringkampf errungen, beide zusammen elf, wobei Hipposthenes seinem Sohn um einen Sieg voraus war[55].

Vom Markt aus gegen Westen ist der Kenotaph des Brasi- 14. 1
das, des Sohnes des Tellis, gebaut. Nicht weit von dem Grab entfernt liegt das sehenswerte Theater aus Marmor[56]. Gegenüber dem Theater steht das Grabmal des Pausanias, des Führers bei Plataiai, und das andere des Leonidas, und jedes Jahr halten sie Reden auf sie und veranstalten einen Wettkampf, an dem nur Spartiaten teilnehmen dürfen. Die Gebeine des Leonidas liegen hier, seit sie Pausanias vierzig Jahre nachher von den Thermopylen holte; es steht da auch eine Tafel, die die Namen derer mit ihren Vatersnamen enthält,
die an den Thermopylen gegen die Perser kämpften[57]. Eine 2
Stelle in Sparta heißt Theomelida; an dieser Stelle der Stadt liegen die Gräber der Könige aus dem Hause der Agiaden und in der Nähe die sogenannte Krotanenhalle; die Krotanen sind ein Teil der Pitanaten[58]. Nicht weit von der Halle befindet sich ein Heiligtum des Asklepios mit dem Beinamen «bei den Agiaden». Etwas weiter ist das Grabmal des Tainaros, und das ins Meer vorspringende Vorgebirge soll

nach diesem genannt sein. An Götterheiligtümern sind hier eines des Poseidon Hippokourios und der aiginetischen Artemis. Kehrt man zu der Halle zurück, so liegt da das Heiligtum der Artemis Issoria. Man nennt sie auch Limnaia, sie ist aber keine Artemis, sondern die kretische Britomartis. Das
3 steht in meinem Kapitel über Aigina[59]. Ganz in der Nähe der Grabmäler, die für die Agiaden gemacht sind, sieht man eine Stele, und darauf sind die Siege im Wettlauf verzeichnet, die der Lakedaimonier Chionis errang in Olympia und sonst. Dort waren es sieben Siege, vier im Wettlauf über ein Stadion, die übrigen im Doppellauf. Den Lauf mit dem Schild am Ende des Wettkampfes gab es damals noch nicht. Man erzählt auch, daß Chionis an dem Zug des Theraiers Battos teilgenommen, mit ihm Kyrene besiedelt und die benach-
4 barten Libyer unterworfen habe[60]. Das Heiligtum der Thetis soll aus folgendem Grunde gegründet sein: sie hätten gegen abgefallene Messenier Krieg geführt, und ihr König Anaxandros sei in Messenien eingefallen und habe Frauen gefangengenommen, darunter sei Kleo gewesen, und sie sei Priesterin der Thetis gewesen. Diese Kleo erbat sich die Frau des Anaxandros von Anaxandros, entdeckte das Holzbild der Thetis bei ihr und gründete mit ihr der Göttin einen Tempel. Das tat Leandris auf Grund eines Traumes, und das
5 Holzbild der Thetis bewahren sie im Verborgenen auf. Die Demeter Chthonia verehren die Lakedaimonier nach ihrer Aussage, weil ihnen Orpheus das übergeben habe, nach meiner Meinung aber wurde es auch bei ihnen wegen des Heiligtums in Hermione eingerichtet, eine Demeter Chthonia zu verehren. Es gibt auch ein Heiligtum des Sarapis, das jüngste in Sparta, und eins des Zeus mit dem Beinamen des olympischen.

6 Dromos («Laufbahn») nennen die Lakedaimonier den Platz, wo noch zu meiner Zeit die jüngeren Männer sich im

Laufen übten. Geht man zu diesem Dromos von dem Grab der Agiaden aus, so hat man links ein Grabmal des Eumedes, der auch ein Sohn des Hippokoon war[61]. Dann steht da eine alte Statue des Herakles, dem die Sphaireer opfern; das sind die, die nach ihren Ephebenjahren anfangen, zu den Männern zu gehören. Auf dem Dromos sind auch Gymnasien gebaut, von denen das eine eine Stiftung des Lakedaimoniers Eurykles[62] ist. Außerhalb des Dromos steht an der Heraklesstatue ein Haus, das jetzt einem Privatmann gehört, einstmals aber das des Menelaos war. Etwas weiter vom Dromos liegt ein Heiligtum der Dioskouren und der Chariten und ein anderes der Eileithyia und des Apollon Karneios und der
Artemis Hegemone. Das des Agnitas ist rechts vom Dromos 7
gebaut; Agnitas ist ein Beiname des Asklepios, weil das Holzbild für den Gott aus Keuschbaumholz besteht; der Keuschbaum ist ebenfalls ein Weidengebüsch wie der Wegdorn[63]. Nicht weit von Asklepios steht ein Siegesmal, das Polydeukes über Lynkeus aufgerichtet haben soll. Auch das macht es mir wahrscheinlich, daß die Söhne des Aphareus nicht in Sparta begraben sind. Am Anfang des Dromos stehen die «die Läufer entsendenden» Dioskouren und etwas weiter ein Heroon des Alkon. Alkon soll ein Sohn des Hippokoon gewesen sein. Neben dem Heroon des Alkon befindet sich ein Heiligtum des Poseidon mit dem Beinamen Domatites.

Auch einen Platz Platanistas gibt es nach den Platanen, die 8
hoch und zusammenhängend um ihn herum wachsen. Diesen Platz, wo die Epheben ihre Kämpfe abhalten, umgibt ringsum ein Wassergraben, ebenso wie das Meer eine Insel umfließt, und die Eingänge gehen über Brücken. Auf beiden Brücken stehen Statuen, auf der einen des Herakles und auf der anderen des Lykourgos, denn Lykourgos hat außer den Gesetzen des Staates sonst auch die für den Kampf der Epheben gegeben. Auch folgendes tun die Epheben noch: Sie op- 9

fern vor dem Kampf im Phoibaion; das Phoibaion liegt außerhalb der Stadt, nicht weit von Therapne entfernt. Dort opfert jede Abteilung der Epheben dem Enyalios einen jungen Hund, da sie glauben, daß dem wehrhaftesten Gott von Opfertieren auch das wehrhafteste Haustier genehm sei. Ich weiß, daß sonst keine Griechen junge Hunde zu opfern für recht halten außer den Kolophoniern. Denn auch die Kolophonier opfern der Enodia einen schwarzen Hund. Das Opfer der Kolophonier geht ebenso bei Nacht vor sich wie das
10 der Epheben in Lakedaimon. Bei dem Opfer bringen die Epheben abgerichtete Eber zum Kampf zusammen, und wessen Eber dabei siegt, die gewinnen dann auch auf dem Platanistas meistens die Oberhand. Das tun sie also im Phoibaion, und am folgenden Tag kurz vor Mittag gehen sie über die Brücken auf den genannten Platz. Den Eingang, durch den jede der beiden Abteilungen hier hineinkommen soll, hat ihnen in der Nacht das Los vorherbestimmt. Sie kämpfen dann mit den Händen und mit den Füßen tretend und beißen und kratzen sich die Augen aus. Auf diese Weise kämpfen sie Mann gegen Mann und stürzen mit Gewalt zusammen aufeinander los und suchen sich gegenseitig ins Wasser zu stoßen[64].

15. 1 Am Platanistas ist auch ein Heroon der Kyniska, der Tochter des spartanischen Königs Archidamos; sie trieb als erste Frau Pferdezucht und errang in Olympia als erste einen Wagensieg[65]. Hinter der Säulenhalle, die neben dem Platanistas gebaut ist, befinden sich Heroa, eines des Alkimos, eines des Enarsphoros und nicht weit entfernt eines des Dorkeus, ferner des Sebros; das sollen Söhne des Hippokoon sein.
2 Nach Dorkeus heißt die Quelle nahe beim Heroon Dorkeia und nach Sebros der Platz Sebrion. Rechts vom Sebrion steht das Grabmal des Alkman[66], in dessen Dichtung die lakonische Sprache, die sonst sehr wenig wohltönend ist, de-

ren Genuß nicht beeinträchtigte. Dann sind da Heiligtümer 3
der Helena und des Herakles, ersteres dicht beim Grabe des
Alkman, letzteres ganz nahe an der Stadtmauer und darin
eine gewappnete Heraklesstatue; man sagt, er sei wegen des
Kampfes gegen Hippokoon und seine Söhne so dargestellt.
Herakles' Feindschaft soll deshalb gegen das Haus des Hip-
pokoon entbrannt sein, weil sie sich weigerten, ihn zu ent-
sühnen, als er nach dem Tod des Iphitos der Sühne wegen
nach Sparta kam.

Zum Ausbruch des Krieges trug auch noch folgendes bei: 4
Ein junger Mann, Oionos, ein Vetter des Herakles – er war
nämlich der Sohn des Likymnios, des Bruders der Alkmene
–, kam mit Herakles zusammen nach Sparta. Als er nun in
der Stadt herumging, sie sich besah und er zum Hause des
Hippokoon kam, da stürzte sich der Hofhund auf ihn.
Oionos traf den Hund mit einem Stein und tötete ihn. Da
sprangen nun die Söhne des Hippokoon herbei und schlugen
ihn mit Knüppeln tot. Das erbitterte nun den Herakles am 5
meisten gegen den Hippokoon und seine Söhne, und im er-
sten Zorn ließ er sich auf einen Kampf mit ihnen ein. Damals
wurde er verwundet und entfernte sich heimlich aus dem
Kampf. Später, bei einem Feldzug gegen Sparta, gelang es
ihm, den Mord des Oionos an Hippokoon und seinen Söh-
nen zu rächen. Das Grabmal des Oionos ist neben dem He-
rakleion errichtet.

Vom Dromos nach Osten geht rechts ein Pfad ab, und 6
daran liegt ein Heiligtum der Athena mit Namen Axiopoi-
nos. Denn da Herakles durch seinen Kampf den Hippokoon
und seine Söhne entsprechend ihren vorangegangenen Taten
bestrafte, wurde das Heiligtum der Athena mit Beinamen
Axiopoinos gegründet, da die älteren Menschen die Vergel-
tung Poinai nannten. Es gibt auch ein anderes Athenaheilig-
tum an einem anderen Wege vom Dromos; das soll Theras

gegründet haben, der Sohn des Autesion, des Sohnes des Tisamenos, des Sohnes des Thersandros, als er eine Kolonie aussandte auf die Insel, die jetzt nach diesem Theras ihren
7 Namen bekommen hat, ursprünglich aber Kalliste hieß. In der Nähe ist ein Tempel des Hipposthenes, dem die vielen Siege im Ringkampf zuteil geworden sind; sie verehren den Hipposthenes auf Grund eines Orakels, indem sie ihm wie Poseidon Ehren erweisen[67]. Gegenüber dem Tempel steht eine alte Statue des gefesselten Enyalios; die Meinung der Lakedaimonier in bezug auf diese Statue ist dieselbe wie die der Athener in bezug auf die Apteros («die Flügellose») genannte Nike, bei den einen nämlich, daß Enyalios sie, durch die Fesseln gehindert, niemals verlassen werde, bei den Athenern, daß Nike («der Sieg») immer dort bleiben müsse, da sie keine Flügel habe. Auf diese Weise haben also diese Städte diese Holzbilder bei sich aufgestellt und in solcher Meinung.

8 In Sparta gibt es auch eine Halle, die die Bunte genannt wird, und daran Heroa, nämlich des Kadmos, des Sohnes des Agenor, und seiner Nachkommen, des Oiolykos, des Sohnes des Theras, und des Aigeus, des Sohnes des Oiolykos. Diese Heroa sollen Maisis und Laias und Europas gegründet haben, und sie seien Söhne des Hyraios, des Sohnes des Aigeus. Sie bauten auch das Heroon für Amphilochos, weil ihr Vorfahr Tisamenos mütterlicherseits von Demonassa, der Schwester
9 des Amphilochos, abstammte. Allein bei den Lakedaimoniern unter den Griechen gibt es das, daß Hera Aigophagos («die Ziegenessende») heißt und daß man der Göttin Ziegen opfert. Herakles soll das Heiligtum gegründet haben und zuerst Ziegen geopfert haben, da ihm in seinem Kampf gegen Hippokoon und seine Söhne kein Hindernis von seiten Heras entgegentrat, während er bei seinen früheren Taten der Meinung war, die Göttin sei ihm feindlich. Ziegen soll er geopfert haben, da er keine anderen Opfertiere hatte.

Nicht weit vom Theater liegt ein Heiligtum des Poseidon 10
Genethlios und Heroa des Kleodaios, des Sohnes des Hyllos,
und des Oibalos. Von ihren Asklepiosheiligtümern ist das
angesehenste neben den Booneta gebaut[68] und links ein He-
roon des Teleklos; den werde ich später noch erwähnen in
meinem Buch über Messenien. Etwas weiter ist ein nicht
großer Hügel und darauf ein alter Tempel und ein Holzbild
einer bewaffneten Aphrodite. Von allen Tempeln, die ich
gesehen habe, ist nur diesem noch ein oberes Geschoß aufge-
baut, das der Morpho heilig ist. Morpho ist ein Beiname der 11
Aphrodite; sie sitzt mit einem Schleier und mit Fesseln an
den Füßen. Die Fesseln soll ihr Tyndareos angelegt haben,
um mit den Fesseln die eheliche Treue der Frauen anzudeu-
ten. Denn die andere Erzählung, daß Tyndareos die Göttin
mit den Fesseln strafen wollte, da er glaubte, die Schande für
seine Töchter komme von Aphrodite, lasse ich durchaus
nicht gelten. Es wäre ja wahrhaft töricht, ein Bild aus Wa-
cholderholz zu machen, es Aphrodite zu nennen und zu
glauben, man könne sich damit an der Göttin rächen.

In der Nähe ist ein Heiligtum der Hilaeira und Phoibe. 16. 1
Der Kypriendichter[69] erklärt sie für Töchter des Apollon.
Ihre Priesterinnen sind jungfräuliche Mädchen, die ebenso
wie die Göttinnen Leukippiden heißen. Das eine der Kultbil-
der hat eine den Göttinnen als Priesterin dienende Leukip-
pide ausgeschmückt, indem sie an Stelle des alten ein Gesicht
in moderner Art einsetzen ließ. Das andere ebenso auszustat-
ten, verbot ihr ein Traum. Hier hängt ein Ei von der Decke
herab, mit Bändern umwickelt. Das soll das Ei sein, das Leda
geboren haben soll. Jedes Jahr weben die Frauen dem Apol- 2
lon in Amyklai einen Chiton, und das Gebäude, wo sie we-
ben, heißt auch Chiton. In der Nähe davon ist ein Wohnhaus
gebaut; das sollen ursprünglich die Söhne des Tyndareos be-
wohnt haben, später erwarb es der Lakedaimonier Phor-

mion. Zu ihm kamen die Dioskouren in Gestalt von Fremden. Sie berichteten, sie kämen aus Kyrene, und baten ihn, bei ihm wohnen zu dürfen, und baten um den Raum, den sie am meisten liebten, als sie noch unter den Lebenden weilten.
3 Er sagte ihnen, sie könnten in dem ganzen Haus sonst wohnen, wo sie wollten, aber diesen Raum werde er ihnen nicht geben; denn in diesem Raum lebte seine jungfräuliche Tochter. Am nächsten Tage war jenes Mädchen mitsamt der ganzen Ausrüstung für das Kind verschwunden, und in dem Raum fand man Statuen der Dioskouren und einen Tisch mit Silphion[70] darauf. So soll das gewesen sein.

4 Geht man vom Chiton zum Tor, so sieht man das Heroon des Cheilon, der als Weiser gilt, und das Grab der Anthenaier, die mit Dorieus, dem Sohn des Anaxandrides, nach Sizilien geschickt waren[71]. Sie fuhren hinüber in der Meinung, das erykinische Land gehöre ihnen, den Nachkommen des Herakles und nicht den Barbaren, die es im Besitz hatten. Denn Herakles rang, der Sage nach, mit Eryx unter der Bedingung, daß, wenn er siege, das Land des Eryx ihm gehören soll; würde er dagegen im Ringen besiegt werden, so sollte
5 Eryx die Rinder des Geryoneus erhalten. Denn diese trieb damals Herakles, als sie nach Sizilien hinüberschwammen . . . ging auch er hinüber, sie suchend . . .

Das Wohlwollen von seiten der Götter zeigte sich nicht im gleichen Maße gegen Herakles und später gegen Dorieus, den Sohn des Anaxandrides; denn Herakles tötete den Eryx, den Dorieus selbst und den größten Teil des Heeres brachten
6 die Egestaier um. Die Lakedaimonier haben auch dem Lykourgos, der ihnen die Gesetze gab, wie einem Gott ein Heiligtum gebaut. Hinter dem Tempel befindet sich das Grab des Sohnes des Lykourgos, Eukosmos, und an dem Altar diejenigen der Lathria und Anaxandra. Sie waren selber Zwillinge, und deshalb nahmen sie die Söhne des Aristodemos, die eben-

falls Zwillinge waren, zu Frauen, und sie waren Töchter des Thersander, des Sohnes des Agamedidas, des Königs der Kleestonaier, vierten Nachkommens des Ktesippos, des Sohnes des Herakles. Dem Tempel gegenüber liegt das Grab des Theopompos, des Sohnes des Nikandros, und das des Eurybiades, der mit den lakedaimonischen Trieren am Artemision und bei Salamis gegen die Perser kämpfte. In der Nähe ist das sogenannte Heroon des Astrabakos.

Der Limnaion[72] zubenannte Platz ist ein Heiligtum der 7
Artemis Orthia. Das Schnitzbild soll dasjenige sein, das einst Orestes und Iphigeneia aus dem Lande der Taurier entführten. Die Lakedaimonier sagen, es sei in ihr Land gebracht worden, da Orestes hier auch König war. Und das scheint mir glaubwürdiger zu sein, als was die Athener sagen. Denn aus welchem Grunde hätte wohl Iphigeneia das Bild in Brauron zurücklassen sollen? Oder weshalb hätten die Athener es, als sie sich anschickten, ihr Land zu räumen, nicht
auch auf die Schiffe gebracht? Wo doch der Name der tauri- 8
schen Göttin noch jetzt so berühmt ist, daß sogar die am Schwarzen Meer wohnenden Kappadoker behaupten, das Bild sei bei ihnen, und ebenso die Lyder, die das Heiligtum der anaïtischen Artemis besitzen; da sollen es die Athener haben geschehen lassen, daß es eine Beute der Perser wurde? Denn aus Brauron wurde die Statue nach Susa gebracht, und später erhielten sie die syrischen Laodikeer von Seleukos als
Geschenk und haben sie jetzt noch. Auch folgendes beweist 9
mir, daß das Bild der Orthia in Lakedaimon das Schnitzbild aus dem Barbarenland ist. Als nämlich Astrabakos und Alopekos, die Söhne des Irbos, des Sohnes des Amphisthenes, des Sohnes des Amphikles, des Sohnes des Agis, das Bild fanden, wurden sie sofort wahnsinnig. Und von den Spartanern gerieten die Limnaten und Kynosourer und die aus Mesoa und Pitana[73] beim Opfer an Artemis in Streit und ließen sich

danach sogar zu Morden hinreißen, und nachdem viele am Altar gestorben waren, vernichtete die übrigen eine Krank-
10 heit. Und daraufhin erging ein Spruch an sie, den Altar mit Menschenblut zu bespritzen. Als geopfert wurde, wen das Los traf, ersetzte Lykourgos das durch die Geißelung der Epheben, und so wird der Altar ebenfalls mit Menschenblut bespritzt. Die Priesterin steht mit dem Holzbild daneben. Das ist sonst leicht durch seine Kleinheit, wenn aber jemand aus Rücksicht auf Schönheit oder Rang eines Epheben vorsichtig schlägt, dann wird das Bild für die Frau zu schwer und nicht mehr leicht tragbar. Sie beschuldigt die Geißelnden und sagt, sie werde ihretwegen bedrückt. So ist es dem Kultbild von den Opfern in Tauris her geblieben, sich immer noch an Menschenblut zu freuen. Man nennt sie nicht nur Orthia («die Aufrechte»), sondern auch Lygodesma («Keuschlammfessel»), weil sie in einem Keuschlammstrauch gefunden wurde und der darum wachsende Keuschlammstrauch das Bild aufrecht hielt[74].

17. 1 Nicht weit von dem der Orthia ist ein Heiligtum der Eileithyia. Sie sollen es gebaut und die Eileithyia als Göttin anerkannt haben nach einem Orakelspruch, der ihnen aus Delphoi zukam. Die Akropolis in Lakedaimon ragt nicht zu ansehnlicher Höhe empor, wie die Kadmeia in Theben und die Larisa in Argos, sondern unter den mancherlei Hügeln in der
2 Stadt nennen sie den höchsten Akropolis. Hier ist ein Heiligtum der Athena gebaut mit Beinamen Poliouchos und Chalkioikos; den Bau des Heiligtums begann, wie sie sagen, Tyndareos. Nach seinem Tode wollten dann seine Söhne das Gebäude neu ausbauen, und dafür sollte ihnen die Beute von Aphidna als Grundlage dienen. Da aber auch diese es unvollendet ließen, errichteten die Lakedaimonier viele Jahre später sowohl den Tempel wie das Kultbild der Athena aus Bronze; Gitiadas, ein Einheimischer, führte es aus. Gitiadas

dichtete aber auch neben anderen dorischen Gesängen einen
Hymnos auf die Göttin. In Bronzereliefs dargestellt sind hier 3
viele Taten des Herakles, aber auch vieles von dem, was er
freiwillig leistete, und von den Taten der Söhne des Tynda-
reos unter anderem der Raub der Töchter des Leukippos,
und Hephaistos, wie er seine Mutter von den Fesseln befreit.
Auch das habe ich schon früher, wie es erzählt wird, in mei-
nem Buch über Attika geschrieben. Auch Nymphen sind
dargestellt, wie sie Perseus für seinen Zug nach Libyen und
gegen die Medousa einen Helm und die Schuhe als Geschenk
geben, mit denen er durch die Luft fliegen sollte. Auch die
Geburt der Athena ist dargestellt und Amphitrite und Posei-
don, was mir das Größte und Bemerkenswerteste zu sein
schien[75].

Es gibt da auch ein anderes Heiligtum der Athena Ergane. 4
In der Halle gegen Süden befindet sich ein Tempel des Zeus
mit dem Beinamen Kosmetas und davor das Grabmal des
Tyndareos. Die Halle gegen Westen enthält zwei Adler und
ebenso viele Siegesgöttinnen auf ihnen, ein Weihgeschenk
Lysanders zur Erinnerung an seine beiden Taten, bei Ephe-
sos, als er Antiochos, den Steuermann des Alkibiades, und
attische Trieren besiegte, und später an den Ziegenflüssen,
wo er die attische Flotte vernichtete. Links von der 5
Chalkioikos gründete man ein Heiligtum der Musen, da die
Lakedaimonier ihre Auszüge zum Kampf nicht unter Trom-
petenbegleitung machten, sondern zu Flötenmelodien und
unter den Klängen von Leier und Kithara. Hinter der Chal-
kioikos liegt ein Tempel der Aphrodite Areia; die Holzbil-
der sind alt wie nur irgendeins bei den Griechen.

Rechts von der Chalkioikos ist ein Standbild des Zeus 6
Hypatos aufgestellt, das älteste von allen, die es in Bronze
gibt. Es ist nämlich nicht im ganzen gearbeitet, sondern die
einzelnen Teile sind jeder für sich getrieben und dann anein-

andergefügt, und Nägel halten sie zusammen, daß sie sich nicht lösen. Der Rheginer Klearchos soll die Statue gemacht haben, der Schüler des Dipoinos und Skyllis oder, wie andere sagen, des Daidalos selbst gewesen sein soll. An dem sogenannten Skenoma befindet sich eine Frauenstatue, und die Lakedaimonier sagen, es sei Euryleonis; sie errang einen olympischen Sieg mit dem Pferdezweigespann[76].

7 Neben dem Altar der Chalkioikos stehen zwei Statuen des Pausanias, des Anführers bei Plataiai. Seine Geschichte brauche ich nicht zu erzählen, da sie bekannt ist; denn was Frühere geschrieben haben, war genau genug. Ich will nur noch hinzufügen, was ich von einem Byzantiner hörte, daß nämlich Pausanias bei seinen Plänen ertappt worden sei und allein von allen Bittflehenden bei der Chalkioikos keine Verzeihung erlangt habe, da er sich zwar von allem anderen, aber nicht von seiner Blutschuld habe reinwaschen können.
8 Denn als er sich am Hellespont mit den Schiffen der anderen Griechen und der Lakedaimonier selbst aufhielt, begehrte er ein Mädchen aus Byzanz. Und sofort im Beginn der Nacht brachten die damit Beauftragten die Kleonike, denn so hieß das Mädchen; Pausanias war unterdessen eingeschlafen und wurde durch das Geräusch geweckt, denn sie warf, als sie zu ihm ging, versehentlich den brennenden Leuchter um. Da Pausanias sich bewußt war, Griechenland verraten zu wollen, und deshalb ständig von Unruhe und Furcht gequält war, sprang er auch damals auf und durchbohrte das Mädchen mit
9 dem Dolch. Dieser Schuld konnte Pausanias nicht entgehen, obwohl er die verschiedensten Sühnmittel und Gebete zu Zeus Phyxios auf sich nahm und sogar nach Phigalia in Arkadien zu den dortigen «Seelengeleitern» ging, sondern er mußte der Kleonike und dem Gott die schuldige Sühne leisten. Die Lakedaimonier stellten in Ausführung eines Auftrags aus Delphoi die Bronzestatuen her und richteten den Kult des

Daimon Epidotes ein, da dieser Epidotes den Zorn des Hikesios über Pausanias abwehrte[77].

Nahe bei den Statuen des Pausanias steht eine Statue der 18. 1
Aphrodite Ambologera, nach einem Orakel gestiftet, und andere des Hypnos und Thanatos («Schlaf und Tod»), und
sie halten sie für Brüder nach den Worten in der Ilias. Am 2
Wege zum sogenannten Alpion[78] befindet sich ein Tempel der Athena Ophthalmitis. Den soll Lykourgos geweiht haben, als ihm das eine Auge von Alkandros ausgeschlagen wurde, weil die Gesetze, die er gab, dem Alkandros nicht gefielen. Er floh an diesen Platz, und die Lakedaimonier verteidigten ihn, daß er nicht auch noch das andere Auge verlor, und daher baute er den Tempel der Athena Oph-
thalmitis. Etwas weiter befindet sich ein Heiligtum des 3
Ammon. Die Lakedaimonier scheinen von Anfang an am meisten von den Griechen das Orakel in Libyen benutzt zu haben[79]. Auch wird berichtet, daß Lysandros, als er einst Aphytis auf der Halbinsel Pallene belagert habe, in der Nacht Ammon erschienen wäre und ihm vorhergesagt habe, wie es für ihn und Lakedaimon besser sei, den Krieg gegen die Aphytaier einzustellen. Lysandros hob also die Belagerung auf und veranlaßte die Lakedaimonier, den Gott noch mehr zu verehren. Die Aphytaier verehren den Ammon aber nicht weniger als ihn die Ammonier in Li-
byen. Über die Artemis Knagia erzählt man sich folgendes: 4
Knageus, ein Einheimischer, soll mit den Dioskouren gegen Aphidna gezogen, in der Schlacht gefangengenommen worden sein und, nach Kreta verkauft, als Sklave gelebt haben, wo die Kreter ein Artemisheiligtum hatten. Nach einiger Zeit sei er entflohen und mit der Jungfrau, die dort Priesterin war und das Kultbild mitnahm, fortgegangen.
Nach ihm heiße die Artemis Knagia. Mir scheint aber die- 5
ser Knageus irgendwie sonst nach Kreta gekommen zu sein

und nicht so, wie die Lakedaimonier erzählen, da ich nicht glaube, daß es bei Aphidna überhaupt eine Schlacht gegeben hat, da Theseus bei den Thesprotern festgehalten wurde und die Athener nicht einig waren, sondern eher mit ihren Neigungen auf Menestheus' Seite standen. Und auch, wenn ein Kampf stattgefunden haben sollte, kann man nicht recht glauben, daß welche von den Siegern in Kriegsgefangenschaft geraten seien, zumal der Sieg sehr bedeutend war, so daß Aphidna selbst erobert wurde. So weit die Erörterung darüber.

6 Geht man von Sparta nach Amyklai hinab, trifft man den Fluß Tiasa; Tiasa soll eine Tochter des Eurotas sein, und an dem Fluß ist ein Heiligtum der Chariten Phaënna und Kleta, wie auch Alkman gedichtet hat. Man glaubt, daß Lakedaimon hier den Chariten das Heiligtum gegründet und ihnen
7 die Namen gegeben habe. In Amyklai gibt es an Sehenswürdigkeiten einen Fünfkämpfer auf einer Stele mit Namen Ainetos. Er soll in Olympia gesiegt haben und noch während der Bekränzung gestorben sein. Von ihm steht hier also ein Bild und auch bronzene Dreifüße. Die älteren sollen der
8 Zehnte aus dem Messenischen Kriege sein. Unter dem ersten Dreifuß stand eine Aphroditestatue, unter dem zweiten eine Artemis, die Dreifüße und die Reliefs daran ein Werk des Gitiadas. Der dritte stammt von dem Aigineten Kallon, unter ihm steht eine Statue der Kore, der Tochter Demeters. Der Parier Aristandros und der Argiver Polyklet, von ihnen hat der eine eine Frau mit einer Leier gemacht, nämlich Sparta, Polyklet aber die sogenannte Aphrodite beim Amyklaios. Diese Dreifüße sind größer als die anderen und wurden aus der Beute des Sieges bei den Ziegenflüssen ge-
9 weiht[80]. Von Bathykles von Magnesia, der den Thron des Amyklaios gemacht hat, stammen als Weihgeschenke wegen der Fertigstellung des Throns Chariten und ein Bild der

Artemis Leukophryene. Wessen Schüler dieser Bathykles
war, und unter welchem König von Sparta er den Thron
herstellte, das übergehe ich, den Thron aber habe ich gese-
hen und werde beschreiben, wie er war[81]. Vorn und ebenso 10
hinten tragen ihn zwei Chariten und zwei Horen, links steht
Echidna und Typhos, rechts Tritonen. Die Reliefs jedes ein-
zeln genau zu beschreiben, würde dem Leser nur lästig sein.
Um es kurz zu erklären, da das meiste ja auch nicht unbe-
kannt war, so entführen Poseidon und Zeus die Taygete, die
Tochter des Atlas, und ihre Schwester Alkyone. Auch Atlas
ist dargestellt (und Herakles)[82] und der Zweikampf des
Herakles gegen Kyknos und der Kampf der Kentauren bei
Pholos. Weshalb Bathykles den sogenannten Minotauros ge- 11
fesselt und von Theseus lebend abgeführt dargestellt hat,
weiß ich nicht. Auch ein Phaiakenchor ist an dem Thron
und Demodokos singend. Ebenso ist der Kampf des Perseus
gegen die Medousa dargestellt. Abgesehen von dem Kampf
des Herakles gegen den Giganten Thourios und des Tynda-
reos gegen Eurytos ist da der Raub der Töchter des Leukip-
pos. Und Dionysos und Herakles sieht man, den einen, wie
ihn Hermes noch als Kind in den Himmel bringt, und
Athena, die Herakles einführt, um fortan mit den Göttern zu
wohnen. Auch übergibt Peleus den Achill an Chiron zur Er- 12
ziehung, der ihn auch unterrichtet haben soll. Und Kephalos
ist da, der von Hemera wegen seiner Schönheit geraubt
wird. Und die Götter bringen Geschenke für die Hochzeit
der Harmonia. Und Achills Zweikampf mit Memnon ist
dargestellt und Herakles, der sich an dem Thraker Diomedes
und am Fluß Euenos an Nessos rächt. Hermes führt die Göt-
tinnen zum Urteil zu Alexandros. Adrastos und Tydeus be-
mühen sich, die kämpfenden Amphiaraos und Lykourgos,
den Sohn des Pronax, zu trennen. Hera blickt auf Io, die 13
Tochter des Inachos, die schon in eine Kuh verwandelt ist,

und Athena flieht vor dem verfolgenden Hephaistos. Dazu ist von den Taten des Herakles dargestellt der Kampf gegen die Hydra, und wie er den Hadeshund heraufbrachte. Anaxis und Mnasinous, von diesen sitzt jeder auf einem Pferd, aber den Megapenthes, den Sohn des Menelaos, und den Nikostratos trägt ein Pferd. Und Bellerophontes tötet das Untier
14 in Lykien, und Herakles treibt die Rinder des Geryones. An den oberen Enden des Thrones befinden sich beiderseits auf Pferden die Söhne des Tyndareos, und Sphinxe sind unter den Pferden und nach oben laufende Tiere, auf der einen Seite ein Panther, bei Polydeukes eine Löwin. Zuoberst ist ein Chor am Thron angebracht, Magneten, die Bathykles
15 bei der Arbeit am Thron halfen. Tritt man unter den Thron, so sieht man inwendig von den Tritonen die Jagd auf den kalydonischen Eber und Herakles, der die Söhne des Aktor tötet. Kalaïs und Zetes verjagen die Harpyien des Phineus. Peirithoos und Theseus haben Helena geraubt, und Herakles erwürgt den Löwen. Apollon und Artemis erschießen den
16 Tityos. Und Herakles' Kampf mit dem Kentauren Oreios ist dargestellt und Theseus' Kampf mit dem Minotauros. Auch Herakles' Ringkampf mit Acheloos ist dargestellt, und was von Hera erzählt wird, wie sie von Hephaistos gefesselt wurde, und der Wettkampf, den Akastos für seinen Vater veranstaltete, und das in der Odyssee erzählte Abenteuer des Menelaos bei dem Aigypter Proteus. Am Schluß spannt Admetos Eber und Löwen an den Wagen, und die Troer bringen dem Hektor Trankopfer.

19. 1 Der Thron ist da, wo der Gott sitzen müßte, nicht ganz durchgehend, sondern hat mehrere Sitze, und neben jedem Sitz bleibt ein Zwischenraum; die Mitte ist besonders weit-
2 räumig, und dort steht die Statue darin. Ich weiß von niemand, der ihre Größe gemessen hätte, sie scheint aber etwa dreißig Ellen hoch zu sein. Sie ist nicht ein Werk des Bathy-

kles, sondern alt und kunstlos gemacht. Denn außer dem
Gesicht und den Füßen und Händen ist das übrige wie eine
Bronzesäule. Auf dem Kopf trägt sie einen Helm und in den
Händen Lanze und Bogen. Die Basis der Statue sieht aus wie 3
ein Altar, und darin soll Hyakinthos begraben sein, und an
den Hyakinthien opfern sie vor dem Opfer für Apollon dem
Hyakinthos in diesen Altar durch eine Bronzetür. Die Tür
ist links am Altar. In Relief angebracht ist an dem Altar auf
der einen Seite ein Bild der Biris, auf der anderen der Am-
phitrite und des Poseidon. Und neben Zeus und Hermes, die
sich miteinander unterhalten, stehen Dionysos und Semele
und neben ihr Ino. An dem Altar ist auch Demeter und Kore 4
dargestellt und Plouton und nach ihnen die Moiren und Ho-
ren und mit ihnen Aphrodite und Athena und Artemis; sie
bringen Hyakinthos in den Himmel und Polyboia, wie man
sagt, die Schwester des Hyakinthos, die noch als Jungfrau
starb. Dieses Bild des Hyakinthos hat bereits einen Bart, Ni-
kias, der Sohn des Nikodemos, hat ihn aber ganz jung ge-
malt, um damit auf die von Apollon erzählte Liebe zu
Hyakinthos anzuspielen[83]. Dargestellt ist an dem Altar auch 5
Herakles, der von Athena und den anderen Göttern ebenfalls
in den Himmel eingeführt wird. Auch die Töchter des The-
stios sind an dem Altar und Musen und Horen. Hinsichtlich
des Windes Zephyros und daß Hyakinthos von Apollon
versehentlich getötet wurde und was man von der Blume
erzählt, mag sich vielleicht auch anders verhalten, man mag
aber auch glauben, wie es erzählt wird.

Amyklai, das von den Dorern zerstört wurde und seitdem 6
als Dorf weiterbesteht, besaß ein sehenswürdiges Heiligtum
der Alexandra mit einem Kultbild; diese Alexandra, sagen
die Amyklaier, sei Kassandra, die Tochter des Priamos. Und
eine Statue der Klytaimnestra ist hier und ein Grabmal, das
für das des Agamemnon gilt. An Gottheiten verehrt man

dort den Amyklaios und Dionysos, der nach meiner Meinung mit vollem Recht den Beinamen Psilax trägt. Denn psila nennen die Dorer die Flügel, und der Wein erhebt die Menschen und beflügelt den Geist nicht weniger als die Flügel die Vögel. So viel bot Amyklai an Bemerkenswertem[84].

7 Ein anderer Weg führt von der Stadt nach Therapne, und an dem Weg steht ein Holzbild der Athena Alea. Bevor man den Eurotas überschreitet, wird etwas über dem Ufer ein Heiligtum des Zeus Plousios gezeigt. Nach dem Übergang befindet sich dort ein Tempel des Asklepios Kotyleus, den Herakles baute und Asklepios Kotyleus nannte, als er von der Verwundung an der Hüfte geheilt war, die er in seinem ersten Kampf mit Hippokoon und seinen Söhnen davongetragen hatte. Von dem, was an diesem Weg gebaut ist, ist das älteste ein Heiligtum des Ares. Das befindet sich links am Weg, und die Statue sollen die Dioskouren aus Kolchis mit-
8 gebracht haben. Theritas nennen sie ihn nach Thero, die die Amme des Ares gewesen sein soll. Vielleicht nennen sie ihn aber auch so, weil sie den Namen von den Kolchern gehört haben, da die Griechen sonst keine Amme des Ares Thero kennen. Wie mir scheint, hat Ares den Beinamen nicht von seiner Amme bekommen, sondern weil jemand, der mit einem Feind zum Kampf antreten will, nichts Sanftes mehr an sich haben darf, wie ja auch Homer von Achill gedichtet hat, «er kennt ja nur die Wildheit des Löwen».

9 Therapne wurde der Ort genannt nach der Tochter des Lelex, und darin ist ein Tempel des Menelaos, und Menelaos und Helena sollen hier begraben sein[85]. Im Gegensatz zu den Rhodiern erzählen die Lakedaimonier, Helena sei nach dem Tod des Menelaos und während Orestes noch umherirrte, von Nikostratos und Megapenthes vertrieben, nach Rhodos gekommen, da sie mit Polyxo, der Gemahlin des Tlepole-

mos, in besonderer Freundschaft verbunden war. Polyxo 10
stamme aus dem argivischen Geschlecht und habe den Tle-
polemos, mit dem sie bereits verheiratet war, auf der Flucht
nach Rhodos begleitet. Und so sei sie Herrscherin über die
Insel geworden für ihren verwaisten Sohn. Diese Helena also
habe an der Polyxo den Tod des Tlepolemos rächen wollen,
und als sie sie damals in ihre Gewalt bekommen hatte, da
habe sie Dienerinnen in Gestalt von Erinyen im Bade zu ihr
geschickt. Und diese packten die Helena und erhenkten sie
an einem Baum. Aus diesem Grund besitzen die Rhodier ein
Heiligtum der Helena Dendritis. Noch eine Sage über He- 11
lena, von den Krotoniaten, will ich berichten, und mit ihnen
stimmen auch die Himeraier überein. Im Schwarzen Meer
liegt vor der Donaumündung eine Achill geweihte Insel. Sie
heißt Leuke und mißt an Umfang zwanzig Stadien. Sie ist
dicht bewachsen und voll von wilden und zahmen Tieren.
Auch einen Tempel des Achill gibt es mit einer Statue darin.
Zu dieser Insel soll als erster der Krotoniate Leonymos ge- 12
kommen sein. In einem Krieg der Krotoniaten gegen die
Lokrer in Italien – die Lokrer rufen nämlich wegen ihrer
Verwandtschaft mit den Opountiern den Oïliden Aias bei
ihren Kämpfen zu Hilfe – da sei also der Krotoniaten Feld-
herr Leonymos auf die Feinde eingedrungen, nachdem er
gehört hatte, Aias habe sich ihnen zur Seite gestellt. Er
wurde an der Brust verwundet, und, an der Wunde leidend,
kam er nach Delphoi. Die Pythia schickte den Leonymos auf
sein Befragen zur Insel Leuke. Dort, so sagte sie, werde ihm
Aias erscheinen und seine Wunde heilen. Als er später geheilt 13
aus Leuke zurückkehrte, sagte er, er habe den Achill gesehen
und den Aias, sowohl den Oïliden wie den Telamoniden.
Auch Patroklos und Antilochos sei bei ihnen. Helena sei mit
Achill vermählt, und sie habe ihm aufgetragen, nach Himera
zu Stesichoros zu fahren und ihm zu melden, seine Erblin-

dung beruhe auf einer Rache der Helena. Stesichoros habe aus diesem Grunde eine Palinodie gedichtet.

20. 1 In Therapne habe ich den Brunnen Messeïs gesehen[86]. Andere Lakedaimonier behaupten, der zu meiner Zeit Polydeukeia genannte, nicht der in Therapne habe ursprünglich Messeïs geheißen. Der Brunnen Polydeukeia selbst und ein Heiligtum des Polydeukes liegen rechts am Wege nach The-
2 rapne. Nicht weit von Therapne ist das sogenannte Phoibaion[87] und darin ein Tempel der Dioskouren; und die Epheben opfern hier dem Enyalios. Nicht weit davon entfernt steht ein Heiligtum des Poseidon mit dem Beinamen Gaiaochos. Von dort in Richtung auf den Taygetos nennt man einen Platz Alesiai und erzählt, Myles, der Sohn des Lelex, habe als erster Mensch die Mühle erfunden und an diesen Alesiai gemahlen. Dort haben sie auch ein Heroon des Lakedaimon, des Sohnes der Taygete.

3 Überschreitet man von hier aus den Fluß Phellia und geht den geraden Weg an Amyklai vorbei in Richtung gegen das Meer, so lag dort einst in Lakonien die Stadt Pharis[88], von der Phellia nach rechts aber führt der Weg ins Taygetosgebirge. In der Ebene befindet sich ein heiliger Bezirk des Zeus Messapeus, der seinen Beinamen nach einem Mann erhalten haben soll, der bei ihm Priester war. Geht man von hier aus vom Taygetos fort, ist da ein Ort, an dem einst die Stadt Bryseai lag; hier ist noch ein Tempel des Dionysos übrig und eine Statue im Freien. Diejenige im Tempel dürfen nur Frauen sehen, Frauen allein verrichten auch die Opfer im ge-
4 heimen. Über Bryseai ragt der Gipfel Taleton des Taygetos empor; der soll dem Helios heilig sein, und man opfert dem Helios dort unter anderem Pferde; diese Sitte kenne ich auch von den Persern. Nicht weit vom Taleton liegt der sogenannte Euoras, auf dem es mancherlei Wild und besonders wilde Ziegen gibt. Überhaupt bietet der Taygetos Jagdmög-

lichkeit auf diese Ziegen und auf Wildschweine und sehr viel
auch auf Hirsche und Bären. Die Gegend zwischen Taleton 5
und Euoras heißt Therai . . . ist ein Heiligtum der Demeter
mit Beinamen der eleusinischen[89]. Hier soll, wie die Lakedai-
monier sagen, Herakles von Asklepios verborgen worden
sein, als er seine Wunde heilte. Und ein Schnitzbild des Or-
pheus ist darin, angeblich ein Werk der Pelasger. Auch von
folgender anderer Kulthandlung weiß ich: Am Meer gab es 6
einst ein Städtchen Helos, das auch Homer erwähnt hat in
dem Katalog der Lakedaimonier,

«die in Amyklai hausten und Helos' Feste am Meere»[90].

Diese besiedelte Heleios, der jüngste Sohn des Perseus, und
später eroberten es die Dorer durch Belagerung. Sie wurden
die ersten Staatssklaven der Lakedaimonier und zuerst Helo-
ten genannt, was sie auch waren. Auch für die später hinzu-
erworbenen Hörigen, die dorische Messenier waren, setzte
sich die Bezeichnung Heloten durch, wie ja auch die der
Hellenen für den gesamten Stamm nach der einst Hellas ge-
nannten Landschaft Thessaliens. Von diesem Helos aus also 7
bringen sie ein Holzbild der Kore, der Tochter der Demeter,
an bestimmten Tagen ins Eleusinion. Fünfzehn Stadien vom
Eleusinion entfernt liegt das nach einem Einheimischen La-
pithes genannte Lapithaion. Dieses Lapithaion ist im Tayge-
tos und nicht weit davon das Dereion, wo eine Statue der
Artemis Dereatis im Freien steht und daneben eine Quelle
ist, die Anonos heißt. Gegen zwanzig Stadien vom Dereion
weiter liegt Harpleia, das bis in die Ebene reicht.

Am Weg von Sparta nach Arkadien steht eine Statue der 8
Athena mit Beinamen Pareia im Freien, und danach kommt
ein Heiligtum des Achilleus, das man nicht öffnen darf. Die
Epheben, die auf dem Platanistas kämpfen sollen, opfern
dem Achilleus vor dem Kampf. Gebaut habe ihnen das Hei-
ligtum, so sagen die Lakedaimonier, Prax, der dritte Nach-

9 komme des Pergamos, des Sohnes des Neoptolemos[91]. Wei-
ter ist dort das sogenannte Hippou-Mnema. Denn hier op-
ferte Tyndareos ein Pferd und nahm den Freiern der Helena
den Schwur über den Eingeweiden des Pferdes ab. Der
Schwur bestand darin, daß sie der Helena und dem, der dazu
ausersehen sei, die Helena zu heiraten, beistehen sollten,
wenn ihnen Unrecht zuteil würde. Nach vollzogenem
Schwur begruben sie das Pferd an Ort und Stelle. Die sieben
Säulen, welche von diesem Grabmal nicht weit entfernt
sind, diese nennen sie nach altem Brauch die Statuen der sie-
ben Planetensterne. Auch ein heiliger Bezirk des Kranios mit
dem Beinamen Stemmatias ist am Wege und ein Heiligtum
10 der Artemis Mysia. Die Statue der Aidos ist dreißig Stadien
von der Stadt entfernt. Sie ist eine Weihung des Ikarios und
aus folgendem Grund gestiftet worden: Als Ikarios dem
Odysseus die Penelope zur Frau gab, versuchte er auch den
Odysseus in Lakedaimon ansässig zu machen. Als er ihn
dazu nicht bewegen konnte, bat er hernach seine Tochter
zu bleiben, und als sie nach Ithaka aufbrach, folgte er mit
11 Bittflehen dem Wagen. Odysseus, der sich bis dahin zu-
rückgehalten hatte, forderte die Penelope auf, freiwillig mit
ihm zu gehen oder, wenn sie den Vater vorzöge, mit die-
sem nach Lakedaimon zurückzukehren. Sie nun, so berich-
tet man, sagte nichts. Als sie aber auf die Frage sich ver-
hüllte, da ließ Ikarios sie ziehen, da ihm bewußt wurde, daß
sie lieber mit Odysseus gehen wollte. An dieser Stelle des
Weges, an der sie sich verhüllt haben soll, weihte er ein
Standbild der Aidos.

21.1 Geht man von da ein Stück weiter, so tritt nach zwanzig Stadien der Fluß Eurotas ganz nahe an die Straße. Es ist dort das Grabmal des Ladas, der mit der Schnelligkeit der Füße alle seine Zeitgenossen übertraf. Auch in Olympia wurde er als Sieger im Dolichos bekränzt. Wie es scheint, erkrankte er gleich nach dem Sieg und wurde nach Hause geschafft. Da das Ende ihn an dieser Stelle traf, wurde sein Grab über der Straße angelegt. Den gleichnamigen Ladas, der ebenfalls einen Sieg in Olympia errungen hat, jedoch nicht im Dolichos, sondern im Stadionlauf, den nennen die olympischen Siegerverzeichnisse einen Achaier aus Aigion[92].

Wenn man in Richtung Pellana weitergeht, so kommt 2
man an das sogenannte Charakoma und nach diesem nach Pellana, einst eine Stadt. Tyndareos habe hier gewohnt, als er vor Hippokoon und seinen Söhnen aus Sparta flüchten mußte. An Sehenswürdigkeiten gibt es dort ein Asklepieion und die Quelle Pellanis. In diese soll ein Mädchen beim Wasserholen hineingefallen sein. Es selbst verschwand, sein Schleier aber, den es trug, soll in einer anderen Quelle, Lankia, wieder aufgetaucht sein. Von Pellana hundert Stadien 3
entfernt ist die sogenannte Belemina. Unter den Ländern Lakoniens ist die Belemina am besten bewässert. Denn nicht nur das Gewässer des Eurotas durchfließt diese, sie hat auch selbst reichlich Quellen im Übermaß. Am Weg zum Meer 4
nach Gythion haben die Lakedaimonier das Krokeai genannte Dorf. Der Steinbruch ist kein zusammenhängender einheitlicher Fels, sondern es werden hier Steine in Form der Flußsteine gebrochen, die schwer zu bearbeiten sind, aber wenn bearbeitet, wohl auch einen Schmuck für Heiligtümer von Göttern bilden, aber besonders Schwimmbecken und Wasserbassins verschönern[93]. Von Göttern steht dort vor dem Dorf eine Statue des Zeus Krokeatas aus Marmor und an den Steinbrüchen bronzene Dioskouren. Wendet man 5
sich nach Krokeai vom geraden Weg nach Gythion rechts ab, kommt man zu dem Städtchen Aigiai. Homer soll dieses Städtchen in den Epen Augeiai nennen. Hier ist ein Teich, der nach Poseidon heißt, und an dem Teich ein Tempel mit einer Statue des Gottes. Die Fische fürchtet man sich zu fan-

gen, da man glaubt, daß der Jäger aus einem Menschen in einen Anglerfisch verwandelt wird[94].

6 Gythion liegt dreißig Stadien von Aigiai entfernt am Meer und gehört schon zu den «freien Lakonen», die der Kaiser Augustus aus ihrer Unfreiheit als Untertanen der Lakedaimonier in Sparta entließ. Denn die ganze Peloponnes ist außer am Isthmos von Korinth vom Meer umgeben. Purpurmuscheln liefern die Küsten von Lakonien am geeignet-
7 sten nach dem Phoinikischen Meer. Die Zahl der «freien Lakonen» beträgt achtzehn Städte, zuerst von Aigiai aus am Meer Gythion, danach Teuthrone und Las und Pyrrhichos, am Tainaronvorgebirge Kainepolis und Oitylos und Leuktra und Thalamai, ferner Alagonia und Gerenia; jenseits Gythion am Meer Asopos, Akriai, Boiai, Zarax, Epidauros Limera, Brasiai, Geronthrai, Marios. Das sind die, die von einst 24 freien lakonischen Städten noch übrig sind. Die anderen, zu denen ich in meiner Beschreibung auch noch kommen werde, gehören, wie man wissen muß, nach Sparta und sind
8 nicht ebenso selbständig wie die vorher erwähnten. Die Gytheaten behaupten, daß niemand von den Menschen Gründer ihrer Stadt sei, sondern Herakles und Apollon seien um den Dreifuß in Kampf miteinander geraten und hätten, nachdem sie sich versöhnt hätten, nach dem Streit gemeinsam die Stadt gegründet; und auf dem Markt haben sie Statuen des Apollon und Herakles und nahe dabei des Dionysos. An anderer Stelle ist ein Apollon Karneios und ein Heiligtum des Ammon und eine Bronzestatue des Asklepios, deren Tempel kein Dach mehr hat, und eine Quelle des Gottes und ein ehrwürdiges Heiligtum der Demeter und eine Statue
9 des Poseidon Gaiaochos. Derjenige, den die Gytheaten Geron («den Greis») nennen und im Meer wohnen lassen, ist, wie ich gefunden habe, Nereus; die Veranlassung zu diesem Namen gab ihnen Homer in den Worten der Thetis in der Ilias:

«Taucht nun ihr zurück in den Schoß des unendlichen Meeres,
um nach dem Greis in der Tiefe zu schaun und dem Hause des Vaters.»

Ein Tor wird hier das kastorische genannt, und auf der Akropolis ist ein Tempel mit Kultbild der Athena gebaut[95].

Ungefähr drei Stadien von Gythion entfernt ist ein roher 22. 1
Felsblock. Orestes soll auf ihm sitzend vom Wahnsinn geheilt worden sein. Deshalb ist der Stein nach dorischer Mundart Zeus Kappotas genannt worden. Vor Gythion liegt die Insel Kranae. Dort soll nach Homer Alexandros die Helena geraubt und ihr auch zuerst beigewohnt haben. Der Insel gegenüber auf dem Festland ist ein Heiligtum der Aphrodite Migonitis. Die ganze Gegend dort heißt Migonion.
Dieses Heiligtum soll Alexandros gegründet haben, Mene- 2
laos aber nach der Einnahme Troias und, acht Jahre später nach der Zerstörung Troias nach Hause zurückgekehrt, stellte Standbilder der Themis und der Göttinnen Praxidikai nahe der Migonion auf. Oberhalb der Migonion liegt auf dem Berg ein Heiligtum des Dionysos mit dem Beinamen Larysion. Bei Frühlingsanfang feiern sie dem Dionysos ein Fest. Von den dabei vollzogenen Kulthandlungen erzählen
sie, daß sie eine reife Traube finden. Links von Gythion lie- 3
gen in dreißig Stadien Entfernung auf dem Festland die Mauern des sogenannten Trinasos, meiner Meinung von einer Festung und nicht von einer Stadt[96]. Ihr Name kommt von den Inseln, die an Zahl drei vor dem Festland liegen. Geht man achtzig Stadien von Trinasos weiter, so sind da die
Ruinen von Helous. Und danach dreißig Stadien weiter 4
liegt am Meer die Stadt Akriai. An Sehenswürdigkeiten gibt es dort einen Tempel der Meter und ein Götterbild aus Marmor. Als das älteste geben es die Einwohner von Akriai aus, das die Göttin in der Peloponnes hat. Das allerälteste von al-

len jedoch haben die nördlich vom Sipylos wohnenden Ma-
gnesier auf dem Felsen des Koddinos. Die Magneten be-
haupten, Broteas, der Sohn des Tantalos, habe es gefertigt.
5 Die Akriaten verfügen auch über einen Olympioniken mit
Namen Nikokles, der in zwei Olympiaden fünf Siege im
Lauf errang. Dem Nikokles ist zwischen dem Gymnasion
6 und der Hafenmauer ein Grab errichtet worden[97]. Vom
Meer aus aufwärts liegt in hundertzwanzig Stadien Entfer-
nung Geronthrai von Akriai entfernt. Aus diesem vor dem
Zug der Herakliden nach der Peloponnes bewohnten Ort
vertrieben die Dorer in Lakedaimon die Achaier aus Ge-
ronthrai und schickten ihnen eigene Leute als Mitbürger.
Heute teilen sie das Los der Eleutherolakonen. Auf dem Weg
von Akriai nach Geronthrai liegt ein Dorf mit Namen Pa-
7 laia. In Geronthrai ist ein Tempel und heiliger Hain des Ares.
Jahr für Jahr feiern sie dem Gott ein Fest, bei dem es den
Frauen verboten ist, den heiligen Hain zu betreten. Um die
Agora herum entspringen die Trinkwasserquellen. Auf der
Akropolis ist ein Tempel des Apollon und eine Götterstatue,
deren Kopf aus Elfenbein gefertigt ist. Die übrigen Teile der
Statue hat zusammen mit dem früheren Tempel eine Feuers-
8 brunst zerstört. Marios ist eine andere Siedlung der Eleuthe-
rolakonen, von Geronthrai hundert Stadien entfernt. Dort
befindet sich ein altes gemeinsames Heiligtum aller Götter
und um dieses herum ein Hain mit Quellen. Quellen sind
auch in einem Heiligtum der Artemis. Auch hat Marios
Wasser im Überfluß, mehr als jedes andere Dorf. Über dem
Städtchen liegt im Binnenland das Dorf Glyppia. Nach ei-
nem anderen Dorf, Selinous, ist es zwanzig Stadien an Weg.

9 So weit die Gegend aufwärts von Akriai dem Festland zu.
Am Meer entlang liegt die Stadt Asopos, von Akriai sechzig
Stadien entfernt[98]. Darin befindet sich ein Tempel der römi-
schen Kaiser, und oberhalb der Stadt ist nach zwölf Stadien

Weg ein Heiligtum des Asklepios. Den Gott nennen sie Phi-
lolaos. Die Gebeine, die man im Gymnasion verehrt, sind
zwar von übermäßiger Größe, sind aber doch die eines Men-
schen. Auch ein Heiligtum der Athena, mit dem Beinamen
Kyparissia, liegt auf der Burg. Zu Füßen der Burg sind die
Ruinen der Achaierstadt Parakyparissioi. In diesem Land ist 10
auch ein Heiligtum des Asklepios, fünfzig Stadien von Aso-
pos entfernt. Die Umgebung des Asklepieions nennen sie
Hyperteleatos. Ein sich ins Meer erstreckendes Vorgebirge
ist zweihundert Stadien von Asopos entfernt. Das Vorge-
birge nennen sie Eselsbacken. Dort ist ein Heiligtum der
Athena, ohne Götterbild, noch ist ein Dach vorhanden. Es
soll von Agamemnon gestiftet worden sein. Auch das Grab
des Kinados ist da. Dieser war der Steuermann des Menelaos
eigenen Schiffes. Nach dem Kap geht der Boiatikos-Kolpos 11
einwärts, und im innersten Winkel der Bucht liegt die Stadt
Boiai. Boios, einer der Herakliden, gründete diese, indem er
Einwohner dreier Städte dafür zusammenzog, nämlich aus
Etis, Aphrodisias und Side. Zwei von diesen alten Städten
gründete Aineias, als er auf seiner Flucht nach Italien von
den Stürmen in diese Bucht verschlagen wurde. Außerdem
behaupten sie, Etis sei die Tochter des Aineias gewesen. Die
dritte Stadt soll ihren Namen von Side, der Tochter des Da-
naos, erhalten haben. Aus diesen Städten also zusammenge- 12
bracht, suchten sie einen Platz, an dem sie siedeln konnten.
Sie hatten auch noch irgendeinen Orakelspruch, wonach ih-
nen Artemis zeigen wolle, wo sie zu siedeln hätten. Als ihnen
nun beim Aussteigen an Land ein Hase aufsprang, machten
sie ihn zum Wegweiser. Als der Hase in einem Myrtenge-
büsch verschwand, bauten sie die Stadt dorthin, wo die
Myrte wuchs. Jene Myrte verehren sie noch als Baum, und
die Artemis nennen sie Soteira. An der Agora der Boiaten 13
steht ein Tempel des Apollon, an einer anderen Stelle ein

Tempel des Asklepios, des Sarapis und der Isis. Nicht weiter als sieben Stadien von Boiai sind Ruinen. Linkerhand ist eine Statue des Hermes aus Marmor. In den Ruinen ist ein unscheinbares Heiligtum des Asklepios und der Hygieia.

23. 1 Kythera liegt Boiai gegenüber, nach Platanistous aber, hier ist die Insel nämlich am wenigsten weit vom Festland entfernt, nach diesem Vorgebirge Platanistous sind es von dem Vorgebirge des Festlandes, das Onougnathos heißt, vierzig Stadien Fahrt. Auf Kythera liegt am Meer ein Hafen Skandeia, und die Stadt Kythera liegt von Skandeia gegen zehn Stadien landeinwärts. Das Heiligtum der Ourania ist das heiligste und von den Aphroditeheiligtümern bei den Griechen das älteste; die Göttin selber ist ein Holzbild in Waffen.

2 Fährt man von Boiai zum Vorgebirge Malea, so kommt ein Nymphaion genannter Hafen und eine Statue eines stehenden Poseidon und eine Höhle dicht am Meer und darin eine Süßwasserquelle. Einige Menschen wohnen darum. Nach der Umfahrt um das Kap Malea und gegen hundert Stadien davon entfernt liegt am Meer an der Grenze des Gebiets von Boiai ein dem Apollon heiliger Platz, der Epidelion
3 heißt. Das Holzbild des Apollon, das jetzt hier ist, stand einst in Delos. Denn da Delos damals Marktplatz für die Griechen war und den Gewerbetreibenden wegen des Gottes Schutz zu bieten schien, kam Menophanes, der Feldherr des Mithridates, entweder aus eigenem Übermut oder auf Befehl des Mithridates, denn für einen gewinnsüchtigen Menschen sind die göttlichen Dinge weniger wichtig als die Beute; dieser
4 Menophanes also fuhr, weil Delos unbefestigt war und seine Bewohner keine Waffen besaßen, mit Trieren ein und tötete die sich dort aufhaltenden Fremden und tötete die Delier selbst, raubte viel Geld der Händler und alle Weihgeschenke, schleppte dazu Frauen und Kinder in die Sklaverei ab und zerstörte Delos selbst von Grund auf. Bei der Plünderung

und Beraubung der Insel warf einer der Barbaren aus Übermut dieses Holzbild ins Meer. Die Wogen trugen es dann an dieser Stelle im Gebiet von Boiai ans Land, und deshalb
heißt dieser Platz Epidelion. Dem Zorn des Gottes entging 5
aber weder Menophanes noch Mithridates selbst, sondern dem Menophanes lauerten, als er nach Plünderung von Delos abfuhr, sofort die entkommenen Händler mit Schiffen auf und versenkten ihn, und den Mithridates zwang später der Gott, selbst Hand an sich zu legen, als ihm sein Reich genommen und er überall von den Römern vertrieben war. Einige behaupten, er habe durch einen seiner Söldner ein gewaltsames Ende als Gnadentod gefunden. Das widerfuhr also diesen Übeltätern.

An das Gebiet von Boiai grenzt Epidauros Limera, vom 6
Epidelion etwa zweihundert Stadien entfernt. Sie behaupten, keine Lakedaimonier, sondern Epidaurier aus der Argolis zu sein, die im Staatsauftrag zum Asklepios nach Kos gefahren und hier in Lakonien gelandet und auf Grund von
Träumen geblieben seien und sich angesiedelt hätten. Sie er- 7
zählen auch, sie hätten von zu Haus aus Epidauros eine Schlange mitgenommen, und die Schlange sei ihnen vom Schiff entschlüpft, sie verkroch sich dann nicht weit vom Meer entfernt, und zugleich mit dem Traumgesicht kam ihnen auch wegen dieses Zeichens von seiten der Schlange der Entschluß, dort zu bleiben und sich niederzulassen. Da, wo sich die Schlange verkrochen hatte, stehen Altäre des Askle-
pios, und es wachsen Ölbäume um sie herum. Etwa zwei 8
Stadien weiter nach rechts befindet sich das sogenannte Wasser der Ino, der Größe nach wie ein kleiner Teich, aber tiefer in der Erde. In diesen Teich werfen sie beim Fest der Ino Mehlkuchen. Wenn das Wasser sie verschluckt und behält, ist es ein gutes Zeichen für den Hineinwerfenden; wenn es
sie wieder emporkommen läßt, gilt das als schlechtes Zei- 9

chen. Dasselbe zeigen auch am Aetna die Krater an. In diese
wirft man nämlich goldene und silberne Gegenstände und
auch alle Opfer. Und wenn das Feuer sie hinabzieht und ver-
zehrt, freuen sie sich darüber als über ein gutes Zeichen,
wenn es die hineingeworfenen Gegenstände wieder aus-
wirft, glauben sie, daß diesem Mann ein Unglück zustoßen
10 werde. An dem von Boiai nach Epidauros Limera führenden
Weg befindet sich im Gebiet der Epidaurier ein Heiligtum der
Artemis Limnatis. Die Stadt ist nicht weit vom Meer entfernt
auf einer Höhe angelegt, und an Sehenswürdigkeiten gibt es
dort einmal das Aphroditeheiligtum, dann das des Asklepios
mit einer stehenden Kultstatue aus Marmor, ferner einen
Tempel der Athena auf der Akropolis und vor dem Hafen ei-
11 nen des Zeus mit Beinamen Soter. Bei der Stadt springt ein
Vorgebirge ins Meer vor mit Namen Minoa. Die Bucht hat
nichts Besonderes gegenüber den anderen Meeresbuchten in
Lakonien. Der Strand dort liefert aber Kiesel, die in der Form
besonders schön sind und von verschiedenster Farbe.

24. 1 Von Epidauros hundert Stadien entfernt liegt Zarax; sonst ein Platz mit einem guten Hafen, aber von den «freien Lakonen» ist dieser Ort am meisten mitgenommen, da auch Kleonymos, der Sohn des Kleomenes, des Sohnes des Agesipolis, nur diese lakonische Stadt zerstörte. Über Kleonymos habe ich an anderer Stelle gesprochen. In Zarax gibt es sonst nichts, nur am Ende des Hafens einen Apollontempel und ein Kultbild mit einer Kithara.

2 Geht man von Zarax am Meer gegen hundert Stadien weiter, biegt dort ins Land ein und geht gegen zehn Stadien landeinwärts, so trifft man auf die Ruinen von Kyphanta, und darin ist eine heilige Grotte des Asklepios und eine Marmorstatue. Auch ein Brunnen mit kaltem Wasser ist da, das aus einem Felsen herauskommt. Atalante soll hier auf der Jagd, als sie von Durst gequält wurde, mit der Lanze an

den Fels geschlagen haben, und so sei das Wasser herausgeflossen.

Brasiai ist hier die letzte Stadt der «freien Lakonen» am 3
Meer, von Kyphanta eine Fahrstrecke von zweihundert Stadien entfernt. Die Menschen hier erzählen im Widerspruch zu allen anderen Griechen, wie Semele ihr Kind von Zeus geboren habe und, als sie von Kadmos ertappt wurde, mit Dionysos zusammen in einen Kasten eingesperrt wurde. Und dieser Kasten sei hier in ihrem Lande von den Wogen angespült worden, und Semele habe man würdig begraben, da man sie nicht mehr lebend angetroffen habe, aber den Dionysos aufgezogen. Danach sei auch ihre Stadt, die bis da- 4
hin Oreiatai hieß, in Brasiai umgetauft worden wegen des Anspülens des Kastens ans Land. Ebenso bezeichnen auch zu meiner Zeit die meisten das von den Wogen angespülte Strandgut mit «ekbebrasthai». Die Brasiaten behaupten auch noch das, Ino sei auf ihrer Irrfahrt in ihr Land gekommen und habe die Amme des Dionysos werden wollen. Sie zeigen auch noch die Höhle, in der Ino den Dionysos aufzog, und nennen die Ebene «Garten des Dionysos». An Heiligtü- 5
mern gibt es dort eines des Asklepios und eines des Achill, und sie feiern dem Achill auch jährlich ein Fest. Ein kleines Vorgebirge gibt es in Brasiai, das leicht ins Meer vorspringt, und darauf stehen Bronzestatuen, nicht höher als ein Fuß, mit Mützen auf dem Kopf, die sie, ich weiß nicht ob für Dioskouren oder Korybanten halten. Es sind drei, die vierte ist eine Athenastatuette . . . Rechts von Gythion liegt Las, 6
von Gythion vierzig und vom Meere zehn Stadien entfernt[99]. Es liegt zwischen den Bergen Ilion, Asia und Knakadion. Vormals lag es auf dem Gipfel des Berges Asia. Es sind auch noch Trümmer der alten Stadt dort, und vor den Toren ist eine Statue des Herakles und ein Siegeszeichen von den Makedonen. Diese bildeten eine Abteilung vom Heere

Philippos', mit dem sie in Lakonien einfielen und, abgeson-
7 dert vom übrigen Heere, den Küstenstrich plünderten. In
den Ruinen ist ein Tempel der Athena mit dem Beinamen Asia, angeblich von Kastor und Polydeukes nach ihrer Rückkehr gestiftet. Es gibt auch bei den Kolchiern ein Heiligtum der Athena Asia. Ich weiß wohl, daß die Söhne des Tyndareos am Zug des Iason teilgenommen haben. Daß die Kolchier die Athena Asia verehren, schreibe ich nach dem bei den Laern Gehörten. Nahe bei der heute bewohnten Stadt ist ein Brunnen, dessen Wasser nach seiner Farbe Galako genannt wird, und vor dem Brunnen ist ein Gymna-
8 sion. Ein altertümliches Hermesstandbild ist dort. Auf dem
Ilionberg liegt ein Tempel des Dionysos und auf der höchsten Stelle ein Tempel des Asklepios, bei dem Knakadion ein Tempel des Apollon Karneios. Vom Karneios dreißig Stadien entfernt, liegt in der Gegend Hypsoi, nahe an der Grenze zu den Spartiaten ein Tempel des Asklepios und der
9 Artemis mit dem Beinamen Daphnaia. Auf einem Vorge-
birge gegen das Meer zu ist ein Tempel der Artemis Diktynne, sie feiern ihr jährlich ein Fest. Von diesem Vorgebirge linkerhand ergießt sich der Fluß Smenos ins Meer, der wie nur irgendein anderer Fluß ein vorzügliches Trinkwasser führt. Er hat seine Quellen im Taygetosgebirge und ist von
10 der Stadt nicht mehr als fünf Stadien entfernt. In dem Araï-
non genannten Ort befindet sich das Grab des Las, und ein Standbild steht auf dem Grabmal. Diesen Las geben die Einwohner als Gründer der Stadt an und behaupten, er sei durch Achilleus umgekommen. Achilleus sei in ihr Land gekommen, als er von Tyndareos die Helena zur Frau verlangt habe. Um die Wahrheit zu sagen, so hat Patroklos den Las getötet. Denn er ist auch der, der um die Helena gefreit hat. Daß Achilleus nicht im Katalog der Frauen unter den Freiern der Helena erscheint, will ich nicht als Beweis betrach-

ten, er habe nicht um die Helena gefreit. Homer schrieb 11
gleich zu Beginn seines Epos, Achilleus sei aus Gefälligkeit
gegen die Söhne des Atreus und nicht durch Eide gegenüber
Tyndareos verpflichtet nach Troia gezogen. Ferner läßt er
bei den Kampfspielen den Homer sagen, daß Odysseus ein
Menschenalter älter sei als er, den Odysseus aber läßt er bei
Alkinoos von den Dingen im Hades unter anderem ausführen, er habe gewünscht, den Theseus zu sehen und den Peirithoos, Männer, die früher als er gelebt haben. Von Theseus wissen wir, daß er die Helena geraubt hat. Daher kann auf keine Weise Achilleus ein Freier der Helena gewesen sein.

Geht man von dem Denkmal weiter, so ergießt sich ein 25. 1
Fluß ins Meer. Sein Name ist Skyras, weil Pyrrhos, des
Achilleus Sohn, in diesen bis dahin namenlosen Fluß mit seinen Schiffen hineinfuhr, als er von Skyros aus zur Hochzeit
mit Hermione segelte. Durchquert man den Fluß, so ist da
ein altes Heiligtum in einiger Entfernung des Zeusaltares.
Vom Fluß vierzig Stadien entfernt, liegt im Landesinnern
Pyrrhichos. Den Namen soll die Stadt von Pyrrhos, dem
Sohn des Achill, erhalten haben, andere sagen, Pyrrhichos sei
ein Gott, einer der sogenannten Koureten gewesen. Wieder 2
andere behaupten, Silenos sei von Malea her gekommen, er
habe dort gewohnt. Daß in der Tat Silenos in Malea erzogen
worden sei, beweisen die Verse aus dem Gedicht des Pindar:

«Der grimmige, der Tänzer, den der
Silenos erzog, der in Malea geborene, der Gatte der Nais»
(Pindar, Frt. 156).

Daß er auch Pyrrhichos geheißen hat, sagt Pindar nicht,
wohl sagen es die Einwohner von Malea. In Pyrrhichos ist 3
ein Brunnen auf der Agora, von dem sie glauben, Silenos
habe diesen ihnen gegeben. Wenn dieser Brunnen austrocknet, so mögen sie wohl Wassermangel haben. Von den Göttern gibt es bei ihnen im Land Heiligtümer der Artemis mit

dem Beinamen Astrateia, weil hier die Amazonen bei ihrem Zug einen Halt eingelegt haben. Ferner ein Heiligtum des Apollon Amazonios. In beiden stehen Schnitzbilder, und sie seien von den Weibern von Thermodon gestiftet worden.

4 Steigt man von Pyrrhichos wieder zum Meer hinab, so liegt da Teuthrone. Als Gründer geben sie den Teuthras an, einen Mann aus Athen. Unter den Göttern ehren sie besonders die Artemis Issoria, auch haben sie eine Quelle Naïa.

Hundertfünfzig Stadien von Teuthrone entfernt springt das Vorgebirge Tainaron ins Meer vor mit den Häfen Achilleios und Psamathous. An dem Kap ist ein Tempel wie eine
5 Höhle und davor eine Statue des Poseidon[100]. Einige Griechen haben gedichtet, daß Herakles hier den Hadeshund heraufgebracht habe, obwohl durch die Höhle weder ein Weg in die Erde führt und man nicht leicht glauben kann, daß es eine unterirdische Wohnung der Götter gibt, in der sich die Seelen versammeln. Hekataios von Milet hat aber die wahrscheinliche Erklärung gefunden, indem er sagt, daß am Tainaron eine schreckliche Schlange gelebt habe, die Hadeshund genannt worden sei, weil der Gebissene sofort an dem Gift sterben mußte. Und diese Schlange sei von Herakles, so
6 sagt er, zu Eurystheus gebracht worden. Homer, denn er nannte das Tier, das Herakles heraufbrachte, als erster Hadeshund, gab ihm weder einen Namen, noch dichtete er zu seinem Aussehen etwas hinzu wie bei der Chimaira. Erst die Späteren bildeten den Namen Kerberos und behaupten, er habe drei Köpfe, obwohl sie ihn sonst wie einen Hund beschreiben und obwohl Homer ihn dann ebensowenig als einen Hund, den Gefährten des Menschen, bezeichnet haben
7 würde, wie er eine Schlange Hadeshund genannt hätte. An Weihgeschenken gibt es am Tainaron unter anderem eine Bronzestatue des Kitharasängers Arion auf einem Delphin. Die Geschichte von Arion selber und dem Delphin hat He-

rodot in seiner lydischen Geschichte vom Hörensagen er-
zählt[101]. Den Delphin aber in Poroselene, der einem Knaben
den Dank abstattet, da er ihn heilte, als er von Fischern ver-
wundet war, diesen Delphin sah ich, wie er dem Knaben auf
Anrufen folgte und ihn trug, wenn er auf ihm reiten wollte.
Am Tainaron ist auch eine Quelle, die jetzt nichts Wunder- 8
bares an sich hat, früher aber, wenn man hineinsah in das
Wasser, die Häfen und die Schiffe sehen ließ, wie es heißt.
Daran ist eine Frau schuld, daß das Wasser das fortan nicht
mehr zeigte, die ein beflecktes Gewand darin wusch . . .
Vom Vorgebirge Tainaron sind es vierzig Stadien Fahrt nach 9
Kainepolis[102]. Früher hieß es Tainaron. In ihr ist ein Mega-
ron der Demeter und am Meer ein Tempel der Aphrodite
mit einem Standbild aus Marmor. Von da aus sind es dann
dreißig Stadien bis nach Thyrides, einem Vorgebirge des
Tainaron, und dort liegen auch die Reste der Stadt Hippolas,
und in ihr ist ein Heiligtum der Athena Hippolaïs. Etwas 10
weiter entfernt ist die Stadt Messa und ein Hafen. Von die-
sem Hafen aus sind es hundertfünfzig Stadien bis nach Oity-
los. Der Heros, nach dem die Stadt ihren Namen hat,
stammt aus Argos, er war ein Sohn des Amphianax, ein En-
kel des Antimachos. Sehenswert ist in Oitylos ein Heiligtum
des Sarapis und auf der Agora ein Schnitzbild des Apollon
Karneios.

Nach Thalamai ist es von Oitylos ein Weg von achtzig 26. 1
Stadien, und am Wege liegt ein Heiligtum der Ino und ein
Orakel. Dieses befragen sie schlafend, und was sie dann zu
erfahren wünschen, das zeigt ihnen die Göttin im Traum.
Eherne Standbilder stehen im Freien des Heiligtums, das eine
der Pasiphae und ein anderes des Helios. Das im Tempel
konnte ich vor lauter Kränzen nicht sicher erkennen, es sei
auch aus Erz, sagen sie. Aus einer Quelle entspringt angeneh-
mes Trinkwasser. Pasiphae ist ein Beiname der Selene und

2 kein bei den Thalamaten einheimischer Daimon. Von Thalamai liegt zwanzig Stadien entfernt ein Ort mit Namen Pephnos am Meere. Vor ihm liegt ein Inselchen, nicht größer als ein Felsblock, ebenfalls Pephnos genannt. Hier sollen nach der Überlieferung der Thalamaten die Dioskouroi geboren sein, was bekanntlich Alkman in einem Gedicht überliefert. Sie seien nicht in Pephnos aufgezogen worden, son-
3 dern Hermes habe sie nach Pellana überbracht. Auf diesem Inselchen stehen eherne Standbilder der Dioskouroi, einen Fuß hoch unter freiem Himmel. Diese will das Meer nicht wegreißen, obwohl es bei Sturmwetter den Felsen überspült. Dies ist ein Wunder, ebenso die dortigen Ameisen, da sie von hellerer Farbe sind als sonst die Ameisen. Diese Gegend, so behaupten die Messenier, habe ihnen schon von alters her gehört, so daß sie auch glauben, die Dioskouroi gehörten
4 mehr zu ihnen als zu den Lakedaimoniern. Zwanzig Stadien von Pephnos entfernt liegt Leuktra. Woher Leuktra seinen Namen hat, weiß ich nicht. Wenn von Leukippos, dem Sohn des Perieres, wie die Messenier sagen, so glaube ich, daß sie aus dem Grunde unter allen Göttern den Asklepios am meisten verehren, weil sie ihn für einen Sohn der Arsinoë, der Tochter des Leukippos, halten. Aus Marmor ist da
5 eine Statue des Asklepios, eine der Ino an anderer Stelle. Es ist auch da ein Tempel und eine Statue der Kassandra, der Tochter der Priamos, die Einwohner nennen sie aber Alexandra, ebenso Schnitzbilder des Apollon Karneios ganz in der Art wie bei den Lakedaimoniern, die in Sparta wohnen. Auf der Burg ist ein Heiligtum mit einem Standbild der Athena, und Eros hat in Leuktra einen Tempel und einen heiligen Hain. Wasser durchströmt während der Winterszeit den Hain. Die Blätter, die im Frühling von den Bäumen fallen, werden vom Wasser nicht weggeschwemmt, auch
6 wenn dieses noch so reichlich fließt. Ich will noch berichten,

was sich zu meiner Zeit in dem am Meer gelegenen Gebiet von Leuktra zugetragen hat. Eine Feuersbrunst, die von einem Winde in den Wald hineingetrieben wurde, hat viele der Bäume vernichtet. Als nun der kahle Boden zu Tage kam, fand man eine dort errichtete Statue des Zeus Ithomatas. Dies, so sagen die Messenier, sei ein Beweis, daß Leuktra von alters her zu Messenien gehört habe. Es kann natürlich auch so sein, daß Leuktra von Anfang an von den Lakedaimoniern bewohnt gewesen ist und daß Zeus Ithomatas bei
ihnen verehrt worden ist. Kardamyle, das auch Homer bei 7
den Geschenkversprechungen Agamemnons erwähnt, steht unter der Herrschaft der Lakedaimonier in Sparta, nachdem Augustus es von Messenien abtrennte. Kardamyle liegt vom Meer acht, von Leuktra sechzig Stadien entfernt. Dort liegt nicht weit vom Ufer entfernt ein Heiligtum der Töchter des Nereus. An diesem Ort seien sie aus dem Meere entstiegen, um Pyrrhos, den Sohn des Achill, zu sehen, als er nach Sparta ging, um Hochzeit mit Hermione zu halten. In dem Städtchen gibt es ein Heiligtum der Athena, des Apollon
Karneios, wie dies bei den Dorern üblich ist. Eine Stadt, die 8
in den Epen Homers Enope genannt wird, die von Messeniern bewohnt wird, aber zum Bund der Eleutherolakonen gehört, wird zu meiner Zeit Gerenia genannt. In dieser Stadt sei Nestor aufgezogen worden, andere sagen, er sei an diesen Ort geflüchtet, nachdem Pylos von Herakles erobert war.
Dort in Gerenia ist das Grabmal und ein bedeutsames Heilig- 9
tum des Machaon, des Sohnes des Asklepios, und man kann bei Machaon Heilung von den Krankheiten finden. Den heiligen Platz nennen sie Rhodos, und ein ehernes Standbild des Machaon befindet sich dort. Auf dem Kopf hat die Statue einen Kranz, den die Messenier im einheimischen Dialekt Kiphos nennen. Machaon ist durch Eurypylos, den Sohn des Telephos, umgekommen, wie der Verfasser der kleinen Ilias

10 berichtet. Ich weiß, daß beim Asklepieion in Pergamon aus diesem Grunde folgender Brauch besteht: Sie beginnen mit den Hymnen des Telephos, singen aber nichts von Eurypylos und wollen auch überhaupt nicht im Tempel seinen Namen nennen, weil sie wissen, daß er der Mörder des Machaon ist. Die Gebeine des Machaon soll Nestor gerettet haben. Podaleirios soll bei der Rückfahrt nach der Zerstörung Troias vom Kurs abgekommen sein. Er wurde nach Syrnos an der karischen Küste verschlagen und hat sich dort niedergelassen.

11 Zum gerenischen Gebiet gehört der Berg Kalathion, und auf ihm ist ein Heiligtum der Klaia und nahebei eine heilige Höhle mit engem Eingang, innen aber sehenswürdig. Von Gerenia hin zum Binnenland ist in dreißig Stadien Entfernung Alagonia. Das Städtchen habe ich unter den eleutherolakonischen schon aufgeführt. Sehenswert ist daselbst ein Heiligtum des Dionysos und der Artemis.

BUCH IV · MESSENIEN[1]

Die Grenze Messeniens gegen das dazugehörende und vom 1. 1
Kaiser Lakonien zugeschlagene Stück Land bei Gerenia bildet jetzt die Choiriosschlucht[2]. Dieses Land, das ursprünglich unbewohnt war, soll seine ersten Siedler auf folgende Weise erhalten haben: Nach dem Tod des Lelex, der in dem jetzt Lakonien, damals nach ihm Lelegien, benannten Lande regierte, erhielt Myles, der ältere von seinen Söhnen, die Herrschaft. Polykaon war der jüngere und daher Privatmann, bis er die Messene, die Tochter des Triopas und Enke-
lin des Phorbas aus Argos, zur Frau nahm. Messene, stolz auf 2
ihren Vater, der damals an Macht und Ansehen alle Griechen übertraf, hielt es unter ihrer Würde, daß ihr Mann nur ein Privatmann sei. Sie sammelten also aus Argos und Lakedaimon ein Heer und kamen in dieses Land, und das ganze Gebiet erhielt nun den Namen Messene nach der Frau des Polykaon. Unter anderen Städten wurde Andania gegründet und
dort die Königsresidenz eingerichtet[3]. Vor der Schlacht der 3
Thebaner gegen die Lakedaimonier bei Leuktra und vor der Erbauung des heutigen Messene unter dem Ithome gab es nach meiner Ansicht keine Stadt, die den Namen Messene geführt hätte. Im besonderen stütze ich mich auf die Verse Homers. Denn im Katalog der gegen Ilion Gezogenen nennt er Pylos und Arene und andere Städte, niemals aber eine Stadt Messene[4]. In der Odyssee bezeichnet er mit Messene das Volk und nicht die Stadt:

«Weil messenische Männer Schafe aus Ithaka geraubt haben» (Homer, Odyssee 21. 18).

4 Noch deutlicher geht dies aus einer Stelle hervor, an der er vom Bogen des Iphitos spricht:

«In Messene begegneten sich beide einander
aus dem Hause des Ortilochos»

(Homer, Odyssee 21. 15f.).

Denn als das Haus des Ortilochos bezeichnet er das Städtchen Pherai in Messene, und dies erklärt er selbst in der Reise des Peisistratos zu Menelaos:

«Als die nach Pherai kamen, zum Haus des Diokles,
des Sohnes des Ortilochos»

(Homer, Odyssee 3. 488f.).

5 Die ersten Könige im Lande waren Polykaon, des Lelex Sohn, und Messene, die Frau des Polykaon. Zu dieser Messene kam aus Eleusis Kaukon, der Sohn des Kelainos, Enkel des Phlyos, und brachte die Mysterien der großen Göttinnen mit sich[5]. Phlyos war nach Meinung der Athener ein Sohn der Ge. Mit ihnen stimmt überein der Hymnos, den Mou-
6 saios für die Lykomiden an Demeter gedichtet hat[6]. Die Mysterien der großen Göttinen brachte Lykos, Sohn des Pandion, viele Jahre später zu noch größerem Ansehen, und noch nennen sie den Ort, an dem er die Mysten reinigte, den Eichenwald des Lykos. Daß es in diesem Land einen Eichenwald gibt, der nach Lykos benannt ist, das hat Rhianos aus Kreta in einem Vers ausgesprochen[7]:

«Beim rauhen Elaios, über den Eichen des Lykos.»

7 Daß Lykos ein Sohn des Pandion war, das beweisen die Verse auf dem Standbild des Methapos. Denn auch Methapos hat einige Änderungen in der Durchführung der Mysterien angeordnet. Dieser Methapos war von Herkunft Athener, außerdem ein Ordner von allerlei Mysterien und Kulthandlungen. Er hat bei den Thebanern die Mysterien der

Kabiren eingeführt. Er stiftete in das Gebäude der Lykomiden eine Bildnisstatue mit dem Epigramm, das unter anderem das aussagt, was uns hier zum Beweis dienen soll[8]:

«Des Hermes Wohnungen habe ich gereinigt und die Pfade der Demeter und der erstgeborenen Kore, 8
wo einst Messene den großen Göttinnen ein Festspiel gestiftet haben soll
(wie sie das Kaukon gelehrt hat, Enkel des ruhmreichen Phlyos).
Wunderbar, wie Lykos, des Pandion Sohn, aus attischem Lande heilige Werke in das liebliche Andania brachte.»

Diese Inschrift zeigt, daß Kaukon, Enkel des Phlyos, einst zu Messene kam. Sie beweist auch im Hinblick auf Lykos, daß von altersher Andania der Ort der Kulthandlungen war, und ich halte es für wahrscheinlich, daß Messene an keinem anderen Ort die Kulthandlungen eingeführt hat, als dort, wo sie selbst und Polykaon wohnten. 9

Da ich es sicher wissen wollte, welche Kinder Polykaon von Messene hatte, las ich die sogenannten Eoiai durch und die Naupaktischen Epen; desgleichen was Kinaithon und Asios an mythologischen Nachrichten vermitteln[9]. Darüber aber haben sie nichts gedichtet. Ich weiß aber, daß die großen Eoiai erzählen, Polykaon, ein Sohn Boutas', habe die Euaichme, eine Tochter des Hyllos und Enkelin des Herakles, geheiratet; was aber den Mann der Messene und diese selbst angeht, das verschweigen sie. Einige Zeit später, als von Polykaon keine Nachkommen mehr am Leben waren – nach meiner Meinung haben sie sich höchstens fünf Generationen hindurch gehalten –, da beriefen sie den Perieres, den Sohn des Aiolos, als König. Zu ihm kam, wie die Messenier berichten, Melaneus, ein trefflicher Bogenschütze[10], der deswegen als Sohn des Apollon galt, und ihm wies Perieres das Karnasiongebiet, damals noch Oichaliagebiet genannt, zur

2. 1 (beside "Da ich es sicher wissen wollte") · 2 (beside "selbst angeht, das verschweigen sie. Einige Zeit später, als")

Bewohnung zu[11]. Den Namen Oichalia soll die Stadt von
3 der Frau des Melaneus erhalten haben. Wie aber in Griechenland des meiste umstritten ist, so berichten die Thessaler und Euboier, Eurytion, zu unserer Zeit ein verlassener Ort, sei von alters her eine Stadt gewesen mit Namen Oichalia. Mit der euboiischen Sage stimmt Kreophylos in seinem Epos Herakleia überein. Hekataios von Milet schrieb, in Skios, auf eretrischem Gebiet, liege Oichalia. Aber die Erzählung der Messenier ist unter anderem wahrscheinlicher, auch wegen der Geschichte mit den Gebeinen des Eurytos, die ich im fol-
4 genden noch erzählen will[12]: Perieres hatte von der Gorgophone, des Perseus Tochter, den Aphareus und den Leukippos, und als Perieres starb, erhielten diese die Herrschaft über die Messenier. Der bedeutendere aber war Aphareus. Als dieser König war, gründete er die Stadt Arene nach der Tochter des Oibalos, die seine Frau und von der Mutter her seine Schwester war[13]. Denn Gorgophone war auch mit Oibalos vermählt. Doch von ihr ist schon zweimal die Rede gewesen, in der Geschichte der Argolis und der von Lako-
5 nien. Aphareus gründete also in Messenien die Stadt Arene und nahm den Neleus, den Sohn des Kretheus, Enkel des Aiolos, angeblich auch Sohn des Poseidon, als seinen Vetter bei sich auf, nachdem dieser vor Pelias aus Iolkos fliehen mußte, und gab ihm Land am Meer. Dort lag neben anderen Städten auch Pylos. Da ließ sich Neleus nieder und begrün-
6 dete eine Königsherrschaft. Nach Arene kam auch Lykos, der Sohn des Pandion, als er selbst vor seinem Bruder Aigeus aus Athen fliehen mußte. Er weihte den Aphareus in die Mysterien der großen Göttinnen ein sowie dessen Kinder und dessen Frau Arene. Er unterrichtete sie, indem er nach Andania zog, weil Kaukon dort die Messene in die Mysterien ein-
7 geführt hat. Von den beiden Söhnen des Aphareus war Idas der ältere und männlichere. Der jüngere war Lynkeus, von

dem Pindar sagt, er habe ein derart scharfes Auge gehabt, daß er, wer es glauben mag, durch einen Eichstamm hindurchsehen konnte[14]. Von einem Sohn des Lynkeus wissen wir nichts, wohl aber von einer Tochter des Idas und der Marpessa mit Namen Kleopatra, die mit Meleagros vermählt war. Der Verfasser der Kyprien überliefert, die Frau des Protesilaos, des ersten unter den Griechen, der vor Troia an Land stieg, diese Frau mit Namen Polydora sei eine Tochter des Meleagros und Enkelin des Oineus gewesen. Wenn dies zutrifft, so waren es drei Frauen an Zahl, von Marpessa angefangen, die alle aus Schmerz über den Tod ihrer Männer ihrem Leben ein Ende gesetzt haben.

Da zwischen den Söhnen des Aphareus und ihren Vettern, 3. 1
den Dioskouroi, ein Streit um die Rinder ausbrach und Polydeukes den einen tötete, Idas aber vom Blitz erschlagen wurde, so starb das Haus des Aphareus im Mannesstamm aus, und die Herrschaft über die Messenier, sowohl über die anderen wie über die, die Idas früher beherrscht hatte, und außer den Söhnen des Asklepios, ging auf Nestor, den Sohn
des Neleus, über[15]. Denn auch die Söhne des Asklepios sollen 2
gegen Ilion gezogen sein, da sie Messenier waren. Asklepios sei nämlich der Sohn der Arsinoë, der Tochter des Leukippos, gewesen und nicht der Koronis. Trikka nennen sie einen verlassenen Platz in Messenien und zitieren die Verse Homers, in denen Nestor den durch einen Pfeil verwundeten Machaon freundlich pflegte. Denn wenn dieser nicht sein Nachbar und König eines stammverwandten Volkes gewesen wäre, hätte er nicht eine derartige Anteilnahme gezeigt. Womit sie aber nach meiner Meinung am nachdrücklichsten die Sage über die Asklepiaden begründen, ist die Tatsache, daß sie in Gerenia das Grab des Machaon und in Pharai das
Heiligtum von Machaons Kindern zeigen. Nachdem der 3
Krieg um Ilion zu Ende gekämpft und Nestor, nach seiner

Rückkehr nach Hause, gestorben war, vertrieb der Heerzug der Dorer und zwei Generationen später die Rückkehr der Herakliden die Nachkommen des Neleus aus Messenien[16]. Dies habe ich bereits in der Erzählung von Tisamenos berührt. Ich will noch folgendes anfügen: Während die Dorer dem Temenos Argos überließen, verlangte Kresphontes von ihnen das messenische Land, weil er älter als Aristodemos
4 war. Aristodemos war bereits tot. Theras aber, des Autesion Sohn, trat dem Kresphontes mit Entschiedenheit entgegen. Dieser war Thebaner von Herkunft und im fünften Glied Nachkomme des Polyneikes, des Sohnes des Oidipous. Er war damals als Onkel von mütterlicher Seite Vormund über die Söhne des Aristodemos. Denn Aristodemos hatte eine Tochter des Autesion geheiratet mit Namen Argeia. Da nun Kresphontes wünschte, daß er um jeden Preis Anteil an Messenien haben werde, wandte er sich bittend an Temenos, indem er sich dem Schein nach bereit erklärte, sich dem Los zu
5 unterwerfen. Temenos warf nun die Lose der Söhne des Aristodemos und des Kresphontes zusammen mit Wasser in eine Urne (Hydria) unter der Verabredung, daß dem die Vorwahl über das Land zukommen würde, dessen Los zuerst wieder auftauchen würde. Beide Lose hatte Temenos aus Ton gemacht, das des Aristodemos aus luftgetrocknetem und das des Kresphontes aus gebranntem Ton. Das Los der Kinder des Aristodemos war aufgelöst, und so wählte sich
6 Kresphontes das messenische Land. Das Volk der alten Messenier wurde von den Dorern nicht vertrieben, sondern sie gingen die Bedingung ein, daß sie, von König Kresphontes regiert, mit den Dorern das Land zu gleichen Teilen bewohnen. Zu diesen Eingeständnissen veranlaßte sie das Mißtrauen gegen die Könige. Diese waren ursprünglich Neleïden aus Iolkos. Als Frau hatte Kresphontes die Merope, des Kypselos Tochter, der damals über die Arkader herrschte.

Von ihr hatte er viele Söhne, der jüngste war Aipytos. Den 7
Königssitz, wo er und seine Kinder wohnen wollten, baute
er sich in Stenykleros[17]. Von alters her wohnten die anderen
Könige und auch Perieres in Andania. Nachdem Aphareus
Arene gegründet hatte, wohnten Aphareus und seine Kinder
dort. Unter Nestor und seinen Nachkommen war die Kö-
nigsburg in Pylos. Kresphontes schließlich legte fest, daß der
König in Stenykleros residiere. Da er bei der Verwaltung
mehr das Wohl des Volkes vor Augen hatte, veranstalteten
die Besitzbürger einen Aufstand und ermordeten den Kres-
phontes und seine übrigen Söhne. Dabei blieb von seinem 8
ganzen Haus nur Aipytos am Leben, da ihn Kypselos als
Kind bei sich erzog. Wie er zum Mann herangewachsen
war, führten ihn die Arkader nach Messenien zurück. Daran
beteiligten sich auch die übrigen Könige der Dorer, die
Söhne des Aristodemos und Isthmios, der Sohn des Teme-
nos. Als Aipytos König geworden war, bestrafte er die Mör-
der seines Vaters sowie die, die mitschuldig am Mord gewe-
sen waren. Da er die Angesehenen unter den Messeniern
durch freundliches Entgegenkommen, das Volk indessen
durch Geschenke für sich gewann, stieg er derart im Anse-
hen, daß selbst seine Nachkommen Aipytiden statt Herakli-
den genannt wurden. Dem Glaukos, dem Sohn des Aipytos 9
und König nach diesem, genügte es, seinen Vater nachzuah-
men: Sowohl im Hinblick auf das Gemeinwesen wie im
Verhältnis zum Einzelnen. Nur in der Frömmigkeit übertraf
er ihn. Denn Glaukos war es, der die Verehrung des Zeus in
seinem Heiligtum auf dem Gipfel des Ithome, von Polykaon
und Messene eingerichtet, auch bei den Dorern einführte,
bei denen er zuvor nicht verehrt worden war[18]. Auch dem
Machaon, dem Sohn des Asklepios, opferte er als erster in
Gerenia. Außerdem stiftete er für Messene, die Tochter des
Triopas, die herkömmlichen Heroenopfer. Isthmios, des 10

Glaukos Sohn, richtete das Heiligtum des Gorgasos und des Nikomachos in Pharai ein. Des Isthmios Sohn war Dotadas, der zu den Hafenplätzen, über die Messenien verfügte, noch den in Mothone gründete. Sybotas, der Sohn des Dotadas, richtete es ein, daß der König jedes Jahr am Fluß Pamisos opferte und dem Eurytos, dem Sohn des Melaneus, in Oichalia noch vor den Mysterien der großen Göttinnen in Andania ein Heroenopfer dargebracht wurde[19].

4. 1 Unter Phintas, des Sybotas Sohn, schickten die Messenier damals zum ersten Male eine Opfergesandtschaft und einen Männerchor dem Apollon nach Delos. Den Prozessionsgesang auf den Gott lehrte sie Eumelos, und in der Tat hält man dieses Gedicht für das einzig echte des Eumelos[20]. Auch ereigneten sich unter der Regierung des Phintas die ersten Auseinandersetzungen mit den Lakedaimoniern aus Gründen, die zwar von beiden Seiten bestritten werden, die sich
2 aber folgendermaßen abgespielt haben: An den Grenzen Messeniens liegt ein Heiligtum der Artemis mit dem Beinamen Limnatis[21]. An ihm hatten von den Dorern nur die Messenier und die Lakedaimonier Anteil. Die Lakedaimonier behaupten, messenische Männer hätten Mädchen von ihnen, die zum Fest gekommen seien, Gewalt angetan und ihren König Telekles, Sohn des Archelaos, Sohn des Agesilaos, Sohn des Doryssos, Sohn des Labotas, Sohn des Echestratos, Sohn des Agis, der sie daran hindern wollte, ermordet. Außerdem hätten die geschändeten Mädchen sich aus
3 Scham selbst getötet. Die Messenier dagegen behaupten, Teleklos habe den in Messene Angesehensten, wie sie ins Heiligtum gekommen seien, nachgestellt. Ursache sei die Güte des messenischen Landes gewesen. Er habe nämlich die unter den Spartiaten ausgelesen, die noch keinen Bart gehabt hätten. Diese habe er durch Kleidung und Schmuck wie Mädchen herausgeputzt und sie unter die ausruhenden

Messenier gebracht, nachdem er ihnen noch Messer in die Hand gegeben. Die Messenier hätten sich gewehrt und die unbärtigen Jünglinge und ihn, den Teleklos, getötet. Die Lakedaimonier waren sich bewußt, daß der König dieses Vorhaben nicht ohne Zustimmung des Volkes unternommen hatte und daß sie mit dem Unrecht begonnen hatten. Sie sollen daher für den Mord an Teleklos keine Sühne gefordert haben. So erzählen es beide Teile. Ein jeder mag das glauben, was er für richtig hält.

Eine Generation später, als in Sparta König war Alkame- 4
nes, der Sohn des Teleklos, und von dem anderen Haus Theopompos, der Sohn des Nikandros, des Sohnes des Charillos, des Sohnes des Polydektes, des Sohnes des Eunomos, des Sohnes des Prytanis, des Sohnes des Eurypon, in Messenien Antiochos und Androkles, die Söhne des Phintas, da entbrannte der Haß der Lakedaimonier und Messenier gegeneinander, und die Lakedaimonier begannen den Krieg, als sich ihnen, feindselig gesinnt und auf alle Fälle zum Krieg entschlossen, wie sie waren, ein Anlaß ergab, der nicht nur genügte, sondern sogar noch bestens den äußeren Anschein wahrte. Bei friedlicherer Gesinnung hätte es wohl durch einen Schiedsspruch beigelegt werden können. Was geschah, verhielt sich aber so:

Der Messenier Polychares, der allgemein angesehen war 5
und auch einen Sieg in Olympia davongetragen hatte – es war die vierte Olympiade[22], die die Eleer begingen, und an Wettkämpfen gab es nur den Stadionlauf, als Polychares siegte –, dieser Mann besaß also Rinder, und da er kein genügendes eigenes Land als Weide für die Rinder hatte, gab er sie dem Lakedaimonier Euaiphnos zur Weide auf seinem Land mit der Bedingung, daß auch Euaiphnos Anteil an dem
Ertrag der Rinder haben sollte. Euaiphnos war aber so gear- 6
tet, daß er lieber unrechtmäßigen Gewinn machen als ehr-

lich sein wollte, und auch sonst durchtrieben. Als nun damals Händler in Lakonien landeten, verkaufte er die Rinder des Polychares und ging selbst als Bote zu Polychares und sagte ihm, es seien Räuber ins Land gekommen, hätten ihn überwältigt und Rinder und Hirten als Beute fortgetrieben. Während er aber noch auf ihn einredete, lief einer der Hirten den Händlern fort, kam zurück, traf dort den Euaiphnos bei
7 seinem Herrn und widerlegte ihn vor Polychares. Wie er so ertappt war und nicht mehr ableugnen konnte, bat er inständig den Polychares selbst und auch den Sohn des Polychares um Verzeihung. Es gebe in der menschlichen Natur auch sonst Züge, durch die wir genötigt würden, frevelhaft zu werden, die Gewinnsucht aber habe die meiste Gewalt. Er nannte dann den Preis, den er für die Rinder erhalten hatte, und verlangte, der Sohn des Polychares solle mit ihm kommen, um das Geld zu holen. Wie sie dann in Lakonien waren, verübte Euaiphnos eine noch gottlosere Tat als die frü-
8 here; er ermordete den Sohn des Polychares. Wie dieser erfuhr, daß ihm auch das noch zugestoßen war, ging er nach Lakedaimon und setzte den Königen und den Ephoren sowohl mit vieler Klage über seinen Sohn zu, wie auch mit der Aufzählung dessen, was er von Euaiphnos erlitten hatte, den er selbst zum Gastfreund gemacht und dem er am meisten von allen Lakedaimoniern vertraut hatte. Wie er aber trotz ständigen Erscheinens bei den Behörden keine Genugtuung erhielt, da wurde Polychares von Sinnen und tötete in seiner Erbitterung, rücksichtslos auch gegen sich selbst geworden, jeden Lakedaimonier, dessen er habhaft werden konnte. Die Lakedaimonier behaupten also, sie hätten Krieg geführt wegen der Nichtauslieferung des Polychares und wegen des Mordes des Teleklos, nachdem sie schon früher argwöhnisch geworden seien wegen des Betrugs des Kresphontes bei der Landverteilung.

Die Messenier erwidern darauf hinsichtlich des Teleklos, 5. 1
was ich früher schon erzählt habe, und weisen ferner darauf hin, daß Aipytos, der Sohn des Kresphontes, von den Söhnen des Aristodemos mit zurückgeführt wurde, was sie nie getan hätten, wenn sie dem Kresphontes feindlich gewesen
wären. Den Polychares hätten sie deswegen an die Lakedai- 2
monier nicht zur Bestrafung ausgeliefert, weil diese auch den Euaiphnos ihnen nicht auslieferten, sie hätten sich aber vor den Argivern, ihren beiderseitigen Verwandten in der Amphiktyonie[23], einem Gericht unterziehen wollen und seien auch bereit gewesen, es dem Gericht in Athen, dem sogenannten Areiopag, zu überlassen, weil dieses Gericht seit al-
ters über Mordfälle zu Gericht saß. Die Lakedaimonier hät- 3
ten gar nicht deswegen den Krieg begonnen, sondern hätten aus reiner Habgier auch ihr Land begehrt und auch sonst schon so gehandelt, wobei sie gegen sie das Beispiel der Arkader und das der Argiver vorbringen dafür, daß sie niemals genug bekommen haben, immer etwas vom Land anderer an sich reißen. Und als Kroisos ihnen Geschenke sandte, seien sie als erste Freunde eines Barbaren geworden, woraufhin er die Griechen in Asien sonst unterjochte und auch die
Dorer, die auf dem karischen Festland wohnen[24]. Sie weisen 4
auch darauf hin, daß, als die phokischen Dynasten das Heiligtum in Delphoi besetzt hatten[25], die Könige in Sparta und die anderen Angesehenen persönlich und allgemein die Behörde der Ephoren und die Gerousie sich von dem Besitz des Gottes angeeignet hätten. Vor allem aber werfen sie ihnen als Beweis dafür, daß die Lakedaimonier aus Gewinnsucht vor nichts zurückschreckten, das Bündnis mit dem Tyrannen
Apollodoros von Kassandreia[26] vor. Weshalb die Messenier 5
dies für einen so schweren Vorwurf halten, kann ich an dieser Stelle nicht ausführen. Denn wenn auch der Mut der Messenier und die Zeitdauer, während der sie Krieg führten,

anders waren als die Tyrannis des Apollodoros, so stand hinsichtlich der Schicksale das, was die Kassandreer erduldeten, nicht sehr nach. Das waren also nach der Aussage der beiden Seiten die Kriegsursachen.

6 Damals kam eine Gesandtschaft der Lakedaimonier und forderte die Auslieferung des Polychares. Die messenischen Könige antworteten den Gesandten, sie würden sich mit dem Volk beraten und die Beschlüsse nach Sparta senden, und beriefen nach deren Fortgang die Bürger zu einer Volksversammlung. Die Meinungen gingen weit auseinander, indem Androkles beantragte, Polychares auszuliefern, da er maßlosen Frevel begangen habe. Antiochos aber führte dagegen besonders den am meisten Mitleid erregenden Grund an, wenn Polychares vor den Augen des Euaiphnos büßen müßte, indem er aufzählte, was und wieviel er würde
7 erleiden müssen. Schließlich gerieten die Befürworter des Androkles und die des Antiochos in solche Erregung, daß sie sogar zu den Waffen griffen. Der Kampf unter ihnen dauerte aber nicht lange; denn da die Anhänger des Antiochos an Zahl weit überlegen waren, töteten sie Androkles selbst und die hervorragendsten seiner Anhänger. Antiochos, der nun allein König war, schickte dann nach Sparta die Botschaft, er wolle die Sache den Gerichten unterbreiten, die ich schon genannt habe. Die Lakedaimonier sollen den Überbringern des Briefes nichts geantwortet haben.

8 Einige Monate später starb Antiochos, und Euphaës, der Sohn des Antiochos, übernahm die Regierung. Die Lakedaimonier schickten aber weder einen Herold, um den Messeniern den Krieg vorher anzusagen, noch kündigten sie ihnen vorher die Freundschaft auf, sondern rüsteten heimlich und möglichst im verborgenen und schwuren einen Eid, daß weder die Länge des Krieges, falls er nicht in Kürze entschieden sein würde, noch die Schicksalsschläge, wenn sie im Kriege

groß werden würden, sie abschrecken würden, bevor sie das
messenische Land als kriegserobert besäßen. Nach diesem 9
Vorschwur machten sie nachts den Ausmarsch gegen Am-
pheia und ernannten Alkamenes, den Sohn des Teleklos,
zum Führer des Heeres. Ampheia war ein Städtchen in Mes-
senien an der lakonischen Grenze, nicht groß, aber auf einem
hohen Hügel gelegen und mit reichlichem Quellwasser[27].
Ampheia schien ihnen auch sonst ein geeigneter Ausgangs-
punkt für den ganzen Krieg zu sein. Das Städtchen nahmen
sie, da die Tore offen waren und keine Besatzung darin war,
und töteten die überraschten Messenier, die einen noch in
den Betten, die anderen, als sie es gemerkt hatten, als Bittfle-
hende in den Heiligtümern der Götter und an den Altären
sitzend. Einige wenige entkamen auch. Das war der erste 10
Zug, den die Lakedaimonier gegen Messenien machten, im
zweiten Jahr der neunten Olympiade, in der der Messenier
Xenodokos im Stadionlauf siegte[28]. In Athen gab es damals
noch keine jährlich gelosten Archonten. Denn den Nach-
kommen des Melanthos, den sogenannten Medontiden,
nahm das Volk zunächst den Hauptteil ihrer Befugnisse und
machte sie aus einem Königtum zu einem rechenschafts-
pflichtigen Amt, und später setzten sie ihrem Amt noch eine
Frist von zehn Jahren. Damals, zur Zeit der Einnahme von
Ampheia, war in Athen Aisimides, der Sohn des Aischylos,
im fünften Jahr Archon.

Bevor ich aber den Krieg beschreibe und was die Gottheit 6. 1
beiden Seiten im Kriege an Leiden und Taten bereitete,
wollte ich auch noch etwas über die Lebenszeit eines Messe-
niers auseinandersetzen. Diesen Krieg nämlich, der von den
Lakedaimoniern und ihren Bundesgenossen gegen die Mes-
senier und ihre Helfer geführt wurde und der nicht nach den
Angreifern wie der Perserkrieg und der Peloponnesische
Krieg, sondern der Messenische nach den Ereignissen[29] ge-

nannt wird, wie ja auch der Krieg gegen Ilion der Troische
und nicht der Griechische Krieg heißt, diesen Krieg der Mes-
senier hat Rhianos aus Bene in seinem Epos dichterisch dar-
gestellt und Myron aus Priene[30]; Myrons Darstellung ist aber
2 in Prosa geschrieben. Eine zusammenhängende Darstellung
des Ganzen vom Anfang bis zum Ende des Krieges hat aber
keiner von beiden gegeben, sondern nur den Teil, der ihm
gefiel; der eine hat die Eroberung von Ampheia und die an-
schließenden Ereignisse dargestellt nicht weiter als bis zum
Tode des Aristodemos, Rhianos aber hat diesen ersten Krieg
überhaupt nicht berührt, sondern nur, was später den Messe-
niern zustieß, die von den Lakedaimoniern abgefallen wa-
ren, und auch das nicht alles beschrieben, sondern nur die
Geschehnisse nach der Schlacht, die sie an dem sogenannten
3 Großen Graben lieferten. Den einen einzigartigen Messe-
nier, dessentwegen ich diesen ganzen Exkurs über Rhianos
und Myron mache, den Aristomenes, der als erster und ganz
besonders den messenischen Namen berühmt machte, diesen
Mann hat der Prieneer in die Darstellung eingeführt, und im
Epos des Rhianos ist Aristomenes nicht weniger glanzvoll als
Achill bei Homer in der Ilias. Da sie nun etwas derart Ver-
schiedenes sagen, blieb mir nur übrig, mich der einen der
beiden Erzählungen anzuschließen und nicht beiden zu-
gleich, und zwar scheint mir Rhianos' Dichtung über das
4 Zeitalter des Aristomenes glaubwürdiger zu sein. Daß My-
ron sich nicht darum bekümmert, wenn er Falsches und Un-
wahrscheinliches zu erzählen scheint, kann man auch sonst
erkennen und in diesem seinem messenischen Buch beson-
ders. Er hat nämlich erzählt, wie Aristomenes den lakedai-
monischen König Theopompos kurz vor dem Ende des Ari-
stodemos tötete, und doch wissen wir, daß Theopompos we-
der in einer Schlacht noch sonst vor der Beendigung des Krie-
5 ges gestorben ist. Dieser Theopompos war es auch, der den

Krieg zu Ende brachte. Das bezeugen mir die Elegien des Tyrtaios mit den Worten:

«unserem, den Göttern gefälligen König Theopompos,
durch den wir das weiträumige Messenien eroberten».

Aristomenes lebte also nach meiner Meinung zur Zeit des späteren Krieges, und seine Geschichte werde ich dann erzählen, wenn ich in meiner Darstellung dahin komme[31].

Wie die Messenier damals die Kunde über Ampheia hör- 6
ten von den aus der Eroberung Geretteten, versammelten sie sich aus ihren Städten nach Stenykleros[32]. Wie das Volk zur Versammlung zusammengetreten war, forderten auch andere aus den Behörden und zuletzt der König es auf, sich nicht durch die Zerstörung von Ampheia verwirren zu lassen, als ob damit der ganze Krieg schon entschieden sei, und auch nicht die lakedaimonische Rüstung als die stärkere zu fürchten. Wohl hätten jene die längere Kriegserfahrung, aber auf ihrer Seite stehe die härtere Notwendigkeit, tapfer zu sein, und das größere Wohlwollen der Götter werde auf seiten derer sein, die sich für ihre Heimat wehrten und kein Unrecht begännen.

So sprach Euphaës und löste die Versammlung auf. Und 7. 1
in der Folge hielt er jetzt alle Messenier in Waffen, indem er die Unerfahrenen nötigte, das Kriegshandwerk zu lernen, und die Kundigen, sich sorgfältiger als bisher darin zu üben. Die Lakedaimonier machten Einfälle nach Messenien und schädigten das Land nicht, da sie es schon als ihres ansahen, schlugen weder Bäume um, noch zerstörten sie Häuser. Sie trieben nur Vieh fort, wenn sie welches antrafen, und raub-
ten Korn und die andere Frucht. Bei ihren Angriffen auf die 2
Städte nahmen sie keine, da sie mit Mauern befestigt und sorgfältig bewacht waren, erlitten aber Verluste und zogen unverrichteter Dinge wieder ab und versuchten sich schließlich an den Städten gar nicht mehr. Aber auch die Messenier

plünderten die Küstengebiete Lakoniens, und was es an
3 Ackerland am Taygetos gab. Im vierten Jahre nach der Ein-
nahme von Ampheia wollte Euphaës die Stimmung unter
den Messeniern, deren Zorn gegen die Lakedaimonier auf
seinem Höhepunkt angelangt war, ausnutzen, glaubte auch,
daß sie nunmehr genügend geübt seien, und sagte daher ei-
nen Ausmarsch an und befahl auch, daß die Diener mitkom-
men sollten mit Holz, und was sonst zum Bau einer Ver-
schanzung nützlich sei. Auch die Lakedaimonier hatten von
ihren Wachen in Ampheia erfahren, daß die Messenier aus-
4 zögen, und zogen daher ebenfalls ins Feld. Es gab in Messe-
nien einen Platz, der im allgemeinen zum Kampf geeignet
und dem eine tiefe Schlucht vorgelegt war, und hier stellte
Euphaës die Messenier auf und ernannte Kleonnis zum Feld-
herrn[33]. Die Reiter und die leichten Truppen, die zusammen
weniger als fünfhundert waren, diese führten Pytharatos und
5 Antandros. Wie die Heere aufeinandertrafen, da ließ die
trennende Schlucht die Hopliten, obwohl sie schonungslos
und zügellos vor Haß aufeinander losstürmten, nicht hand-
gemein werden. Die Reiterei und die Leichten aber trafen
jenseits der Schlucht aufeinander, aber keine von beiden wa-
ren an Zahl noch an Erfahrung überlegen, und daher blieb
6 der Kampf unentschieden[34]. Während diese miteinander
kämpften, befahl Euphaës den Dienern, zuerst den Raum
hinter dem Lager mit Verhauen zu befestigen und danach
die beiden Seiten. Als die Nacht hereinbrach und der Kampf
abgebrochen wurde, da befestigten sie auch die Seite vor
dem Lager an der Schlucht, so daß den Lakedaimoniern mit
Tagesanbruch die Umsicht des Euphaës bewußt wurde und
sie nun keine Möglichkeit mehr hatten, wie sie gegen die
Messenier, die nicht aus der Verschanzung herauskamen,
kämpfen sollten, und auch auf eine Belagerung verzichteten,
zu der sie in jeder Beziehung gleich unvorbereitet waren.

Damals zogen sie wieder nach Hause ab; ein Jahr später 7
aber, da die Älteren sie schmähten und ihnen Feigheit und
Mißachtung des Schwurs vorwarfen, machten sie einen
zweiten offenen Feldzug gegen die Messenier. Die Führung
hatten beide Könige, Theopompos, der Sohn des Nikan-
dros, und Polydoros, der Sohn des Alkamenes; Alkamenes
lebte nicht mehr. Auch die Messenier zogen ihnen entgegen
und gingen auf sie los, als die Spartiaten eine Schlacht begin-
nen wollten. Bei den Lakedaimoniern führte Polydoros auf 8
dem linken Flügel, Theopompos am rechten, die Mitte hatte
Euryleon, damals Lakedaimonier, ursprünglich Nach-
komme des Kadmos und aus Theben, der fünfte Nach-
komme des Aigeus, des Sohnes des Oiolykos, des Sohnes des
Theras, des Sohnes des Autesion. Bei den Messeniern stan-
den dem rechten lakedaimonischen Flügel Antandros und
Euphaës gegenüber, den anderen Flügel gegen Polydoros
hatte Pytharatos und Kleonnis die Mitte. Als sie schon auf- 9
einanderstoßen wollten, traten die Könige auf und ermahn-
ten ihre Leute. An die Lakedaimonier hielt Theopompos
nach heimischer Sitte nur eine kurze Ansprache, indem er sie
an den Schwur gegen die Messenier erinnerte, und welch
schönes Ziel ihrem Ehrgeiz gestellt sei, von sich zu erweisen,
noch Großartigeres geleistet zu haben als die Väter, die die
Perioiken unterworfen hätten, und ein noch reicheres Land
hinzuerworben zu haben. Euphaës sprach länger als der
Spartaner, aber auch nicht mehr, als die Stunde nach seiner
Ansicht erlaubte. Er wies darauf hin, daß der Kampf nicht 10
nur um Land und Besitz gehen werde, er wisse sicher, was
sie treffen werde, wenn sie besiegt würden. Denn ihre
Frauen und Kinder würden in die Sklaverei verschleppt
werden, für die Erwachsenen werde der Tod noch das leich-
teste Schicksal sein, wenn er ohne Schändung komme, und
ihre Heiligtümer würden geplündert und ihre Heimatstädte

verbrannt werden. Das seien keine Mutmaßungen, sondern sie hätten alle als klaren Beweis das Schicksal der in Ampheia
11 Überraschten. Angesichts von soviel Unheil sei es ein Gewinn, tapfer zu sterben, aber viel leichter, solange sie noch unbesiegt seien und das Wagnis noch unentschieden sei, die Gegner an Mut zu übertreffen, als zuerst den Mut zu verlieren und später die Mißerfolge wieder wettzumachen. Das sagte Euphaës.

8. 1 Als die Führer beiden Seiten das Zeichen gaben, stürmten die Messenier im Lauf auf die Lakedaimonier los und schonten sich nicht wie Mordgierige aus Leidenschaft, und jeder strebte danach, zuerst zum Kampf zu kommen. Auch die Lakedaimonier rückten ihnen eilends entgegen, achteten aber trotzdem darauf, daß sich ihre Schlachtreihe nicht auf-
2 löse. Wie sie dicht beieinander waren, bedrohten sie sich durch Schwingen der Waffen, und indem sie sich gegenseitig finster anblickten, und gingen dann zu Schmähungen über, indem die einen die Messenier schon ihre Knechte und in nichts freier als die Heloten nannten, die anderen aber jene als Verbrecher bezeichneten in ihrem Tun, da sie aus Habgier gegen Verwandte zögen und als Frevler gegen die Götter, die die Stammesgötter der Dorer seien, und vor allem gegen Herakles. Gleichzeitig mit den Schmähungen begannen sie auch schon mit dem Kampf, indem besonders die Lakedaimonier geschlossen gegen die geschlossenen Gegner
3 drängten, aber auch Mann gegen Mann vorgingen. An kriegerischer Kunst und Erfahrung waren nun die Lakedaimonier weit überlegen, aber auch an Zahl. Denn sie hatten ihre Perioiken, die ihnen schon untertan waren und Gefolgschaft leisteten, und außerdem zogen die dryopischen Asinaier, die eine Generation vorher von den Argivern aus ihrem Land vertrieben und als Schutzsuchende nach Lakonien gekommen waren, gezwungen mit ihnen ins Feld. Und ge-

gen die messenischen Leichtbewaffneten hatten sie kretische
Bogenschützen als Söldner geholt. Bei den Messeniern 4
wurde das ausgeglichen durch ihre Erbitterung und Todes-
bereitschaft, und sie meinten, was sie erduldeten, sei eher
notwendig für jemand, der seinem Vaterland Ehre machen
wolle, als schrecklich, und was sie taten, meinten sie selbst,
sei großartiger ausgeführt und werde für die Lakedaimonier
von schlimmeren Folgen sein. So sprangen die einen von ih-
nen aus der Reihe und verrichteten kühne Heldentaten, und
selbst den gefährlich Verwundeten und nur noch wenig At-
menden blieb ihre Erbitterung trotzdem ungebrochen. Man 5
rief sich zu, und die Lebenden und Unverwundeten stachel-
ten die Verwundeten auf, bevor das äußerste Schicksal an sie
herantrete, noch soviel wie möglich zu leisten und das
Schicksal mit Freuden auf sich zu nehmen. Und wenn die
Verwundeten spürten, daß die Kräfte sie verließen und das
Leben entfloh, feuerten sie die Unverwundeten an, nicht
weniger tapfer als sie zu werden und ihren Tod für das Va-
terland nicht nutzlos werden zu lassen. Die Lakedaimonier 6
wandten die gegenseitigen Anfeuerungen und Bitten nicht
an und waren auch nicht ebenso geneigt wie die Messenier
zu tollkühnen Taten. Da sie von Kind an die Kriegskunst
verstanden, hatten sie ihre Phalanx tiefer aufgestellt und
hofften, daß die Messenier weder gleich lange standhalten
noch die Ermüdung in den Waffen oder die Wunden aushal-
ten würden. Das war also das Besondere in den beiden Hee- 7
ren in Taten und Gesinnung der Kämpfenden; gleich war
bei beiden, daß sie weder um Gnade baten noch Geld ver-
sprachen, wenn sie erschlagen wurden, vielleicht, weil sie
glaubten, daß sie wegen des Hasses doch nichts erreichen
würden, hauptsächlich aber wohl lehnten sie das ab, um
nicht ihr Verhalten vorher zu beflecken. Und die, die töte-
ten, enthielten sich ebenso der Prahlerei wie der Schimpf-

worte, da beide noch keine Gewißheit hatten, ob sie siegen
würden. Am seltsamsten starben diejenigen, die versuchten,
einem der Gefallenen die Waffen auszuziehen. Entweder
nämlich ließen sie dabei einen Teil des Körpers ungedeckt
und wurden so getroffen oder angeschossen, da sie bei ihrer
Beschäftigung im Augenblick nicht achtgaben, oder sie
wurden sogar umgebracht von denen, denen sie die Waffen
8 nehmen wollten, wenn sie noch lebten. Auch die Könige
kämpften hervorragend, und Theopompos stürmte sogar
noch wilder vor, um Euphaës selbst zu töten. Wie Euphaës
ihn anstürmen sah, sagte er zu Antandros, Theopompos tue
nichts anderes, als was sein Vorfahr Polyneikes gewagt habe.
Denn Polyneikes habe ein Heer gegen seine Vaterstadt aus
Argos herangeführt und seinen Bruder eigenhändig getötet
und sei selber durch ihn umgekommen, und Theopompos
wolle das Geschlecht der Herakliden in die gleiche Blut-
schuld verstricken wie die Nachkommen des Laïos und
Oidipous; doch werde er nicht ungestraft den Kampfplatz
9 verlassen. Mit diesen Worten ging auch er ihm entgegen. Da
entbrannte die ganze Schlacht, obwohl sie schon müde wa-
ren, noch einmal zu voller Stärke, sie rafften sich körperlich
wieder auf, und der Todesmut wuchs auf beiden Seiten, so
daß man hätte glauben können, sie begännen jetzt gerade
erst. Schließlich überwanden die Leute um Euphaës, durch
ihren übermächtigen Kampfgeist dem Wahnsinn nahe und
durch ihre Tapferkeit, denn alle Leute um den König waren
die auserwähltesten Messenier, ihre Gegner und drängten
Theopompos selbst zurück und schlugen die ihnen gegen-
10 überstehenden Lakedaimonier. Der andere Flügel der Mes-
senier aber war in Bedrängnis; denn der Anführer Pytharatos
war gefallen, und sie selbst kämpften durch die Führerlosig-
keit in größerer Unordnung, waren aber ebenfalls nicht mut-
los. Weder Polydoros aber folgte den fliehenden Messeniern

noch Euphaës den Lakedaimoniern. Euphaës und seinen Leuten schien es besser, ihren geschlagenen Landsleuten zu helfen, doch wurden sie mit Polydoros und seinen Leuten nicht handgemein. Denn es war bereits dunkel geworden, 11
und die Lakedaimonier hielt auch ihre Ortsunkenntnis nicht zum wenigsten von einer weiteren Verfolgung der Zurückweichenden ab. Es war überhaupt bei ihnen üblich, die Verfolgung langsamer zu machen, da sie mehr darauf bedacht waren, ihre Ordnung nicht aufzulösen, als Fliehende zu töten. Im beiderseitigen Zentrum, wo bei den Lakedaimoniern Euryleon, bei den Messeniern Kleonnis führte, kämpften sie unentschieden, und auch sie trennte die hereinbrechende Nacht voneinander.

Diese Schlacht lieferten auf beiden Seiten allein oder doch 12
zur Hauptsache die Schwerbewaffneten. Die zu Pferd waren wenig und leisteten nichts Bemerkenswertes, denn die Peloponnesier waren damals noch keine guten Kavalleristen. Und die messenischen Leichtbewaffneten und die Kreter bei den Lakedaimoniern kamen gar nicht aneinander. Sie waren nämlich beide noch nach alter Weise hinter ihrem Fußheer aufgestellt. Am folgenden Tag waren beide nicht gesonnen, 13
den Kampf neu zu beginnen, noch als erste ein Siegesmal aufzurichten; im Verlauf des Tages verhandelten sie über die Bergung der Toten und widmeten sich, als es von beiden Seiten zugestanden wurde, fortan der Bestattung.

Nach der Schlacht begann die Lage für die Messenier 9. 1
schwierig zu werden. Sie waren erschöpft durch die Kosten, die sie für die Besatzungen der Städte aufwandten, und ihre Sklaven liefen zu den Lakedaimoniern über. Manche befiel auch eine Krankheit und rief Befürchtungen hervor, es sei eine Epidemie, doch ergriff sie nicht alle. Bei der Beratung der Lage beschlossen sie, die vielen Kleinstädte im Inlande alle zu räumen und wieder auf den Berg Ithome umzusie-

2 deln. Da war schon ein kleines Städtchen, das auch Homer im Schiffskatalog angeblich nennt, «das felsgestufte Ithome»[35]. In dieses Städtchen siedelten sie um und erweiterten den alten Mauerring zu einer für alle ausreichenden Befestigung. Der Ort war auch sonst fest. Denn der Ithome steht an Höhe keinem Berg innerhalb des Isthmos nach und war dort
3 besonders schwer zu ersteigen[36]. Sie beschlossen auch, einen Gesandten nach Delphoi zu schicken, und zwar schickten sie Tisis, den Sohn des Alkis, der niemand an Ansehen nachstand und weil er im Ruf besonderer Vertrautheit mit dem Orakelwesen stand. Diesem Tisis lauerten Lakedaimonier von der Besatzung in Ampheia bei seiner Rückkehr aus Delphoi auf; dabei verwundeten sie ihn, da er sich nicht gefangennehmen lassen wollte, sondern sich zu wehren versuchte und Widerstand leistete, bis eine Stimme von einer unsicht-
4 baren Stelle erscholl, «laß ab vom Orakelbringer». Und Tisis starb, nachdem er sich schleunigst nach Ithome hatte retten können und dem König den Orakelspruch überbracht hatte, bald darauf an den Wunden. Euphaës versammelte die Messenier und eröffnete ihnen den Orakelspruch:

«Den untern Göttern eine Jungfrau unbefleckt,
Durchs Los erwählt vom Blut der Aipytiden,
Bringt weihend ihr in nächtlich stillem Opfer dar.
Doch wenn sie euch entkommt, von einem anderen dann
Müßt ihr sie weihen, der sie frei zum Opfer beut[37].»

5 Als der Gott dies offenbart hatte, da losten sofort alle Jungfrauen, die aus dem Geschlecht der Aipytiden waren. Das Los traf die Tochter des Lykiskos; doch der Seher Epebolos legte Einspruch dagegen ein, man dürfe sie nicht opfern. Sie sei nicht Tochter des Lykiskos, sondern die Frau, die mit Lykiskos verheiratet, aber unfähig zu gebären war, habe sie deswegen als ihre Tochter untergeschoben. Und während er noch bekanntmachte, wie es um sie stand, lief Lykiskos unter

Mitnahme des Mädchens nach Sparta über. Als die Messe- 6
nier bestürzt waren, wie sie die Flucht des Lykiskos erfuhren,
da gab ihnen Aristodemos, der ebenfalls aus dem Geschlecht
der Aipytiden und dem Lykiskos an Ansehen und Kriegser-
fahrung überlegen war, seine Tochter freiwillig zum Opfer.
Das Schicksal aber verschüttet die menschlichen Dinge und
besonders den guten Willen nicht weniger als Flußschlamm
einen Kiesel, weshalb es auch damals dem Aristodemos bei
seinem Bestreben, Messene zu retten, folgendes Hindernis in
den Weg legte: Ein Messenier, dessen Name nicht genannt 7
wird, liebte die Tochter des Aristodemos und wollte sie da-
mals auch schon als Frau heimführen. Er bestritt im Anfang
dem Aristodemos, daß er, nachdem er sie ihm verlobt habe,
noch Herr über das Mädchen sei, sondern er habe als Verlob-
ter nun das größere Recht als jener. Als er dann sah, daß er
damit nicht durchdrang, griff er zu der schamlosen Behaup-
tung, er habe dem Mädchen beigewohnt, und es sei von ihm
schwanger. Schließlich brachte er den Aristodemos so weit, 8
daß er rasend vor Wut seine Tochter tötete. Darauf schnitt er
sie auf und bewies, daß sie nicht schwanger gewesen sei.
Epebolos war dabei und befahl, ein anderer müsse seine
Tochter zur Verfügung stellen; denn von der Tochter des
Aristodemos hätten sie tot nichts mehr, denn der Vater habe
sie ermordet, aber nicht den Göttern geopfert, für die es die
Pythia verlangte. Als der Seher das sagte, war die Menge der 9
Messenier drauf und dran, den Freier des Mädchens zu töten,
da er den Aristodemos in zwecklose Blutschuld verstrickt
und ihre Hoffnung auf Rettung zweifelhaft gemacht habe.
Dieser Mann war aber mit Euphaës besonders befreundet.
Euphaës suchte nun die Messenier zu überzeugen, der
Spruch sei mit dem Tod des Mädchens erfüllt und die Tat
des Aristodemos genüge ihnen. Wie er so sprach, sagten die 10
Angehörigen des Geschlechts der Aipytiden, er spreche die

Wahrheit, denn jeder beeilte sich, die Furcht um die eigene Tochter zu beseitigen. Und sie gaben dem Zureden des Königs nach, lösten die Versammlung auf und wandten sich von ihr Opfern für die Götter und einem Fest zu.

10. 1 Wie die Lakedaimonier aber den an die Messenier ergangenen Orakelspruch hörten, wurden sie mutlos, sie selbst und ihre Könige, und zögerten fortan auch, mit dem Kampf zu beginnen. Im sechsten Jahr aber nach der Flucht des Lykiskos aus Ithome zogen die Lakedaimonier gegen Ithome, denn die Opfer waren günstig ausgefallen. Die Kreter waren nicht mehr bei ihnen, aber auch die Verbündeten der Messenier kamen zu spät. Die Spartiaten waren nämlich jetzt manchen Peloponnesiern verdächtig geworden, so den Arkadern und besonders den Argivern. Die Argiver wollten unbemerkt von den Lakedaimoniern kommen, und mehr einzeln als auf allgemeinen Beschluß, die Arkader hatten zwar den Feldzug offen angesagt, waren aber auch nicht zur Stelle. Die Messenier veranlaßte nämlich das Vertrauen auf den Spruch, auch ohne Bundesgenossen der Gefahr zu begegnen.
2 Im allgemeinen ging es nicht anders als bei der ersten Schlacht, und auch dieses Mal ging der Tag zu früh zu Ende. Man berichtet aber, daß kein Flügel und keine Abteilung auf beiden Seiten gewichen sei, da nicht einmal die Schlachtreihe in ihrer ersten Aufstellung zusammengeblieben sei, sondern die Besten auf beiden Seiten in die Mitte getreten seien und dort die ganze Last des Kampfes auf sich genom-
3 men hätten. Denn Euphaës, der sich mehr, als von einem König zu erwarten, einsetzte und Theopompos und die Seinen wild angriff, erhielt viele unheilbare Wunden. Als er ohnmächtig wurde und fiel, aber noch etwas atmete, bemühten sich die Lakedaimonier, ihn auf ihre Seite hinüberzuziehen. Aber auch die Messenier spornte ihre Zuneigung gegen Euphaës und die bevorstehende Schande an, und es

schien ihnen besser, sich für den König töten zu lassen und
das Leben zu verlieren, als ihn fahren zu lassen und selber da-
vonzukommen. Da verlängerte also der Fall des Euphaës den 4
Kampf und steigerte die Heldentaten auf beiden Seiten; spä-
ter erholte er sich und erfuhr, daß sie in dem Kampf nicht
den kürzeren gezogen hatten, starb aber wenige Tage dar-
auf, nachdem er dreizehn Jahre König in Messenien gewesen
war und während seiner ganzen Regierung mit den Lake-
daimoniern Krieg geführt hatte. Da Euphaës keine Söhne 5
hatte, mußte die Herrschaft an den vom Volk Gewählten
fallen, und hier traten Kleonnis und Damis mit Aristodemos
in Wettbewerb, da sie außer anderem im Ruf hervorragen-
der Kriegstüchtigkeit standen. Den Antandros hatten die
Feinde in der Schlacht umgebracht, als er für Euphaës
kämpfte. Aber auch die beiden Seher, Epebolos und Ophio-
neus, waren sich einig, man solle nicht einem befleckten und
mit dem Mord an der Tochter belasteten Mann die Ehren-
stellung des Aipytos und seiner Nachkommen geben. Trotz-
dem wurde Aristodemos gewählt und König. Dieser 6
Ophioneus, der Seher der Messenier, war von Geburt an
blind und hatte folgende Sehergabe: Er forschte nach den je-
weiligen Geschehnissen und sagte danach privat jedem ein-
zelnen und auch öffentlich die Zukunft voraus. Dieser weis-
sagte also auf die genannte Weise, Aristodemos aber war als
König stets bereit, dem Volk das Vernünftige zu gewähren,
und hielt die Beamten und besonders Kleonnis und Damis in
Ehren. Auch gegen die Verbündeten war er zuvorkommend
und schickte Geschenke an die Mächtigen der Arkader und
nach Argos und Sikyon. Den Krieg führten sie unter der Re- 7
gierung des Aristodemos so, daß sie Raubzüge stets in klei-
nen Gruppen unternahmen und gegenseitige Einfälle zur
Reifezeit. Auch von den Arkadern fielen einige mit den
Messeniern zusammen in Lakonien ein. Die Argiver wollten

aber ihren Haß gegen die Lakedaimonier nicht vorher verraten, rüsteten sich aber zur Teilnahme, wenn es zum Kampf kommen würde.

11. 1 Im fünften Jahr der Regierung des Aristodemos wollten sie nach Ankündigung zusammenstoßen, denn sie waren durch die Länge des Krieges und die Kosten müde geworden, und so stießen auch auf beiden Seiten die Verbündeten zu ihnen, bei den Lakedaimoniern nur die Korinther von den Peloponnesiern, bei den Messeniern die Arkader mit der gesamten Streitmacht und ausgewählte Abteilungen der Argiver und Sikyonier. Die Lakedaimonier hatten den Korinthern und den Heloten und den mitkämpfenden Perioiken die Mitte überlassen und sich selbst auf den Flügeln aufgestellt mit den Königen in einer so tiefen und dichtgeschlosse-
2 nen Phalanx wie noch nie vorher. Aristodemos und seine Leute waren folgendermaßen zur Schlacht aufgestellt: Diejenigen Arkader oder Messenier, die zwar körperlich leistungsfähig und kampfmutig waren, aber keine starken Waffen hatten, denen wählte er die geeignetesten Waffen aus und stellte auch diese, wie es die Lage verlangte, zusammen mit den Argivern und Sikyoniern auf. Die Phalanx dehnte er mehr aus, damit sie nicht von den Gegnern umzingelt werden könnten. Er sah auch vor, daß ihnen bei ihrer Aufstellung der Berg Ithome in den Rücken kam. Und an ihre
3 Spitze stellte er Kleonnis als Anführer. Er selbst und Damis warteten mit den leichten Truppen, Schleuderern und wenigen Bogenschützen, der größte Haufe aber war körperlich für Angriffe und Rückzüge geeignet und leicht bewaffnet. Denn nicht jeder hatte Panzer oder Schild, und die dieses nicht hatten, hatten Ziegen- und Schaffelle umgeworfen, andere auch Tierhäute und besonders die Bergbewohner Ar-
4 kadiens solche von Wölfen und Bären. Jeder trug viele Speere, einige von ihnen auch Lanzen. Und diese lagen am

Ithome auf der Lauer, wo sie am wenigsten gesehen werden
konnten, die Hopliten der Messenier und ihrer Bundesge-
nossen aber hielten den ersten Angriff der Lakedaimonier aus
und waren danach auch sonst tapfer. An Zahl waren sie den
Gegnern unterlegen, aber sie kämpften als ausgewählte
Mannschaft gegen ein Volksaufgebot, das nicht ebenso aus-
gesucht war, weshalb sie auch leichter durch ihren Mut und
ihre Erfahrung lange standhielten. Da griff denn auch das 5
leichtbewaffnete Heer der Messenier, als auch ihnen das Zei-
chen gegeben wurde, die Lakedaimonier im Laufschritt an,
umstellte sie und warf seine Speere in die Flanken. Die Küh-
neren liefen auch hinzu und hieben aus der Nähe ein. Wie
die Lakedaimonier diese zweite und zugleich auch so unver-
hoffte Gefahr kommen sahen, gerieten sie doch nicht in Ver-
wirrung, sondern schwenkten und versuchten, sich gegen
die Leichtbewaffneten zu wehren; da sie aber wegen ihrer
Beweglichkeit unschwer zurückweichen konnten, wurden
die Lakedaimonier ratlos und daraufhin auch zornig. Die 6
Menschen sind ja so, daß sie besonders Unwürdigem gegen-
über aus der Fassung geraten. So liefen auch damals diejeni-
gen Spartiaten, die schon Wunden erhalten hatten und die
durch Fallen ihrer Nebenmänner als erste dem Angriff der
Leichten ausgesetzt waren, heraus, wenn sie die Leichtbe-
waffneten angreifen sahen, und verfolgten sie vor Wut län-
ger, wenn sie zurückgingen. Die Leichtbewaffneten der
Messenier aber, wie sie zuerst begonnen hatten, schlugen
und schossen nur, solange die anderen an Ort und Stelle ste-
hen blieben, entzogen sich der Verfolgung durch die Flucht
und griffen erneut an, wenn sie wieder zurückzugehen ver-
suchten. Das machten sie verstreut, die einen hier, die ande- 7
ren dort an der gegnerischen Front, und währenddem setz-
ten die Hopliten der Messenier und der Verbündeten ihren
Gegnern stärker zu. Schließlich gaben die Lakedaimonier,

durch die lange Zeit und Wunden ermüdet und zugleich durch die ungewohnten Angriffe der Leichten verwirrt, ihre Stellung auf. Bei ihrem Rückzug fügten ihnen die Leichten
8 noch mehr Verluste zu. Die in der Schlacht gefallenen Lakedaimonier der Zahl nach anzugeben, war nicht möglich; ich bin aber auch überzeugt, daß es viele waren. Der Rückmarsch in die Heimat ging für die anderen in Ruhe vor sich, mußte aber für die Korinther schwierig werden. Denn er ging durch Feindesland, einerlei, ob sie versuchten, sich durch die Argolis oder an Sikyon vorbei in Sicherheit zu bringen.

12. 1 Die Lakedaimonier betrübte sowohl die erlittene Niederlage, da in der Schlacht auch viele angesehene Männer gefallen waren, und sie machte sie sogar mutlos hinsichtlich ihrer ganzen Kriegshoffnung, und deshalb schickten sie Gesandte nach Delphoi. Diesen gab die Pythia folgenden Orakelspruch:

«Nicht mit der Hand nur Kriegstaten zu tun gebietet dir Phoibos,
sondern durch Trug hat ein Volk messenisches Land,
und durch dieselben Künste wird es fallen, durch die es begann[38].»

2 Das gefiel den Königen und Ephoren, doch gelang ihnen trotz ihres Eifers nicht, Listen ausfindig zu machen, und so ahmten sie von den Taten des Odysseus die vor Ilion nach[39] und schickten hundert Männer nach Ithome, die in ihre Pläne eingeweiht waren, als angebliche Überläufer. Die Männer waren auch öffentlich zur Verbannung verurteilt worden. Aristodemos schickte sie jedoch sofort wieder zurück mit der Bemerkung, die Schandtaten der Lakedaimonier seien neu, ihre Schliche aber alt.

3 Als den Lakedaimoniern dieses Unternehmen mißlang, versuchten sie als zweites, die Bundesgenossenschaft der Mes-

senier aufzulösen. Da aber die Arkader widersprachen, denn zu ihnen kamen die Gesandten zuerst, schoben sie ihre Reise nach Argos auf. Aristodemos schickte aber, als er von den lakedaimonischen Verhandlungen erfuhr, auch selber Gesandte, um den Gott zu befragen. Die Pythia antwortete ihnen:

«Kriegsruhm gibt dir der Gott; doch bedenke, 4
daß nicht mit Trug Spartas listige Schar feindlich ersteige,
denn stärker ist ihr Kriegsgott, die wohlgefügten Mauern.
Und die Umkränzung der Chöre wird schlimme Bewohner erhalten,
wenn das Paar durch Fügung aus dunkelem Versteck emportaucht.
Doch nicht eher wird der heilige Tag dies Ende erleben,
als bis die Verwandelten ihr Schicksal erreicht[40].»

Damals wußten Aristodemos und die Seher nicht, wie sie den Spruch deuten sollten; aber einige Jahre später ließ der Gott es offenbar und erfüllt werden[41].

Währenddem ereignete sich in Messenien folgender andere Vorfall: Dem Lykiskos, der sich in Sparta angesiedelt hatte, starb seine Tochter, mit der er aus Messenien geflohen war. Da er oft zum Grab seiner Tochter ging, lauerten ihm arkadische Reiter auf und nahmen ihn gefangen. Er wurde nach Ithome gebracht und der Volksversammlung vorgeführt und rechtfertigte sich damit, daß er nicht als Vaterlandsverräter fortgegangen sei, sondern wegen der Aussage des Sehers über seine Tochter, daß sie nicht seine wahre Tochter sei. Mit dieser Rechtfertigung schien er aber nicht eher die Wahrheit zu sagen, als bis die damalige Priesterin der Hera ins Theater kam. Sie gab zu, das Mädchen geboren und es der Frau des Lykiskos abgetreten zu haben. Jetzt bin ich gekommen, sagte sie, um das Geheimnis zu entdecken und mein Priestertum niederzulegen. Das sagte sie, da es messenischer Brauch war, wenn von einer Priesterin oder auch Priester eins der Kinder vorher starb, daß dann das Priestertum auf einen anderen überging. Da sie nun glaubten, daß die Frau die Wahrheit spreche, wählten sie für die Göttin eine andere Priesterin statt ihrer und erklärten, daß Lykiskos eine verzeihliche Tat begangen habe.

7 Danach beschlossen sie, da schon das zwanzigste Jahr des Krieges heranrückte, noch einmal nach Delphoi zu senden, um wegen des Sieges zu fragen. Die Pythia antwortete auf die Frage:

«Wer zuerst Dreifüße am Altar des Zeus Ithomatas
aufstellt an Zahl zweimal fünf Zehner, dem gibt
der Gott mit dem Kriegsruhm das messenische Land.
Denn so hat Zeus bestimmt. Betrug stellt dich voran,
doch die Sühne folgt, und Gott täuschst du nicht.
Tue, wie das Schicksal gebeut; Unheil trifft andere vor
anderen[42].»

8 Als sie das hörten, glaubten sie, das Orakel sei zu ihren Gunsten ausgefallen und gebe ihnen den Sieg im Kriege; denn da sie das Heiligtum des Ithomatas in ihren Mauern hätten, würden die Lakedaimonier ihnen mit der Aufstellung nicht zuvorkommen können. So ließen sie hölzerne Dreifüße herstellen, denn sie hatten kein Geld mehr, um bronzene machen zu lassen. Jemand aus Delphoi meldete aber den Spruch nach Sparta. Wie sie das erfuhren, fiel ihnen öffentlich nichts
9 Gescheites ein; aber Oibalos, der zwar nicht zu den Angesehenen gehörte, aber, wie er bewies, verständig war, stellte hundert Dreifüße aus Lehm her, so gut er konnte, und trug sie in einem Sack versteckt und auch Netze mit ihnen wie ein Jäger. Da er selbst den meisten Lakedaimoniern unbekannt war, konnte er noch leichter bei Messeniern unerkannt bleiben. Er mischte sich unter einige Landleute und kam mit ihnen auf den Ithome, und sobald die Nacht hereingebrochen war, stellte er diese tönernen Dreifüße dem Gott

auf und ging wieder nach Sparta, um es den Lakedaimoniern
zu melden. Wie die Messenier das sahen, erschreckte es sie 10
gewaltig, und sie vermuteten, was ja auch der Fall war, daß
sie von den Lakedaimoniern seien. Aristodemos tröstete sie
jedoch mit den der Lage angemessenen Worten und stellte
die hölzernen Dreifüße, die schon hergestellt waren, um den
Altar des Ithomatas auf. Es geschah auch, daß Ophioneus,
dieser Seher, der von Geburt an blind gewesen war, sehend
wurde zum größten Erstaunen der Leute; es befiel ihn ein
starker Kopfschmerz, und danach konnte er sehen.

In der Folgezeit, denn nun drängte das Schicksal auf den 13. 1
Fall Messeniens hin, kündigte ihnen der Gott durch Vorzei-
chen die Zukunft an. Denn das Kultbild der Artemis, das mit
seinen Waffen aus Bronze war, verlor seinen Schild, und als
Aristodemos dem Zeus Ithomatas opfern wollte, stießen die
Widder von selbst mit Gewalt mit den Hörnern gegen den
Altar und starben unter der Wucht des Stoßes. Und noch ein
Drittes geschah. Die Hunde kamen an einem Punkt zusam-
men und heulten die ganze Nacht, und schließlich liefen sie
alle zusammen zum spartanischen Lager fort. Das er- 2
schreckte den Aristodemos und dazu noch folgendes
Traumgesicht, das er hatte: Er glaubte zu sehen, wie er gerü-
stet zur Schlacht ausziehen wollte und die Eingeweide der
Opfertiere auf einem Tisch lagen. Da erschien seine Tochter
in schwarzem Gewand und mit aufgeschlitzter Brust und
Leib, warf die Dinge vom Tisch, nahm ihm die Waffen fort
und setzte ihm statt dessen einen goldenen Kranz auf und
legte ihm ein weißes Gewand an. Wie nun Aristodemos 3
schon ohnehin mutlos war und glaubte, daß ihm der Traum
sein Lebensende anzeige, da die Messenier die Vornehmen
bekränzt und in weißen Gewändern bestatteten, da meldete
noch jemand, der Seher Ophioneus könne nicht mehr sehen,
sondern sei plötzlich wieder blind geworden, wie er ja von

Anfang an war. Da verstand er den Orakelspruch, daß die Pythia mit den beiden, die aus ihrem Versteck auftauchten und wieder zu ihrem Geschick zurückkehrten, die Augen
4 des Ophioneus gemeint hatte. Da überdachte Aristodemos seine eigene Lage, wie er zu keinerlei Nutzen Mörder seiner Tochter geworden war, und da er auch für sein Vaterland keine Hoffnung auf Rettung mehr sah, so tötete er sich selbst am Grabe seiner Tochter. Soweit menschliche Berechnung es vermag, hatte er die Messenier gerettet, aber das Schicksal machte sein Wirken und Planen zunichte. Er starb, nachdem er sechs Jahre und noch wenige Monate des siebten regiert
5 hatte. Die Messenier wurden so verzweifelt, daß sie schon eine Bittgesandtschaft zu den Lakedaimoniern schicken wollten, so sehr hatte sie Aristodemos' Tod erschüttert. Das zu tun hinderte sie ihr Stolz, in der Volksversammlung wählten sie aber keinen König wieder, sondern Damis zum bevollmächtigten Feldherrn. Der nahm sich Kleonnis und Phyleus zu Mitbeamten und rüstete auch mit den vorhandenen Mitteln noch zur Schlacht; denn die Belagerung und nicht zum wenigsten der Hunger und die Furcht daraus, daß sie aus Mangel vorher zugrunde gehen könnten, zwang
6 dazu. An Tapferkeit und kühnen Taten fehlte es auch jetzt den Messeniern nicht, aber alle ihre Feldherren fielen und von den anderen die Angesehensten[43]. Danach hielten sie noch etwa fünf Monate stand. Gegen Ende des Jahres verließen sie Ithome, nachdem sie im ganzen zwanzig Jahre Krieg geführt hatten, wie es auch im Gedicht des Tyrtaios heißt:

«Im zwanzigsten Jahr die fetten Fluren verlassend,
flohen sie von Ithomens mächtigen Bergen.»

7 Zu Ende ging dieser Krieg im ersten Jahr der vierzehnten Olympiade[44], bei der Dasmon aus Korinth im Stadion siegte, als in Athen die Medontiden noch ihre zehnjährige Amtszeit hatten und Hippomenes sein viertes Jahr vollendet hatte.

Die Messenier, die in Sikyon und Argos und bei einigen 14. 1
Arkadern Gastfreunde hatten, zogen in diese Städte fort, die
aus dem Priestergeschlecht, die den Kult der großen Göttin-
nen versahen, nach Eleusis[45]. Die große Masse verstreute
sich, jeder in seine ursprüngliche Vaterstadt. Die Lakedaimo- 2
nier zerstörten zuerst Ithome von Grund auf und griffen
auch die übrigen Städte an und nahmen sie. Und aus der
Beute stellten sie dem Amyklaios bronzene Dreifüße auf mit
einem Aphroditebild unter dem ersten Dreifuß, einem der
Artemis unter dem zweiten und einem der Kore und Deme-
ter unter dem dritten[46]. Diese stellten sie also dort auf; von 3
dem messenischen Land gaben sie den Asinaiern, die von den
Argivern vertrieben waren, den Küstenstrich, den die Asi-
naier auch jetzt noch bewohnen[47]. Den Nachkommen des
Androkles, denn Androkles hatte eine Tochter und Kinder
dieser Tochter, die beim Tod des Androkles nach Sparta ge-
flohen waren, teilten sie das Hyameia genannte Land zu.
Den Messeniern selbst geschah von den Lakedaimoniern fol- 4
gendes: Zuerst legten sie ihnen den Eid auf, niemals von ih-
nen abzufallen noch sonst Neuerungen zu versuchen; ferner
legten sie ihnen zwar eine fest bestimmte Abgabe nicht auf,
befahlen ihnen aber, von allen Erzeugnissen des Bodens die
Hälfte nach Sparta abzuliefern. Befohlen wurde ihnen auch,
daß zu den Begräbnissen der Könige und anderer Amtsper-
sonen Männer und ihre Frauen aus Messenien in schwarzer
Kleidung kommen sollten, und auf Übertretung stand
Strafe. Auf die Rache, die sie an den Messeniern verübten, 5
dichtete Tyrtaios die Verse:

«Wie Esel unter der schweren Last sich schindend
bringen sie ihren Herren in hartem Zwang
die Hälfte alles dessen, was die Flur erzeugt[48].»

Daß ihnen die Verpflichtung auferlegt war mitzutrauern, hat
er in folgendem Vers gesagt:

«Ihre Herren beklagend, sie selber zugleich und die Frauen,
wenn einen das düstere Schicksal des Todes ereilte.»

6 Unter diesen Umständen und auch in Zukunft ohne Aussicht auf freundliche Behandlung durch die Lakedaimonier glaubten die Messenier, es sei ihrer jetzigen Lage vorzuziehen, im Kampf zu fallen oder überhaupt die Peloponnes zu verlassen, und sannen durchaus auf Abfall. Dazu trieben sie nicht zum wenigsten auch die Jüngeren, die noch keinen Krieg kennengelernt hatten, aber hochgemut waren und lieber in einem freien Vaterlande sterben wollten, wenn sie auch im
7 übrigen gut hätten in Knechtschaft leben können. Es war auch sonst in Messenien Jugend herangewachsen, die Besten und Meisten aber um Andania und unter ihnen auch Aristomenes, der noch jetzt in Messenien als Heros verehrt wird. Sie glauben auch, die Umstände seiner Geburt seien glanzvoller gewesen, und erzählen, daß seiner Mutter Nikoteleia ein Daimon oder ein schlangenähnlicher Gott beigewohnt habe. Das erzählen die Makedonen auch von Olympias[49] und die Si-
8 kyonier von Aristodama, aber mit folgendem Unterschied: Die Messenier machen nämlich Aristomenes nicht zu einem Sohn des Herakles oder Zeus, wie die Makedonen Alexandros zu einem Sohn des Ammon und die Sikyonier Arat zu einem Sohn des Asklepios. Als Vater des Aristomenes bezeichnen die meisten Griechen den Pyrrhos, die Messenier selber nennen aber, wie ich weiß, bei den Opfern den Aristomenes Sohn des Nikomedes. Dieser also, in bestem Alter und voll Wagemut, und andere aus den Behörden forderten zum Abfall auf. Das wurde aber nicht gleich offen betrieben, sondern sie schickten heimlich nach Argos und zu den Arkadern, ob sie ihnen rückhaltlos und nicht weniger als im ersten Kriege beistehen wollten.

15. 1 Wie sonst alles zum Kriege bereit war und auch die Bundesgenossen noch bereitwilliger waren als erwartet, denn so-

wohl bei den Argivern wie bei den Arkadern war die Feindschaft gegen die Lakedaimonier schon hell aufgeflammt, da fielen sie im 39. Jahr nach dem Fall Ithomes ab, im vierten Jahr der 23. Olympiade[50], in der Ikaros aus Hyperesia im Stadion siegte. In Athen gab es damals schon die jährlichen Archonten, und Tlesias war in Athen Archon. Welche in 2
Sparta damals Könige waren, hat Tyrtaios mit Namen nicht angegeben, Rhianos läßt aber in seinem Epos den Leotychides in diesem Kriege König sein. In dieser Beziehung kann ich aber Rhianos keinesfalls beipflichten, denn, wenn Tyrtaios es auch nicht ausdrücklich sagt, darf man doch annehmen, daß er in folgendem Vers sich darüber ausgesprochen hat. Denn es gibt von ihm eine Elegie auf den früheren Krieg:

«Um sie kämpften sie neunzehn Jahre
ohn Erbarmen und immer duldenden Sinnes,
unserer Väter speertragende Väter.»

Danach ist klar, daß die Messenier diesen Krieg in der dritten 3
Generation später führten, und die zeitliche Folge ergibt, daß damals in Sparta Anaxandros, der Sohn des Eurykrates, des Sohnes des Polydoros, und aus dem anderen Haus Anaxidamos, der Sohn des Zeuxidamos, des Sohnes des Archidamos, des Sohnes des Theopompos, Könige waren. Auf den vierten Nachkommen des Theopompos bin ich heruntergegangen, weil Archidamos, der Sohn des Theopompos, vor seinem Vater starb und Theopompos' Amt auf Zeuxidamos, seinen Enkel, überging. Leotychides hat aber offenbar nach Demaratos, dem Sohn des Ariston, regiert, und Ariston ist der siebente Nachkomme Theopompos'.

Damals trafen die Messenier in Derai[51] in ihrem Lande 4
mit den Lakedaimoniern zusammen im ersten Jahr nach dem Abfall; auf beiden Seiten fehlten die Bundesgenossen. Keine Seite errang einen klaren Sieg, aber Aristomenes soll mehr

geleistet haben, als man einem einzelnen Mann zutrauen
möchte, so daß sie ihn nach der Schlacht zum König wähl-
ten, da er auch aus dem Geschlecht der Aipytiden war, und
5 als er ablehnte, zum unbeschränkten Feldherrn. Aristomenes
war der Meinung, im Kriege zu fallen nach Verrichtung
bemerkenswerter Taten, würde auch ein anderer nicht ab-
lehnen, für sich selber aber hielt er es für seine Hauptauf-
gabe, schon im Anfang des Krieges die Lakedaimonier in
Schrecken zu setzen und ihnen dadurch für die Folge als
um so furchtbarer zu erscheinen. In dieser Gesinnung ging
er eines Nachts nach Lakedaimon und weihte einen Schild
in den Tempel der Chalkioikos mit der Aufschrift, daß Ari-
stomenes dieses der Göttin aus der Beute von den Spartia-
ten gebe[52].

6 Die Lakedaimonier erhielten auch ein Orakel aus Del-
phoi, sie sollten den Athener als Ratgeber zuziehen. So
schickten sie also zu den Athenern, berichteten ihnen von
dem Orakel und baten sie um einen Mann, der ihnen das
Notwendige raten sollte. Die Athener wollten zwar einer-
seits nicht, daß die Lakedaimonier den besten Teil der Pelo-
ponnes ohne große Gefahren hinzuerwürben, andererseits
aber auch nicht ungehorsam gegen den Gott sein und halfen
sich daher so, daß sie den Tyrtaios nach Sparta schickten[53].
Das war ein Schreiblehrer, der sehr wenig Verstand zu haben
schien und außerdem auf dem einen Bein hinkte. Er sang
nach seiner Ankunft sowohl den Beamten besonders wie
auch beliebig versammelten Leuten seine Elegien und seine
7 anapaistischen Gedichte. Im Jahr nach dem Kampf bei Derai,
nachdem zu beiden ihre Bundesgenossen gestoßen waren,
rüsteten sie sich zum Kampf am sogenannten Ebermal. Den
Messeniern waren Eleer und Arkader und auch Leute aus
Argos und Sikyon zu Hilfe gekommen. Auch die Messenier,
die früher freiwillig geflohen waren, waren dabei und aus

Eleusis diejenigen, die den Kult der großen Göttinnen versahen, und die Nachkommen des Androkles. Das also waren die, die ihnen vor allem halfen. Als Bundesgenossen der Lakedaimonier kamen die Korinther und einige aus Lepreon aus Haß gegen Elis. Die Asinaier waren beiden Parteien eidlich verbunden. Dieser Ort, Ebermal, liegt in Stenykleros in Messenien, und Herakles soll dort über den abgeschnittenen Geschlechtsteilen eines Ebers den Söhnen des Neleus einen Eid geschworen und von ihnen erhalten haben.

Auf beiden Seiten opferten vorher die Seher, bei den La- 16. 1
kedaimoniern Hekas, gleichnamiger Nachkomme des Hekas, der mit den Söhnen des Aristodemos nach Sparta gekommen war, bei den Messeniern Theoklos. Dieser Theoklos stammte von Eumantis, und Eumantis, einen Eleer von den Iamiden, hatte Kresphontes nach Messenien gebracht. Wie da also auch die Seher anwesend waren, drängten beide
Seiten noch mehr mit Mut zum Kampf. So waren auch die 2
anderen eifrig, wie jeder Alter und Kraft hatte, besonders aber Anaxandros, der lakedaimonische König, und die Spartiaten um ihn. Bei den Messeniern versuchten besonders die Nachkommen des Androkles, Phintas und Androkles, und die Leute um sie, sich als tapfer zu zeigen. Tyrtaios und die Hierophanten der großen Göttinnen beteiligten sich an keinem Kampf, spornten aber beide die letzten in ihren Heeren
an. Betreffs Aristomenes selbst verhielt es sich so: Achtzig 3
auserlesene Messenier waren um ihn, gleichen Alters mit ihm und jeder sehr stolz darauf, den Vorzug zu haben, als würdig befunden zu sein, neben Aristomenes zu stehen. Sie waren auch stark darin, einander sofort zu verstehen und besonders von ihm zu merken, wenn er etwas zu tun begann oder erst tun wollte. Diese selbst und Aristomenes hatten zuerst viel Mühe, da sie gegen Anaxandros und die besten Lakedaimonier standen. Da sie schonungslos Verwundungen

in Kauf nahmen und verzweifelt kämpften, schlugen sie mit der Zeit und durch ihre tollkühnen Taten Anaxandros mit
4 seinen Leuten zurück. Die Verfolgung der Fliehenden trug Aristomenes einer anderen Abteilung der Messenier auf, er selber wandte sich gegen die noch am meisten Widerstand Leistenden, und nachdem er auch diese geworfen hatte, wieder gegen andere. Er warf auch diese schnell zurück und griff nun die noch übrig Bleibenden noch mutiger an, bis er die gesamte Schlachtreihe der Lakedaimonier und ihrer Bundesgenossen in Unordnung gebracht hatte. Und wie sie nun hemmungslos flohen und nicht einmal mehr aufeinander warten wollten, setzte er ihnen furchtbarer zu, als der Wut
5 eines einzigen entsprach. Hier aber an einem wilden Birnbaum, der da in der Ebene wuchs, vorbei, auch an diesem vorbeizulaufen, verbot der Seher Theoklos dem Aristomenes; denn die Dioskouroi säßen auf dem Birnbaum, wie er sagte. Wie aber Aristomenes in seiner Kampfleidenschaft, und da er nicht alle Worte des Sehers hörte, an den Birnbaum kam, verlor er seinen Schild, und so ermöglichte den Lakedaimoniern dieses Mißgeschick des Aristomenes, daß sich einige von ihnen auf der Flucht retten konnten; denn er hielt sich bei der Suche nach dem Schild auf.

6 Als die Lakedaimonier nach der Niederlage mutlos waren und den Krieg schon abbrechen wollten, stimmte sie Tyrtaios mit seinen Elegien um, und so nahmen sie in ihre Abteilungen statt der Gefallenen Männer aus den Heloten auf. Wie Aristomenes nach Andania zurückkehrte, bewarfen ihn die Frauen mit Bändern und blühenden Blumen und sangen auf ihn das Lied, das noch heute gesungen wird:

«Mitten ins stenyklerische Gefild und ins hohe Gebirg
folgte Aristomenes den Lakedaimoniern[54].»

7 Er bekam auch jenen Schild wieder, indem er nach Delphoi ging und, wie ihm die Pythia aufgetragen hatte, in das

innerste Heiligtum des Trophonios in Lebadeia[55] hinabstieg.
Später weihte er den Schild nach Lebadeia, wo ich ihn selber
noch habe hängen sehen. Als Schildzeichen ist darauf ein
Adler, der beiderseits seine Flügel bis an den Schildrand aus-
breitet. Nachdem Aristomenes damals aus Boiotien zurück-
gekommen war, bei Trophonios Auskunft erhalten und den
Schild zurückbekommen hatte, verrichtete er sofort wieder
größere Taten. Er sammelte andere Messenier um sich und 8
hatte auch seine Auserwählten bei sich, wartete die Nacht ab
und ging dann zu einer Stadt Lakoniens, die mit ihrem alten
Namen und noch im homerischen Schiffskatalog Pharis
hieß, von den Spartiaten und Nachbarn aber Pharai genannt
wird. Hier vernichtete er die, die sich zu wehren versuchten,
erbeutete Vieh und ging nach Messene zurück. Als ihn lake-
daimonische Hopliten und der König Anaxandros unter-
wegs angriffen, schlug er auch diese in die Flucht und wollte
den Anaxandros verfolgen. Er wurde aber von einem Speer
ins Gesäß getroffen und mußte die Verfolgung abbrechen,
verlor aber die Beute, die er mit sich führte, nicht. Nachdem 9
er die Wunde hatte heilen lassen, marschierte er nachts gegen
Sparta selbst aus, wurde aber durch Erscheinungen der He-
lena und der Dioskouroi abgeschreckt und überfiel bei
Tage die Mädchen in Karyai, die für Artemis tanzten[56]. Er
nahm diejenigen von ihnen gefangen, die durch ihren
Reichtum oder das Ansehen ihrer Väter hervorragten,
brachte sie in ein Dorf Messeniens und ruhte nachts aus,
nachdem er Männern aus seiner Abteilung die Bewachung
der Mädchen anvertraut hatte. Da wollten die jungen Leute 10
aus Trunkenheit und, wie ich glaube, auch sonst aus unver-
nünftiger Unbeherrschtheit den Mädchen Gewalt antun
und kümmerten sich nicht um Aristomenes, der sie hindern
wollte, gegen die griechischen Anschauungen zu verstoßen,
so daß er genötigt war, die Ausgelassensten unter ihnen

sogar zu töten. Die Gefangenen ließ er dann gegen hohes Lösegeld wieder frei, jungfräulich, wie er sie gefangengenommen hatte.

17. 1 In Lakonien liegt Aigila[57], wo ein besonders heiliges Heiligtum der Demeter gegründet ist. Hier wußte Aristomenes und seine Messenier, daß die Frauen ein Fest feierten (und versuchte, sie fortzuführen). Und wie die Frauen nun nicht ohne Hilfe der Göttin zur Gegenwehr griffen, erhielten die meisten Messenier Verwundungen durch die Messer, mit denen die Frauen die Opfertiere opferten, und die Spieße, mit denen sie das Fleisch beim Braten durchbohrten. Den Aristomenes schlugen sie mit den Fackeln und nahmen ihn sogar lebend gefangen. Er entkam aber noch in derselben Nacht nach Messenien. Eine Demeterpriesterin Archidameia wurde beschuldigt, ihn befreit zu haben. Sie ließ ihn aber nicht um Geld frei, sondern weil sie ihn schon von früher liebte, und gab vor, Aristomenes habe seine Fesseln versengt und sei so entkommen.

2 Im dritten Jahr des Krieges, als es zu einem Zusammenstoß an dem sogenannten Großen Graben kommen sollte und den Messeniern Arkader aus allen Städten zu Hilfe gekommen waren, da bestachen die Lakedaimonier den Aristokrates, den Sohn des Hiketas, aus Trapezous, damals König der Arkader und ihr Anführer, mit Gold[58]. Zuerst, soweit man weiß, gaben die Lakedaimonier einem Feinde Geschenke und machten als erste den Sieg mit den Waffen
3 käuflich. Bevor die Lakedaimonier im Messenischen Krieg und mit dem Verrat des Arkaders Aristokrates sich vergingen, entschieden im Kampf Tapferkeit und göttliche Fügung. Die Lakedaimonier scheinen auch später, als sie an den Ziegenflüssen den athenischen Schiffen gegenüber ankerten, außer anderen athenischen Offizieren auch den Adeimantos
4 bestochen zu haben[59]. Doch erreichte später auch die Lake-

daimonier selbst die sogenannte Strafe des Neoptolemos. Denn Neoptolemos, der Sohn des Achilleus, der den Priamos am Altar des Herkeios getötet hatte, wurde selber in Delphoi am Altar des Apollon ermordet, und daher nennt man es die Strafe des Neoptolemos, wenn einem begegnet,
was er selbst einst verübt hat. Denn als die Lakedaimonier 5
auf dem Höhepunkt ihrer Macht standen und die athenische Flotte vernichtet hatten und Agesilaos bereits den größten Teil Asiens unterworfen hatte[60], gelang es ihnen doch nicht, den Persern ihr Reich ganz zu entreißen, sondern der Barbar umgarnte sie mit ihrer eigenen Erfindung und schickte Geld nach Korinth und Argos und Athen und Theben, und so entbrannte der sogenannte Korinthische Krieg durch dieses Geld, so daß Agesilaos genötigt wurde, Asien zu verlassen.
So bewirkte der Gott, daß den Lakedaimoniern ihre List ge- 6
gen die Messenier selber zum Unheil wurde. Wie Aristokrates das Geld von Lakedaimon bekommen hatte, verheimlichte er den Arkadern zunächst, was er im Schilde führte. Wie sie aber nun handgemein werden sollten, da schüchterte er sie damit ein, daß sie in ungünstigem Gelände abgeschnitten seien und keinen Rückzugsweg haben würden, wenn sie besiegt werden sollten. Und er behauptete auch, die Opfer seien nicht nach Wunsch ausgefallen. Er befahl, jeder solle,
wenn er das Zeichen gäbe, die Flucht ergreifen. Wie nun die 7
Lakedaimonier angriffen und die Messenier sich gegen ihre Gegner gewandt hatten, da führte Aristokrates gleich im Anfang der Schlacht die Arkader zurück und räumte so den linken Flügel und die Mitte der Messenier. Denn die Arkader hatten diese beiden Teile inne, da die Eleer in der Schlacht fehlten und auch die Argiver und Sikyonier. Auch folgendes andere verübte Aristokrates noch: Er führte die
Flucht durch die Messenier hindurch. Die gerieten der uner- 8
warteten Lage gegenüber außer sich und wurden durch den

Durchzug der Arkader durch ihre eigenen Reihen so verwirrt, daß sie fast noch das Nächstliegende vergessen hätten. Denn statt auf die angreifenden Lakedaimonier sahen sie nur noch auf die fliehenden Arkader, und die einen flehten sie an zu bleiben, die anderen überschütteten sie mit Schmähungen
9 als Verräter und Rechtsbrecher. Den Lakedaimoniern fiel die Umzingelung der allein gelassenen Messenier nicht schwer, und so errangen sie den allerleichtesten und mühelosesten Sieg. Aristomenes und seine Leute blieben zusammen und versuchten, die am härtesten andrängenden Lakedaimonier abzuwehren, konnten aber, da sie wenige waren, nicht viel ausrichten. Vom messenischen Volk wurde eine solche Menge dahingerafft, daß sie, die zunächst gedacht hatten, die Herren der Lakedaimonier zu werden statt ihre Sklaven, jetzt kaum noch Hoffnung hatten auch nur auf Rettung. Aber auch von den Führenden waren manche gefallen, so Androkles und Phintas und Phanas, der besonders hervorragend gekämpft hatte und früher einen Sieg in Olympia im Langlauf errungen hatte[61].

10 Aristomenes sammelte nach der Schlacht die entkommenen Messenier und überredete sie, Andania und die meisten anderen Städte im Lande zu räumen und auf den Berg Hira überzusiedeln[62]. Als sie an diesem Ort zusammengedrängt waren, begannen die Lakedaimonier die Belagerung in der Hoffnung, ihn sofort erobern zu können. Trotzdem waren die Messenier imstande, auch nach der Niederlage am Gra-
11 ben den Widerstand noch elf Jahre lang fortzusetzen. Daß die Belagerung so lange dauerte, zeigen auch folgende Verse des Rhianos auf die Lakedaimonier:

«In den Falten des leuchtenden Gebirgs kämpften sie
insgesamt zweiundzwanzig Winter und Grünendes.»

Er zählte die Winter und Sommer, indem er mit Grünendem das noch grüne Getreide kurz vor der Ernte meinte.

Wie die Messenier sich nun nach Hira zurückgezogen hat- 18. 1
ten und von allem anderen Land ausgeschlossen waren außer
dem Küstenstrich, den ihnen die Pylier und Mothonaier
noch hielten, da plünderten sie Lakonien und ihr eigenes
Land, das sie jetzt ebenfalls schon als feindliches betrachteten.
Auch andere schlossen sich zu Einfällen zusammen, wie es
sich gerade traf, und Aristomenes brachte die Zahl der Aus-
erlesenen um sich auf dreihundert. Sie plünderten das Land 2
der Lakedaimonier, wie jeder von ihnen gerade konnte.
Wenn sie Korn und Vieh und Wein erbeuteten, brauchten sie
das selber, Gerät und Menschen verkauften sie, so daß die
Lakedaimonier sogar den Beschluß faßten, da sie Messenien
und die benachbarten Teile Lakoniens mehr für die in Hira
als für sich selbst bebauten, es für die Kriegsdauer unbesät zu
lassen. Und daher gab es in Sparta Kornmangel und mit dem
Kornmangel Unruhen. Denn die, die dort ihren Besitz hat-
ten, ertrugen es nicht, daß ihr Land unbebaut bleiben sollte.
Und ihren Zwist beseitigte Tyrtaios.

Aristomenes aber machte mit seinen Auserwählten den 3
Ausmarsch am späten Abend, gelangte mit großer Ge-
schwindigkeit noch vor Sonnenaufgang nach Amyklai, er-
oberte die Stadt Amyklai, plünderte sie und marschierte
wieder zurück, ehe die aus Sparta zu Hilfe kamen. Auch spä- 4
ter durchzog er das Land, bis er einmal auf mehr als die
Hälfte der lakedaimonischen Abteilungen mit beiden Köni-
gen traf, im Kampf mehrere Verletzungen erhielt und ihm,
von einem Stein am Kopf getroffen, schwarz vor den Augen
wurde. Wie er stürzte, liefen viele Lakedaimonier heran und
nahmen ihn lebend gefangen. Auch von seinen Begleitern
wurden gegen fünfzig gefangen. Diese beschlossen die Lake-
daimonier, alle in den Keadas[63] zu werfen; dorthin werfen
sie ihre schwersten Verbrecher zur Strafe. Die anderen Mes- 5
senier kamen beim Sturz sofort um, den Aristomenes be-

wahrte wie sonst aber auch damals ein Gott. Diejenigen, die seine Geschichte verherrlichen, behaupten, als Aristomenes in den Keadas gestürzt wurde, sei ein Adler unter ihn geflogen und habe ihn mit den Flügeln gehalten, bis er ihn auf den Grund gebracht habe, am ganzen Körper unbeschädigt und ohne eine Wunde. Und auch von hier sollte ihm die
6 Gottheit sogar einen Ausweg zeigen. Wie er auf den Grund der Schlucht gelangte, legte er sich nieder, zog sein Gewand über den Kopf und wartete auf den ihm offenbar sicher beschiedenen Tod. Am dritten Tage danach aber vernahm er ein Geräusch, enthüllte sich und vermochte eben die Dunkelheit zu durchdringen und sah einen Fuchs, der sich an die Leichen machte. Da er sich sagte, daß das Tier irgendwo einen Eingang haben müßte, wartete er, bis der Fuchs in seine Nähe kam, und ergriff ihn. Mit der anderen Hand hielt er ihm, wenn er sich gegen ihn wandte, das Gewand vor und ließ ihn hineinbeißen. Die meiste Zeit lief er mit ihm, an den unwegsamsten Stellen ließ er sich von ihm ziehen. Schließlich sah er ein Loch, groß genug für einen Fuchs zum Durch-
7 schlüpfen, und Licht hindurchscheinen. Den Fuchs nahm seine Höhle auf, als er von Aristomenes freigelassen war. Aristomenes aber erweiterte das Loch, das nicht groß genug war, um auch ihn durchzulassen, mit den Händen und gelangte nach Hause nach Hira zurück in einer seltsamen Schicksalsfügung auch hinsichtlich seiner Gefangennahme. Sein Mut und seine Kühnheit waren so groß, daß man nicht glauben sollte, daß Aristomenes je hätte in Gefangenschaft geraten können, aber noch unwahrscheinlicher und am offensichtlichsten nicht ohne göttliche Hilfe geschehen ist seine Rettung aus dem Keadas.

19. 1 Den Lakedaimoniern wurde sofort von Überläufern berichtet, daß Aristomenes unversehrt zurückgekommen sei. Obwohl ihnen das ebenso unglaubhaft vorkam, wie wenn

ein Toter wieder zum Leben erweckt worden sein sollte, so
erhielten sie von Aristomenes selbst folgende Bestätigung:
Die Korinther schickten den Lakedaimoniern eine Streit-
macht, um bei der Eroberung von Hira zu helfen. Als Ari- 2
stomenes von den Spähern erfuhr, daß diese in ziemlicher
Unordnung marschierten und unbewacht lagerten, griff er
sie nachts an. Und die meisten tötete er noch im Schlaf und
tötete auch die Feldherren Hypermenides und Achladaios
und Lysistratos und Sidektos. Und da er auch das Feldherrn-
zelt plünderte, bewies er damit den Spartiaten deutlich, daß
Aristomenes und kein anderer Messenier diese Leistung voll-
bracht hatte. Er opferte auch dem Zeus Ithomatas das Opfer, 3
das Hekatomphonia («Hunderttötung») heißt[64]. Das bestand
seit alters, und es durften diejenigen Messenier darbringen,
die hundert Feinde erledigt hatten. Dem Aristomenes, der
die Hekatomphonia zum erstenmal geopfert hatte, als er am
Ebermal gekämpft hatte, gab die Tötung der Korinther in
der Nacht zum zweitenmal die Gelegenheit zu dem Opfer.
Und er soll es bei seinen späteren Einfällen noch ein drittes
Mal geopfert haben.

Die Lakedaimonier machten, da das Fest der Hyakinthien 4
nahte, mit denen in Hira einen Waffenstillstand für vierzig
Tage, zogen selber nach Hause und feierten, aber kretische
Bogenschützen, die sie aus Lyktos und anderen Städten als
Söldner geholt hatten, schweiften in Messenien umher[65].
Dem Aristomenes, der sich wegen des Waffenstillstandes
weiter von Hira entfernte und furchtloser einherging, lauer-
ten sieben von diesen Bogenschützen auf, ergriffen ihn und
fesselten ihn mit den Riemen, die sie an den Köchern hatten;
denn der Abend nahte. Zwei von ihnen gingen nach Sparta 5
und wollten den Lakedaimoniern die frohe Botschaft brin-
gen, daß Aristomenes gefangen sei, die anderen gingen auf
ein Feld in Messenien. Hier wohnte ein Mädchen mit seiner

Mutter, Waise von Vatersseite. In der Nacht vorher hatte das Mädchen einen Traum gesehen. Wölfe brachten ihnen einen Löwen auf das Feld, gefesselt und ohne Krallen, sie aber befreite den Löwen von den Fesseln, fand seine Krallen und gab sie ihm, und so wurden die Wölfe von dem Löwen zer-
6 rissen. Wie die Kreter nun den Aristomenes hereinführten, dachte das Mädchen, das nächtliche Traumbild erscheine ihr leibhaftig, und fragte die Mutter, wer das sei. Als sie es erfuhr, faßte sie Mut, sah auf ihn und verstand ihren Auftrag. Sie goß den Kretern reichlich Wein ein, und wie die Trunkenheit sie überwältigte, nahm sie dem am tiefsten Schlafenden den Dolch fort. So schnitt also das Mädchen die Fessel des Aristomenes durch, und dieser ergriff das Schwert und erledigte die Kreter. Dieses Mädchen nahm Gorgos, der Sohn des Aristomenes, zur Frau, und Aristomenes stattete damit dem Mädchen den Dank für seine Errettung ab, da Gorgos noch keine achtzehn Jahre alt war, als er heiratete[66].

20.1 Im elften Jahre der Belagerung war vorherbestimmt, daß Hira fallen und die Messenier vertrieben werden sollten, und der Gott erfüllte damit einen Orakelspruch, der dem Aristomenes und Theoklos geweissagt worden war. Denn als sie nach dem Schlag am Graben nach Delphoi gingen und wegen ihrer Rettung fragten, sagte ihnen die Pythia folgendes:

«Sobald ein Bock trinkt aus der Neda gewundenem Wasser,
rette ich Messene nicht mehr, denn nah ist das Verderben[67].»

2 Die Neda hat ihre Quellen im Lykaiongebirge; der Fluß fließt durch Arkadien und wendet sich dann wieder gegen Messenien und bildet an der Küste die Grenze zwischen Messenien und Elis. Damals fürchteten die einen nun, daß die männlichen Ziegen aus der Neda trinken könnten, ihnen

aber gab der Gott folgendes Vorzeichen: Den wilden Fei-
genbaum nennen einige Griechen Olynthe, die Messenier
selbst aber «Bock». Damals wuchs nun an der Neda ein wil-
der Feigenbaum nicht gerade empor, sondern bog sich zur
Flut zurück und berührte mit den Blattspitzen das Wasser.
Wie der Seher Theoklos das sah, schloß er daraus, daß die 3
Pythia mit dem aus der Neda trinkenden Bock diesen Fei-
genbaum meinte und daß nun das Verhängnis für die Messe-
nier gekommen sei. Den anderen gegenüber hielt er es ge-
heim, Aristomenes aber führte er an den Feigenbaum und
zeigte ihm, daß die Frist für ihre Rettung abgelaufen sei.
Aristomenes überzeugte sich, daß es so sei und es für sie kei-
nen Aufschub mehr gebe, und sorgte deshalb schon jetzt
vor. Es gab nämlich einen geheimen Gegenstand bei den 4
Messeniern; verschwand er, so hielt er Messenien für alle
Ewigkeit unter der Oberfläche verborgen, blieb er erhalten,
so sagten die Sprüche des Lykos, des Sohnes des Pandion,
würden die Messenier mit der Zeit einmal ihr Land wieder
erhalten[68]. Diesen holte Aristomenes, da er die Sprüche
kannte, als es Nacht wurde, ging dahin, wo die einsamste
Stelle des Ithome war, vergrub ihn am Berg Ithome und bat
Zeus, den Herrn von Ithome, und die anderen Götter, die bis
dahin die Messenier geschützt hatten, sie möchten Hüter des
anvertrauten Pfandes sein und die einzige Hoffnung auf die
Rückkehr der Messenier nicht an die Lakedaimonier kom-
men lassen.

Danach fing für die Messenier, wie noch früher schon für 5
die Troer, das Unheil mit einem Ehebruch an. Sie beherrsch-
ten selbst den Berg und das Gebiet gegen Hira bis an die
Neda; einige hatten ihre Häuser aber auch außerhalb der
Tore. Sonst kam zu ihnen kein Überläufer aus dem lakoni-
schen Gebiet, nur ein Sklave des Emperamos, ein Hirte, der
die Rinder seines Herrn weidete. Emperamos war ein in

Sparta angesehener Mann, und dieser Hirte weidete nicht
6 weit von der Neda. Er erblickte nun einmal die Frau eines der Messenier, die nicht innerhalb der Mauern ihr Haus hatten, wie sie zum Wasserholen kam, verliebte sich in sie, wagte es, mit ihr zu sprechen, und kam mit ihr zusammen, indem er ihr Geschenke gab. Und danach paßte er ihrem Mann auf, wenn er zur Wache fortging, denn die Wache auf der Burg war den Messeniern abwechselnd aufgetragen. Dort fürchteten sie nämlich am meisten, daß die Feinde in die Stadt eindringen könnten. Wenn dieser nun fort war,
7 kam der Hirt jeweils zu der Frau. Und einmal war nun die Wache in der Nacht wieder an ihn mit anderen gekommen. Da ließ es der Gott stark regnen. Und die Messenier verließen ihren Posten. Denn das in Strömen vom Himmel stürzende Wasser belästigte sie, da wegen der eiligen Befestigung weder Brustwehren noch Türme gebaut waren, und sie glaubten auch nicht, daß sich die Lakedaimonier in einer
8 mondlosen und so stürmischen Nacht rühren würden. Aristomenes hatte wenige Tage vorher einen kephallenischen Kaufmann, der sein Gastfreund war und die notwendigen Dinge nach Hira brachte und der von den Lakedaimoniern und Bogenschützen aus Aptera[69], die der Spartiate Euryalos führte, gefangengenommen war, diesen Kephallenen also hatte er ihnen wieder entrissen und jenen und das Geld, das er bei sich hatte, gerettet; er selbst war aber dabei verwundet worden und konnte daher die Wachen nicht abgehen, wie er gewohnt war. Das war der Hauptgrund für das Verlassen
9 der Burg. Jeder von den anderen verließ so seinen Posten und so auch der Mann der Frau, die mit dem Hirten Ehebruch trieb. Sie hatte damals den Hirten drinnen bei sich, hörte, wie der Mann kam, und versteckte den Menschen so schnell wie möglich. Wie der Mann eintrat, begrüßte sie ihn wie nie vorher und fragte ihn, weshalb er denn schon

komme. Er wußte weder, daß er von seiner Frau betrogen wurde, noch, daß der Hirt drin war, und erzählte ihr die Wahrheit und sagte, er selbst und jeder von den anderen hätten wegen des heftigen Regens ihren Posten verlassen. Der Hirt hörte dabei zu, und wie er alles genau erfahren hatte, ging er wieder als Überläufer von den Messeniern zu den Lakedaimoniern. Die lakedaimonischen Könige waren indes vom Lager abwesend, und Emperamos, der Herr des Hirten, leitete damals als Polemarch die Belagerung von Hira. Zu ihm ging er also, bat ihn zuerst wegen des Vergehens seines Entlaufens um Verzeihung und belehrte ihn, daß sie gerade jetzt Hira am ehesten nehmen könnten, indem er ihm alles das berichtete, was er von dem Messenier gehört hatte.

Man glaubte ihm, daß er die Wahrheit sage, und er diente 21. 1
dem Emperamos und den Lakedaimoniern als Führer. Der Marsch war schwierig, da es finster war und der Regen nicht aufhörte; trotzdem brachten sie ihn wohlgemut hinter sich, und wie sie an die Burg von Hira gelangten, überstiegen sie die Mauern, indem sie Leitern ansetzten, und wie jeder sonst konnte. Den Messeniern brachte auch sonst mancherlei das nahe Unheil zum Bewußtsein, besonders aber die Hunde, die nicht wie gewöhnlich bellten, sondern dauernd und heftig Laut gaben. Sie erkannten, daß ihnen nun der letzte und unerbittlichste Kampf bevorstehe, nahmen nicht einmal alle ihre Waffen, sondern ergriffen, was jeder gerade am ehesten zur Hand hatte, und verteidigten ihre Stadt, die ihnen allein
von ganz Messenien noch übriggeblieben war. Die ersten, 2
die merkten, daß die Feinde drinnen waren, und ihnen zuerst entgegeneilten, waren Gorgos, der Sohn des Aristomenes, und Aristomenes selbst und der Seher Theoklos und Mantiklos, der Sohn des Theoklos, und mit ihnen Euergetidas, ein Mann, der auch sonst in Messenien geehrt, vor allem

aber wegen seiner Frau zu noch höherem Ansehen gelangt
war; denn er hatte die Schwester des Aristomenes, Hagna-
gora, zur Frau. Da begriffen die anderen, daß sie im Netz ge-
3 fangen waren, hatten aber doch noch etwas Hoffnung. Ari-
stomenes und der Seher wußten aber, daß es für die Messe-
nier nun keinen Aufschub des Verderbens mehr gab, da sie ja
auch den Orakelspruch wußten, mit dem die Pythia auf den
Feigenbaum angespielt hatte, doch verbargen sie es trotzdem
und hielten es vor den anderen geheim. Sie liefen nun eilends
durch die Stadt und zu allen, und wenn sie welche trafen und
erkannten, daß es Messenier waren, so ermahnten sie sie, tap-
fer zu sein, und riefen die noch Fehlenden aus den Häusern
4 auf. In der Nacht geschah auf beiden Seiten nichts Bemer-
kenswertes. Denn die einen ließ ihre Unkenntnis der Ört-
lichkeit und die Kühnheit des Aristomenes zögern, und die
Messenier hatten einerseits von den Feldherren vorher keine
Parole erhalten, und ihre Fackeln, und was jeder sonst an al-
lerleie Leuchtern angezündet hatte, löschte der Regen aus.
5 Wie es Tag war und sie einander sehen konnten, da bemüh-
ten sich Aristomenes und Theoklos, die Messenier zu ver-
zweifeltem Widerstand anzustacheln, indem sie sie sonst in
geeigneter Weise belehrten und auch an die Taten der Smyr-
naier erinnerten, die als Ionier den Gyges, den Sohn des Das-
kylos, und die Lyder, die ihre Stadt bereits erobert hatten,
durch Tapferkeit und Mut wieder hinausgeworfen hätten[70].
6 Die Messenier hörten es, wurden von Erbitterung erfüllt
und stürzten sich geschlossen auf die Lakedaimonier, die sie
gerade trafen. Auch Frauen schickten sich an, mit Ziegeln,
und womit jede sonst konnte, auf die Feinde zu werfen.
Aber daran und am Besteigen der Dächer hinderte sie der
heftige Regen, und nun wagten sie sogar, Waffen zu ergrei-
fen, und flößten ihren Männern noch mehr Mut ein, wie sie
sahen, daß auch ihre Frauen lieber mit dem Vaterland zu-

grunde gehen als als Sklavinnen nach Lakedaimon ge-
schleppt werden wollten, so daß sie vielleicht sogar ihrem
Geschick hätten entrinnen können. Aber da ließ es der Gott 7
noch heftiger regnen mit gewaltigen Donnerschlägen und
blendete ihre Augen mit widrigen Blitzen. Den Lakedaimo-
niern machte das alles nur Mut, und sie sagten, der Gott sel-
ber helfe ihnen. Denn für sie blitzte es auf der rechten Seite,
und der Seher Hekas behauptete, das sei ein gutes Zeichen[71].
Er erfand auch folgende Kriegslist: An Zahl waren die Lake- 8
daimonier bedeutend überlegen. Da die Schlacht aber nicht
auf freiem Feld und nicht nach Plan zustande gekommen
war, sondern die einen hier, die anderen dort in der Stadt
kämpften, waren bei jeder Abteilung die letzten nutzlos. De-
nen befahl er nun, fortzugehen ins Lager und zu essen und zu
schlafen und dann vor dem Abend zurückzukommen, um
die Dagebliebenen im Kampf abzulösen. Die konnten sich 9
also ausruhen und abwechselnd kämpfen und daher länger
aushalten, die Messenier aber umgab die Not von allen Sei-
ten, und Tag und Nacht kämpften dieselben immer ohne
Unterbrechung. Es war nun schon der dritte Tag, und die
Schlaflosigkeit und Regen und Kälte setzte ihnen zu, und
Hunger und Durst quälte sie. Am meisten ermatteten die
Frauen unter dem ungewohnten Kriegführen und den un-
aufhörlichen Mühen. Da trat der Seher Theoklos zu Aristo- 10
menes und sagte zu ihm: «Was mühst du dich so vergebens
weiter? Es ist vom Schicksal durchaus bestimmt, daß Mes-
sene fallen muß, und das Unheil, das wir jetzt vor Augen ha-
ben, hat uns die Pythia schon lange geweissagt und der Fei-
genbaum nun offenbart. Mir selbst beschert der Gott, ge-
meinsam mit dem Vaterland zu sterben, du aber rette die
Messenier, soviel du kannst, und rette auch dich selber.»
Nach diesen Worten an ihn lief er auf die Feinde los, aber
auch gegen die Lakedaimonier schleuderte er noch folgen-

den Spruch: «Ihr werdet nicht für alle Zeit das Land der Mes-
11 senier ungestraft ausbeuten.» Dann stürzte er sich auf die ihm Entgegenstehenden, tötete sie und wurde selbst verwundet und gab seinen Geist auf, nachdem er seinen Zorn an Feindesblut gestillt hatte[72]. Aristomenes rief die Messenier aus dem Kampf zurück, außer denen, die durch ihre besondere Tapferkeit in den vordersten Reihen kämpften; diese ließ er an Ort und Stelle bleiben. Den anderen befahl er, Frauen und Kinder in die Mitte zu nehmen und ihm zu folgen, wo er ih-
12 nen selbst einen Durchgang verschaffen würde. Und als Führer über die letzten setzte er Gorgos und Mantiklos ein; er selbst lief zu den Vordersten und gab durch Bewegungen des Kopfes und der Lanze zu erkennen, daß er Durchzug verlange und abzuziehen entschlossen sei. Emperamos und die anwesenden Spartiaten waren einverstanden, die Messenier durchzulassen und die rasenden und bis zur äußersten Tollkühnheit entschlossenen Menschen nicht noch weiter zu erbittern. Zugleich befahl ihnen auch der Seher Hekas, das zu tun.

22. 1 Die Arkader erfuhren sofort von dem Fall Hiras und verlangten sogleich von Aristokrates, er solle sie hinführen, um entweder die Messenier zu retten oder mit ihnen umzukommen. Der wollte aber, da er von den Lakedaimoniern Geschenke erhalten hatte, nicht ausrücken und behauptete, er wisse, daß niemand von den Messeniern mehr übrig sei, dem
2 sie noch helfen könnten. Wie sie dann genauer erfuhren, daß sie noch lebten und Hira gezwungen verlassen hätten, da wollten sie sie am Lykaiongebirge aufnehmen[73], bereiteten Kleidung und Speise für sie vor und schickten Männer aus ihren Behörden, um die Messenier zu trösten und ihnen als Führer auf dem Weg zu dienen. Und wie sie sich am Lykaion in Sicherheit gebracht hatten, bewirteten die Arkader sie, redeten ihnen freundlich zu und wollten sie auf ihre Städte vertei-

len und für sie ihr Land neu aufteilen. Dem Aristomenes gab 3
aber die Trauer um das geplünderte Hira und der Haß auf die Lakedaimonier folgenden Plan ein: Er sonderte fünfhundert Messenier aus der Masse aus, von denen er besonders wußte, daß sie sich rücksichtslos einsetzten, und fragte sie in Gegenwart der Arkader und des Aristokrates, da er noch nicht wußte, daß er ein Verräter war, und immer noch meinte, daß er damals aus Feigheit und Weichlichkeit am Beginn der Schlacht geflohen sei und nicht wegen einer Schurkerei: daher fragte er die Fünfhundert auch in seiner Gegenwart, ob sie
für das Vaterland mit ihm sterben wollten. Als sie zusagten, da 4
enthüllte er seinen ganzen Plan, daß er sie am folgenden Abend gegen Sparta führen wolle. Denn die meisten Lakedaimonier waren damals noch vor Hira abwesend, und andere streiften plündernd in Messenien herum. Und wenn wir Sparta einnehmen und behaupten können, so sagte Aristomenes, so könnten wir unser Eigentum gegen Rückgabe des ihrigen an die Lakedaimonier zurückerhalten; schlägt es fehl, dann sterben wir zusammen und hinterlassen den folgenden
Geschlechtern eine ruhmreiche Tat. Als er das sagte, wollten 5
auch gegen dreihundert Arkader sich an dem Wagnis beteiligen. Zunächst verschoben sie aber den Ausmarsch, denn die Opfer fielen nicht nach Wunsch aus. Am folgenden Tage aber erfuhren sie, daß die Lakedaimonier bereits Kenntnis erhalten hätten von ihrem geheimen Plan und daß sie ein zweites Mal von Aristokrates verraten seien. Denn Aristokrates hatte die Pläne des Aristomenes sofort auf ein Blatt geschrieben, dieses Blatt demjenigen seiner Sklaven gegeben, den er als den treuesten kannte, und ihn nach Sparta zu Anaxandros ge-
schickt. Bei seiner Rückkehr lauerten aber einige Arkader, 6
die dem Aristokrates schon vorher feindlich gesinnt waren und ihn damals schon in Verdacht hatten, dem Sklaven auf und brachten ihn vor die Arkader und zeigten dem Volk die

Antwortbotschaft aus Lakedaimon. Anaxandros hatte nämlich geschrieben, auch seine frühere Flucht am Großen Graben sei bei den Lakedaimoniern nicht unbemerkt geblieben und auch für die jetzige Anzeige werde man ihm Dank wis-
7 sen. Wie das allen angezeigt wurde, da warfen die Arkader mit Steinen auf Aristokrates und forderten die Messenier auf, es auch zu tun. Die blickten auf Aristomenes, und er sah zur Erde und weinte. Den Aristokrates steinigten die Arkader und warfen ihn unbestattet über die Grenze[74]; im Heiligtum des Lykaios stellten sie eine Tafel auf mit der Inschrift:

«Endlich brachte die Zeit die Strafe dem frevelnden König
und entdeckte mit Zeus den Verräter Messenes leicht;
denn schwerlich entgeht ein Meineidiger Gott.
Sei gegrüßt, König Zeus, und erhalte Arkadien[75]!»

23. 1 Die Messenier, die noch um Hira oder sonstwo in Messenien angetroffen wurden, die machten die Lakedaimonier zu Heloten. Die Pylier und Mothonaier und die sonstigen Küstenbewohner fuhren zu Schiff nach der Eroberung von Hira nach dem elischen Hafen Kyllene[76]. Von dort schickten sie zu den Messeniern in Arkadien, da sie in einem gemeinsamen Zuge Land zur Ansiedlung suchen wollten, und
2 baten Aristomenes, er möge sie in eine Kolonie führen. Er sagte, er werde selber mit den Lakedaimoniern kämpfen, solange er lebe, und er wisse genau, daß durch ihn immer wieder Unheil über Sparta kommen werde, gab ihnen aber Gorgos und Mantiklos zu Führern. Euergetidas war selbst mit den anderen Messeniern zum Lykaion gegangen. Wie er nun sah, daß dem Aristomenes sein Plan der Eroberung Spartas fehlgeschlagen war, überredete er gegen fünfzig Messenier und zog von dort wieder gegen die Lakedaimonier in Hira, traf sie noch beim Plündern und verwandelte ihre Sie-
3 gesfeier in Trauer. Ihn erreichte dort sein Geschick, Aristomenes aber trug denjenigen Messeniern, die sich an der

Kolonie beteiligen wollten, auf, sich zu den Anführern nach Kyllene zu begeben. Und es beteiligten sich alle außer denen, die Alter oder Mangel an Mitteln an der Auswanderung verhinderte. Diese blieben dort bei den Arkadern.

Hira fiel, und der zweite Krieg der Lakedaimonier und 4
Messenier endete, als in Athen Autosthenes Archon war, im
ersten Jahr der 28. Olympiade, in der der Lakedaimonier
Chionis siegte[77].

Als die Messenier in Kyllene sich versammelten, be- 5
schlossen sie, den bevorstehenden Winter daselbst zu über-
wintern. Das Geld und den Markt boten ihnen die Eleer an.
Zu Beginn des Frühlings beratschlagten sie, wohin sie sich
nun wenden sollten. Gorgos schlug vor, das über Kephalle-
nia hinaus gelegene Zakynthos einzunehmen und damit In-
selbewohner statt Festländer zu werden, um so zu Schiff die
Küsten Lakoniens zu verwüsten. Mantiklos redete ihnen zu,
Messene und den Haß gegen die Lakedaimonier zu verges-
sen und nach Sardinien zu fahren, um so die größte und
fruchtbarste Insel in Besitz zu nehmen[78]. Um diese Zeit 6
herum sandte Anaxilas eine Nachricht an die Messenier und
lud diese nach Italien ein. Dieser Anaxilas war Tyrann von
Rhegion und in der vierten Generation Abkömmling von
Alkidamas[79]. Alkidamas war seiner Zeit nach dem Tod des
Königs Aristodemos und der Einnahme von Ithome aus
Messene nach Rhegion übergesiedelt. Anaxilas also ließ die
Messenier zu sich kommen und sagte ihnen bei der An-
kunft, daß die Zanklaier in Unfrieden mit ihm leben wür-
den, daß sie ein gesegnetes Land und eine Stadt in vor-
trefflicher Lage in Sizilien bewohnten. Wenn sie das er-
obern wollten, würde er ihnen beistehen und es ihnen über-
lassen. Diese nahmen den Vorschlag an, und Anaxilas setzte 7
sie nach Sizilien über. Ursprünglich hatten Seeräuber Zankle
inne, und nachdem sie in dem unbesiedelten Land die Stelle

um den Hafen herum mit einer Mauer befestigt hatten, benutzten sie sie als Ausgangspunkt für ihre Eroberungszüge und Plünderungsfahrten. Ihre Anführer waren Krataimenes aus Samos und Perieres von Chalkis. Später hielten es Perieres und Krataimenes für geboten, auch noch andere Griechen als Kolonisten heranzuziehen. Damals wurden die Zanklaier, die mit ihren Schiffen ausgelaufen waren, von Anaxilas besiegt, von den Messeniern außerdem noch in ei-
8 ner Landschlacht. Die Zanklaier wurden nun zu Land von den Messeniern, zur See zugleich von den Rheginern belagert, und als ihre Mauern eingenommen waren, flohen sie zu den Altären der Götter und in die Heiligtümer. Anaxilas forderte die Messenier auf, die waffenfähigen Zanklaier zu töten und die übrigen nebst Kindern und Frauen in die
9 Sklaverei zu verkaufen. Gorgos und Mantiklos verbaten sich dies. Anaxilas möge sie, die sie Gottloses von Stammverwandten erlitten hätten, nicht zwingen, gegen Griechen das Gleiche zu tun. Danach ließen sie die Zanklaier von den Altären aufstehen, schwuren gegenseitig Eide und wohnten gemeinsam mit ihnen. Den Namen der Stadt änderten sie
10 aus Zankle in Messene. Dies geschah in der 29. Olympiade, als der Lakonier Chionis zum zweiten Mal (in Olympia) siegte, und als Miltiades bei den Athenern Archon war[80]. Mantiklos stiftete den Messeniern das Heiligtum des Herakles, und der Gott, der außerhalb der Mauern aufgestellt ist, heißt Herakles Mantiklos, wie auch beim Ammon in Libyen und beim Bal in Babylon. Denn der erstere hat seinen Namen von einem aigyptischen Manne namens Bel, Ammon aber von seinem Stifter, einem Hirten. So erreichten also die Messenier das Ende ihrer Irrfahrt.

24.1 Als Aristomenes die Führung der Ausgewanderten abgelehnt hatte, verheiratete er von seinen Töchtern die älteste und die zweite sowie seine Schwester Hagnagora; diese mit

dem Tharyx in Phigalia, die Töchter aber an den Lepreaten
Damothoidas und an den Heraier Theopompos[81]. Er selbst
ging nach Delphoi und befragte den Gott. Der dem Aristo-
menes erteilte Orakelspruch ist nicht überliefert. Dem Rho- 2
dier Damagetos, König in Ialysos, der zu Apollon gekommen
war, um zu erfragen, woher er seine Frau nehmen solle, dem
antwortete die Pythia, er solle die Tochter des besten der
Griechen nehmen. Er aber, Aristomenes hatte noch eine dritte
Tochter, heiratete diese, da er den Aristomenes unter den da-
maligen Griechen bei weitem für den Besten hielt. Aristome-
nes kam also mit seiner Tochter nach Rhodos. Von dort
wollte er weiter nach Sardeis zu Ardys, dem Sohn des Gyges,
und auch nach Ekbatana in Medien zu König Phraortes[82].
Aber bevor er das ausführen konnte, starb er an einer Krank- 3
heit. Den Lakedaimoniern sollte also durch Aristomenes kein
Nachteil mehr erwachsen. Nach seinem Tod errichteten Da-
magetos und die Rhodier ihm ein prächtiges Grabmal und er-
wiesen ihm von da an Ehrungen. Die Geschichten über die so-
genannten Diagoriden in Rhodos, die von Diagoras, dem
Sohn des Damagetos, dem Enkel des Dorieus, dem Urenkel
des Damagetos, und der Tochter des Aristomenes abstam-
men, übergehe ich, damit es nicht den Anschein hat, als
schreibe ich über Dinge, die nicht zur Sache gehören[83]. Die 4
Lakedaimonier, im Besitz von Messene, verteilten das Land
unter sich, außer dem, das die Asinaier besaßen. Mothone ga-
ben sie den Naupliern, welche kürzlich von den Argivern aus
Nauplia vertrieben worden waren. Die Messenier aber, die 5
im Land angetroffen und mit Gewalt den Heloten zugeteilt
wurden, sahen sich später gezwungen, von den Lakedaimo-
niern abzufallen. Das war die 79. Olympiade, als der Korin-
ther Xenophon (in Olympia im Stadionlauf) siegte und Archi-
medes in Athen Archon war[84]. Die günstige Gelegenheit, die
sie zum Abfall fanden, war folgende: Einige Lakedaimonier,

die irgendeines Verbrechens wegen zum Tod verurteilt wa-
ren, flohen als Bittflehende zum (Kap) Tainaron. Die Be-
hörde der Ephoren ließ sie aber dort von den Altären weg-
6 reißen und töten. Den Spartanern, die auf keine Weise der
Bittflehenden geachtet hatten, antwortete der Groll des Got-
tes Poseidon. Der Gott warf ihnen nämlich die ganze Stadt
zu Boden[85]. Bei diesem Unglück fielen die Heloten, von
alters her Messenier, ab und zogen sich auf den Ithomeberg
zurück. Die Lakedaimonier ließen von verschiedenen Seiten
Hilfstruppen zu sich kommen, darunter auch Kimon, Sohn
des Miltiades, ihr Gastfreund, zusammen mit einem atheni-
schen Aufgebot. Nach deren Ankunft kam den Lakedaimo-
niern der Verdacht, diese möchten etwa Neuerungen ein-
führen, und aus solchen Verdachtsgründen werden sie sie
7 auch bald wieder vom Ithome weggeschickt haben. Die
Athener, die den gegen sie gerichteten Verdacht der Lake-
daimonier bemerkten, schlossen deshalb Freundschaft mit
den Argivern. Sie gaben den auf dem Ithome belagerten
Messeniern, als diese unter Vertrag ihre Stellung räumen
mußten, Naupaktos, das sie den an Aitolien angrenzenden
ozolischen Lokrern abgenommen hatten[86]. Daß die Messe-
nier vom Ithome abziehen konnten, hatte seinen Grund in
der Befestigung des Platzes. Zugleich hatte den Lakedaimo-
niern aber auch die Pythia gesagt, die Strafe werde sie errei-
chen, wenn sie nicht die Schutzflehenden des Zeus Ithomatas
respektieren würden. Aus all den Gründen gewährten sie
den vertragsgemäßen Auszug aus der Peloponnes.

25. 1 Im Besitz von Naupaktos, genügte es ihnen nicht, von
den Athenern Stadt und Land erhalten zu haben, sondern sie
hatten den erklärten Willen, auch mit den Händen etwas an
erwähnenswertem Besitz erworben zu haben. Da sie wuß-
ten, daß die akarnanischen Oiniaden ein fruchtbares Land
bewohnten und daß sie von jeher mit den Athenern in

Zwietracht lebten, so unternahmen sie einen Feldzug gegen
diese. An Zahl ihnen nicht sonderlich überlegen, an Tapfer-
keit sie jedoch weit übertreffend, besiegten sie sie, schlossen
sie ein und belagerten sie. Von da an unterließen die Messe- 2
nier nichts, was zur Belagerung von Städten erfunden
wurde: Unter anderem legten sie Leitern an und versuchten
so in die Stadt einzudringen. Dann untergruben sie die Mau-
ern, bauten Kriegsmaschinen, so viele sie in der kurzen Zeit
zustande brachten, und brachten damit Teile zum Einsturz.
Die in der Stadt fürchteten, daß, wenn die Stadt erobert
würde, sie selbst zugrunde gehen und ihre Frauen und Kin-
der als Sklaven verkauft würden. Sie zogen es daher vor, ei-
nen Vertrag abzuschließen und abzuziehen. Ein Jahr lang 3
etwa blieben die Messenier im Besitz der Stadt und bebauten
das Feld. Im folgenden zogen die Akarnanen von allen Städ-
ten ein großes Heer zusammen mit der Absicht, gegen Nau-
paktos zu Felde zu ziehen[87]. Sie gaben jedoch den Plan auf,
da sie sahen, daß der Feldzug mitten durch das Gebiet ihrer
alten Feinde, der Aitoler, gehen würde. Zugleich hatten sie
die Vermutung, daß die Naupaktier im Besitz einer Flotte
sein könnten, was dann auch der Fall war. Wenn also jene
die See beherrschten, so wäre es besser, mit dem Landheer
etwas Großes zu bewirken. Sie änderten augenblicklich ih- 4
ren Plan und gingen gegen die Messenier in Oiniadai vor.
Und hier rüsteten sie sich zur Belagerung. Denn es fiel ihnen
nicht ein, daß so wenig Männer die Tollkühnheit besitzen,
gegen das gesamte Aufgebot der Akarnanen zu kämpfen.
Die Messenier dagegen hatten für Verpflegung, und was ih-
nen sonst noch wichtig war, Sorge getragen, in der Erwar-
tung, daß sie eine längere Belagerung würden aushalten
können. Vor der Belagerung allerdings wollten sie noch eine 5
offene Feldschlacht wagen, weil sie als Messenier, die nicht
durch die Tapferkeit der Lakedaimonier, sondern durch das

Geschick besiegt wurden, sich durch einen aus Akarnanien kommenden Heerhaufen nicht in Furcht und Schrecken versetzen lassen wollten. Auch erinnerten sie sich der Tat der Athener bei Marathon, wo dreihunderttausend Meder von
6 nicht mehr als zehntausend Kriegern vernichtet wurden. Sie begannen also mit den Akarnanen die Schlacht; ihr Verlauf wird auf folgende Weise erzählt: Die Akarnanen, an Zahl weit überlegen, umzingelten ohne Schwierigkeiten die Messenier, außer an den Stellen, an denen die Tore im Rücken der Messenier und die Besatzungen auf den Mauern, die die Messenier tatkräftig unterstützten, sie daran hinderten. An dieser Seite konnten sie also nicht umgangen werden. Auf beiden Flügeln schlossen die Akarnanen sie ein und beschos-
7 sen sie von allen Seiten her. Die Messenier verwirrten, dicht gedrängt, mit Ausfällen die ihnen Gegenüberstehenden; sie töteten und verwundeten auch viele von ihnen. In die volle Flucht konnten sie sie nicht schlagen. Denn sobald die Akarnanen bemerkten, daß ihre Schlachtreihe durch die Messenier durchbrochen zu werden drohte, da eilten sie den Bedrängten zu Hilfe und schlugen durch ihre Übermacht die
8 Messenier zurück. Und wenn diese dann, zurückgeschlagen, an einer anderen Stelle versuchten, die Schlachtordnung der Akarnanen zu durchbrechen, so erlitten sie das Gleiche. Wo sie auch angriffen, da brachten sie den Feind in Unordnung und beinahe auch zur Flucht, und wenn dann wieder die Akarnanen mit ganzer Wucht herbeiströmten, mußten sie widerwillig umkehren. So stand die Schlacht unentschieden bis zum Abend, und da den Akarnanen in der kommenden Nacht Hilfe von den Städten zuteil wurde, kam es zur Bela-
9 gerung der Messenier. Daß die Mauern mit Gewalt eingenommen würden, sei es, daß die Akarnanen sie überwinden, oder sei es, daß sie selbst gewaltsam gezwungen werden könnten, ihre Postenstellungen zu verlassen, davor hatten sie

keine Furcht. Im achten Monat indessen waren bei ihnen sämtliche Vorräte aufgezehrt. Von den Mauern herab trieben sie mit den Akarnanen Spott, als ob ihnen die Lebensmittel nicht ausgingen, auch wenn sie noch im zehnten Jahr belagert würden. Mit dem ersten Schlaf zogen sie sich aus Oiniadai zurück. Sobald die Akarnanen die Flucht bemerkten, wurden sie zum Kampf gezwungen. Sie verloren etwa dreihundert der Ihrigen, töteten aber auch einige von den Feinden. Die meisten schlugen sich durch akarnanisches Gebiet durch, erreichten das Gebiet der Aitoler, die ihnen freundlich gesinnt waren, und retteten sich so nach Naupaktos.

Von damals an und immerdar lebte in ihnen der Haß ge- 26. 1
gen die Lakedaimonier. Ihre Freundschaft trat bei dem Krieg
der Peloponnesier gegen die Athener am deutlichsten zu-
tage. Sie benutzten Naupaktos als Ausgangspunkt für ihre
Ausfälle gegen die Peloponnes, außerdem nahmen Schleu-
derschützen der Messenier aus Naupaktos die Spartaner auf
Sphakteria gefangen[88]. Nach der Niederlage der Athener bei 2
Aigospotamoi vertrieben die Lakedaimonier, die jetzt Her-
ren zur See waren, auch die Messenier aus Naupaktos. Sie
wandten sich zu ihren Stammesgenossen nach Sizilien und
Rhegion. Die meisten von ihnen aber gelangten nach Li-
byen, und zwar zu den Euesperiten[89]. Diese Euesperiten lit-
ten unter Kriegen von seiten ihrer barbarischen Nachbarn.
Sie luden jeden Griechen ein, sich bei ihnen als Mitbürger
niederzulassen. Zu diesen also ging die Hauptmasse der Mes-
senier. Ihr Anführer war Komon, der sie beim Kampf um
Sphakteria angeführt hatte.

Ein Jahr, bevor die Thebaner ihren Sieg bei Leuktra er- 3
rangen, kündigte der Gott den Messeniern ihre Rückkehr in
die Peloponnes an. Denn einmal soll in Messene an der
Meerenge der Priester des Herakles einen Traum gesehen

haben; ihm schien, Herakles Mantiklos sei von Zeus zu Gast
nach dem Ithome geladen worden. Andererseits träumte in
Euesperites Komon, er habe seiner toten Mutter beigewohnt
und seine Mutter sei danach wieder zum Leben erwacht. Der
hoffte danach, sie würden, wenn die Athener wieder zur
Macht gelangt seien, nach Naupaktos zurückkehren können;
in Wirklichkeit deutete der Traum die Auferstehung Messe-
4 niens an. Nicht lange danach traf die Lakedaimonier die seit
alters fällige Niederlage bei Leuktra; denn am Schluß des
Orakels, das Aristodemos, dem früheren Könige von Messe-
nien, gegeben war, heißt es:

> «Tue, wie das Schicksal gebeut; Unheil trifft andere vor anderen[90]»,

daß es nämlich vorerst ihm und den Messeniern schlecht ge-
hen solle, später aber das Unheil auch Lakedaimon treffen
5 werde. Da nun schickten die Thebaner nach ihrem Siege bei
Leuktra Boten nach Italien und Sizilien und zu den Euesperi-
ten und riefen die Messenier, wenn noch irgendwo jemand
sei, von überallher aus der Fremde zurück in die Peloponnes.
Die sammelten sich schneller als erwartet aus Sehnsucht nach
der Heimat und Haß gegen Lakedaimon, der ihnen immer
6 geblieben war. Dem Epameinondas schien es aber allgemein
nicht leicht, eine Stadt zu gründen, die gegen die Lakedai-
monier standhalten konnte, und noch weniger, eine Stelle
im Lande zu finden, wo sie anzulegen sei. Denn die Messe-
nier sagten, Andania und Oichalia dürften sie nicht wieder
aufbauen, weil ihnen das Unheil widerfahren sei, als sie dort
wohnten[91]. In diesen Zweifeln soll ihm ein alter Mann, am
meisten einem Hierophanten gleichend, nachts erschienen
sein und zu ihm gesagt haben: «Dein Geschenk von mir ist zu
besiegen, wen du in Waffen angreifst, und wenn du aus der
Welt scheidest, werde ich, Thebaner, sorgen, daß du nicht
namenlos und ruhmlos wirst. Du aber gib den Messeniern

Vaterland und Städte wieder, da jetzt auch der Zorn der Dioskouroi gegen sie erloschen ist.» Dem Epameinondas 7
sagte er dies, dem Epiteles aber, dem Sohn des Aischines, verkündete er folgendes – diesen Epiteles hatten die Argiver gewählt als Feldherrn und zur Neugründung von Messenien –, diesem Mann also befahl der Traum, wo er am Ithome Eibe und Myrte wachsen finden werde[92], solle er in der Mitte von ihnen graben und die Greisin retten; sie leide in dem ehernen Gefängnis eingeschlossen und sei bereits ohnmächtig. Epiteles begab sich bei Tagesanbruch an die bezeichnete Stelle und stieß beim Graben auf ein Bronzegefäß, brachte es sogleich zu Epameinondas, erzählte ihm den 8
Traum und bat ihn, er möge selbst den Deckel entfernen und sehen, was darin sei. Er opferte und betete zu dem Traum und öffnete das Gefäß und fand aufs dünnste ausgewalztes Zinn, das wie die Buchrollen gerollt war. Darauf war das Fest der Großen Göttinnen aufgeschrieben, und das war das Vermächtnis des Aristomenes. Der Mann, der dem Epiteles und Epameinondas im Schlaf erschienen war, soll Kaukon gewesen sein, der aus Athen nach Andania gekommen war zu Messene, der Tochter des Triopas.

Der Zorn der Söhne des Tyndareus gegen die Messenier 27. 1
begann vor der Schlacht von Stenykleros. Er wurde, wie ich glaube, durch folgende Ursache entfacht: Panormos und Gonippos, zwei wohlgewachsene Jünglinge aus Andania, standen auch sonst in freundschaftlichem Verhältnis miteinander, zogen gemeinsam in die Schlacht und unternahmen auch Streifzüge in das lakonische Gebiet. Als die Lakedaimo- 2
nier einst im Feldlager den Dioskouroi ein Fest feierten und sich nach dem Frühmahl dem Trank und den Spielen zugewendet hatten, da zogen Gonippos und Panormos einen weißen Chiton und purpurne Chlamides an, setzten sich auf die schönsten Pferde, mit Hüten auf den Köpfen und Spee-

ren in den Händen, und erschienen so den Lakedaimoniern.
3 Wie diese sie sahen, fielen sie in die Knie und beteten im
Glauben, es seien die Dioskouroi zu ihrem Opfer erschienen.
Sobald die Jünglinge einmal unter ihnen waren, ritten sie
durch alle durch und stießen sie mit den Lanzen nieder. Als
dann die Mehrzahl getroffen am Boden lag, kehrten sie nach
Andania zurück und trieben auf diese Weise ihren Spott mit
dem Opfer der Dioskouroi. Dies erregte nach meiner Mei-
nung den Haß der Dioskouroi gegen die Messenier. Damals
also, wie das auch das Traumbild des Epameinondas offen-
barte, war die Rückkehr der Messenier den Dioskouroi
4 nicht genehm. Am meisten bestätigten den Epameinondas
die Orakelsprüche des Bakis zur Stadtgründung. Bakis, von
den Nymphen inspiriert, hat auf Griechen und auf die
Rückkehr der Messenier Orakelsprüche verkündet[93]:

«Und dann wird die leuchtende Blüte Spartas dahingerafft,
und Messene wird für alle Zeiten wieder besiedelt werden.»

Ich weiß auch, wie Bakis von Hira gesprochen hat und
auf welche Weise es eingenommen wurde. Denn folgender
Spruch ist von ihm:

«Die von Messene, von Donner und Wasser bezwungen.»

5 Wie sie die Festordnung wieder gefunden hatten, schrieben
sie die Angehörigen des Priestergeschlechts in Büchern auf[94].

Da dem Epameinondas die Stelle, wo die Messenier jetzt
ihre Stadt haben, am geeignetsten zu einer Stadtgründung
schien, befahl er den Sehern, zu untersuchen, ob es auch die
Götter hier erlauben wollten. Wie auch diese sagten, die Op-
fer seien günstig, da bereitete er alles für die Gründung vor,
ließ Steine heranbringen und Männer holen, deren Beruf es
war, Wege anzulegen und Häuser und Heiligtümer zu bauen
6 und Stadtmauern zu errichten. Wie alles bereit war, da op-

ferten, indem die Arkader die Opfertiere stellten, Epamei-
nondas selbst und die Thebaner dem Dionysos und Apollon
Ismenios auf die übliche Weise, die Argiver der Hera von
Argos und dem nemeischen Zeus, die Messenier dem Zeus
Ithomatas und den Dioskouroi und die betreffenden Prie-
ster den Großen Göttinnen und dem Kaukon[95]. Sie riefen
auch gemeinsam die Heroen an, als Mitbewohner zurück-
zukehren, besonders Messene, die Tochter des Triopas, und
dazu Eurytos und Aphareus und seine Söhne und von den
Herakliden Kresphontes und Aipytos. Am meisten aber
wurde von allen Aristomenes zurückgerufen. Den damali- 7
gen Tag brachten sie mit Opfern und Gebeten zu, an den
folgenden richteten sie den Mauerring auf und bauten drin-
nen Häuser und die Heiligtümer. Sie arbeiteten aber zur
Begleitung nur von boiotischen und argivischen Flöten und
keiner anderen Musik, und die Weisen des Sakadas und
Pronomos traten damals am meisten in Wettbewerb[96]. Der
Stadt selbst gaben sie den Namen Messene und bauten auch
andere Kleinstädte wieder auf. Die Nauplier vertrieben sie 8
nicht aus Mothone und ließen auch die Asinaier im Lande
wohnen, wobei sie sich bei den letzteren der Wohltat erin-
nerten, daß sie nicht mit den Lakedaimoniern gegen sie hat-
ten kämpfen wollen. Die Nauplier hatten den in die Pelo-
ponnes zurückkehrenden Messeniern Geschenke gebracht,
wie sie sie hatten, hatten auch ständig zu den Göttern für
ihre Rückkehr gebetet und zugleich jene um ihre eigene
Schonung gebeten.

Die Messenier kehrten in die Peloponnes zurück und er- 9
hielten ihre Heimat wieder 287 Jahre nach der Eroberung
von Hira, als Dyskinetos in Athen Archon war, im dritten
Jahr der 102. Olympiade, in der Damon aus Thourioi zum
zweiten Male siegte[97]. Nicht gering war auch die Zeit, wäh-
rend der die Plataier aus ihrem Lande verbannt waren und

die Delier, von den Athenern aus ihrem Lande vertrieben, in
10 Adramyttion wohnten[98]. Auch die minyschen Orchome-
nier, die nach der Schlacht von Leuktra von den Thebanern
aus Orchomenos vertrieben waren, wurden von Philippos,
dem Sohn des Amyntas, nach Boiotien zurückgeführt, sie
und die Plataier. Und nachdem Alexandros die Stadt The-
ben selbst entvölkert hatte, gründete nicht viele Jahre später
Kassandros, der Sohn des Antipater, Theben neu[99]. Von den
genannten scheint die plataiische Verbannung am längsten
gedauert zu haben, und doch ging auch sie nicht länger als
11 über zwei Generationen. Die Messenier aber irrten fast drei-
hundert Jahre außerhalb der Peloponnes umher, in denen sie
aber offenbar weder etwas von ihren heimischen Sitten auf-
gaben noch den dorischen Dialekt mit einem anderen ver-
tauschten, sondern bis heute haben sie ihn von den Pelopon-
nesiern noch am genauesten bewahrt.

28.1 Als sie zurückgekehrt waren, erlitten sie von den Lakedai-
moniern anfänglich keine Feindseligkeiten. Denn aus Furcht
vor den Thebanern duldeten es die Lakedaimonier, daß
Messene wieder gegründet wurde und die Arkader sich in
einer Stadt zusammenzogen. Da aber der Phokische Krieg,
der auch der heilige genannt wird, die Thebaner aus der Pe-
loponnes zurückrief, schöpften die Lakedaimonier wieder
Mut und konnten die Messenier weiter nicht in Ruhe lassen.
2 Aber die Messenier leisteten zusammen mit den Arkadern
und den Argivern kriegerischen Widerstand, sie baten auch
die Athener, ihnen zu helfen. Diese teilten ihnen mit, sie
würden zwar nicht ins lakonische Land einfallen mit ihnen,
wie aber die Lakedaimonier den Krieg beginnen und gegen
Messene zu Felde ziehen würden, sagten sie ihnen ihren Bei-
stand zu. Schließlich wurden die Messenier Bundesgenossen
Philippos', des Sohnes des Amyntas, und der Makedonen,
und dies habe nach ihrer Meinung verhindert, am Kampf al-

ler Griechen bei Chaironeia teilzunehmen[100]. Auch wollten
sie nicht die Waffen gegen die Griechen erheben. Nach dem 3
Tod Alexandros' und beim zweiten Krieg der Griechen ge-
gen die Makedonen beteiligten sich auch die Messenier am
Kriege, wie ich das schon früher bei der Beschreibung Atti-
kas erwähnt habe. Gegen die Galater kämpften sie nicht mit
den Griechen, weil Kleonymos und die Lakedaimonier nicht
gewillt waren, mit ihnen Verträge abzuschließen. Nicht viel 4
später gelangten die Messenier durch List und Wagemut in
den Besitz von Elis[101]. Von alters her waren die Eleer unter
den Peloponnesiern die, die die beste Verfassung besaßen.
Philippos, Sohn des Amyntas, war es, der auch sonst, wie
schon berichtet, Griechenland viel Schaden zufügte; er be-
stach die Machthaber unter den Eleern mit Geld, so daß sie
zunächst sich in Parteien spalteten und dann zu den Waffen
griffen. Von da an war es ein leichtes, daß sie sich untereinan- 5
der in Feindschaft entzweiten, da sie ja um der Lakedaimo-
nier willen gespaltener Meinung waren, und schließlich kam
es zum Bürgerkrieg. Als die Lakedaimonier dies erfuhren,
rüsteten sie sich, um denen unter den Eleern beizustehen, die
ihrer Partei waren. Während diese sich in den einzelnen Ver-
bänden aufstellten und in Abteilungen einordneten, kamen
ihnen tausend auserlesene Messenier in Elis zuvor, die auf
den Schilden lakonische Schildzeichen trugen. Als die spar- 6
tanisch gesonnenen Eleer die Schilde erblickten, glaubten sie,
ihre Bundesgenossen seien angekommen und nahmen die
Männer in die Stadt auf. Als die Messenier auf die geschil-
derte Weise drinnen waren, vertrieben sie die lakedaimo-
nisch Gesonnenen und übergaben die Stadt ihren Parteigän-
gern. Diese List findet sich auch bei Homer. Es scheint, daß 7
die Messenier sie zur rechten Zeit nachgeahmt haben. Denn
von Patroklos erzählt Homer in der Ilias, er habe die Rü-
stung des Achill angelegt und unter den Barbaren, sagt er,

habe sich die Meinung verbreitet, als ob Achill heranrücke, und die im vordersten Glied Kämpfenden seien darüber in Verwirrung geraten[102]. Es finden sich bei Homer noch andere Kriegslisten: Zwei statt einem Späher seien in der Nacht zu den Troern gelangt. Auch sei ein Mann unter dem Vorwand, er sei ein Überläufer, in Wirklichkeit wollte er Ge-
8 heimnisse ausspähen, nach Ilion hineingelangt. Und die unter den Troern, die durch ihre Jugend oder durch das Alter zum Kampf nicht geeignet waren, diese ließ er die Mauern bewachen, während die waffenfähige Mannschaft den Griechen im Felde gegenüberstand. Unter den Griechen bewaffnen die Verwundeten die Mannschaften, damit auch die nicht ganz und gar untätig seien. Die Gedichte Homers sind also den Menschen in allen Dingen nütze.

29. 1 Nicht lange Zeit nach diesen Ereignissen in Elis eroberten die Makedonen und Demetrios, der Sohn Philippos', der Enkel des Demetrios, Messene[103]. Das meiste, was Perseus gegen den Philippos selbst und gegen Demetrios, den Sohn des Philippos, unternommen hat, habe ich schon bei der Beschreibung von Sikyon erwähnt. Mit der Eroberung Messe-
2 nes verhielt es sich also folgendermaßen: Philippos litt unter Geldmangel, und da er durchaus des Geldes bedurfte, schickte er den Demetrios zu Schiff nach der Peloponnes. Demetrios lief im Argivischen irgendeinen wenig besuchten Hafen an und führte so, wie er war, das Heer auf dem kürzesten Weg nach Messene. Vorausgeschickt hatte er, was er an Leichtbewaffneten zur Verfügung hatte, und die über den Weg nach dem Ithome Bescheid wußten. Heimlich stieg er am frühen Morgen über die Mauer, wo diese sich zwischen
3 der Stadt und dem Ithomegipfel hinzog. Als der Tag dann anbrach und die Einwohner die Gefahr wahrnahmen, die sie überrascht hatte, kam ihnen zunächst die Vermutung, die Lakedaimonier seien mit ihren Waffen in die Stadt einge-

drungen, so daß sie unverzagt und haßerfüllt sich gegen sie
wandten. Als sie aber an den Waffen und an der Sprache er-
kannten, daß es Demetrios, der Sohn Philippos', und die
Makedonen waren, erfaßte sie eine heftige Furcht, weil sie
an die Kriegstüchtigkeit der Makedonen dachten und an das
Glück, das alle ihre Unternehmungen begleitete. Indessen 4
lehrte sie die Größe des gegenwärtigen Unglücks, daß eine
gewisse Tapferkeit mehr als das Mögliche leiste, und das ließ
sie noch das Beste hoffen. Denn die Rückkehr in die Pelo-
ponnes nach so langer Zeit sei ihnen doch sicher nicht ohne
göttlichen Beistand zuteil geworden. Die Messenier aus der
Stadt wandten sich mit ihrem ganzen Mut gegen die Make-
donen, und die Besatzung der Akropolis drang von oben
herab auf sie ein. In gleicher Weise verteidigten sich die Ma- 5
kedonen anfänglich tapfer und umsichtig. Da sie aber vom
Anmarsch her bereits ermattet waren und mit den Männern
auch Frauen auf sie eindrangen, die sie mit Ziegeln und Stei-
nen bewarfen, so flohen sie schließlich ohne Ordnung. Der
Großteil von ihnen wurde die Steilhänge hinabgedrängt –
der Ithome ist an dieser Seite besonders abschüssig – und
kam dabei um. Wenige nur, die dazu noch die Waffen weg-
geworfen hatten, entkamen. In den Achaiischen Bund traten 6
die Messenier nach meiner Meinung von Anfang an aus fol-
gendem Grund nicht ein[104]: Sie waren den Lakedaimoniern
ungerufen zu Hilfe gekommen, als diese von Pyrrhos, des
Aiakides Sohn, mit Krieg überzogen wurden, und um dieser
edlen Tat willen war das Verhalten der Lakedaimonier ge-
gen sie friedlicher geworden. Sie wollten auch nicht den
Haß von neuem entfachen, wenn sie in den Bund einträten,
der ja ganz offensichtlich feindlich gegen die Lakedaimonier
eingestellt war. Was mir nicht verborgen blieb, ist natürlich 7
auch den Messeniern nicht entgangen, daß auch ohne ihren
Beitritt zum Bund die Macht der Achaier gegen die Lake-

daimonier gerichtet war. Denn bei den Achaiern stellten die
Argiver und der Arkadische Bund einen nicht geringen An-
teil. Mit der Zeit jedoch traten sie dem Achaiischen Bund
bei. Nicht lange nachher eroberte Kleomenes, des Leonidas
Sohn und Enkel des Kleonymos, während eines Waffenstill-
8 standes Megalopolis in Arkadien. Von den Einwohnern ka-
men die, die ergriffen wurden, um. Den Philopoimen, des
Kraugis Sohn, und die mit Philopoimen abgezogen waren –
etwa zwei Drittel der Megapoliten konnten entkommen –,
diese nahmen die Messenier bei sich auf und vergalten ihnen,
was die Arkader unter Aristomenes von alters her getan hat-
ten, später dann bei der Besiedelung Messenes, Gleiches mit
9 Gleichem[105]. Es liegt überhaupt der Wechsel in der Natur
der menschlichen Dinge, wenn den Messeniern bestimmt
war, die Arkader ihrerseits zu retten, wie auch, völlig uner-
wartet, Sparta einzunehmen. Denn sie kämpften bei Sellasia
gegen Kleomenes und eroberten mit Aratos und den Achai-
10 ern Sparta. Nachdem die Lakedaimonier von Kleomenes be-
freit waren, erhob sich als Tyrann Machanidas, und nach
dessen Tod als weiterer Tyrann Nabis[106]. Da dieser nicht nur
den Menschen das Geld raubte, sondern auch die Heiligtü-
mer plünderte, verfügte er in kurzer Zeit über unermeßliche
Reichtümer und mit deren Hilfe über ein Heer. Als Nabis
Messene erobert hatte, kam Philopoimen und die Megapoli-
ten in der gleichen Nacht, und der spartanische Tyrann war
11 gezwungen, unter Vertrag abzuziehen. Die Achaier hatten
später Anlaß, mit den Messeniern unzufrieden zu sein; sie zo-
gen mit dem ganzen Aufgebot gegen sie und verwüsteten
den Großteil des Landes. Um die Zeit der Getreideernte ver-
sammelten sie sich wiederum und fielen in Messenien ein.
Deinokrates, der Vorsteher des Volkes, der damals zum Füh-
rer der Messenier gewählt war, bewerkstelligte es, daß Ly-
kortas mit seinem Heer unverrichteter Dinge wieder abzie-

hen mußte. Er hatte nämlich mit den Bewohnern der Stadt Messene und mit den Umwohnern, die ihm beistanden, die von Arkadien nach Messenien führenden Pässe besetzt.

Als Philopoimen mit den wenigen Reitern wenige Zeit 12
später als das Heer des Lykortas ankam und nicht erfahren konnte, was aus ihm geworden sei, da siegten die Messenier, die von der Höhe herab kämpften, und nahmen den Philopoimen lebend gefangen[107]. Auf welche Weise Philopoimen gefangen wurde und wie er starb, das werde ich später im arkadischen Bericht darlegen. Die Messenier aber, die am Tod des Philopoimen schuldig waren, erlitten ihre Strafe, und Messene trat dem Achaiischen Bund wieder bei.

Bis hierhin habe ich in meinem Buch also über die vielen 13
Schicksale der Messenier gesprochen, und wie der Gott sie bis an die Enden der Welt und die von der Peloponnes entferntesten Gegenden zerstreute und sie später wieder in die Heimat zurückführte. Von jetzt an will ich mich der Schilderung des Landes und der Städte zuwenden[108].

Zu meiner Zeit liegt in Messenien etwa zwanzig Stadien 30. 1
von der Choiriosschlucht entfernt am Meer die Stadt Abia. Man sagt, sie habe einst Ire geheißen und gehöre zu den sieben Städten, die Agamemnon dem Achilleus nach Homer verspricht. Nach der Niederlage des Hyllos und der Dorer durch die Achaier soll Abia, die Amme des Glenos, des Sohnes des Herakles, sich nach Ire begeben, dort gewohnt und dem Herakles ein Heiligtum gestiftet haben. Aus diesem Grund erwies ihr dann später Kresphontes auch die Ehre, daß er die Stadt nach dem Namen der Abia umbenannte. Hier war ein ansehnliches Herakleion und ein Asklepieion.
Pharai ist von Abia siebzig Stadien entfernt, und unterwegs 2
befindet sich eine salzige Quelle[109]. Kaiser Augustus hat die Messenier in Pharai zu Lakonien geschlagen. Der Gründer soll Pharis gewesen sein, ein Sohn des Hermes und der Phy-

lodameia, der Tochter des Danaos. Pharis soll keine männlichen Nachkommen gehabt haben, sondern nur eine Tochter Telegone. Von den Nachkommen führt Homer in der Ilias an, Diokles habe die Zwillinge Krethon und Ortilochos gehabt, Diokles sei ein Sohn des Ortilochos und Enkel des Alpheios gewesen. Die Telegone habe er übergangen, denn sie ist es, die nach der Sage der Messenier dem Alpheios den
3 Ortilochos gebar. Auch anderes hörte ich noch in Pharai: Außer den Zwillingen habe Diokles noch eine Tochter mit Namen Antikleia gehabt. Von dieser und dem Machaon, dem Sohn des Asklepios, seien Nikomachos und Gorgasos geboren worden. Diese seien dort geblieben und hätten nach dem Tod des Diokles die Königsherrschaft übernommen. Es ist ihnen auch bis heute die Fähigkeit geblieben, Krankheiten und verletzte Menschen zu heilen. Dafür bringen sie ihnen Opfer und Weihgeschenke in das Heiligtum. Es gibt auch einen Tempel der Tyche in Pharai mit einem alten Kultbild.
4 Zuerst, soweit ich weiß, hat Homer in seinen Gedichten die Tyche erwähnt. Er nannte in seinem Hymnos auf Demeter[110], indem er auch andere Töchter des Okeanos aufzählt, wie sie mit Kore, der Tochter Demeters, spielten, auch Tyche als eine Tochter des Okeanos. Die Verse lauten so:

«Wir aber alle auf der lieblichen Wiese,
Leukippe und Phaino, Elektre und Ianthe,
Melobosis und Tyche und die blumige Okyroë.»

5 Weiter aber hat er nichts mehr gesagt, daß diese Göttin die größte von den Göttern ist in den menschlichen Dingen und die meiste Macht hat, wie er dagegen in der Ilias sagte, daß Athena und Enyo die Führung im Kriege hätten, Artemis den Frauen in den Wehen furchtbar sei und Aphrodite die Ehe am Herzen liege[111]. Über Tyche hat er aber nichts wei-
6 ter gesagt. Boupalos aber, ein bedeutender Baumeister von Tempeln und Bildner von Kunstwerken, der den Smyrnai-

ern eine Statue der Tyche schuf, hat sie als erster, soweit wir wissen, mit einer Götterkrone auf dem Kopf dargestellt und in der einen Hand mit dem von den Griechen sogenannten Horn der Amaltheia. Dieser hat insoweit die Tätigkeit der Göttin angedeutet, und später dichtete Pindar auch sonst über Tyche und nannte sie auch Pherepolis[112].

Etwas weiter von Pharai entfernt ist der Hain des Apollon 31. 1
Karneios und darin eine Quelle; Pharai ist aber etwa sechs Stadien vom Meer entfernt. Geht man von hier achtzig Stadien ins Inland Messeniens hinein, kommt man zur Stadt Thouria[113], die in den Homerischen Epen angeblich als Antheia genannt wird. Augustus gab Thouria den Lakedaimoniern in Sparta zum Besitz. Denn mit Augustus, dem Kaiser der Römer, kämpfte Antonius, auch der von Abstammung ein Römer; ihm schlossen sich in Griechenland unter anderem auch die Messenier an, da die Lakedaimonier auf seiten
des Augustus standen. Deswegen bestrafte er die Messenier 2
und von den anderen Gegnern die einen weniger, die anderen mehr. Die Thouriaten sind aus ihrer Stadt, die ursprünglich hoch lag, in die Ebene hinuntergestiegen und wohnen nun dort. Aber auch die Oberstadt haben sie nicht vollständig verlassen, sondern es sind da noch Stadtmauerreste und ein Heiligtum, das nach der Syrischen Göttin benannt ist. Neben der Stadt in der Ebene fließt der Aris genannte Fluß.

Im Inland liegt das Dorf Kalamai und der Platz Limnai; an 3
ihm befindet sich ein Heiligtum der Artemis Limnatis, wo der spartanische König Teleklos seinen Tod gefunden haben
soll. Am Wege von Thouria nach Arkadien liegen die Quel- 4
len des Pamisos, und an ihnen finden kleine Kinder Heilung[114]. Von den Quellen nach links gegen vierzig Stadien weiter liegt in Messenien die Stadt unter dem Ithome[115]; sie ist aber nicht nur vom Ithome umgeben, sondern die gegen den Pamisos liegenden Teile auch vom Eua. Der Berg heißt

so wie man sagt, weil Dionysos hier zuerst den bakchischen
5 Ruf euoi ausrief und die Frauen mit ihm. Um Messene ist ein Mauerring gebaut ganz aus Stein, und es sind Türme und Brustwehren daran gebaut. Die Mauern von Babylon oder die memnonischen Mauern von Susa in Persien habe ich weder selbst gesehen noch sonst einen Augenzeugen von ihnen sprechen hören; aber im Vergleich mit den Mauern in Ambrosos in Phokis und in Byzanz und Rhodos, diese Orte sind nämlich am besten ummauert, ist die von Messene stärker.
6 Die Messenier haben auf dem Markt eine Statue des Zeus Soter und einen Brunnen Arsinoë; den Namen hat er von der Tochter des Leukippos, und das Wasser fließt in ihn aus der Klepsydra genannten Quelle. An Götterheiligtümern gibt es eines des Poseidon und eines der Aphrodite. Das Bemerkenswerteste ist aber die Statue der Göttermutter aus parischem Marmor, ein Werk des Damophon, der auch den Zeus in Olympia, als das Elfenbein rissig geworden war, genauestens wieder zusammenfügte und dafür von den Eleern
7 geehrt wurde. Von diesem Damophon stammt auch die bei den Messeniern sogenannte Laphria[116]. Ihr Kult soll aus folgendem Grunde bei ihnen eingeführt worden sein: In Kalydon hatte Artemis, diese Göttin verehrten sie nämlich am meisten, den Beinamen Laphria, und die Messenier, die von den Athenern Naupaktos erhielten und so lange ganz nahe bei Aitolien wohnten, empfingen ihn von den Kalydoniern. Ihre Gestalt werde ich anderswo beschreiben. Der Name der Laphria ist nur nach Messene und nach Patrai in Achaia ge-
8 kommen. Die ephesische Artemis verehren nicht allein alle Städte, sondern auch vorzugsweise erweisen ihr Privatpersonen Ehren. Ursache dafür scheint mir der Ruhm der Amazonen zu sein, welche das Kultbild errichtet haben sollen, und weil das Heiligtum in uralten Zeiten errichtet wurde. Drei weitere Umstände tragen noch zum Ruhme

bei: Die Größe des Tempels, der alles, was Menschen erbaut
haben, übertrifft; ferner die Blüte der Stadt Ephesos und die
Macht der Göttin.

In Messene ist auch ein Tempel der Eileithyia mit einer 9
Marmorstatue gebaut und in der Nähe ein Heiligtum der
Koureten, wo sie sämtliche Tiere gleichermaßen opfern;
denn von Rindern und Ziegen angefangen, gehen sie bis zu
den Vögeln, die sie ins Feuer werfen. Und ein verehrtes Hei-
ligtum der Demeter ist in Messene und Statuen der Dios-
kouroi, die die Leukippostöchter tragen. Auch das habe ich
früher bereits gesagt, daß die Messenier den Lakedaimoniern
die Tyndariden streitig machen als ihnen und nicht den La-
kedaimoniern gehörig. Aber die meisten und sehenswerte- 10
sten Statuen enthält das Asklepiosheiligtum. Denn außer der
des Gottes sind da Statuen seiner Söhne und ferner von
Apollon und den Musen und Herakles und die Stadt Theben
und Epameinondas, der Sohn des Kleommis, und Tyche und
Artemis Phosphoros. Die Marmorstatuen sind Arbeiten des
Damophon, und ich weiß von keinem anderen Messenier
außer diesem, der nennenswerte Statuen geschaffen hätte.
Die Statue des Epameinondas aber ist aus Eisen und von je-
mand anderm, nicht von diesem. Es gibt auch einen Tempel 11
der Messene, der Tochter des Triopas, mit einem Kultbild
aus Gold und parischem Marmor[117], und im rückwärtigen
Teil des Tempels sind die Könige von Messenien vor der
Ankunft des Heerzugs der Dorer in der Peloponnes gemalt,
Aphareus und seine Söhne, und von den zurückgekehrten
Herakliden Kresphontes, auch dieser ein Führer des dori-
schen Heeres, und von den Bewohnern von Pylos Nestor
und Thrasymedes und Antilochos, die durch ihr Alter be-
vorzugtesten Söhne Nestors, die auch an dem Zug gegen
Troia teilgenommen hatten. Und Leukippos, der Bruder des 12
Aphareus, ist dargestellt und Hilaeira und Phoibe und mit

ihnen Arsinoë. Auch Asklepios ist da gemalt, der nach der messenischen Sage Sohn der Arsinoë ist, und Machaon und Podaleirios, weil auch sie am Zuge gegen Ilion teilgenommen haben. Diese Bilder malte Omphalion, ein Schüler des Nikias, des Sohnes des Nikomedes. Manche behaupten auch, er sei Sklave bei Nikias gewesen und sein Lieblingsknabe[118].

32. 1 Das bei den Messeniern sogenannte Hierothesion besitzt an Götterstatuen diejenigen, die bei den Griechen als Götter gelten, und besitzt auch eine Bronzestatue des Epameinondas. Es stehen dort auch alte Dreifüße, die Homer «nicht am Feuer gebraucht» nennt[119]. Die Statuen im Gymnasion sind Werke von Aigyptern, Hermes und Herakles und Theseus. Es ist bei allen Griechen und auch schon bei vielen Barbaren Brauch geworden, diese in Gymnasien und Palaistren zu eh-
2 ren . . . fand ich älter als ich. Da er in seinen geldlichen Mitteln einflußreich war, erweisen ihm die Messenier die kultischen Ehren eines Heros. Einige Messenier behaupten, dieser Saithidas habe zwar über beträchtliche Mittel verfügt, jedoch sei nicht er auf der Reliefstele abgebildet, sondern ein gleichnamiger Vorfahr des Saithidas[120]. Der frühere Saithidas sei Anführer der Messenier gewesen, als in jener Nacht Demetrios, Sohn des Philippos, unerwartet mit seinem Heer bei ihnen heimlich in die Stadt eindrang.

3 Auch ein Grabmal des Aristomenes ist hier, und das Grabmal soll nicht leer sein, wie sie sagen. Auf meine Frage aber, wie und woher sie die Gebeine des Aristomenes bekommen hätten, sagten sie, sie hätten sie aus Rhodos geholt, und der Gott in Delphoi habe ihnen das befohlen[121]. Dazu erklärten sie mir auch, was sie an dem Grabe tun. Den Stier, den sie opfern wollen, führen sie an das Grab und binden ihn an die Säule, die auf dem Grabe steht. Der will aber, wild und der Fesseln ungewohnt, nicht bleiben. Und wenn sich die Säule durch sein Toben und Springen bewegt, ist das ein gutes

Zeichen für die Messenier; wenn sie sich nicht bewegt, bedeutet das Zeichen Unheil. Sie behaupten auch, daß Aristo- 4
menes in der Schlacht bei Leuktra dabeigewesen sei, als er nicht mehr unter den Lebenden weilte, und selbst mit den Thebanern gekämpft und in erster Linie die Niederlage der Lakedaimonier bewirkt habe. Ich weiß, daß die Chaldaier und die indischen Magier zuerst gesagt haben, daß die menschliche Seele unsterblich sei, und ihnen haben manche Griechen geglaubt und vor allem Platon, der Sohn des Ariston. Wenn alle das annehmen wollen, dann kann man das wohl nicht bestreiten, daß dem Aristomenes der Haß auf die Lakedaimonier für alle Ewigkeit eingebrannt sei. Was ich 5
selber in Theben gehört habe, mag wohl eine gewisse Bestätigung für die messenische Behauptung bedeuten, stimmt aber nicht ganz damit überein. Die Thebaner behaupten nämlich, sie hätten, als die Schlacht bei Leuktra stattfinden sollte, zu verschiedenen Orakeln geschickt und so auch zum Gott in Lebadeia, um zu fragen. Auch die Orakelsprüche von Ismenios und Ptoïos werden überliefert und dazu, was ihnen in Abai und Delphoi geweissagt wurde. Trophonios aber soll in Hexametern geantwortet haben:

«Bevor ihr mit der Lanze auf die Feinde stoßt, stellt ein Siegesmal auf,
es schmückend mit dem Schild, den meinem Tempel brachte
der messenische Held Aristomenes. Aber ich werde dir
das Heer der schildtragenden Feinde vernichten.»

Als der Orakelspruch kam, soll Epameinondas den Xeno- 6
krates gebeten haben, und dieser holte den Schild des Aristomenes und schmückte damit ein Siegesmal, wo es für die Lakedaimonier sichtbar sein mußte. Sie kannten aber den Schild, da die einen von ihnen ihn in Lebadeia still gesehen und alle davon gehört hatten. Wie der Sieg den Thebanern

zuteil geworden war, gaben sie dem Trophonios das Weihgeschenk im Stadion von Messene. Und nicht weit vom Theater befindet sich ein Heiligtum des Sarapis und der Isis.

33.1 Am Aufstieg zum Gipfel des Ithome, wo die messenische Akropolis ist, liegt die Quelle Klepsydra. Alle nun aufzuzählen, die berichten, Zeus sei bei ihnen geboren und aufgezogen worden, würde selbst für den, der es wollte, schwierig sein. Auch die Messenier haben diese Sage. Denn auch sie erzählen, der Gott sei bei ihnen aufgezogen worden, die Ernährerinnen seien Ithome und Neda gewesen. Nach der Neda sei der Fluß benannt worden, die andere habe dem Berg Ithome den Namen gegeben. Diese Nymphen sollen den Zeus, der aus Furcht vor seinem Vater von den Koureten verborgen worden war, dort gebadet haben, und das Wasser habe seinen Namen von jener Entwendung durch die Koureten. Jeden Tag bringen sie Wasser aus der Quelle
2 in das Heiligtum des Zeus Ithomatas. Die Statue des Zeus ist ein Werk des Ageladas und wurde ursprünglich für die Messenier in Naupaktos gearbeitet. Der jedes Jahr neu gewählte Priester hat die Statue in seinem Hause[122]. Sie feiern auch ein jährliches Fest Ithomaia, und früher veranstalteten sie dabei auch einen Musikwettkampf. Das kann man unter anderem aus den Versen des Eumelos schließen, der in seinem Prozessionslied auf Delos auch dieses dichtete:

«Dem Ithomatas sang die Muse nach Wunsch,
die die Kithara rein und frei die Sandalen trug.»

Das scheint er mir also gedichtet zu haben, da er wußte, daß sie auch einen Musikwettkampf veranstalteten.

3 Am Weg gegen Arkadien nach Megalopolis steht in den Toren eine Herme nach attischer Art; denn die Athener haben die viereckige Form bei den Hermen, und von ihnen haben es die anderen gelernt. Geht man vom Tor dreißig Stadien abwärts, kommt der Fluß Balyra; den Namen soll er

von Tamyris erhalten haben, der dort bei seiner Erblindung die Leier weggeworfen haben soll. Er sei ein Sohn des Philammon und der Nymphe Argiope gewesen. Argiope habe damals am Parnass gewohnt, und als sie schwanger war, sei sie zu den Odrysen ausgewandert. Den Philammon habe sie nicht zu sich ins Haus nehmen wollen. Aus diesem Grund nennen sie den Thamyris einen Odrysen und einen Thraker. Die Leukasia und der Amphitos vereinigen sich dort.

Nach Überschreiten dieser Flüsse[123] kommt die soge- 4
nannte stenyklerische Ebene; Stenykleros soll ein Heros gewesen sein. Gegenüber der Ebene liegt das ehemalige Oichalia, zu meiner Zeit karnasischer Hain genannt, voll besonders von Zypressen. Da stehen an Götterstatuen solche des Apollon Karneios und ein Hermes, der einen Widder trägt. Hagne ist ein Beiname der Kore, der Tochter der Demeter, und
neben der Statue fließt Wasser aus einer Quelle. Über die 5
Großen Göttinnen, denn auch ihnen feiern sie im Karnasion das Fest, darf ich nichts verraten; an Heiligkeit setze ich es an zweiter Stelle nach den Eleusinien. Daß aber das Bronzegefäß, der Fund des argivischen Feldherrn, und die Gebeine des Eurytos, des Sohnes des Melaneus, hier aufbewahrt wurden, das auch allen zu erzählen, hinderte mich der Traum nicht. Neben dem Karnasion fließt der Fluß Charadros[124].

Und links davon etwa acht Stadien weiter befinden sich 6
die Trümmer von Andania[125]. Daß die Stadt ihren Namen nach einer Frau Andania hat, darin stimmen die Erklärer überein; doch weiß ich nicht zu sagen, wer ihre Eltern waren und mit wem sie verheiratet war. Geht man den linken Weg von Andania nach Kyparissia, so kommt man zur sogenannten Polichne; auch fließen dort die Flüsse Elektra und Koios. Es mag eine Sage über Elektra, die Tochter des Atlas, und Koios, den Vater der Leto, geben, Elektra und Koios können aber auch zu den einheimischen Heroen gehören.

7 Überschreitet man den Elektrafluß, so kommt man zur sogenannten Achaiaquelle und den Ruinen der Stadt Dorion[126]. Homer erzählt, dem Thamyris sei in Dorion das Unglück zugestoßen, weil er sich rühmte, die Musen im Gesang zu übertreffen. Prodikos, der Phokaier, wenn von diesem das Epos auf die Minyas stammt, erzählt, Thamyris erleide im Hades seine Strafe wegen der Ruhmredigkeit gegen die Musen. Nach meiner Meinung verlor Thamyris aus Krankheit sein Augenlicht, was später auch dem Homer zustieß. Aber der fuhr fort zu dichten, denn er ließ sich durch das Unglück nicht beeindrucken, während Thamyris mit dem ihm zugestoßenen Unglück auch den Gesang aufgab.

34. 1 Von Messene bis an die Mündung des Pamisos sind es achtzig Stadien; der Pamisos fließt klar durch bebautes Land und wird etwa zehn Stadien weit von See aus mit Schiffen befahren[127]. Auch die Seefische schwimmen in ihn hinein, besonders im Frühling. Dasselbe tun die Fische auch im Rhein und im Maiander, besonders aber schwimmen sie im Acheloos aufwärts, der bei den Echinadischen Inseln mün-
2 det. Es sind aber andersartige Fische, die in den Pamisos hinaufschwimmen, da sein Wasser klar und nicht schlammig ist wie bei den genannten Flüssen. Die Meeräschen lieben, da sie zu den Schlammfischen gehören, die trüberen Flüsse. Tiere, die den Menschen verderblich werden, haben die griechischen Flüsse nicht, wie der Indus und der aigyptische Nil und der Rhein und die Donau und Euphrat und Phasis. Denn diese bringen Tiere hervor, die zu den schlimmsten Menschenfressern gehören. Sie gleichen äußerlich den Welsen im Hermos und Maiander außer in bezug auf ihre schwärzere Farbe und ihre Kraft; darin stehen die Welse
3 nach. Indus und Nil haben beide Krokodile, der Nil auch Nilpferde, kein geringeres Übel für die Menschen als das Krokodil. Die griechischen Flüsse haben keine Tiere, die

man fürchten muß, da auch die Haie im Aoos, der durch das
thesprotische Festland fließt, keine Flußfische sind, sondern
aus dem Meer hereinkommen. Korone ist eine Stadt auf 4
dem rechten Ufer des Pamisos, gegen das Meer zu gelegen,
unterhalb des Berges Mathia[128]. Auf diesem Weg liegt am
Meer ein Ort, von dem sie glauben, er sei der Ino heilig.
Denn dort sei sie aus dem Meere heraufgestiegen, als sie
schon für eine Göttin gehalten und Leukothea statt Ino ge-
nannt wurde. Ein wenig weiter ist dann die Mündung des
Flusses Bias, der seinen Namen erhalten hat von Bias, dem
Sohne des Amythaon. Zwanzig Stadien oberhalb vom Weg
ist die Quelle des Plataniston; sein Wasser entspringt einer
dicken, im Innern hohlen Platane. Die Dicke des Baumes ist
einer kleinen Grotte vergleichbar, und von hier fließt das
Wasser nach Korone hinab. In alten Zeiten hieß die Stadt 5
Aipeia. Als sie (die Messenier) von den Thebanern in die Pe-
loponnes zurückgeführt wurden, soll Epimelides, der als
Gründer ausgesandt war, sie Koroneia genannt haben, da er
selbst aus dem boiotischen Koroneia stammte. Die Messenier
aber hätten von Anfang an den Namen falsch ausgespro-
chen, und so hätte sich dann mit der Zeit deren falsche Be-
zeichnung durchgesetzt. Es gibt noch eine andere Sage, wo-
nach man bei der Verlegung der Fundamente für die Stadt-
mauer auf eine bronzene Krähe (Korone) gestoßen sei. Von 6
den Göttern haben dort Artemis mit dem Beinamen der Pai-
dotrophos sowie Dionysos und Asklepios einen Tempel.
Dionysos und Asklepios haben ein steinernes, Zeus Soter ein
bronzenes Götterbild am Markt. Aus Erz ist auch ein Götter-
bild der Athena auf der Burg; es hält eine Krähe in der Hand.
Auch das Grabmal des Epimelides sah ich. Weshalb sie aber
den Hafen als den der Achaier nennen, weiß ich nicht. Acht- 7
zig Stadien von Korone aus, so ist am Meer ein hoch in Eh-
ren gehaltenes Heiligtum des Apollon. Nach der Sage der

Messenier ist es das älteste. Der Gott heilt Krankheiten. Der Gott hat den Beinamen Apollon Korythos. Das Götterbild ist aus Holz. Die Statue des Argeotas ist aus Bronze. Geweiht
8 sei es von den Argonauten. An die Stadt der Koroneer grenzt Kolonides. Die Einwohner behaupten, sie seien keine Messenier, sondern Kolonaios habe sie aus Attika hergeführt. Den Kolonides habe nach einem Orakelspruch eine Haubenlerche in die Gründungsstadt geführt. Die Einwohner müssen sich also mit der Zeit den Dialekt und die Sitten der Dorer angeeignet haben. Das Städtchen Kolonides liegt auf einer Anhöhe, nicht weit vom Meere[129].

9 Die Asinaier wohnten ursprünglich als Nachbarn der Lykoreiten am Parnaß; ihr Name, den sie auch nach der Peloponnes mit herübernahmen, war nach ihrem Gründer Dryoper. In der dritten Generation danach unter dem König Phylas wurden die Dryoper in einer Schlacht von Herakles besiegt und dem Apollon nach Delphoi als Weihung gebracht. Nachdem sie in die Peloponnes übergesiedelt waren auf Grund eines Orakelspruchs des Gottes an Herakles, besaßen sie zuerst Asine bei Hermione, von dort wurden sie von den Argivern vertrieben und wohnen nun in Messenien, da ihnen die Lakedaimonier Land gaben und ihre Stadt, als die Messenier seinerzeit zurückkehrten, von ihnen nicht zerstört
10 wurde. Die Asinaier erzählen folgendes über sich: Sie geben zu, von Herakles in einer Schlacht besiegt worden zu sein, ebenso, daß ihre am Parnaß gelegene Stadt eingenommen wurde. Daß sie aber als Gefangene dem Apollon zugeführt wurden, das stellen sie in Abrede. Vielmehr hätten sie, kaum daß Herakles die Mauern überwunden hatte, ihre Stadt verlassen und seien auf den Gipfel des Parnaß geflohen. Später seien sie dann zu Schiff in die Peloponnes gegangen und hätten sich dann dem Eurystheus als Schutzflehende anvertraut. Dieser habe aus Feindschaft gegen Herakles ihnen Asine in

der Argolis überlassen. Die Asinaier allein rühmen sich bis
heute dieses Namens, als vom Geschlecht der Dryoper
stammend, ganz anders als die Einwohner von Styra auf Eu-
boia. Denn auch die Styreer sind ursprünglich Dryoper, wel-
che nicht an dem Kampf gegen Herakles teilgenommen ha-
ben, weil sie fern von der Stadt wohnten. Die Styreer ver-
schmähen es also, Dryoper genannt zu werden, wie es auch
die Einwohner von Delphoi ablehnen, sich Phoker nennen zu
lassen. Die Asinaier lassen sich besonders gern als Dryoper be- 11
zeichnen, und ihre heiligsten Kultstätten haben sie deutlich
zur Erinnerung an ihre einstigen Heiligtümer am Parnaß ein-
gerichtet. So haben sie einen Tempel des Apollon und ein
Heiligtum des Dryops mit einem alten Kultbild. Sie feiern
ihm auch jährlich ein Fest und sagen, Dryops sei ein Sohn
Apolls. Auch diese Stadt liegt am Meer, ebenso wie einst 12
Asine in einem Teil der Argolis. Der Weg dahin von Koloni-
des beträgt vierzig Stadien, und ebensoviel ist es auch von
Asine zum Kap Akritas[130]. Das Kap Akritas springt ins Meer
vor, und vor ihm liegt eine unbewohnte Insel Theganoussa.
Nach dem Kap Akritas kommt der Hafen Phoinikous und
dabei die Inseln Oinoussai.

Mothone[131] hieß, bevor sich das Heer gegen Troia versam- 35. 1
melte und während des Troianischen Krieges, Pedasos und
änderte später seinen Namen, wie die Mothonaier selber sa-
gen, nach der Tochter des Oineus. Dem Oineus nämlich, dem
Sohn des Porthaon, der nach der Eroberung von Ilion zu Dio-
medes in die Peloponnes ging, soll Mothone als Tochter von
einer Nebenfrau geboren worden sein. Meiner Meinung nach
aber hat der Fels Mothon dem Ort den Namen gegeben. Die-
ser ist es nämlich auch, der den Hafen bildet. Er verengert
nämlich die Einfahrt für die Schiffe, indem er sich unter Was-
ser erstreckt, und ist zugleich das Hindernis dafür, daß das
Wasser nicht tief aufgewühlt werden kann. Ich habe in mei- 2

nen früheren Büchern schon erzählt, daß die Lakedaimonier
den Bewohnern von Nauplia, die wegen ihrer spartafreund-
lichen Gesinnung vertrieben wurden, als in Argos Damokra-
tidas König war, Mothone gaben und daß auch seitens der zu-
rückgekehrten Messenier keine Änderung gegen sie eintrat.
Die Nauplier waren aber nach meiner Meinung in älterer Zeit
Aigypter; nachdem sie zusammen mit Danaos zu Schiff in die
Argolis gekommen waren, wurden sie drei Generationen
später von Nauplios, dem Sohn der Amymone, in Nauplia
3 angesiedelt. Den Mothonaiern gab Kaiser Trajan Freiheit und
Selbstverwaltung. Unter allen am Meer wohnenden Messe-
niern hatte sie allein folgendes Unglück betroffen: Gesetzlo-
sigkeit habe das Thesprotische Land zugrunde gerichtet. Dei-
dameia, des Pyrrhos Tochter, hatte keine Kinder, und als ihr
Tod bevorstand, übertrug sie die Macht dem Volke. Ihr Vater
Pyrrhos war der Sohn des Ptolemaios, Enkel des Alexandros,
4 Urenkel des Pyrrhos. Die Geschichte dieses Pyrrhos, des Soh-
nes des Aiakides, habe ich früher schon in der Beschreibung
Athens erzählt[132]. Prokles, der Karchedonier, gab dem Ale-
xandros, dem Sohn des Philippos, hinsichtlich seines Glücks
und seiner glänzenden Taten den Vorzug. Pyrrhos hingegen
sei in der Aufstellung der Hopliten und der Reiterei und im
Ausdenken von Kriegslisten gegen Feinde erfolgreicher ge-
5 wesen. Als die Epeiroten nicht mehr von Königen regiert
wurden, habe das Volk über die Stränge geschlagen und nicht
mehr den Anordnungen der Behörden gehorchen wollen.
Und so kam es, daß die Illyrier, die am Ionischen Meer das
Festland bewohnen, sie im ersten Anlauf überfielen und un-
terwarfen. Denn ich kenne kein anderes Volk als die Athener,
das durch die Demokratie glücklich geworden ist. Die Athe-
ner gewannen durch sie großen Vorteil. Durch ein ihnen ei-
genes Bewußtsein übertrafen sie das hellenische Volk, auch
6 verstießen sie am wenigsten gegen die bestehenden Gesetze.

Als die Illyrier einmal die Herrschaft gekostet und die Lust
nach immer mehr bekommen hatten, bauten sie Schiffe und
plünderten dort, wo es sich für sie als günstig erwies. So segel-
ten sie ins mothonaiische Land, ankerten dort wie in Freun-
desland und sandten einen Boten in die Stadt, man möge ih-
nen Wein auf die Schiffe bringen. Als nun einige Männer an-
kamen mit Wein, so kauften sie diesen um den von den Mo-
thonaiern geforderten Preis. Sie selbst verkauften ihnen von
dem, was sie mit sich führten. Als am nächsten Tag einige aus 7
der Stadt kamen, konnten auch diese einen Gewinn machen.
Schließlich kamen Frauen und Männer zu den Schiffen, um
Wein zu verkaufen und von den Barbaren Waren dagegen zu
erhalten. Da wagten es die Illyrier und raubten viele Männer,
auch einige von den Frauen. Diese sperrten sie auf die Schiffe
und fuhren dem Ionischen Meer zu und ließen die Stadt der
Mothonaier verödet hinter sich.

In Mothone ist ein Tempel der Athena Anemotis; Diome- 8
des soll das Kultbild gestiftet und der Göttin den Namen ge-
geben haben. Denn die Winde, die heftig und unzeitgemäß
wehten, schädigten das Land, und nachdem Diomedes zur
Athena gebetet hatte, kam ihnen seitdem wegen der Winde
kein Schaden mehr ins Land. Auch ein Heiligtum der Artemis
ist da und Wasser in einem Brunnen mit Pech gemischt, dem
kyzikenischen[133] Öl am ähnlichsten anzusehen. Wasser kann
wohl jede Farbe und jeden Geruch annehmen. Am blauesten 9
ist das Wasser, das ich an den Thermopylen sah, aber nicht al-
les, sondern nur das, das in das Schwimmbecken fließt, das die
Einheimischen «Frauenwannen» nennen; rötliches Wasser, in
der Farbe ganz wie Blut, gibt es im Land der Hebraier bei der
Stadt Joppe. Dieses Wasser befindet sich ganz nahe am Meer,
und die Leute dort erzählen in bezug auf diese Quelle, Perseus
habe sich hier nach der Tötung des Seeungeheuers, dem die
Tochter des Kepheus vorgeworfen worden sei, das Blut abge-

10 waschen. Wasser, das schwarz aus Quellen hervorsprudelt, sah ich in Astyra; das sind warme Bäder gegenüber von Lesbos im Gebiet von Atarneus. Der Ort Atarneus ist die Belohnung, die die Chier von den Persern erhielten, als sie einen Flüchtling, den Lyder Paktyes, auslieferten. Das also ist schwarz, die Römer aber haben über ihrer Stadt, wenn man den Fluß Anio überschreitet, weißes Wasser. Wenn jemand hineinsteigt, ist es zuerst kalt und verursacht Schaudern, aber wenn man es ein wenig aushält, wärmt es wie ein Gift in feu-
11 rigster Weise. Und von Quellen, die wegen einer Besonderheit seltsam anzusehen sind, habe ich diese gesehen; ich übergehe nämlich die weniger wunderbaren, und salziges und saures Wasser zu finden, ist kein großes Wunder, wohl aber zwei andersartige. Einmal gibt es in der sogenannten Weißen Ebene in Karien ein warmes Wasser bei einem Dorf namens
12 Daskyloukome, das süßer zu trinken ist als Milch, und Herodot erzählt, daß sich in den Fluß Hypanis eine Quelle bitteren Wassers ergießt. Und weshalb sollen wir seinen Bericht nicht für wahr nehmen, da sich doch auch zu meiner Zeit noch in Dikaiarchia in Etrurien warmes Wasser findet, so scharf, daß es das Blei, es floß nämlich durch Bleiröhren, in wenigen Jahren zerfressen hat.

36. 1 Von Mothone geht man etwa hundert Stadien zum Vorgebirge Koryphasion. Darauf liegt Pylos[134]. Dieses gründete Pylos, der Sohn des Kleson, indem er aus der Megaris die dort wohnenden Leleger hinführte. Doch konnte er seiner Erwerbung nicht froh werden, da er von Neleus und den Pelasgern aus Iolkos vertrieben wurde. Er zog sich daher in das benachbarte Land zurück und nahm Pylos in Elis ein. Neleus brachte unter seiner Herrschaft Pylos zu solchem Ansehen, daß Homer es in seinen Epen das Neleïsche Pylos
2 nennt. Hier befindet sich ein Heiligtum der Athena mit dem Beinamen Koryphasia und das sogenannte Haus des Nestor;

darin ist auch Nestor gemalt. Und er hat ein Grabmal in der
Stadt, aber dasjenige etwas weiter von Pylos entfernt soll das
des Thrasymedes sein. Auch eine Höhle ist in der Stadt;
darin sollen die Rinder des Nestor und früher schon des Ne-
leus gehaust haben. Es mag wohl die Rasse der Rinder eine 3
thessalische gewesen sein, aus der Herde des Iphiklos, des Va-
ters des Protesilaos. Diese Rinder nämlich forderte einst Ne-
leus als Mitgift für seine Tochter von den Freiern, und um
ihretwillen ging Melampous, seinem Bruder Bias zu Gefal-
len, nach Thessalien. Dort wurde er von dem Hirten Iphi-
klos gefangengenommen, er erhielt indessen die Rinder als
Lohn, da er diesem auf seine Bitte Weissagungen erteilte.
Damals strebten die Menschen besonders danach, sich sol-
chen Reichtum zu sammeln, nämlich Pferde- und Rinder-
herden. Neleus begehrte danach, die Rinder des Iphiklos zu
besitzen, und Eurystheus befahl dem Herakles, angesichts des
Ruhmes iberischer Rinder, ihm die Herde des Geryoneus
zuzuführen. Auch Eryx, damals Herrscher in Sizilien, hatte 4
ein brennendes Verlangen nach den Rindern aus Erytheia, so
daß er sich mit Herakles in einen Ringkampf einließ und die
Rinder als Kampfpreis gegen seine Herrschaft einsetzte.
Auch Homer berichtet in der Ilias, daß Iphidamas, der Sohn
des Antenor, seinem Schwiegervater als erstes hundert Rin-
der als Morgengabe übergeben habe. Das bestärkt mich in
der Ansicht, daß Rinder damals wichtig für die Menschen
waren. Geweidet aber wurden die Rinder des Neleus, wie 5
mir scheint, meistenteils außerhalb des Landes; denn das
ganze pylische Land ist sandig und nicht geeignet, Rindern
genügende Weide zu liefern. Das bezeugt mir auch Homer,
der bei Erwähnung von Nestor ihn immer den König des
sandigen Pylos nennt.

Vor dem Hafen liegt die Insel Sphakteria wie Rheneia vor 6
der Reede von Delos. Menschliche Schicksale scheinen auch

bis dahin unbekannte Orte berühmt gemacht zu haben. Denn das Kap Kaphereus auf Euboia hat seinen Namen davon, daß die Griechen mit Agamemnon hier auf ihrer Rückkehr von Ilion in einen Sturm gerieten; Psyttaleia bei Salamis kennen wir von der Vernichtung der Perser auf ihr. Ebenso hat das Unglück der Lakedaimonier auch Sphakteria bei allen bekannt gemacht. Die Athener haben sogar eine bronzene Nikestatue zur Erinnerung an Sphakteria auf der Akropolis aufgestellt.

7 Wenn man nach Kyparissiai[135] von Pylos her kommt, trifft man unter der Stadt in der Nähe des Meeres eine Quelle. Das Wasser soll aufgesprudelt sein, als Dionysos mit dem Thyrsosstab auf die Erde schlug, und deshalb nennen sie die Quelle Dionysias. Es ist auch ein Heiligtum des Apollon in Kyparissiai und eines der Athena mit dem Beinamen Kyparissia. In dem sogenannten Aulon befindet sich ein Tempel des Asklepios Aulonios mit einem Kultbild. Hier mündet der Fluß Neda zwischen Messenien und Elis.

ANHANG

ANMERKUNGEN

Der Kommentar will nur das Notwendigste zum Verständnis des Textes in knapper Form geben, soweit dieser nicht für sich selber spricht. Zu ihm gehören auch die Verzeichnisse am Schluß von Band III, die ihn entlasten sollen: Ein Verzeichnis griechischer Fachausdrücke mit ihrer Erklärung, das Verzeichnis der im Text erwähnten griechischen Künstler mit ihren Lebensdaten und ein Verzeichnis der Orte mit den wichtigeren Denkmälern.

Wer sich genauer zu unterrichten wünscht, sei hingewiesen auf die beiden großen kommentierten Pausaniasausgaben: Des Pausanias Beschreibung von Griechenland, mit kritischem Apparat herausgegeben von Hermann Hitzig, mit erklärenden Anmerkungen versehen von Hermann Hitzig und Hugo Blümner, 6 Bd., Leipzig, O.R. Reisland 1896–1910 (Nachdruck Hildesheim [1983]), dazu Karte von Griechenland zur Zeit des Pausanias sowie in der Gegenwart, bearbeitet von Hugo Blümner, Maßstab 1:500000, Geographischer Kartenverlag Bern und Leipzig 1911. Und: Pausanias' Description of Greece, translated with a commentary by J.G. Frazer, 6 Bde., London, Macmillan 1898 (Neudruck 1913 und New York 1964) mit einem Atlas: Graecia antiqua, maps and plans to illustrate Pausanias' description of Greece, compiled by J.G. Frazer with explanatory text by A.W. van Buren, London, Macmillan 1930. Seit 1974 ist erschienen die fünfbändige neugriechische Übersetzung und Kommentierung des Pausaniastextes durch N.D. Papachatzis (Athen, Ekdotike Athinon A.E. 1974ff.), mit Bd.V (1981) abgeschlossen.

Die antike Geographie Griechenlands ist zusammenfassend behandelt durch Conrad Bursian, Geographie von Griechenland, 2 Bde., Leipzig, B.G. Teubner 1862–1872; Ernst Curtius, Peloponnesos, 2 Bde., Gotha, Justus Perthes 1851/52.

Eine ausführliche Landeskunde Griechenlands liegt jetzt vor: Alfred Philippson, Die griechischen Landschaften, 4 Bde. in mehreren

Teilen, Vittorio Klostermann, Frankfurt am Main 1950–1959. Den ersten beiden Bänden sind Abschnitte über die historische Landeskunde der behandelten Landschaften von der Prähistorie bis zur Neuzeit aus der Feder von Ernst Kirsten beigegeben, der auch die Bände 2–4 nach dem Tode des Verfassers herausgegeben hat.

Beschreibung der antiken Denkmäler mit Karten und Plänen ferner besonders in Karl Baedeker, Griechenland, Handbuch für Reisende, 5. Aufl. Leipzig 1908 (danach französische Übersetzung 1910). Les guides bleus, Grèce, Paris, Hachette 1935 (mehrere Neudrucke) und 1953 (mehrere Neudrucke, auch deutsch 1963). Zuletzt: Stuart Rossiter, Reiseführer Griechenland. Übers. von Birgitt Kienast (München 1982). Ernst Kirsten und Wilhelm Kraiker, Griechenlandkunde. Ein Führer zu klassischen Stätten, Carl Winter Verlag, Heidelberg 1955, 5. Aufl. 1967. Atlas antiquus, entworfen und bearbeitet von Heinrich Kiepert, Berlin, Dietrich Reimer 1884. Über Neufunde und neue Ausgrabungen berichtete hervorragend der jährliche Bericht in dem Archaeologischen Anzeiger des Jahrbuchs des Deutschen Archaeologischen Instituts (erschienen bis 1943). Andere regelmäßige Berichte in den Zeitschriften Bulletin de Correspondance Hellénique, American Journal of Archaeology und Journal of Hellenic Studies (seit 1957 Archaeological Reports). Seit 1955 berichtet Τὸ Ἔργον über die Tätigkeiten der Griech. Arch. Gesellschaft (Athen 1956ff.).

Alle Gebiete der Altertumswissenschaft behandelt ausführlich das vielbändige Handbuch der klassischen Altertumswissenschaft, in systematischer Darstellung herausgegeben von Iwan von Müller, Neubearbeitung unter dem Titel Handbuch der Altertumswissenschaft, begründet von Iwan von Müller, neu herausgegeben von Walter Otto, München, C.H. Beck. Erschöpfende Auskunft über alle Sachfragen der Altertumswissenschaft erhält man in der alphabetischen Paulys Realencyclopädie der classischen Altertumswissenschaft, neue Bearbeitung herausgegeben von Georg Wissowa, Wilhelm Kroll, Karl Mittelhaus, Konrat Ziegler, Stuttgart, J.B. Metzler 1893ff. Dazu erschien in 5 Bänden der Kleine Pauly, herausgegeben von Konrat Ziegler und Walther Sontheimer, Alfred Drukkenmüller Verlag, Stuttgart 1961–1975. Ferner sei als wichtigstes Nachschlagewerk erwähnt Ch. Daremberg, Edm. Saglio, Dictionnaire des antiquités grecques et romaines, 10 Bde., Paris 1877–1919. LIMC. Lexicon Iconographicum Mythologiae Classicae (Band I–III bislang erschienen, 1981ff.). Friedrich Lübkers Reallexikon des klassischen Altertums, 8. Aufl., herausgegeben von J. Geffcken und E. Ziebarth, Leipzig, B.G. Teubner 1914. The Oxford Classical Dictionary, edited by M. Cary, J.D. Demniston u.a., Oxford 1949, 6. Aufl. 1964. Lexikon der Alten Welt, Artemis Verlag, herausgegeben von Carl Andresen, Hartmut Erbse, Olof Gigon, Karl Schefold, Karl Friedrich Stroheker und Ernst Zinn, Zürich-Stuttgart 1965.

ANMERKUNGEN ZUR EINLEITUNG

Folgende Buchtitel werden in den Anmerkungen nach ihren Verfassernamen zitiert:

J.-G. Frazer, Pausanias' Description of Greece (1898)

W. Gurlitt, Über Pausanias (1890)

R. Heberdey, Die Reisen des Pausanias in Griechenland (1894)

1 Siehe jetzt Fr. Pfister, Die Reisebilder des Herakleides, Sitzungsberichte der Wiener Akademie Bd. 227, 2, 1951, Einleitung, Text, Übersetzung und ausführlicher Kommentar. Deutsche Übersetzung auch in Festgabe Hugo Blümner, Zürich 1914, 1 ff.: Hermann Hitzig, Die griechischen Städtebilder des Herakleides.

2 Über die verschiedenen Schriftsteller des Namens s. RE XVIII 2402 ff. Nr. 15–22. Der einzige andere Schriftsteller, der für eine Gleichsetzung überhaupt in Frage kommt, ist der syrische «Chronograph» oder Geschichtsschreiber, der ein Buch über die Gründungsgeschichte syrischer und kleinasiatischer Städte geschrieben hat und den der antiochenische Historiker Johannes Malalas verschiedentlich zitiert und ausschreibt, ebenso Stephanos von Byzanz siebenmal. Nach der Art der Zitate sollte man annehmen, daß er aus Antiocheia am Orontes stammte. Andererseits nennt der byzantinische Kaiser Konstantinos Porphyrogennetos in seinem Werk De thematibus I p. 17, 19 ff. unter den berühmtesten geographischen Schriftstellern auch «Pausanias den Damascener»; danach stammte dieser syrische Schriftsteller also aus Damaskus. Man hat diesen Widerspruch zwar auch durch eine an sich leichte Textänderung beseitigt, indem man «weder Pausanias noch der Damascener» (nämlich der oft zitierte Historiker Nikolaos von Damaskus) las, doch ist das bedenklich; ebenso bedenklich ist es wohl auch, deshalb

zwei syrische Schriftsteller des Namens Pausanias anzunehmen, einen aus Damaskus und einen aus Antiocheia. Es ist gar keine Frage, daß sowohl Stephanos von Byzanz wie Konstantinos Porphyrogennetos diesen syrischen Pausanias für denselben gehalten haben wie unseren Schriftsteller. Ebenso hat diese Ansicht auch in neuerer Zeit immer wieder Anhänger gefunden, so zuletzt besonders Carl Robert in seinem Buch Pausanias als Schriftsteller (1909), S. 271 ff. Aber das ist ganz unwahrscheinlich. Die langen Auszüge, die Malalas aus diesem syrischen Pausanias gibt, stimmen in ihrer geistigen Haltung und ihrem Stil recht wenig zu unserem Pausanias; auf andere Gegengründe aus dem Vergleich der Fragmente mit unserem Pausanias macht Gurlitt, a. O., S. 65 aufmerksam. Wohl ist es richtig, daß unser Pausanias über Syrien recht gut unterrichtet ist und mehrfach auf Örtlichkeiten und Denkmäler in Syrien und Palästina hinweist, die er selber gesehen hat (die Stellen bei Gurlitt, a. O., S. 66), aber es ist doch keine einzige Stelle darunter, die ein näheres Verhältnis des Schriftstellers zu diesem Lande vermuten ließe, und der Name Damaskus kommt bei Pausanias überhaupt nicht vor. Sollen wir auch wirklich glauben, daß ein aus Syrien stammender Schriftsteller in der philosophischen Diskussion zwischen ihm und einem Phoiniker (VII 23. 7 f.) so entschieden für die Griechen Partei nimmt und die Ansprüche des Phoinikers so fast hochmütig abweist, wie es Pausanias hier tut? Und sollen wir weiter glauben, daß ein Schriftsteller aus Damaskus seinen Lesern solche Märchen über Arabien auftischt, wie es Pausanias tut (VIII 22. 4–6; IX 28. 3 f.), für den Arabien am Ende der Welt liegt (IX 21. 5)?

3 Die Stellen bei Gurlitt, a. O., S. 87 f. Anm. 45.

4 IX 30. 7.

5 Frazer I S. XXI.

6 Die Stellen bei Gurlitt, a. O., S. 66.

7 Bes. I 42. 3; dazu Gurlitt, a. O., S. 88 f.

8 IX 16. 1; Gurlitt, a. O., 90.

9 Gurlitt, a. O., 90, dazu Metapont VI 19. 11; Leontinoi VI 17. 9 (?); Heberdey Reisen, a. O., 28; 38. Im allgemeinen zu den Reisen Frazer, a. O., I S. XX ff.

10 III 12. 4; IX 21. 5; IV 31. 5; V 7. 4.

11 I 19. 6; Paul Graindor, Un milliardaire antique, Herodes Atticus et sa famille, Kairo 1930, bes. 179 ff.

12 VII 20. 6.
13 Graindor, a. O., 86ff.
14 Wenn die zu I 8. 6 Anm. 20 gemachte Bemerkung richtig ist, wäre die Abfassungszeit von Buch I noch genauer auf etwa 143–150 n. Chr. bestimmt.
15 Siehe dazu Comfort, The date of Pausanias book II, AJA 35, 1931, 310ff.
16 Siehe II 7. 1 mit Anm. 20; David Magie, Roman rule in Asia Minor, Princeton 1950, I 631; II 1491f. Anm. 6.
17 Als M. Acilius Glabrio Legat der Provinz Asia war, der als nächste Stellung im Jahre 152 n. Chr. das Konsulat bekleidete; s. dazu Groag, Prosopographia Imperii Romani I^2 11f. Nr. 73. In dem nach 173 n. Chr. geschriebenen Buch VII 5. 9 ist es als fertig noch einmal genannt.
18 Siehe II 17. 5 u. Anm. 47.
19 Siehe II 27. 6.
20 RE XI 1505ff.
21 I 5. 5.
22 P. Graindor, Athènes sous Hadrien, Kairo 1934, 18ff.
23 V 21. 15.
24 I 18. 6 Auch die Reise nach Aigypten liegt vor der Niederschrift einer Stelle im jetzigen ersten Buch I 42. 3, doch steht sie in dem von der Beschreibung Attikas zu trennenden Kapitel über Megara.
25 Gurlitt, a. O., 69 Anm. 14; Frazer, a. O., I S. XVIIf.; dagegen allerdings Robert, a. O., 218ff.
26 Die Belege in den Einleitungen der Kommentare zu den einzelnen Büchern in der Ausgabe von Hitzig-Blümner.
27 I 24. 5 = IX 26. 2; andere Verweise Gurlitt, a. O., 69 Anm. 15.
28 I 26. 4.
29 VII 21. 2, «die Bewohner dieses Festlandes, die Aitoler und die ihnen benachbarten Akarnanen und Epeiroten»; vgl. Polyb. XVIII 5, 8.
30 Paus. V 23. 3; VII 18. 8 f.; X 38. 4.
31 I 13. 2 f.; II 23. 5; IV 2. 3; VI 5. 2ff.; IX 30. 9ff.
32 IV 2. 3: Thessalien und «Griechenland» in Gegensatz gesetzt.
33 Ptolem. III 12, 42 f.; 13, 4; 8; 14, 2; 13; RE I 194; VI A 135, 29ff.
34 IV 2. 3.
35 VIII 14. 12.

36 VIII I. 5.
37 IX 18 f.
38 Siehe auch gleich unten.
39 X 35. 1; 35. 5.
40 IX 23. 7.
41 II 19. 8.
42 X 1. 10.
43 Die Belege s. in den Einleitungen zu den Kommentaren der einzelnen Bücher in der Ausgabe von Hitzig und Blümner; das ist bei Pausanias insbesondere wie so vieles Nachahmung Herodots. Pasquali, Hermes 48, 1913, 221.
44 Siehe bes. Steph. Byz. s. Ἐρινιάτης, κώμη Μεγαρίδος. Παυσανίας α' = I 44. 5; Τύπαιον, ὄρος Ἠλίδος, Παυσανίας Ἠλιακῶν α' = V 6. 7
45 Aelian var. hist. XII 61 = Paus. VIII 36. 6.
46 Siehe o. S. 13 Anm. 2.
47 Siehe Reitzenstein, Hermes 29, 1894, 235 ff.
48 Fr. Spiro, Festschrift Vahlen, Berlin 1900, 135 ff.
49 Steph. Byz. s. Θυραῖον bezeichnet Hypsous als Gründer der Stadt. Das beruht auf der Stelle Pausanias VIII 3. 3, wo hinter dem Namen des Hypsous die Namen Melaineus als Gründer von Melaineai (VIII 26. 8), Thyraios als Gründer von Thyraion (VIII 35. 7) und Haimon als Gründer von Haimoniai (VIII 44. 1) ausgefallen sind. Vgl. dazu auch Wilamowitz, Hermes 29, 1894, 244; Spiro, Festschrift Vahlen 136.
50 I 39. 3; III 11. 1; V 21. 1; VI 1. 1 f.; 17. 1; VIII 54. 7; X 9. 1 und öfters.
51 Herod. I 1 «die menschlichen Taten und große und wunderbare Werke».
52 Über die perihegetische Literatur im allgemeinen s. bes. Max Bencker, Der Anteil der Periegese an der Kunstschriftstellerei der Alten, Diss. München 1890; G. Pasquali, Die schriftstellerische Form des Pausanias, Hermes 48, 1913, 161 ff.; RE XIX 726 ff. Handbuch der Archaeologie, Allgemeine Grundlagen der Archaeologie (1969), 402 ff. (E. Pernice). Zu Polemon insbesondere L. Preller, Polemonis periegetae fragmenta, Leipzig 1838,Deichgräber RE XXI, 1288 ff. und Handbuch der Archaeologie, a. O., 399 ff.
53 Pasquali, Hermes 1913, 191 ff., bes. 194.
54 Trendelenburg, Pausanias' Hellenika, 15 ff.

54a So besonders Carl Robert S. 6; Pasquali, Hermes 1913, 192; Christ/Schmid, Geschichte der griechischen Literatur II, 2^6, 760.

55 Pasquali, Hermes 1913, 161.

56 I 19. 6; III 18. 10.

57 I 19. 6.

58 I 30. 4; V 6. 4.

59 I 44. 2.

60 I 22. 4.

61 V 25. 9.

62 V 27. 8.

63 VI 4. 5.

64 VI 5. 1.

65 VI 15. 10.

66 X 15. 4.

67 X 18. 7

68 VIII 11. 1.

69 Im allgemeinen ist dafür auf den Kommentar zu verweisen; für Delphoi ist die strikte Befolgung der örtlichen Reihenfolge nachgewiesen in dem Buch von G. Daux, Pausanias à Delphes, Paris 1936, für Olympia (allerdings mit einigen irrigen Annahmen) durch A. Trendelenburg, Pausanias in Olympia (1914), für die athenische Agora haben es die neuen amerikanischen Ausgrabungen erwiesen, ebenso für Korinth. Zu Olympia s. noch bes. VI 17. 1 «Rundgang nach meinen Angaben».

70 V 14. 4; 14. 10.

71 Siehe o. S. 15 f.

72 IX 29. 2; 38. 10.

73 Zur Frage der Quellenbenutzung siehe besonders auch Heberdey, 5 ff.

74 I 22. 3; vgl. V 11. 11.

75 I 31. 5; 35. 8; 41. 2; 42. 4; II 9. 7; 23. 6; 31. 4; IV 33. 6; V 6. 6; 10. 7; 18. 6; 20. 4; 21. 9; VII 6. 5; IX 3. 3.

76 I 41. 2; V 10. 7; während in I 42. 4 sicher eine literarische Quelle gemeint ist.

77 VIII 37. 3.

78 I 33. 2.

79 V 27. 3 f.

80 VI 14. 6 ff.

81 Phaidros 268 c; für Herodot s. H. Diels, Hermes 22, 1887, 411 ff.:

Jacoby, RE Suppl. Bd. II 402ff.; Wilh. Schmid und O. Stählin, Geschichte der griechischen Literatur (Handbuch der klass. Altertumswissenschaft VII) I 2, 1934, 626ff. Eine erschöpfende Zusammenstellung der betreffenden Stellen bei Gurlitt, a. O., 91ff. Anm. 48. Es sei dazu daran erinnert, daß man im Altertum laut las und sich oft vorlesen ließ, also wirklich «hörte».

82 Siehe die Zusammenstellungen bei Frazer, a. O., I S. LXXIIff. und den Index der Ausgabe von Siebelis Bd. V 183ff.

83 I 14. 3; 22. 7; II 1. 1; 37. 3; IV 4. 1; VI 18. 6; VIII 18. 1; IX 9. 5; 27. 2; X 38. 11; s. auch die Stellen, an denen sich Pausanias auf seine Homerstudien beruft, IX 30. 3; X 24. 3.

84 J. O. Pfundtner, Pausanias periegeta imitator Herodoti, Diss. Königsberg 1866; C. Wernicke, De Pausaniae periegetae studiis Herodoteis, Diss. Berlin 1884; Jos. Obrecht, Der echte und der soziative Dativ bei Pausanias, Diss. Zürich, Genf 1919, 18f.; Segrè, Historia, studi storici I, 1927, 207ff. Das geht so weit, daß selbst ein so persönlich gefärbter Satz wie der: «Ich muß eben berichten, was von den Griechen gesagt wird, muß aber durchaus nicht alles glauben» (VI 3. 8) aus Herodot stammt (VII 152. 3).

85 O. Fischbach, Die Benutzung des Thukydideischen Geschichtswerks durch den Periegeten Pausanias, Wiener Studien 15, 1893, 161ff.; Segrè s. o. 209.

86 I 2. 2; 9. 4; 23. 10; 29. 3; II 30. 4; 30. 9; III 17. 7; umgekehrt I 6. 1; X 17. 13.

87 Segrè, Pausania come fonte storica, Historia, studi storici I, 1927, 209ff.; Note storiche su Pausania periegeta, Athenaeum 17, 1929, 475ff.; La fonte di Pausania per la storia dei diadochi, Historia II, 1928, 217ff.

88 Segrè, Historia I 209ff.; Note storiche 475ff.; Fritz Kreis, Historisch-kritische Beiträge zu Pausanias dem Periegeten, Diss. Zürich 1910.

89 Wilamowitz, Glaube der Hellenen II 536ff.; RE IA 783; ebenso der Abriß der arkadischen Geschichte, Hiller von Gärtringen, Klio 21, 1927, 1ff. und der an sich wertvolle Exkurs über den Galliereinfall in Griechenland im 10. Buch, Segrè, Historia I 18ff. und die Exkurse über die frühhellenistische Geschichte, Segrè, Historia II 217ff.

90 VI 19. 9. Für Alexander Polyhistor als Quelle des Pausanias s.

Atenstädt, Philologus 80, 1924, 312ff.; Radke, Würzburger Jahrbücher III, 1948, 85ff.

91 Siehe IX 32. 5; Holleaux, Pausanias et la destruction d'Haliarte par les Perses, Revue de philologie 19, 1895, 109ff.

92 Charakteristisch z. B. die Bemerkung über Lepreos (V 5. 3ff.) oder Psophis (VIII 24. 3ff.).

93 Z. B. VIII 41. 10 über die Quelle im Kotiliongebirge.

94 Diese Aufgabe ist gelöst in dem wichtigen Buch von R. Heberdey, Die Reisen des Pausanias in Griechenland.

95 Attika, Argos, Epidauros, Mantineia, Megalopolis, Orchomenos, Sparta s. Heberdey 115.

96 Heberdey, a. O., 46ff.; 51; 59ff.; 65ff.; 72ff.; 77ff.; 92; 102; 104; 109.

97 Es ist überflüssig, auf diese überholte Literatur heute noch im einzelnen einzugehen; ihre krasseste Äußerung ist das Buch von A. Kalkmann, Pausanias der Perieget, Berlin 1886, dessen einziges bleibendes Verdienst darin besteht, zu seiner Widerlegung die sorgfältige und gründliche Arbeit Gurlitts hervorgerufen zu haben.

98 Heberdey, a. O., 5ff.; besondere Betonung der Autopsie z. B. IV 31. 5; V 12. 3; 20. 8; IX 39. 14.

99 Heberdey passim.

100 VIII 22. 7; vgl. II 11. 6.

101 IX 33. 7.

102 Eine lange Liste solcher Stellen bei Frazer, a. O., I S. XIV f.

103 VIII 13. 2 und dazu RE XVIII 891ff.

104 VIII 18. 8; RE XIII 1890ff. bes. 1899.

105 VIII 9. 6ff.

106 VII 21. 10.

107 VIII 19. 1.

108 V 12. 6.

109 V 25. 9; 26. 3; IX 27. 3; X 7. 1; 19. 2.

110 II 17. 6; V 12. 8.

111 V 21. 15.

112 I 22. 3. Weitere Denkmäler seiner eigenen Zeit II 35. 3; IX 34. 1; 38. 1.

113 VIII 21. 2.

114 Z. B. VI 26. 1f.; VIII 41. 6; X 35. 7; das Umgekehrte IX 25. 3; sonst z. B. II 35. 8; VIII 10. 2; IX 18. 3.

115 X 11. 1.

116 Z. B. I 2. 4; 18. 3; II 27. 3; V 17. 6; 22. 3; 25. 9; VI 15. 8; 19. 5; 19. 6.

117 V 17. 9; 17. 11; 18. 4; 19. 7; IX 40. 10; X 25. 3.

118 X 9. 6.

119 Belege bei Gurlitt, a. O., 193 ff.; 311 ff.; 349 ff.; 360 ff.

120 Siehe auch die Liste bei Gurlitt, a. O., 296 ff. Anm. 2.

121 Siehe bes. I 8. 2 f.; 18. 8.

122 Siehe bes. I 5. 5 und VIII 43. 3 ff.

123 II 30. 4; VIII 42. 11.

124 Stellen bei Frazer, a. O., I S. LV ff.; Gurlitt, a. O., 85 ff. Anm. 42; 43.

125 IX 39. 5–14.

126 I 14. 3; 37. 4; 38. 7; II 37. 6; IV 33. 5; VIII 25. 7; IX 25. 5; vgl. V 10. 1; X 31. 11.

127 VIII 8. 3.

128 VII 23. 7 f.

129 Zum Stil des Pausanias s. bes. Robert, a. O., S. 201 ff. und Adolf Engeli, Die oratio variata bei Pausanias, Diss. Zürich, Berlin 1907; L. Weber, Rhein. Museum 75, 1926, 291 f.

ANMERKUNGEN ZU BUCH I · ATTIKA

* Eine Zusammenfassung des gesamten Wissens über das antike Athen mit erschöpfenden Literaturangaben findet man noch bei Walther Judeich, Topographie von Athen, 2. Aufl. München 1931 (Handbuch der Altertumswissenschaft III. Abt., II. Teil, 2. Bd.), und neuerdings bei J. Travlos, Bildlexikon zur Topographie des Antiken Athen, Tübingen 1971. Seitdem haben die 1931 begonnenen amerikanischen Ausgrabungen, vor allem des Staatsmarkts Athens, unsere Kenntnis Altathens in vielen Punkten bedeutend gefördert. Veröffentlicht werden die Ergebnisse dieser Grabungen in der Zeitschrift Hesperia Bd. I, 1932 ff., mit mehreren Supplementbänden. Die endgültige Publikation erscheint seit 1953 unter dem Titel The Athenian Agora. Results of Excavations, Princeton, bis jetzt 19 Bände. Daneben werden einzelne Denkmälergruppen und Themen in populärer Form von verschiedenen Verfassern dargestellt in den kleinen Heften Excavations of the Athenian Agora, Picture Books, Princeton, seit 1960, bis jetzt 22 Hefte. Einbändiger Führer von Ho-

mer A. Thompson, The Athenian Agora. A guide to the excavation and museum, American School of Classical studies, Athen 1976, 3. Aufl. Neu ferner Ida Thallon Hill, The ancient City of Athens, London 1953. Die städtebauliche Entwicklung Athens vom Altertum bis in die Neuzeit behandelt J. Travlos, Ἡ πολεοδομικὴ ἐξέλιξις τῶν Ἀθηνῶν, Athen 1960.

Für die Akropolis insbesondere sei an neuerer wichtiger Literatur außerdem noch genannt: Martin Schede, Die Burg von Athen, Berlin, Schoetz und Parrhysius 1922; Otto Walter, Führer durch Griechenland, erstes Heft, Athen Akropolis, Wien 1929; L'acropole d'Athènes, Paris, Albert Morancé (großartiges Tafelwerk mit Text), M. Collignon, G. Fougères, Le Parthénon, 1911; 1924; Charles Picard, L'acropole, 2 Bde., 1929/32; Akropolis, aufgenommen von Walter Hege, beschrieben von Gerhart Rodenwaldt, 5., verb. Aufl. München/Berlin 1956 (hervorragende Aufnahmen); ferner verschiedene Aufsätze von Gorham Ph. Stevens in der genannten Zeitschrift Hesperia. Sammlung aller antiken Nachrichten und gute Abbildungen und Pläne: Arx Athenarum a Pausania descripta, edid. Otto Jahn et Adolf Michaelis, Bonn, Marcus et Weber. Ed. tertia 1901. Frank Brommer, Die Akropolis von Athen, Darmstadt 1985.

(SQ) hinter Künstlernamen bedeutet: J.Overbeck, Schriftquellen zur Geschichte der bildenden Künste bei den Griechen, Leipzig 1868.

1 Pausanias beginnt sein Werk wie eine persönliche Reisebeschreibung. Reisende aus nördlicher oder östlicher Richtung, z.B. aus Kleinasien, müssen auf der Fahrt nach Athen am Kap Sounion vorbei. So wird auch Pausanias gereist sein, der vermutlich aus Lydien stammte. Dieser unvermittelte Anfang des Werkes, ohne jegliche eigentliche Einleitung, entspricht durchaus den Stileigentümlichkeiten dieses Schriftstellers. Der erste Satz enthält aber auch in verstärkter Form das Thema des Buches: Die ersten Worte gelten dem «griechischen Festland», dem das ganze Werk gewidmet ist, und der erste Satz schließt mit «Attika», womit der Inhalt des ersten Buches angegeben ist. Auf der Spitze von Kap Sounion steht als weithin sichtbare Landmarke der um 440 v. Chr. erbaute Poseidontempel. Pausanias hätte ihn im überlieferten Text demnach als Athenatempel bezeichnet – ein sehr auffälliger und auch durch Annahme einer Textlücke nach: Tempel der Athena Sounias . . . kaum erklärbarer Irrtum gleich zu Anfang seines Werkes. Denn im Ge-

gensatz zur Angabe des Pausanias sind auf der Kaphöhe zwei in klassischer Zeit errichtete Tempel erhalten: Der größere Peripteros (6 × 13 Säulen), der nach epigraphischem Zeugnis sicher dem Poseidon geweiht war, und der rund 300 m nördlich davon liegende Oikostempel mit Säulenstellung an zwei Seiten (Süd- und Westseite), der nach Vitruv VII 101 der Athena geweiht war. Zudem hätte ein Einschub nach: Tempel der Athena Sounias . . . das Kuriosum nicht beseitigt, daß Pausanias den weithin sichtbaren Poseidontempel erst an zweiter Stelle genannt hätte. Griechische Grabungen und Restaurierungsarbeiten haben an der Ost- und Nordflanke der Kaphöhe ausgedehnte klassische Befestigungen, an der Westseite Reste von einst gedeckten Schiffshäusern freigelegt. Diese Anlagen entstanden im Laufe des Peloponnesischen Krieges (nach 430 v. Chr.).

2 Der Bergwerksbezirk Laureion (Silberbergwerke, die silberhaltigen Bleiglanz förderten) lag im wesentlichen auf dem Bergrücken zwischen der Ostküste Attikas und dem westlich von Sounion mündenden Legraenatal an den Westhängen dieses Bergrückens, so daß es verständlich ist, wenn Pausanias Laureion westlich von Sounion nennt. Die Patroklosinsel, heute Gaidaronisi, hat noch Reste dieser Befestigungen bewahrt. Sie stammen aus dem sogenannten Chremonideischen Krieg (266–262 v. Chr.).

3 Piraeus, richtig Peiraieus, der Haupthafen Athens, gehörte zur Phyle Hippothontis. Die drei Häfen liegen: im Westen der Halbinsel Akté (Kantharos) und im Osten (Zea und Mounychia). Themistokles ließ als Archon 493/92 v. Chr. den Hafen für die athenische Flotte ausbauen. Ab 460 v. Chr. war der P. durch die langen Mauern mit Athen verbunden. Die Zerstörung unter Sulla 86 v. Chr. bedeutete das Ende des Hafens. Nach Strabo bestand der P. aus einer Häusergruppe um das, auch bei Pausanias (s. Anm. 4) erwähnte, Zeusheiligtum. Schiffshäuser sind an der Innenbucht der Häfen Zea und Mounychia freigelegt worden. Das Grab des Themistokles wird gewöhnlich an der dem freien Meer zugewandten Spitze der Aktéhalbinsel angesetzt, wo in der Tat Reste eines grabähnlichen Unterbaus sich erhalten haben. Themistokles starb 65jährig nach 460 v. Chr. in Magnesia/M.

4 Das Heiligtum der Athena Soteira und des Zeus Soter war als

gemeinsamer Bezirk angelegt (sogenanntes Disoteirion). Seine Lage im Stadtgebiet konnte bislang noch nicht bestimmt werden. Leosthenes war Kommandant des griechischen Bundes im sogenannten Lamischen Krieg gegen Antipater, den Statthalter Alexanders des Großen (nach 322 v. Chr.). Der Maler Arkesilaos, Sohn des Teisikrates (SQ. 1768/69), arbeitete im ausgehenden 4. Jh. v. Chr. Die Erwähnung eines Hafenmarktes und zweier Hallen zeigt, daß der P. zur Zeit des Pausanias einen gewissen Ausbau erfahren hatte. Die beiden Statuen des Bildhauers Leochares (SQ. 1301 ff.) stammen aus dem mittleren 4. Jh. v. Chr. Sie müssen also die Sullanische Zerstörung überstanden haben. Ebenso das Gemälde des Arkesilaos. In der Seeschlacht bei Knidos (394 v. Chr.) vernichtete ein, unter Konon stehendes, persisch-athenisches Flottenkontingent die lakedaimonische Flotte.

5 Die Bucht von Phaleron war ursprünglich der Haupthafen Athens, mit dem er seit dem 5. Jh. v. Chr. durch die sogenannten phaleronischen Mauern verbunden war. Das Demeterheiligtum nennt Paus. X 35. 2 nochmals als halbverbrannte Ruine aus der Zeit der Perserkriege.

6 Kap Koliás, heute Kap H. Kosmas, südöstlich der Bucht von Phaleron. Den Heratempel auf dem Weg nach Athen nennt Paus. X. 35. 2 ebenfalls unter den Ruinen der Perserkriege. Die Bemerkung des Pausanias zum Kultbild ist wohl so zu verstehen, daß dessen Beschädigung dem Mardonios nicht zuzuschreiben ist, da Alkamenes (SQ. 816) bekanntlich erst nach den Perserkriegen gearbeitet hat. Insofern ist wohl auch die Zerstörung des Tempels durch die Perser, wie bereits vermutet wurde, falsche Tradition.

7 Dieses, auch anderweitig erwähnte, Grab lag beim sogenannten itonischen Tor im Süden der Stadt, ganz in der Nähe des Olympieions (s. I 18. 6). Pausanias verfolgt die Straße vom Phaleron zur Stadt nicht weiter, sondern wählt I 2. 2 den Peiraieus als Ausgangspunkt. Zum Grab der Amazone Molpadia sowie zum Amazonenzug gegen Athen s. Plut. Theseus 27.

8 Unter den Trümmern der unter Konon errichteten Stadtmauer hat man gewöhnlich Reste der sogenannten Langen Mauern verstanden, was indessen nicht zutreffen kann, da letztere nach Thuk. I 107. 1 aus den 60er Jahren des 5. Jh. v. Chr. stammen. Unter Konon (394 v. Chr.) wurde die Westflanke

der Themistokleischen Stadtmauer erneuert, nachdem diese am Ende des Peloponnesischen Krieges von den Lakedaimoniern zerstört worden war. Pausanias hat also die ganze Strecke vom Peiraieus bis vor das Peiraieustor stillschweigend zurückgelegt. Die Epigramme der Gräber des Menander und des Euripides haben sich erhalten (Anth. Gr. VII 370 u. 45), die Lage der Gräber ist unbekannt. Der attische Komödiendichter Menander (342/41 bis 293/92) soll beim Baden im Meer vor dem Peiraieus ertrunken sein. Der Tragiker Euripides starb 406 v. Chr. in Pella/Makedonien und ist auch dort begraben. Das (wohl freiplastische) Denkmal eines gefallenen Atheners von dem Bildhauer Praxiteles (SQ. 1281) befand sich vermutlich vor dem Dipylontor, das Pausanias gleich anschließend I 2. 5 betritt, ohne es direkt zu erwähnen. Zudem läßt sich die Pliniusnotiz n. h. 36. 20 von den «Marmorwerken des Praxiteles im Kerameikos» gut damit verbinden (SQ. 1282). Im Gegensatz zur Weihinschrift hatte sich offensichtlich die Künstlersignatur erhalten, in der von der Arbeit des Künstlers an beiden Teilen, Pferd und Reiter, die Rede war.

9 Pausanias beginnt seine Beschreibung Athens an dem berühmten Haupttor im Westen der Stadt, dem sogenannten Dipylon. Von ihm und dem unmittelbar südlich davon gelegenen Heiligen Tor haben sich noch bedeutende Reste der Torkammer und der seitlichen Anschlußmauern erhalten. Von hier gingen die wichtigsten Straßen aus, die Athen mit dem Peiraieus, mit Eleusis, der Megaris, Korinth und der Peloponnes einer- sowie Boiotien und Nordgriechenland andererseits verbanden. Vor den Toren lag einer der bedeutendsten Friedhöfe Athens mit den Staatsgrabmälern für die im Krieg Gefallenen und der berühmten Staatsmänner, Dichter und Redner. Ihn durchschnitt die rund 30 m breite und rund 1200 m lange Verbindungsstraße zu der im Nordwesten gelegenen platonischen Akademie. Stadteinwärts erstreckte sich eine breite und beidseitig mit Hallenbauten eingefaßte Prachtstraße, der sogenannte Dromos, bis hin zum Staatsmarkt, der Agorá. Pausanias' Beschreibung Athens folgt im allgemeinen einem Rundgang, der ihn vom Dipylon zum Staatsmarkt am Nordabhang der Akropolis führt, dann nördlich um diese herum zu den großen Denkmälern im Südosten der Stadt, mit einem Abstecher in die dortigen Vorstädte vor den Toren und dann weiter über den Südabhang der

Burg auf die Akropolis hinauf. Von der Akropolis wendet sich Pausanias wieder zum Dipylon zurück und beschreibt den Staatsfriedhof vor dem Tor und die sonstigen Denkmäler außerhalb des Dipylons. Der Zusammenhang des Rundgangs in der Beschreibung ist jedoch mehrfach durch Sprünge unterbrochen, ohne daß dies jeweils im einzelnen angezeigt wird. Von heute noch erhaltenen Denkmälern Athens hat der Schriftsteller eine ganze Reihe nicht der Erwähnung wert gehalten und übergangen. Das Gebäude zur Herrichtung der Festzüge, das sogenannte Pompeion, lag unmittelbar südlich neben dem Dipylon im Winkel der Torkammer und der hier nach Süden ausbiegenden Stadtmauer. Es war um 140 n. Chr., also noch vor Pausanias' Besuch, nach der sullanischen Zerstörung als schlichter basilikaler Magazinbau wieder errichtet worden, wobei offensichtlich der alte offizielle Titel, Pompeion, nicht wieder aufgenommen wurde. Die Basis für die dreifigurige Kultbildgruppe im Demetertempel ist 1936 am Nordwestrand der Agora gefunden worden, also in ziemlicher Distanz zur Tempellage am Westende des Dromos. Die an der Innenwand in «attischer Schrift» aufgetragene Künstlerinschrift des Praxiteles stellte offenkundig den Ersatz für die verschleppte Basis dar, wobei nur unklar bleibt, zu welcher Zeit der Vorgang zu datieren ist. Über die Gruppe von Poseidon und Polybotes ist ob der ungewöhnlichen Ikonographie reichlich gerätselt worden. Am ehesten handelt es sich um eine epigraphische Umtaufe, die den Perihegeten indessen nicht überzeugt hat.

10 Unter Kerameikós versteht Pausanias, wie zu seiner Zeit üblich, den Staatsmarkt (Agorá), während damit früher allgemein die Gegend inner- und außerhalb des Dipylon bezeichnet und mit eigenen Grenzsteinen festgelegt war. Der hier etwa 40 m breite Dromos war beidseitig mit Hallenbauten, die Verkaufsläden und Kontore enthielten, gesäumt. Teile von ihnen sind an der Nordwestecke der Agora wieder freigelegt worden. Die erwähnten Bronzestandbilder standen an den Gehsteigen. Zur Hauptsache werden sie nach der sullanischen Zerstörung errichtet worden sein. Die große und von Pausanias näher beschriebene Halle lag an der linken (nördlichen) Seite des Dromos. Sie beherbergte auch Heiligtümer verschiedener Götter, das Gymnasion des Hermes, das Haus des Poulytion, in

dem der Mysterienfrevel des Jahres 415 v. Chr. stattfand, an dem sich auch Alkibiades beteiligt haben soll. Die große, einst auf einer ca. 8 m langen Basis errichtete Göttergruppe, die der Bildhauer Euboulides (SQ. 2238) im 2. Jh. v. Chr. verfertigt und geweiht hat, ist in Teilen samt der Künstlerinschrift 1837 am Platz H. Asomaton (nördlich des Theseionbahnhofes) wieder gefunden worden. Ihre einstige Position war ca. 150 m östlich des Dipylontores. Der Daimon Akratos gehört sicher nicht mehr zur Euboulidesgruppe. Die in die Wand gemauerte Maske stellte wohl Dionysos selbst dar, wobei nicht ganz sicher auszumachen ist, ob diese Wand noch zum Dionysosheiligtum gehört. Sicher ist, daß das Haus mit tönernen Statuen einen eigenen Bereich darstellt, in dem der Einführung des Dionysoskultes von Eleutherai in Athen durch den Priester Pegasos gedacht wurde.

11 Textlücke, die sich sinngemäß nicht mehr schließen läßt. Erhalten ist: . . . und machte ihn zum Wächter des Tempels.

12 Mit diesem Kapitel beginnt Pausanias die Beschreibung des Staatsmarktes (Agora). Er zählt zuerst die Gebäude auf, die am Westrand der Agora und am Fuß des Markthügels (Kolonos Agoraios) lagen. Die zuerst genannte «Königshalle» (Stoa Basileios) ist erst 1970 an der Nordwestecke der Agora ausgegraben worden, nachdem der ganze Bereich des Staatsmarktes durch die amerikanischen Grabungen seit 1931 freigelegt war. Die schlichte dorische Halle (17,72 × 7,57 m) ist um 500 v. Chr. als Amtslokal des Archon Basileus errichtet worden. In ihr wurden die Abschriften der Drakonischen und der Solonischen Gesetze aufbewahrt. Hier fand sich auch, hinter der Basis für das Götterbild, der λίθος, jener große Felsblock, auf dem die Archonten am Beginn ihres Amtsjahres ihren Amtseid über die strikte Einhaltung der Gesetze ablegten (Aristoteles, Verfassung von Athen 7 und 55). Gelegentlich tagte hier der Areiopag, das oberste athenische Gericht. Die (als Gruppe) aufgestellten Ehrenstatuen für Konon, seinen Sohn Timotheos und den kyprischen König Euagoras, von denen sich Basisteile mit der Weihinschrift fanden, hatten nach Demosthenes XX 70 ihren Platz vor der gleich anschließend genannten Zeusstoa, zusammen mit den Statuen des Zeus Eleutherios und des Kaisers Hadrian.

13 Die von Pausanias nicht näher benannte Halle mit den Bildern der zwölf Götter ist die Stoa des Zeus Eleutherios, ein im letz-

ten Viertel des 5. Jh. v. Chr. errichteter Bau dorischer Ordnung mit beidseitig vorspringenden Risaliten. Er trat an die Stelle eines bescheidenen archaischen Vorgängers aus dem späten 6. Jh., der in den Perserkriegen zerstört worden war. Die nach drei Seiten offene Halle war ein beliebter Aufenthalt für Rhetoren- und Philosophenzirkel. Nach Sokrates' eigenem Bekunden hat er mit seinen Schülern sich des öfteren dort aufgehalten. Die drei Innenwände trugen vielseitigen Freskenschmuck aus dem Atelier des Malers Euphranor (SQ. 1790–1796). Die Schmalseiten waren auf der einen Seite mit den zwölf Göttern, gegenüber (πέραν), also auf der anderen Seite, mit Theseus und den beiden Personifikationen des Demos und der Demokrateia geschmückt. Die Rückwand zeigte die Reiterschlacht bei Mantineia 362 v. Chr., von der Pausanias VIII 9. 8 eine Kopie im Gymnasion zu Mantineia erwähnt. Der ganze Zyklus ist bald nach 362 v. Chr. entstanden. Von ihm hat sich nichts erhalten.

14 Mit der direkten Verknüpfung zweier Werke des gleichen Künstlers Euphranor geht Pausanias gleich zu dem südlich gelegenen Tempel des Apollon Patroos über, ohne des dazwischen gelegenen einzelligen Tempels (5,20 × 3,65 m) mit dem Doppelkult des Zeus Phratrios und der Athena Phratria zu gedenken. Beide Götter stehen als Schutzgottheiten der sogenannten Phratrien, alter Bruderschaften und Geschlechterverbände, in enger ideeller wie räumlicher Verbindung mit dem Kult des Apollon Patroos, von dem im Platonischen Dialog «Euthydemos» Sokrates sagt, daß Apollon und nicht Zeus der Vatergott sei, weil er den Ion, den Stammvater des jonischen Geschlechts, gezeugt habe, dem sich auch die Athener zurechneten. Die von Pausanias genannte Kultstatue des Apollon, von der Hand des Bildhauers Euphranor (SQ. 1799), ist bei früheren Grabungen 1907 gefunden worden. Sie ist heute am Südende der wiederaufgebauten Attalosstoa aufgestellt. Vor dem Tempel des Apollon Patroos erwähnt Pausanias zwei weitere Apollonstatuen. Die eine, ohne Beinamen, von der Hand des Leochares (SQ. unter 1305 Nr. 4). Sie wird wohl in Verbindung mit der Errichtung des Tempels nach der Mitte des 4. Jh. v. Chr. geweiht worden sein. Die andere von Kalamis, einem Meister des strengen Stils (SQ. 508). Schon von daher läßt sich der Beiname als Unheilabwehrer zeitlich nicht mit der Pest, am Ausbruch des Peloponnesischen Krieges (430 v. Chr.), verbin-

den, wie dies Pausanias angibt. Eher scheint die Zeitbestimmung aus dem Beinamen abgeleitet zu sein.

15 Pausanias setzt seine Route am Westrand der Agora nach Süden fort. Das von ihm genannte Metroon stellt eine komplexe Bauanlage dar, die neben dem Tempel der Göttermutter, Nebenräumen für das Staatsarchiv, einem großen Peristylsaal auch das westlich gelegene neue Bouleuterion umfaßt und die nach Osten durch eine vorgelegte jonische Portikus ein geschlossenes Ensemble darstellt. Ein im Süden angefügtes Propylon eröffnete den direkten Zugang zu dem in den dahinter ansteigenden Fels eingearbeiteten Bau des neuen Bouleuterions, in dem die 500 Stimmbürger, 50 jeweils aus den zehn Phylen ausgelost, ihre Ratsversammlungen hielten. Pausanias sah Metroon und Bouleuterion in der spätesten Ausbauform aus dem mittleren 2. Jh. v. Chr. Unter ihnen sind die Vorgängerbauten noch in Resten erhalten. Die Statue der Göttermutter wurde neben Pheidias auch dessen Schüler Agorakritos (SQ. 831–833) zugeschrieben. Die genannten Bildwerke und Fresken schmücken nach den Angaben des Pausanias ausschließlich das Bouleuterion; wo im einzelnen, ist nicht mehr auszumachen. Die Holzstatue des Zeus Boulaios dürfte noch aus dem alten Bouleuterion stammen. Der Künstler der Apollonstatue, Peisias (SQ. 1932), ist uns nicht näher bekannt, ebenso Lyson (SQ. 1932), von dem eine Statue des Demos aufgestellt war. Der Maler Protogenes aus Kaunos (SQ. 1932) war einer der bedeutendsten Künstler seiner Zeit (2. Hälfte 4. Jh. v. Chr.). Die Thesmotheten stellten seit dem 7. Jh. ein sechsköpfiges Kollegium dar, das die Satzungen aufzuzeichnen und die richterlichen Entscheidungen zu bewahren hatte. Ihr Amtslokal war seit Solon das Thesmotheion, das man demnach in Verbindung mit dem Bild des Protogenes ebenfalls im Bereich von Metroon und Bouleuterion ansetzen darf. Das Fresko des Olbiades (SQ. 2145), mit der Episode von der Abwehr des Galliereinfalls an den Thermopylen (279 v. Chr.) unter Kallippos, wird wohl eine ganze Wand eingenommen haben.

16 Der gleich südlich an das Metroon anschließende Rundbau der Tholos ist das letzte der Staatsgebäude am Westrand der Agora. Er war das Amtslokal der Prytanen, die hier rund um die Uhr Dienst taten; hier waren die amtlichen Gewichte und Maßgefäße aufbewahrt. Pausanias sah den Bau in seiner letzten Re-

staurierung unter Hadrian nach dem Wiederaufbau unter Kaiser Augustus. Ein kleiner Anbau im Norden barg die Küche für die öffentlichen Ehrenspeisungen. Leider sagt Pausanias nichts Näheres über die «nicht großen Bildwerke aus Silber». Mit der gleich anschließend genannten Gruppe der sogenannten Phylenheroen, mit denen sie einmal fälschlicherweise verwechselt worden waren, haben sie nichts zu tun. Vielleicht stehen sie in Verbindung mit der staatlichen Silberförderung in Laureion. Dann wären sie noch aus themistokleischer Zeit.

17 Pausanias biegt hier um und verfolgt seine Route nordwärts, wobei er Denkmäler beschreibt, die den bisher genannten östlich gegenüber liegen. Die Gruppe der ursprünglich 10, dann auf 13 erweiterten Phylenheroen geht auf eine erste Weihung (bezeugt 424 v. Chr.) an einem Standort weiter südlich zurück. Sie ist dann in der Mitte des 4. Jh. vor die Front des Metroons versetzt worden, wo heute Teile der hohen Basis und ihres Schutzzaunes wieder rekonstruiert sind. Die Einrichtung der Phylen Attalis (um 200 v. Chr.) und Ptolemais (um 220 v. Chr.) geschah als Ersatz für die beiden den makedonischen Königen Antigonos und Demetrios (307/06 v. Chr.) geweihten Phylen. Die für Kaiser Hadrian ist im Zusammenhang mit den dreimaligen Aufenthalten des Kaisers zwischen 125 und 132/33 n. Chr. erfolgt. Die Einzelheiten der Lobpreisung des Kaisers Hadrian sind, wie Pausanias selbst bekundet, einer Inschrift des dem Kaiser geweihten Pantheons entnommen, das nach 130 n. Chr. erbaut wurde und von dem sich Teile durch Grabungen östlich der Hadriansbibliothek ermitteln ließen (s. Paus. I 18.9). Die Ereignisse um die «abgefallenen Hebraier» beziehen sich auf den sogenannten Bar-Kochba-Aufstand 132–135 n. Chr.

18 Mit I 8. 2 nimmt Pausanias seinen topographischen Bericht wieder auf. Er bewegt sich weiterhin nach Norden. Die von ihm genannten Götter- und Heroenstatuen müssen ihren Platz östlich der Zeusstoa und nördlich des Arestempels gehabt haben. Nur die Situation der 280 v. Chr. geweihten Bronzestatue des Demosthenes von der Hand des Bildhauers Polyeuktes ist näher umrissen: Dicht bei dem (von Pausanias nicht genannten) 12-Götter-Altar, unweit einer Platane. Mit solchen Bäumen ließ einst Kimon, Sohn des Miltiades (gest. 450 v. Chr.), die ganze Agora bepflanzen. Über Zahl und Thematik der zu-

erst genannten Götterstatuen macht Pausanias keine näheren Angaben. Ebensowenig darüber, in welchem mythologischen Rahmen Amphiaraos dargestellt war. Die Statuen der Eirene mit dem Ploutosknaben (für die Pausanias IX 16. 2 den Künstlernamen Kephisodotos, SQ. 1143, nachliefert), des attischen Staatsmannes Lykourgos (Mitte und 2. Hälfte des 4. Jh. v. Chr.) und des Kallias, der den sogenannten Kalliasfrieden 449/48 v. Chr. vermittelte, waren wohl in engerer Gruppierung aufgestellt, da sie auf jeweils bedeutsame Daten und Persönlichkeiten der attischen Geschichte Bezug nehmen: Die Statue der Eirene auf den 372/71 v. Chr. zwischen dem zweiten attischen Seebund und Lakedaimonien geschlossenen Frieden. Kallias auf den von ihm ausgehandelten Frieden mit dem Perserkönig Artaxerxes, der die seit den Perserkriegen noch andauernden Auseinandersetzungen beendete. In Lykourgos (ca. 380–324 v. Chr.) wurde der bedeutende Redner, Staatsmann, Bauherr und kompromißlose Patriot Athens geehrt. Seine Politik hatte ihn eng an die Seite des Demosthenes (384–322 v. Chr.) geführt. Dessen Statue wurde erst 40 Jahre nach seinem Tod auf Antrag seines Neffen Demochares errichtet. Pausanias II 33. 2 f. erwähnt eine weitere Statue des D. im Poseidonheiligtum auf Kalaureia, dem Ort seines Freitodes. Sowohl von der Eirene wie von der Demosthenesstatue sind im römischen Kopienvorrat maßgleiche Nachbildungen erhalten. Archias, tragischer Schauspieler aus Thourioi, beteiligte sich im Auftrag des Antipatros als φυγαδοθήρας an der Jagd und Ergreifung der geflohenen Athener Hypereides, Aristonikos und Himeraios. Demosthenes konnte sich seinem Zugriff durch Selbstmord entziehen.

19 Der Arestempel wurde im Nordteil der Agora, in Front des Apollon-Patroos-Tempels, freigelegt. Er ist ein Peripteros (6 × 13 Säulen) klassischer Zeit, stand aber ursprünglich außerhalb der Agora, vielleicht sogar außerhalb Athens (im Demos Acharnai). Er ist unter Augustus sorgfältig abgebaut, numeriert (entsprechende Markierungen auf den Blöcken) und an Ort und Stelle wieder aufgebaut worden, samt dem ihm zugehörigen Altar (bemerkenswerte Reste im Agoramuseum) aus dem 4. Jh. v. Chr. Zwei weitere Tempelbauten der Agora, der Südost- und der Südwesttempel, teilen das gleiche Geschick. Auch sie standen ursprünglich außerhalb Athens (Sounion und

Thorikós). Von den fünf im Innern aufgestellten Götterstatuen benennt Pausanias nur für die beiden Kultbilder des Ares und der Athena die Künstler (Alkamenes und den Parier Lokros, SQ. 818). Unter den Standbildern außerhalb des Tempels bildeten sicher Herakles und Theseus samt dem sich das Haar aufbindenden Apollon (wohl identisch mit dem Diadoumenos des Leochares, SQ. 1306) eine Gruppe, während die Bildwerke von Pindar und Kalades Einzelweihungen darstellten. Kalades ist übrigens gänzlich unbekannt, seine Namensform nicht sicher überliefert, vielleicht als Sakadas (II 22. 8) zu lesen. Die beiden Gruppen der Tyrannenmörder, sowohl die originale von 510ff. v.Chr. des Bildhauers Antenor (SQ. 443–447), die die Perser 480 nach Susa verschleppt hatten, wie die Ersatzgruppe von 477/76 v.Chr. von Kritios und Nesiotes (SQ. 457/58) standen östlich des Arestempels, vielleicht an jener markanten Stelle der Panathenaienstraße, die einen Knick in Südostrichtung aufweist. Dort ist auch der einzige originale Rest (der zweiten Gruppe), ein Basisfragment mit Inschriftresten, gefunden worden. Pausanias ist der einzige antike Zeuge, der beide Gruppen sah und sie auch erwähnt. Nachbildungen der Gruppe von 477/76 v.Chr. auf Münzen, Spielmarken, Vasen, Relief sowie in maßgleichen römischen Kopien. Nach besseren Quellen hat bereits Alexander der Große die Antenorgruppe aus Susa nach Athen zurückgesandt.

20 Das etwa 15 v.Chr. unter M. Vipsanius Agrippa angelegte Odeion liegt genau im Zentrum der Agora, an der Stelle, an der sich früher die Orchestra für Theateraufführungen befand. Pausanias sah die rund tausend Personen fassende Musik- und Singhalle noch vor ihrem einschneidenden Umbau um die Mitte des 2. Jh. n. Chr., womit sein Besuch in Athen und die Abfassungszeit des ersten Buches in die Jahre vor 150 n. Chr. datiert wären. Bei diesem, durch Deckeneinsturz motivierten, Umbau entstand die monumentale Nordfassade mit je drei Tritonen und Giganten als Stützfiguren, die alle späteren Umwandlungen und Zerstörungen überdauerten und als sogenannte Gigantenstoa stets sichtbar über der Erde blieben. Vor dem Eingang in das Odeion, d. h. vor seiner Nordfront, standen Ehrenstatuen der Ptolemaier – unklar ob alle Herrscher und in welcher Anordnung, darunter auch die Statue der Königin Arsinoë I., der Gemahlin Ptolemaios' II. Philadelphos.

In der Erklärung des Beinamens von Ptolemaios Philometor ist Pausanias einer irrtümlichen Erklärung aufgesessen. Philometor war ein offizieller Titel, konnte also kein Spitzname sein. Zudem hätte dieser μητρόφιλος gelautet. Es folgt ein kurzer Exkurs über das Verhältnis von Philometor zu seiner Mutter. Hier wird auch eine Statue der Berenike erwähnt.

21 Pausanias unterscheidet – vielleicht etwas zu penibel – zwischen den Ptolemaierstatuen als Ausdruck «wirklicher Ehrung» und den Statuen von Philippos II. von Makedonien, seinem Sohn Alexander dem Großen und König Lysimachos von Thrakien (323–281 v. Chr.), die mehr um des «augenblicklichen Vorteils» willen errichtet worden seien. Will man nicht annehmen, daß es sich bei dem ganzen Ensemble vor der Nordfront des Odeions um eine ad hoc errichtete Gruppierung von Ehrenstatuen handelt, so sind diese als ältere Weihungen zu Lebzeiten der Geehrten entstanden und sekundär in die von Pausanias beschriebene Position gebracht worden.

22 Pausanias nimmt hier, nach einem längeren Exkurs über die Geschicke des Lysimachos, seinen topographischen Bericht wieder auf. Die von ihm isoliert genannte Statue des Pyrrhos, des Königs von Epeiros 319–272 v. Chr., wird auch vor der Nordfront des Odeions gestanden haben; denn am Ende des langen Pyrrhosexkurses nennt Pausanias I 14. 1 eine Dionysosstatue im Innern des Odeions.

23 Pausanias wechselt nun in den Südostteil der Agora über. Nach einer längeren Distanz, die schwerlich mit πλησίον zu umschreiben ist und innerhalb deren er keine Denkmäler erwähnt, steht er vor dem, im Winkel zwischen Münze und Südostecke der Südstoa gelegenen, Brunnenhaus (18,20 × 6,80 m) aus dem späten 6. Jh. v. Chr., das er Enneakrounos (Neunröhrenbrunnen) nennt. Der einzellige, queroblonge Bau hatte jeweils seitlich Bassins, war nach Norden zu offen und grenzte mit seiner Rückwand an einen alten Querweg von der Nordstadt zur Pnyx. Die Nachbarschaft zum Panathenaienweg ist offensichtlich; nur ist fraglich, ob die Benennung durch Pausanias zutrifft. Denn weder ist das Brunnenhaus einst mit neun Brunnenröhren ausgestattet gewesen, noch kann es die berühmte Kallirrhoe-Enneakrounos sein, die Thuk. II 15. 4 am Ilisos beschreibt und die neben dem Brunnenhaus auch über eine reich sprudelnde Quelle verfügte. Entweder hat sich die Bezeich-

Epimenides waren «vor dem Tempel», also wohl noch innerhalb des Temenos, aufgestellt. Epimenides, ein Wundertäter und Wanderpriester aus Kreta, der eigene, auf schamanistische Einflüsse zurückgehende, religiöse Strömungen verkörperte, war angeblich um 500 v. Chr. in Athen, um die Stadt von dem Kylonischen Frevel zu entsühnen. Pausanias' Hinweis auf den mehrjährigen Wunderschlaf des Epimenides in der Höhle läßt die Vermutung zu, daß die Statue den Dargestellten schlafend zeigte. Über den Tempel der Eukleia, seine Lage und sein Aussehen ist nichts Näheres ermittelbar. Pausanias überliefert nur den Beinamen der Göttin Artemis, deren Kult besonders in Boiotien, Lokris und Korinth bezeugt ist. Wohl nach 490 v. Chr. errichtet, wenn die Angabe, der Tempel sei aus der Beute von Marathon errichtet, wörtlich zu nehmen ist. Auf Marathon bezieht sich auch das Grabepigramm des Aischylos, das uns anderweitig überliefert ist und das Pausanias in Prosaumschrift zitiert.

25 Pausanias ist – stillschweigend – an den Ausgangspunkt seines Rundganges über die Agora, an deren Nordwestecke, zurückgekehrt. Hier richtet er sein Augenmerk auf zwei Kultbauten, die jenseits des Westrandes auf dem «Markthügel» (Kolonos agoraios) liegen. Der Tempel des Hephaistos, als Doppelkult mit Athena verbunden, ist durch die amerikanischen Ausgraber sicher mit dem bisher als «Theseion» benannten, wohlerhaltenen Peripteros (6 × 13 Säulen) gleichgesetzt worden. Er nimmt dominierend die Nordspitze des «Markthügels» ein; war außerdem durch einen stets freigehaltenen Zugang zwischen dem Patroostempel und dem Metroon mit der Agora verbunden, der in der frühen Kaiserzeit als große Freitreppe ausgestaltet war. Der Bau selbst war nach der Mitte des 5. Jh. v. Chr. begonnen worden; sein Architekt ist unbekannt, indessen kann man der Bauhütte noch den Poseidontempel von Sounion (I 1. 1), den Arestempel auf der Agora (I 8. 4) und dem Nemesistempel in Rhamnous (I 33. 2) zuschreiben. Die beiden Kultbilder sind nach einer erhaltenen Abrechnungsurkunde zwischen 421 und 415 v. Chr. von Alkamenes (SQ. 821/22) verfertigt worden. Die amerikanischen Ausgrabungen haben noch Reste des Giebelschmucks ermitteln können. Diese sind im Agoramuseum (Attalosstoa) ausgestellt. Von der neben dem Tempel errichteten Athenastatue ist nichts bekannt. Das zweite

Heiligtum, der Aphrodite Ourania, in dem sich zu Pausanias' Zeiten noch die aus parischem Marmor gearbeitete Kultstatue von der Hand des Pheidias (SQ. 691) befand, ist nicht mit gleicher Sicherheit zu bestimmen. Eine Zeitlang haben die amerikanischen Ausgräber einen kleinen einzelligen Podiumstempel an der Nordspitze des «Markthügels» dafür reklamiert. Indessen ist der Bau selbst, dessen Freitreppe dem Bau der Peiraieusbahn zum Opfer fiel, erst aus der frühen Kaiserzeit. Eine Verbindung zu einem Heiligtum des 5. Jh. v. Chr. ist daher nur schwer nachvollziehbar.

26 Pausanias wendet sich nun der – großenteils noch unausgegrabenen – Nordseite des Marktplatzes zu. Von der Stoa Basileios geht er nordöstlich in Richtung der sogenannten Bunten Halle (Stoa Poikile s. weiter unten) und passiert die Bronzestatue des Hermes Agoraios. Diese stand mit dem gleich anschließend genannten Markttor in enger Verbindung, säumte wohl dessen in die Nordstadt ausgehende Straße. Die Statue war unter dem Archontat des Kebris errichtet worden, das sich nicht genauer festlegen, aber doch auf den Zeitraum vor den Perserkriegen ansetzen läßt. Vermutlich hat Pausanias das Original nicht mehr gesehen, statt dessen einen bronzenen Nachguß. Das auf dem Markttor errichtete Siegesmal (Tropaion), von dem wir keine Vorstellung haben, galt dem Sieg der Athener über die makedonische Kavallerie unter Pleistarchos und Kassandros (nach 307 v. Chr.) an Ort und Stelle. Die Ostseite dieser nach Norden abgehenden Straße säumte, wie die 1981 aufgenommenen Grabungen der Amerikaner in diesem Sektor zeigen, der queroblonge Bau der Stoa Poikile, deren nach Süden offene Front von einer durchlaufenden dorischen Säulenstellung gebildet wird. Auch das Markttor fand sich in seiner aus Porosblöcken gebildeten Fundamentierung. Vor dem westlichen Pylon hat sich an der Marktseite die Basis für die Hermesstatue gefunden. Die Stoa Poikile, von Kimons Schwager Peisianax nach 457 v. Chr. gestiftet und erbaut, bildete also in diesem Sektor den Nordabschluß des Marktplatzes. Die an dieser Stelle vermutete Hermenstoa ist zu streichen. Ob sie sich durch Grabungen weiter östlich noch nachweisen läßt, muß vorerst offenbleiben. Pausanias hat sie jedenfalls nicht genannt. Sein Weg von der Stoa Basileios nach Nordosten führte ihn an drei Monumenten vorbei: Der Statue des Hermes Agoraios, dem

ca. 475 v. Chr. eine förmliche bauliche Neugestaltung erfuhr. Auf Geheiß Delphois wurden von der Insel Skyros die Gebeine des Theseus feierlich nach Athen übergeführt, wo sie (nach dem Zeugnis des Plutarch, Theseus 36) von einer Prozession empfangen und beigesetzt wurden. Neben den Heiligtümern auf der Burg und dem Eleusinion genoß das Theseion die höchsten kultischen Ehren. In einem eigens errichteten Bau waren drei Szenen des mythischen Theseuslebens in Malerei dargestellt: Die Amazonomachie, die Kentauromachie (wohl zusammen mit Peirithoos) und eine sonst selten dargestellte Episode mit Theseus, der nach dem Ring des Minos auf dem Meeresgrund taucht. Hier nennt Pausanias den Maler Mikon. Es ist aber nicht ausgeschlossen, daß auch hier, wie in der Stoa Poikile, eine Künstlergruppe (mit Polygnotos u. a.) am Werke war. Vielleicht ist dieser Bau von Pausanias als σηκός bezeichnet worden. Bei Plutarch Kimon 8 heißt jedoch die Grabstätte des Theseus auf Skyros σηκός, so daß nicht auszuschließen ist, daß mit σηκός auf den Grabbau im Theseion angespielt wird.

29 Für das Heiligtum der Dioskouroi, auch unter dem Namen Anakeion bekannt, gibt Pausanias eine sehr präzise Ortsangabe. Es lag unter dem Heiligtum der Aglauros und ihrer Schwestern Herse und Pandrosos, d. h. an der Stelle, an der im Herbst 480 v. Chr. die Perser die Burg erstiegen und erobert haben. Damit ist ein, heute noch in Resten vorhandener, Aufstieg angezeigt, der in einem Felsspalt auf die Burg hinaufführt und westlich des Erechtheions endet. Am unteren Ende des Aufstiegs lag das Aglaurosheiligtum. Das Anakeion muß also einen Platz in den unteren Partien des Nordabhanges der Burg, etwa in dessen mittleren Hälfte, gehabt haben. Es schloß ein größeres Temenos ein, da es von alters her als militärischer Sammelplatz diente. Außerdem hielten sich dort die um Tageslohn dienenden Sklaven auf. Bei der eingangs genannten Gruppe der Dioskouroi (stehend) mit ihren Söhnen (Anaxis und Mnasinos) zu Pferd ist nicht auszumachen, ob es sich um ein plastisches Bildwerk oder um ein Gemälde handelt. Für die danach genannten Bilder: Hochzeit der Leukippidentöchter (von Polygnotos) und die Szene aus dem Argonautenzug mit Akastos und seinen Pferden (von Mikon) ist ohne Frage eine Unterbringung im gedeckten Raume Voraussetzung. Pausanias, der VIII 11. 3 das Argonautenbild des Mikon nochmals erwähnt, spricht dort

von den beiden Peliastöchtern Asteropeia und Antinoë; das Bild hatte offensichtlich einen größeren szenarischen Umfang. Auch das Polygnotgemälde stellte ohne Frage den Raub der Leukippidentöchter durch die Dioskouroi dar, umfaßte also mindestens vier Figuren (samt den Pferden). Der Orakelspruch sprach von «hölzernen Mauern» (Her. VII 141), die Themistokles auf die Schiffe deutete. Den gleichen Aufgang wie die Perser (a. O. 53) benutzten die Arrhephoroi, von denen Paus. I 27. 3 berichtet. Das Prytaneion kann nicht allzuweit entfernt gelegen haben, da Pausanias es in die Nähe von Anakeion und Aglaurosheiligtum ansiedelt. Es war der alte Amtssitz der Prytanen, behielt diese Position auch nach deren Umsiedelung in die Tholos (s. I 5. 1). Hier stand der zentrale Herdaltar und sein Kult, der sich auch in der Errichtung einer Hestiastatue äußert. Hier wurden Gäste des Staates gespeist, was analoge Einrichtungen wie in der Tholos (Küche und Klinen) voraussetzt, und hier tagte das von den Phylobasileis geleitete Blutgericht. Welche Motive zur Aufstellung der Statue des Pankratiasten Autolykos geführt haben, ist nicht mehr auszumachen. Er ist bei Xenophon Symp. 1.1 erwähnt, soll als ein Opfer der Dreißig (404/03 v. Chr.) gefallen sein. Nach Plinius n. h. 34. 79 hat der Bildhauer Leochares seine Siegerstatue gefertigt. Weshalb die Standbilder des Miltiades und Themistokles inschriftlich auf einen Römer bzw. einen Thraker umbenannt wurden, sagt uns Pausanias leider nicht. Auch nicht, auf welchem Wege ihm doch noch die ursprüngliche Benennung zugänglich war. Da Pausanias gleich anschließend sich in die Unterstadt begibt, wird auch das Prytaneion noch an den Nordabhängen der Akropolis seinen Platz gehabt haben. Hingegen lag das Serapeion, von Ptolemaios II. Philadelphos gestiftet, bereits in der Unterstadt; wo genauer, ist nicht auszumachen. Sicher ist nur, daß der Platz für das «Synthema» zwischen Theseus und Peirithoos «nicht weit» entfernt lag, dem sich dann der Tempel der Eileithyia «nahebei» zugeordnet haben muß. Da Pausanias gleich anschließend in den Bezirk des Zeus Olympios eintritt, ist es geboten, die Gruppe der drei zuvor genannten Heiligtümer doch eher der Ost- als der Nordseite der Akropolis zuzuweisen.

30 Die drei genannten Lokalitäten sind, wie in Anm. 29 dargelegt, in naher Verbindung untereinander, eher östlich als nördlich der Akropolis anzusetzen. Für das Serapeion und das Heilig-

32 Die beiden von Pausanias «nach dem Tempel des olympischen Zeus» genannten Apollonheiligtümer hatten ihren Platz südlich und südwestlich. Wenn die beiden, von der modernen topographischen Forschung herausgearbeiteten, Situationen zutreffen – und es besteht kein Zweifel daran –, dann hat Pausanias sich zuerst dem entfernteren, dicht am rechten Ilisosufer gelegenen, Heiligtum des Apollon Pythios zugewandt, dessen Position seit langem durch einschlägige Inschriftenfunde bekannt ist. Offensichtlich hatte der Bezirk als offener Temenos vorzugsweise Weihungen siegreicher Choregen (Dreifußweihungen auf Marmorbasen) aufgenommen. Nachdem die verschiedenen Tastungen in jüngster Zeit keine Reste eines Tempels ermitteln konnten, bleibt die Frage weiterhin offen, ob Pausanias, der nur das Standbild des Apollon Pythios erwähnt, hier ungenügend berichtet. Besser orientiert ist man über das Heiligtum des Apollon Delphinios, der dicht an der Südwestecke des Olympieions zusammen mit Artemis Delphinia Kult genoß. Neuere Grabungen (unter J. Travlos) haben einen klassischen Peripteros (6 × 13 Säulen) zusammen mit den Resten des beim Delphinion amtierenden Gerichtshofes (s. I 28. 10) freigelegt. Der Tempel (33,08 m auf 15,26 m) ist bis auf die Fundamente in spätantiker Zeit abgetragen worden. Seine einst reiche Bauausstattung mit Marmorsima u.a. ist in Resten noch erhalten.

33 Für das Heiligtum der Aphrodite in den Gärten, das nach Plin. n.h. 36. 16 extra muros lag, gibt Pausanias keine nähere Ortsangabe. Allgemein wird von der Forschung jedoch eine unmittelbare Nachbarschaft zum Pythion angenommen. Reste haben sich bis heute nicht nachweisen lassen. Das Kultbild war von der Hand des Alkamenes (SQ. 812–815). Pausanias nennt I 27. 3 im Zusammenhang mit den Riten der sogenannten Arrhephoren ein weiteres Heiligtum der Aphrodite in den Gärten, dicht am Nordabhang der Akropolis, unterhalb des Erechtheions, s. dort. Das Heiligtum des Herakles Kynosarges umfaßte einst nach Livius 31. 24 auch ein Gymnasion und einen lucus circumiectus. Es wird mit einiger Sicherheit auf dem Südufer des Ilisos, etwa gegenüber dem Pythion (s. Anm. 32) angesetzt, verfügte über eine Laufbahn, den Kern des Gymnasionsgebäudes, in dem die vier von Pausanias genannten Altäre anzusetzen sind. Nicht weitab liegt die Kallirrhoequelle im

Bachbett des Ilisos. Das Lykeion schließt ebenfalls eine ausgedehnte Gymnasionsanlage ein. Diese bildete, als alte ins 6. Jh. v. Chr. zurückgehende Stiftung, den Trainingsplatz für Reiter und Fußtruppen. Außerdem übten die Epheben hier für ihre athletischen und hippischen Agone. Es erstreckte sich als ausgedehnte Anlage vom heutigen Syntagmaplatz über den Nationalpark bis an den Südfuß des Lykabettos. Aristoteles, der Gründer der Peripatos, lehrte im Lykeion. Sein Nachfolger Theophrastos ließ sich auf einem Grundstück in der Nähe des Lykeions nieder, zu dem ein Garten, verschiedene Anlagen und ein Musenheiligtum gehörten. Grenzsteine mit der Aufschrift ὅρος Μουσῶν κήπου fanden sich in der Nähe des Syntagmaplatzes. Pausanias fügt das Lykeion ohne strikte Ortsanbindung an das Kynosargesgymnasion an; wohl einfach, weil er die beiden Gymnasionsbauten miteinander verbinden wollte.

34 In einem kleinen Exkurs werden jetzt die beiden Bäche Athens aufgeführt. Der Ilisos entspringt östlich Athens am Hymettos, fließt südlich an Athen vorbei und mündet in die Bucht von Phaleron. Der Eridanos, heute gänzlich verdeckt kanalisiert, entspringt am Lykabettos und durchfließt die Nordstadt von Athen. Er tritt am heiligen Tor südlich des Dipylons aus und versickert auf dem Weg zur Küste. Mit dem keltischen Eridanos ist der mythische Flußname der Rhone gemeint. Boreas, der Nordwind, hatte nach Her. VII 189 am Ilisosufer Altarkult, siehe auch Platon Phaidros 229 B. Nach Pausanias VIII 27. 14 zerschmetterte Boreas die persische Flotte am sepiadischen Felsen. Der Anfang des Platonischen Dialogs «Phaidros» gibt ein lebendiges Bild von den am Ilisosufer verbreiteten Kulten der Nymphen, des Acheloos, des Pan und anderer Götter, so auch der ilisiadischen Nymphen. Der Ort, an dem König Kodros den Opfertod für die Errettung Athens von den Lakedaimoniern erlitt, wird nach den neuesten Grabungen am Südrand des antiken Athen zwischen dem Itonischen und dem Phalerontor noch innerhalb des Mauerrings angesetzt. Nach einer Inschrift aus dem Jahre 418 v. Chr. umfaßte er ein größeres Temenos mit einem baumbestandenen Hain, in dem K. zusammen mit Nereus und Basile verehrt wurde. Den am linken Ilisosufer gelegenen Tempel der Artemis Agrotera (der Jägerin) hat man vorschlagsweise dem 1778 abgebrochenen ionischen Amphiprostylos, dem sogenannten Ilisostempel, gleich-

später im Odeion statt. Unter Sulla von den Athenern selbst in Brand gesetzt, damit das Bauholz nicht zur Belagerung der Akropolis verwendet werde, ist das Odeion von dem kappadokischen König Ariobarzanes II. durch die Baumeister O. und M. Stallios und Melanippos wieder neu errichtet worden.

38 Vom Theaterbau, dem Bühnenhaus und der Cavea (Zuschauerraum), erwähnt Pausanias nichts. Ihn interessierte ausschließlich die statuarische Ausstattung mit den Ehrenstatuen von Tragödien- und Komödienschreibern. Vier von ihnen sind namentlich erwähnt: Menander, Sohn des Diopeithes (342/41–293/92 v. Chr.), Dichter der mittleren Komödie. Die Basis der Statue hat sich erhalten, ein Werk der Praxitelessöhne Kephisodot und Timarchos (SQ. 1337/38). Ferner die beiden Tragiker Sophokles und Euripides, die mit der, wie Pausanias richtig vermerkt, lange nach dem Tod und auch nach der Darstellung der Marathonomachie in der Stoa Poikile (I 15. 3) entstandenen Statue des Aischylos zusammen als Trias unter dem Staatsmann Lykourgos (340 v. Chr.) postum aufgestellt wurden. An der aus der Eurymedonbeute 457 v. Chr. errichteten Südmauer war als Apotropaion eine vergoldete Gorgo samt Aigis angebracht. Sie war, wie Pausanias V 12. 4 vermerkt, das Weihgeschenk des Königs Antiochos Epiphanes IV. von Syrien. Im senkrecht angearbeiteten Felsen der Akropolis über dem Theater haben sich verschiedene Reste und Spuren von Weihungen siegreicher Dichter und Choregen erhalten. Die von Pausanias genannte Höhle kann sich auf das Denkmal des Thrasyllos von 320/19 v. Chr. und dessen Sohnes Thrasykles (271/70 v. Chr.) beziehen, dessen, heute abgeräumte, Fassade den Blick in die kleine Höhle dahinter freigibt (Kirche der H. Spiliotissa). Die nicht genauer spezifizierte Darstellung von der Tötung der Niobiden durch Apollon und Artemis kann, wenn sie einst in der Höhle gestanden hat, nur ein Gemälde gewesen sein. Das Sipylosgebirge liegt in Kleinasien, östlich von Smyrna.

39 Das Grab des Kalos, Neffen des Daidalos, ist noch nicht gefunden. Gewöhnlich wird es in der Grenzzone des oberen Theaterumganges und des hier anschließenden Asklepiosbezirkes angesetzt, was auch dem Wortlaut des Pausanias am besten entspricht. Am ehesten kommt eine Stelle westlich des, vom Theater in das Asklepieion führenden, Zuganges in Frage. Das Asklepieion ἐν ἄστει, im Unterschied zum A. im Peiraieus so

benannt, geht auf die Stiftung des Telemachos aus den Jahren 420 v.Chr. ff. zurück, zu der Sophokles den Paian verfaßte. Die ursprünglich wohl in Holz errichtete Erstanlage wurde im 4. Jh. v.Chr. in Stein ergänzt und ausgebaut. Ein einzelliger Oikostempel mit Altar vor einer dorischen Halle, an die sich westlich der Opferbothros anschließt, bilden das Kernensemble im Ostteil. Im Westen schließt sich eine jonische Stoa mit vier Kammern an, die für Bankette und Feste diente. Eine im Felsen eigens gefaßte Quelle sicherte die für die Heilbehandlung nötige Wasserversorgung. Der aus Pferdehufen gefertigte Panzer hing wohl in der dorischen Halle. Die den Skythen verwandten Sauromaten erwähnt Herodot in seinem vierten Buch verschiedentlich. Sie bewohnten die Gebiete nördlich des Asowschen Meeres.

Sämtliche danach genannten Tempel und Kultmale haben sich bis heute noch nicht ermitteln lassen. Es ist fraglich, ob sie noch im Bereich des Südumganges vor dessen Westende anzusetzen sind. Interessant ist, daß sich Pausanias im Tempel der Aphrodite Pandemos noch Kunde über die beiden verschwundenen älteren Kultbilder verschaffen konnte. Leider gibt er nicht die Namen der Künstler der beiden neuen Statuen an. Seine Gewährsleute werden wohl, wie im Fall der beiden in einem Heiligtum verehrten Kulte der Ge Kourotrophos und der Demeter Chloë, Priester oder ἐξηγῆται gewesen sein. Die beiden großen, heute am meisten hier ins Auge fallenden, Bauten nennt Pausanias nicht: Den einen, das von Herodes Attikus gestiftete Odeion, weil es zur Abfassungszeit des ersten Buches noch nicht fertig war, wie der Periheget eigens VII 20. 6 vermerkt. Errichtet zum Andenken der 161 n. Chr. verstorbenen Gattin Regilla, ist es als Theater gedeckter Form in den frühen sechziger Jahren gebaut worden. Die 163 m lange Stoa, die König Eumenes II. von Pergamon (197–160/59 v.Chr.) gegen Ende seiner Herrschaft als monumentale Stiftung errichten ließ, verbindet das Odeion mit dem Dionysostheater, von dem sie sich freilich abwendet. Gegen das Odeion ist für die zweistöckige Halle eine eigene Türöffnung angelegt worden; offensichtlich, um sie als Wandelhalle mit dem Musikbau zu verbinden. Eine kräftige Stützmauer sichert die Stoa gegen den anstehenden Burgabhang ab.

40 Von hier ab bis I 28. 4 folgt nun der Akropolisrundgang. Nach des Pausanias eigenem Bekunden (V 21. 1) sind auf der Akro-

tiges Relief auf der Gegenseite am Übergang zum Südwestflügel aufgestellt. Den an der Südwand des Südwestflügels lokalisierten Kult der Hekate Epipyrgidia erwähnt Pausanias nicht. Anacharsis war ein Skythe fürstlichen Geblütes, der, weit gereist, mit griechischer Sprache und Kultur gut vertraut war. Zeitgenosse des Solon.

42 Die ersten drei erwähnten Bildwerke standen noch innerhalb der Propylaien, vermutlich in der östlichen Halle des Mittelbaus. Erst mit der I 23. 4 genannten Statue der Hygieia bzw. der Athena Hygieia verläßt Pausanias die Propylaien, um den Rundgang über die Akropolis anzutreten. Die von ihm mitgeteilte Episode zwischen Hippias und der Athenerin Leaina spielt, in Verbindung mit der Ermordung des Hippiasbruders Hipparchos, im Jahr 514 v. Chr. Sie ist indessen von Pausanias weder zum ersten noch zum letzten Male berichtet worden. Die Bronzestatue der Löwin war nach Plinius n. h. 43. 72 das Werk des Bildhauers Amphikrates (SQ. 448f.). Ihre Entstehungszeit fällt, wenn die von Pausanias mitgeteilten Verknüpfungen zutreffen, woran Zweifel geäußert wurden, in das Jahr 510ff. v. Chr. Ob die Statue damals schon in dem Vorgängerbau der Propylaien gestanden hat, ist offen. Von der daneben aufgestellten Aphrodite des Kalamis (SQ. 517) ist die Statuenbasis wieder gefunden worden. Freilich ohne die Künstlersignatur. Pausanias muß also diese Nachricht von einer anderen Quelle bezogen haben. Der Stifter Kallias ist eine der bedeutendsten politischen Figuren der kimonischen Epoche. Er war mit Kimon verschwägert, außerdem dreifacher Olympionike. 449 v. Chr. schloß er den nach ihm benannten Frieden mit Artaxerxes. Auch von der Statue des Diitrephes fand sich die Basis wieder. Nach deren Inschrift hat der Sohn Hermolykos die Statue seines Vaters errichten lassen. Kresilas (SQ. 871) war der Bildhauer, was Pausanias freilich mitzuteilen unterläßt. Die Kombination mit Plinius n. h. 34. 74, der die Statue nur «vulneratus deficiens» ohne Personennamen nennt, ist seit langem anerkannt. Diitrephes war einer der attischen Befehlshaber im späteren Verlauf des Peloponnesischen Krieges nach 413 v. Chr. (s. Thuk. 7. 29f. u. 8. 64). Das Datum seines Todes ist nicht überliefert. Mit der Aufzählung der beiden Statuen von Hygieia und Athena Hygieia verläßt Pausanias die Osthalle der Propylaien. Hier steht nun gleichsam als Ausgangsmotto für

den Akropolisrundgang die Bemerkung, er wolle die weniger bedeutsamen Bildwerke nicht aufführen – eine Einschränkung, der man schon quantitativ erhebliches Gewicht beimessen wird; um so mehr als Pausanias über seine Auswahlkriterien keine nähere Rechenschaft gibt. Sehr ähnlich klingen seine Bemerkungen I 39. 3; V 21. 1 und VI 1. 1f. Bei der Statue der Athena Hygieia liegt insofern ein sicherer Ausgangspunkt vor, als deren Basis samt zwei zugehörigen Altären vor der Südostecksäule der Propylaien *in situ* erhalten ist. Die Bronzestatue war das Werk des athenischen Erzgießers Pyrrhos (was Pausanias wieder nicht erwähnt). Geweiht war die Statue von den Athenern (Demos). Damit erledigt sich die Notiz bei Plut. Perikles 13, wonach Perikles selbst die Statue geweiht habe. Eher scheint sie ein Dankvotiv nach dem Erlöschen der Pest 430/29 v. Chr. zu sein. Wo die Statue der Hygieia stand, geht aus dem Text insofern hervor, als man sie nicht allzu weit von der des Diitrephes (in der Osthalle der Propylaien) ansetzen wird. Unter Umständen läßt sich die Statuenbasis einer als Hygieia verehrten Kaiserinnenstatue (Livia?) damit verbinden.

43 Pausanias schlägt im folgenden den Prozessionsweg ein, der ihn vor die Ostfront des Parthenons führt, vorbei an den südlich davon sich erstreckenden Bezirken und Weihgeschenken. Zunächst nennt er zwei Werke des Bildhauers Myron und seines Sohnes Lykios. Dieser schuf einen das Weihwasserbecken tragenden Knaben aus Bronze, ein offensichtlich für den Eingang zur freien Akropolisfläche passendes Thema (SQ. 863). Die bei Plinius n.h. 34. 79 genannten beiden weiteren Knabenstatuen des Lykios, der eine mit einem Räucheropfer, der andere eine Flamme anblasend, zeigen, daß der Künstler in diesem Metier tätig war. Von Myron, dem großen Meister des strengen Stils um 460–450 v.Chr., stammte die Statue des Perseus, der nach den Worten des Pausanias das eroberte Medousenhaupt hoch in der Hand hielt (SQ. 541). Auch Plinius n.h. 34. 75 bezeugt die Statue, freilich ohne Ortsangabe. Das Heiligtum der brauronischen Artemis ist der trapezoide Bezirk, der sich südöstlich an die Propylaien anschließt. Er wird im Süden von der Burgmauer, im Westen von der alten Pelasgermauer begrenzt. Der Eingang befindet sich am östlichen Ende der Nordbegrenzung. Das Brauronion war, wie Pausanias richtig andeutet, ein Filial-

Gegenstück auf der Agora (I 3. 1) sowie in anderen Heiligtümern (Samos und Ephesos). Die Gruppe von Prokne und Ithys scheint sich in der originalen Marmorgruppe (Akro. Mus. 1358) erhalten zu haben. Alkamenes wäre nach Pausanias der Stifter (SQ. 826 Anm.). Die antithetische Gruppe von Athena mit dem Ölbaum und Poseidon mit dem Salzquell knüpft an des Thema des Westgiebels des Parthenons an. Die Gruppe wird gewöhnlich an der Nordostecke des Parthenons angesetzt. Mit Zeus Polieus und den von Pausanias mitgeteilten höchst eigenartigen Riten beim Opfer der Stiere wird ein auf der höchsten Erhebung des Akropolisfelsens gelegener hypaithraler Bezirk verbunden. Felsabarbeitungen lassen hier zwei im rechten Winkel zueinander geordnete Bereiche erkennen, ein jeder mit separatem Eingang und eigener Opferstätte. Im östlichen Teil sind noch die Fundamentbettungen eines kleinen einzelligen prostylen Tempelchens zu erkennen. Der Priester des Zeus Polieus entstammte dem Geschlecht der Taulonidai.

46 Der Bericht des Pausanias über den Haupttempel der Burg, den Parthenon, ist von äußerster Kürze. Kaum, daß die Themen der beiden Giebel erwähnt sind. Über Fries und Metopen fällt kein Wort. Der Aspekt ist fast ausschließlich auf das über 12 m hohe Götterbild der Athena Parthenos gerichtet, die in Aufbau und Technik (Gold-Elfenbein) beschrieben wird. Bei der Nike auf der rechten Hand der Göttin findet sich sogar eine Maßangabe (Höhe = 1,80 m). Von der queroblongen Basis findet sich noch die Spur im Fußboden der Cella, samt der Bettung für den Mittelmast des die Statue tragenden Holzgerüstes. Unter den sicher zahlreichen weiteren figürlichen Weihgeschenken wird lediglich die Statue des Kaisers Hadrian im Innern der Cella und die des attischen Heerführers Iphikrates aus der ersten Hälfte des 4. Jh. v. Chr. erwähnt. Hinzuzurechnen sind allerdings noch die Gemälde, die die Söhne des Themistokles von ihrem Vater (I 1. 2) in den Tempel geweiht haben und des Heliodoros Halis (I 37. 1). Der Parthenon war unter den Architekten Iktinos und Kallikrates zwischen 447 und 432 v. Chr. errichtet. 438 v. Chr. unter dem Archontat des Philochoros wurde die Statue der Parthenos von der Hand des Pheidias (SQ. 645 ff.) errichtet. Der Tempel war also damals bereits eingedeckt. Von der Parthenos gibt es zahlreiche römische Sta-

tuenkopien in Verkleinerung. Der Bericht über die boiotische Sphinx wird IX 26. 3 gegeben.

47 Der folgende Bericht kann als Muster für die Stoffeinteilung des Pausanias und für seinen Bericht an Ort und Stelle dienen: Zunächst erwähnt er «gegenüber dem Tempel» die Statue des Apollon Parnopios, die vor dem Eingang, d. h. vor der Ostfront, angesetzt wurde. Da Pausanias sich I 25. 2 den Denkmälern an der Südmauer zuwendet, mag dies im Prinzip richtig sein. Der Wortlaut, der eigentlich mehr auf ein «gegenüber» abhebt, läßt auch andere Deutungen zu. Dann folgt die allgemeine Bemerkung, daß es auf der Akropolis eine Statue des attischen Staatsmannes Perikles gebe, was jedoch nur als thematische Anknüpfung zu werten ist, da Pausanias die Periklesstatue I 28. 2 nochmals, diesmal an ihrem Standort, vor den Propylaien, nennt. In Wirklichkeit wird auf das Statuenpaar von Xanthippos, dem Vater des Perikles, und dessen Freund und Zeitgenossen abgehoben, des Sängers Anakreon (6./5. Jh. v. Chr.). Beide Statuen könnten eine Weihung des Perikles selbst gewesen sein, während dessen Statue erst nach seinem Tod 429 v. Chr. errichtet wurde. Xanthippos war der Sieger der Schlacht vor der Mykale (479 v. Chr.), die indessen eine kombinierte Land-Seeschlacht war. Im Gegensatz zu Xanthippos ist uns die Statue des Anakreon in römischen Kopien erhalten. Das zweite Statuenpaar wird auch um des sie verbindenden Themas willen herausgehoben und erwähnt. Pausanias' Zitate stellen also immer nur eine sehr beschränkte Auswahl aus der tatsächlichen Anzahl der figürlichen Anatheme dar. Bei ihm handelte es sich um ein Figurenpaar, dessen auf der Basis einst aufgetragene Benennung beim Betrachter die entsprechenden Assoziationen hervorrief. Deinomenes (SQ. 924) war ein argivischer Bildhauer, vermutlich Schüler von Polyklet, vom späten 5. und beginnenden 4. Jh. v. Chr. Die Statue des Apollon Parnopios wird im römischen Kopientyp des sogenannten Kassler Apollon erkannt. Die Basis ist nicht mehr erhalten. Daher läßt sich auch die etwas vage Aussage des Pausanias, Pheidias soll die Statue gemacht haben, nicht näher überprüfen.

48 Pausanias wendet sich nun von der Ostfront des Parthenons der unter Kimon (nach 458 v. Chr.) angelegten Südmauer der Burg zu. Dort befand sich ein vielfiguriges Gruppenanathem,

Der Bau war nach 421 v.Chr. begonnen und nach einigen, kriegsbedingten, Unterbrechungen zwischen 409–406 v.Chr. zu Ende geführt worden. Er barg in seinem Ostteil (ab I 26. 6) das Heiligtum der Athena Polias (Stadtgöttin), während der Westbau davon abgetrennt und nur über die Nordhalle bzw. die Korenhalle im Süden betretbar war. In ihm waren die unterschiedlichsten Kulte aufgenommen, teils vom alten Athenatempel dicht südlich (den Pausanias nicht erwähnt) übertragen, teils seit Urzeiten an Ort und Stelle verehrt, wie das Becken mit dem Meerwasser oder das Dreizackmal unter der Nordhalle. Trifft die moderne Exegese des Pausaniasrundganges zu, dann hat der Periheget zunächst über die Nordhalle den Westteil betreten. Alle genannten Altäre sind dort zu lokalisieren, unklar, wo im einzelnen, während die Lokalisierung von Meerwasserbrunnen und Dreizackmal feststeht. Letzteres ist in einer eigens unter dem Pflaster der Nordhalle freigehaltenen Stelle als Felsmal unschwer zu erkennen. Auch die betreffende Kassettenplatte des Nordhallendaches ist freigehalten, um dem Kultanspruch eines hypaithralen Göttermales wenigstens formal zu genügen. Zum Salzquell s. VIII 10. 4, wo aber von Mylasa in Karien die Rede ist. Den Ostteil beschreibt Pausanias aufwendiger und auch umständlicher. Erst I 27. 1 nennt er ihn den Tempel der Polias. Zuvor ist die Rede vom hölzernen Götterbild der Athena Polias (thronend) und dem wohl sehenswertesten Objekt im Tempelinnern, der goldenen Lampe des attischen Künstlers Kallimachos, den auch Plin. n.h. 34. 92 mit dem ihn kennzeichnenden Beinamen als den «Katatexitechnos» benennt, was sich am besten als «der die Kunstfertigkeit schmilzt, auflöst» übersetzen läßt. Das Staunenswerte an der Lampe, ihr nicht brennbarer Docht aus Asbest und ihr ziemliches Volumen für den Ölvorrat für ein Jahr, werden erwähnt (SQ. 893–895). In dem in Form einer Palme (aus Bronze) gebildeten Rauchabzug hat man Anspielungen an ähnliche Weihgeschenke oder bestimmte historische Ereignisse (Palme des Nikias auf Delos 425 v.Chr.) gesehen. Im Gegensatz zu dem aus Holz geschnitzten Hermes, dessen Funktion, außer der Überlieferung, die ihn als Weihgeschenk des Kekrops ausgab, nicht recht im Rahmen der Verbindung mit dem Kult der Athena Polias zu erkennen ist, stellte der angeblich von Daidalos gefertigte Klappsessel sicher ein im Tempelritus benutztes ehrwürdiges Gerät dar. Die beiden Stücke aus der Perserbeute (Thuk. II 13) waren ohne Frage echte Reliquien aus der Schlacht von Plataiai (479 v. Chr.). Her. IX 22 nennt den Panzer einen goldenen Schuppenpanzer. Den Dolch des Mardonios beziffert Demosthenes XXIV 129 auf den Wert von 300 Dareiken (persische Goldmünze mit 8,41 g Gewicht). Den Ölbaum und das diesen umgebende Pandroseion nennt Pausanias eigentümlicherweise getrennt und auch sonst ohne jeden Bezug. Dabei steht fest, daß das Pandroseion als offener Kultbezirk, westlich des Erechtheions, neben dem Altar des Zeus Herkeios in erster Linie den altehrwürdigen Ölbaum, die ἱερὰ ἔλαια, in sich barg. Mit seiner Bemerkung über das Schicksal des Baumes bei der Eroberung 480 v. Chr. spielt Pausanias auf Her. VIII 55 an.

51 Pausanias knüpft hier an den I 18. 2 mitgeteilten Mythos der drei Aglauriden an. Die Wohnung der Arrhephoroi, d. h. der Trägerinnen der nicht benennbaren Kultgegenstände, wird gewöhnlich mit einem an die Nordmauer der Burg angebauten Gebäude gleichgesetzt, nordwestlich des Erechtheions. Von dort führt die I 18. 2 erwähnte Felstreppe den Nordabhang der Burg hinunter. Die Arrhephoroi entstammten vornehmen attischen Familien und waren als junge Mädchen der Athena-Polias-Priesterin für Kultdienste zugewiesen. Mit dem Kultbezirk der Aphrodite «in den Gärten» ist mit Sicherheit nicht der Bereich südwestlich des Olympieions (I 19. 2), sondern ein entlang eines Felsenweges am Nordabhang etablierter Aphrodite-Eros-Kult gemeint.

52 Von der Statuette einer alten Frau hat sich die Basis mit der Künstlerinschrift des Nikomachos aus dem 4. Jh. v. Chr. wieder gefunden. Leider gibt sie den Personennamen, der bei Pausanias entstellt überliefert ist, nicht vollständig wieder. Es folgt nun eine Reihe von historischen oder mythischen Figurengruppen, darunter Erechtheus und Eumolpos, oder Tolmides und sein Seher (die Stelle ist ebenfalls verderbt), eine, sicher mehrfigurige, Eberjagd und schließlich Herakles und Kyknos. Die alten Athenastatuen waren, wie aus den Äußerungen des Pausanias hervorgeht, sicher aus Bronze. Neben der Athena des Endoios (I 26. 4) waren sie Reste der vorpersischen Ausstattung der Akropolis. Weder über ihre Zahl, Größe noch über ihr Alter lassen sich Vermutungen anstellen. Tolmides war einer der

beute der Schlacht am Eurymedon (nach 465 v. Chr.) die Südmauer. Diese erweitert die südliche Burgbegrenzung gegenüber der Pelasgermauer um rund 10 m, vergrößert also das Terrain für den Neubau des Parthenons erheblich. Die Ostmauer könnte u. U. auch noch von Kimon angelegt sein. Hingegen stellt sich die Nordmauer als ein ad hoc aufgeführter Verband dar, in den nach 450 n. Chr. Überreste abgetragener oder verworfener Bauteile und Werkstücke älterer Bauten eingemauert sind.

55 Pausanias verläßt nun die Akropolis und biegt unterhalb der Felsterrasse, auf der sich das Agrippamonument und der Nordflügel der Propylaien erheben, nach Norden um. Er besucht zunächst die sogenannte Klepshydraquelle, ohne deren Namen zu nennen. Diese ist eine bereits in frühesten Zeiten benutzte Sickerquelle, die unter Kimon ausgebaut wurde. Östlich daran schließen große Öffnungen im hängenden Burgfelsen an. Die mittlere Höhle war die des Apollon Ὑπακραῖος, während Pan (dessen Name im Text ausgefallen ist) die östlich daran anschließende Grotte samt den Nymphen als Kultplatz innehatte. Die Geschichte des attischen Boten Philippides (s. VIII 54. 6) erzählt Pausanias nach Her. VI 105.

56 Der sogenannte Areshügel, der Areiopagos, bildet eine isolierte Kalkkuppe, westlich des Burgaufganges. Von ihr aus versuchten die Perser im Spätsommer 480 v. Chr. die Eroberung der Akropolis (s. Her. VIII 52). Auf ihr tagte der oberste attische Gerichtshof, die βουλή ἡ ἐξ Α.Π, die sich aus den ehemaligen Archonten zusammensetzte. Pausanias gibt die gängige antike Etymologie. Aischylos, Eum. 686ff., leitet den Namen davon her, daß die Aresdienerinnen, die Amazonen, vom A. aus die Eroberung der Akropolis unternommen haben. Von den baulichen Einrichtungen auf dem Hügel haben sich außer unterschiedlichen Felsbettungen, Treppen oder Plateaus keine Reste mehr erhalten. Auf dem Stein des Frevels nahm der Angeklagte, auf dem des Nichtverzeihens der Ankläger Platz. Die Nähe des Erinyenheiligtums beim Areiopagos bestätigt Aischylos im Schluß der Eumeniden, ebenso Euripides. Der Ort läßt sich noch heute durch einen tiefen Erdspalt am östlichen Areiopagosfelsen bestimmen. Vermutlich bildete hier eine Höhle das Adyton des Tempels. In ihm waren die drei Statuen der Eumeniden aufgestellt, die ältere von Kalamis (SQ.

1156) als Mittelfigur und zwei von Skopas (SQ. 1155/58), die diese flankierten. Hesiod, Theogonie 185. Die drei genannten Götterstatuen von Plouton, Hermes und der Ge standen, zusammen mit den Altären der Σεμναί (Thuk. I 126. 11), innerhalb deren Kultbezirk, gegen den Burgaufgang hin. Dort zeigte man auch das Grab des Oidipous. Pausanias schließt sich hier Homer Il. XXIII 677 ff. an, der auch sonst für ihn der maßgebliche Zeuge ist (s. II 21. 10). Bekanntlich hatten sich zwei unterschiedliche Traditionen über den Tod und das Grab des Oidipous gebildet. Der anschließende Exkurs über die athenischen Gerichtshöfe ist offenkundig vom Areiopagos ausgelöst. Die dabei genannten Gerichtsstätten sind, bis auf die auf der Agora etablierte Heliaia am Westende der Südstoa (2. Jh. v. Chr.), nicht weiter bekannt.

57 Das auf Rädern gebaute Holzschiff, an dessen Hauptmast der alle vier Jahre neu gewobene Peplos für die Athena Polias in feierlicher Prozession bei den sogenannten großen Panathenaien vom Pompeion zur Akropolis übergeführt wurde, hatte seinen Aufbewahrungsort in der Senke zwischen Areiopagos und Westaufgang der Akropolis. Hier schied das Schiff aus dem Zug aus, nachdem es den ganzen Prozessionsweg über die Panathenaienstraße zurückgelegt hatte. Der Peplos wurde am Eleusinion abgenommen (s. I 14. 3), der Schiffskarren am Pythion, d. h. östlich der Klepshydra, verwahrt. Das «Schiff in Delos» ist das Admiralsschiff, das der makedonische König Antigonos Gonatas nach der Seeschlacht bei Kos (ca. 256 v. Chr.) im Heiligtum auf Delos aufstellen ließ. Es gab aber auch größere Schiffe als diese, so daß die Angaben des Pausanias, sollten sie nicht für kultisch verwandte Schiffe zutreffen, unrichtig sind.

58 Pausanias verläßt nun die Stadt, ohne dies im einzelnen anzugeben. So erwähnt er auch die Versammlungsstätte der Ekklesia, die Pnyx, nördlich des Musenhügels, nicht. Indessen ist seine Route klar. Der Weg führt ihn, nach erneutem Passieren des Dipylontores, zur Akademie. Dabei passiert er das weite Gräberfeld des athenischen Staatsfriedhofes vor dem Dipylon. Von diesem, wie von den privaten Grabbezirken südlich davon, sind durch die Kerameikosgrabungen größere Flächen freigelegt. Die Hauptgräberstraße, an der zu beiden Seiten die Gräber der in den Kriegen Gefallenen und anderer berühmter To-

über die äußeren Formen einer solchen Bestattung von Staats wegen. Die Toten von Drabeskos (465 v.Chr.) sind sicher nicht die zeitlich am frühesten Bestatteten. Dies waren die Opfer des Krieges gegen Aigina (488/87 v.Chr.). Pausanias geht also auch hier topographisch vor. Der Feldzug mit Iolaos nach Sardinien ist mythisch. Die erwähnte Grabstele mit der Darstellung der reitenden Krieger Melanopos und Makartatos, die 457 v.Chr. bei Tanagra fielen, wäre die früheste figürlich verzierte Stele ihrer Art. Kleisthenes war der attische Politiker, auf den die entscheidende Phylenreform des Jahres 508/07 v.Chr. zurückgeht. Die Gräber der Kleonaier, die mit den Argivern nach Attika kamen: Pausanias löst sein Versprechen, die näheren Umstände dieses Feldzuges bei der Geschichte von Argos zu beschreiben, nicht ein.

60 Der Beschluß, auch die Namen der gefallenen Sklaven auf den Grabstelen der πολυάνδρεια aufzutragen, muß zwischen dem späten 5. und dem frühen 4. Jh. v.Chr. gefaßt worden sein. Der Feldzug gegen Olynthos fand 349/48 v.Chr. statt. Melesandros verwüstete die Küsten Kariens 430/29 v.Chr. (s. Thuk. II 69). Zu den Ereignissen um Ithome (464 v.Chr.) s. IV 24. 6. Die Schlacht bei Tanagra fand 457 v.Chr. statt. Euboulos, Sohn des Spintharos, war der bekannte Gegner des Demosthenes und langjährige Verwalter der athenischen Finanzen. Schlacht bei Leuktra 372 v.Chr. Von dem Grabmal für die bei Korinth und Koroneia 395/94 v.Chr. Gefallenen hat sich der reich mit Palmetten verzierte obere Deckbalken sowie der mit einem Schlachtrelief geschmückte obere Teil der Gefallenenliste erhalten (Nat. Mus. 754 u. 2744). Unter den elf Gefallenen befindet sich auch Dexileos, dessen Einzelgrab im Südteil des Kerameikos erhalten ist (Grabrelief im Kerameikosmuseum). Zu dem gemeinsamen Grab der auf Euboia, Chios und in Kleinasien Gefallenen: Hier kann es sich nur um Ereignisse aus der letzten Phase des Peloponnesischen Krieges handeln, da ja auch die Toten des Sizilienfeldzuges (415–413 v.Chr.) mit bestattet sind. Zu Nikias' Haltung und Wertung s. Thuk. VII 84ff. Von einem athenischen Beistand für die Römer in einem Grenzkrieg ist nichts bekannt. Hingegen spielt Pausanias mit der Beteiligung von fünf attischen Trieren im Kampf Roms gegen Karthago sicher auf eine Episode des dritten Punischen Krieges an. Eine Statue des Tolmides erwähnt Pausanias I 27. 5 auf der

Akropolis. Im folgenden zählt nun Pausanias, sicher nicht in topographischer Abfolge, Gräber berühmter Staatsmänner, Strategen, Philosophen auf, auch der berühmte Maler Nikias, Zeitgenosse und Mitarbeiter des Praxiteles, befindet sich darunter, die jeweils mit ihren Taten und Verdiensten athenische Geschichte mitgestaltet haben. Ephialtes war der entschiedenste Gegenspieler von Kimon, zu dessen Ostrakisierung 461 v. Chr. er maßgeblich beitrug. Seine Politik wurde dann von Perikles fortgeführt. Pausanias stellt ihn mit seiner Bemerkung in einem betont ungünstigen Lichte dar. Der attische Redner und Staatsmann Lykourgos, Sohn des Lykophron, der seit 338/37 v. Chr. auf zwölf Jahre hier das Finanzwesen der Stadt leitete und unter dem Athen eine hohe wirtschaftliche Blüte erlebte, verwaltete nach den Berechnungen des Pausanias, der hier wohl direkt aus dem Dekret des Stratokles von 307 v. Chr. schöpft, die horrende Summe von 14400 Talenten. Lachares war Tyrann von 300–297 v. Chr. Alle Gebäude, die unter Lykourgos errichtet waren, konnte Pausanias nicht mehr sehen. So den großen unter dem Architekten Philon errichteten Arsenalbau im Peiraieus. Er war bei der Belagerung unter Sulla 86 v. Chr. verbrannt und zerstört worden. Indessen hat sich die originale Abrechnungsurkunde noch erhalten. Mit ihrer Hilfe läßt sich der Bau auch heute noch in seinen Einzelheiten rekonstruieren.

61 Ab I 30. 1 f. folgt ein detaillierterer Bericht über die bereits I 29. 2 kurz erwähnte Akademie des Platon. Pausanias beschränkt sich darauf, im wesentlichen Altäre und Kultmale aufzuführen. Zu den Bauten selbst fällt kein Wort. Daß die Akademie zu seiner Zeit als Gymnasion ausgestaltet war, wird I 29. 2 erwähnt. Grabungen in den Jahren zwischen 1929 und 1940 und wiederum ab 1955 f. haben im Nordwesten des Dipylontores, 1,5 km entfernt, innerhalb des einstigen 450 × 300 m messenden Bezirks bei der H. Tryphon-Kirche Teile einer Hofanlage mit Nebenbauten sowie an der Ecke der Aimonos- und Tripoleos-Straße einen Grenzstein mit der Aufschrift ΗΟΡΟΣ ΤΕΣ ΗΕΚΑΔΕΜΕΙΑΣ freigelegt. Damit ist die Lage in diesem Bereich gesichert. Benannt ist der Bezirk nach einem Heros Akademos (in der älteren Form: Hekademos). Der Kult dieses Heros war alt und mit einer Reihe von bedeutenden Heiligtümern verbunden, deren Altäre Pausanias im einzelnen aufführt. Die 388 v. Chr. errichtete Schule Platons

erstreckte sich zwischen Akademie und dem I 30. 4 genannten Kolonos Hippios. In ihr war Platon bestattet. Zu ihr wird man wohl auch die gymnasiale Hofanlage rechnen dürfen. Ein Dekret des Kaisers Justinian schloß 529 n. Chr. alle Schulen Athens, darunter auch die platonische Akademie. Neben dem Altar des Eros, dessen Weihepigramm auf die Stiftung eines weiteren Erosaltares in der Stadt durch Charmos am Ende des 6. Jh. v. Chr. hinwies, lag die Opferstätte βωμός, an der der Polemarchos das jährliche Opfer für die Gefallenen und die Tyrannenmörder ausführte. Vom Altar des Prometheus (und des von Pausanias nicht genannten Hephaistos) starteten die Fackelläufer der λαμπαδηδρόμια an den Festen des Hephaistos, des Prometheus, den großen Panathenaia u. a. Der Musenaltar war wohl in dem von Platon gestifteten Μουσεῖον gelegen. Herakles- und Hermesaltar weisen auf Kult im Gymnasion der Akademie hin, während es sich bei dem Athenaaltar und ihrem Tempel wohl um den Hauptkult der Akademie gehandelt haben wird. Der Ölbaum war einer der zwölf, μορίαι, die von Absenkern des heiligen Baumes auf der Akropolis stammten, s. I 27. 2. Aus ihnen wurde das Öl für die Sieger in den Panathenaia gewonnen. Das Grabmal des Platon lag nach Pausanias neben, nach anderen Quellen innerhalb der Akademie, je nachdem man den platonischen Besitz mit dieser identifizierte oder nicht. Platon starb 347 v. Chr.

62 Der besonders durch das Chorlied in Sophokles' Oid. Col. 668 ff. bekannte Kolonos Hippios («Pferdehügel») ist eine niedrige Felskuppe nordöstlich der Akademie, etwa 1,8 km nordwestlich des Kerameikos, in der gleichnamigen Athener Vorstadt gelegen. Er trägt die Gräber von K. O. Müller († 1840) und Ch. Lenormant († 1859). Im Altertum befand sich dort ein baumbestandener Hain mit dem Poseidon-Hippios-Tempel, den Antigonos Gonatas im sogenannten Chremonideischen Krieg (266–262 v. Chr.) verbrannte. Zu Pausanias' Zeiten war nur noch der Altar des Poseidon Hippios und der der Athena Hippia vorhanden. Die übrigen genannten Heroa scheinen solche in der Stadt zu wiederholen. In dem von Theseus und Peirithoos zeigte man die eherne Schwelle, über die die beiden Helden ihren Gang in die Unterwelt angetreten haben sollen.

63 Ab I 31. 1 folgt nun bis I 39. 3 die Perihegese Attikas. Zunächst die der sogenannten kleinen Demen. Ihre Aufzählung erfolgt

nicht im streng geographischen Sinne oder innerhalb eines Straßenroutensystems. Eher scheinen bestimmte kultisch-mythologische Besonderheiten und Übereinstimmungen eine Rolle für die Aufzählung gespielt zu haben. Neben großen und bekannten Orten erscheinen auch kleinere und unbedeutende, darunter auch solche, die nie Demen waren (z.B. Zoster oder Brauron). Es folgt dann eine Beschreibung der Berge Attikas, der Küstenorte an der Ost- und Nordküste, der Inseln mit Schwerpunkt Salamis. Dann geht die Beschreibung über Eleusis und Eleutherai bis zu den Grenzen Attikas gegen Boiotien und die Megaris. Hier schließt sich die Μεγαρική συγγραφή an.

64 Unter den aufgeführten Bergen fehlt u.a. das Laureiongebirge, dessen Silbergruben jedoch I 1. 1 erwähnt sind. Es fällt auf, daß nur die im engeren Sinn Athen umstehenden Berge aufgeführt sind, samt ihren Gipfelkulten und ihrer wirtschaftlichen Nutzung. Neuere Untersuchungen haben von diesen Höhenheiligtümern noch Reste von Kultdepots (Hymettos) nachweisen können. Der Anchesmós selbst liegt im Norden von Athen (Tourkovounia).

65 Ab I 32. 3 nimmt Pausanias nochmals die Beschreibung ausgewählter Landdemen wie Marathon, Rhamnous und Oropos auf. Über Marathon und seine Topographie sind wir durch neuere Untersuchungen und auch durch Neufunde relativ gut im Bilde. Den ca. 12 m hohen Grabhügel (ὁ σωρός), in dem die 192 gefallenen Athener bestattet sind, hat V. Stais 1890f. untersucht. Der antike Ort M. lag wohl am Südrand der Ebene. Der moderne Ort liegt in einem Seitental nordwestlich der Ebene an der modernen Fahrstraße nach dem Stausee. Bei Vrana im Westen der Ebene, wo sich auch das neuerrichtete Regionalmuseum befindet, sind drei große Grabtumuli freigelegt worden. Den einen hat man als das Polyandreion der verbündeten Plataier erkennen wollen. Vom Siegesmal hat man Teile, in der Kirche der Pan. Mesosporitissa verbaut, identifiziert. Die Quelle Makaria entspringt am Nordrand der Ebene bei Kato Souli. Der von Pausanias erwähnte Sumpf erstreckt sich von dort aus im Nordosten der Ebene gegen das Vorgebirge von Kynosoura hin. Die Pansgrotte liegt 2 km westlich des modernen Dorfes M. etwa am Nordende des von Süden heraufkommenden Avlonaseitentales, in dem Herodes Attikus

ein großes Landgut besaß. (Reste der Ummauerung und des Eingangstores).

66 Brauron (heute Vraona), der Heimatort des Tyrannen Peisistratos, dessen Artemiskult er als Filialkult auf die Akropolis übertrug (I 23. 7), liegt rund 20 km südlich von Marathon. Die Entfernungsangabe hat sich im Text nicht erhalten. Pausanias scheint den Ort verlassen angetroffen zu haben, da er keine Baulichkeiten, nicht einmal den Tempel selbst nennt. Dieser stand im Süden des Heiligtums dicht unter der Hagios-Georgios-Kirche und ist als dorischer Peripteros im 5. Jh. v. Chr. errichtet worden. Vielleicht befand sich das von Pausanias genannte Xoanon (Holzbild) der Artemis in der östlich sich erstreckenden Kulthöhle. Grabungen seit 1948 ff. haben den Tempel selbst und einen dreigliedrigen Stoenbau freigelegt, in dem die als Arktoi («Bärinnen») kultdiensttuenden Mädchen internatsmäßig untergebracht waren. Auf das Xoanon kommt Pausanias III 16. 7 und VIII 46. 3 nochmals zu sprechen. Danach habe Xerxes 480 v. Chr. das alte Schnitzbild aus Tauris nach Susa entführt. Es befinde sich zu seiner Zeit noch in Laodikeia/Syrien.

67 Rhamnous liegt 10,5 km nördlich von Marathon, heute auf einer neuen Fahrstraße erreichbar. Pausanias scheint sich auf den Besuch des Nemesisheiligtums selbst beschränkt zu haben, da er Stadt und Festung Rh. mit keinem Wort erwähnt. Der Kult war in der frühen Kaiserzeit neu belebt worden. Eine Weihinschrift an der Ostfront des größeren Tempels berichtet von einer erneuten Weihung durch Kaiser Claudius an Livia im Jahre 45 n. Chr. Dieser als dorischer Peripteros um 430 v. Chr. errichtete Bau barg die Kultstatue der Nemesis, die von Pausanias sehr eingehend, samt der reliefierten Basis, beschrieben wird. Der Tempel ist, wie die nicht ausgeführten Kanelluren zeigen, nicht zu Ende geführt worden. Vom kleineren Antentempel daneben, der zeitlich wohl voranging, spricht Pausanias nicht. Er war der Göttin Themis geweiht. Die Kultstatue der Nemesis, von der sich ausreichend Reste erhalten haben, um eine Rekonstruktion der stehenden Götterfigur zu sichern, war in der Tat aus parischem Marmor gearbeitet. Die Ortslegende hat daraus den eigens von den Persern 480 v. Chr. für ein Siegesdenkmal bestimmten Marmorblock gemacht. Auch hinsichtlich der künstlerischen Urheberschaft des Werks hat sich

Legendenbildung breit gemacht. Pausanias erwähnt zweimal (I 33. 3 und I 33. 8) Pheidias als den ausführenden Bildhauer, während Plinius und Strabo (SQ. 834ff.) den Pheidiasschüler Agorakritos angeben. Außerdem wird berichtet, die Statue habe an dem in der Linken gehaltenen Apfelzweig auf einem Täfelchen die Signatur des Agorakritos getragen. Vermutlich hat sich die Übertragung auf Pheidias in der frühen Kaiserzeit abgespielt, und Pausanias ist dieser Version, nach lokalen Quellen, gefolgt. Die reliefierte Basis (Höhe = 0,90 m) war an drei Seiten mit Darstellungen aus der Helenasage geschmückt. Pausanias hat mit den von ihm erwähnten Figuren nur einen Teil der Gesamtzahl erfaßt. Der Aithiopenexkurs folgt im wesentlichen Herodot, wobei allerdings Pausanias nicht ohne Irrtümer und Verwechslungen auskommt.

68 Das sogenannte Oropische Land war stets zwischen Attika und Boiotien umstritten. Pausanias' Angabe, die Athener hätten es nach der Eroberung von Theben von König Philipp für dauernd erhalten, trifft nicht zu, da es nach 322 v. Chr. wieder verlorenging. Erst seit dem 1. Jh. v. Chr. war es dann dauernd attisch. Das Amphiareion liegt unmittelbar südlich von Kalamos. Die Stadienangabe kann sich nicht auf die Distanz zum heutigen Skala Oropou beziehen. Den Ort der Entrückung des A. nennt Pausanias IX 19. 4 (Harma). Das Heiligtum hat seit dem 4. Jh. v. Chr. seine maßgebliche Ausgestaltung erfahren: Der prostyle Tempel mit der großen Kultbildbasis hat sich aus diesem Zeitraum erhalten. Dicht vor ihm liegt die große Anlage des fünfteiligen Altars (8,90 × 4,60 m) und daneben der gemauerte Brunnen. Für den Traumschlaf war ein eigenes Gebäude, ein Enkoimeterion, auf dem linken Bachufer, unterhalb des kleinen Theaters, errichtet worden. Es stellt eine zweischiffige Halle mit dorischen Außensäulen dar. Auf dem rechten Bachufer sind durch die Grabungen Bäder und Wohnquartiere freigelegt worden. Vor Tempel und Altar reihen sich in dichter Folge Basen von Weihgeschenken, vornehmlich römischer Zeit.

69 Der ab I 35. 1 bis I 36. 2 eingeschobene Inselexkurs gilt im wesentlichen Salamis. Aigina wird von Troizen aus behandelt (II 29. 2ff.). Die Patroklosinsel ist bereits I 1. 1 erwähnt. Die Helenainsel wird mit Makronisi östlich von Kap Sounion gleichgesetzt. Salamis gehört seit dem frühen 6. Jh. v. Chr. zu Athen (s.

die drei Fragmente der Solonischen Elegie «Salamis»). Zuvor war Salamis, was auch der mythische Exkurs des Pausanias erkennen läßt, von Aigina bzw. von Megara aus beherrscht. Salamis war stets ein von Athen verwaltetes abhängiges Gebiet mit attischen Siedlern. Die gleichnamige antike Hauptstadt lag im Osten der Insel beim heutigen Ambelaki. Sie war zu Zeiten von Pausanias teilweise verödet, der Tempel des Aias mit Kultbild noch intakt. Der Altar des Eurysakes lag nach Plut. Solon 10 in Athen nahe dem Kolonos Agoraios. Die Insel Psyttaleia ist mit der Insel Lipsokoutali am Osteingang zum Sund von Salamis gleichgesetzt worden. Andere Vorschläge zielen auf Hagios Georgios im Norden der Insel oder auf die Halbinsel Kynosoura hin, auf der auch das von Pausanias erwähnte Tropaion für den Sieg von 480 v. Chr. errichtet war.

70 Mit I 36. 3 nimmt Pausanias seine Beschreibung der nach Eleusis führenden heiligen Straße auf. Ausgangspunkt ist das südlich des Dipylon gelegene heilige Tor. Die Aufzählung der Gräber geschieht sicher in Auswahl. Sie erfolgte auch sicher nach Autopsie, wobei die Prinzipien der Auswahl genau so offen sind wie die Frage, wieweit Pausanias hier den hellenistischen Perihegeten Polemon herangezogen hat, der bekanntlich eine Schrift über die heilige Straße verfaßt hatte. Alle bis I 37. 3 aufgeführten Denkmäler und Heiligtümer liegen auf der Strecke zwischen dem heiligen Tor und der Kephisosbrücke, an der sich die bekannten γεφυρισμοί, Schmäh- und Spottreden, anläßlich der Prozession nach Eleusis abspielten. Ihre Lage ist nicht identisch mit der modernen Brücke, die den heutigen Verlauf des Kephisos rund 1200 m weiter westlich überbrückt. Die antike Brücke lag in der Nähe der Kirche des Heiligen Sabbas. Das Grab des Anthemokritos lag, wie auch andere Quellen bekunden, dicht beim Dipylontor. Es ist also, ohne daß das Pausanias eigens hervorhebt, eines der ersten am Wege gewesen. Anthemokritos starb als Herold in Megara 431 v. Chr., als er dort das Gebot auszurichten hatte, die Megarer sollten die Bebauung eines, an der Grenze zwischen Athen und Megara gelegenen, den eleusinischen Göttinnen geweihten, Landes unterlassen. Molottos war Feldherr im euboiischen Krieg (349/48 v. Chr.), als die Athener dem dortigen Dynasten Plutarch zu Hilfe kamen. Die Rolle des Kephisodoros, wie auch die der Athener, ist, wie man seit langem gesehen hat, von

Pausanias einseitig dargestellt. Auch die Abfolge der Ereignisse im Kampf Athens gegen Philipp V. (221–179 v. Chr.) ist nicht zutreffend geschildert. Von Heliodor Halis ist über das von Pausanias Berichtete hinaus nichts bekannt (s. SQ. 2146). Die unmittelbar am Kephisos errichteten Standbilder der Mnesimache und ihres namentlich nicht näher genannten Sohnes, der sich als Weihgeschenk für den Flußgott das Haar schert, erinnern an den Fund von Inschriften und Weihreliefs u. a. das der Xenokrateia im Heiligtum der Echeliden an der Kephisosmündung, heute im Nationalmuseum zu Athen 2756. Pausanias spielt auf Homer Il. XXIII 141 an.

71 Die nächste Wegstrecke, ab Brücke, läßt sich bis zu dem I 37. 7 genannten Tempel der Aphrodite festlegen, deren Heiligtum rund 1 km westlich der Paßhöhe von Daphni, nördlich der modernen und auch der, hier gut erhaltenen, antiken Straße freigelegt wurde. Den Altar des Zeus Meilichios setzt man gewöhnlich westlich der Kirche des Heiligen Sabbas an. Das Grab des Tragödiendichters Theodektes, dessen Grabepigramm anderweitig überliefert ist, muß besonders aufwendig gewesen sein, da es von mehreren Dichterstatuen umstellt war. Den Tempel des Heros Kyamites setzt man gewöhnlich in die Nähe der modernen Kephisosbrücke. Die beiden «durch Größe und Ausstattung herausragenden» Grabbauten werden wohl bereits am Ostanstieg zur Paßhöhe von Daphni gelegen sein. Der von Harpalos für die Hetaire Pythonike errichtete war im Altertum ob seiner horrenden Bausumme in aller Munde und dementsprechend auch taxiert worden. Harpalos war unter Alexander dem Großen dessen Verwalter der Kriegskasse. Den Grabinhaber des anderen Baus, einen namentlich nicht von Pausanias genannten Rhodier, vermutet man in der Person des aus Lindos auf Rhodos stammenden Xenokles, der die Kephisosbrücke erbaut hatte. Der Apollontempel lag an der Stelle des Klosters Daphni, in dessen Kirche bis 1801 drei zum Tempel gehörige jonische Säulen eingemauert waren. Weitere Baureste liegen im Klosterhof. Das Heiligtum war wohl ein Pythion, d.h. eine Kultstätte des Gottes am Wege nach Delphoi. Das Aphroditeheiligtum weist neben den Kultnischen am Felshang einen offenen Kultbezirk auf, in den ein kleines Propylon hineinführt und dessen Mitte zwei verschieden große, sicher kultisch genutzte Bauten einnehmen. Ganz am Westende ist

der kleine Tempel (im Verband mit der Westmauer). Die «sehenswerte Mauer aus unbehauenen Blöcken» gehört wohl zu dem oblongen, festungsartigen Mauerverband südlich der heiligen Straße.

72 Die sogenannten Rheitoi sind ehemalige sieben Salzbäche, heute zwei Salzwasserteiche an der alten Grenze zwischen Athen und Eleusis. Sie liegen an der Stelle, an der die heilige Straße in die eleusinische Ebene einmündet und eine kurze Strecke direkt am Meeresufer verläuft. Über sie führte einst eine 421 v. Chr. errichtete Brücke, deren Urkunde sich erhalten hat. Die Vermutung des Pausanias, die Salzwässer kämen unterirdisch vom Euripous bei Chalkis/Euboia, gehört in das Reich der Fabel. In Wirklichkeit entspringen sie zwei Quellen in Ufernähe. Die nach den Rheitoi genannten Kultmale und Heroengräber haben sich nicht lokalisieren lassen. Den eleusinischen Kephisos (heute Sarantapotamos) überbrückt eine (von Pausanias nicht genannte) steinerne Bogenbrücke von rund 30 m Länge aus der frühen Regierungszeit Kaiser Hadrians. Bedeutsame Reste stehen noch an. Die moderne Autobahn Athen–Korinth führt unmittelbar daran vorbei.

73 Die Lage des Triptolemostempels hat man lange mit der Kapelle des heiligen Zacharias identifiziert, in deren Nähe 1859 das bekannte sogenannte große Eleusinische Weihrelief (heute im Nationalmuseum zu Athen) gefunden wurde. Heute wird die Stelle am Ende der heiligen Straße dicht am Vorplatz zum Eingang in das Heiligtum angesetzt. Die Fundamente des Tempels der Artemis Propylaia, der «Artemis vor den Toren», liegen auf dem Vorplatz selbst rechter Hand für den Eintretenden, rund 20 m vor den sogenannten großen Propylaien. Es handelt sich um einen, unter Kaiser Hadrian errichteten, Amphiprostylos. Die Stelle des Poseidontempels konnte noch nicht identifiziert werden. Der Kallichoron genannte Brunnen liegt unmittelbar südlich vor den großen Propylaien. Seine tiefe Niveaulage und seine kreisrunde Gestalt erweisen ihn als Bau des mittleren 6. Jh. v. Chr., vielleicht eine Neufassung eines älteren Vorgängers. Pausanias ist nun am Endpunkt der heiligen Straße angekommen und unmittelbar vor dem Eintritt in das eleusinische Heiligtum. Wie bereits bei der Erwähnung des Kyamitestempels angekündigt (I 37. 4), ist er nicht gesonnen, das über dem eleusinischen Kult liegende Schweigegebot zu

brechen. Er geht dabei so konsequent vor, daß er weder die Bauten am Eingang noch die übrigen Teile der Stadt Eleusis erwähnt, deren Akropolis sich auf dem Felsplateau westlich des Heiligtums erstreckte. Siehe auch V 10. 1.

74 Pausanias beschreibt nun von Eleusis aus, bevor er sich weiter über Megara Korinth zuwendet, noch die Ausfallstraße nach Norden, Boiotien zu. Er bewegt sich dabei nur bis zur Grenze zwischen Attika und Boiotien, beschreibt deren historische Situation: Ursprünglich bei Eleutherai gelegen, ist sie – wohl unter den Peisistratiden in der zweiten Hälfte des 6. Jh. v. Chr. – auf den Gebirgskamm des Kithairon verlegt worden, unter Einbeziehung von Eleutherai und des 5 km südlich gelegenen Oinoë. Die antike Straße wird in ihrem Verlauf etwa der modernen Fahrstraße Athen–Theben entsprochen haben. Unmittelbar an der Auffahrt zur Paßhöhe liegt die wohlerhaltene Festung Panakton, von Pausanias als Eleutherai benannt. Sie ist im 4. Jh. v. Chr. errichtet worden, umfaßt rund 300 × 100 Meter an Umfang und birgt in ihrem Innern Reste von Häusern und Wohnanlagen. Von dem Dionysostempel hat man Reste unterhalb der Festung, dicht nördlich der Abzweigung nach dem heutigen Villia, entdeckt. Zwei frühchristliche Kirchen zeugen von einer über die Kaiserzeit hinaus dauernden Ansiedlung an dieser Stelle. Die Überführung des alten hölzernen Kultbildes nach Athen (I 20. 3) und die Herstellung einer hölzernen Nachbildung fiel wohl – in Analogie zur Überführung des Artemis-Brauronia-Kultes – in die Zeit des Peisistratos (6. Jh. v. Chr.).

75 Die von Pausanias auf dem Weg nach Megara erwähnten Plätze und Stellen müssen ziemlich dicht bei der Stadt Eleusis gelegen haben. In erster Linie gilt dies für den «Anthion genannten Brunnen», den der Homerische Demeterhymnos 99 als Παρθένιον φρέαρ nennt und an dem sich die Begegnung der trauernden Göttin mit den vier Töchtern des Königs Keleos von Eleusis abgespielt hat. Den Hymnendichter Pamphos stuft Pausanias VIII 37. 9 älter als Homer ein. In Wirklichkeit werden seine Hymnen erheblich jünger datiert. Metaneira war die Gemahlin des Königs Keleos. Sie nimmt die heimatlose Demeter bei sich auf und übergibt ihr ihren Sohn Demophon zur Wartung (s. Homerischen Demeterhymnos 161 und 206). Alope war die Tochter des Königs Kerkyon von Eleusis. Posei-

don verwandelte sie in eine Quelle. Ihrem Sohn, Hippothoon, übergab Theseus nach Überwindung des Kerkyon, die Herrschaft über Eleusis. Mit I 39. 3 beendet Pausanias sein Buch über Athen und Attika, für das er nach seinen Worten nur das Bedeutendste an Erzählungen und Sehenswürdigkeiten ausgewählt hat. Nur das wurde ausgewählt, was sich zur Aufzeichnung lohnte. Trotz diesen äußerst knappen Bemerkungen läßt sich einiges zur Methode des Schriftstellers P. sagen: Zunächst ist es das Prinzip der Auswahl, das die Aufbereitung und Darbietung des Stoffes beherrscht, und zwar im Hinblick auf den vorgegebenen Gesamtrahmen der συγγραφή. Nur was wert ist, aufgezeichnet zu werden, wird aufgenommen; wobei leider die Kriterien im einzelnen nicht mitgeteilt werden. Indessen ist es keine Frage, daß sich diese Auswahl in zwei Bereichen vollzieht: λόγοι, d.h. das aus Mythos und Geschichte Erzählenswerte, und θεωρήματα, die Denkmäler, Bauten und Kultmale selbst, wobei sich am Kontext im einzelnen ein sehr deutlicher Anteil von Autopsie des Verfassers abzeichnet. Man hat auf die Reihenfolge von λόγοι und θεωρήματα besonderen Wert gelegt. Sie scheint eher zufällig, und wenn im laufenden Text der Anteil der λόγοι zu überwiegen scheint, so gilt es zu bedenken, daß Pausanias nicht immer zu jedem Denkmal etwas zu sagen hat, was über die Benennung selbst hinausgeht. Immerhin werden solche Denkmäler aufgeführt, und gelegentlich kann sich deren Beschreibung zu eigenen Abschnitten erweitern, wie im Fall des Kultbildes der Nemesis von Rhamnous, s. I. 33. 3f. oder der Athena Parthenos s. I 24. 7f. Wichtiger ist, daß Pausanias sich in diesen Punkten sehr eng an Herodot anschließt (II 99. 1), dessen ἱστορίη bzw. ὄψις den λόγοι und den θεωρήματα des Pausanias entsprechen dürften. Auch die eigene Meinung wird gelegentlich sehr vernehmlich geäußert (κατὰ γνώμην τὴν ἐμήν). In sehr vielen Fällen, wenn es sich um mythologische Varianten handelt, explicit; im übrigen aber zeigt sich der Autor stets auf die große Vergangenheit Griechenlands in archaischer und klassischer Zeit orientiert, dessen Götter, Heroen und Kultplätze er nicht müde wird, im einzelnen aufzuführen.

76 Von I 39. 4 bis I 44. 10 schließt sich nun der Bericht über Megara und die Megaris an, davon allein bis I 44. 3 ausschließlich über die Stadt Megara selbst. Von der Fülle der aufgeführten

Denkmäler hat sich nur wenig erhalten: Im Sattel zwischen den beiden Stadtbergen das Brunnenhaus, das Pausanias dem Tyrannen Theagenes zuschreibt, das aber nach seiner Anlage und Bautechnik erst aus dem späten 6. Jh. v. Chr. stammen kann. Theagenes und der mit ihm eng verbundene Kylon von Athen (I 28. 1) sind in das 3. Viertel des 7. Jh. v. Chr. anzusetzen. Der Brunnen stellt ein oblonges Laufwasserreservoir dar, das durch eine Zuleitung von Norden her gespeist wurde. 35 in fünf Reihen angeordnete oktogonale Stützen tragen das Flachdach. Die Schöpfstelle, der eine dorische Säulenstellung vorgeblendet ist, liegt im Süden. Das nach den sithnidischen Nymphen benannte Quellwasser war einst von einer rund 15 Minuten nördlich der Stadt austretenden Quelle herangeführt worden. Der alte Tempel der Artemis Soteira lag nach den gefundenen Resten der Kaiserstatuen (Statuenbasen und Togati) dicht hinter dem sogenannten Theagenesbrunnen. Strongylion (s. SQ. 877), spätes 5. Jh. v. Chr. Die Lage des Olympieions ist am nordwestlichen Abhang des östlichen Stadtberges durch Mauerreste und Inschriften gesichert. Der Bericht des Pausanias gibt einen lebendigen Einblick in die Werktechnik und die Herstellung solcher überlebensgroßer Gold-Elfenbein-Figuren: Da es in Megara durch den ausbrechenden Peloponnesischen Krieg (431 v. Chr.) nicht mehr zur Ausführung des Kultbildes gekommen ist, behalf man sich damit, daß man den bereits fertig gearbeiteten Kopf auf das in Gips und Ton hergestellte Modell im Maßstab 1:1 montierte. Die fehlende Ausrüstung der Teile in Gold und Elfenbein wird man wohl in Farbe nachgetragen haben. Die ursprünglich für den Gerüstaufbau im Innern des Kultbildes benötigten Hölzer hatte man bereits zu bearbeiten begonnen. Sie lagen immer noch, sorgsam verwahrt, zu Zeiten des Pausanias, also über 600 Jahre, im rückwärtigen Teil des Tempels. Die Zusammenarbeit mit Pheidias, die nur hier bezeugt ist (s. SQ. 855), wird sich auf maßgebliche Beratung durch den gerade in der Ausführung überlebensgroßer Gold-Elfenbein-Statuen erfahrenen Künstler beschränkt haben. Die Ausführung der statuarischen 12-Götter-Gruppe wird Praxiteles selbst zugeschrieben (s. SQ 1193). Unter den Kultbauten auf dem östlichen Stadtberg (Karia) erwähnt Pausanias den des Zeus Konios (Stauberreger) ohne Dach. Damit stimmt die Nachricht bei Cic. fam. IV 5 überein, der von einigen Tempeln in Megara berichtet, sie lägen zu seiner Zeit in Trümmern. Zu Bryaxis s. SQ. 1319.

77 Mit dem Grab der Alkmene, der Mutter von Herakles, eröffnet Pausanias einen weiteren kurzen Exkurs im Norden der Senke zwischen beiden Stadtbergen. Die Erzählung vom Tod der Alkmene in Megara und dem Streit der Herakliden findet sich nur bei Pausanias. Siehe auch IX 16. 7, wo Pausanias den thebanischen Ortsmythos zitiert. Mit dem einheimischen Führer ist ohne Frage ein örtlicher Fremdenführer gemeint, sosehr sonst ἐξηγήτης eine weite Begriffsspanne abdeckt: So ist bei I 13. 8 oder I 34. 4 und I 42. 4 an schriftliche Unterlagen zu denken, während bei V 10. 7 sicher eine für das olympische Heiligtum zuständige Person vorliegt, ebenso II 9. 7. Die im Anschluß genannten Tempel und Gräber werden sich wohl alle am Nordrand der antiken Stadt Megara befunden haben. Über Echemos berichtet Pausanias VIII 5. 1. Das Grab des Pandion auf dem Felsen der Athena Aithyia hat Pausanias I 5. 3 bereits erwähnt.

78 Mit I 42. 1 beginnt Pausanias den zweiten Teil seines Stadtrundganges. Dieser führt zunächst auf die Höhe des westlichen Stadtberges (Alkathoos) hinauf, dann zurück zur Agora, die wohl südlich der Senke zwischen den beiden Hügeln gelegen haben muß, um endlich über den sogenannten Geraden Weg zur Vorstadt am Meer, Nisaia, zu gelangen. Ab I 44. 6 geht es über die sogenannte Skironische Straße zur Grenze nach Korinth. Das Grab des Stadtheros Megareus befand sich nach Pausanias rechts für den Hinaufsteigenden, d. h. also am Nordhang des Alkathoosberges; unklar, ob noch innerhalb oder außerhalb der Mauern. Bezug zur Ummauerung zeigte sicher auch der Herd der Prodomeis genannten Götter, an dem Alkathoos vor dem Beginn des Mauerbaus geopfert haben soll und dessen Beinamen durch das im folgenden Berichtete erklärt wird: Es sollen die Götter so genannt sein, die bei Beginn eines Baues angerufen werden. Die berühmten Memnonkolosse am Westufer des Nils, Theben gegenüber, sind die Sitzstatuen des Pharao Amenophis' III. (1400–1362 v. Chr.). Die beiden Statuen sahen zu Pausanias' Zeiten genauso aus wie heute. Phamenoph ist die gute Wiedergabe der aigyptischen Namensform des Königs. Die richtige Zuweisung war also den Fremdenführern zu Pausanias' Zeiten bekannt. Die Zerstörung durch den Perserkönig Kambyses ist späte Legende, die wohl auch von den

Fremdenführern verbreitet wurde. Mit den Syringen sind die aigyptischen Königsgräber im Tal der Königsgräber gemeint.

79 Das Bouleuterion wird ebenfalls auf dem Alkathoosberg gelegen haben, da unmittelbar danach der «auf der Spitze der Akropolis» stehende Athenatempel erwähnt ist. Später (I 43. 3) erwähnt Pausanias die Anlage zweier Heroengräber im Bouleuterion (s. dort). Vom Athenatempel haben sich noch Reste der Fundamentierung und Teile seines einstigen Aufbaus (in der Kapelle des Heiligen Hypapantis verbaut) erhalten. Das Kultbild war in der Mischtechnik eines sogenannten Akroliths gefertigt: Körper und Gewand aus vergoldetem Holz oder Ton, während Füße, Hände und der Kopf aus Elfenbein bestanden. Die beiden anderen genannten Heiligtümer der Athena werden wohl nicht weit abgelegen haben. Mit den ἐξηγήται, die nichts über den Stifter des Athenabildes zu berichten wußten, ist hier sicher eine schriftliche Quelle gemeint, im Gegensatz also zu I 41. 2, wo ein einheimischer Fremdenführer im Gelände führt. Auch den Apollontempel, der unter Kaiser Hadrian einem völligen Neubau aus Marmor unterzogen wurde, wird man auf dem Alkathooshügel anzusetzen haben, da Pausanias erst I 42. 6, also nach dem Besuch des Demeterheiligtums, vom Abstieg spricht. Aus dem alten, wohl archaischen, Apollontempel waren die drei altertümlichen Holzbilder des Gottes übernommen worden. Sie verkörperten jeweils einen eigenen Kultbereich, wie die Beinamen zeigen, und könnten ursprünglich aus drei getrennten Bezirken des Gottes stammen. Über die Unterscheidung in aigyptische und aiginetische Werke ist wiederholt spekuliert worden, ohne zu klaren Resultaten zu kommen. Man muß beachten, daß Pausanias nicht von einer Identität mit, sondern nur von einer Angleichung an aigyptische Werke spricht; ebenso, daß die Holzstatuette des Apollon Archegetes «aiginetischen Werken ähnlich sei». Von daher scheint es fraglich, ob sich diese beiden «Stile» lediglich durch unterschiedlichen Figurenstand ausgezeichnet haben und ob nicht doch noch andere, signifikantere Merkmale maßgeblich waren: Nackt oder bekleidet, Frisur und dergleichen. Inwieweit sich das Heiligtum der Demeter Thesmophoros auf dem Westberg von dem (I 40. 6) sogenannten Megaron der Demeter auf dem Ostberg unterschied, muß offen bleiben.

80 Pausanias scheint nach dem Rundgang auf dem Westhügel sei-

nen Abstieg zur Stadt über die Südostflanke genommen zu haben, da er sich I 43. 2 dem Prytaneion zuwendet, das man in die unmittelbare Nähe zur Agora ansetzen wird. Zuvor passiert er das Heroon der Ino; nach dem Bericht eine hypaithrale Anlage mit niederer Steineinfassung und einem Olivenhain. Was das Grab der Iphigeneia betrifft, so folgt Pausanias hier, wie man seit langem erkannt hat, einer argivischen Sagenversion. Im achten, Arkadien gewidmeten, Buch sucht man vergebens nach diesem λόγος. Man hat angenommen, Pausanias habe aus Flüchtigkeit statt Ἀργείων Ἀρκάδων λ. geschrieben. Die Stadt Megara barg, darin vielen dorischen Städten vergleichbar, in ihrem Zentrum eine Reihe von Heroengräbern und sonstigen Grabanlagen aus historischer Zeit. Außer den beiden Gräbern für die Gründersöhne Euippos und Ischepolis im Prytaneion erwähnt Pausanias, neben dem Polyandreion für die im Perserkrieg Gefallenen, auch das sogenannte Aisymnion, um das die Megarer später das Rathaus errichteten, in dem sich laut I 42. 4 außerdem noch das Grab des Timalkos befand. Unter dem Begriff des Aisymnion ist in erster Linie die beratende Körperschaft des megarischen Magistrats, die αἰσυμνᾶται, analog zu den Prytanen in Athen, zu verstehen, die sich unter dem offensichtlich maßgeblichen Einfluß eines Aisymnos konstituiert hatte. In zweiter Linie wird man den Grabbezirk selbst so genannt haben, als dessen baulichen Mittelpunkt man das Heroengrab des letzten Königs von Megara, Hyperion, annehmen darf.

81 Daß das Heroon des Alkathoos in historischer Zeit als Archiv, wörtlich als «Sammelstätte für schriftliche Urkunden», gedient hat, hängt sicher, wie neulich zu Recht betont wurde, mit seiner unmittelbaren Nachbarschaft zum Bouleuterion zusammen. Dieses lag, wie I 42. 4 zeigt, auf dem Westhügel, dem Alkathoosberg, und ebendort lag auch das Grab des namengebenden Heros. Dicht daneben sind auch die Gräber von Frau und Tochter des Alkathoos anzusetzen, so daß sich hier ein förmliches Familienheroon rekonstruieren läßt. Vor dem Eingang in das Dionysosheiligtum, das die beiden bereits bei Homer genannten Polyeidos und Euchenor, Vater und Sohn, wohl als das älteste Heiligtum am Ort gestiftet hatten, lag das Grab der beiden Töchter des Polyeidos, Astykrateia und Manto. Im Tempel standen zwei Götterbilder mit unterschied-

lichen Beinamen und auch unterschiedlicher Gestalt. Das des Dionysos Patroos war ein Holzbild, von dem allein Kopf und Gesicht sichtbar, das übrige dicht verhüllt war. Es glich damit dem bekannten Typus des Maskengottes, der in Attika verschiedentlich bezeugt und auch wiederholt abgebildet wurde. Das des Dionysos Dasyllios (der dichten Vegetation) scheint eher eine Weihestatue gewesen zu sein, die der Enkel des Polyeidos, Euchenor, gestiftet hat. In welchem Zusammenhang dann der aus parischem Marmor gefertigte Satyr des Praxiteles (SQ. 1226) seine Aufstellung fand, ist schwer auszumachen. Den Tempel der Aphrodite erwähnt auch Plut. Agesilaos 27 als Ἀφροδίσιον. Dieser lag tiefer als das ἀρχεῖον und zudem am Wege, der zur westlichen Akropolis hinaufführte. Auch hier ist es wieder schwer auszumachen, wie sich einst das Ensemble der Götterbilder ausnahm. Neben der ältesten Statue im Tempel, dem sicher nur in Statuettengröße ausgeführten Aphroditebild, standen die der Peitho (Überredung) und der Paregoros (der Beschwichtigung) von Praxiteles (s. SQ. 1165), ferner die Standbilder von Eros, Himeros und Pothos (Leidenschaft) aus der Hand des Skopas (s. SQ. 1165). Auch das Kultbild des benachbarten Tycheheiligtums war von Praxiteles (s. SQ. 1219). Ein weiterer, namentlich nicht näher benannter, Tempel barg ein größeres Ensemble von der Hand des Lysipp (s. SQ. 1456): Zeus und die (wohl vollständige, also aus neun Figuren bestehende) Gruppe der Musen, wobei man wohl davon ausgehen darf, daß es sich hier um zwei voneinander unabhängige und auch getrennt aufgestellte Figurengruppen handelt. Eine am Nordabhang des Alkathoosberges gefundene Statuen-Basis mit der Weihung eines Theramenes und der Signatur des Lysipp läßt sich nicht auf die von Pausanias genannten Figuren beziehen.

82 Mitten auf der Agora lag das Grab des megarischen Landesheros Koroibos, dessen auf Argos und seinen König Krotopos bezogenen Mythos Pausanias «nach Schilderungen der Dichter» mitteilt. Das erwähnte Epigramm hat sich in der Anthologia Palatina VII 154 erhalten. Dort ist statt der Poiné vom Todesdaimon Ker die Rede, den Koroibos erschlagen habe, was auch in dem aus zwei Figuren gebildeten ἐπίϑημα auf dem Grabe des K. dargestellt war. Hier hat man wohl an freiplastische Ausführung zu denken, die man relativ früh, d.h. in archaische

Zeit, ansetzen wird. Ob es allerdings die ältesten Steinbildwerke überhaupt waren, steht dahin. Ebenfalls auf der Agora und nahe beim Grab des Koroibos lag das des Olympioniken Orsippos. Dieser siegte in der 15. Olympiade = 720 v. Chr. im Stadionlauf und soll angeblich der erste gewesen sein, der das περίζωμα, nach Pausanias absichtlich, beim Wettlauf verlor. Indessen handelt es sich hier, wie seit langem erkannt, nicht um echte Überlieferung, sondern um eine antike Kombination, die auch auf andere Athleten übertragen wurde. Pausanias hat offensichtlich seine Angaben zur Person einem, in römischer Zeit erneuerten, Epigramm entnommen, das sich 1769 in Megara fand. Darin ist auch die Rede von einer (von Pausanias nicht erwähnten) Statue des O. auf dem Grabe. Pausanias wendet sich nun dem letzten Abschnitt seines Stadtrundganges zu, der Hafenstadt Nisaia, die er über den von der Agora ausgehenden sogenannten Geraden Weg erreicht. Die Entfernung dorthin gibt Thuk. IV 66 mit 8 Stadien = rund 1,6 km an. Rechts seitlich am Wege lag das Heiligtum des Apollon Prostaterios (Beschützer des Aus- und Eingangs an den Türen), dessen Kultbildgruppe zu einem späteren Zeitpunkt durch die Praxitelische Gruppe von Niobe und ihren Kindern ergänzt wurde (s. SQ. 1200). Es bleibt unklar, ob es sich dabei um eine thematisch und motivlich vorgegebene Ergänzung zur ursprünglichen Dreiergruppe (Apollon, Leto und Artemis) handelt oder ob die Niobidengruppe für sich isoliert Aufstellung fand. Das alte Gymnasion steht im Gegensatz zu einem epigraphisch bezeugten und für die Stadtmitte gesicherten – sicher jüngeren – Gymnasion. Die anikonische Verehrung des Apollon Karinos in Form eines Obelisken veranschaulichen Münzen der Kaiserzeit. Megara war mit der Hafenstadt außer dem sogenannten Geraden Weg auch mit einer Doppelmauer verbunden, die die Athener 461 v. Chr. anlegten und von der bis ins 18. Jh. noch Reste aufrecht standen. Von Nisaia selbst, das sich auf dem heutigen Kastrohügel ausdehnte, haben sich noch Mauerreste und Teile der Hafenbefestigung erhalten. Das Demeterheiligtum ist das zweite in Megara, das nicht mehr in Kultpflege stand (s. I 40. 6).

83 Pagai ist mit dem heutigen Alepochori identisch. Die Straße dorthin wird wohl mit der heutigen Fahrstraße übereinstimmen. Bei dem Heiligtum der Artemis Soteira dort wird es sich

um einen Filialkult von Megara aus handeln. Teile der Ringmauer haben sich erhalten. Weder der Artemistempel noch das Heroon des Aigialeus ließen sich bislang lokalisieren. Pagai teilte mit Aigosthena das Schicksal der megarischen Städte: 461 v.Chr. von Athen besetzt, 446 v.Chr. wieder frei und ab 193 v.Chr. selbstständiges Mitglied des achaiischen Bundes. In Aigosthena, modern Porto Germenó, das heute noch über den besterhaltenen Mauerring (4. Jh. v.Chr.) in ganz Griechenland verfügt, erwähnt Pausanias lediglich das Heiligtum des Melampous. Es diente, wie aus Inschriften hervorgeht, auch als Archiv und konnte bislang noch nicht topographisch ermittelt werden. Die Antike bezeichnete den M. als den ältesten Sühnepriester, Seher und Kenner von Heilmitteln. Die moderne Religionswissenschaft hält ihn für eine im Kern historische, wenngleich vom Mythos überwucherte, Priester- und Sehergestalt archaischer Zeit. Das antike Ereneia hat sich rund 7km westlich von Palaiochori am Ostabhang des Paterasgebirges, zehn Minuten südlich der Hagios-Georgios-Kapelle, lokalisieren lassen. Reste der Ummauerung haben sich erhalten.

84 Pausanias nimmt nun den Bericht vom Westausgang von Megara aus wieder auf. Südwestlich vor der Stadt entlang der antiken Straße nach Korinth befand sich ein größeres Gräberfeld, aus dem Pausanias lediglich zwei Gräber heraushebt. Das des samischen Flötenbläsers Telephanes, den Demosthenes (XX 17) als besten unter den Menschen bezeichnet. Sein Grabepigramm hat sich erhalten (Anth. Pal. VII 159). Es rühmt den T., durch seine Flötenkunst der höchsten Ehren unter den Sterblichen teilhaftig geworden zu sein, nur noch vergleichbar mit Orpheus, Nestor und Homer. Die weiteren Angaben über die Errichtung des Grabes wird Pausanias einer Inschrift am Grab entnommen haben. Demnach hat Kleopatra II., die Tochter König Philipps II. und Schwester von Alexander dem Großen, das Grab errichten lassen. Ferner: das Grab des Kar, der als eponymer Ortsheros dem Osthügel von Megara seinen Namen verlieh. Beide Gräber sind bis heute nicht lokalisiert. Hingegen ist der Verlauf der antiken Straße unterhalb des Skironischen Felsen annähernd bekannt. Zum großen Teil benutzt ihn die heutige Eisenbahntrasse. Am Beginn der Skironischen Straße befindet sich (oberhalb der Eisenbahnlinie und über einem neuzeitlichen Steinbruch) ein klassischer Rundturm, wohl der er-

ste seiner Art entlang der Küstenstraße. Ein dabei gefundenes Triglyphon weist auf einen kleinen dorischen Antenbau hin, der nicht weit abgelegen haben muß. An zwei Stellen treten die Ausläufer des Gebirges dicht an die Küste: Etwa 3 km westlich vom Beginn der Engstelle der Felsen Molouris, von dem sich Ino mit ihrem Sohn Melikertes ins Meer gestürzt habe. Westlich davon liegt die Gruppe der sogenannten Skironischen Felsen am Meer, an der der Räuber Skiron von Theseus auf seinem Weg von Troizen nach Athen überwunden und ins Meer gestürzt wurde. Auf dem Gipfel darüber vermerkt Pausanias den Tempel des Zeus Aphesios (der den Regen entsendet). Grabungen haben etwa 300 m über dem Meer in der Ortslage Marmara die Reste eines Heiligtums mit Ummauerung, prostylem Tempel und Bankettäumen freigelegt, das allerdings nicht mit letzter Sicherheit auf den Kult des genannten Gottes zurückzuführen ist. Das Grabmal des Eurystheus lag wohl am westlichen Ausgang der Skironischen Straße, während das anschließend genannte Heiligtum des Apollon Latoios (des Letosohnes) abseits vom Weg, eher in der Küstenebene, gelegen haben wird. Gleich danach vermerkt Pausanias die Grenze zwischen Megara und Korinth. Damit ist dann der Anschluß an II 1. 3 hergestellt.

ANMERKUNGEN ZU BUCH II · ARGOLIS

1 Buch II, in den Handschriften als Κορινθιακά, von P. selbst V 18. 8 als Κορινθία συγγραφή zitiert, knüpft unmittelbar an den Schluß von Buch I (I 44. 6) an. Da nur II 1. 1 bis II 5. 5 sich auf Korinth und seine nähere Umgebung beziehen, wäre als Gesamttitel eher Ἀργολικά angebracht. Nach II 26. 9 ist Buch II nach 165 n. Chr. und noch vor Buch III (III 6. 9 und 10. 5) geschrieben. Es bietet keine in sich geschlossene Reiseroute, sondern eher Abschnitte einer solchen u.a. mit Abstecher nach Aigina. Moretti = L. Moretti, Olympionikai, i vincitori negli antichi agoni Olimpici, in Att. Acc. Lincei, Memorie, ser. VIII vol. VIII, 2. Roma 1957.

2 Eumelos, archaischer Ependichter aus Korinth (s. IV 4. 1). Das von P. genannte Werk Κορινθιακά lag ihm in Prosabearbei-

tung vor. Ephyra ist der alte Name Korinths, den noch Homer Il. VI 152 und 210 zitiert.

3 Korinth war 146 v.Chr. durch den römischen Feldherrn L. Mummius total zerstört und nach einer Unterbrechung von über hundert Jahren als ager publicus, 46 v.Chr. als Colonia laus Julia Corinthus neu begründet und planmäßig angelegt worden.

4 P. befindet sich hier an der Grenze zwischen der Megaris und Korinth, noch vor dem Isthmos. Das von ihm genannte Kromyon ist mit dem heutigen H. Theodoroi gleichzusetzen. Die Strandkiefer und der Altar bezeichnen die Stelle, an der Melikertes, Sohn des Athemas und der Ino, vom Delphin an Land getragen wurde. Mit den hier und II 1. 7 genannten δένδρα πιτύων ist nicht die Fichte, sondern die heute noch anstehende Strand- oder Aleppokiefer gemeint.

5 Die Idee, den Isthmos, die Landenge von Korinth, zu durchstechen, geht angeblich auf den Tyrannen Periander (584–544 v.Chr.) zurück. Lange Zeit diente im 6. u. 5. Jh. v.Chr. als Ersatz ein sogenannter Diolkos, ein massiver Schiffskarrenweg, von dem nördlich und südlich des Westausganges des Kanals noch stattliche Reste sich erhalten haben. P. spielt auf Kaiser Nero an, der in der Tat den einzigen ernsthaften Versuch unternahm, den Isthmos zu durchstechen (s. das Handwerkerrelief an der Südwand des Kanals). Die Mimashalbinsel liegt vor dem Golf von Smyrna, die Halbinsel von Knidos in der rhodischen Chersonnes.

6 P. betritt nun ohne weiteren Hinweis das Heiligtum des Poseidon auf dem Isthmos. Die Anlage, seit 1953 ff. freigelegt, befindet sich 1 km südwestlich des östlichen Kanalausganges und umfaßt im Zentrum den ummauerten Peribolos mit den Resten des Poseidontempels (Vorgänger aus dem späten 7. Jh.) und einer unmittelbar südöstlich anschließenden archaischen Stadionanlage mit singulärer Startvorrichtung für 16 Läufer. Ein quadratischer Podiumbau, direkt südlich davon, barg vielleicht das Grab des Ortsheros Palaimon. Wie die anderen panhellenischen Heiligtümer hat sich auch das auf dem korinthischen Isthmos aus lokalem Kult und Spielen entwickelt. Die Spiele, Isthmien, seit dem frühen 6. Jh. v.Chr., wurden alle zwei Jahre abgehalten. Der Siegerkranz bestand aus Kiefernzweigen. P. sah noch einige der aufgestellten Siegerstatuen,

ohne im einzelnen Namen zu nennen. Das klassische Stadion befindet sich östlich des Peribolos, nördlich des griechischen Theaters. Eine spätantike Befestigung sicherte das Heiligtum und den gesamten Isthmos vor Invasionen vom Festland her. Der Tempel, im Text entstellt referiert, mißt 54,20 × 23,70 m. Er barg im Innern eine dreifigurige Kultbildgruppe in Gold-Elfenbein-Technik, gestiftet von dem reichen Mäzen Herodes Attikus (s. I 19. 6) im 2. Jh. n. Chr.

7 Die amerikanischen Ausgräber haben das Palaimonion mit einem quadratischen Podiumsbau (s. Anm. 6) südöstlich des Tempels identifiziert; das Adyton ist nicht ermittelt, ebensowenig der Altar der Kyklopen.

8 Die großen Eoiai, ein verschollenes archaisches Epos, das meistens Hesiod zugeschrieben wird. Es behandelte die göttliche Herkunft mythischer Stammesväter berühmter Geschlechter. Lechaion ist der ursprüngliche Westhafen von Korinth, 3 km nördlich der Stadt und mit dieser durch eine Prachtstraße mit doppelter Mauereinfassung verbunden. Reste von Molenbauten und einer ausgedehnten frühchristlichen Basilika. Kenchreai war der einstige Osthafen, rund 4 km südlich des heutigen Ostkanalausganges gelegen. War in römischer Zeit, wohl als Ersatz für das aufgegebene Kanalprojekt, unter Nero mit Kaianlagen und Lagerhäusern ausgestattet worden (Reste freigelegt). Die von P. genannten Tempelbauten sind nicht identifiziert. Hingegen gibt es heute noch die Salzquelle mit einer Temperatur von 15° rund 2 km weiter südlich. P. wird seine Angaben dazu wohl während eines Winteraufenthaltes vorgenommen haben.

9 Diogenes von Sinope (4. Jh. v. Chr.), Gründer der kynischen Philosophengruppe. Das Grab war mit einer Säule und einem daraufhockenden Hunde geschmückt. Kraneion war die nördliche Vorstadt von Korinth (heute Alt-Korinth). Beliebtes Wohnviertel in römischer Zeit. Die verschiedenen Angaben über die Hetairen gleichen Namens erklären sich daraus, daß es zwei Hetairen gleichen Namens in K. gab. Die eine war in K., die andere in Thessalien bestattet.

10 Die amerikanischen Ausgrabungen (seit 1896 ff.) haben die Feststellung des P. bestätigt: Außer den sieben noch aufrecht stehenden Säulen des archaischen Apollontempels gibt es ausschließlich Bauten aus der Zeit nach der Neugründung. Tief-

grabungen haben allerdings gezeigt, daß unter dem römischen K. das griechische liegt, dessen Stadtplan so ziemlich der gleiche war. Zentrum ist die Agora, in die die Straßen von Kenchreai von Süden und die von Lechaion von Nordosten her einmünden. Sie ist von allen Seiten von Ladenbauten, Hallen, Brunnen usw. eingefaßt. Z. T. sind die Fundamente griechischer Bauten wieder benutzt worden. So am Westrand, wo die von P. genannten Tempel stehen und Identifikationen möglich sind: Die im Plan 5 (Nr. 9) verzeichneten Tempel J und H standen zu P. Zeiten noch nicht. Also sind der Tempel der Tyche und der aller Götter die Tempel F und G. Der Poseidonbrunnen ist identisch mit der Brunnenanlage, die durch die Tempel H und J überbaut wurde, während das sogenannte Babbiusmonument die Statue des Apollon Klarios oder der Aphrodite barg. Das Dionysosheiligtum wird an der Südwestecke des Marktes in dem dreiteiligen Bau vermutet. Für den Hermestempel kommt am ehesten der Tempel D in Betracht.

11 P. geht nun an der Nordwestecke durch den Triumphbogen und betritt die Prachtstraße nach Lechaion, die zu beiden Seiten von Kolonnaden und Ladenbauten gesäumt ist. Das große Brunnenhaus der unteren Peirene (nördlich der Straße) war noch nicht durch den pompösen Ausbau verziert, den der Mäzen Herodes Attikus (101–177 n. Chr.) gestiftet hat. Weder hier noch bei anderen Bauwerken K. erwähnt P. die Bautätigkeit des Herodes, was er sonst sicher getan hätte. Mit dem «korinthischen Erz» spielt P. auf einen berühmten Exportartikel der Stadt an, der mit dem aiginetischen und dem delischen Erz gemessen wurde. In allen drei Fällen handelt es sich um besondere Verarbeitung und um die jeweilige örtliche Gießereiproduktion. Der Apollonbezirk liegt unmittelbar nördlich der unteren Peirene.

12 P. setzt seinen Weg auf der Straße nach Lechaion fort und schließt einen kurzen Thermen- und Brunnenexkurs an. Das Euryklesbad muß sich nördlich angeschlossen haben. Es war von E., einem Parteigänger Octavians, um Christi Geburt errichtet und mit farbigen Steinen aus Krokeai (s. III 21. 4) geschmückt worden. Zum Aquädukt Kaiser Hadrians aus Stymphalos s. VIII 22. 3.

13 P. beginnt hier, wieder von der Agora aus, seinen Weg nach Westen. Der genannte Apollontempel ist der um 570/560

v. Chr. errichtete Bau, wohl mit einem Kultbild nach 46 v. Chr. Der, heute isolierte, Felsblock der Glauke liegt rund 80 m westlich des Apollontempels. Das Odeion befindet sich rund 50 m nordwestlich der Glauke, heute freigelegt. Es schließt direkt südlich an das gleich danach genannte Theater an und war einst von Herodes Attikus ausgeschmückt worden, was P. auch hier nicht eigens erwähnt.

14 Das hölzerne Heraklesbild ist offensichtlich dem Bildhauer Daidalos (s. SQ. 100) auf Grund seiner Stileigentümlichkeiten und nicht von einer Signatur her zugeschrieben. Das Lernaion, ein hofartig geschlossener Bezirk mit Quellfassungen und Hallen, liegt rund 300 m nördlich des Theaters dicht hinter der Stadtmauer am Rande einer Geländeterrasse. Die erwähnten Ruhebänke befinden sich in den drei Osträumen. Östlich schließt sich auf höherem Niveau das im 5. Jh. gegründete Asklepieion mit prostylem Tempel und Altar an. Das von P. genannte Gymnasion war unmittelbar südlich des Lernaions angelegt. Reste von Säulenbasen. Der Zeustempel wird weiter westlich vermutet.

15 P. begibt sich nach Akrokorinth. Unter den verschiedenen genannten Heiligtümern am Aufstieg konnte das von Demeter und Kore freigelegt werden. Vom Aphroditetempel auf Akrokorinth auf der höchsten Kuppe (575 m) nur geringe Reste.

16 Die auch von Strabo als obere Peirene genannte Burgquelle (heute Drakonéra) liegt südlich der Hauptkuppe dicht an der Innenseite der Burgmauer. Diese, heute noch auf Strecken vorzüglich erhalten, gründet sich besonders im Bereich des Westeingangs und der Nordseite auf klassischem Unterbau (5./4. Jh. v. Chr.). Tenea, eine antike Siedlung (geringe Reste), heute rund 3 km südlich des Dorfes Chiliomodi gelegen.

17 P. verfolgt erneut die von K. nach Westen, Sikyon zu, gehende Ausfallstraße, diesmal außerhalb der Stadtmauer (s. II 3. 6). Zum Brand des Tempels s. III 9. 2.

18 Mit II 5. 6 bis II 6. 7 beginnt zunächst die Frühgeschichte Sikyons, mit II 7. 2 dann die Beschreibung der Stadt selbst.

19 Asios von Samos, ein archaischer Dichter von Epen im genealogischen Stil der «hesiodeischen» Eoiai.

20 Das antike Sikyon lag beim heutigen Dorf Vasilikó, rund 3 km südwestlich von Kiáto. Die Stadt nahm ein durch Steilabfälle abgesetztes Plateau über der Küstenebene zwischen den Flüssen

Asopos im Süden und Helisson im Nordwesten ein. Auf einem kleineren Plateau darüber die Akropolis. Reste der Stadtmauer und vom Theater z.T. freigelegt. Die klassische Stadt muß mehr gegen Osten in der Küstenebene gelegen haben. Demetrios Poliorketes (337/36–283 v.Chr.) gründet 303 v.Chr. die Stadt auf dem Akropolisplateau neu. Sie nahm zunächst den Namen des Stifters an und nannte sich geraume Zeit Demetrias. Die geringe Bedeutung, auf die P. abhebt, resultiert wohl aus einer generellen Entvölkerung Sikyons zugunsten Korinths. Mit dem Erdbeben ist wohl jenes der Jahre um 140 v.Chr. gemeint, von dem P. auch in VIII 43. 4 berichtet. Der Orakelspruch auf Rhodos ist vielleicht bei Oracula Sibyllina VII 1–3 zitiert.

21 Zum Grabhügel des Messeniers Lykos: P. hat offensichtlich auf dem Grab die inschriftliche Angabe gelesen, wonach dieser L. im Fünfkampf in Olympia gesiegt habe. Zum Problem s. Moretti Nr. 1014.

22 Zum Grab des Eupolis: Es ist höchst unsicher, ob es sich dabei um den berühmten attischen Komödiendichter gleichen Namens (um 430 v.Chr.) handelt. Das Grab der Xenodike war demnach von einer bemalten Grabstele geschmückt und, daher einheimischer Arbeit nicht entsprechend, wohl attische Arbeit. Über die bei Pellene usw. Gefallenen berichtet P. gleich anschließend II 8. 5 und VII 7. 3. Über die Gefallenen bei Dyme II 9. 2, Megalopolis VIII 49. 4 und Sellasia VIII 49. 5.

23 Der Tempel der Tyche hat sich als Fundament auf der Akropolis erhalten. Das Theater, die stattlichste Ruine von Sikyon, liegt im westlichen Teil der Stadt im Akropolishang eingetieft. Aratos (281–213 v.Chr.), bedeutender Staatsmann aus Sikyon, das er 251 von der Tyrannis befreite. P. berichtet von einer im Theater aufgestellten Ehrenstatue des Aratos als Krieger.

24 Der Tempel der Artemis Limnaia hat sich in seinem Fundament erhalten. Das Dach war eingestürzt, das Kultbild verschwunden und der Kult erloschen.

25 Karmanor, ein mythischer Sühnepriester aus Tarrha/Kreta. Der Peithotempel stand am Eingang zur Agora. P. sah den neu errichteten Zweitbau mit dem Kultbild des Bildhauers Pythokles. Ein gleichnamiger Bildhauer ist für die 156. Olympiade = 156 v.Chr. überliefert, s. SQ. 2206. An der Agora lagen vermutlich zwei große, jüngst freigelegte, Gebäude: Eine

106 m lange Säulenhalle und ein quadratischer Saalbau mit 41,15 m Seitenlänge, wohl das Bouleuterion von Sikyon. Die Halle stammt aus dem 3. Jh. v. Chr. und kann dann natürlich nicht das Haus des Tyrannen Kleisthenes (6. Jh. v. Chr.) sein. Sie ist wohl identisch mit der aus anderen Angaben überlieferten «Bunten Halle», die von Lamia, der Mätresse des Demetrios Poliorketes, den Sikyoniern gestiftet wurde.

26 Auch der den römischen Kaisern geweihte Bezirk kann nicht mit dem Haus des Tyrannen Kleon (Anfang 3. Jh. v. Chr.) identisch sein. Das Heroon des Aratos und die danach genannten Götterstatuen und anikonischen Göttersymbole hatten ihren Platz auf der Agora unter freiem Himmel, ebenso der bronzene Zeus des Lysipp (s. SQ. 1454) und der bronzene Herakles des gleichen Künstlers (s. SQ. 1473).

27 Die topographische Abfolge im Bericht des P. ist in II 10. 1 ff. insofern etwas unklar, als nicht ohne weiteres zu erkennen ist, ob das II 10. 1 genannte Gymnasion mit dem der zweiten Stelle II 10. 7 verschieden oder identisch ist. In jedem Fall steht nur ein großer Gymnasionsbau (72 × 64 m) in Sikyon zwischen dem Theater und dem Bouleuterion zur Verfügung. Ihn mag Kleinias, der Vater des Aratos, im frühen 3. Jh. v. Chr. gestiftet haben. παιδιζή ist wohl handschriftlich aus παιδική verderbt überliefert. Die marmorne Heraklesstatue des Skopas (s. SQ. 1154) stand im Hauptkultraum des Gymnasions. Das Holzbild des Phliasiers Laphaës (s. SQ. 487) stellte ebenfalls Herakles dar. Das Asklepieion scheint außerhalb der Stadt gelegen zu haben. Das Standbild des Gottes von Kalamis (s. SQ. 515) stammt sicher aus der Phase vor der Neugründung der Stadt 303 v. Chr.

28 Mit Antiope ist hier die Tochter des Nykteus und Mutter von Amphion und Zetis gemeint. Die Erstellung ihrer Statue setzt deren Kult voraus. Das Sitzbild der chryselephantinen Aphroditestatue des einheimischen Bildhauers Kanachos (s. SQ. 407) ist in Technik und Bildtypik samt den Attributen noch mit älteren Vorstellungen der Göttin verknüpft. Der gleiche Künstler hat nach einem Modell das Standbild des Apollon Ismenios in Theben (s. IX 10. 2) und das des Apollon in Didyma (s. I 16. 3 und VIII 46. 3) gefertigt.

29 Zum Kultbild der Artemis Pheraia s. II 23. 5 mit analogen Fällen der Kultübertragung aus dem thessalischen Ph. Artemis

und Herakles sind in Form der sogenannten Hüfthermen gearbeitet.

30 Die Lage des heiligen Tores ist unbekannt. Die Beschreibung des vom Blitz zerstörten und in der Kulttradition erloschenen Athenatempels ist ein weiteres Beispiel für die nicht kleine Anzahl von eingegangenen Heiligtümern in Sikyon. P. zählt mit den Tempeln der Hera Prodromia und des Apollon Karneios gleich anschließend weitere Fälle dieser Art auf. Für den Athenatempel könnte das archaische Künstlerpaar Dipoinos und Skyllis das Kultbild geschaffen haben, da Plin. n. h. 36. 10 eine vom Blitz zerstörte Athenafigur der beiden erwähnt (s. SQ. 321). Epopeus und Adrastos sind mythische Heroen bzw. Könige von Sikyon und Argos.

31 Mit II 11. 2 endet die Perihegese von Sikyon. P. wendet sich jetzt den im Landesinnern gelegenen Städten Phlious und Titane und den dort liegenden Heiligtümern zu. II 12. 2 kehrt er nach Sikyon zurück, um sich von dort der Küste zuzuwenden. Das beim Abstieg in die Ebene, d.h. nördlich der Stadt Sikyon, gelegene Demeterheiligtum ist von dem mythischen König Plemnaios (s. II 5. 8) gestiftet worden.

32 Das Demeterheiligtum Prostasia auf dem Hügel Pyraia muß rund 2km südwestlich von Sikyon gelegen haben. Das Fest wurde getrennt nach Frauen und Männern abgehalten. Die Frauen feierten im sogenannten Nymphon, d. h. im Brautgemach des Tempels vor den drei in Kultmasken repräsentierten Göttern.

33 Zum Athener Semnaifest s. I 28. 6, wo auch die dargebrachten Opfer aufgeführt sind. Titane lag auf dem Friedhofshügel des Dorfes Boibanda (heute Titane) mit der Kapelle des Hagios Tryphonas. Reste der archaischen Ummauerung.

34 Die Lage des Asklepieions, eines der ältesten seiner Art, ist nicht ermittelt. Sie kann aber nach einer eingemauerten Basis in der Tryphonkapelle (s. Anm. 33) nicht weit abgelegen haben. Die Beschreibung der beiden Kultstatuen läßt vermuten, daß es sich hier um einen der ältesten Kulte für Hygieia gehandelt hat.

35 Die Verehrung der Koronis, der Mutter des Asklepios, in Titane ist das einzige belegte Beispiel für die Peloponnes. Die Beschreibung der einzelnen Bauten innerhalb des Peribolos ist nicht immer ganz klar. So ist nicht auszumachen, ob es sich bei

den «Statuen in den Giebelfeldern» um solche oder um Eckakrotere handelt. Bei dem Olympioniken Granianos von Sikyon handelt es sich höchstwahrscheinlich um den in Sparta als Knabensieger registrierten Ael. Granianos (s. Moretti Nr. 848), der demnach ein Zeitgenosse des P. war. Die Statue, unklar, weshalb sie als Waffenläufer ausgeführt war, stand nicht im Tempel, sondern im Peribolos.

36 Das Athenaheiligtum muß auf einem Titane benachbarten Hügel gelegen haben. Das Götterbild war nach P. vom Blitz getroffen. Da der Kult aber noch in Ausübung war, ist an Reparatur des Tempeldaches zu denken. II 12. 2 ist ein Einschub, um die Sikyonia zu beenden. Ab II 12. 3 folgt die Phliousia.

37 Hom. Il. II 603 ff. Katalog. Ab II 12. 3 bis II 13. 2 folgt zunächst die mythische Geschichte von Phlious, dann ab II 13. 3 bis II 14.4 die Beschreibung und Topographie von Phlious und Keleai. P. löst sein Versprechen nicht ganz ein. Es fehlt der Nachweis, daß die Phliousier nicht Arkader, sondern Argiver waren.

38 Die spärlichen Reste der Stadt Phlious liegen 3,5 km nordwestlich der Ortschaft Hagios Georgios (heute Nemea). Deutlich erkennbar ist die Akropolis, wo einst das Hebaion lag, und die Theatermulde an der Südwestecke des Burgberges, in der Ebene lag die Stadt und das Asklepieion. Die wenigen ergrabenen Überreste lassen sich nicht mehr identifizieren. Der Kult der Hebe, die nach Strabo VIII 382 noch den Beinamen der Δία hatte, trug stark dionysische Züge. Da Δία das weibliche Pendant zu Zeus, Dios, ist, kann so eine enge Verbindung mit Hera nicht überraschen.

39 Neuere Grabungen haben Teile des Zuschauerraumes vom Theater und einen davor quer orientierten Bau freigelegt.

40 Das Grabmal des Aristias, der 467 v. Chr. den zweiten Preis im Dramenwettbewerb nach Aischylos erhielt, befand sich auf der Agora. Das Wahrsagehaus deutet daraufhin, daß Amphiaraos mit seinem Kult auch in Phlious heimisch war. Der gleich danach genannte Omphalos als Mittelpunkt der Peloponnes hat stets Bedenken und Widerspruch gefunden. Denn im gleichen Sinne wie Enna der umbilicus Siciliae (Cic. Verr. IV 106) war, konnte sich Phlious nicht auf eine auch nur annähernd vergleichbare Situation berufen.

41 Keleai hat sich bislang noch nicht mit Sicherheit in seiner An-

setzung bestimmen lassen. Es muß, wenn die mitgeteilten Entfernungsangaben richtig sind, knapp 1 km südlich von Phlious auf der linken Seite des Asopos gelegen haben. Vielleicht deckt der Ortsname lediglich das Demeterheiligtum, mit dessen Beschreibung die Perihegese von K. sich erschöpft.

42 Kleonai liegt rund 13 km südlich von Korinth und nördlich der Bahnstation Hagios Basileios im Tal des Longopotamos. Neben vereinzelten Blöcken der einstigen Ummauerung haben sich vor allem die Reste eines prostylen Tempelbaus erhalten. Die beiden archaischen Bildhauer Dipoinos und Skyllis werden hier als Schüler und als Söhne des Daidalos genannt (s. SQ. 323).

43 Die beiden Wege von Kleonai nach Argos gehen: a) als Fußpfad über das Dorf Hagios Basileios oder b) als Fahrstraße (und Schienenweg) über den Paß von Dervenakia. P. schlägt die Fahrstraße ein, da er anschließend rechts nach Nemea einbiegen will. Nemea war das kleinste der vier panhellenischen Heiligtümer und liegt rund 6 km westlich von Kleonai in einer Talaue. Seit dem 5. Jh. gehörte Nemea zu Argos, dort wurden auch die Nemeen seit dem 3. Jh. v. Chr. abgehalten (s. II 24. 2). Der Zeustempel aus dem frühen 4. Jh. v. Chr., der seit 1980 auf seine Rekonstruierbarkeit vermessen und untersucht wird, ein Peripteraltempel mit 6 × 12 Säulen, stand zu P. Zeiten als Ruine und ohne Kultbild da. Den Kult hielten eigens Prozessionen am Ort aufrecht sowie der vorübergehende Versuch, unter Kaiser Hadrian mit «Winternemeen» die Spiele an der alten, verwaisten Stelle neu zu beleben. Die gleich danach genannte Quelle liegt östlich des Heiligtums. Von den durch die Ausgrabungen mittlerweile aufgedeckten Bauten nennt P. keinen einzigen. Der Berg Apesas ist der charakteristische Tafelberg, der das Tal von Nemea heute im Norden überragt (heute Phoukas, 873 m).

44 Nach der mythischen Geschichte von Mykenai II 15. 4 bis II 16. 4 beschreibt P. Mykenai als eine in Ruinen (ἐρείπια) liegende und von ihren Einwohnern verlassene Burgstadt. Die Zerstörung durch die Argiver erfolgte 468 v. Chr. Danach hat sich die Stadt in hellenistischer Zeit wieder erholt, wie vereinzelte Bauten beweisen. P. orientiert sich aber an der großen Vergangenheit Mykenais im 2. Jt. v. Chr. und beschreibt dessen Architektur: das Löwentor, die Burgmauer und das sogenannte Schatzhaus des Atreus, jenes großartige Kuppelgrab au-

ßerhalb der Stadt auf dem Wege dahin. Hingegen sah er offenbar von den Bauten innerhalb des Burgrings nichts Berichtenswertes, und der Schliemannsche Gräberring hinter dem Löwentor war sicher schon zu seiner Zeit verschüttet. Die Perseiaquelle konnte in dem hellenistischen Brunnenhaus vor dem Eingang zur Stadt identifiziert werden.

45 Das Grab der Kassandra in Amyklai s. III 19. 6. Die weiteren genannten Gräber dürften mit den Kuppelgräbern identisch sein. Das trifft wohl auch für die ὀλίγον ἀπωτέρω bestatteten Klytaimnestra und Aigisthos zu. Keinesfalls läßt sich das 1954 ff. aufgedeckte zweite Gräberfeld B mit ihnen in Verbindung bringen. Beim Grab der Elektra liegt eine Textlücke vor, in der vermerkt war, daß das Grab der Elektra sich nicht in Mykenai befand, da E. Pylades geheiratet hatte und diesem nach Phokis gefolgt war.

46 Das argivische Heraion liegt 4,5 km von Mykenai östlich entfernt auf zwei übereinander gestaffelten Terrassen des Euboiaberges. Auf der oberen liegt der sogenannte alte, 423 v. Chr. abgebrannte Tempel der Hera, auf der unteren der neue danach errichtete Tempel des Baumeisters Eupolemos, der hier mit seinem einzigen Werk genannt ist. Das Heraion war mit Mykenai und mit der Hauptstadt Argos durch Fahrstraßen verbunden.

47 P. beschreibt zunächst ausschließlich den neuen Heratempel mit dem chryselephantinen Sitzbild der Hera des Bildhauers Polyklet (s. SQ. 932–939). Die Giebel hatten, unklar, auf welcher Seite, die Geburt des Zeus und die Gigantomachie sowie die Ilioupersis zum Thema, wobei die Gigantomachie gewöhnlich den Metopen zugewiesen wird. Ehrenstatuen von Herapriesterinnen kennen wir auch von anderen Heraheiligtümern, so im Heraion zu Olympia, wo noch die Basen dazu sich erhalten haben. Der Sachverhalt der Umtaufe einer Oreststatue in die des Kaisers Augustus läßt sich nicht aufklären. Die neben dem Kultbild, das nur bei P. eine ausführlichere Beschreibung erhält, einst stehende Statue der Hebe war zu P. Zeiten aus unbekannten Gründen entfernt. Der Künstler war der Polykletschüler Naukydes (s. SQ. 932). Das älteste Kultbild der Hera kam 420 v. Chr. nach der Einnahme von Tiryns durch die Argiver ins Heraion.

48 Der ältere Tempel liegt auf einer eigenen Terrasse und stammt

als Bau in Mischtechnik (Holz-Lehm-Ziegel auf Steinfundament) noch aus dem 7. Jh. v. Chr. Der gestörte Text verunklärt die Brandursache: Natürlich hat die brennende Lampe die trockenen Kränze angezündet. Die Priesterin Chryseïs ist bei Thuk. II 1 erwähnt. Sie hatte 432/31 v. Chr. bereits 48 Jahre im Dienst gestanden.

49 P. holt hier die Beschreibung des Weges von Mykenai ins argivische Heraion nach bis II 18. 3.

50 Ab hier folgt die mythische Geschichte von Argos und seinen Königen bis II 19. 3.

51 Die Perihegese von Argos gliedert sich in zwei ungleich große Teile: Einmal in die der Stadt selbst mit ihrer Vielzahl von Heiligtümern und Kultmalen, Götter- und Ehrenstatuen, von denen allerdings nur der geringste Teil ausgegraben ist, da die mitelalterliche und moderne Stadt Argos darüber liegt. Lediglich das in den anstehenden Bergfelsen geschnittene Theater und das benachbarte Odeion mit einigen römischen Ziegelbauten waren zu allen Zeiten sichtbar. Und dann in die Beschreibung der Burg Larissa (II 24. 1 bis 24. 4). Die Stadtbeschreibung beginnt, ohne daß dies eigens vermerkt wird, mit der Agora (diese zuerst II 21. 1 genannt) und dem an der Agora liegenden Heiligtum des Apollon Lykios, das dieser die Bezeichnung ἀγορὰ Λύκειος gab. Nach Liv. XXXII 25. 5 lag die Agora am Fuß der Burg Larissa.

52 Der Tempelbau war zur Zeit des P. offenkundig samt der Kultstatue erneuert. Der Bildhauer Attalos ist anderweitig nur noch aus seiner Tätigkeit in Pheneos (Basis dort) bekannt. Lykeas war ein argivischer Dichter des 3. Jh. v. Chr. Phoroneus gilt als der erste Mensch und (im Gegensatz zu Prometheus) als der Lichtbringer. Epeios ist (Hom. Od. 8. 493) der Hersteller des hölzernen Pferdes. P. zögert nicht, ihn auch als Holzbildhauer zu benennen. Ladas, der schnellste Läufer der Antike, war offenkundig von Geburt oder Heimatrecht Argiver (s. dazu Moretti Nr. 260). Anders läßt sich die Weihung einer Statue von ihm im Tempel nicht erklären. Zu Ladas s. III 21. 1. Im letzten Satz von II 19. 7 liegt eine Textstörung vor.

53 Die ab II 19. 8 genannten Kulte und Heiligtümer wurden bisher noch mit dem Heiligtum des Apollon Lykios gleichgesetzt, was wohl nicht mehr zu halten ist. Sie lagen aber alle im Bereich der Agora. Über den Zweikampf des Kreugas und Da-

moxenos s. VIII 40. 3. Das Sitzbild des Zeus Meilichios war von Polyklet (s. SQ. 941), wobei es nicht auszumachen ist, ob darunter der berühmte Bildhauer dieses Namens oder sein gleichnamiger Vetter/Enkel Polyklet gemeint ist. In jedem Fall wurde die Statue an der Wende des 5. zum 4. Jh. v. Chr. angefertigt. Die im Steinrelief dargestellte Tat der beiden Söhne einer Herapriesterin taucht bereits als Thema in den Kroisos-Solon-Gesprächen (Her. I 31) auf. Sie knüpft an die beiden hocharchaischen Jünglingsstatuen von Kleobis und Biton im Heiligtum von Delphoi (m. Inschriften) an. Das argivische Relief zeigt eine der von Her. I 31 geschilderten Handlungen. Vermutlich stand es an der Stelle auf der Agora in Argos, an der die Opferprozession in das argivische Heraion ihren Anfang nahm.

54 Der Kult des nemeischen Zeus ist erst nach seiner Übertragung nach Argos entstanden. Zum Kult in Nemea s. II 15. 2 und IV 27. 6. Die Bronzestatue war von Lysippos (s. SQ. 1455). P. war auf die andere Seite (ἀπαντικρύ) gegangen und geht zum Kult der Tyche wieder auf die alte Seite zurück. Da das Theater gleich anschließend II 20. 7 genannt wird, hat sich P. mit seiner Perihegese des Marktplatzes von Argos allgemein von Norden nach Süden bewegt. Den «Richtplatz» will man in einer von polygonen Blöcken eingefaßten Terrasse, nördlich des Theaters, erkennen.

55 Das Theater, samt Skené, hat sich bemerkenswert gut erhalten, ebenso das südlich benachbarte Odeion, das P. aber nicht eigens nennt. Die Kampfgruppe des Argivers Perilaos und des Spartaners Othryadas geht zurück auf die Schlacht des Jahres 546 v. Chr., als 300 Lakedaimonier 300 die Schlacht überlebende Argiver besiegten. Die Gruppe stand wohl neben anderen zu beiden Seiten der Skené, s. Her. I 82. Das über dem Theater befindliche Heiligtum der Aphrodite wird mit der Kapelle des Hagios Georgios gleichgesetzt. Die argivische Dichterin Telesilla soll Argos gegen einen Angriff des spartanischen Königs Kleomenes verteidigt haben. Nach dem Sujet der Stele scheint die Darstellung erst einige Zeit später in Auftrag gegeben worden zu sein. Eine Statue der Telesilla durch den Bildhauer Nikeratos (s. SQ. 918) ist uns durch Tatian ad Gr. 53 p. 115 überliefert.

56 P. geht wieder zur Agora hinab und setzt deren Perihegese

fort. Von einzelnen Bauten an der Agora haben die französischen Ausgrabungen gegenüber dem Theater Abschnitte freigelegt. Eine Identifizierungsmöglichkeit besteht vorerst nicht. Zeus Phyxios ist der den Fliehenden Zuflucht spendende Zeus. Pyrrhos fiel im Straßenkampf in Argos 272 v. Chr. (s. I 13. 8). Die Verbrennung der Leiche ordnete Antigonos an. Das Demeterheiligtum wird gleich anschließend II 22. 1 f. genannt.

57 Gorgophone heißt Gorgotöterin. Die Enthauptung der Gorgo ist Hauptthema der Perseussage.

58 Laphaës, ein argivischer Tyrann aus dem frühen 3. Jh. v. Chr. Nur hier erwähnt. Statue der Leto von Praxiteles (s. SQ. 1214). Auf Münzen sind beide Statuen (Leto und Chloris) gemeinsam dargestellt. Sie bildeten offensichtlich eine Gruppe, wobei es nicht auszumachen ist, ob die Chloris auch von Praxiteles gefertigt war. Hom. Il. XXIV 609.

59 Die sechs Figuren waren sicherlich in Statuettengröße und zur Hauptsache aus Holz gefertigt. Aus welchen Gründen P. sie dem Künstlerpaar Dipoinos und Skyllis zuschreibt, wird nicht gesagt (s. SQ. 324). Die Aufbewahrung war sicher im Tempelinnern. Anaktes sind die Dioskouroi und bezieht sich als Beiname sicher auf deren Heiligtum. Euphorion von Chalkis war Bibliothekar Antiochos' des Großen (3. Jh. v. Chr.) und Verfasser zahlreicher Gedichte mythologischen Inhalts. Alexandros von Pleuron war Bibliothekar unter König Philadelphos in Alexandrien, dichtete selbst auch Tragödien, Epen und Epigramme (3. Jh. v. Chr.). Stesichoros von Himera, Chorlyriker des 6. Jh. v. Chr. Kultbild der Hekate von Skopas (s. SQ. 1152). Hekatestatuen von Polyklet II und Naukydes (s. SQ. 995).

60 Das Gymnasion Kylabaris lag an einer der von der Agora abgehenden Straßen, vielleicht in östlicher oder südöstlicher Richtung. Es lag nach Liv. XXXIV 26 rund 300 Schritt außerhalb der Stadtmauer, vor dem Tor Diamperes. Der seltsame Name wird als Synonym zu Diskos erklärt. Hom. Il. II 661. Sakadas war ein erfolgreicher Flötenbläser, s. VI 14. 9 und X 7. 4. Das Massengrab war für die Verstorbenen der Sizilienexpedition 415 v. Chr. ff. bestimmt.

61 P. bewegt sich wohl auf dem Weg zur «Koile» wiederum von der Agora aus, ohne dies explizit anzumerken. Bei der «Koile» handelt es sich um einen eingesenkten Weg, der II 23. 3 wieder verlassen wird. Den eigentümlichen Bericht des P., wonach das

Asklepieion neben den beiden Kultbildern auch noch die Sitzstatuen der beiden ausführenden Künstler barg, läßt sich schwerlich klären. Beide Künstler waren Argiver und in der zweiten Hälfte des 2. Jh. v. Chr. tätig. Sie firmierten auf Inschriften z. T. einzeln, z. T. gemeinsam, wobei Straton der Vater und Xenophilos der Sohn war (s. SQ. 1586/87). Mit den ἐξηγήται setzt P. sich wiederholt auseinander, teils im Widerspruch zu diesen (I 31. 5 und I 35. 8), teils in Übereinstimmung mit ihnen (V 20. 4). Im vorliegenden Fall geht es nicht nur um mythologische Quisquilien, sondern um die Ansetzung des Grabes der Deianeira und des Schicksals des aus Ilion verschleppten Palladions.

62 Dieser unterirdische Raum ist vielleicht identisch mit dem längeren gemauerten Gang südöstlich unter dem Gipfel des Hagios Elias («Aspis»). Dann wären die kurz zuvor und danach genannten Bauten an diesem Hügel anzusetzen. Tyrann Perilaos (Perillos) im 6. Jh. v. Chr.

63 Mit II 23. 8 verläßt P. die Stadt Argos und begibt sich von Nordosten her zum Sattel Deiras (54 m). Das Kloster der Panagia Rachiotissa (Muttergottes in den Felsen) liegt an der Stelle des Heiligtums der Hera Akraia. Der freigelegte Bezirk des Apollon und der Athena lag im Sattel vor der ansteigenden flachen Höhe der «Aspis» (80 m). Das unmittelbar anschließend genannte Stadion liegt nördlich des Deirassattels in der Ebene. In ihm wurden die seit dem 3. Jh. v. Chr. nach Argos verlegten nemeischen Kampfspiele abgehalten.

64 P. nimmt die Route zur Akropolis Larissa (290 m) wieder auf. Von den antiken Bauten hat sich nichts erhalten. Das Heiligtum des Zeus Lariaios war zu P. Zeiten bereits verödet, ohne Kultbild und der Tempel ohne Dach. Lediglich an der Ostseite der mittelalterlichen Ummauerung steht noch auf eine Strecke eine antike polygonale Mauer an, desgleichen in den Sockeln der Türme.

65 Mit II 24. 5 verläßt P. die Stadt Argos in Richtung Tegea, ab II 25. 1 in Richtung Mantineia vom Deirastor aus. Beides sind getrennte Abstecher, denen sich dann II 25. 8 der nach Tiryns anschließt. Der Berg Lykone ist ein Bergzug gleich östlich von Argos. Die dreiteilige Göttergruppe wird gewöhnlich dem jüngeren Polyklet II (s. SQ. 943) zugeteilt, da sie aus Marmor gearbeitet war. Die Erasinosquellen, die nach Art der Kata-

vothren unterirdisch aus dem Hochland von Arkadien gespeist werden, treten bei dem Ort Kephalari (rund 5 km südöstlich von Argos) in einer Doppelhöhle zu Tage. Siedlungsspuren seit dem Neolithikum. Kenchreai liegt an der Straße bei Sta Nerá (3 km nordöstlich von Achladokampos). Die Schlacht bei Hysiai, in der die Lakedaimonier von den Argivern besiegt wurden, wird von P. mit Hilfe der üblichen Synchronismen auf das Jahr 669/68 v. Chr. datiert, wobei allerdings die Gleichzeitigkeit des Archontats des Peisistratos ausscheidet. Den Olympioniken Eurybotos (Eurybates) datiert die Überlieferung der Olympioniken in die Olympiade 27 = 672 v. Chr. (s. Moretti Nr. 36).

66 Der Weg aus Argos nach Mantineia beginnt am Deirastor, also im Nordwesten von Argos. Nach VIII 6. 4 hieß die Straße nach Tegea διὰ κλίμακος und die nach Mantineia διὰ πρίνου. Der Charadras ist der heutige Xeriasfluß. Oinoë: geringe Reste im oberen Xeriastal beim heutigen Mazi. Hier erlitten die Lakedaimonier ca. 460 v. Chr. eine vernichtende Niederlage gegen die vereinigten Athener und Argiver. Die Schlacht war eines der vier großen Themen unter den Wandgemälden der sogenannten Stoa Poikile in Athen (s. I 15. 1). Das Artemisiongebirge erhebt sich zwischen der Argolis und Arkadien (1732 m). Lyrkeia lag nordwestlich von Argos im Inachostal. Orneai: im Tal von Palaio-Leonti. Hom. Il. II 571.

67 P. schlägt nun den Weg in Richtung Tiryns, Epidauros ein, bis II 26. 1. Der flache, in unmittelbarer Küstennähe isoliert anstehende Felshügel von Tiryns (26 m) liegt direkt an der Fahrstraße Argos–Nauplia. Das von P. bewunderte «kyklopische» Mauerwerk umzieht die Ober- wie die Unterburg, wobei im Südosten noch eigens Kasemattengänge eingebaut sind. Die Stadt war zu P. Zeiten verödet, die Oberburg wohl verlassen. Tiryns wurde ca. 420 v. Chr. von Argos aus erobert, das Athenabild nach Argos verbracht (s. II 17. 5). Mideia liegt oberhalb des Dorfes Dendra am Ostrand der argolischen Ebene (mit reichen Grabfunden aus spätmykenischer Zeit).

68 Lessa beim heutigen Ligurió, unterhalb des Arachnaiongebirges (heute Arna, 1199 m) gelegen. Die Bergkuppe (heute Hagios Elias) war die letzte Station des aus Troia nach Mykenai vermittelten Feuersignals von der Einnahme Troias, s. Aisch. Ag. 309. Der Beiname Sapyselaton ist verderbt überliefert. Mit

II 26.1 beginnt die eigentliche Perihegesis von Epidauros, wobei P. strikte zwischen dem Heiligtum und der gleichnamigen Stadt trennt. Vorangestellt ist die mythische Frühgeschichte sowie die drei Sagenüberlieferungen zur Geburt des Asklepios. P. schöpft hier zur Hauptsache aus den großen Eoiai (s. II 2. 3 und Anm. 8). Eine Genesis der Asklepieia schließt sich an. Das Orakel bei Parke-Wormell Nr. 276.

69 Die ausgedehnten Reste des Asklepiosheiligtums beim heutigen Dorf Ligurió (Freilegung seit 1881 ff. durch griechische Ausgrabungen) gehören zu den bedeutendsten Antikenstätten Griechenlands. Die eigentliche Bauepoche, in der die Hauptbauten geschaffen wurden, war das 4. Jh. v. Chr. Im 2. Jh. n. Chr. sind einige Bauten repariert, andere als Neubauten gestiftet worden. Alsos meint den heiligen, baumbestandenen Hain, der seine feste Abgrenzung gegen die profane Umwelt in Form von Grenzsteinen aufweist. Wie in jedem Heiligtum gelten auch hier bestimmte Kultgesetze, die u. a. Geburt und Tod in einem Heiligtum verboten. Titane: Gemeint ist das Asklepieion von Titane s. II 11. 5 ff. Das Kultbild des thronenden Asklepios ist nach P. halb so groß wie das Kultbild des Zeus Olympios in Athen, das nach I 18. 6 in kolossalem Maßstab gearbeitet war. Da der Tempel in seinen Maßen 11,76 × 23,06 m zu den kleinsten Peripteroi Griechenlands gehört, wird das Kultbild kaum über Lebensgröße hinaus gearbeitet gewesen sein. Der ausführende Künstler der chryselephantinen Statue war Thrasymedes von Paros (s. SQ. 853). Den Tempel erwähnt P. nicht. Die Halle für den Schlaf der Heilungsuchenden (Abaton oder Enkoimeterion) liegt in dem 75 m langen Hallenbau (z. T. zweistöckig) nordwestlich des Asklepiostempels vor. Der Rundbau der Tholos liegt in der Westachse des Tempels und ist im 4. Jh. v. Chr. errichtet worden. Mit sechs Fundamentringen, einem äußeren Säulenstand mit 26 dorischen und einem inneren mit 14 korinthischen Säulen, einem reich gegliederten und gezierten Aufbau ist die Tholos eines der schönsten Gebäude des antiken Griechenland. Die Zweckbestimmung ist unbekannt. Der Maler Pausias aus dem 4. Jh. v. Chr. (s. SQ. 1761). P. teilt die Tholos und das wohl gleichzeitige Theater dem gleichen Architekten Polykleitos zu, von dem wenigstens das eine gesagt werden kann, daß er mit keinem der gleichnamigen Bildhauer aus Argos identisch sein kann.

70 Von den sechs Stelen zur Zeit des P. haben sich in den Grabungen noch drei auffinden und rekonstruieren lassen (heute im Vorraum des Museums). Sie berichten in eng beschriebenen Zeilen und nach einer einheitlichen Redaktion seitens eines Priesterkollegiums über die erfolgreichen Behandlungen und Heilungen von Kranken. Das Heiligtum der Diana von Ariccia lag am Nordufer des Nemisees in Latium.

71 Das Theater liegt mit seinen 14 000 Sitzplätzen im Südosten des Heiligtums am Fuß des Kynortion. Es ist im späten 4. Jh. v. Chr. erbaut (die Bühnengebäude sind hellenistisch-römisch), und zwar nach P. von dem gleichen Architekten Polykleitos, der auch die Tholos errichtet hat (s. Anm. 69). P., der sich sonst über Theaterbauten kaum äußert, hat hier gewichtige Lobeshymnen angestimmt. Er lobt die Harmonia und die Kallos (Schönheit), was in dieser Verbindung sich nur noch am Apollontempel in Phigalia-Bassai (s. VIII 41. 8) wiederholt. Der Artemistempel wird in einer Fundamentlage 30 m südöstlich des Asklepiostempels, der der Aphrodite (gemeinsam mit Themis) nordöstlich davon erkannt. Epione, d. h. die Linderung, ist die Gattin des Asklepios. Das Stadion im Südwesten des Heiligtums an der modernen Fahrstraße hat eine nach Westen offene und nach Osten gekantete Kurzseite. Im Gegensatz zu den Angaben des P. hat es steinerne Sitzstufen und keine Erdwälle. Der Senator Antoninos, eine gerade in Epidauros mäzenatisch wirksame Person der Zeitgeschichte unter den Antoninen, ist der auch inschriftlich gesicherte S. I. Maior Antoninos Pythodoros aus Nysa (Kleinasien). Das von ihm gestiftete Bad des Asklepios liegt nördlich am Rande des heiligen Hains. Der Tempel der aigyptischen Götter ist epigraphisch in dem kleinen Bau an der Nordseite des Gymnasions festgestellt. Die Stiftungen liegen um 160 n. Chr. Die Kotysstoa liegt zwischen dem Gymnasion und dem südlichen Temenoseingang. Der Titthionberg erhebt sich nördlich, das Kynortion südöstlich des Heiligtums mit neuerlich freigelegten ausgedehnten Resten des Apollon-Maleatas-Kultes.

72 Das Koryphon schließt das Tal mit dem Heiligtum nach Südwesten hin ab. Telesilla: s. II 20. 8 f. (s. Anm. 55). Mit II 28. 3. beginnt die Perihegese von Stadt und Landschaft Epidauros bis II 29. 1 mit dem Abstecher nach Aigina.

73 Das Hyrnetion war ein der Hyrnetho geweihtes Heroon voller

Ölbäume, unbekannter Lage, sicher am Wege zur Stadt Epidauros. Die Anlage samt den Bäumen galt als tabu, so daß nicht einmal Bruchholz verwendet werden durfte. Die Stadt Epidauros liegt an der Bucht von Palaia-Epidauros, auf der die Bucht in zwei Häfen teilenden Halbinsel Nisi. Darauf noch die Reste der Ummauerung für die Akropolis, auf der höchsten Höhe das Heiligtum der Athena Kissaia. Neuere Grabungen haben das Theater an der Nordwestecke der Akropolis und ausgedehnte Hausbauten freigelegt. Leider ist bei der Aufzählung der Tempel eine Textlücke. Aber auch sonst fällt auf, daß die Beschreibung von der Stadt E. lediglich einen Abschnitt von Kap. 29 füllt. Man hat zu Recht auf eine Textlücke geschlossen.

74 Mit II 29. 2 beginnt der Exkurs über die Insel Aigina, ihre mythologische Vorgeschichte mit der Aufzählung der drei Geschlechter der Aiakiden. Mit der Vertreibung der Aigineten wird auf die Vorgänge der Jahre 459 und 431 v. Chr. angespielt; mit der Rückkehr auf die Zeit nach 403 v. Chr. Die antike Stadt lag nördlich der heutigen und war noch im frühen 19. Jh. von einer stattlichen Mauer umgeben. Der Hafen, «in dem man meistens landet», ist der Süd- oder Handelshafen der ungefähr dem heutigen entspricht. Der Nord- oder Kriegshafen lag (mit stattlichen Unterwasserbauten) im Norden der Kolonnahalbinsel, auf der sich seit dem Neolithikum die Entwicklung der Stadt Aigina in immer neuen Festungsringen entwickelt hat. Hier ist dann auch der hervorragendste Platz der Stadt mit dem Aiakeion, dem Phokosgrab, dem Olivenhain und dem II 30. 1 genannten Apollontempel aus dem späten 6. Jh. v. Chr., dessen Säulenstumpf die Landmarke weithin darstellt. Theater und Stadion sind fast völlig abgetragen und nur noch im Gelände erkennbar. Das Asklepieion sowie das Hekateheiligtum lagen außerhalb der Stadt, unbekannt wo. Das hölzerne Hekatekultbild war von dem Bildhauer Myron (s. SQ. 535), die dreigestaltige Hekate im Südwestflügel der Athener Propylaien von Alkamenes (s. SQ. 817). P. erwähnt, aber beschreibt nicht näher, das Heiligtum der Aphaia im äußersten Nordosten der Insel sowie das des Zeus Panhellenios auf dem Oros (531 m), weil er beide Örtlichkeiten selbst nicht gesehen hat. Her. V 82.

75 Mit II 30. 5 wechselt P. wieder auf das Festland, nach der Stadt

Troizen über. Den Landweg, von Epidauros her, hat er nicht begangen. Den Rest von Buch II füllt die Beschreibung der Troizenhalbinsel sowie die südlichste Argolis. Die mythische Frühgeschichte von Troizen bis II 30.10. Die ausgedehnten Ruinen des antiken Troizen liegen westlich und nordwestlich des Dorfes Dámala (heute Troizen). Weiter westlich noch das Hippolytosheiligtum (II 32.1). Das antike Territorium der Stadt umfaßte die ganze Ostspitze der Halbinsel. Die im folgenden aufgezählten Heiligtümer und Kultmale sind um den am Bergfuß gelegenen Staatsmarkt anzuordnen. Hier auch die Fundamentreste des Artemis-Soteira-Tempels. P. erwähnt die Namen der unterirdischen Götter nicht. Gemeint sein können eigentlich nur Hades und Persephone, die auch sonst unter sehr mannigfachen Namen auftreten. Nach P. eigener Meinung fand die Heraufführung des Hadeshundes, Kerberos, am Kap Tainaron in Lakonien statt, s. III 25. 6.

76 Unter den Themides, die nur in Troizen in der Mehrzahl verehrt wurden, sind nach einer ansprechenden Vermutung Themis, Dike oder Praxidike oder Nemesis zu verstehen. Pittheus, ein mythischer König von Troizen, war Bruder des Troizen und Sohn des Pelops. Zum Tempel der Athena in Phokaia s. Her. I 164, der jedoch von einer Brandschatzung durch Harpagos nichts weiß. Der troizenische Bildhauer Hermon ist sonst nicht weiter bekannt (s. SQ. 486). Da die Dioskouren als ξόανα bezeichnet sind, arbeitete er wohl in der Archaik. Bei den marmornen Frauenstatuen handelt es sich um Ehrenstatuen athenischer Bürgerinnen, die post eventum errichtet wurden. 4. Jh. v. Chr.? Zur Hippokrene am Helikon in Boiotien s. IX 31. 3.

77 Der Beiname des Hermes Polygios wird entweder als πολύγιος oder als πολυλύγιος interpretiert. Im ersteren Fall wären die Gewandtheit und die Kraft der Glieder angesprochen, im anderen Fall der Hermes des Weidengebüsches (λύγος = Weide). Der Chrysoroas ist wohl der heute die Ebene als Hauptbach durchfließende Potami; er floß unmittelbar westlich der antiken Stadt.

78 Der Hippolytosbezirk mit seinen Bauten lag nordwestlich außerhalb der antiken Stadt, jenseits des Potamibaches, auf einem in mehreren Terrassen gegliederten Plateau. Freigelegt sind die Fu. des Haupttempels (17,53 × 31,85 m) und kleinerer Kultbauten. Innerhalb des Hippolytosbezirks lag auch ein Askle-

pieion, dessen Ärzte die Wirkung einer hier entspringenden Magnesium-Schwefel-Quelle, der von P. genannte Heraklesbrunnen, nutzten. Das Asklepieion bestand zu Pausanias' Zeiten nicht mehr, nur noch die II 32. 4 genannte Kultstatue. Sie war von dem athenischen Bildhauer Timotheos aus der Mitte des 4. Jh. v. Chr. (s. SQ 1329) und stellte den Gott offensichtlich jugendlich, d. h. bartlos dar. Sonst hätte es nicht zu der von P. berichteten Verwechslung kommen können. Den Kult von Damo und Auxesia hat P. bereits in Epidauros, s. II 30.4, erwähnt. Darüber hat Her. V 83 ausführlicher geschrieben. Das Stadion zeichnet sich noch als große oblonge Flächenanlage nördlich des Hippolytosbezirks ab. In ihrem Zentrum liegt die alte Bischofskirche Episkopi. Der Tempel der Aphrodite Kataskopia kann nach dem Beinamen der Göttin nicht weit vom Stadion entfernt gelegen haben. Den Myrtenbaum mit den durchbohrten Löchern erwähnt P. schon I 22. 2. Phaidra habe die Blätter in ihrem Liebeskummer durchbohrt.

79 Mit der Beschreibung des Athena-Sthenias-Tempels auf der Akropolis und den an den Hängen gelegenen Heiligtümern beendet P. die Perihegese von der Stadt Troizen. Die vier letzten Kapitel sind der Landschaft Troizen gewidmet. Das Schnitzbild der Athena war von dem aiginetischen Bildhauer Kallon (s. SQ. 417), dessen Schaffenszeit man sich nach den Angaben des P. hinsichtlich seiner Ausbildung bei den Bildhauern Tektaios und Angelion im frühen 6. Jh. v. Chr. zu denken hat. Mit der Pest ist sicher die von 430 v. Chr. in Athen gemeint, die auch über Athen hinausgriff. Der nach einer Textlücke genannte Tempel der Aphrodite Akraia lag auf einem kleinen, eigens ummauerten Plateau in 100 m Meereshöhe am Abhang der Akropolis (313 m). Das Pansheiligtum wird dicht darüber vermutet.

80 Der Bergweg beginnt noch heute westlich von Dámala. Er steigt westlich der Akropolis hoch und führt über die sogenannte Teufelsbrücke. P. versucht den Beinamen des Poseidon Phytalmios aus der Wortverbindung φυτά = Pflanzen und ἁλμή = Salzwasser zu erklären. Die Stelle des Demeterheiligtums wird westlich von Dámala durch zahlreiche Einzelfunde markiert. Das Poseidonheiligtum wird dann dicht darunter gelegen haben. Mit dem Weg zum Hafen von Kelenderis begibt sich P. nach Norden zur Küste. Das Psiphaische Meer ist die

seichte Bucht westlich von Methana. Reste des Artemistempels mit Inschriften liegen am innersten Ende der Bucht etwas landeinwärts. Zur Artemis Saronia s. II 30. 7.

81 Mit der Insel Sphairia (Hiera) ist ein Teil der heutigen Insel Poros (antik Kalaureia) gemeint. Im Innern der Insel die Reste der antiken gleichnamigen Hauptstadt und dicht daneben das von P. nur kurz erwähnte und von ihm offenkundig persönlich nicht aufgesuchte Poseidonheiligtum, Mittelpunkt einer Amphiktyonie, in dem laut Strabo sieben Städte gemeinschaftlich opferten. Freigelegt ist das Fu. des Tempels (27,40 × 14,40 m) mit eigenem Peribolos und die übrige Anlage mit Propylon und vier Stoën. Das Orakel (s. Parke-Wormell Nr. 314) wird auch noch von Strabo VII 374 zitiert. Innerhalb des Peribolos, unbekannt wo, war Demosthenes bestattet, der hier 322 v. Chr. im Poseidontempel aus dem Leben schied.

82 Methana, eine Halbinsel vulkanischen Ursprungs, besteht aus Trachytgestein. An der Nordwestseite erstreckt sich ein, aus einem alten Vulkankegel ausgebrochener, Lavastrom bis ans Meer. Dort entspringen unmittelbar in Meereshöhe die 36° heißen salzigen Schwefelquellen bei Kato Mouska. Die von P. 30 Stadien (= ca. 6 km) entfernt angegebene gleichnamige Hauptstadt der Halbinsel liegt bei dem Dorf Megalochorio mit stattlichen Resten der antiken Stadtmauer aus klassischer Zeit. Antigonos, Sohn des Demetrios, ist der makedonische König Antigonos Gonatas (277–240 v. Chr.). Der heiße Südwestwind Lips kommt aus Libyen, der heutige Livas. Das Hahnopfer gleicht dem römischen sacrificium ambarvale. Es soll verhindern, daß der Wind den Reben Schaden zufügt. Da Methana nordwestlich von Troizen und genau westlich von Kalaureia liegt, hat die Beschreibung des P. sich als Abschluß diesem Westteil des troizenischen Landes zugewandt. Die von P. aufgezählten neun Pelopsinseln sind wohl identisch mit der Gruppe der Inseln zwischen Aigina und Methana (Angistri, Moni, Metopi und Kyria u. a.).

83 Mit II 34. 4. schlägt P. die Route nach Hermione und von dort entlang der Südküste der Argolis ein. Offensichtlich hat er dabei den Landweg benutzt; einen Bergweg, wie er selbst schreibt, der ihn an dem Theseusstein und dem Ort Eileoi vorbeiführte. Der erste Satz von Abschnitt 4 ist einem, P. vorliegenden älteren, Periplous der Peloponnes entnommen, der

auch in den Abschnitten 9 und 10 benutzt wird. Erst mit II 34. 11 beginnt die Beschreibung der zu Pausanias' Zeiten bestehenden Stadt Hermione. Der Ort Eileoi wird mit dem heutigen Gewann-Namen Ilia und das Demeterheiligtum Thermasia mit dem mittelalterlichen Kastell auf Kap Thermisi gleichgesetzt. Das Kap Skyllaion ist die Ostspitze der Argolis (heute Kap Skyli). Die Küstenbeschreibung in den Abschnitten 10 und 11 beruht offenkundig nicht auf der Autopsie des P., da die Forschung sich nicht einigen konnte, ob P. hier sich von Ost nach West oder umgekehrt bewegt hat. Die Ruinen der antiken Stadt Hermione liegen beim heutigen Dorf Kastri und der sieben Stadien langen (1,3 km) Landzunge, die nach Osten ins Meer vorspringt. Zu Pausanias' Zeiten hatte sich die Stadt wieder auf das Innere der Bucht und die Ostabhänge des Pronberges zurückgezogen. Ausgedehnte Reste der Stadt- und Küstenmauer.

84 Vom Poseidontempel hat sich an der Spitze der Landzunge noch der Unterbau erhalten. Die übrigen von P. genannten Heiligtümer sowie das Stadion haben sich nicht lokalisieren lassen. Von den beiden Tempeln der Demeter Thermasia ist der im Landesinnern mit dem II 34. 7 genannten identisch. Mit dem Demetertempel in der Stadt bestand wohl ein Filialkult.

85 Ein weiteres Demeterheiligtum befand sich auf dem Pronberg, d. h. westlich außerhalb der Stadt. Dessen Stelle kann mit der der Kirche des Hagios Michael Taxiarches identisch sein, an der früher auch Weihinschriften an Demeter und Kore gefunden wurden. Die Beschreibung vom Ablauf und Ritual des Sommerfestes Chthonia beruht nach des P. eigenen Angaben auf Autopsie und vermittelt daher einzigartige Einblicke in die Einzelheiten des antiken Opferkultes.

86 Mit II 35.11 endet die sehr ausführliche Beschreibung der Stadt Hermione. Da die wesentlichsten und auch ältesten Kulte sich auf und am Fuße des Pronberges befinden, läßt sich die interne Entwicklung der Stadt unschwer erkennen: Sie hat sich vom Pronberg auf die Landzunge hin entwickelt. Zu P. Zeiten hatte sie sich wieder dorthin zurückgezogen. Mit II 36.1 beginnt die Beschreibung der argivischen Südküste, P. wendet sich nach Westen, nach Asine und Nauplia.

87 Der Hafen Mases (bei Hom. Il. II 562) lag an der Koiliasbucht.

Die Entfernungsangabe von sieben Stadien betrifft nur die Abzweigung des Weges nach Halike. Dieses lag am Südostrand der Bucht von Porto Cheli mit Resten mykenischer Mauern und Gebäuderesten. Der Stadtname ist verschieden überliefert: Halike, Halieis und Halia. Von den genannten antiken Dörfern läßt sich nur Didymoi mit dem heutigen Didyma identifizieren.

88 Asine liegt ca. 10 km südöstlich von Nauplia auf dem felsigen Kap Kastraki östlich von Tolon (heute Asine). P. erwähnt Asine noch III 7. 4 und IV 8. 3. Ausgedehnte Reste der klassischen Stadtmauer.

89 P. setzt auf die Westküste der argivischen Bucht nach Lerna über. Reiseroute und Entfernungsangabe beziehen sich auf Argos. Damit beginnt der Schlußabschnitt der Perihegese der Argolis. Diese führt, nach einem Exkurs nach Nauplia, durch thyreatisches Gebiet bis zu den Hermen an der Grenze nach Lakonien. Der Lernabezirk, der Schauplatz des Kampfes des Herakles mit der Hydra, liegt beim heutigen Myli, rund 10 km südlich von Argos. Hier entspringen direkt am Meeresufer starke, unterirdisch vom arkadischen Hochland gespeiste Quellen. Auch der schilfumstandene Sumpf des «Alkyonischen Sees» ist heute noch vorhanden und gilt noch immer als unergründlich. Von dem Platanenhain und den baulichen Anlagen des Heiligtums gibt es aber kaum noch Spuren. Temenion lag ca. 5 km südlich von Argos am Südrand der argivischen Ebene. Von hier aus zweigte der Weg nach Nauplia ab.

90 Auch Nauplia (heute Navplion) war zur Zeit des P. verödet. Es spielte in der Antike bei weitem nicht die Rolle wie im Mittelalter und in der Neuzeit, in der es 1831–1834 sogar Residenz- und Hauptstadt des wiedererstandenen Königreichs Griechenland war. Mit den Mauerresten meint P. wohl die ausgedehnten antiken Stadtmauern der Festung Itsch-Kale über der heutigen Stadt. Die Kanathosquelle ist wohl identisch mit der heute im Garten des Klosters Zoodochos Piji sprudelnden Quelle (unmittelbar östlich der Vorstadt Pronia).

91 Genesion lag südlich von Lerna auf dem Weg zum Anigraiapaß. P. nimmt also die Route wieder von Lerna aus auf. P. läßt das thyreatische Land linkerhand, d. h. er wird sich landeinwärts, also nach rechts, der Grenze bei den Hermen zugewandt haben.

ANMERKUNGEN ZU BUCH III · LAKONIEN

1 Als Titel des dritten Buches hat Pausanias verschiedene Formulierungen gebraucht: Λακωνικὴ Συγγραφή (IV 2. 4) oder ὁ λόγος ὁ ἐς Λακεδαιμονίους (V 4. 8) oder οἱ Σπαρτιακοὶ λόγοι (VI 4. 10), ohne sich auf einen bestimmten Titel festzulegen. Zunächst wird die mythische und die historische Geschichte der beiden lakedaimonischen Königshäuser referiert; dann beginnt ab III 10. 6 die Perihegese Lakoniens von den Hermai an, der gemeinsamen Grenze zu Argos und Arkadien. Diese schließt zur Hauptsache die Beschreibung Spartas ein (ab III 11. 1 bis 18. 5), dann die des unteren Eurotastales, der Parnonhalbinsel und endet (ab III 22. 3) mit den Städten und Heiligtümern zu beiden Seiten der Taygetoshalbinsel. Mit Gerenia (III 26. 8) ist dann die Grenze zu Messenien erreicht.

2 IV 1. 1.

3 Zum messenischen Thalamai s. III 26. 1.

4 P. gibt hier die herkömmliche antike Erklärung. In Wirklichkeit wissen wir recht wenig über Aufkommen und Bestand zweier, in zwei spartanischen Familien begründeten, Königshäuser (Agiaden und Eurypontiden), deren ursprünglicher Titel ἀρχηγέται lautete. Zwischen den beiden Familien bestanden keine Verbindungen; auch die Grabplätze waren streng getrennt, beide Häuser waren gleichberechtigt; stets trat der älteste Sohn oder männliche Nachkomme die Erbschaft an. Bis ins 6. Jh. v. Chr. haben die beiden Könige gemeinsam den Staat uneingeschränkt regiert; erst im 5./4. Jh. setzte sich das fünfköpfige Ephorenamt durch, als Aufsichts- und Rechenschaftsbehörde. Nabis, Sohn des Damaratos, war der letzte König von Sparta (207–192 v. Chr.).

5 Kurzer Einschub über die Kolonisation von Thera (einst Kalliste), der weitgehend mit dem Bericht bei Her. IV 147f. übereinstimmt.

6 Auch hier geht P. weitgehend mit Her. I 65 überein. Da die Personennamen dorisiert sind, wird ihm eine entsprechende Vorlage zur Verfügung gestanden haben.

7 Den ausführlichsten Bericht über diesen bereits in der Antike legendären Gesetzgeber vermittelt Plutarch im Bios des L. Dieser schlichtet mit Hilfe von Delphoi in den sogenannten großen Rhetra den Streit zwischen den Königen und dem Volk.

Abgabenordnungen und Bodenreform werden in den sogenannten kleinen Rhetra festgelegt. Siehe Her. I 65.

8 P. erwähnt Lykourgos noch: III 14. 8; III 16. 6; 16. 10 und III 18. 2.

9 Zu den Eurypontiden s. III 7. 1 und 12. 8.

10 Kroton gilt sonst als achaische und Lokroi Epizephyrioi als lokrische Gründung. Daß beide hier von P. als lakonische Kolonien bezeichnet werden, ist sicher ein Irrtum.

11 P. verweist hier auf seinen großen Bericht IV 6ff., sonst noch III 18. 7.

12 Zu Polydoros s. III 11. 10.

13 Zur Überführung der Gebeine des Theseus s. I 17. 6.

14 Hom. Il. XIII 612. 650. P. fußt hier besonders auf Hes. Erga 150.

15 P., der hier wieder sehr eng Her. V 40 folgt, schränkt den Sachverhalt, ohne Grund, zu sehr ein. Siehe Her. VI 61 (König Ariston).

16 Die Zahlenangabe scheint, wie so oft, verderbt überliefert und um eine Dezimalstelle zu groß zu sein, s. Her. VI 78.

17 P. stützt sich auch hier auf Her. V 64, der freilich das Orgasland nicht erwähnt. Plut. Perikles 30 nennt das Orgasland als einen baumbestandenen Hain.

18 Gemeint ist hier der, bei Her. VII 213 als Malier genannte, Verräter Ephialtes.

19 Pleistarchos starb 458 v. Chr. Pausanias, Sohn des Pleistoanax, war seit 408/07 v. Chr. König und beteiligte sich an der Blokkade Athens 405 und 403 v. Chr. Feldzug gegen Theben 395/94 v. Chr. s. III 9. 10.

20 Leuktra 371 v. Chr. Zur Schlacht s. IX 13. 9.

21 Athen kapituliert 263/62 v. Chr. Die Besatzung wird 256/55 wieder abgezogen.

22 Siehe II 9. 1 f.

23 Sicher nur literarische Vorlage.

24 Auch die Geschichte des Hauses der Eurypontiden hat ihre Lücken, wie die der Agiaden (s. III 2ff.). P. schließt sich hier wiederum in Teilen Her. I 66 an; weicht aber auch davon ab.

25 Zum Orakel s. VIII 1. 6 und zum Krieg VIII 48. 4.

26 Zu Theopompos s. IV 7. 7ff. In diesen und den folgenden Passagen weichen die Angaben des P. wesentlich von denen des Herodot ab, sowohl was die Abfolge der Könige wie auch ihre Beteiligung an den Kriegen angeht.

27 Hom. Il. XIX 117.

28 Siehe Her. VI 72. Plut. Mor. 859 D. Die Expedition fand kurz vor dem Regierungsantritt des Archidamos 467 v. Chr. statt.

29 Archidamos II. 467–427 v. Chr. Invasionen in Attika ab 431, Plataiai 429 v. Chr.

30 Zur Kyniska s. III 15. 1 und V 12. 5 und VI 1. 6.

31 Bei Thuk. I 123 zitiert.

32 Zum spartanisch-elischen Krieg s. Xen. Hell. III 2. 21 ff. Auch hier zeigen die differierenden Namensformen an, daß Xen. Hell. nicht alleinige Quelle für P. war.

33 413 v. Chr. s. Thuk. VII 19. 27 f. Die vollständige Vernichtung Athens war von den Korinthern und Thebanern beantragt worden s. Xen. Hell. II 2. 19.

34 Gemeint ist Heraia im mittleren Alpheiostal, nahe der Ladonmündung (heute Hagios Jannis).

35 Parke-Wormell Nr. 112. Wohl 477 v. Chr. erteilt.

36 Zum Tempel II 5. 5. Der Bau lag zu Pausanias' Zeit als Ruine da.

37 Nach P. hätte Agesilaos das ganze Perserheer besiegt, was nicht mit Xen. III 2. 23 übereinstimmt.

38 Siehe III 5. 3 f.

39 Frühjahr 390 v. Chr.

40 389 v. Chr. Aitolien. Feldzug nach Aigypten 361 v. Chr. Auf der Rückreise stirbt Agesilaos 360/59 v. Chr. in Kyrene.

41 Siehe II 8. 5.

42 Hier beginnt die eigentliche Perihegese Lakoniens. Sie schließt unmittelbar an II 38. 7 an. Die Hermai sind Grenzmarkierungen in Form von Steinhäufen (oberhalb von Hagios Petros) an der gemeinsamen Grenze von Lakonien, Argos und Arkadien.

43 Karyai und das Heiligtum der karyatischen Artemis lag nach Pausanias in einem Nebental nordwestlich des Hauptweges nach Selassia, am ehesten wohl auf dem Analipsishügel östlich von Kryávrisi.

44 Die Ringmauer und die anderen Überreste des zu P. Zeiten in Ruinen liegenden Selassia befinden sich auf dem Palaeogulashügel im Tal des Oineus (Kelephina östlich der Fahrstraße Sparta–Argos, östlich des Dorfes Drantias, heute Selassia). Die Schlacht bei Selassia war 222/21 v. Chr.

45 Thornax mit dem Heiligtum des Apollon Pythaeus lag nordöstlich von Sparta auf dem linken Eurotasufer. Nicht näher lo-

kalisierbar. Zur Goldspende des Kroisos s. Her. I 69, der allerdings wieder nichts von der Verwendung des Goldes in Amyklai weiß.

46 Auch bei der Perihegesis in Sparta (bis III 18. 5) hält sich P. an seinen bereits in Attika erprobten Grundsatz (s. I 39. 3), nur das Bemerkenswerteste in Auswahl vorzulegen. P. beginnt mit dem Zentrum der Stadt, mit dem Marktplatz, an den die öffentlichen Bauten und Tempel, Heiligtümer und Heroengräber, Trainingsanlagen, das Theater, das Limnaion mit dem Artemis-Orthia-Kult und die Bauten auf der Akropolis in der Nähe des Athena-Chalkioikos-Tempels sich anreihen. Von all dem hat sich überraschend wenig erhalten. Eine Identifikation der von P. genannten Bauten mit Überresten ist nur in einzelnen Fällen möglich. Die antike Stadt lag am Westufer des Eurotas, im Norden und Süden durch jeweils einen östlich verlaufenden Bach begrenzt. Die südlich davon anstehende Hügelzone ist von der 1834 neu und planmäßig angelegten Stadt Sparti beherrscht. Die nördliche stellt die antike Akropolis mit dem Theater, dem Athena-Chalkioikos-Tempel und weiteren antiken Resten dar. Das antike Sparta bestand aus einer losen Siedlung von vier, ursprünglich getrennten, Dörfern mit freien Plätzen und weiten Straßen dazwischen. Die Stadt wurde erst nach 192 v. Chr. mit einer flüchtig errichteten Stadtmauer umgeben, deren spätantiker Verlauf sich noch über den Akropolishügel hinzieht. Zu P. Zeiten hatte Sparta den Charakter einer wohlhabenden Landstadt, wie zahlreiche und z. T. qualitätvolle Mosaikböden beweisen. Die im 3. Jh. n. Chr. einsetzende Verödung sowie wiederholte Plünderungen (Heruler und Goten) verursachten nachhaltige Eingriffe in die bauliche Substanz einer Stadt, der man nach den bekannten Worten des Thukydides (I 110) nicht mehr ansieht, welche Größe Spartas Macht einst besaß.

47 Die sogenannte Perserhalle ist auch bei Vitruv I 1. 6 erwähnt. Danach hatten die Barbarenfiguren, gleich Atlanten, auf den Säulen des Sockelgeschosses als Teile der Fassade des Obergeschosses ihren Platz.

48 Die Geschichte des Tisamenos ist auch bei Her. IX 33 verzeichnet. Der Sieg des Hieronymos fällt in die ersten beiden Jahrzehnte des 5. Jh. v. Chr. (s. Moretti Nr. 173).

49 Siehe III 3. 6. Das Grab in Tegea s. VIII 54. 4.

50 Die Aphetaïs führte in südlicher Richtung nach Amyklai. Die Booneta (d. h. für die Rinder gekauft) lagen an der Westseite der Aphetaïsstraße, ziemlich an deren Anfang. Ihre Funktion bleibt dunkel.

51 Die Gräber der Agiaden lagen in der Weststadt (s. III 14. 2) und waren von denen der Eurypontiden weit entfernt. P. ist hier am Südende der Aphetaïsstraße. Es bleibt unklar, ob er nun seinen Bericht in süd–nördlicher Richtung, entlang der Ostseite, oder von neuem an der Agora beginnend, nord-südlich gehend, vorgenommen hat.

52 Der andere Ausgang von der Agora her ist die Nordweststraße mit der Skias. Diese ist in antiken Quellen auch als Rundbau überliefert und daher als Odeion gedeutet worden. Theodoros, Zeitgenosse und Mitarbeiter des Samiers Rhoikos, war wie dieser Architekt, Bildhauer und der erste Erzgiesser in der antiken Überlieferung. Die P.-Stelle ist dahingehend zu berichtigen. Eisenguß ist in der Antike nicht überliefert. Hingegen Arbeiten in Schmiedeeisen (SQ. 278).

53 Textlücke. Kolona heißt Hügel. Der kleine Markt, χωρίον, war ursprünglich ein Warenmarkt. Das Epitheton ἀμβούλιοι ist anderweitig nicht belegt und daher unklarer Etymologie.

54 Asios s. IV 2. 1.

55 Das Aition für das Heiligtum der Hera Hypercheiria ist auch für eine Situation in der Nähe des Eurotas ausgelegt worden. Die Statue des fünfmaligen Siegers im Ringen Hetoimokles (s. Moretti Nr. 82–86), dessen Siege in die ersten zwei Jahrzehnte des 6. Jh. v. Chr. fielen, ist ohne Frage post eventum errichtet worden.

56 Dieser dritte von P. eingeschlagene Weg führte nach Westen. Das Theater, der einzige gut erhaltene antike Bau, ist in den Südwestabhang des Akropolishügels eingetieft. Es stammt in seinen älteren Teilen aus dem 3. Jh. v. Chr. Bühne und Zuschauerraum sind im späten 1. Jh. n. Chr. erweitert worden. Der Feldherr Brasidas ist 421 v. Chr. in Amphipolis bestattet worden.

57 Beide Gräber lagen in unmittelbarer Nähe des Athena-Chalkioikos-Tempels. Siehe III 17. 2. Pausanias wurde, auf Geheiß von Delphoi, am Ort seines qualvollen Todes bestattet (Thuk. I 134). Die Zeitangabe für die Überführung der Leiche des Leonidas «40 Jahre danach» ist sicher falsch überliefert und

konnte auch trotz verschiedener Lösungsvorschläge nicht geklärt werden.

58 Pitane ist der Nordweststadtteil von Sparta. Gemeint ist das Quartier südwestlich der Akropolis.

59 P. kehrte zur Lesche der Krotanen zurück. Die Artemis Aiginaia ist nicht sicher mit Aigina zu verbinden. Zur Britomartis auf Aigina s. II 30. 3.

60 Chionis siegte in der 28.–30. Olympiade = 668. 664. 660. 656 v. Chr. (s. Moretti Nr. 40. 42/43, 44–47) s. IV 23. 4 und VI 13. 2. Battos' Zug nach Thera s. Her. IV 150ff.

61 Ausgangspunkt ist das III 14. 2 genannte Gräberfeld der Agiaden. Dromos und Platanistas lagen im Westen der Stadt in der Nähe des Magulabaches.

62 Zu Eurykles s. II 3. 5.

63 Ἄγνος ist der agnus castus, das heißt Keuschlammstrauch (λύγος).

64 Der Platz Platanistas wird südlich vom Dromos angesetzt. Das Phobaion, dessen Etymologie unklar ist, lag außerhalb der Stadt auf dem rechten Eurotasufer, nicht weit von Therapne (zu dessen Lage s. III 19. 9). Zum Phobaion s. III 20. 2. Enyaliosopfer und Kampfspiele fanden zu verschiedenen Zeiten und an verschiedenen Orten statt.

65 Zur Kyniska s. III 8. 1.

66 Alkman, lakonischer Dichter von Hymnen, Chorliedern in der 2. Hälfte des 7. Jh. v. Chr.

67 Zu Hipposthenes s. III 13. 9.

68 P. nimmt hier einen neuen Ausgangspunkt für seine Wanderung. Er kommt vom Theater und den Booneta her. Die Straße verlief wohl von Osten nach Westen.

69 Das kyprische Epos schildert die Troia vorangegangenen Ereignisse.

70 Das Silphion, eine in der Cyrenaika einst wachsende Pflanze, deren harziger Milchsaft eine geschätzte Droge war. Mit Beginn der Kaiserzeit vom Markt verschwunden, konnte das Silphion bis heute noch nicht näher identifiziert werden.

71 Gemeint ist hier wohl das Tor nach Amyklai. Anthenai war eine Stadt in der Kynouria. Der Text ist hier wiederholt gestört und nur zum Teil wiederherstellbar.

72 Der Bezirk Limnai liegt am Ufergelände im Osten der Stadt. Das in ihm gelegene Heiligtum der Artemis Orthia (der auf-

recht stehenden) ist der einzige systematisch freigelegte Bereich des antiken Sparta. Bedeutsame Funde aus der Frühzeit Spartas im 8.–6. Jh. v. Chr. (englische Ausgrabungen 1906–1910). Der Tempel selbst wurde in der frühen Kaiserzeit als Neubau von einem Amphitheater umgeben. Sein einstiger Vorplatz wurde zur Orchestra.

73 P. nennt hier die alten Dörfer (κῶμαι), aus denen das historische Sparta zusammenwuchs (Thuk. I 10).

74 Der Ritus der Geißelungen, über den es eine ausgedehnte antike Literatur gab, hat bislang religionsgeschichtlich noch keine hinreichende Aufhellung erfahren. Der jeweilige Sieger hieß βωμονίκης. Sicher fanden auch kultische Tänze statt, bei denen Kultmasken getragen wurden.

75 Vom Tempel der Athena Chalkioikos (A. mit dem erzenen Haus) sind nur die Fundamente erhalten. Er war in der archaischen Holz-Lehm-Ziegel-Technik errichtet und innen (vielleicht auch außen) mit reliefverzierten Bronzebändern verkleidet, deren Bilder P. thematisch beschreibt. Sie haben dem Tempel den Beinamen eines Erzhauses gegeben. Der Erbauer Gitiadas (SQ. 357–359) wird nur von P. zitiert. Er war auch in Amyklai als Erzgießer tätig (III. 18. 8). Da P. einzelne Bildszenen genauer beschreibt, die jeweiligen Mythenkreise aber nur allgemein erwähnt, ist die Zahl und die Anordnung der Bleche nicht zu ermitteln. Keine Frage kann es sein, daß P. hier aus Autopsie beschreibt.

76 Es handelt sich hier offenkundig um ein sogenanntes Sphyrelaton, ein dem Bronzeguß vorausgehendes technisches Verfahren, das die Figur jeweils über einem Gerüst mit gehämmerten Bronzeplatten verkleidet. Den Künstler Kl. (s. SQ. 332) hat die antike Kunstschriftstellerei einmal als hocharchaischen, dann wiederum als Künstler des ausgehenden 6. Jh. v. Chr., verzeichnet. P. Bemerkung, es handle sich um die älteste Bronzestatue, ist also allein aus der Technik abgeleitet und trifft daher nicht zu. Der Sieg der Euryleonis steht nicht fest, wohl Anfang des 4. Jh. v. Chr. (s. Moretti Nr. 418).

77 P. vermengt hier zwei Vorgänge: Die Geschichte der Kleonike und die beiden, auf Geheiß von Delphoi durch die Spartaner errichteten, «Sühnestatuen» für den grausam getöteten Feldherrn Pausanias vor dem Tempel der Athena Chalkioikos. Siehe Thuk. I 134.

78 Hom. Il. XIV 231 und XVI 672. Das Alpion lag nordöstlich der Akropolis.

79 Athena Ophthalmitis nur hier zitiert. Das Orakel des Ammon in der Oase Siwa in Nordafrika.

80 Amyklai, heute auf dem H.-Kyriaki-Hügel, rund 5 km südlich von Sparta gelegen, bei dem Dorf Tsausi, war in der Antike ein offenes Heiligtum ohne Tempelbau. Statt dessen war ein runder (ca. 10 m Durchmesser) Stufenaltar mit einer akrolith gebildeten Statue des bewaffneten Apollon Hyakinthos errichtet, um den dann gegen Ende des 6. Jh. v. Chr. der Baumeister Bathykles von Magnesia den sogenannten «Thron» herumlegte. Trotz der Beschreibung des P. und auch einiger erhaltener antiker Werkstücke ist es nicht gelungen, von der Architektur des «Thrones» eine gegründete Vorstellung zu gewinnen. Erhalten hat sich außerdem noch eine, wohl erst klassische, Quaderstützmauer, die das Heiligtum einfaßte, sowie Fundamentmauern des «Thrones». Der olympische Sieg des Ainetos ist zeitlich nicht festlegbar (s. Moretti Nr. 945). Das Fragment einer Grabstele, mit dem Namensrest des Ainetos, hat sich erhalten (um 430 v. Chr.). P. nennt fünf bronzene Dreifüße (drei für messenische Kriege und zwei für Aigospotamoi 405 v. Chr.). Die Künstlernamen von Gitiadas und Kallon für die ersten drei Dreifüße schließen chronologische Fragen ein, die nicht leicht zu lösen sind. Aristandros von Paros ist nur hier genannt (SQ. 942). Pausanias hat die ersten drei Dreifüße nochmals IV 14. 2 erwähnt, freilich ohne die Künstlernamen, aber mit dem bestimmten Anlaß ihrer Weihe. Hier hat Pausanias die epigraphischen Vorlagen jeweils nach bestimmten Gesichtspunkten verwendet.

81 Bathykles von Magnesia/M. weihte seiner Heimatstadt ein Artemisbild. Als Künstler nur in Verbindung mit dem «Thron» genannt (SQ. 360f.). P., an dessen Autopsie des «Thrones» kein Zweifel möglich ist, hat diesen leider nicht so beschrieben, daß sich danach ein gesichertes Rekonstruktionsbild erstellen ließe. Indessen scheinen wenigstens die Grundzüge des Aufbaus klar: Im Sockel von Stützfiguren getragen, ist der dreiseitig hofartig um den Hyakinthosaltar und die Apollonstatue herumgebaute «Thron» ein mehr offener Stockwerkbau, an dem sich die von P. beschriebenen Reliefplatten mit den mythologischen Darstellungen befanden. Die erhaltenen Werkstücke zeigen feinste

technische Ausarbeitung des Jahrzehnts vor oder um die Wende des 6. zum 5. Jh. v. Chr.

82 «und Herakles» ergänzt.

83 Das Hyakinthosbild des Nikias ist auch bei Plin. 35. 131 erwähnt: Augustus hat es aus Alexandria mit sich geführt und Tiberius später in den Tempel des Augustus in Rom geweiht. Zu Nikias (s. SQ. 1811. 1816).

84 Das Heiligtum der Alexandra ist bei dem Dorf Slavochori (H.-Paraskevi-Hügel) gelegen.

85 Therapne lag Sparta südöstlich gegenüber auf dem linken Eurotasufer. Vom Tempel sind die Fundamente ausgegraben. In historischer Zeit verödet. Das Menelaion war ein alter Vorort Lakoniens in vordorischer Zeit.

86 Hom. Il. VI 457.

87 Das Phobaion, bereits III 14. 9 genannt, lag auf dem rechten Eurotasufer südlich von Sparta, Therapne gegenüber. Auch von Her. VI 61 genannt.

88 Der Fluß Phellia ist wahrscheinlich der heutige Bach von Riviotissa. Die Stadt Pharis (Hom. Il. II 582) ist wahrscheinlich die prähistorische Siedlung ca. 7,5 km südlich von Sparta am rechten Eurotasufer auf dem doppelgipfligen Hügel bei dem (ehemaligen) Dorf Vaphio.

89 Textstörung. Das Eleusinion ist bei den Kalyvia Sochas identifiziert, etwa 7,5 km südwestlich von Sparta, an den Vorhöhen des Taygetos. Die Stelle von Bryseai (Hom. Il. II 583) lag eine halbe Stunde weiter nördlich. Die genannten Berge Taleton und Euoras gehören ebenfalls noch zu den Vorhöhen. Die weiter genannten Orte lagen südlich in oder über der Südwestecke des Talbeckens von Sparta.

90 Hom. Il. II 584.

91 P. ist auf der Straße nach Norden, d. h. nach Tegea, nur bis III 21. 2 gegangen, bis kurz vor Pellana.

92 Der ältere L. (aus Argos?) siegte wohl um 460 v. Chr. (s. Moretti Nr. 260), während der jüngere L. aus Aigion stammte (s. X 23. 14) und in der Olympiade 125 = 280 v. Chr. (s. Moretti Nr. 535) siegte.

93 Die Steinbrüche von Krokeai liegen oberhalb von Stephania am unteren Eurotas. P. spielt hier auf die lokale Industrie des verarbeiteten grünen Porphyrs an (s. II 3. 5).

94 P. geht nicht direkt nach Gythion, sondern nach Aigiai (heute

bei dem Dorf Limni, 5,5 km nordwestlich von Gythion). Reste des Poseidonheiligtums bei dem Dorf Palaiochora (H.-Demetrios-Hügel).

95 Gythion ist ursprünglich eine Gründung phoinikischer Purpurfischer und war in historischer Zeit der Kriegs- und Handelshafen Lakoniens. Wenige antike Reste (Theater nördlich der Stadt) erhalten. Die moderne Stadt im 19. Jh. wieder erstanden. Hom. Il. XVIII 140.

96 Hier beginnt die bis III 24. 5 reichende Beschreibung der Parnonhalbinsel, wobei nicht die Denkmäler im Vordergrund des Interesses stehen, sondern geographische Informationen. Das Ganze nährt sich wohl von einem Periplous (Küstenbeschreibung älterer Zeit). L. von Gythion meint östliche Richtung. Die Entfernungsangaben sind alle für die Küstenschiffahrt berechnet. Sie sind ohnehin nur ungefähr geschätzt und weichen auch stark von den wirklichen Angaben ab. Z. T. ist die Überlieferung auch fehlerhaft. Eine Landverbindung an den Orten entlang der Ostküste des Parnon ist auch heute nur zum geringen Teil möglich. Von den acht einzeln aufgeführten Orten in der östlichen Eurotasebene sind die folgenden sicher lokalisiert: Trinasos (Trinisa), Akriai (Kokkinia), Geronthrai (Geraki), Marios (Mari). Helous, Glyppia und Selinous sind nicht lokalisiert.

97 Der mehrfache Olympionike Nikokles (s. Moretti Nr. 655–657, 660/61) ist um 100 v. Chr. anzusetzen.

98 Von III 22. 9 an wendet sich die Beschreibung den Küstenorten an der West- und anschließend der Ostküste der Maleahalbinsel zu. Ein Abstecher führt von der Hafenstadt Boiai aus nach der Insel Kythera (III 23. 1), mit ihrem Hafenort Skandeia. Von den genannten zwölf Orten sind als Städte, Heiligtümer mit heutigen Ruinenstätten identifiziert: Asopos (Halbinsel Xyli), Boiai ist das heutige Vatika. Kap Onougnathos (Eselskinnbakken) ist die felsige Halbinsel im Westen der Bucht von Vatika, heute Insel Elaphonisi. Epidelion ist das heutige Kap Kamilo, etwa 12 km nördlich von Kap Matapan. Dort das Nymphaion. Epidauros Limera ist Palaia Monemvasia, 4,5 km nördlich von Monemvasia = Minoa. Zarax = Limani Geraka. Brasiai am Südrand der Bucht von Leonidi.

99 Rechts von Gythion, also westlich davon, werden erwähnt: Las, Hypsoi, Pyrrhichos, Teuthrone. Alle lagen auf der Route

zum Kap Tainaron (III 25. 4) entlang der Ostküste der Taygetoshalbinsel. Las (Hom, Il. II 585) lag beim heutigen Pássava und Choriani, Hypsoi bei Malévri, Pyrrhichos beim heutigen Kavalos, Teuthrone beim heutigen Dorf Krotonais.

100 Die Häfen Achilleios und Psamathous lagen beiderseits des Kap Tainaron (Matapan), das erstere im Westen, heutige Bucht von Marinari. Psamathous bildete die östliche Bucht (heute Porto Kalion). Beide engen den niedrigen Isthmus auf rund 540 m Breite ein. An der Ostseite des Kaps lag das Poseidonheiligtum mit einer rund 10 m tiefen Höhle und einem einfachen Bau davor.

101 Hom. Il. VIII 368. Od. 11, 623. Chimaira: Hom. Il. VI 179. Arion auf dem Delphin bei Her. I 24 erwähnt.

102 Entlang der Westküste der Halbinsel Matapan werden erwähnt: Kainepolis (heute Kyparisso), Messa (Hom. Il. II 582), heute Bucht von Mezapo, Oitylon (Hom. Il. II 585), heute Bucht von Limeni mit Dorf Vitylo; Thalamai, heute nördlich von Vitylo. Pephnos lag wohl an der Bachmündung von Milia. Hinter dem heutigen Levkó verbirgt sich das antike Leuktra; hinter Skardamyle, Kardamyle. Gerenia wird bei dem heutigen Dorf Kambos angesetzt, während Alagonia weiter östlich gelegen haben muß, vielleicht bei der Burghöhe von Zárnata.

ANMERKUNGEN ZU BUCH IV · MESSENIEN

1 Das vierte, Messenien gewidmete, Buch (ἡ Μεσσηνία συγγραφή) hebt sich dadurch aus allen anderen heraus, daß es von insgesamt 36 Kapiteln nicht weniger als 29 der Geschichte Messeniens in Form einer längeren Einleitung widmet. Nur die letzten sieben Kapitel sind der Topographie und den Denkmälern eingeräumt. Man hat das damit erklären wollen, daß die Armut an Denkmälern des spät erst zu staatlicher Selbständigkeit gelangten Landes einfach nicht mehr hergab und Pausanias somit gezwungen war, die geschichtliche Einleitung entsprechend auszudehnen. Man kann aber auch umgekehrt die Frage stellen, ob nicht ein gerade für die Messenischen Kriege reiches Quellenmaterial P. veranlaßt hat, entsprechende Umdispositionen zu treffen, denen zufolge der topographische Anteil not-

gedrungen kürzer ausfallen mußte, als dies von der Stoffmenge her geboten war.

Tatsache ist jedenfalls, daß wir nur durch Buch IV über die einzige durchgehende Darstellung der frühen Geschichte Messeniens verfügen, die durch die Lebendigkeit der Schilderung sowie durch das teilnehmende Gefühl des Autors deutlich zeigt, wie sehr P. sich mit dem Stoff identifiziert hat. Es ist kein Zufall, daß wir nur in diesem Abschnitt (IV 6. 1 ff.) über die P. zur Verfügung stehenden Quellen Näheres erfahren. Die Schilderung des ersten Messenischen Krieges basiert weitgehend auf dem rhetorisch stark aufgeputzten Prosabericht des Myron von Priene aus der ersten Hälfte des 3. Jh. v. Chr., während die dramatische Endphase des zweiten mit der langen Belagerung von Hira das Epos des Rhianos von Bene/Kreta (3. Jh. v. Chr.) benutzt. Beide Quellen hat P. nur noch mittelbar benutzt. Seine gesamte Darstellung der Messenischen Kriege geht auf ein Werk zurück, das die beiden Quellen mit anderen verbunden und den Stoff in ein historisches Schema gebracht hat. Da Pausanias' Darstellung mit den messenischen Ereignissen um 180 v. Chr. abbricht, muß diese Vorlage später geschrieben sein. Charakteristisch ist für sie eine Vorliebe für Orakel und deren Auswirkung. Das Schalten der Götter steht stark im Vordergrund, ebenso die mehrfach erwähnten Mysterien von Andania, wobei P. Angaben zur dort verehrten Göttergruppe macht, die im Widerspruch zum Inhalt einer großen Mysterieninschrift aus dem Jahre 91 v. Chr. (gefunden 1858 bei dem Dorf Konstantinoi) stehen, in der es um eine umfassende Reorganisation und Wiederbelebung des Kultes, des Opferpersonals und der Opfervorschriften geht. Danach stellt die von P. herausgehobene Rangstellung der Mysterien von Andania als Filiale von Eleusis und die Rolle der beiden αἱ μεγάλαι θεαί in Gestalt von Demeter und Kore sicher erst eine späte Kultphase dar, da die Inschrift von 91 v. Chr. nichts davon weiß.

Die lebhafte und z. T. hochdramatische Schilderung der beiden Messenischen Kriege darf nicht darüber hinwegtäuschen, daß historisch darüber fast nichts bekannt ist und daß es insbesondere im Bericht über den ersten Krieg von Anachronismen nur so wimmelt. Tatsächlich war den antiken Historikern auch nicht mehr bekannt, als aus den Gedichten des Tyrtaios, eines Zeitgenossen des zweiten Krieges, hervorgeht. Danach fand der erste Krieg zur Zeit «der Väter unserer Väter» statt und dauerte zwanzig Jahre. Der zweite Krieg brach angeblich 39 Jahre danach aus und fiel in die Regierungszeit des lakedaimonischen Königs Theopompos. P. selbst gibt für beide Kriege recht präzise Daten, die von der Forschung als zu hoch verworfen und jeweils um zwei bis drei Generationen später angesetzt wurden. Allgemein gilt die Zeit um 700 v.Chr. für den ersten und um 600 v.Chr. für den zweiten Messenischen Krieg. In diesem Zusammenhang ergibt sich auch für den messenischen Freiheitshelden Aristomenes, bei P. eine tragende Säule des messenischen Widerstandes im zweiten Krieg, ein ganz neuer Zeitansatz. Wenn es erwiesen sein sollte, daß Rhianos in seinem Epos die Rolle des Aristomenes mit der Verteidigung von Hira in die Zeit zwischen 500–490/80 v.Chr. verknüpft hat, dann stellte er die zentrale Figur eines sonst nicht überlieferten dritten Messenischen Krieges dar. Die Quellen des 3. Jh. v.Chr. und danach haben ihn zur mythischen Figur erhoben: Rhianos verband ihn, mit anderen Autoren, mit dem zweiten und Myron gar mit dem ersten Messenischen Krieg.

2 Der Anfang von Buch IV knüpft unmittelbar an das Ende von Buch III an. Statt des dort zuletzt genannten Alagonia ist nunmehr das an der Choiriosschlucht (heute Sandava), also an der von Kaiser Augustus bestätigten Grenze zwischen Messenien und Lakonien, gelegene Gerenia der Ausgangspunkt. Der Perieget setzt so seine eingeschlagene Reiseroute entlang der Westküste der Taygetoshalbinsel fort. Messenien reichte ursprünglich weiter südlich bis zum Pamisosflüßchen.

3 Zu Andania s. IV 33.6f.

4 Schlacht bei Leuktra 371 v.Chr. Neugründung von Messene unter dem Ithome 370/69 v.Chr. s. IV 26.3ff. Katalog der Ilias II 591ff.

5 Pausanias spricht stets vom Kult der großen, d.h. eleusinischen Göttinnen, Demeter und Persephone, während die bereits erwähnte Kultinschrift von Andania aus dem Jahre 91 v.Chr. neben Demeter, Hermes, Apollon Karneios und Hagna stets die großen Götter (im Maskulinum!) aufführt. Ob dies die Kabiren oder die in Messenien und Lakonien besonders verehrten Dioskouroi sind, ist nicht auszumachen. Jedenfalls ist die Verengung der Mysteriengottheiten auf Demeter und Kore nur in Verbindung mit der von Pausanias auch geschilderten

Kultübertragung von Eleusis nach Andania denkbar und muß daher einige Zeit nach 91. v. Chr. erfolgt sein. Siehe IV 33. 5.

6 Mousaios, ein mythischer Dichter der Vorzeit, Sohn der Selene und Schüler des Orpheus. Dichtete neben einer Theogonie in drei Büchern den Hymnos Sphaira für die Lykomiden auf Demeter; nach Paus. I 22. 7 das einzig sichere Gedicht.

7 Zu Rhianos s. IV 6. 1 ff.

8 Methapos, ein zeitlich und prosopographisch nicht näher festlegbarer Mysterienreiniger und Religionsordner aus Attika. Die von Pausanias mitgeteilten Einzelheiten sind dem im folgenden zitierten, an zwei Stellen gestörten, Epigramm der Statue im Haus der Lykomiden zu Phlya/Attika entnommen. Dem Geschlechterkult des Adelsgeschlechts der Lykomiden gehörte einst auch Themistokles an. Auch Euripides stammt aus Phlya.

9 Daß Pausanias hier, bei einer an sich nicht gewichtigen mythologischen Frage, die Eoiai, die Naupaktien und die Genealogien des Kinaithon und Asios durchlas, ist immer als Beweis für seinen Fleiß und seine Gewissenhaftigkeit hervorgehoben worden. Im Gegensatz zu den Naupaktia, die nur einmal zitiert werden (II 3. 9), sind die Eoiai mehrfach herangezogen worden; ebenso Kinaithon und Asios. Letzterer ist nur in Fragmenten noch greifbar; das Werk des ersteren verschollen.

10 Melaneus, als Sohn Apollons, eine Lichtgottheit, die in Messenien, aber auch in Thessalien und Euboia lokalisiert ist.

11 Zu Karnasion und seiner Lage s. IV 33. 4 ff.

12 Pausanias verweist des öfteren auf vor- oder zurückliegende Bücher seines zehnbändigen Werkes. Dadurch sind wir unterrichtet, daß die Bücher in der Tat auch in der Reihenfolge ihrer Zählung sukzessive enstanden sind. Die Verweise an dieser Stelle beziehen sich auf II 21. 7 und III 1. 4.

13 Zu Arene s. V 6. 2. Zu Pylos s. IV 36. 1 f.

14 Die Aphariden Idas (der Sehende) und Lynkeus (der Luchsäugige) verkörpern messenische Lichtgottheiten. Sie sind den vorzugsweise in Lakonien verehrten Dioskouroi verwandt. Die Pindarstelle ist N. X 115.

15 Nestor, Sohn des Neleus, mythischer Herrscher des «sandigen», d. h. des messenischen Pylos, ist eine voriliadische Gestalt, die von Homer mit dem Geschehen vor Troia verknüpft wurde.

Dort ist er einer der weisen und erfahrenen Berater und Lenker der Dinge.

16 Die antike Überlieferung hat die sogenannte Rückkehr der Herakliden in zeitlicher Folge nach der sogenannten dorischen Wanderung angesetzt, laut Eratosthenes ca. 80 Jahre nach der Einnahme von Troia (1184 v. Chr.). Zu Tisamenos s. II 18. 7–9.

17 Zu Stenykleros s. IV 33. 4.

18 Zu Ithome und seinem Zeuskult s. IV 33. 2. Zu Gerenia s. III 26. 9.

19 Zum Heroenopfer vor dem damit verbundenen Götteropfer s. II 12. 5.

20 Eumelos, epischer Dichter aus Korinth, im 8./7. Jh. v. Chr. Dichtete eine mythische Geschichte Korinths, eine Titanomachie (sechs Bände) und Prosodien. Die der Phintiasgesandtschaft wird wohl Pausanias in Prosa vorgelegen haben. Siehe auch II 1. 1. Wenn nach V 19. 10 Eumelos der Dichter der Verse auf der sogenannten Kypseloslade in Olympia gewesen ist, dann ergibt sich für E. eine andere Zeitstellung.

21 Heiligtum der Artemis Limnatis s. IV 31. 3. Die von P. geschilderten Ereignisse werden auch von Strabo VI 257 und VIII 362 referiert.

22 Nach herkömmlicher Zeitrechnung siegte Polychares 764 v. Chr. (Moretti Nr. 4). Bei dem kurz zuvor genannten König Androkles handelt es sich mit großer Wahrscheinlichkeit um den Sieger des Jahres 768 v. Chr. (Moretti Nr. 3), obgleich die Namensform (Androklos) nicht identisch ist.

23 Amphiktyonie, ein sakral-politischer Verband von Umwohnenden um ein größeres Heiligtum, mit der Maßgabe, dieses zu verwalten. Es geht aus dem Wortlaut nicht klar hervor, ob es sich dabei um die älteste und ehrwürdigste, die Amphiktyonie von Delphoi handelt. Neuerdings neigt man zu dieser Annahme. Die Anrufung des Areiopags in Athen zu einem derart frühen Zeitpunkt begegnet historischen Bedenken, da dessen Einrichtung als oberstes, für Kapitalverbrechen zuständiges, Gericht erst mit dem zweiten Jahrzehnt des 7. Jh. v. Chr. denkbar ist.

24 König Kroisos von Lydien (560–547 v. Chr.) stellte, wie auch Her. I 69 berichtet, zu den Lakedaimoniern, als erster unter den Griechen, ein auf Freundschaft und Symmachie gestütztes Bündnis her.

25 Ereignis des sogenannten dritten heiligen Krieges 356–346 v. Chr.

26 Apollodoros war seit 279 v. Chr. Tyrann von Kassandreia (Potidaia). Seiner Herrschaft machte Antigonos Gonatas drei Jahre später ein Ende.

27 Ampheia ist mit dem Palaiokastro Kokla südlich des Hellenitsagebirges, am Paß nach Lakonien, identisch.

28 Der Messenier Xenodokos siegt im Jahre 744 v. Chr., das Ereignis fällt also in das Jahr 743 v. Chr. (Moretti Nr. 9). Der erste Jahresbeamte als Archon war nach antiken Chroniken (Marmor Parium) Kreon im Jahr 683/82 v. Chr.

29 Die Wortüberlieferung scheint hier problematisch zu sein: statt «Ereignissen» müßte es heißen: «Angegriffenen».

30 Rhianos von Bene/Kreta war ein Epiker und Epigrammdichter der zweiten Hälfte des 3. Jh. v. Chr. Seine Messeniaké lag P. als bereits stark kompilierte Quelle vor. Auch Diodor hat an ihr partizipiert. Myron von Priene ist hingegen ein Historiker der ersten Hälfte des 3. Jh. v. Chr. Nach IV 6. 2f. sind wir über die Quellenlage einmal besser informiert, als sonst der Fall zu sein pflegt: Eine zusammenhängende Darstellung der Kriege hat keiner der beiden Autoren geboten; jeder hat den ihm genehmen Abschnitt bevorzugt. Insbesondere scheinen sie sich in der Schilderung des messenischen Haupthelden, des Aristomenes, stark voneinander abgehoben zu haben. P. schließt sich enger an Rhianos an.

31 Tyrtaios, Elegiker spartanischer Herkunft im mittleren 7. Jh. v. Chr. In seinen Dichtungen besteht die wahre ἀρετή im Aushalten bis zum Tode. Seine Sprache ist von Homer abgeleitet, entwickelt diese aber weiter. Die von P. zitierten Verse beweisen übrigens nicht, daß Theopompos erst nach Beendigung des Krieges gestorben ist.

32 Zu Stenykleros s. IV 33. 4.

33 Der Schlachtort ist nicht näher lokalisierbar.

34 Verschiedene Details in diesem Schlachtbericht haben Kritik erregt, so der IV 8. 1 geschilderte Ansturm der Messenier, der zeitlich im Widerspruch zur Feststellung Her. VI 112 stünde, wonach die Athener bei Marathon die ersten waren, die im geschlossenen Sturmlauf gegen den Feind vorgegangen seien. Auch die IV 7. 4 erwähnte Reiterei und die Leichtbewaffneten schienen schlecht in ein früharchaisches Kampfgeschehen zu

passen. Hier wird sich wohl die hellenistische Vorlage, der P. folgte, ausgewirkt haben.

35 Homer Il. II 729, wo indessen vom thessalischen I. die Rede ist.

36 Der Ithomeberg ist mit 802 m an Höhe nicht die höchste Erhebung in Messenien. Gemeint ist aber der I. als der höchste isoliert in der Ebene anstehende und bewohnte Berg.

37 Zum Orakel: Parke-Wormell Nr. 362. In seiner jambischen Fassung ist das Orakel wohl späterer Entstehung.

38 Zum Orakel: Parke-Wormell Nr. 363.

39 Odysseus, als Bettler verkleidet, kundschaftet in Ilion. Siehe Od. 4. 244ff.

40 Zum Orakel: Parke-Wormell Nr. 364.

41 Siehe IV 13. 3f.

42 Zum Orakel: Parke-Wormell Nr. 365. Der letzte Vers wird von P. IV 26. 4 auf die Schlacht bei Leuktra gedeutet.

43 Die kurze Behandlung der Schlacht steht im auffallenden Gegensatz zu den ausführlichen Schilderungen der vorangehenden Schlachten. Myrons Werk endete mit dem Tod des Aristodemos.

44 14. Olympiade = 724/23 v. Chr. (Moretti Nr. 14). In Athen bestand noch das zehnjährige Archontat.

45 Zur Auswanderung nach Eleusis s. IV 1. 5. Die Nachkommen Kaukons wandern IV 15. 7 wieder zurück.

46 Die Dreifußweihungen in Amyklai sind III 18. 7 bereits erwähnt. Nach den dort aufgeführten Künstlernamen handelt es sich um Arbeiten des ausgehenden 6. Jh. v. Chr.

47 Zu Asine s. IV 34. 9.

48 P. schöpft hier offensichtlich aus Tyrtaios, von dem je zwei Verse zitiert werden.

49 Olympias, die Mutter Alexanders des Großen, und Aristodama, die Mutter Arats. Auch Scipio und Augustus wurden in der Antike als Schlangensöhne gerühmt.

50 Das vierte Jahr der 23. Olympiade = 685/84 v. Chr. (Moretti Nr. 28). Die Angabe des P., zwischen dem ersten und zweiten Messenischen Krieg sei eine Zeit von 39 Jahren verstrichen, ist eine der wenigen, die Vertrauen verdient. Leotychides war 491/90–469/68 v. Chr. König in Sparta.

51 Nicht näher lokalisierbar.

52 Die Kühnheit des Unternehmens besteht darin, daß A. einen Schild aus der Feindbeute im Haupttempel des Feindes, statt im

einheimischen Heiligtum weihte. Eine weitere Schildweihung des A. spielt später eine Rolle, s. IV 32. 6.

53 P. folgt hier einer bereits bei Platon benutzten Version, wonach Tyrtaios Athener gewesen sei.

54 P. beschreibt hier den altgriechischen Brauch der Phyllobolia, s. auch VI 7. 3.

55 Zum Trophoniosorakel in Lebadeia s. IX 39. 1 ff.

56 Zu Pharis s. III 20. 3. Zu Karyai s. III 10. 7.

57 Aigila nicht näher lokalisierbar. Textlücke.

58 Trapezous liegt nordwestlich von Megalopolis, vielleicht bei H. Mavria.

59 Ziegenflüsse = Seeschlacht bei Aigospotamoi 405 v. Chr.

60 Gemeint sind die spartanischen Feldzüge der Jahre 400–395 v. Chr. an der Westküste Kleinasiens. Der sogenannte Korinthische Krieg von 395–386 v. Chr.

61 Phanas siegte spätestens in der 24. Olympiade = 684 v. Chr. im Dólichos (Moretti Nr. 31). Er starb also nach 683/82 v. Chr. am Großen Graben.

62 Der Berg Hira liegt im äußersten Nordwesten Messeniens, nahe der Grenze zu Arkadien, am Oberlauf der Neda. Die 864 m hohe Kuppe mit der Kapelle des H. Athanasios zeigt noch Befestigungsreste, freilich aus späterer Zeit; die Nachbarkuppe mit der Kapelle der H. Paraskevi (740 m) ebenso. Der Bergrücken erstreckt sich allgemein ost-westlich zwischen den Dörfern Stasimon und Kakaletri. Der Rückzug auf den Berg H. bedeutet die freiwillige Preisgabe Messeniens an die Lakedaimonier; das Land wird in Landlose aufgeteilt. Die Belagerungszeit gibt P. IV 20. 1 mit elf, Rhianos dagegen mit 22 Jahren an.

63 Die Keadasschlucht, auch bei Thuk. I 134 genannt, liegt am Ostabhang des Taygetosgebirges, in der Nähe von Mistra.

64 Die Hekatomphonia (Hunderttötung) ist sicher nur als Sühneopfer zu verstehen. Keineswegs kann es sich dabei um ein erneutes Abschlachten von hundert Gefangenen handeln, wie es die Forschung bislang aufgefaßt hat.

65 Die Hyakinthia verbieten, ähnlich wie die olympischen Spiele der Antike, Kampfhandlungen und Kriege.

66 Gorgos, der Sohn des Aristomenes, spielt in den folgenden Kapiteln eine herausgehobene Rolle s. IV 21. 2 und 21. 12 ff.

67 Zum Orakel: Parke-Wormell Nr. 366.

68 Worum es sich bei dem geheimen Gegenstand angeblich handelte, ein Bronzegefäß mit der Aufzeichnung der Riten der Mysterien von Andania, sagt P. später IV 26. 7ff. und IV 33. 5f. Der Sachverhalt ist auch in der großen Mysterieninschrift von Andania erwähnt. Zu Lykos s. X 12. 11.

69 Das Auftreten eines kephallenischen Kaufmanns in Hira bestätigt IV 18. 1, wonach die Pylier und Mothonaier den Messeniern in Hira praktisch die Westküste der Peloponnes freihielten. Aptera, Stadt in Westkreta.

70 Gyges, König von Lydien (687–652 v. Chr.). Den Kampf um Smyrna erwähnt Her. I 14.

71 Die rechte ist in der Antike die Glücksseite, s. Hom. Il. II 353, IX 236; Od. 15. 160 und 525.

72 Eindrucksvoll ist hier der jeweilige Einsatz der Seher, unmittelbar im Kampfgeschehen, geschildert.

73 Das Lykaiongebirge, heute Diaphorti (1420 m), ist der Sitz eines arkadischen Höhenheiligtums mit dem rund 20 m hohen Aschenaltar des Zeus Lykaios, einem Stadion und Hippodrom und einem offenen Temenos, dessen Betreten verboten war. Zu Pausanias' Zeiten fanden dort keine Spiele mehr statt.

74 Den Tod durch Steinigung erwähnt P. noch öfters, so II 32. 2, VIII 5. 12 und 23. 7, IX 7. 2. Die Verweigerung einer Bestattung gehört zu den schlimmsten Strafen in der Antike.

75 Das Epigramm auch bei Polybios IV 33. 2. Es setzt die politische Einheit Arkadiens voraus und dürfte wohl aus der 1. Hälfte des 4. Jh. v. Chr. stammen.

76 Kyllene s. VI 26. 4.

77 Hira fiel am Ende des zweiten Messenischen Krieges 668/67 v. Chr., also nach 17 Jahren Krieg, was im Widerspruch zu P. eigenen Angaben (11 Jahre) steht: IV 17. 10. Die 28. Olympiade = 668 v. Chr. (Moretti Nr. 40); der überlieferte Siegername lautet: Charmis von Sparta. P. erwähnt den Chionis noch: III 14. 3, IV 23. 4 und 10, VIII 39. 3.

78 Sardinien als die größte Insel s. Her. I 170.

79 Anaxilas von Rhegion errichtet 494 v. Chr. die Tyrannis in Rhegion und veranlaßt die von den Persern vertriebenen Samier und Milesier, sich in Zankle (Messene = Messina) anzusiedeln. Stirbt 476 v. Chr.

80 Siehe Anm. 77.

81 Aristomenes verheiratet seine Töchter an Westarkader. Hagna-

gora war wohl Witwe, da ihr Mann IV 21. 2 gefallen sein dürfte.

82 Für Ardys II. gibt es eine hohe (678–630 v. Chr.) und eine niedere Chronologie (661–625 v. Chr.), König von Lydien. Phraortes, Sohn des Deiokes, war in der 2. Hälfte des 7. Jh. v. Chr. König.

83 Zu den Diagoriden s. VI 7 ff. Aristomenes ist in Rhodos mit heroischen Ehren bestattet worden.

84 79. Olympiade = 464 v. Chr (s. Moretti Nr. 249). Zum Aufstand selbst s. Thuk. I 101 ff. Kap Tainaron = heute Kap Matapan, die Südspitze der Taygetoshalbinsel. Dort Heiligtum des Poseidon vor einer Höhle, die als Eingang in die Unterwelt angesehen wurde. Asylrecht.

85 Erdbeben in Sparta s. VII 25. 3 und Thuk. I 128. Kimon, Sohn des Miltiades, 510–450 v. Chr.

86 Naupaktos wurde nach der Eroberung durch den athenischen Feldherrn Tolmides 456 v. Chr. mit Messeniern besiedelt. Siehe X 38. 10.

87 Der Angriff der Akarnanen fand 454 v. Chr. statt.

88 Zur Beteiligung der Messenier an der Gefangennahme der Spartiaten auf Sphakteria 425 v. Chr. s. Thuk. IV 9. 1.

89 Stadt der Euesperiten: das heutige Benghazi. Die Auswanderung dorthin nicht vor 420 v. Chr.

90 Zum Orakel s. Anm. 42.

91 Andania und Oichalia sind wohl als Siedlungen nicht mehr aufgebaut worden.

92 Gemeint ist die Schlacht am Ebermal, s. IV 15. 7.

93 Zu Bakis s. IX 17. 5.

94 Die erwähnten βίβλοι sind in der Mysterieninschrift als βίβλια aufgeführt.

95 Das Opfer umfaßte anteilig auch die Bundesgenossen mit.

96 Sakadas von Argos (s. II 22. 8) steht für das argivische und Pronomos von Theben (s. IX 12. 5) für das boiotische Flötenspiel.

97 287 Jahre nach Hiras Fall = 369 v. Chr. = 102. Olympiade (s. Moretti Nr. 407).

98 Die Plataier waren durch die Thebaner von 373 bis 338 v. Chr., die Delier 421/20 v. Chr. nur ein Jahr vertrieben. Adramyttion liegt am gleichnamigen Golf an der Nordwestküste Kleinasiens.

99 Neugründung Thebens durch Kassandros 316 v. Chr.

100 Schlacht bei Chaironeia 338 v. Chr. Messenier in den Makedonenkriegen s. I 25. 4.

101 Besetzung von Elis 270 v. Chr.

102 Hom. Il. XVI 278.

103 Die Eroberung Messenes durch Philipp V. nicht vor 220 v. Chr.

104 Der Achaiische Bund bestand seit 281/80 v. Chr. Sein Sitz war in Aigion, seine Zielrichtung die Defensive gegen den äußeren (Makedonen) und den inneren (Sparta) Feind. Messene trat erst nach 182 v. Chr. dem Bund bei.

105 Kleomenes nimmt Megalopolis 222 v. Chr. ein. Philopoimen, arkadischer Politiker und Staatsmann (253–183 v. Chr.).

106 Machanidas und Nabis waren die beiden letzten Könige von Sparta.

107 Zur Gefangennahme Philopoimens s. VIII 51 f.

108 Hier beginnt erst die Perihegese Messeniens. P. nimmt den Faden wieder an der Choiriosschlucht (s. IV 1. 1) auf. Abia wird mit Palaiochora, 10 km südöstlich von Kalamata, gleichgesetzt.

109 Das heutige Kalamata wird mit Pharai gleichgesetzt. Dessen Entfernung vom Meere beträgt heute durch Anschwemmungen mehr als 6 Stadien = 1,2 km, s. IV 31. 1. Die Salzquelle entspringt 4 km südöstlich von Abia, beim Dorf Almyro.

110 Homer hat die Tyche als Göttin nicht erwähnt. Hier Hymn. Demeter 417 f.

111 Hom. Il. V 332 f., XXI 483 f. Hymn. Aphrodite 429.

112 Die Zeitstellung des Boupalos (SQ. 316) ist umstritten. Das Horn der Amaltheia ist das Füllhorn der Tyche. Pindars Gedicht nicht erhalten.

113 P. bewegt sich im folgenden entlang dem Ostrand der messenischen Zentralebene. Mit Thouria, das P. in zwei verschiedenen Ortschaften vorfand, wird eine antike Ortslage mit zahlreichen Resten zwischen den Dörfern Veisaga und Pharmisi gleichgesetzt, etwa 9 km nördlich von Kalamata. Der Fluß Aris wird in dem von Pidima erkannt.

114 Die Lage von Kalamai ist unbekannt. Das Heiligtum der Artemis Limnatis liegt an der Grenze zu Lakonien beim Dorf Volimnos (Kapelle der Panagia Volimniotissa). Die Quellen des Pamisos beim Dorf H. Floros mit den Resten eines freigelegten Tempelchens für den Kult des Flußgottes.

115 Das von Epameinondas 370/69 v. Chr. neu gegründete Mes-

sene (s. IV 27. 5) ist heute, dank den Freilegungen unter A. Orlandos, wieder einer der beeindruckendsten antiken Plätze Messeniens. Die Gleichsetzung des ergrabenen Befundes mit den Angaben bei Pausanias ist nicht immer möglich und bis heute eigentlich noch nicht ernsthaft in Angriff genommen. Die Stadtanlage dehnt sich zwischen den Westhängen des Ithomeberges (802 m) und dem niedrigeren und südlich gelegenen Nachbarberg Eua (heute H. Basilios) hin, also unterhalb des heutigen Dorfes Mavromati. Dort wohl auch die (IV 31. 6 genannte) Quelle Arsinoë, während man die Quelle Klepshydra (IV 33. 1) mit der kleinen Quelle unterhalb der Ithomespitze gleichsetzen muß. Unterhalb des Dorfes, das von dem 9 km langen Mauerring der Stadtmauer miteingefaßt ist, liegt die Agora in einem Geviert von 67 × 72 m, auf allen vier Seiten von Kammern, Hallen, Sälen und Torgebäuden und einem Sitzungsraum eingefaßt. Hier wird man wohl die von P. genannten einzelnen Kulträume ansetzen müssen, während der im Zentrum liegende Peripteraltempel (6 × 12 Säulen) dem Asklepioskult vorbehalten war. Westlich der Agora liegen: ein Tempel ungewöhnlicher Form für Artemis Orthia, ein mehrräumiges Hallengebäude sowie das Stadion und das Theater, das P. später erwähnt. Der Mauerring ist am besten in seiner Nordstrecke und am sogenannten Arkadischen Tor (eine Ringkammer von ca. 20 m Durchmesser) erhalten. P. verläßt die Stadt durch dieses Tor, s. IV 33. 3.

116 Damophon von Messene (SQ. 1557–1559) war ein vielseitiger Bildhauer des späten Hellenismus. Erhalten sind von ihm nur die Reste der Götterbildgruppe in Lykosoura (SQ. 1564) und Fragmente in Messene selbst. Zum Kult der Laphria in Patras s. VII 18. 8.

117 Ob es sich beim Tempel der Messene um einen eigenen Bau handelt oder ob dieser Kult in einem anderen inkorporiert war, ist strittig. Die von P. erwähnte Technik von Gold und Marmor ist ein billiger Ersatz für die aufwendigere Gold-Elfenbein-Technik.

118 Omphalion als Schüler des Malers Nikias arbeitete gegen Ende des 4. Jh. v. Chr. Die Bilder waren wohl als Holztafeln entlang der Innenwände aufgestellt. Dabei mögen sich die Figuren paarweise entsprochen haben, was bei der überlieferten Gesamtzahl von 14 Tafeln sieben Paare ergab (s. SQ. 1826).

119 Auch das Hierothesion wird man im Bereich der Messenier Agora zu suchen haben, während die anschließend genannten Bauten sich westlich davon befunden haben werden.

120 Eine Textlücke verunklärt den Inhalt, vor allem, wen dieser Saithidas und sein angeblich gleichnamiger Vorfahr auf der Reliefstele darstellt.

121 P. war also selbst in Messene.

122 Der Kult des Zeus Ithomatas war täglich, das Priesteramt ein Jahresamt. Da der Zeuspriester die Kultstatue bei sich im Hause aufbewahrte, kann sie kaum über Statuettengröße hinaus gekommen sein. Ageladas (SQ. 392) ist ein Bildhauer des 6./5. Jh. v. Chr. Zu Eumelos s. IV 4. 1.

123 Die drei genannten Flüsse vereinigen sich bei Meligala. Dort noch die Reste einer dreiteiligen antiken Brücke (Mavrozoumenosbrücke).

124 Der Karnasische Hain ist durch einen Inschriftfund beim Dorf Polichne festgelegt, etwa 5 km nordöstlich der Mavrozoumenosbrücke. Die Hagnequelle ist heute die Divariquelle. Zum Fund des am Ithome von Aristomenes vergrabenen Bronzegefäßes s. IV 26. 7. Eurytos war ein mythischer Heros, der im Karnasion Grab und Heroenkult besaß.

125 Nach den Angaben des P. «acht Stadien weiter links» = rund 1,6 km sind die Ruinen von Andania oberhalb des heutigen Dorfes Buga (1,5 km westlich von Polichne) anzusetzen.

126 Achaiaquelle und Stadt Dorion sind nicht näher festlegbar.

127 P. kehrt nach dem Besuch von Andania und Dorion nach Süden zurück zur Pamisosmündung und von da über Korone/Asine zur Südwestpeloponnes.

128 Das antike Korone ist identisch mit dem heutigen Petalidi, während man in dem heutigen Lykodimogebirge den antiken Mathiaberg zu erkennen hat.

129 Die nach Korone genannten Örtlichkeiten sind bisher noch nicht mit Sicherheit bestimmt worden. Das heutige, durch Umsiedlungen im Mittelalter entstandene, Korone ist das antike Asine, wohin die Lakedaimonier die Einwohnerschaft aus dem ursprünglichen A. an der Bucht von Tolon (8 km südöstlich von Nauplia) umgesiedelt haben (s. II 36. 4). K. hat wenige antike Reste bewahrt, dagegen weist das mächtig ummauerte Kap mit einem beherrschenden Rundturm noch auf die Bedeutung K. als venezianische Festung hin.

130 Das Kap Akritas = Kap Gallo bildet die Südspitze Messeniens, die von P. angegebene Entfernung mit 40 Stadien = rund 8 km ist zu gering bemessen. Die danach genannten Inseln gehören zur Gruppe der sogenannten Sapienzainseln.

131 Mothone ist das heutige Methoni, im Mittelalter, als Modon, einer der Hauptstützpunkte der venezianischen Herrschaft in der Peloponnes. Die antike wie die mittelalterliche Stadt lag auf einem nur über eine Brücke vom Festland zugänglichen Vorsprung. Davor die von P. erwähnte Klippe. Geringe antike Reste. Siehe IV 24. 4 und 27. 8.

132 Zu Pyrrhos s. I 11 ff.

133 P. vergleicht hier Erdpech, d. h. Mineralöle, mit aus Pflanzenölen hergestellten Salben aus Kyzikos, einer Stadt am Marmarameer.

134 Die Bucht von Pylos, heute unter dem mittelalterlichen Namen Navarino, wird im Westen durch die Insel Sphakteria gegen die offene See und im Nordwesten durch das Koraphasionvorgebirge mit den Resten der antiken Stadt Pylos und einem venezianischen Kastell abgeschlossen. Sphakteria war 425 v. Chr. der Schauplatz des großen Triumphes der Athener über die Lakedaimonier (s. I 15. 4). P. erwähnt auf dem Koryphasionberg das Heiligtum der gleichnamigen Athena, das Haus des Nestor mit einem Gemälde des Heros, sein Grabmal und die Höhle mit den Stallungen für die Rinder des Nestor. Letztere ist als Tropfsteinhöhle am Nordhang noch vorhanden.

135 Kyparissia, an der Stelle der heute wieder gleichnamigen Hafenstadt, mit geringen antiken Resten, gelegen. Die beiden genannten Heiligtümer werden sich auf der von einem mittelalterlichen Kastro überbauten Akropolis von K. befunden haben. Das sogenannte Aulon mit dem Heiligtum des aulonischen Asklepios lag nördlich von K. vielleicht an der Nedamündung. Dort die Grenze zu Arkadien.

VERZEICHNIS DER PLÄNE

PLAN I: ATHEN, DIE AGORA UND IHRE UMGEBUNG IM 2. JAHRHUNDERT N. CHR.

1 Akropolis
2 Asklepieion
3 Halle des Eumenes
4 Odeion des Herodes Attikus
5 Pnyx
6 Nymphenhügel
7 Areiopag
8 Archaischer Friedhof
9 Eleusinion
10 Römischer Markt
11 Bibliothek des Hadrian
12 Stoa des Attalos
13 Bibliothek des Pantainos
14 Südhalle
15 Südwestbrunnenhaus
16 Mittlere Halle
17 Odeion
18 Arestempel
19 Zwölfgötteraltar
20 Stoa Poikile
21 Hermenhalle
22 Tholos
23 Metroon
24 Bouleuterion
25 Tempel des Apollon Patroos
26 Zeushalle
27 Königshalle
28 Markthügel
29 Tempel des Hephaistos und der Athena (sog. «Theseion»)
30 Hellenistisches Gebäude
31 Heiligtum des Demos und der Chariten
32 Tempel der Aphrodite Ourania (?)
33 Römische Hallen
34 Panathenaienstraße
35 Euboulidesdenkmal
36 Zeus Phratrios und Athena Phratria
37 Dipylontor
38 Pompeion
39 Heiliges Tor
40 Peiraieustor